KINDLERS KULTURGESCHICHTE DES ABENDLANDES

in 22 Bänden

Herausgegeben von
Friedrich Heer

KINDLERS KULTURGESCHICHTE
DES ABENDLANDES

Band XVIII

FERNAND BRAUDEL

Die Geschichte der Zivilisation

15. bis 18. Jahrhundert

verlegt bei Kindler

Aus dem Französischen übersetzt von Renate Nickel und Thurid Piehler
Die Originalausgabe erschien im Verlag Librairie Armand Colin, als erster Band des Werkes CIVILISATION MATÉRIELLE ET CAPITALISME (XVe–XVIIIe siècle).

Gesamtherstellung: May & Co, Darmstadt
ISBN 3-463-13718-6
Printed in Germany

Inhalt

Zweiter Teil
DAS TÄGLICHE BROT

Dritter Teil
LUXUS UND NOTWENDIGKEIT: NAHRUNGSMITTEL UND GETRÄNKE

SECHSTER TEIL
DIE AUSBREITUNG DER TECHNIK: REVOLUTION UND BEHARRUNG

SIEBENTER TEIL
DAS GELDWESEN

Einführung

Ein umfassendes Geschichtswerk setzt immer schon einen Gesamtüberblick voraus: »Ohne Theorie keine Geschichte«, sagte bereits Werner Sombart. Im vorliegenden Fall ergibt sich der Überblick von selbst: Die Zeit vom 15. bis zum 18. Jahrhundert ist durch einen gewissen Fortschritt im Leben der Menschen gekennzeichnet, wobei freilich unter Fortschritt nicht, wie heute üblich, ein schnelles, kontinuierliches Wachstum zu verstehen ist. Es hat einen Fortschritt gegeben, der sich langsam, ja sehr langsam entwickelte und stark rezessive Tendenzen aufwies. Erst im Lauf des 18. Jahrhunderts wurde in einigen wenigen Ländern der richtige Weg eingeschlagen und nicht mehr aus den Augen verloren. Im allgemeinen aber war bis 1750, auch noch bis 1800, der Fortschritt ein Produkt von Zufällen, ja Katastrophen. Er vollzog sich unter schwierigsten Bedingungen, auf tausenderlei verschiedene Arten in einem langen, keineswegs immer geradlinigen Prozeß, dank der Initiative von einzelnen Gruppen und Individuen und trotz ausgesprochener Konjunkturkrisen (Ausnahmen bestätigen die Regel). Die Erforschung dieses Fortschritts mit all ihren Problemen und Fragestellungen zieht sich wie ein roter Faden durch das Buch. Dennoch konnten, was diese Zeitspanne betrifft, weder definitive Ergebnisse erzielt werden, noch konnte hinreichend geklärt werden, inwieweit der Fortschritt und seine Errungenschaften durch die Aktivität bestimmter Gruppen bedingt war. Auch wir können nur einen Überblick geben und erheben keinen Anspruch auf eine allgemeingültige Theorie.

Welchen Rat könnte ein Volkswirt der heutigen Zeit dieser oftmals funktionsunfähigen Wirtschaft, diesen — heute würde man sagen — unterentwickelten Ländern und den auf ihr leibliches Wohlergehen so wenig bedachten Menschen geben? Wie würde er bei genauerer Betrachtung die wirtschaftliche Situation früherer Jahrhunderte beurteilen? Fände er eine Antwort auf diese Fragen, so wäre die wirtschaftliche Entwicklung dieser Zeit einfacher darzustellen. Aber das Problem ist nicht gelöst. Vor allem handelt es sich nicht um ein Problem, sondern um tausend miteinander verknüpfte Probleme, obwohl geographische und zeitliche Unterschiede auftreten. So ist zum Beispiel der Unterschied zwischen den Indianern des St.-Lorenz-Stroms und dem Frankreich Ludwigs XIV. mindestens ebenso groß, wenn nicht größer wie heute zwischen den Vereinigten Staaten von Amerika und einem der erst jüngst zur Unabhängigkeit gelangten Staaten Schwarzafrikas.

Diese Gegensätze wirken sicher belebend auf das Verhältnis der Völker zueinander, ähnlich wie in der Elektrizität ein größerer Stromzufluß entsteht, wenn das Spannungsgefälle zwischen zwei Polen verstärkt wird. Aber es geht hier nicht nur um äußerliche Gegensätze: Jede Wirtschafts- und Gesellschaftsform, jede Zivilisation ist auch in sich gespalten und verschiedenartig gegliedert. Jede dieser genannten Erscheinungsformen muß daher in ihren Bestandteilen auf Ähnlichkeiten, »Regelmäßigkeiten« und eventuelle Unterschiede hin untersucht und analysiert werden. Für derartige Vergleiche ist eine bestimmte Terminologie erforderlich, die den Menschen früherer Zeiten noch nicht zur Verfügung stand, die vielmehr aus dem Bereich der modernen Wissenschaften stammt und auf die geschichtlichen Vorgänge früherer Jahrhunderte übertragen wird.

Zum weiteren Verständnis bedarf es zunächst der Klärung einiger Begriffe. Überall auf der Welt gibt es als unterste Entwicklungsstufe eine *materielle Kultur,* bestehend aus gewohnheitsmäßigen Tätigkeiten und uralten Errungenschaften. So liegen zum Beispiel die Anfänge der Agrarwirtschaft, die in der ganzen Welt vor dem 18. Jahrhundert und nach dieser entscheidenden Wende eine Vorrangstellung einnahm, schon vor dem 15. Jahrhundert, mit dem unser Buch beginnt. Der Anbau von Weizen, Reis und Mais, die Haltung von Haustieren und das Anlegen eines Vorrats für den Eigenbedarf zählen zu den ältesten Gewohnheiten des Menschen. Ebenso alt wie der Ackerbau sind die wichtigsten Werkzeuge. Dies gilt auch für die noch ganz einfachen technischen Hilfsmittel wie Hebel, Drehbank, Pedal, Kurbel, Winde. Alt sind die Wasser- und Windmühlen — revolutionäre Erfindungen aus dem Abendland des 12. Jahrhunderts. Unter *materieller Kultur* verstehen wir also in diesem Buch Tätigkeiten, die zur Routine geworden sind, sehr alte, aus der Erfahrung gewonnene Tatsachen, Erungenschaften und Entwicklungen, wie zum Beispiel die Entstehung des Münzwesens oder die Absonderung der Städte vom Land — ein wenig entwickeltes wirtschaftliches Leben, das aber deswegen weder stagnierte noch einfach hingenommen wurde. Es hat erstaunliche Fortschritte gegeben: die Einführung neuer Pflanzen, die Verbesserung und Verbreitung von bestimmten Techniken, strukturelle Veränderungen im Schmiede- oder Weberhandwerk, eine noch stärkere, wenn auch langsamere Weiterentwicklung im Handwerk des Bergmanns und Schiffbauers. Münz- und Städtewesen spielten eine immer größere Rolle, und manche Neuerungen waren wegweisend für die weitere Entwicklung.

Mit *Wirtschaftsleben* bezeichnen wir im allgemeinen eine höhere Stufe des täglichen Lebens: Kalkulation und Planung sind seine wichtigsten Faktoren. Es entwickelt sich ein beinahe eigenständiges Wirtschaftssystem mit Warenaustausch, differenzierten Beziehungen zwischen bereits industrialisierten und sogenannten unterentwickelten Ländern, zwischen Armen und Reichen, Gläubigern und Schuldnern, zwischen Ländern mit Naturalwirtschaft und solchen mit Geldwirtschaft.

Läßt sich die dritte Entwicklungsstufe mit dem so komplexen Begriff *Kapitalismus* kennzeichnen? Dieser in neuerer Zeit – spätestens um 1870 – geprägte Begriff wird erst zu Beginn des 20. Jahrhunderts in den politischen und gesellschaftspolitischen Auseinandersetzungen und später auch in den wissenschaftlichen Diskussionen gebräuchlich. Karl Marx hat ihn noch nicht gekannt. In der Folgezeit ist »Kapitalismus« zu einem oft mißbrauchten Schlagwort geworden. Wodurch sollte man diesen Begriff jedoch ersetzen und auf welche geschichtlichen Vorgänge früherer Jahrhunderte anwenden? Das Phänomen des Kapitalismus läßt sich in früherer Zeit nachweisen, in der es schon gewisse Formen eines bereits modernen, in die Zukunft weisenden Wirtschaftslebens gegeben hat. So verraten die Geschäftsbücher von Jacques Coeur, dem Finanzminister Karls VII., bereits gewisse kapitalistische Züge. Der Kapitalismus ist bereits in seinen Anfängen zeitgemäß, flexibel, rational, er besitzt seine eigenen Regeln, taktiert vorsichtig, überlegen und risikofreudig und stellt die am höchsten entwickelte Wirtschaftsform der früheren Zeit dar.
Es versteht sich von selbst, daß die Wirtschaft im ganzen nicht völlig von dem beginnenden Kapitalismus bestimmt wurde. Das Wirtschaftsleben läßt sich in mindestens drei Bereiche und drei Ebenen aufgliedern: (1) die materielle Kultur des Alltags, gekennzeichnet durch Agrarwirtschaft, schnelles Wachstum und geringe Effizienz; (2) das eigentliche Wirtschaftsleben, differenziert und durchdacht, eine Folgeerscheinung natürlicher Bedürfnisse des Menschen; (3) den Kapitalismus, eine raffiniertere, verfeinerte Wirtschaftsform, die alle wirtschaftlichen und materiellen Lebensbereiche erfaßt, sofern diese für seine Ziele geeignet sind.
Kann man nun behaupten, daß zwischen dem 15. und 18. Jahrhundert der Kapitalismus seinen Aktionsbereich ausgedehnt und das Wirtschaftsleben sich beträchtlich erweitert hat, daß der größte Teil der Menschheit jedoch noch außerhalb dieser Ordnung im Stadium der materiellen Kultur lebte?

Die genannte dreiteilige Aufgliederung ist natürlich nur vereinfachend gemeint. Wir werden in diesem Buch noch eine weitere Gliederung zu skizzieren versuchen. Zunächst stellen wir fest, daß es *primitive Formen der Wirtschaft* oder des *Lebensunterhalts, halbmonetäre Wirtschaftsformen,* eine *Marktwirtschaft* gibt, daneben sprechen wir aber auch von *primitiven Kulturen, fortgeschrittenen Kulturen* und *Zivilisationen.* Alle diese Begriffe stammen aus der Terminologie der Volkswirtschaft und der Völkerkunde und sind nichts als Hilfsmittel. Daher kann man – ohne die Bedeutung der einzelnen Worte zu verfälschen – daran festhalten, daß es eine auf kapitalistischer Basis gegründete Zivilisation gegeben hat, die sich immer weiter ausdehnte. Der seit dem 16. Jahrhundert blühende Handel im Golf von Guinea ist zum Beispiel charakteristisch für die Handelsbeziehungen zwischen einer noch primitiven *Kultur* (Schwarzafrika) und einer *Zivilisation* (Europa), wobei der fortschrittlichere Handelspartner jeweils die wirtschaftlichen Gepflogenheiten des anderen annahm, d. h. in unserem Fall zu Tauschhandel und primitiven Zahlungsmitteln überging.

Was würde unter diesen Umständen ein Volkswirt unserer Zeit unternehmen, wenn ihm das Schicksal den Streich spielte und ihn in das Jahr 1302 an den Hof Philipps des Schönen versetzte oder in das Venedig von 1600 oder in das Jahr 1706 zu dem Zauberkünstler Law, mit der Aufgabe, Inventur zu machen, Bilanzen aufzustellen und Pläne zu entwerfen, die die Wirtschaft ankurbeln sollen? Selbstverständlich stünden ihm nur die damals bereits existierenden Hilfsmittel zur Verfügung. Er wäre gezwungen, mit seinen Studien noch einmal von vorn zu beginnen. Dabei würde er vor allem feststellen, daß er nur über äußerst begrenzte und relativ wirkungslose Mittel verfügt, die seinen Aktionsradius erheblich einschränken. Geld als Zahlungsmittel wie auch Steuererhebungen sind bereits üblich – denn wir befinden uns in Europa. Wer hat nicht schon vor Philipp dem Schönen die Macht des Geldes erkannt und davon geträumt, die Steuerschraube anzuziehen? Wahrscheinlich könnte unser Experte einige Verbesserungen im Detail erreichen, und sei es nur in bezug auf die Handelswege, die Brückenzölle und das Zahlungswesen. Aber wozu wäre das alles gut? Er würde bemerken, daß viele Änderungen, die sich zunächst stürmisch entwickeln, später stagnieren; daß sich die Wirtschaft nie leicht lenken ließ, denn zu keinem Zeitpunkt erfaßte sie das ganze Volk und konnte es den Entscheidungen der Herrscher und Sachverständigen gefügig machen. Fast alles würde sich seiner Kontrolle entziehen: denn Durchsetzung wirtschaftlicher Maßnahmen ist schwieriger als Ausübung politischer Macht.

Vor allem würde er bei seinen Verbesserungsversuchen auf unüberwindliche Hindernisse stoßen: die Risiken der Ernte, die begrenzten Transportmöglichkeiten, die unverständlichen und widersprüchlichen Bevölkerungsbewegungen, die ablehnende Haltung der Menschen, das Fehlen zuverlässiger Statistiken und den chronischen Mangel an Energiequellen. Der Mensch befindet sich immer in einer bestimmten wirtschaftlichen Situation, die ein Abbild seiner Lebensweise darstellt; er ist, ohne es zu wissen, ein Gefangener, denn eine scharfe Grenze trennt das Mögliche vom Unmöglichen. Vor dem 18. Jahrhundert ist dieser Bereich des Möglichen sehr eng; was der Mensch auch unternimmt, er kann diese Grenze nicht überschreiten, meistens nicht einmal erreichen. Nur ganz wenigen – seien es Individuen, Gruppen oder Zivilisationen – gelang es, von den Umständen begünstigt, bis zu dieser Grenze vorzustoßen. Und diese Erfolgreichen nützten dann die anderen rücksichtslos aus. Der Fortschritt hat zu allen Zeiten Opfer gefordert.

Es bieten sich also für die Abfassung dieses Buchs zwei Wege an: Im allgemeinen werden zuerst die Erfolgreichen behandelt, dann kurz und summarisch die anderen; wir drehen die Reihenfolge um und stellen die Masse in den Vordergrund, die außerhalb des Geschehens zu stehen scheint. Der vorlie-

gende Band behandelt die materielle Zivilisation, die unauffällige, fast in Vergessenheit geratenen Begebenheiten und Ereignisse, deren Tragweite man sich erst später bewußt wurde.
Gehen wir von der Tatsache aus, daß es ein materielles Leben — oder besser: eine materielle Kultur — gibt, die aus verschiedenen Elementen zusammengesetzt ist und sich ihrem Wesen nach von dem intensiveren, oft alle Bereiche des Menschen erfassenden Wirtschaftsleben abhebt. Gewohnheitsmäßige Handlungen bestimmen den Alltag der materiellen Kultur: Man sät das Korn, wie man es immer gesät hat, man pflanzt Mais an, wie man immer Mais angepflanzt hat, ebnet den Boden des Reisfeldes, wie man es immer getan hat, segelt auf dem Roten Meer, wie man immer gesegelt ist ... Dieses jahrhundertelang gleichförmige, eher passive Leben läßt sich nicht auf den ersten Blick von jenem Wirtschaftsleben unterscheiden, das zwar teilweise auf der materiellen Kultur aufbaut, aber bereits über Kalkulation und Planung verfügt. Die einzelnen Wirtschaftsformen dürfen nicht isoliert betrachtet werden, vor allem nicht ohne Berücksichtigung der riesigen ihrer Bedeutung nur wenig bewußten Massen. Fast alles hing von ihrer lähmenden Inaktivität, ihren alten, manchmal vorsintflutlichen Lebensgewohnheiten und ihrer sozialen Struktur ab. Der Mensch kommt, weil er dieser Masse verhaftet ist, oft nicht über die Grenzen des Möglichen hinaus.
Nehmen wir weiter an, daß eine Grenze das gesamte Leben des Menschen umschließt, die schwierig zu erreichen und noch schwieriger zu überschreiten ist. Jede Zeit, auch die unsere, hat ihre eigene Grenze, sie trennt das Mögliche vom Unmöglichen. In früherer Zeit ergab sich diese Grenze, weil die Nahrungsmittel nicht ausreichten, die Bevölkerungszahl zu groß oder zu klein, ihre Arbeit zuwenig produktiv oder das Land nicht ausreichend kultiviert war. Genau diese Grenze wird im folgenden Gegenstand kritischer Untersuchung sein, wobei wir von den Anfängen des materiellen Lebens, einem Nullpunkt der Geschichte, ausgehen.

Eine Verschiebung der Grenze des Möglichen allein zieht nicht unmittelbar einen Fortschritt nach sich. So wurde zum Beispiel erst kurz vor der Erfindung der Eisenbahn um 1830 eine Perfektion des Straßennetzes erreicht, die darin bestand, die bis dahin hinter den technischen Möglichkeiten zurückgebliebenen Transportwege auf dem Land planmäßig anzulegen, den Verkehr zu beschleunigen und die Straßen allen zugänglich zu machen.
Aus diesen und anderen Gründen hat sich die Grenze zwischen dem Möglichen und dem Unmöglichen zwischen dem 15. und 18. Jahrhundert kaum verschoben. Erst Ende des 18. Jahrhunderts und auch da nur an einigen Stellen sollte es gelingen, sie hinter sich zu lassen, und erst ein Jahrhundert später erfolgte dann die große Wende, eine Revolution, eine totale Umgestaltung der Welt. Die Beschäftigung mit dieser »neuen« Zeit ist wie eine Reise in eine andere Welt. Zwar käme uns bei einer Unterhaltung mit Voltaire auf seinem Wohnsitz Ferney nichts fremd vor, denn im Bereich der Ideen sind die Menschen des 18. Jahrhunderts unsere Zeitgenossen, ihre Art zu denken und zu fühlen entspricht der unseren oder ist ihr zumindest sehr ähnlich. Bei einem längeren Aufenthalt jedoch kämen uns manche Gepflogenheiten des täglichen Lebens, auch die persönliche Pflege Voltaires, höchst merkwürdig vor, zum Beispiel die Beleuchtung am Abend, die Heizung, das Transportwesen, die Verpflegung, die Krankheiten und die Heilmethoden. Wir müssen endgültig von der Gegenwart abstrahieren, wenn wir unsere Reise zurück in die Jahrhunderte antreten und die Prinzipien erkennen wollen, aufgrund derer — bedenkt man die später einsetzende großartige Veränderung — diese Welt so lange in einer fast unerklärlichen Stagnation verharrte.

Erster Teil

DIE BEDEUTUNG DER ZAHL

Das materielle Leben umfaßt Menschen und Dinge, Dinge und Menschen. Die Erforschung der Dinge, derer sich der Mensch bedient – Nahrungsmittel, Wohnung, Kleidung, Luxusgegenstände, Werkzeuge, Zahlungsmittel, Dörfer und Städte –, stellt nicht die einzige Methode dar, wie man zu einer genauen Kenntnis des menschlichen Alltags gelangen kann. Genauso wichtig ist es, über die Anzahl der Menschen, die sich in die Reichtümer der Erde teilen, Bescheid zu wissen. Unsere heutige Welt läßt sich rein äußerlich auf den ersten Blick von der Zeit vor 1800 durch den jüngsten außergewöhnlichen Bevölkerungsanstieg unterscheiden: 1966 wimmelt es auf der Erde von Menschen. In den vier Jahrhunderten, die Gegenstand unserer Betrachtung sind, hat sich die Bevölkerung der Erde sicherlich verdoppelt, heute jedoch, offensichtlich aufgrund des materiellen Fortschritts, verdoppelt sie sich alle dreißig bis vierzig Jahre. Dabei ist die Anzahl der Menschen sowohl Ursache als auch Auswirkung dieses Fortschritts.

Jedenfalls bietet sie sich als ein ausgezeichneter »Indikator« an: Hier lassen sich Erfolge und Niederlagen ablesen, hier erhält man Aufschluß über noch gering bevölkerte Kontinente und bereits dicht besiedelte Gebiete, über Zivilisationen und primitive Lebensformen; schließlich erfährt man auch etwas über das zahlenmäßige Verhältnis der verschiedenen Menschenmassen. Und gerade dieses Verhältnis zwischen den einzelnen Bevölkerungen hat sich bis in die Gegenwart oft am wenigsten verändert.

Was sich dagegen völlig geändert hat, ist der Rhythmus, nach dem sich die Menschheit entwickelt. Heute ist die Bevölkerung in einem, je nach Wirtschafts- und Gesellschaftsform mehr oder weniger intensiven, aber ständigen Wachstum begriffen. In früherer Zeit glich die Entwicklung des Wachstums wegen ihrer häufigen Unterbrechungen einer Bewegung ähnlich Ebbe und Flut; Fortschritte und Rückschläge wechselten einander ab, so daß die Erfolge fast gänzlich zunichte gemacht wurden. Neben dieser Grundtatsache erscheint alles andere sekundär. Daraus ergibt sich, daß wir bei unserer Darstellung vom Menschen auszugehen haben und im Anschluß daran von den Dingen sprechen werden, ohne uns von der Vielfalt ihrer Erscheinungsformen verwirren zu lassen.

Erstes Kapitel

Die Bevölkerung der Erde

Wir kennen die gegenwärtige Bevölkerung der Erde, wenn auch nicht ganz genau, so doch annähernd exakt – Abweichungen bis zu 10 Prozent sind möglich. Für die vergangenen Jahrhunderte dagegen haben wir leider nur sehr ungenaue Angaben. Und dabei hängen alle Vorgänge in den einzelnen Ländern, ja auf der ganzen Welt, mit der sich stets ändernden Anzahl der Menschen zusammen.

Ebbe und Flut

Zwischen dem 15. und 18. Jahrhundert hat sich die Bevölkerungszahl ständig verändert, zuweilen stieg sie an, dann ging sie wieder zurück. Ein Anwachsen der Bevölkerung führte zu einer Intensivierung der Produktion und des Handelsaustauschs, zu einer Kultivierung abseits gelegener, brachliegender Wald-, Sumpf- und Gebirgsgelände, zu einem Fortschritt innerhalb der Manufakturen, zu einer Vergrößerung der Dörfer, öfter noch der Städte, und der in Bewegung begriffenen Menschenmassen. Natürlich nahmen auch die Kriege und Auseinandersetzungen zu, Piraterie und Straßenraub wurden immer häufiger, die Gesellschaft brachte immer mehr Neureiche, durch neue Privilegien Ausgezeichnete hervor, die Staaten blühten – Fluch und Segen zugleich –, und die Grenze des Möglichen wurde leichter als in normalen Zeiten erreicht. Das

Bevölkerungswachstum hatte also positive wie negative Auswirkungen. Es veränderten sich die Besitzverhältnisse in dem von den Menschen bewohnten Raum, wobei sich immer wieder »kritische Situationen« ergaben, die die Struktur der Bevölkerung in Frage stellten. In der Vergangenheit führte ein Bevölkerungsanstieg zu Ernährungsschwierigkeiten — ein für die Zeit vor 1800 alltägliches Phänomen, das auch heute noch in einigen unterentwickelten Ländern zu beobachten ist —, außerdem zu einer Verschlechterung des Lebensstandards und zu einer Vergrößerung der Zahl von Unterernährten, Armen und Entwurzelten. Epidemien und Hungersnöte — letztere gehen den Epidemien voraus und begleiten sie — wirkten, ganz besonders in den Jahrhunderten des *ancien régime*, als ein wenn auch äußerst brutales ausgleichendes Moment.
Im Abendland läßt sich ein starkes Anwachsen der Bevölkerung nachweisen in der Zeit von 1000 bis 1350, von 1450 bis 1650 und dann ab 1750, wobei die Entwicklung nach 1750 nicht mehr rückläufig wurde — also drei lange, miteinander vergleichbare Perioden biologischer Expansion. Die im Mittelpunkt unserer Darstellung stehenden ersten beiden Zeiträume hatten Rückschläge zur Folge, die in der Zeit von 1350 bis 1450 außerordentlich stark und in der Zeit von 1650 bis 1750 etwas weniger stark waren. Auch heute noch führt jedes Anwachsen der Bevölkerung in den unterentwickelten Ländern zu einem Absinken des Lebensstandards.
Jede rückläufige Bewegung löste eine gewisse Anzahl von Problemen, beseitigte Spannungen, räumte den Überlebenden Vorrechte ein, eine Art Heilverfahren, wenn auch eine Roßkur. Kurz nach Ausbruch der Schwarzen Pest Mitte des 14. Jahrhunderts, auf die eine Reihe von Epidemien folgte, konzentrierte sich das Hab und Gut in den Händen einiger weniger. Nur noch der gute Boden wurde angebaut (bessere Erträge bei geringerem Arbeitsaufwand), Lebensstandard und Reallöhne der Überlebenden stiegen. Der Bauer herrschte im Languedoc zwischen 1350 und 1450 als Patriarch über seine

Familie und ein verlassenes Land. Einstmals fruchtbare Gebiete verwilderten. Bald jedoch eroberte der Mensch das Land zurück, er vertrieb die wilden Tiere, entfernte die Steine aus den Feldern, beseitigte Bäume und Sträucher. Doch dieser Fortschritt sollte sich bald negativ bemerkbar machen und neues Elend hervorbringen, denn ab 1560 oder 1580 wuchs die Bevölkerung in Frankreich, Spanien, Italien, wahrscheinlich im ganzen Abendland zu stark an, so daß die ganze Geschichte wieder von neuem begann. Nur in kurzen Augenblikken war also der Mensch glücklich, und er wurde sich dessen immer erst bewußt, wenn es bereits zu spät war.
Ähnliche Schwankungen der Bevölkerungszahl lassen sich auch außerhalb Europas erkennen, und zwar zur gleichen Zeit. So hat sich die Bevölkerung Chinas und Indiens im Verhältnis genauso entwickelt wie die Bevölkerung des Abendlandes, d. h., sie hat zur gleichen Zeit zu- und abgenommen, so als ob die gesamte Menschheit von etwas Höherem gelenkt würde und die Geschichte eines Landes nur etwas Sekundäres wäre. Das hat der Volkswirt und Statistiker Ernst Wagemann immer behauptet. Im 18. Jahrhundert ist diese parallel laufende Entwicklung deutlich zu erkennen, für das 16. Jahrhundert ist sie mehr als wahrscheinlich und für das 13. Jahrhundert anzunehmen; es war eine Entwicklung, die für das Frankreich Ludwigs des Heiligen bis zum entfernten China der Mongolen Gültigkeit hatte. Von dieser Tatsache ausgehend, gelangte Wagemann zu der Feststellung, daß »die Entwicklung der Menschheit von anderen als den vom wirtschaftlichen, technischen und medizinischen Fortschritt bedingten Ursachen abhängt«. Halten wir an dieser etwas unklaren, eigenartig prophetischen Sprache fest; mit ihrer Hilfe werden wir das Geheimnis dieser Welt besser erfassen.
Diese von einem Ende der Welt bis zum andern, mehr oder weniger gleichlaufende Entwicklung macht deutlich, daß die verschiedenen Bevölkerungsmassen jahrhundertelang in einem ganz bestimmten, relativ unveränderten zahlenmäßigen Ver-

hältnis standen; so gab es Bevölkerungen, die immer genauso groß oder doppelt so groß waren wie andere. Kennt man also die Größe einer bestimmten Bevölkerung, so kann man die Größe einer anderen Bevölkerung schätzen und von da aus die der gesamten Menschheit annähernd errechnen. Diese Erforschung der Größe der Erdbevölkerung, so ungenau auch unser Ergebnis sein mag, ist deshalb von so ungeheurer Bedeutung, weil damit die biologische Entwicklung der als Einheit betrachteten Menschheit deutlich wird.

Einige Zahlen

Die Gesamtbevölkerung der Erde zwischen dem 15. und 18. Jahrhundert ist nicht bekannt. Über das von den Historikern vorgelegte dürftige, wenig zuverlässige und zudem sehr unterschiedliche Material konnten sich die Statistiker nicht einigen. Zunächst glaubt man, mit diesen Angaben nichts anfangen zu können; doch ein Versuch lohnt sich.

Wir haben einige wenige — noch dazu ziemlich unzuverlässige — Angaben über Europa, seit einiger Zeit auch über China, das bereits frühzeitig Volkszählungen kannte. Natürlich halten diese Volkszählungen nicht jeder Prüfung stand, bilden aber zumindest eine einigermaßen sichere Grundlage für unsere Berechnungen.

Was die übrige Welt anbetrifft, so haben wir keine, oder fast keine Angaben über Indien, das sich im allgemeinen wenig für seine Vergangenheit interessierte, folglich auch nicht für die Größe seiner Bevölkerung, die Aufschluß über die Entwicklung des Landes hätte geben können. Wir wissen nichts über das nicht-chinesische Asien mit Ausnahme von Japan, nichts über Ozeanien, das die Europäer im 17. und 18. Jahrhundert auf ihren Reisen nur gestreift haben: Tasman erreiche Neu-Seeland im Mai 1642 und Tasmanien, die Insel, der er seinen Namen verlieh, im Dezember des gleichen Jahres; Cook er-

reichte Australien 1769 und 1783, also ein Jahrhundert später; Bougainville erreichte Tahiti, das Neu-Kythera, das nicht von ihm entdeckt worden ist, im April 1768. Die Statistiker registrieren für ganz Ozeanien für die Zeit von 1650 bis 1850 konstant zwei Millionen. Ebenfalls keine gesicherten Angaben besitzen wir über Schwarzafrika südlich der Sahara, ausgenommen einige unterschiedliche, den seit dem 16. Jahrhundert bestehenden Sklavenhandel mit den Schwarzen betreffende, Angaben. Selbst wenn diese Angaben sich als zuverlässig erwiesen, könnte man nicht alles davon ableiten. Keine gesicherten Angaben haben wir schließlich über Amerika, lediglich zwei einander widersprechende Schlußfolgerungen.
Alfred Rosenblatt ging bei seiner Berechnung der Bevölkerung Amerikas von den gegenwärtigen Verhältnissen aus und versuchte von da aus zurück zu rechnen. Für die beiden amerikanischen Kontinente erhielt er so für die Zeit kurz nach der Eroberung eine ziemlich niedrige Zahl: 10 bis 11 Millionen Einwohner; diese geringe Bevölkerungszahl soll dann noch im 17. Jahrhundert bis auf 8 Millionen zurückgegangen sein, bevor sie seit dem 18. Jahrhundert wieder langsam angestiegen sei. Auch die amerikanischen Historiker der Universität von Berkeley (Cook, Simpson, Borah) – irrtümlicherweise die »Schule von Berkeley« genannt – stellten ihre Berechnungen an, auf der Grundlage einiger für bestimmte Gebiete Mexikos kurz nach der Eroberung durch die Europäer gültiger Angaben. Sie kamen auf sehr hohe Zahlen: 11 Millionen für 1519 – eine Berechnung von 1948; alle späteren Ergänzungen weisen die sagenhafte Zahl von 25 Millionen für Mexiko allein auf. Die Bevölkerung wäre dann ständig und in großem Umfang zurückgegangen: bis 1532 auf 16 800 000; bis 1548 auf 6 300 000; bis 1568 auf 2 650 000; bis 1580 auf 1 900 000; bis 1595 auf 1 375 000; bis 1605 auf 1 000 000; erst seit 1650, noch deutlicher seit 1700, habe sich wieder ein langsamer Anstieg bemerkbar gemacht.
Diese phantastischen Zahlen führten dazu, für ganz Amerika

um 1500 eine Bevölkerung von 80 bis 100 Millionen anzunehmen. Trotz der Zeugnisse von Archäologen und von zahlreichen Chronisten aus der Zeit der Eroberung – unter ihnen Fray Bartolomé De Las Casas – wird man diese Zahl nicht blindlings glauben. Als absolut sicher kann man dagegen annehmen, daß Amerika aufgrund der Eroberung durch die Europäer einen ungeheuer starken Bevölkerungsrückgang zu verzeichnen hatte, vielleicht nicht im Verhältnis 10:1, aber immerhin noch stärker als der durch die im 14. Jahrhundert in Europa wütende Schwarze Pest verursachte Bevölkerungsschwund. Ursachen für diese Entwicklung in Amerika sind einerseits ein erbarmungsloser Krieg, zum andern die unvergleichlich harte Kolonialarbeit. Die indianische Bevölkerung aber war bereits zu Ende des 15. Jahrhunderts zahlenmäßig gering vertreten. Es fehlte an tierischer Milch, was die Mütter zu einer Stillzeit bis zum dritten und vierten Lebensjahr ihrer Kinder zwang und ein starkes Anwachsen der Bevölkerung aufgrund dieser langen Zwangspausen in den Geburten verhinderte.

Zudem wurde die amerikanische Bevölkerung von einer Reihe schrecklicher Seuchen heimgesucht, die sich ähnlich verheerend auswirkten wie die von den Weißen im 18. und 19. Jahrhundert im Pazifischen Raum verbreiteten Epidemien. Die aus Europa eingeschleppten Krankheiten griffen immer weiter um sich; so traten zum Beispiel die Pocken 1507 auf den Antillen in Erscheinung, 1519/20 erreichten sie Peru, noch bevor die Eroberer das Land betreten hatten, 1560 Brasilien, 1635 Kanada ... Diese Krankheit, gegen die Europa schon fast immun war, forderte unter den Eingeborenen zahllose Opfer. Dazu kamen noch Masern, Malaria, Gelbfieber, Ruhr, Lepra, Pest (die ersten Ratten sollen Amerika um 1544 bis 1546 erreicht haben), Geschlechtskrankheiten (ein großes Problem, auf das wir noch zurückkommen werden), Tuberkulose, Flecktyphus, Typhus, Elephantiasis, alles Krankheiten, die sich ähnlich furchtbar auswirkten wie die Pocken und entweder von den

Weißen oder Schwarzen eingeschleppt worden waren. So ist zum Beispiel das Gelbfieber, das bis vor kurzem noch für eine spezifische Krankheit des tropischen Amerika, Panamas und Rio de Janeiros angesehen wurde, wahrscheinlich aus Afrika gekommen. Zu beachten ist auch, daß in dem abseits gelegenen Teil der Welt, in Indonesien und Ozeanien, die Malaria beispielsweise recht spät auftritt: Erst 1732 wütete sie in Batavia. Die Herkunft mancher Krankheiten, so von Flecktyphus und Tuberkulose, ist noch nicht hinreichend geklärt, über die riesige Bakterieninvasion indes herrschen keine Zweifel mehr. Mexikos Bevölkerung wurde von solchen Epidemien dezimiert, 1521 durch die Pocken, 1546 durch eine nicht näher zu definierende »Pest«, die 1576 bis 1577 noch ein zweites und drittesmal auftrat – diesmal vielleicht als Flecktyphus – und zwei Millionen Menschen das Leben kostete.
Beide Berechnungen, die von A. Rosenblatt und die der Historiker von Berkeley, können wahr oder zumindest wahrscheinlich sein, je nachdem ob man die Zeit vor oder nach der Eroberung Amerikas durch die Europäer annimmt. Auf die Erörterungen von Woytinski und Embrec gehen wir nicht ein. Letzterer stellte kürzlich die umstrittene Theorie auf, daß »es zwischen Alaska und Kap Horn zu keiner Zeit vor Kolumbus mehr als 10 Millionen Menschen gegeben hat«.

Berechnungsverfahren

Am Beispiel Amerikas wird deutlich, mit welch einfachen, ja zu einfachen Methoden auf der Grundlage einiger relativ zuverlässiger Zahlen die Bevölkerung eines Landes errechnet wird. Mit Recht bemängelten die Historiker, für die eine Aussage erst durch ein unwiderlegbares Dokument seine Gültigkeit erhält, diese unsicheren Verfahrensweisen. Die Statistiker sind da nicht so ängstlich; »man kann uns vorwerfen, nicht auf jede Einzelheit eingegangen zu sein«, schreibt Paul A. La-

dame und fährt fort, »wir sind der Ansicht, daß die Einzelheiten unwichtig sind und nur der Größenordnung eine Bedeutung zukommt.«
Wir wollen uns in dieser Diskussion, wo jeder Recht und jeder Unrecht haben kann, auf die Seite derer stellen, die sich mit der Berechnung der Erdbevölkerung befassen. Maurice Halbwachs nimmt an, daß die verschiedenen Völker der Erde wenn nicht in einem konstanten, so doch wenigstens in einem sich nur langsam verändernden zahlenmäßigen Verhältnis stehen. Mit anderen Worten: die Bevölkerung der Erde verfügt über eine ganz bestimmte, sich nur wenig verändernde zahlenmäßige Struktur. Von dieser Tatsache ausgehend leitet die Schule von Berkeley aus Angaben über Mexiko eine Zahl über die gesamte Bevölkerung Amerikas ab. Ebenso errechneten Karl Lamprecht und später Karl Julius Beloch die Größe der Bevölkerung ganz Germaniens auf der Grundlage einer ihnen für die Zeit um 800 annähernd bekannten Bevölkerungszahl der Gegend von Trier. Das Berechnungsverfahren bleibt sich dabei immer gleich: Man geht von bekannten Zahlen aus und errechnet mit Hilfe eines annähernd bekannten oder wahrscheinlichen zahlenmäßigen Verhältnisses, in dem die einzelnen Völker oder Volksteile zueinander stehen, die nächsthöheren Zahlen. So gelangt man zu einer Größenordnung, mit der man jedoch nur dann sinnvoll arbeiten kann, wenn man sie für das nimmt, was sie ist. Besser wären natürlich zuverlässige Angaben – aber sie sind leider nicht vorhanden.

Die Gesamtbevölkerung der Erde

Vergleicht man Europa (bis zum Ural) mit dem – auf seine wesentlichen Provinzen beschränkten – China, so stellt man eine annähernde Gleichheit in der Bevölkerungszahl fest, die sich bis heute nicht geändert hat: China zählt gegenwärtig 700 oder 750 Millionen Einwohner, Europa bis zum Ural 600 Millionen. Dieses ungefähre zahlenmäßige Gleichgewicht ist wohl eine der wichtigsten Strukturen der Weltgeschichte der letzten fünf oder sechs Jahrhunderte sowie eine Grundlage zur Berechnung der gesamten Erdbevölkerung.

Seit dem 19. Jahrhundert verfügen wir über zuverlässigere Statistiken (die erste wirkliche Volkszählung fand 1801 statt und umfaßte ganz England), aus denen sich ersehen läßt, daß China und Europa, jedes für sich, ungefähr ein Viertel der Erdbevölkerung ausmacht. Diese Portion läßt sich nun nicht einfach auf frühere Jahrhunderte übertragen, da sich die Menschen in Europa und China im Verhältnis am stärksten vermehrten. Daher ist wohl für die Zeit vor dem 18. Jahrhundert ein Verhältnis von 1 : 5 statt 1 : 4 anzunehmen — eine Vorsichtsmaßnahme, die letztlich nur wiederum unsere Unsicherheit deutlich macht.

Die Gesamtbevölkerung weist in der Zeit von 1300 bis 1800 im großen ganzen einen Anstieg auf, trotz starker, plötzlich auftretender Rückschläge, die wir bereits erwähnten. Im einzelnen ergibt sich folgendes: Nimmt man für 1300 bis 1350 als Ausgangspunkt mit 250 Millionen die niedrigste Zahl an und für 1780, den Endpunkt, mit 1380 Millionen die höchste Zahl, dann ergibt sich daraus eine Steigerung von mehr als 400 Prozent. Niemand muß das glauben. Nimmt man dagegen für den Ausgangspunkt mit 350 Millionen die höchste Zahl an und für den Endpunkt die von Wilcox und Carr-Saunders errechnete niedrigste Angabe von 836 Millionen, dann ergibt sich ein Wachstum von 138 Prozent. Auf eine Zeitspanne von 500 Jahren ergäbe das ein durchschnittliches Wachstum von 1,73 Promille, ein Wachstum also, das — vorausgesetzt es wäre konstant gewesen — sich im Lauf der Jahre kaum bemerkbar gemacht hätte. Trotzdem hat sich die Bevölkerung der Erde in diesem ungeheuer langen Zeitraum sicherlich verdoppelt; weder wirtschaftliche Rückschläge noch Katastrophen oder eine überhöhte Sterblichkeit konnten dieses Anwachsen verhindern. Niemand zweifelt daran, daß dieser zwischen dem 15. und 18. Jahrhundert erfolgte Bevölkerungsanstieg sich auf alle Bereiche, nicht nur auf die des materiellen Lebens, ganz wesentlich auswirkte.

Für die europäischen Historiker ist das keine neue Erkenntnis. Ihnen sind die zahlreichen indirekten Auswirkungen eines Bevölkerungswachstums bekannt (Eroberung von Neuland, Emigration, Urbarmachung, Verbesserungen, Verstädterung usw.), die unsere Angaben bestätigen. Die Schlußfolgerungen jedoch, die sie daraus gezogen haben, sind anfechtbar. Denn sie glaubten dieses Phänomen auf Europa beschränkt – dabei ist es eine Tatsache (die bedeutendste und zugleich interessanteste dieses Buches), daß die Menschen überall auf der Welt auf die Dauer nichts an einer starken Vermehrung hindern konnte. Bevor wir unsere Schlußfolgerungen daraus ziehen, müssen wir aber noch auf einige andere Zahlenangaben zurückkommen.

Anfechtbare Zahlen

Wir sind bei unserer Berechnung der Erdbevölkerung nach der Methode der Statistiker vorgegangen, d. h. wir gingen von den relativ bekanntesten Zahlen aus, den Angaben über Europa und China. Die Statistiker selbst haben in diesem Fall eine andere Methode angewandt, sie gliederten die ganze Berechnung auf und berechneten die Bevölkerung von jedem der fünf Erdteile getrennt. Ein Vergleich der unterschiedlichen Ergebnisse und eine Erforschung der Ursachen für einige Differenzen erscheint uns ratsam.

Erinnern wir uns daran, daß die Bevölkerung Ozeaniens mit 2 Millionen angegeben wurde, was ziemlich bedeutungslos ist, da sich diese verschwindend kleine Zahl von vornherein in der zulässigen Fehlerquote verliert, und die Afrikas, ebenfalls für die ganze Zeit von 1650 bis 1850, mit 100 Millionen; darüber lohnte es sich zu diskutieren, denn diese Stagnation der Bevölkerung Afrikas halten wir für wenig wahrscheinlich.

Pieter Aertsen: »Die Köchin« (1559); Musees Royaux des Beaux-Arts, Brüssel.

In einer Übersicht haben wir die Angaben der Fachleute zusammengestellt. Sie alle beginnen erst spät mit ihren Berechnungen (1650) und geben sich ausnahmslos optimistisch, ebenso wie die jüngste Umfrage der Vereinten Nationen. Wir halten diese Zahlen im großen ganzen für zu hoch, zumindest was Afrika und auch Asien anbetrifft.

Es ist etwas leichtfertig, das sich dynamisch entwickelnde Europa, was die Zahl der Einwohner betrifft, mit dem um 1650, abgesehen von seinen mittelmeerischen Küstengebieten, noch rückständigen Afrika gleichzusetzen. Ebenso wenig wahrscheinlich sind die für 1650 angegebenen niedrigen Zahlen für Asien (250 oder 257 Millionen) wie auch die hohe Zahl von Carr-Saunders (330 Millionen).

Gewiß verfügte Afrika um die Mitte des 17. Jahrhunderts über lebenskräftige Völker, denn nur aufgrund einer biologischen Gesundheit konnten sie den im Anschluß an die früher erfolgten Verschleppungen in islamische Länder — die übrigens bis ins 20. Jahrhundert andauern sollten — immer stärker werdenden Sklavenhandel mit Amerika überleben. Einen weiteren Beweis ihrer Lebensfähigkeit lieferten die Einwohner Afrikas mit ihrem gegenüber dem Eindringen der Europäer geleisteten Widerstand; so gelang es den Portugiesen trotz mehrmaliger Versuche nicht, in das Innere des Schwarzen Kontinents einzudringen, wie es ihnen in Brasilien geglückt war. Herrliche Dörfer, die im 19. Jahrhundert während der Eroberungszüge der Europäer zerstört wurden, weisen zudem auf ein ziemlich geschlossenes bäuerliches Leben hin.

Daß die Europäer sich nicht intensiver um eine Eroberung Schwarzafrikas bemühten, liegt aber auch an den »bösartigen« Krankheiten, von denen sie bereits in den Küstengebieten befallen wurden. Ruhr, Tuberkulose, Wassersucht und viele andere Krankheiten kosteten zahlreiche Europäer das Leben. Die Krankheiten sowie der Widerstand der Schwarzen bremsten die Eroberungszüge der Europäer, oft auch wurden die

Tabelle »Bevölkerung«
Bevölkerung der Erde in Millionen Einwohner (1650—1950)

		1650	1750	1800	1850	1900	1950
Ozeanien		2	2	2	2	6	13*
Afrika		100	100	100	100	120	199**
Asien		257*	437*		656*	857*	1 272*
		330**	479**	602**	749**	937**	
		250***	406***	522***	671***	859***	
Amerika		8*	11*		59	144	338*
		13**	12,4**	24,6**	59	144	
		13***	12,4***	24,6***	59	144	
Europa (inkl. europäisches Rußland)		103*	144*		274*	423*	594*
		100**	140**	187**	266**	401**	
		100***	140***	187***	266***	401***	
Summen	1	470	694		1 091	1 550	2 416
	2	545	733,4	915,6	1 176	1 608	
	3	465	660,4	835,6	1 098	1 530	

Quellen: * Bulletin des Nations Unies, Dezember 1951. — ** Carr-Saunders. — *** Kuczynski.
Die Zahlen ohne Stern sind in allen drei Quellen dieselben.

reißenden Flüsse Afrikas mit ihren zahlreichen Stromschnellen zu unüberwindlichen Hindernissen. Zudem mobilisierten das amerikanische Abenteuer und der Handel mit Ostasien alle verfügbaren Kräfte in Europa. Der Schwarze Kontinent lieferte sein Gold, sein Elfenbein und seine Menschen ohnehin; was wollte man mehr? Die Ausmaße des Sklavenhandels werden im allgemeinen überschätzt, selbst nach Amerika war der Handel von beschränktem Umfang und sei es nur aufgrund von Transportschwierigkeiten. Zum Vergleich sei hier die Auswanderung der Iren nach Amerika in den Jahren 1769 bis 1774 erwähnt: Sie umfaßte im ganzen 44 000 Menschen, also weniger als 8000 im Jahr. Ein anderes Beispiel: Im 16. Jahrhundert wanderten jährlich rund 1000 Spanier von Sevilla nach Amerika aus. Selbst wenn man für den Sklavenhandel die völlig undenkbare Zahl von 50 000 Schwarzen jährlich annimmt (diese Zahl wird erst im 19. Jahrhundert, und da auch nur in den letzten Jahren des Sklavenhandels erreicht), entspräche das einer afrikanischen Bevölkerung von maximal 25 Millionen. Mit einem Wort, die Afrika zugeschriebenen 100 Millionen Einwohner sind in keiner Weise zu rechtfertigen, sie beruhen lediglich auf der ersten, äußerst unzuverlässigen Berechnung der Erdbevölkerung durch Gregory King aus dem Jahr 1696 (95 Millionen). Später hat man sich einfach damit begnügt, diese Zahl zu wiederholen.

Auf einige weitere Zahlenangaben würden wir gern näher eingehen. J. C. Russell zum Beispiel schätzte die Bevölkerung Nordafrikas im 16. Jahrhundert auf 3 500 000 (ich persönlich schätze sie, ohne sichere Beweise dafür zu haben, auf 2 Millionen). Für das Ägypten des 16. Jahrhunderts ergibt sich aus den durch die Arbeiten von Ömer Lutfi Barkan gelieferten steuerlichen Angaben allerhöchstens eine Zahl von 4 bis 5 Millionen; verglichen mit den zwar sehr viel später, nämlich erst 1798, erfolgten Berechnungen, die für Ägypten auf eine Einwohnerzahl von 2 400 000 kamen, halten wir diese Zahl für zu hoch angesetzt. Heute werden die Bevölkerungen von

Nordafrika und Ägypten gleichgesetzt, sie entsprechen beide jeweils einem Zehntel der afrikanischen Bevölkerung. Je nachdem, von welcher der oben genannten Zahlen wir ausgehen – letztere bezieht sich auf das ausgehende 18. Jahrhundert, die beiden anderen auf das 16. Jahrhundert –, erhalten wir eine Zahl von 24, 35 oder 50 Millionen für die ganze Bevölkerung Afrikas; die phantastische Zahl von 100 Millionen wird dabei auch nicht annähernd erreicht. Natürlich können wir unsere Vermutung nicht beweisen. Zudem sind die Angaben für das 16. Jahrhundert sehr unzuverlässig; nimmt man sie als Grundlage, dann ergibt sich für das 18. Jahrhundert ein Bevölkerungsrückgang, was zu beweisen bliebe. Man kann anführen, daß Ägypten im Jahr 1798 weit von seiner Glanzzeit des 16. Jahrhunderts entfernt ist – als Quelle für diese Behauptung mag die 1782/83 vollendete *Reise nach Syrien und Ägypten* von Volney gelten – und daß es in der Zwischenzeit viel gelitten hat. Es ist also zweifelhaft, ob Ägypten zum damaligen Zeitpunkt ein Zehntel der afrikanischen Einwohnerschaft beherbergte. Doch so schwierig es auch sein mag, eine Angabe über Afrika zu machen, so entschieden wird man auf jeden Fall die 100 Millionen zurückweisen.

Auch die Angaben für Asien sind übertrieben hoch. Carr-Saunders hält die von Wilcox gemachte Angabe von 70 Millionen für die Bevölkerung Chinas um 1650, also sechs Jahre nach der Einnahme Pekings durch die Mandschuren, für zu gering, er selbst nimmt etwas leichtfertig mehr als das Doppelte an (150 Millionen). Vielleicht ist die Angabe von Wilcox, der sich auf das *Tung Hwa Lu* stützte, zu niedrig, aber man muß die schrecklichen Verwüstungen während der mandschurischen Invasion bedenken. A. P. Usher ermittelte für 1575 75 Millionen, für 1661 101 Millionen; für 1680 lautet die offizielle Angabe 61 Millionen, Experten errechneten 98 Millionen oder 120 Millionen, und das für eine Zeit, zu der sich die Herrschaft der Mandschuren fest etabliert hatte. Um 1639 sprach ein Reisender von ungefähr 60 Millionen Einwohnern, wobei er für jede Familie zehn Personen annahm, eine selbst für China ungewöhnlich hohe Zahl.

Erst 1680, oder besser 1683, mit der Wiedereroberung Formosas, beginnt ein erstaunliches Bevölkerungswachstum in China. Chinesen dringen nach Sibirien, in die Mongolei, nach Turkestan und nach Tibet vor. Und auch innerhalb seiner eigenen Grenzen erlebt China eine ungewöhnlich intensive Kolonisation. Das flache Land sowie die leicht zu bewässernden Hügel werden angebaut, höher gelegene Wälder von Pionieren niedergebrannt. Die von den Portugiesen im 16. Jahrhundert mitgebrachten Pflanzen breiten sich immer mehr aus, so die Erdnuß, die Süßkartoffel, vor allem aber der Mais, später die aus Europa eingeführte Kartoffel, die allerdings erst im 19. Jahrhundert zur Bedeutung gelangt. Diese kaum unterbrochene Entwicklung dauerte bis 1740 an, danach verringerte sich das Land des einzelnen Bauern immer mehr, da sich die Bevölkerung schneller vermehrte, als Neuland gewonnen werden konnte.

Für das Bevölkerungswachstum Chinas kann man im einzelnen folgende Zahlen annehmen: 1680 — 120 Millionen; 1700 — 130 Millionen; 1720 — 144 Millionen; 1740 — 165 Millionen; 1750 — 186 Millionen; 1761 — 198 Millionen; 1770 — 246 Millionen; 1790 — 300 Millionen; 1850 — 430 Millionen. Als George Staunton, der Sekretär des englichen Botschafters, die Chinesen 1793 nach der Zahl der Einwohner ihres Kaiserreichs fragte, antworteten sie ihm stolz: 353 Millionen.

Aber kehren wir zur Bevölkerung Asiens zurück. Gewöhnlich wird sie auf das Doppelte bis Dreifache der Bevölkerung Chinas geschätzt. Da Indien nicht über die gleichen Bevölkerungsmassen wie China zu verfügen scheint, ist wohl eher das Doppelte als das Dreifache anzunehmen. Eine Berechnung der Bevölkerung von Dekkan im Jahr 1522, die auf anfechtbaren Dokumenten beruhend, auf eine Zahl von 30 Millionen kam, entspräche einer Einwohnerzahl Indiens von 100 Millionen, was über die zeitgenössische »offizielle« chinesische Angabe hinausgeht. Seit 1596 wird dann der Norden Indiens von Pest und Hungersnöten heimgesucht, das 17. Jahrhundert brachte zudem eine Verschlechterung der wirtschaftlichen Situation. Eine unveröffentlichte französische Berechnung aus dem Jahr 1797 nennt für Indien 155 Millionen Menschen, während China 1780 offiziell 275 Millionen angibt.

Nimmt man für Asien die doppelte oder dreifache Bevölkerungszahl Chinas an, dann erhält man 240 oder 360 Millionen für das Jahr 1680 und 600 oder 900 Millionen für das Jahr 1790. Wir geben, um es noch einmal zu wiederholen, vor allem für die Mitte des 17. Jahrhunderts den niedrigeren Angaben den Vorzug.

Die Gesamtbevölkerung der Erde ergäbe sich nun um 1680 aus folgender Addition: Afrika 35 oder 50 Millionen, Asien 240 oder 360, Europa 100, Amerika 10, Ozeanien 2.

Ein Vergleich der Jahrhunderte

Neben der Berechnung der Erdbevölkerung unter geographischen Gesichtspunkten hat man auch Berechnungen unter zeitlichen Gesichtspunkten durchgeführt. Zum erstenmal hat Paul Mombert für die Zeit von 1650 bis 1850 für Europa diese Methode angewandt. Er ging dabei von zwei Beobachtungen aus: (1) die jüngsten Angaben sind die am wenigsten anfechtbaren; (2) verfolgt man von den jüngsten Angaben ausgehend die Entwicklung zurück, so ist ein glaubhaftes Wachstumsgefälle anzunehmen. Für Europa käme man so für 1850 auf eine Zahl von 266 Millionen und dann rückwärts – da das Gefälle offensichtlich weniger groß ist, als dies zum Beispiel W. F. Wilcox angenommen hat – für 1800 auf 211, für 1750 auf 173, für 1650 auf 136, für 1600 auf 100 Millionen. Die Angaben für das 18. Jahrhundert liegen hier, verglichen mit den üblichen Berechnungen, höher; ein Teil des dem 19. Jahrhundert zugeschriebenen Bevölkerungsanstiegs wurde hier also bereits für das 18. Jahrhundert angenommen. (Diese Zahlen beruhen auf Schätzungen, sind also keine exakten Angaben.) Die jährlichen Zuwachsraten sind in diesem Fall glaubwürdig und werden im großen ganzen durch verschiedene Erhebungen bestätigt: Von 1600 bis 1650 beträgt die Zuwachsrate 6,2 Promille, von 1650 bis 1750 2,4, von 1750 bis 1800 4, von 1800 bis 1850 4,6. Ob die Entwicklung von 1300 bis 1600 (eine durch einen starken Bevölkerungsrückgang – von 1350 bis 1450 – wie durch einen bedeutenden Bevölkerungsanstieg – von 1450 bis 1650 – gekennzeichneten Zeit) ähnlich verlaufen ist, läßt sich nicht mit Sicherheit nachweisen.

Es bleibt uns überlassen, die Ausführungen von Paul Mombert zu übernehmen. Die zuverlässigste Angabe ist die Zahl von 100 Millionen Europäer für das Jahr 1600 als Endpunkt einer lang ansteigenden Kurve, für die man je nachdem ein Gefälle von 6,2 Promille wie zwischen 1600 und 1650, von 2,4 Promille wie zwischen 1650 und 1750 oder von 4 Promille wie zwischen 1750 und 1800 annehmen kann. Wir halten die letzte Zahl für die wahrscheinlichste und errechnen so für Europa um 1450 eine Bevölkerung von annähernd 55 Millionen. Geht man nun, wie alle Historiker, davon aus, daß durch die Schwarze Pest und ihre Folgen mindestens ein Fünftel der Europäer umgekommen ist, dann ergäbe sich für 1300 bis 1350 eine Bevölkerung von 69 Millionen.

Einige Historiker sehen in dem starken Bevölkerungsanstieg von 1450 bis 1650 so etwas wie einen Ausgleich für den vorausgegangenen heftigen Bevölkerungsschwund in der Krisenzeit von 1350 bis 1450.

Die alten unzureichenden Erklärungen

Wir kommen nun zu dem eingangs erwähnten Problem des allgemeinen Bevölkerungsanstiegs auf der Erde. Das unbestreitbare starke Anwachsen der Völker Chinas sowie Europas zwingen zu einer Überprüfung früherer Erklärungen. Die Historiker begründeten das Wachstum der abendländischen Völker hartnäckig mit einer Verringerung der Sterblichkeit in den Städten, dem Fortschritt im Bereich der Hygiene und Medizin, dem Zurückweichen der Pocken, einer Verbesserung in der Trinkwasserversorgung, einem entscheidenden Rückgang der Kindersterblichkeit, verbunden mit einer allgemein höheren Lebenserwartung und einem durchschnittlich niedrigeren Heiratsalter. Das sind gewiß alles sehr wichtige Faktoren. Aber wie läßt sich das gleichzeitige Bevölkerungswachstum Chinas erklären?

Sicher hat es verschiedene Formen eines Wachstums gegeben. So erklärte ein Experte den Bevölkerungsanstieg Europas im 17. Jahrhundert mit einer größeren Anzahl an Kindern, im 18. Jahrhundert mit einer Zunahme an älteren Leuten, oder wie sich ein anderer Fachmann ausdrückte: »Im 17. Jahrhundert nahm die Alterspyramide von unten nach oben, im 18. Jahrhundert von oben nach unten zu.« In China, wo die Ehen immer »früh und fruchtbar« gewesen sind, kann man jedoch weder eine Herabsetzung des durchschnittlichen Heiratsalters noch einen sprunghaften Anstieg der Geburtenziffer für das Anwachsen der Bevölkerung geltend machen. Und was die Hygiene anbetrifft, so sei nur erwähnt, daß in dem riesigen Peking von 1793, nach den Schilderungen eines englischen Reisenden, 3 Millionen Menschen auf einem Raum zusammenlebten, der kleiner war als der Londons, das bei weitem nicht über eine solch phantastische Einwohnerzahl verfügte. Die niedrigen Häuser Pekings waren vollgestopft mit Menschen. Wie hätte sich da ein Fortschritt auf dem Gebiet der Hygiene entfalten können? Und um in Europa zu bleiben:

Wie ließe sich der rasche Anstieg der Bevölkerung Rußlands – sie verdoppelte sich zwischen 1722 und 1795 von 14 auf 29 Millionen – erklären, wo es hier doch an Ärzten und Chirurgen fehlte und die Städte jeglicher Hygiene entbehrten? Und was führte zu dem starken Anwachsen der angelsächsischen und der spanisch-portugiesischen Bevölkerung im 18. Jahrhundert in Amerika? Auch hier fehlte es an Ärzten und an einer besonders ausgeprägten Gesundheitspflege, vor allem in Rio de Janeiro, der Hauptstadt Brasiliens seit 1763, das regelmäßig vom Gelbfieber heimgesucht wurde und wie das gesamte spanische Amerika ständig von den Pocken bedroht war, einer Krankheit, bei der die Menschen »bis auf die Knochen« verfielen. Kurz und gut: Das Wachstum jeder Bevölkerung ist auf durchaus eigene Art zu erklären. Die Frage ist nur, warum sich überall zur gleichen oder fast zur gleichen Zeit ein solches Wachstum feststellen läßt.

Besonders seit dem allgemeinen wirtschaftlichen Aufschwung des 18. Jahrhunderts drang der Mensch in immer stärkerem Maß in neue unerschlossene Gebiete vor, die er kultivierte und bevölkerte. Europa hatte einen Überschuß an Lebensraum und Nahrungsmitteln aufgrund seiner überseeischen Gebiete und des europäischen Ostens, der nach den Worten des Abtes de Mably aus seiner »Barbarei« heraustrat; so wurde zum Beispiel Südrußland kultiviert, dann die Wald- und Sumpfgebiete Ungarns, durch die sich lange Zeit die hart umkämpfte, schließlich nach Süden verschobene Grenze zum türkischen Kaiserreich hinzog. Das gleiche gilt für Amerika, ohne daß wir näher darauf eingehen möchten. Auch in Indien läßt sich eine ähnliche Entwicklung für die Erschließung der Schwarzerdegebiete in der Umgebung von Bombay feststellen. Deutlicher wird dies noch in China, das sich anschickte, leere oder verlassene Gebiete innerhalb wie außerhalb seiner Grenzen zu bevölkern. »So paradox es auch erscheinen mag«, schreibt René Grousset, »wollte man die Geschichte Chinas mit der Entwicklung irgendeines anderen Volkes vergleichen, dann müßte man an Kanada oder an die Vereinigten Staaten denken. In beiden Fällen handelte es sich im wesentlichen um die Eroberung riesiger, nur von armseligen Nomadenvölkern bewohnter Gebiete.« Und diese Expansion dauert heute noch an, oder besser gesagt, sie wurde im 18. Jahrhundert wieder aufgenommen.

Wenn es also überall auf der Welt zu wiederholten Expansionen gekommen ist, dann doch wohl deshalb, weil sich die Menschheit vermehrt hat. Die räumliche Ausdehnung ist also eher eine Auswirkung als eine Ursache des Bevölkerungsanstiegs. Tatsächlich bot sich dem Menschen immer wieder Raum zur Eroberung an. Selbst in unserer heute mittlerweile so »begrenzten« Welt, in der »der Menschheit weder ein zweites Mississippi-Tal noch ein zweites Argentinien zur Verfügung steht«, wie ein Volkswirt treffend bemerkte, fehlt es nicht an unbewohnten Gebieten: In den Äquatorialwäldern, den Steppenzonen, den arktischen Landschaften und den Wüstengebieten könnte man mit Hilfe der modernen Technik Großartiges zustande bringen.

Das eigentliche Problem aber, wie gesagt, liegt anderswo. Warum hat sich die Expansion überall auf der Welt zur gleichen Zeit abgespielt? Die damals bereits vorhandene, aber erst wenig ausgeprägte internationale Wirtschaft kann nicht allein für eine so allgemeine und mächtige Entwicklung verantwortlich gemacht werden: sie ist ihrerseits mindestens ebensosehr eine Folgeerscheinung wie eine Ursache.

Klimatische Veränderungen

Für diese mehr oder weniger parallel laufende Entwicklung gibt es nur eine einzige, allgemein gültige, inzwischen auch von den Gelehrten ernst genommene Erklärung: die Veränderungen des Klimas. Wie sich aus den jüngsten intensiven Forschungen von Historikern und Meteorologen ergibt, schwankten Temperatur, Luftdruck und Niederschlagsmenge ständig, was sich in irgendeiner Weise auf Bäume, Flüsse, Gletscher, auf die Höhe des Meeres, das Gedeihen von Reis und Getreide, von Ölbäumen und Wein, auf Tiere wie Menschen auswirkte.

Nun war die Menschheit in der Zeit zwischen dem 15. und 18. Jahrhundert ein großes Volk von Bauern. 80 bis 95 Prozent lebten ausschließlich von der Landwirtschaft. Ablauf und Qualität der Ernte bestimmten das gesamte materielle Leben, plötzlich auftretende Veränderungen in der Natur konnten sich daher auf den Menschen verheerend auswirken. Und diese Veränderungen traten überall zur gleichen Zeit in Erscheinung. So vollzog sich im 14. Jahrhundert eine allgemeine Abkühlung der nördlichen Hemisphäre, Gletscher und Packeis vergrößerten sich, die Winter wurden strenger; von da an, so vermutet ein Historiker, war der Weg der Wikinger nach Amerika durch gefährliches Eis unterbrochen, und damals, so ein anderer Gelehrter, riß die Verbindung Grönlands zum Festland endgültig ab, wovon die in dem gefrorenen Boden aufgefundenen Körper der letzten Überlebenden Zeugnis ablegten. So wäre auch in Europa nicht allein die Schwarze Pest Schuld an seinem Niedergang.

Die im Zeitalter Ludwigs XIV. herrschende »kleine Eiszeit« wirkte sich auf den Getreideanbau in Europa wie auf Asiens Reisfelder und Steppen, auf die Olivenhaine der Provence wie auf die skandinavischen Länder aus, wo das Getreide, wie es im Jahr 1690 der Fall war, nicht mehr zur Reife gelangen konnte, da Eis und Schnee zu spät verschwanden. Auch in China häuften sich Mitte des 17. Jahrhunderts die Naturkatastrophen – schreckliche Trockenzeiten, Heuschreckenschwärme –, dazu kamen wie im Frankreich Ludwigs XIII. ständige Bauernrevolten. All das zusammen erklärt vielleicht die Schwankungen im Bereich des materiellen Lebens überall auf der Erde und legt die Vermutung einer von physikalischen und von biologischen Gegebenheiten bestimmte Entwicklung der Menschheit nahe.

Sollte sich diese von mir seit langem angenommene Erklärung als richtig erweisen, dann müssen wir uns davor hüten, sie zu sehr zu vereinfachen. Jedes Klima stellt ein äußerst komplexes Ganzes dar, das sich verschiedenartig auf das Gedeihen von Pflanzen, Tieren und Menschen auswirken kann, je nach Ort, Jahreszeit und Kulturzone. In dem gemäßigten abendländischen Europa besteht zum Beispiel »eine negative Wechselwirkung zwischen der in der Zeit vom 10. Juni bis 20. Juli gefallenen Regenmenge sowie eine positive Wechselwirkung zwischen dem Prozentsatz (an Sonnentagen) in der Zeit vom 20. März bis 10. Mai und der Quantität des Getreides«. Immer waren die Menschen den Naturkräften, insbesondere den Naturkatastrophen, ausgeliefert. So richtete im Dezember 1686 ein Sturm in Flandern fürchterlichen Schaden an. Die Historiker betrachten die Wirtschaft der vergangenen Jahrhunderte immer mehr als eine Aneinanderreihung von guten und schlechten Ernten, die ihrerseits natürlich zum Teil vom Klima und seinen Veränderungen abhingen.

Der Gedanke, daß die Entwicklung der Menschheit vom Klima und seinen Veränderungen bestimmt wurde, wird von manchen heute nicht ernst genommen; die Menschen früherer Zeiten dagegen versuchten, alle Ereignisse auf der Erde, das Schicksal des Einzelnen wie das der Gemeinschaft, Krankheiten usw. mit Hilfe der Sterne zu erklären. So las der Mathematiker Oronce Finé im Jahr 1551 folgendes aus den Sternen: »Wenn Sonne, Venus und Mond gemeinsam im Zeichen der Zwillinge stehen, verdienen die Schriftsteller in diesem Jahr gut, und die Diener erheben sich gegen ihre Herren und Meister. Aber es wird großen Überfluß an Weizen auf der Welt geben und die Wege werden schlecht abgesichert sein gegen die zahlreichen Diebe.«

Zweites Kapitel

Die Größenverhältnisse

Die im vorigen Kapitel in groben Zügen dargestellten Größenordnungen bestimmen im voraus den gesamten Gegenstand dieses Buchs. Sich der zahlenmäßigen Unterschiede zwischen Gegenwart und Vergangenheit bewußt zu werden ist eines der wesentlichen Probleme jeder Geschichtsbetrachtung.

Die gegenwärtige Bevölkerung der Erde umfaßt – im Jahr 1966 – 3,3 Milliarden Menschen (Abweichungen bis zu 10 Prozent sind möglich). Verglichen mit den von uns für vergangene Jahrhunderte gemachten Angaben stellt diese Masse, bezogen auf das Jahr 1300 oder 1800, das Vier- bis Zehnfache dar. Natürlich sind die Koeffizienten 4 und 10 und ihre Zwischenwerte keine absoluten Zahlen – schon deswegen nicht, weil diesen Zahlen nie die gleiche Bevölkerungsstruktur zugrunde liegt –, die Alterspyramide verändert sich ständig; aber es sind immerhin Annäherungswerte.

Städte, Armeen und Flotten

Städte und Armeen nehmen sich in der Vergangenheit, verglichen mit denen unseres Jahrhunderts, verhältnismäßig klein aus. Köln, die größte Stadt Deutschlands im 15. Jahrhundert, Knotenpunkt wichtiger Transportwege zu Land und zu Wasser, zählte zu einer Zeit, da sich in Deutschland Stadt- und

Landbevölkerung im Verhältnis 1 zu 10 gegenüberstand, nicht mehr als 20 000 Einwohner. Damals jedoch bedeutete eine Ansammlung von 20 000 Menschen eine viel größere Konzentration von Arbeitskräften und Fähigkeiten als heute — bei aller Berücksichtigung der gegenwärtigen Verhältnisse — ein Zusammenschluß von 100 000 bis 200 000 Menschen. Mit der gleichen Berechtigung können wir von dem Istanbul des 16. Jahrhunderts, das mindestens 400 000, wahrscheinlich sogar 700 000 Einwohner zählte, als von einem städtischen Monstrum sprechen, das mit den größten Ballungszentren unserer Zeit vergleichbar wäre. Zum Leben brauchte diese Riesenstadt alle verfügbaren Schafherden des Balkan, dazu Reis, Bohnen und Getreide aus Ägypten, Holz und Getreide vom Schwarzen Meer, Rinder, Kamele, Pferde aus Kleinasien, und zur Auffrischung seiner Bevölkerung alle verfügbaren Menschen des Kaiserreichs, darüber hinaus auch Sklaven, die von den Tataren auf ihren Streifzügen durch Rußland und von den türkischen Geschwadern entlang den Küstenstrichen des Mittelmeers gefangen genommen und anschließend auf dem riesigen Markt Besistan im Herzen der ungeheuer großen Hauptstadt zum Verkauf angeboten wurden.

Die Anfang des 16. Jahrhunderts in Italien kämpfenden Söldnerheere verfügten nur über eine sehr geringe Stärke: 10 000 bis 20 000 Mann, 10 bis 20 Kanonen. Diese kaiserlichen Soldaten mit ihren großartigen Anführern, einem Pescara, einem Konnetable de Bourbon, einem de Lannoy, einem Philibert de Chalon, die, wie wir aus unseren Schulbüchern wissen, nach Herzenslust das Söldnerheer eines Franz I., eines Bonnivet oder Lautrec verprügelten, rekrutierten sich im wesentlichen aus deutschen Landsknechten und spanischen Scharfschützen; es war eine Elitetruppe von 10 000 Mann, die sich aber genauso schnell verbrauchte wie die Napoleonische Armee in ihren Kämpfen auf dem Schlachtfeld von Boulogne und in den spanischen Kriegen (1803—1808). Die Söldnerheere beherrschten die Szenerie von La Bicoque (1522) bis zur

Niederlage Lautrecs in Neapel (1528), wobei Pavia (1525) ihren Höhepunkt darstellte. Diese 10 000 überaus beweglichen, von Fanatismus besessenen, unerbittlichen Männer — die traurigen Helden des Sacco di Roma — entsprächen heute etwa 50 000 bis 100 000 Mann. In früherer Zeit hätte man eine größere Armee weder kommandieren noch verpflegen können. So ist der Sieg von Pavia der Erfolg der Scharfschützen, mehr noch ein Erfolg der Ausgehungerten; denn die zwischen den Stadtmauern des von ihr belagerten Pavia und dem herzoglichen Park, einem mit Mauern umgebenen Jagdrevier, liegende Armee Franz I. war zu gut ernährt worden, um die sich unerwartet am 24. Februar 1525 abspielende Schlacht gewinnen zu können. Eine Meisterleistung vollbrachte die spanische Verwaltung, der es gelang, mit Hilfe ihrer großen »Verteilerbahnhöfe« Sevilla, Cádiz (später Lissabon), Malaga und Barcelona unzählige Galeeren, Flotten und *tercios* über alle Meere Europas auszuschicken. Etwas Großartiges stellte auch die Schlacht von Lepanto dar (7. Oktober 1571), in der sich Islam und Christentum gegenüberstanden, zusammen mindestens 100 000 Mann auf den feinen Galeeren und den großen runden Begleitbooten. Hunderttausend! Man stelle sich heute eine Flotte mit 500 000 oder einer Million Mann vor! Ungefähr fünfzig Jahre später vereinigte Wallenstein 100 000 Soldaten unter seinem Kommando, damals eine außergewöhnliche organisatorische Leistung, allein schon, was die Versorgung mit Lebensmitteln anbetrifft. Die in Denain (1712) siegreiche Armee Villars' umfaßte ebenfalls 100 000 Mann. In späteren Zeiten scheint, wie aus den Angaben des Kriegskommissars Dupré d'Aulnay hervorgeht, die Anzahl von 100 000 Soldaten für die Aufstellung einer Armee allgemein üblich geworden zu sein, zumindest theoretisch. Die Versorgung dieser Menschenmassen mit Nahrung stellte immer wieder ein Problem dar; sogar rollende Eisenherde, in denen das Komißbrot gebacken wurde, waren bekannt.

Trotz allem war die Summe der Verluste an Menschen — in

Spanien verursacht durch die Vertreibung der Mauren (1609 bis 1614), nach ziemlich sicheren Angaben im ganzen 300 000 Personen, in Frankreich durch die Aufhebung des Edikts von Nantes, in Schwarzafrika durch den Sklavenhandel mit der Neuen Welt, nochmals in Spanien durch die Besiedlung der Neuen Welt (im 16. Jahrhundert vielleicht an die tausend Aussiedler im Jahr, 100 000 im ganzen) – im großen ganzen doch relativ gering. Aufgrund seiner politischen Isolierung und mangels einer flexiblen Wirtschaft gelang es Europa nicht, eine größere Anzahl von Menschen loszuwerden. Ohne Unterstützung der afrikanischen Sklaven hätte sich Amerika nie so gut entwickeln können; das lag nicht allein an den für die Europäer veränderten klimatischen Bedingungen, sondern vor allem auch an der geringen Zahl von europäischen Einwanderern. Natürlich hatten diese Emigrationen ihre Nachwirkungen, aber die Zeitgenossen übertrieben sicherlich ein wenig, so Andrea Navagero bei seiner Schilderung des Lebens in Sevilla: »So viele Menschen sind nach Amerika aufgebrochen, daß die Stadt kaum mehr bevölkert ist und sich fast ganz unter der Herrschaft der Frauen befindet.«

K. J. Beloch dachte in ähnlicher Weise, als er von der wirklichen Bedeutung Europas im 17. Jahrhundert sprach, einer Zeit, in der sich mit dem Osmanischen Reich, dem spanischen Kaiserreich und dem Frankreich Ludwigs XIII. und Richelieus drei große Mächte um die Vorherrschaft stritten: Beloch errechnete für jede dieser Mächte eine Bevölkerungszahl von ungefähr 17 Millionen Menschen, und er folgerte daraus, daß nur Reiche von dieser Größenordnung Anspruch auf den Titel einer Großmacht erheben konnten. Wir sind heute weit davon entfernt ...

Wenn man davon ausgeht, daß die Bevölkerung der Erde um 1600 ein Achtel der heutigen Erdbevölkerung ausmachte, daß Frankreich damals (das gegenwärtige Staatsgebiet zugrunde gelegt) 20 Millionen Menschen umfaßte, was als wahrscheinlich, wenn nicht gar sicher anzunehmen ist, England jedoch höchstens 5 Millionen Einwohner zählte, und wenn sich beide Völker gemäß dem Durchschnittswachstum entwickelt hätten, dann müßte England heute etwas über 40 Millionen, Frankreich dagegen über 160 Millionen Einwohner verfügen. Frankreich — das gleiche gilt für Italien und das Deutschland des 16. Jahrhunderts — war damals also wahrscheinlich bereits ein übervölkertes Land, oder, wie Brantôme sich ausdrückte, »voll wie ein Ei«. Die zahlreichen Auswanderungen, im 16. und 17. Jahrhundert nach Spanien, später nach Amerika, sowie die religiös motivierten Emigrationen, die 1540 im Anschluß an die erste systematische Verfolgung der Protestanten begannen und erst 1752/53 mit einer letzten Auswanderungswelle aufgrund der blutigen Verfolgungen im Languedoc endeten, verliefen, da sie nicht von oben gelenkt wurden, unorganisiert.
Erst in jüngster Zeit gelang es der Geschichtsforschung, aufgrund von statistischem Quellenmaterial sowie Berichten von Spanienreisenden das ganze Ausmaß der französischen Emigration in die iberischen Länder zu erfassen. Im Jahr 1654 zeigte sich der Kardinal de Retz sehr überrascht, in Saragossa, wo unzählige französische Handwerker lebten, überall seine Muttersprache zu hören. Auch Antoine de Brunel war erstaunt über die große Anzahl der in Madrid lebenden *gavachos* (Schimpfwort für Franzosen); auf 40 000 schätzte er selbst diese Emigranten, die »sich als Spanier verkleiden und als Wallonen, Burgunder oder Lothringer ausgeben, damit sie nicht als Franzosen erkannt und verprügelt werden«.
Die Aussicht auf bessere Verdienstmöglichkeiten zog zahlrei-

che Handwerker und Arbeiter, in besonderem Maß Maurer und Bauarbeiter, in die spanische Hauptstadt. Aber auch eine große Zahl von französischen Bauern ließ sich in Spanien nieder; ohne ihre Unterstützung wären weite Teile der iberischen Halbinsel unkultiviert geblieben. Diese Einzelheiten deuten auf eine ständige Emigration zahlreicher französischer Bürger aus verschiedenen sozialen Schichten; sie sind zugleich ein Beweis für die latente Übervölkerung Frankreichs. Jean Hérauld, Sire de Gourville, spricht in seinen *Mémoires* (1669) von 200 000 in Spanien lebenden Franzosen — eine riesige, aber keineswegs unwahrscheinliche Zahl.
Im 18. Jahrhundert machte sich in dem seit Jahrhunderten von der Übervölkerung bedrohten Frankreich so etwas wie eine freiwillige Geburtenkontrolle bemerkbar. »Selbst in Augenblicken höchster Lust«, schreibt Sébastien Mercier 1771, »achten die Ehemänner darauf, daß ihre Liebe ohne Folgen bleibt«.

Bevölkerungsdichte und Zivilisationsstufen

Die durchschnittliche Bevölkerungsdichte beträgt gegenwärtig bei einer bewohnbaren Erdoberfläche von 150 Millionen Quadratkilometern und einer Gesamtbevölkerung von 3,3 Milliarden Menschen 22 Einwohner je Quadratkilometer. Für die Zeit von 1300 bis 1800 käme man bei dieser Berechnung auf mindestens zwei, im Höchstfall auf 5 bis 6 Menschen je Quadratkilometer. Die gegenwärtig (1966) am dichtesten besiedelten Gebiete mit 190 und mehr Menschen je Quadratkilometer umfassen — wie immer wieder berechnet worden ist — 11 Millionen Quadratkilometer. Auf dieser verhältnismäßig kleinen Fläche leben heute 70 Prozent der Erdbevölkerung, also mehr als 2 Milliarden Menschen. Saint-Exupéry betrachtete die Welt der Menschen — »das Universum der Brunnen und Häuser« — als ein schmales, sich über die Erde hinziehendes Band. Neun Zehntel der Erdoberfläche sind vom Menschen unbewohnt. Das ergab sich zum Teil zwangsläufig, da weite Gebiete für eine Besiedlung ungeeignet sind, oft aber auch rein zufällig aus der Geschichte eines Volkes. »Die Menschen haben sich nicht von einem Punkt aus immer weiter über die Erde verbreitet, so wie ein Ölfleck immer weitere Kreise zieht«, schreibt Vidal de La Blanche, »sondern sie haben eine Art von Ameisenhaufen geschaffen«.

Die Bezeichnung »Ameisenhaufen« scheint zunächst in bezug auf selbst die größten Menschenansammlungen der Vergangenheit unpassend zu sein; denn gemessen an heutigen Verhältnissen, gab es in der Zeit zwischen 1400 und 1800 nirgends wirklich dicht besiedelte Gebiete, wenngleich es bereits damals relativ dicht bevölkerte Zonen von geringer Ausdehnung und daneben weite leere oder fast leere Gebiete gab. Aber auch hier dürfen wir nicht von den gegenwärtigen Verhältnissen ausgehen.

Aus zeitgenössischen Dokumenten und späteren Berichten sowie durch die Forschungen der Ethnographen besitzen wir heute eine genaue Kenntnis über die Einteilung der Welt um 1500 – am Vorabend der Eroberung Amerikas durch die Europäer – in einzelne Zivilisationen, in fortgeschrittene und primitive Kulturen, deren Grenzen sich, wie wir wissen, im Lauf der Jahrhunderte nur ziemlich wenig verschoben. Der Mensch lebt vorzugsweise in einem traditionellen Lebensbereich, in einer Gemeinschaft, die ihre seit Generationen vertraute Umgebung, mögen auch einzelne sie verlassen, andere hinzukommen, nicht verläßt.

Gordon W. Hewes gliederte die Welt um 1500 in 76 verschieden große Zonen, die zusammen eine Fläche von 150 Millionen Quadratkilometer ergeben. Diese 76 verschiedenen Puzzle-Teile entsprechen 76 Kulturen: Nr. 1 bis Nr. 27 umfaßt die primitiven Völker, Sammler und Fischer; Nr. 28 bis Nr. 44 die Nomaden und Viehzüchter; Nr. 45 bis Nr. 63 Völker mit noch wenig ausgeprägter Ackerbau-Kultur (vorwiegend Hackbau), die sich eigenartigerweise wie ein schmales Band über die Erde hinziehen; Nr. 64 bis Nr. 76 die Zivilisationen, relativ dicht besiedelte Gebiete, die sogenannten »entwickelten« Länder, die sich von den anderen Kulturen vor allem durch die Haltung von Haustieren, das Vorhandensein von Ackerbaugeräten, Pflügen, Wagen und ganz besonders durch die Existenz von Städten unterscheiden.

In einigen Fällen ist die von Hewes vorgenommene Einteilung umstritten. So ist fraglich, ob die aztekische oder mexikanische Kultur und die Inka- oder peruanische Kultur ihre Position (Nr. 61 und 62) wirklich zu Recht einnehmen. Ihre Leistungen auf dem Gebiet der Kunst, ihre Prachtentfaltung sowie die Rechenkunst der alten Mayas sprechen für ihre Plazierung ebenso wie ihre lange Lebensdauer – sie überlebten den schrecklichen Ansturm der Weißen. Dagegen spricht, daß diese Kulturen nur die Hacke und den Grabstock benutzten, daß sie außer Lama, Alpaka und Vikunja keine großen Haustiere hielten und daß ihnen Rad, Gewölbe und Wagen und ebenso die bereits seit Jahrhunderten, ja Jahrtausenden bei den vergleichsweise primitiven Kulturen Schwarzafrikas bekannte Eisenverarbeitung fremd war. Die gleichen Bedenken begegnen der finnischen Gruppe, die von den benachbarten Kulturen kaum berührt wurde.

Die 13 »eigentlichen« Kulturen ziehen sich wie ein langes, schmales Band über den Alten Kontinent; dieses vergleichsweise dicht bevölkerte Land ist fest in den Händen der Menschen, so fest, wie dies damals möglich war. Im Jahr 1500 befand sich der zivilisierte Mensch dort, wo er sich bereits 1400 befand, wo er im Jahr 1800 und auch heute noch anzutreffen ist: in Japan, Korea, China, Indochina, auf den Insulinden, in Indien, in der islamischen Welt und in den vier verschiedenen Bereichen Europas (dem lateinischen Mittelmeerraum, der reichsten Kultur; dem griechischen Europa, das von der türkischen Eroberung überrollt wurde; dem Norden Europas, der widerstandsfähigsten Kultur; der russisch-lappländischen

Kultur, der unterentwickeltsten). Dazu kommen noch zwei besondere Erscheinungen: die starken kaukasischen Kulturen und die langlebige Kultur der abessinischen Bauern.

Diese 13 Zivilisationen erstrecken sich zusammen über eine Fläche von annähernd 10 Millionen Quadratkilometern, das entspricht ungefähr der zwanzigfachen Größe des heutigen Frankreich, ein verhältnismäßig winziger Raum also, eine dicht besiedelte Zone, die sich auch heute von den übrigen Gebieten klar abhebt (heute leben auf 11 Millionen Quadratkilometern 70 Prozent der Menschheit).

Legt man das gegenwärtige Verhältnis zwischen der Summe der in »Kulturen« lebenden Menschen und der gesamten Bevölkerung der Erde zugrunde, nämlich 70 Prozent, so ergäbe sich für die Zeit von 1300 bis 1800 in diesen bevorrechteten Gebieten eine Bevölkerungsdichte von mindestens 19, höchstens 47,5 je Quadratkilometer. Für 1600 kämen wir auf einen Durchschnittswert von 23 bis 24. Eine Großmacht mußte damals in Europa über mindestens 17 Millionen Menschen verfügen und eine Kultur, wenn sie leben und gedeihen wollte, über eine Bevölkerungsdichte von ungefähr 20 Menschen je Quadratkilometer: eine Zahl, oder besser gesagt eine Größenordnung, die wir uns merken sollten, denn sie erklärt manches, was uns zunächst unverständlich erscheint.

Im Jahr 1600 zählten das dichtbevölkerte Italien 44 Einwohner je Quadratkilometer, die Niederlande 40, Frankreich 34, Deutschland 28, die Iberische Halbinsel 17, Polen und Preußen 14, Schweden, Norwegen und Finnland ungefähr 1,5 (Randländer Europas, die noch einem primitiven Mittelalter verhaftet waren und nur wenig, und auch da nur in einigen Gebieten ihres Landes, am Leben Europas teilhatten). Was China anbetrifft, das China der 17 Provinzen (die 18., Kan-Sou, stand damals unter der Verwaltung des chinesischen Turkestan), so beträgt seine Bevölkerungsdichte kaum mehr als 20 je Quadratkilometer (1578).

Uns erscheinen diese Durchschnittswerte heute gering, damals jedoch bedeuteten sie schon eine Übervölkerung. Württemberg, das am dichtesten besiedelte Land Deutschlands zu Beginn des 16. Jahrhunderts (44 je Quadratkilometer), war die bevorzugte Gegend für die Aushebung von Landsknechten; Frankreich und Spanien mit einer Bevölkerungsdichte von 34 und 17 (!) erlebten umfangreiche Emigrationen. Italien und die Niederlande dagegen, die reichen und bereits »industrialisierten« Länder, vertrugen bereits eine größere Bevölkerungsdichte, Emigration war hier seltener. Eine Übervölkerung entsteht eben nicht nur aufgrund einer bestimmten Anzahl von Menschen, sondern auch aufgrund von unzureichenden Erwerbsmöglichkeiten.

A. P. Usher unterscheidet in der historischen Demographie drei verschiedene Besiedelungsstufen: auf der untersten Stufe das Land der Pioniere (Usher spricht von »Grenzländern« in bezug auf die Vereinigten Staaten), ein unbewirtschaftetes oder kaum bewirtschaftetes Land mit sehr geringer Bevölkerung; als nächste Stufe Länder mit einer Bevölkerungsdichte von 15 bis 20 Menschen je Quadratkilometer (China, Indien vor dem 18. Jahrhundert, Europa vor dem 12. oder 13. Jahrhundert); als höchste Stufe die »dicht« besiedelten Gebiete mit mehr als 20 Einwohnern je Quadratkilometer. Die gleiche Zahl gibt Jean Fourastié als Maßstab für das traditionelle Frankreich an: 1 Mensch auf 2 Hektar Ackerland, also noch im 18. Jahrhundert (das Ackerland umfaßte die Hälfte des unbewirtschafteten Landes) 25 Menschen je Quadratkilometer; oder nach William Petty: 1 Mensch je Morgen (ungefähr 40 Ar).

Wir kommen hier zu den wichtigsten Problemen einer Besiedlungsgeschichte. Wie verhalten sich zum Beispiel Stadt- und Landbevölkerung zueinander (an diesem Verhältnis läßt sich vielleicht am besten das Wachstum einer Bevölkerung ablesen), welche Besiedlungsformen weisen die ländlichen Gebiete auf? Die ärmlichen Bauernhöfe der finnischen Siedler in der Nähe von St. Petersburg liegen sehr weit verstreut, die Häuser der deutschen Siedler stehen in Gruppen zusammen, verglichen damit nehmen sich die russischen Dörfer wie bedeutende Siedlungsgebiete aus. Als ich bei Gelegenheit Landpläne auf den ehemaligen Gütern der Rosenberg und Schwarzenberg nahe der österreichischen Grenze, in dem Gebiet der mit Karpfen, Hechten und Barschen bevölkerten künstlichen Seen, sowie in den Zentralarchiven von Warschau einsah, war ich über die ungewöhnlich geringe Ausdehnung vieler Dörfer Zentraleuropas im 17. und 18. Jahrhundert überrascht; oft bestanden sie aus nicht mehr als ungefähr zehn Häusern. Wir sind hier weit entfernt von den Dorf-Städten Italiens oder den großen zwischen Rhein, Meuse und dem Pariser Becken gelegenen dörflichen Ansiedlungen. Das Fehlen bedeutender ländlicher Siedlungen in so vielen Ländern Mittel- und Ost-Europas sollte sich für die bäuerliche Bevölkerung als schicksalhaft erweisen: denn nur ein Zusammenschluß zu großen Gemeinschaften hätte ein Gegengewicht zu der Herrschaft der Gutsherrn herstellen können.

Primitive Völker und wilde Tiere

Die Versuchung liegt nahe, immer nur die »Kulturen« zu sehen; denn sie sind das Wesentliche und haben etwas Eigenes hervorgebracht. Jede Kultur hat ihre bestimmten Merkmale – ihre typischen Werkzeuge, Kleidungsstücke, Häuser, Bräuche, traditionellen Lieder usw. – und Absonderlichkeiten – die Windmühlen drehen sich in China horizontal, die Scheren aus Istanbul weisen an der Innenseite der Schneide starke Vertiefungen auf, und die Schmucklöffel sind aus dem Holz des Pfefferstrauchs gefertigt, der chinesische und der japanische Amboß haben keine Ähnlichkeit mit unserem, die Schiffe auf dem Roten Meer und auf dem Persischen Golf wurden ohne einen einzigen Nagel gebaut ... Jede Kultur hat auch ihre charakteristischen Pflanzen und Haustiere, jedenfalls eine ganz bestimmte Art, damit umzugehen, sowie eine ganz spezielle Kost ... Ein Küchengeruch allein kann die Erinnerung an eine ganze Kultur wachrufen.

Am Rande dieser Kulturen jedoch, manchmal sogar mittendrin, leben primitive Menschen und wilde Tiere. Die meisten »Wilden« hat Ostasien aufzuweisen, auf den Insulinden, in den Gebirgen Chinas, im Norden der japanischen Insel Jesso, auf Formosa und mitten in Indien; überall, wo sie auftreten, brennen sie Wälder ab und pflanzen auf dem neugewonnenen Boden Reis an. In Europa gibt es keine solchen »wilden« Völker, hier wurden die Bergbewohner sehr früh unterworfen, ohne daß man sie wie in Ostasien als Parias behandelte. Die zahllosen Zusammenstöße zwischen »wilden« und zivilisierten Völkerstämmen in Asien sind von einer rücksichtslosen Härte gekennzeichnet. Die Chinesen führen einen ständigen Kampf gegen die »wilden« Bergbewohner, die in stinkenden Häusern lebenden Viehzüchter. Die gleichen Konflikte zeichnen sich in Indien ab. Im Jahr 1565 wird das indische Königreich von Vidschajanagar auf der Halbinsel Dekkan, in der Nähe von Talikota, von der Reiterei und Artillerie der muselmanischen Sultane aus dem Norden vernichtet. Die riesige Hauptstadt wird zwar vorerst von den siegreichen Truppen verschont, dafür dringen die plündernden Horden der Brindscharis, Lambadis und Kurumbas, »wilde« Völkerstämme aus den benachbarten Wäldern, in die Stadt ein.

Diese »wilden« Völker jedoch scheinen gleichsam von allen Seiten eingekreist, wie Gefangene der sie umgebenden Kultur. Die richtigen »Wilden« leben anderswo, in unwirtlichen Gegenden oder am Rand der Siedlungsgebiete, dafür aber in völliger Freiheit; es sind die sogenannten Randvölker, die »geschichtslosen Völker« (haben sie wirklich keine Geschichte?) der deutschen Geographen und Historiker. Bis vor kurzem lebten noch in dem hohen Norden Sibiriens 12 000 Tschuden auf einer Fläche von 800 000 Quadratkilometern und ungefähr 1000 Samojeden auf einem 150 000 Quadratkilometer großen Stück Land der eisigen Jamal-Halbinsel — ein Beweis dafür, daß »die ärmsten Völker den größten Raum beanspruchen« oder daß in den riesigen unwirtlichen Gebieten nur Menschen leben können, die sich bescheiden von Wurzeln. Knollen und wilden Tieren ernähren.

Eines jedenfalls ist unbestritten: Sowie die Anwesenheit des Menschen nachläßt, nehmen selbst in unfruchtbaren Gegenden die wilden Tiere überhand. Sich vom Menschen entfernen bedeutet: den Tieren begegnen. Liest man Reiseschilderungen, so wird man erfahren, daß alle Tiere der Welt die Nähe des Menschen aufsuchen. Die Tiger Asiens streichen um die Dörfer und Städte herum und überfallen die auf ihren Booten im Ganges schlafenden Fischer — so der Bericht eines Reisenden aus dem 17. Jahrhundert. Heute noch wird das Land rings um die Bergdörfer in Ostasien gerodet, um so den gefürchteten Menschenfresser fernzuhalten. Bei Einbruch der Dunkelheit fühlt sich niemand mehr in Sicherheit, nicht einmal in den Häusern. In einer kleinen nahe Kanton gelegenen Stadt, wo der Jesuitenpater De Las Cortes und seine Elendsgefährten in Gefangenschaft lebten (1626), wurde ein Mann, als er aus der Hütte trat, von einem Tiger weggeschleppt. Eine chinesische Malerei des 16. Jahrhunderts zeigt einen riesigen rosa gefleckten Tiger zwischen blühenden Obstbäumen, ein wohlbekanntes Ungeheuer: Das war er überall in Ostasien.

Siam ist ein Tal — das Land zu beiden Seiten des Menam; auf seinen Wassern eine Reihe von Häusern auf Pfählen, Basare, Boote, vollgestopft mit Menschen, zwei oder drei Städte, eine davon die Hauptstadt; an den Ufern Reisfelder, dann riesige Wälder, überall von Wasser durchdrungen. Die wenigen aus dem Wasser ragenden Gegenden bieten Tigern und wilden Elefanten Schutz (sogar Kamelen, nach den Angaben von Kämpfer). Andere Ungeheuer sind die Löwen, sie kommen in Äthiopien, Nordafrika und Persien in der Nähe von Basra und auf der Straße von Nordwestindien nach Afghanistan vor. In den Flüssen der Philippinen wimmelt es von Krokodilen; Wildschweine beherrschen die Küstengebiete von Sumatra, Indien und die Hochebenen Persiens; Wildpferde (wenigstens werden sie so bezeichnet) finden sich im Norden von Peking. Wilde Hunde heulen in den Bergen von Trapezunt und stören den Schlaf von Gemelli Careri. Wild leben auch die kleinen Kühe Guineas, die einer ständigen Verfolgung durch den Menschen ausgesetzt sind, während jeder die Flucht ergreift vor den Horden von Elefanten und Nilpferden, die hier die »mit Reis, Hirse und anderem Gemüse« angebauten Felder verwüsten . . .; »man hat manchmal Herden von 300 bis 400 Tieren gesehen«. In dem riesigen, unbesiedelten, weit über das Kap der Guten Hoffnung hinaus unmenschlichen Südafrika leben neben einigen wenigen Menschen, »die in ihrer Lebensweise eher Tieren als Menschen ähneln«, wilde Tiere, vor allem »kleine Elefanten«. Bei dieser Gelegenheit wandern unsere Gedanken einige Jahrhunderte zurück an das andere Ende des Kontinents, zu den nordafrikanischen Elefanten zur Zeit Karthagos und Hannibals und zu den seit dem 16. Jahrhundert bekannten großen Elefantenjagden.

Die Wölfe sind überall in Europa anzutreffen, ihr Herrschaftsgebiet reicht vom Ural bis zur Meerenge von Gibraltar, ebenso das der Bären, nur daß sie sich in den Gebirgszonen aufhalten. Die ständig durchgeführten Wolfsjagden werden zu einer Art Indikator für die Gesundheit der ländlichen Gebiete, aber auch der Städte. Ein Augenblick der Unachtsamkeit, eine wirtschaftliche Regression, ein strenger Winter — und die Anzahl der Wölfe vermehrt sich. 1420 dringen sie durch schlecht bewachte Tore oder durch Öffnungen in den Festungsmauern rudelweise in Paris ein; im September 1438 tauchen sie noch einmal auf und überfallen die Menschen, diesmal außerhalb der Stadt zwischen dem Montmartre und der Saint-Antoine-Brücke. 1640 sollen Wölfe nach Überquerung des Doubs in der Nähe der Stadtmühlen in Besançon eingedrungen sein und Kinder auf den Straßen aufgefressen haben. Zu den großen unter Franz I. organisierten Wolfstreibjagden werden die Dorfbewohner und ihre Herren zur Teilnahme aufgefordert. Noch 1765 finden in der Grafschaft Gevaudan, wo die Wölfe solche Verwüstungen angerichtet haben, daß die Einwohner an die Existenz eines Ungeheuers glaubten, ähnliche Treibjagden statt. »Es hat den Anschein«, schreibt ein Franzose 1779, »als ob man diese Tierart in Frankreich, ähnlich wie in England vor 600 Jahren, ausrotten wollte. Aber in diesem weit ausgedehnten, nach allen Seiten offenen Land wird man sie nicht so leicht einkreisen können, wie dies auf der Insel Großbritannien möglich war.« Die geographische Lage Frankreichs, die Verbindung zu den anderen Ländern des Kontinents, zu den entfernten Wäldern Deutschlands und Polens hat dieses Vorhaben in der Tat sehr erschwert.

Eine erfreulichere Angelegenheit sind die Haselhühner, Fasanen und weißen Hasen, die weißen Rebhühner der Alpen sowie die roten Rebhühner, die in der Nähe von Malaga die Pferde von Thomas Münzer aufschrecken, als sich der Arzt aus Nürnberg 1494 mit seinen Freunden auf einer Reise durch das gebirgige Hinterland Valencias befindet. Sehr viele Tiere gibt es zu Beginn des 16. Jahrhunderts auch auf der Schwäbischen Alb; ein Verbot untersagt den Bauern, große Hunde auf die Tiere zu hetzen, nur den Forstleuten wird dieses Recht eingeräumt. In Persien wimmelt es von Wildschweinen, Hirschen, Damhirschen, Gazellen, Löwen, Tigern, Bären, Hasen, dazu kommen unzählige Tauben, Wildgänse, Enten, Turteltauben, Raben, Reiher und zwei Arten von Rebhühnern.

Je weiter der leere Raum, desto größer natürlich die Anzahl der dort lebenden Tiere. Vertiss erlebt 1682 in der Mandschurei, die er in Begleitung eines riesigen Gefolges (100 000 Pferde) des Kaisers von China bereist, phantastische Jagden, an denen er erschöpft und fluchend teilnimmt: 1000 Hirsche, 60 Tiger werden da an einem Tag geschossen. Auf der 1639 noch menschenleeren Maritiusinsel sind die Turteltauben und Hasen so zahlreich und so zahm, daß man sie mit der Hand fangen kann. Und in Florida sind 1690 »die Wildtauben, Papageien und andere Vogelarten in so großer Zahl vorhanden, daß oft ganze Schiffsladungen voll Eier und Vögel abtransportiert werden«.

In der Neuen Welt nimmt natürlich alles noch größere Ausmaße an: Es gibt hier eine Unzahl verlassener Gebiete, die sogenannten *despoblados,* und dazwischen, in riesigen Abständen, einige winzig kleine Städte. Von Cordoba nach Mendoza, also quer durch das spätere Argentinien, benötigt man 20 bis 30 Tage, wenn man sich – wie dies im Jahr 1600 Lizarraga, der Bischof von Santiago de Chile, unternahm – mit 12 großen, von 30 Paar Ochsen gezogenen Holzwagen auf die Reise begibt. Man begegnet wenig einheimischen Tieren, wenn man im Süden vom Strauß absieht, dafür um so mehr den aus Europa eingeführten Tieren (Pferden, Rindern), die sich in diesen einsamen Gegenden schnell vermehren. Riesige Herden wilder Rinder haben durch die Ebene, in der sie bis ins 19. Jahrhundert in völliger Freiheit leben, richtige »Wanderpisten« gezogen. In der Ferne heben sich die Wildpferdherden wie braune Flecken vom Horizont ab. Lizarraga erzählt eine Begebenheit, die, wenn sie nicht wahr ist, so doch gut erfunden wurde: Ein *chapetón,* ein Neuankömmling in Amerika, bemerkt in der Pampa, die über keinerlei Holz verfügt, in der Ferne eine kleine Anhöhe, einen *monte*; erfreut wendet er sich an einen alten Einheimischen, einen *baquiano,* mit den Worten: »Laß uns schnell hingehen und Holz fällen.«

Zur gleichen Zeit, in der die Westeuropäer nach Amerika aufbrechen, dringen die Russen nach Sibirien vor. Immer mehr Menschen begeben sich Anfang des 18. Jahrhunderts in die Kamtschatka, die riesige, fast menschenleere Halbinsel; es sind Jäger und Händler auf der Suche nach Pelztieren. Die Felle werden entweder nach Irkutsk gebracht, von dort aus gelangen sie über den benachbarten Markt Kjachta nach China, oder nach Moskau, den Umschlageplatz für Europa.

Zu besonderer Beliebtheit gelangt damals der Fischotter, mit dessen Fell sich in früheren Zeiten nur Jäger und Einheimische bekleideten; die Preise schnellen in die Höhe, und die Jagd auf diese Tiere nimmt gigantische Ausmaße an. Der »Trapper« oder *promyschlennik* verfolgt entweder die Tiere mit dem Boot und wartet, bis sie zum Atmen an die Oberfläche kommen, oder er tötet sie auf dem Land, wo sich die Fischotter äußerst schwerfällig bewegen; dabei rennt der Jäger von einem Tier zum andern und betäubt sie mit einem Schlag, bevor er sie später ganz erledigt. Manchmal bricht jedoch das Eis und reißt Jäger, Hunde und Fischotterkadaver mit sich fort. Bald sind daher in der Kamtschatka kaum noch Tiere anzutreffen, die Jäger müssen weiterziehen, bis zur amerikanischen Küste, ja sogar bis auf die Höhe von San Franzisko, wo die Russen zu Beginn des 19. Jahrhunderts heftig mit den Spaniern aneinandergeraten – ein Ereignis, das in der Geschichte ziemlich unbeachtet geblieben ist.

Die Menschen sind wie verrückt nach Pelzen. Nur so läßt sich erklären, daß der Segler *Le Lion,* der sich mit dem Botschafter Macartney an Bord auf der Fahrt nach China befindet, am 1. Februar 1793 auf der im Indischen Ozean gelegenen Amsterdam-Insel, in der Nähe des 40. Breitengrads, fünf völlig verwahrloste Menschen entdeckt – drei Franzosen und zwei Engländer. Schiffe aus Boston, die in Kanton Biberfelle aus Amerika und Seehundfelle von der Amsterdaminsel verkaufen, hatten die fünf Männer hier abgesetzt. Von ihnen werden riesige Metzeleien unternommen (25 000 Tiere in einer Sommersaison). Außer den Robben gibt es hier noch Pinguine, Wale, Haie, Seehunde und eine Unzahl von Fischen. Ein paar Angler reichten aus, um die Besatzung des *Lion* für eine ganze Woche mit Nahrung zu versorgen. In Süßwassergebieten wimmelt es von Schleien, Barschen, vor allem Krebsen. »... die Matrosen ließen Körbe, in die sie als Köder Haifischfleisch gelegt hatten, ins Wasser hinab, und einige Minuten später schon konnten sie die mit Krebsen halb gefüllten Körbe wieder heraufziehen.« Ein anderes Wunder der Natur sind die Vögel, der Albatros mit seinem gelben Schnabel, die großen schwarzen Sturmvögel, die sogenannten Silbervögel, die blauen Sturmvögel. Letztere sind Nachtvögel, die neben den Raubvögeln auch von den Seehundjägern verfolgt werden. Mit Hilfe von Fackeln locken sie die Tiere an, um sie massenweise zu töten. Ihr Fleisch, das ausgezeichnet schmekken soll, dient den Seehundjägern als Hauptnahrung.

Fast überall auf der Welt konnte man vor dem 18. Jahrhundert noch Urwaldgebiete antreffen: ein Beweis für die Unzulänglichkeit menschlicher Besiedlung.

Drittes Kapitel

Das Ende des alten biologischen Ordnungssystems im 18. Jahrhundert

In China wie in Europa zerbrach mit dem 18. Jahrhundert das bis dahin gültige biologische Ordnungssystem, das sich aufgrund bestimmter Grundstrukturen, wechselseitiger Beziehungen und äußerer Notwendigkeiten entwickelt hatte.

Das System des Gleichgewichts

Die Anzahl der Geburten wie der Todesfälle sind die entscheidenden Faktoren für die Entwicklung einer Bevölkerung. Vor dem 18. Jahrhundert liegen Geburten- und Sterblichkeitsziffer jeweils bei 40 pro 1000; die Zahl der Neugeborenen wird also, bevölkerungsstatistisch gesehen, durch die Zahl der Sterbefälle aufgehoben. In der kleinen Gemeinde La Chapelle-Fougeret (heute ein Vorort von Rennes) werden, wie sich aus den Pfarrbüchern ersehen läßt, im Jahr 1609 50 Taufen abgehalten. Geht man nun davon aus, daß auf 1000 Menschen 40 Geburten kommen, multipliziert man also die oben angegebene Geburtenzahl mit 25, so ergibt sich für dieses Dorf eine Einwohnerzahl von 1250. Der englische Volkswirt William Petty berechnete in seiner *Political Arithmetic* (1690) die Bevölkerung, indem er die Anzahl der Sterbefälle mit 30 multiplizierte (unserer Ansicht nach eine leichte Unterschätzung der Sterblichkeitsziffer).

Mit einem Wort: die Zahl der Geburten hängt eng mit der Zahl der Sterbefälle zusammen. Die Pest forderte 1451, Berichten zufolge, in Köln 21 000 Menschenleben, 1452 wurden eben dort 4000 Ehen geschlossen; selbst wenn diese Zahlenangaben zu hoch gegriffen sind, worauf vieles hindeutet, so kann man doch mit Sicherheit sagen, daß durch die Hochzeiten ein Ausgleich zu den zahlreichen Menschenopfern stattgefunden hat. In Salzwedel, einem kleinen Ort in der Alten Mark Brandenburg, starben 1581 790 Menschen, die zehnfache Zahl wie in normalen Zeiten. Die Zahl der Eheschließungen fiel von 30 auf 10, im folgenden Jahr jedoch wurden, trotz des Bevölkerungsrückgangs, 30 Ehen geschlossen, aus denen dann zum Ausgleich für die vielen Todesfälle zahlreiche Kinder hervorgingen. Kurz nach der 1637 in Verona wütenden Pest, die die Hälfte der Bevölkerung hinweggerafft haben soll, heirateten die Soldaten der Garnison, fast ausnahmslos Franzosen, die der Pest zum großen Teil entronnen waren, die überlebenden Witwen, und das Leben kam wieder zu seinem Recht.

Findet der Ausgleich nicht schnell genug statt, dann greifen die Behörden ein. Das auf seine Abgeschlossenheit sonst so ängstlich bedachte Venedig billigte im Anschluß an die verheerenden Auswirkungen der Schwarzen Pest in der Stadt, jedem, der sich innerhalb eines Jahres mit seiner Familie und seinem Besitz in der Stadt niederließ, das volle Bürgerrecht *(de intus et de extra)* zu. Diese Zuwanderungen von außen spielten für die Städte übrigens immer eine bestimmte Rolle; gewöhnlich erfolgten sie jedoch aufgrund von Privatinitiativen.

Überall im Abendland, in Venedig wie in Beauvais, läßt sich ein ständiger Wechsel von Bevölkerungswachstum und Bevölkerungsrückgang erkennen, ein ständiges Auf und Ab, ein permanenter Ausgleich. In besonderem Maß sind die Kleinkinder und alle nur mangelhaft ernährten Menschen durch die Epidemien gefährdet. Am anfälligsten sind die Armen, unter

Emanuel de Witte (1618–1692): »Der Fischmarkt«; National Gallery, London.

Jean Michelin: »Der Bäckerkarren« (1656); Metropolitan Museum of Art, New York.

denen die zahlreichen Seuchen in diesen früheren Jahrhunderten oft ein regelrechtes »Blutbad« anrichten. In Crépy, nahe von Senlis, zieht 1483 »ein Drittel der Einwohnerschaft selbiger Stadt bettelnd durch das Land, und täglich sterben alte Leute auf Misthaufen«.

Erst seit dem 18. Jahrhundert nehmen die Geburten im Vergleich zu den Sterbefällen mit ziemlicher Regelmäßigkeit zu. Aber auch dann noch kann es zu Rückschlägen kommen, wie z. B. in Frankreich 1772/73 oder in der Krisenzeit 1779 bis 1783, ein Beweis, wie schnell immer noch eine rückläufige Bewegung in der Entwicklung einer Bevölkerung einsetzen kann: Das Wachstum hing immer noch vom Verhältnis zwischen den Bedürfnissen an Nahrungsmitteln und den Produktionsmöglichkeiten ab.

Die Hungersnöte

Jahrhundertelang treten immer wieder Hungersnöte auf, und das mit solcher Regelmäßigkeit, daß sie geradezu zum Leben der Menschen gehören, ein Teil ihres Alltags geworden sind. Selbst in dem vergleichsweise fortschrittlichen Europa sind Teuerungen und Hungersnöte eine alltägliche Erscheinung. Die wenigen wohlgenährten Reichen bilden da nur eine Ausnahme. Wie könnte es auch anders sein? Die Getreideproduktion ist nur mittelmäßig, zwei schlechte Ernten hintereinander führen zu Katastrophen. Dabei wirken sich in der westlichen Welt, vielleicht infolge des verhältnismäßig milden Klimas, diese Mißstände oft nicht so verheerend aus. Ganz anders ist es zum Beispiel in Rußland mit seinem rauhen, wechselhaften Klima, ebenso in Indien, das aufgrund von unzureichender Eigenproduktion seine Nahrungsmittel von weither einführen muß, und in dem von riesigen Überschwemmungen und häufigen Trockenzeiten heimgesuchten China.

Die Wunderpflanzen Mais und Kartoffel werden in Europa

dennoch erst verhältnismäßig spät heimisch. Der seit dem 16. Jahrhundert in Portugal und in Biskaya bekannte Mais wird in der Umgebung von Venedig zum erstenmal Anfang des 17. Jahrhunderts angebaut, Ende des 17. Jahrhunderts finden wir ihn dann in den Ebenen der Gascogne, in den entfernten Donauländern erst im 19. Jahrhundert. Der Anbau der Kartoffel fällt, abgesehen von den frühzeitigen Erfolgen in Irland und Deutschland, in eine Zeit, mit der wir uns in diesem Buch nicht mehr beschäftigen. In Burgund taucht sie unter der Bezeichnung *truffe, treuffe, pataque, cartouffle* erst nach 1770 auf. »Dennoch war sie bereits am Vorabend der Revolution in einigen bestimmten Gegenden bekannt.«

Die Hungersnöte verschwinden aus dem Abendland erst zu Ende des 18. Jahrhunderts – und auch dann noch nicht endgültig –, wobei verschiedene Gründe eine Rolle spielen. Auch später noch kann eine ungünstige Witterung weite Kreise der Bevölkerung an den Rand des Hungertodes bringen. Frankreich erlebte zehn große Hungersnöte im 10. Jahrhundert, sechsundzwanzig im 11. Jahrhundert, zwei im 12. Jahrhundert, vier im 14. Jahrhundert, sieben im 15. Jahrhundert, dreizehn im 16. Jahrhundert, elf im 17. Jahrhundert, sechzehn im 18. Jahrhundert. Diese Angaben stammen aus einer im 18. Jahrhundert entstandenen Übersicht, die sicherlich noch zu positiv ausgefallen ist, denn Hunderte von kleinen, auf lokale Gebiete beschränkten Hungersnöten – so in Maine 1739, 1752, 1770, 1785 – sind darin nicht registriert.

Köln erlebte in der Zeit von 1437 bis 1493 zweiundzwanzig Teuerungsjahre, d. h. Hungersnöte. In der Folgezeit hatte Deutschland viel zu leiden und manchen wirtschaftlichen Mißerfolg zu überwinden. Ein Beweis hierfür sind die Hungersnöte späterer Zeiten: 1730 in Schlesien, 1771/72 in Sachsen und Süddeutschland, 1816/17 in Bayern und seinen angrenzenden Gebieten: am 5. August 1817 feierte die Stadt Ulm mit einem Danksagungsfest anläßlich einer neuen Ernte die Rückkehr zum normalen Leben. Aber diese Teuerungsjahre boten Gelegenheit, sich über die Ursachen dieser Krisen Gedanken zu machen.

Eine für die Toskana gültige Erhebung aus dem Jahr 1767 gibt für die vorausgegangenen 316 Jahre 111 Teuerungsjahre und nur 16 gute Ernten an. Allerdings ist die Toskana hügelig, nur für den Anbau von Wein und die Pflanzung von Olivenbäumen geeignet und kann schon seit vor dem 13. Jahrhundert dank ihrer Kaufleute auf sizilianisches Getreide zählen, ohne das sie nicht lebensfähig wäre.

Doch nicht die Städte allein, die sich ständig beklagen, sind solchen Schicksalsschlägen ausgesetzt. Sie verfügen über Geschäfte, Reserven, »Getreidevorräte«, besitzen die Möglichkeit, außerhalb ihrer Grenzen einzukaufen, sich im voraus zu versorgen. Die ländlichen Gebiete leiden manchmal, so paradox es zunächst erscheinen mag, viel mehr als die Städte; denn der in Abhängigkeit vom Händler, Gutsherrn und von der Stadt lebende Bauer verfügt kaum über Vorräte. Im Fall einer Hungersnot bleibt dem Landbewohner keine andere Wahl, als sich in die Stadt zu begeben (»er suchte sich eine Herberge in der Stadt«, lautet ein Refrain aus Dijon von 1636), dort lebt er dann mit anderen Leidensgenossen auf engem Raum zusammengepfercht, zieht als Bettler durch die Straßen, und oft siecht er dann dahin, wie dies mitten in Venedig oder in Amiens noch im 16. Jahrhundert vorkam.

Bald jedoch mußten sich die Städte gegen diese anhaltenden Menscheninvasionen, die nicht nur Bettler aus der Umgebung in die Stadt brachten, sondern sich bald zu einem richtigen Heer von Armen auswuchsen, die manchmal von sehr weit herkamen, zur Wehr setzen. So tauchten 1573 auf dem Land und den Straßen von Troyes Bettler aus entfernten Provinzen auf, ausgehungerte, zerlumpte, mit Flöhen und anderem Ungeziefer verseuchte Gestalten. Die Reichen der Stadt fürchteten einen Aufstand »dieser Elenden« und setzten sich daher mit den Stadtvätern von Troyes zu einer Beratung zusammen mit dem Ziel, Gegenmaßnahmen auszuarbeiten. »Die Versammlung kam darin überein, die Armen aus der Stadt zu vertreiben ... Um das zu erreichen, soll reichlich Brot gebakken und an die Armen verteilt werden, die sich an einem der Stadttore zu versammeln hätten, ohne daß man ihnen den wahren Grund dieser Aktion mitteilte. Und indem man jedem einzelnen ein Stück Brot und ein Geldstück überreichte, ließe man sie durch selbiges Stadttor aus der Stadt gehen, das man dann hinter dem letzten schließe. Über die Stadtmauern solle man ihnen dann noch zurufen, daß sie sich zum Teufel scheren mögen, ihren Lebensunterhalt anderswo suchen sollten, und daß sie nicht mehr in selbiges Troyes zurückkehren sollten, bevor die nächste Ernte eingebracht würde. Das wurde gemacht. So wurden die Armen aus Troyes vertrieben, nachdem sie ihre Gabe erhalten hatten ...«

Die Grausamkeit der Bürger vergrößerte sich noch mit dem ausgehenden 16. Jahrhundert. Die Frage, wie man sich der Armen entledigen kann, ist ihr Hauptproblem.

Die Kranken und Invaliden wurden in Paris seit jeher in Hospitäler gebracht, die noch Arbeitsfähigen, jeweils paarweise gefesselt, für die Säuberung der städtischen Gräben und Kanäle verwendet. In England erscheinen seit dem Ende der Regierungszeit Elisabeths die *poor laws*, die in Wirklichkeit Gesetze gegen die Armen waren. Nach und nach entstehen im gesamten Abendland Häuser zur Unterbringung von mittellosen und unerwünschten Personen; der in den *workhouses*, in den »Zuchthäusern« oder in den unter der Verwaltung des 1656 gegründeten Grand Hôpital de Paris stehenden Häusern lebende Internierte ist zu Zwangsarbeit verurteilt. Dieses »umfangreiche Einsperren« von Armen, Geisteskranken, Straffälligen, von auf Betreiben ihrer Eltern unter Kuratel gestellter Söhne, ist ein psychologischer Aspekt dieser Gesellschaft, der dem Geist des 17. Jahrhunderts entspricht. Vielleicht ist es aber auch eine zwangsläufige Reaktion angesichts des Elends und der immer größer werdenden Zahl von Armen in den schwierigen Zeiten dieses Jahrhunderts.

Das sind einige Bilder aus Europa. Viel schlimmer noch ist die Situation in Asien, China und Indien; dort nimmt die Hungersnot solche Ausmaße an, daß man einen Weltuntergang mitzuerleben vermeint. In China hängt alles von der Reisproduktion der südlichen Provinzen ab, in Indien vom Reis aus Bengalen; riesige Entfernungen müssen überwunden werden, und immer deckt der Ertrag nur einen geringen Teil des Bedarfs. Jede Hungersnot hat in diesen Ländern schwerwiegende Auswirkungen; die 1472 in Dekkan ausbrechende Hungersnot veranlaßt zum Beispiel eine umfassende Auswanderung der Überlebenden nach Gujerat und Malwa. 1596 erlebt ganz Nordwestindien eine furchtbare Hungersnot.

Solchen Katastrophen gegenüber, so der schrecklichen, fast ganz Indien umfassenden Hungersnot von 1630/31, ist der Mensch hilflos ausgeliefert. Ein holländischer Kaufmann gibt uns eine Schilderung von den grauenhaften Zuständen jener Zeit: »Die Menschen irren hilflos umher, nachdem sie ihre Dörfer und Städte verlassen haben. Ihr Gesundheitszustand läßt sich sofort erkennen: tiefliegende Augen, bleiche Gesichtsfarbe, schaumbedeckte Lippen, blutender Kiefer, hervortretende Knochen, der Bauch wie ein leerer Sack herunterhängend, einige schreien vor Hunger, bitten um Almosen.« Dazu kommen noch die alltäglichen Dramen: verlassene Frauen und Kinder, von ihren Eltern verkaufte oder ausgesetzte Kinder, Kinder, die sich selbst zum Kauf anbieten, um zu überleben, kollektive Selbstmorde ... Manchmal öffnen die Hungernden sogar die Leiber der Toten oder Sterbenden »und essen die Eingeweide«. »Hunderttausende starben«, fährt unser Kaufmann fort, »das Land ist übersäht mit Leichen, deren Gestank, da sie unbeerdigt bleiben, die ganze Luft verpestet«.

Auch wenn sich in den Dokumenten nicht immer solche Einzelheiten finden lassen, genügt oft eine Begebenheit am Rande, um das Ausmaß des Grauens aufzuzeigen. Als im Jahr 1670 ein persischer Botschafter nach einem Besuch bei dem Großmogul Aureng Zeb sich auf die Heimreise begibt, wird er bis zur Landesgrenze von »unzähligen Sklaven« begleitet, die »er wegen des Hungers fast umsonst hat«.

Wie von einer Fahrt in die finsterste Dunkelheit kehrt man dann abgehärtet, getröstet oder resigniert in das vergleichsweise fortschrittliche Europa zurück. Ähnlich entsetzliche Zustände herrschten in den westlichen Ländern wirklich nur im finsteren Mittelalter, d. h. in den ersten Jahrhunderten des Mittelalters, sowie in den noch unterentwickelten östlichen Randgebieten. Wollte man »die Katastrophen der Geschichte am Verhältnis der Opfer, die sie verursachen«, messen, schreibt ein Historiker, »dann muß die 1696/97 in Finnland ausbrechende Hungersnot als das furchtbarste Ereignis der europäischen Geschichte betrachtet werden«. Ein Viertel bis ein Drittel der Bevölkerung ging damals zugrunde. Im Osten Europas sind die Verhältnisse am ungünstigsten. Noch weit über das 18. Jahrhundert hinaus treten dort Hungersnöte auf, obwohl die verzweifelten Menschen in ihrer Not Zuflucht zu den »Nahrungsmitteln des Hungers« nehmen, d. h. sich von wilden Pflanzen und Früchten und dem, was zwischen dem Unkraut auf Feldern und Wiesen, in Gärten oder am Waldrand von früheren Anpflanzungen noch nachgewachsen ist, ernähren.

Auch Westeuropa erlebt manchmal noch kritische Situationen, so vor allem während der »kleinen Eiszeit« im 17. Jahrhundert. Ein Augenzeuge berichtet, daß man in Blois und Umgebung im Jahr 1662 »seit 500 Jahren kein vergleichbares Elend erlebt hat«. Die Armen ernähren sich dort von »Kohlstrunken mit Spreu, die man mit Fischwasser vermengt«. Im gleichen Jahr berichten die burgundischen Abgeordneten ihrem König, daß »die Hungersnot dieses Jahr 17 000 Familien unserer Provinz das Leben kostete und ein Drittel der Einwohnerschaft selbst guter Städte gezwungen war, Gras zu essen«. Und ein Chronist fügt hinzu: »einige aßen dort Menschenfleisch.« Zehn Jahre früher, 1652 also, bemerkte der gleiche Chronist, daß »die Bevölkerung Lothringens und der benachbarten Länder sich in so großer Not befindet, daß sie das Gras auf den Wiesen essen wie die Tiere, besonders die Einwohner der Dörfer Pouilly und Parnot in Bassigny ... sie sind schwarz und abgemagert wie Skelette«. 1693, so berichtet ein Burgunder, »war der Mangel an Getreide im ganzen Königreich so groß, daß man dort vor Hungers starb«; 1694 wurde in der Nähe von Meulan (heute Departement Seine-et-Oise) das Getreide vor der Reife eingebracht; »viele Menschen ernähren sich von Gras wie die Tiere«. 1709 trieb der schreckliche Winter zahllose hungernde Menschen in Frankreich auf die Straßen.

Natürlich folgte nicht eine Naturkatastrophe auf die andere, aber zu optimistisch sollten wir andererseits auch nicht sein. Außerdem ist die unzureichende Nahrung auch Ursache für zahlreiche Krankheiten: Der Skorbut zum Beispiel (durch die weiten Seefahrten bekanntlich sehr verbreitet), die seit dem 18. Jahrhundert infolge ausschließlicher Maisernährung hervorgerufene Pellagra, die Beriberi-Krankheit in Asien, sind eindeutige Beweise für mangelhafte Ernährung. Brei und Suppen sowie das aus minderwertigem Mehl hergestellte Brot, das nur »in großen zeitlichen Abständen gebacken wurde, ein oder zweimal im Monat«, bildeten die Hauptnahrung eines großen Teils der Bevölkerung. Das Brot war fast immer hart und verschimmelt, in einigen Gegenden zerteilte man es mit der Axt. In Tirol wurde zwei- oder dreimal im Jahr aus zerstampftem Korn Brot gebacken, das eine sehr lange Haltbarkeit aufwies. »Die Bauern sind im allgemeinen ziemlich dumm, weil sie sich nur von minderwertigen Lebensmitteln ernähren«, behauptet sogar das *Dictionnaire de Trévoux* (1771).

Die Epidemien

Eine schlechte Ernte ist noch zu ertragen; zwei hintereinander jedoch – und es kommt zu gewaltigen Preissteigerungen, zu einer Hungersnot, in deren Gefolge sich früher oder später Krankheiten einstellen. Die Pest, jene »mehrköpfige Hydra«, die in so vielen verschiedenen Formen auftritt, daß sie oft mit anderen Krankheiten verwechselt wird, gilt als die schrecklichste Epidemie jener Zeit.

In Wirklichkeit war sie nur eine unter vielen Krankheiten, die sich oft auf dem gleichen Weg wie andere Seuchen durch Ansteckung immer weiter verbreiten. Ein ganzes Buch ließe sich schreiben über den Zusammenhang zwischen dicht besiedelten Gebieten, Epidemien und Endemien, sowie über die Ursachen dieser Krankheiten und ihr Verschwinden. Ein medizinisches Werk aus dem Jahr 1775 – einem Zeitpunkt, als man von Impfungen zu sprechen beginnt – hält die Pocken für »die am weitesten verbreitete aller Krankheiten«: Von 100 Menschen sind 95 davon befallen, für einen von sieben nimmt die Krankheit einen tödlichen Verlauf.

Für die heutige Medizin ist es ein schwieriges Problem, all die unzähligen verschiedenen Krankheiten auf Anhieb zu identifizieren, da sie in früherer Zeit oft unter verschleierten Namen auftauchen und der Krankheitsverlauf oft nicht mit den Krankheitssymptomen übereinstimmt. Zudem kann niemand mit Sicherheit behaupten, ob diese Krankheiten mit den uns heute bekannten vergleichbar sind; auch Krankheiten verändern sich, haben ihre eigene Geschichte, die von einer etwaigen Evolution der Mikroben und Viren und des menschlichen Bereichs, den sie angreifen, abhängen. Gaston Roupnel und einer seiner Mitarbeiter entdeckten 1922 den Flecktyphus (Übertragung durch Läuse), der unter der Bezeichnung *fièvre* oder *pourprée* im 17. Jahrhundert in der Umgebung von Dijon auftauchte. Es ist die gleiche *fièvre pourpreuse,* die um 1780 »die armen Pariser des Vororts Saint-Marcel zu Hunderten hinwegraffte ... Die Totengräber hatten alle Hände voll zu tun«. Die Frage des *pourpre* (»Purpur«) ist jedoch noch nicht vollständig geklärt. Was hält zum Beispiel ein Arzt von heute von der 1348 wütenden Pest, deren zwei charakteristische Stadien in der *Grande Chirurgie* (69 Auflagen von 1478—1895) des Guy de Chauliac wie folgt beschrieben wurden: Erstes Stadium: ziemlich lang (zwei Monate), Fieber und Blutspeien; zweites Stadium: Abszesse, Lungendefekte. Um welche Krankheit handelt es sich bei der Epidemie von 1427, die in Paris auf den wenig verständlichen Spitznamen *dendo* getauft wurde und die so charakterisiert wird: »Sie begann an den Nieren, als wenn man an einem starken Harngrieß litte, dann folgten Fieberschauer, und acht bis zehn Tage lang konnte man weder richtig essen, trinken noch schlafen.« Dann stellte sich »ein so schrecklicher Husten [ein], daß man nichts mehr von der Predigt hören konnte, solchen Lärm verursachten die hustenden Menschen«. Sicherlich handelte es sich hier um eine bestimmte Virusgrippe, ähnlich der sogenannten »spanischen Grippe« kurz nach dem Ersten Weltkrieg oder der »asiatischen Grippe«, die 1956 bis 1958 nach Europa übergriff. Auf welche Krankheit bezieht sich folgende Darstellung von Estoile: »Anfang April [1595] erkrankte der König [Heinrich IV.] an einem schlimmen Katarrh, der ihm das ganze Gesicht entstellte. Ganz Paris litt an dieser Krankheit, infolge der für die Jahreszeit unnatürlichen Kälte. Einige Menschen starben an dieser Geißel Gottes, die weder Große noch Kleine verschonte.« Der englische Schweiß, eine zur Zeit Heinrichs VIII. über England hinaus verbreitete Krankheit, ist ebenfalls eine die Lunge angreifende Grippe. In einem italienisch geschriebenen Brief aus Paris vom 31. Januar 1529 wird dem Kranken empfohlen, mit Hilfe von Bettüchern und Matratzen zu schwitzen und sich immer gut zugedeckt zu halten, damit es ihm nicht so ergehe wie jenem Einwohner aus Ragusa, der, als er sein Hemd wechseln wollte, sofort verstarb.

Um welche Krankheit handelt es sich weiter bei der im August 1597 in Madrid auftauchenden »nicht ansteckenden« Epidemie, die zu Schwellungen in den Leisten, an den Achselhöhlen und am Hals führt? Der Kranke erholt sich langsam nach 5 bis 6 Tagen, oder er stirbt sofort. Letzteres tun übrigens die armen Leute, die in feuchten Häusern auf blankem Boden schlafen.

Eine andere Schwierigkeit der Identifizierung besteht darin, daß die Krankheiten nie allein auftreten, so die Diphtherie, die Cholerine, der Unterleibstyphus, die *picotte,* die Pocken, der englische Schweiß, die *bosse,* der *dendo,* der *tac* oder *harion,* der *trousse galant* oder *mal chaud,* der Keuchhusten, die Grippekrankheiten, die Influenza ... Diese in Frankreich aufgestellte Liste besitzt übrigens mit einigen Varianten für andere Länder Gültigkeit. In England sind die häufigsten Krankheiten das Leberfieber, der englische Schweiß, die Bleichsucht oder »grüne Krankheit«, die Gelbsucht, die Schwindsucht, die Fallsucht oder Epilepsie, der Schwindel, der Rheumatismus, der Harngrieß, der Blasenstein.

Diesen Krankheiten vermochten die Menschen aufgrund ihrer unzureichenden Ernährung nur wenig Widerstand zu leisten. Das von mir häufig zitierte Sprichwort aus der Toskana: »Das beste Heilmittel gegen die Malaria ist ein gut gefüllter Napf«, wirkt in der Tat sehr überzeugend. Während der 1921 bis 1923 in Rußland herrschenden Hungersnot brach nach äußerst zuverlässigen Angaben im ganzen Land die Malaria aus, überall mit den gleichen Symptomen, in den tropischen Gebieten wie in den arktischen Regionen. Die Unterernährung hat mit Sicherheit viel zu einer Verbreitung der Krankheiten beigetragen.

Charakteristisch für die Epidemien ist auch ihr plötzliches Erscheinen. Der im Auftrag des Großherzogs der Toskana nach England entsandte Alonso Montecuccoli vermeidet bei seiner Fahrt, wie er in einem Schreiben vom 2. September 1603 berichtet, Calais, in das Englandreisende die Pest eingeschleppt hatten, und begibt sich nach Boulogne. An diesem kleinen Beispiel kann die Ausbreitung von Seuchen demonstriert werden. In ähnlicher Weise griffen die verheerenden Epidemien, so zum Beispiel die Pest, von China und Indien aus, über die Zwischenstationen Konstantinopel und Ägypten, denen in dieser Hinsicht eine große Bedeutung zukommt, auf das Abendland über. Eine andere seit langem bekannte Krankheit ist in Europa die Tuberkulose: Franz II. (Hirnhautentzündung), Karl IX. (Lungentuberkulose), Ludwig XIII. (Darmtuberkulose) mögen ein Beweis hierfür sein (1560, 1574, 1643). Im 18. Jahrhundert taucht dann eine wahrscheinlich aus Indien kommende neuartige Tuberkulose auf, die noch größere Verheerungen anrichtet. Sie wird die Hauptkrankheit Europas in der Zeit der Romantik und im ganzen 19. Jahrhundert. Ebenfalls aus Indien stammt die Cholera, die dort stets latent vorhanden war, sich 1817 über die ganze Halbinsel verbreitet, dann die Grenzen des Landes überschreitet und als eine überaus ansteckende und gefürchtete Pandemie nach Europa vordringt.

Eine andere ständig wiederkehrende Krankheit ist die Syphilis, die, wie sich anhand von Skeletten, an denen man Spuren dieser Krankheit entdeckte, nachweisen läßt, bereits in der Vorgeschichte auftrat. Schon vor 1492 lassen sich klinische Fälle feststellen. Mit der Entdeckung des präkolumbianischen Amerika tritt sie wieder in Erscheinung: ein Geschenk — besser gesagt: eine Rache — der Besiegten, wie damals behauptet wurde. Von den vier oder fünf Theorien, mit denen die heutige Medizin die Ursache dieser Krankheit zu erklären versucht, ist vielleicht am wahrscheinlichsten die, die die Entstehung dieser Krankheit auf den Geschlechtsverkehr zwischen den beiden Rassen zurückführt. Jedenfalls wütet das Übel in Barcelona seit den Festlichkeiten anläßlich der Rückkehr von Kolumbus (1493); es verbreitet sich mit rasender Geschwindigkeit und führt häufig zum Tode. Innerhalb von vier bis fünf Jahren hat die Syphilis auf ganz Europa übergegriffen. *Mal napolitain, mal français, the french disease, 10 mal francioso:* unter diesen Namen ist sie damals bekannt. Die Bader und Wundärzte des Hôtel-Dieu glauben seit 1503, das Übel durch Ausbrennen der befallenen Körperteile heilen zu können. Im Gegensatz zu China, wo die Geschlechtskrankheit seit 1506/07 unvergleichlich größere Ausmaße annimmt, entwickelt sich die Syphilis in Europa langsamer, außerdem wird sie hier bereits frühzeitig mit Quecksilber, besonders in den Spezialkrankenhäusern (so dem »Spittle« in London) behandelt, nachdem zu Ende des 16. Jahrhunderts sicherlich die gesamte Bevölkerung, von den *truands* und *truandes* bis hinauf zu den Fürsten, davon befallen ist. Malherbe, der »Vater der Wollust«, brüstete sich, dreimal die Syphilis ausgeschwitzt zu haben. Gregorio Marañón, ein berühmter Arzt und Historiker, hat nachgewiesen, daß Philipp II. eine syphilitische Veranlagung hatte, was man übrigens von allen Fürsten der Vergangenheit behaupten kann. Eine Figur aus einem Theaterstück von Thomas Dekker (1572 bis 1632) spricht aus, was jeder in London denkt: »Ebenso sicher, wie sich unter den Menschen Taschendiebe befinden, wird eine Dirne ihren Kunden finden und ihn mit der Syphilis anstekken.«

Die Pest

Es gibt eine Fülle von Literatur über die Pest; auch die heutige Medizin beschäftigt sich noch eingehend mit diesem Phänomen. Wir kennen mindestens zwei Arten von Pest: (1) die Lungenpest, die sich zum erstenmal als Pandemie 1348 in Europa nachweisen läßt; (2) die ältere Beulenpest (die Beulen bilden sich in den Leisten und werden brandig). In früheren Zeiten wird die Pest als ein Zeichen Gottes betrachtet, *God's tokens* oder einfach *tokens* genannt, in Frankreich *tacs* in Anlehnung an die von Kaufleuten verwendeten Marken aus Metall oder Leder. »Es kommt vor, daß eine einzige sich verhängnisvoll auswirkt ...« Die Schwarze Pest (Lungenpest) wird von einem Bazillus durch Vermittlung von Rattenflöhen des *Mus rattus* hervorgerufen. Dieser *Mus rattus* trat, früheren Angaben zufolge, zum erstenmal kurz nach der Zeit der Kreuzzüge in den Speichern Europas auf, eine Rache des Orients, so glaubte man damals, so wie die Spirochäten der Syphilis sich 1492 an den Eindringlingen Amerikas gerächt haben.

Diese Erklärung ist zu simpel und moralisierend. In Wirklichkeit taucht der *Mus rattus,* die schwarze Ratte, bereits im 8. Jahrhundert, also zur Zeit der Karolinger, in Europa auf, ebenso die Wanderratte (*Mus decumanus),* die den *Mus rattus* vernichtet haben soll. Zudem erreicht die Schwarze Pest Mitteleuropa nicht, wie man früher behauptet hat, erst im 13. Jahrhundert, sondern spätestens im 11. Jahrhundert. Die Wanderratte ist übrigens in den Kellern zu finden, während die Hausratte die Speicher, d. h. die Nähe der Vorräte, von denen sie sich ernährt, bevorzugt. Die Invasion der beiden Rattenarten fand also wohl eher zur gleichen Zeit statt.

Damit soll keineswegs gesagt sein, daß die Ratten und die Rattenflöhe nicht eine bestimmte Rolle gespielt hätten, wie durch ein auf umfangreichen Dokumenten (30 000) beruhendes medizinisches Werk über das Auftreten der Pest in Uelzen, Niedersachsen (1560—1610), nachgewiesen wird. Wollte man den Rückgang der Pest im 18. Jahrhundert mit äußeren Umständen erklären, dann ließe sich folgendes anführen: Ersatz von Holzhäusern durch Steinhäuser im Anschluß an die im 16., 17. und 18. Jahrhundert wütenden Großbrände in den Städten; größeres hygienisches Bewußtsein, was die Lebenshaltung der Menschen und das Innere der Häuser anbetrifft; Absonderung der Kleintiere von den Wohnstätten der Menschen: alles Umstände, die früher eine Vermehrung von Flöhen begünstigten. Doch die Diskussion in der Fachwelt über dieses Thema ist noch nicht abgeschlossen, auch die Entdeckung des Pesterregers 1894 durch Yersin hat daran nichts geändert. Nach dem heutigen Stand der Wissenschaft soll der Bazillus in der Erde einiger Gebiete des Iran beheimatet sein, dort sollen sich die Nagetiere infizieren. Sind aber diese gefährlichen Gebiete für Europa seit dem 18. Jahrhundert irrelevant geworden?

Was auch die Ursache sein mag, fest steht, daß die Pest im 18. Jahrhundert in Europa langsam zurückgeht. Ihr letzter spektakulärer Auftritt erfolgt 1720 in Marseille. Für Osteuropa hat sie jedoch auch später noch nichts von ihrer Gefährlichkeit eingebüßt. Noch 1770 fordert die Pest in Moskau zahllose Todesopfer. Der Abt von Mably schreibt um 1775: »Der Krieg, die Pest und Pugatschow haben sicherlich so viele Menschenleben gefordert wie die Teilung Polens.« 1783 sucht die fürchterliche Seuche Cherson, 1814 Odessa heim. Was den europäischen Raum anlangt, so tritt die Pest unseres Wissens nach zum letztenmal nicht in Rußland, sondern 1828/29 und 1841 in den Balkanländern auf. Es handelt sich hier um die Schwarze Pest, deren Auftreten auch hier unter anderem durch die Holzhäuser begünstigt wurde.

Die Beulenpest ist in feuchtheißen Ländern beheimatet: in Südchina, Indien und in dem Europa vorgelagerten Nordafrika. Die in Oran wütende Pest, die Camus geschildert hat, gehört in das Jahr 1942.

Dieser Überblick ist äußerst unvollständig. Die Unterlagen sind jedoch so umfangreich, daß sie ein einzelner Historiker kaum bewältigen kann. Nur eine jährliche Gesamtaufstellung über das Auftreten der Pest in den verschiedenen Ländern auf der Grundlage exakter wissenschaftlicher Untersuchungen könnte über Verbreitung und Ausmaß, sowie über die Auswirkungen dieser Seuche Aufschluß geben. In der Zeit von 1439 bis 1640 wird Besançon vierzigmal von der Pest heimgesucht; in Dole tritt sie 1565, 1586, 1629, 1632, 1637 in Erscheinung; im 16. Jahrhundert taucht sie im gesamten Limousin zehnmal auf, in Orléans zweiundzwanzigmal; in Sevilla, im Herzen der Welt, wütet sie besonders stark: 1507/08,

1571, 1582, 1595 bis 1599, 1616, 1648/49 usw. Und jedesmal hinterläßt sie eine traurige Bilanz, selbst wenn die phantastischen Zahlenangaben der Chronisten nicht erreicht werden sollten, manchmal auch »kleine« Seuchen auftreten und des öfteren falscher Alarm gegeben wird.

Die für die Jahre 1621 bis 1635 für Bayern gültigen Statistiken ergeben eindrucksvolle Durchschnittswerte: 100 Todesfälle in einem normalen Jahr, 155 in München in einem unnormalen Jahr, 195 in Augsburg, 487 in Bayreuth, 556 in Landsberg, 702 in Straubing. Unter den Opfern befinden sich verhältnismäßig viele Kleinkinder unter einem Jahr und im allgemeinen mehr Frauen als Männer.

Alle diese Zahlen müssen in größerem Zusammenhang gesehen werden, wie die zahlreichen Berichte und Darstellungen jener Zeit. Es bietet sich immer wieder das gleiche Schauspiel mit seinen mehr oder weniger wirkungsvollen Schutzmaßnahmen (Quarantäne, Beaufsichtigung, Überwachung, aromatische Dämpfe, Desinfektion, Straßensperren, Abzug aus den gefährdeten Gebieten, »Gesundheitspässe« in Deutschland, *bulletins de santé* in Frankreich, *cartas de salud* in Spanien), die gleichen wahnsinnigen Verdächtigungen, das gleiche soziale Gefälle.

Sobald Anzeichen einer Pest auftreten, ziehen sich die Reichen, sofern ihnen noch die Zeit dazu bleibt, auf ihre Landgüter zurück. Jeder denkt dabei nur an sich. »Diese Krankheit macht uns anderen gegenüber grausamer, als wenn wir Hunde wären«, bemerkt Samuel Pepys im September 1665. Montaigne schildert uns das Auftauchen der Epidemie in seiner Heimat; sechs Monate lang suchte er »qualvoll« eine Unterkunft für seine Familie, »eine verängstigte Familie, die ihren Freunden und sich selbst Angst einjagte, und überall dort, wo sie sich niederlassen wollte, Schrecken verbreitete«. Zurück bleiben die Armen, auf engem Raum in einer verseuchten Stadt zusammengepfercht, in der sie vom Staat ernährt, isoliert, eingesperrt und überwacht werden. Der *Deca-*

merone Boccaccios ist eine Sammlung von Geschichten und Erzählungen über ein in der Nähe von Florenz gelegenes Landhaus zur Zeit der Schwarzen Pest. Im August 1523 verläßt Maître Nicolas Versoris, der Anwalt am Parlement de Paris, seinen Wohnsitz in der Stadt, doch als er sein Landhaus außerhalb von Paris, in dem seine Familie untergebracht ist, erreicht, liegt seine Frau bereits im Sterben. Ihr Tod kann unter diesen Umständen als eine Ausnahme gelten, aber dieses Beispiel demonstriert zugleich, daß man nicht vorsichtig genug sein konnte. Die im Sommer 1523 wütende Pest suchte sich ihre Opfer wie immer vornehmlich unter den Armen. So schreibt der gleiche Versoris in seinem *Livre de Raison:* »Der Tod hat sich hauptsächlich an die Armen gewandt, so daß nur wenige der Lastenträger, die sich früher in Paris ihr Geld verdienten, übrig geblieben sind ... In dem Stadtviertel Petiz Champs sind alle Armen, die einstmals dort lebten, umgekommen.« Ein Bürger von Toulouse stellt 1561 beruhigt fest: »Von dieser ansteckenden Krankheit sind immer nur die armen Leute befallen worden ... Gott in seiner Güte möge sich damit begnügen ... Die Reichen sehen sich vor.« Und Jean-Paul Sartre schreibt im Hinblick auf die erste Epidemie im 14. Jahrhundert zu Recht: »Die Pest verschärft noch die Klassenunterschiede, denn sie überfällt die Armen und verschont die Reichen.« Das gilt übrigens für jedes Auftreten dieser Krankheit.

Die Pest führt auch zur Vernachlässigung der Amtspflichten. Schöffen, Offiziere, Prälaten vergessen ihre Aufgaben, in Frankreich emigrieren ganze Gerichtshöfe (in Grenoble 1467, 1589, 1596; in Bordeaux 1471, 1585; in Besançon 1519; in Rennes 1563, 1564). Es wird als eine Selbstverständlichkeit angesehen, daß der Kardinal von Armagnac seinen von der Seuche heimgesuchten Amtssitz Avignon verläßt und sich nach Bédarrides, später nach Sorgnes begibt, und erst nach zehn Monaten, als alle Gefahr gebannt ist, wieder in die Stadt zurückkehrt. *»Ego sum pastor et non cognovi oves meas«*, be-

Adriaen van Ostade: »Bauern in einer Sommerlaube« (1676); Staatliche Kunstsammlungen, Kassel.

Jan van Goyen: »Dorfstraße von De Bilt« (1623); Herzog Anton Ulrich-Museum, Braunschweig.

merkt dazu in Umwandlung eines bekannten Bibelworts ein Bürger aus Avignon in seinem Tagebuch. Verurteilen wir jedoch nicht nachträglich Montaigne, den Bürgermeister von Bordeaux, daß er während der Epidemie von 1585 seine Amtsgeschäfte niederlegt, oder etwa François Dragonet, diesen wohlhabenden Bürger italienischer Abstammung aus Avignon, daß er sich, für den Fall, da er gezwungen sein sollte, die Stadt zu verlassen, ein Anrecht auf eine Unterkunft bei seinen Bauern ausbedingt (wovon er 1588 nach Ausbruch der Pest Gebrauch macht): »Im Fall einer Seuche (Gott möge uns verschonen) sollen sie [die Pächter] mir ein Zimmer in ihrem Haus zur Verfügung stellen ... und einen Stall für meine Pferde ... und ein Bett für mich.« Beim Ausbruch der Pest 1664 in London verließ der Hof die Stadt und zog sich nach Oxford zurück; die Reichen eilten mit ihren Familien, Bediensteten und dem hastig zusammengepackten Hausrat hinterher. In der Hauptstadt fanden keine Prozesse mehr statt, »die Rechtskundigen waren alle auf dem Land«, 10 000 Häuser standen leer, einige mit vernagelten Türen und Fenstern und mit einem roten Kreidekreuz versehen. Daniel Defoe hat uns (1720) rückblickend eine Schilderung von diesem letzten Auftreten der Pest in London hinterlassen. Wir wissen indes nicht, wieweit seine Darstellung damaliger Zustände den in solchen außergewöhnlichen Zeiten üblichen Vorsichtsmaßnahmen, Verzweiflungstaten, Diskriminierungen usw. (die Toten wurden »meistens wie einfacher Mist auf eine Karre« geladen) entspricht.

Keine Krankheit unserer Zeit, so verheerend sie sich auch auswirken sollte, erreicht dasselbe Maß an kollektivem Elend und Wahnsinn wie einst die Pest.

Begeben wir uns einmal nach Florenz, in Begleitung eines Memoirenschreibers, der die Pest von 1637 glücklich überlebte – in der Tat das große Ereignis seines Lebens. Er gibt uns eine präzise Schilderung von den Zuständen in der Stadt: Die Häuser sind verschlossen, die Straßen abgesperrt, nur die mit der Nahrungsversorgung der Bevölkerung beauftragten Wagen sind noch unterwegs, vielleicht auch ein Priester oder die Karrosse eines Privilegierten, der mit Sondergenehmigung für eine kurze Zeit die Erlaubnis erhielt, in das abgesperrte Stadtzentrum vorzudringen, am häufigsten jedoch die unerbittlichen Wachen. Florenz ist wie ausgestorben; keine Geschäfte werden getätigt, keine Gottesdienste abgehalten. An einer Straßenecke zelebriert ein Priester die Messe, die Eingeschlossenen schauen heimlich von ihren Fenstern aus zu. Anläßlich der im gleichen Jahr in Genua wütenden Pest empfiehlt Maurice de Tolon folgende Vorsichtsmaßnahmen: Unterlasse es, mit einer verdächtigen Person zu sprechen, wenn der Wind von ihr zu dir hin weht, verbrenne wohlriechende Substanzen als Desinfektionsmittel, wasche oder verbrenne Wäsche- und Kleidungsstücke von verdächtigen Personen; vor allem aber sollst du beten und möge die Polizei verstärkt werden. Als Hintergrund dieser Bemerkungen müssen wir uns das ungeheuer reiche Genua vorstellen, dessen großartige, von ihren Bewohnern verlassene Paläste heimlich geplündert werden. Auf den Straßen häufen sich die Toten; da man sich keinen anderen Rat weiß, um sie loszuwerden, lädt man sie auf Kähne und verbrennt sie dann auf offener See. Als ein gründlicher Kenner des 16. Jahrhunderts war und bin ich immer wieder erstaunt, welches entsetzliche Elend und Leid sich im 17. Jahrhundert in den verseuchten Städten abspielte. Die Situation hat sich da ganz sicher von dem einen Jahrhundert zum andern verschlimmert. In Amsterdam erscheint die Pest in der Zeit von 1622 bis 1628 regelmäßig jedes Jahr (Ergebnis: 35 000 Tote). In Paris wütet sie 1612, 1619, 1631, 1638, 1662 und zum letztenmal 1668. Zu bemerken wäre noch, daß in Paris seit 1612 »die Kranken gewaltsam in das Hôpital Saint-Louis und in das Krankenhaus des Stadtviertels Saint-Marcel eingeliefert wurden«. In London tritt die Seuche von 1593 bis 1664/65 fünfmal in Erscheinung und kostete Berichten zufolge im ganzen 156 463 Menschen das Leben.

Im 18. Jahrhundert schwächt sich die Seuchengefahr im allgemeinen ab. Aber auch dann kommt es vereinzelt noch zu furchtbaren Katastrophen, so 1720 in Toulon und Marseille. Nach Angaben von Historikern soll damals mehr als die Hälfte der Einwohner von Marseille umgekommen sein. Die Straßen waren voll von »verwesten, von Hunden angefressenen Kadavern«.

Zyklische Geschichte der Krankheiten

Die Krankheiten tauchen auf, verbreiten sich, gehen langsam wieder zurück, manchmal verschwinden sie auch endgültig. So tritt zum Beispiel die Lepra seit dem 14./15. Jahrhundert, vielleicht aufgrund der äußerst strengen Vorsichtsmaßnahmen, die in einer völligen Isolierung der Kranken bestand, auf unserem Kontinent nicht mehr in Erscheinung (eigenartigerweise kommt es durch die heute in Freiheit lebenden Leprakranken zu keiner Ansteckung); das gleiche gilt für die Pest, sie verschwindet im 18. Jahrhundert aus dem Abendland, die Cholera im 19. Jahrhundert, und in jüngster Zeit werden Tuberkulose und Syphilis durch die Wunder wirkenden Antibiotika gestoppt; ob dies jedoch endgültig ist, läßt sich kaum voraussagen, jüngsten Berichten zufolge soll die Syphilis in einigen Gebieten wieder ziemlich stark in Erscheinung getreten sein.
Historiker behaupten, unserer Ansicht nach zu Recht, daß jede Krankheit sich auf eine ganz bestimmte eigene Weise entwickelt und daß den äußeren Umständen — Wirtschaftskrisen, Handelsverkehr, Kriegen — dabei nur eine sekundäre Bedeutung zukommt. Nicht der Mensch spiele die entscheidende Rolle, sondern irgendein bestimmtes Nagetier, irgendein Parasit, Bazillus, Virus. Die Entwicklung verlaufe zyklisch, habe einen Anfang, Umschwung, biete häufig Überraschungen und führe schließlich manchmal zu einem Ende.

Das epidemieartige Auftreten der Krankheiten läßt sich vielleicht auch durch die Tatsache erklären, daß die einzelnen Völker lange Zeit wie auf verschiedenen Planeten abgeschlossen lebten; kam es dann zu einer Berührung mit anderen Völkern, so griffen die Krankheitserreger über und riefen regelrechte Katastrophen hervor. Die amerikanische Syphilis erreichte China 1506/07, erheblich früher als der aus Amerika eingeführte Mais, der hier erst im Jahr 1597 bekannt wurde. Dagegen forderte die in Amerika sonst unbekannte Grippe unter der indianischen Bevölkerung zahllose Todesopfer. Ganz Venedig wurde 1588 von einer Grippewelle erfaßt (hier wirkte sich die Krankheit jedoch nicht tödlich aus), sogar der Große Rat blieb nicht verschont (was selbst zu Zeiten der Pest nicht vorgekommen war); die Grippe griff anschließend auf Mailand, dann auf Frankreich, Katalonien und Amerika über. Der Name »Grippe« als Bezeichnung einer sehr ansteckenden Krankheit taucht vermutlich zum erstenmal im Frühjahr 1743 auf, später wird er allgemein üblich. Voltaire schreibt am 10. Januar 1768: »Die Grippe ist auf ihrer Reise um die Welt in unser Sibirien gekommen [nach Ferney, in der Nähe von Genf, dem Wohnsitz Voltaires] und hat meinen alten kränklichen Leib befallen.«
Zum damaligen Zeitpunkt gibt es für die Krankheiten bereits so etwas wie eine Einheit der Welt, von der das Schicksal des Menschen abhängt.

Die Lebenserwartung

Vor dem 19. Jahrhundert ist die Lebenserwartung des Menschen auf der ganzen Welt ziemlich gering; nur die Reichen leben etwas länger. »Trotz der Krankheiten, verursacht durch ein zu üppiges Leben, Lasterhaftigkeit und Mangel an körperlicher Betätigung, leben sie«, sagt ein englischer Reisender im Hinblick auf die Europäer (1793), »zehn Jahre länger

als die Menschen niedrigerer Klassen, da diese durch Arbeit frühzeitig verbraucht sind und aufgrund ihrer Armut Mangel an lebensnotwendigen Dingen leiden.«
Die etwas längere Lebenserwartung der Wohlhabenden macht sich aber in den Statistiken kaum bemerkbar. Mitte des 17. Jahrhunderts starb im Beauvaisis »mehr als ein Drittel der Kinder innerhalb der ersten 12 Monate«; das durchschnittliche Sterbealter lag unter 20 Jahren. »Niemand ist erstaunt über die Tatsache, daß der junge Thronfolger Karl [der spätere Karl V.] seine Herrschaft in Frankreich 1356 im Alter von 17 Jahren antritt und bei seinem Ableben 1380 mit 42 Jahren bereits das Ansehen eines weisen alten Mannes genießt.« Der Konnetable Anne de Montmorency, der 74jährig zu Pferd in der Schlacht von Porte Saint-Denis (1567) stirbt, ist eine Ausnahme. Der deutsche Kaiser Karl V. ist bei seiner Abdankung (1555) mit 55 Jahren bereits ein Greis. Der labile Gesundheitszustand seines Sohnes Philipp II., der 72jährig (1598) stirbt, löste bei seinen Zeitgenossen zwanzig Jahre lang die größten Hoffnungen und die schlimmsten Befürchtungen aus. Jedes Königshaus erlebt diese schreckliche Zeit der Kindersterblichkeit. In einem »Führer« von Paris aus dem Jahr 1722 werden die Namen der Prinzen und Prinzessinnen aufgeführt, deren Herzen seit 1662 in dem von Anna von Österreich gegründeten Val-de-Grâce ruhen: in der Mehrzahl Kinder, die einige Tage, Monate oder Jahre alt wurden.
Für die Armen sah die Situation noch ungünstiger aus. Noch 1754 bemerkt ein englischer Autor: »Weit davon entfernt, begütert zu sein, verfügen die Bauern Frankreichs noch nicht einmal über das Lebensnotwendige; es ist eine Gruppe von Menschen, die vor 40 bereits dahinsiecht mangels geeigneter Abhilfe für ihre Strapazen: das Volk leidet Not im Vergleich zu anderen Völkern, besonders zu unseren englischen Bauern. Allein die äußeren Umstände sind schuld am körperlichen Verfall des französischen Bauern ...«
Und was soll man von den in anderen Kontinenten lebenden

Europäern sagen, die sich nicht immer »den Sitten und Verhältnissen der Länder, in die sie neu angekommen sind, anzupassen verstehen und [hartnäckig] auf ihrer alten Lebensweise bestehen ... woraus sich ergibt, daß sie ihr Grab finden«? Dieses Zitat stammt aus der gleichen Zeit (1690) wie folgende Bemerkung über Bombay: »Die Toten sind so zahlreich im Lauf eines Jahres, daß nach einem Sprichwort zwei Monsune in Bombay mit einem Menschenalter gleichzusetzen sind.« Goa, die Stadt der Freuden, in der »die Portugiesen gerne prunkvoll leben«, sowie Batavia, eine weitere Stadt der Freuden für den Europäer, weisen erschreckend hohe Sterblichkeitsziffern auf – die Kehrseite dieses galanten, verschwenderischen Lebens. In dem rauhen Amerika sieht es aber nicht anders aus. Augustin Washington, der Vater von George Washington, starb im Alter von 49 Jahren, was einen Historiker zu dem Ausspruch veranlaßte: »Er starb zu früh. Wer in Virginia Erfolg haben will, muß seine Gegner, seine Nachbarn, seine Frauen ... überleben.«

Das gleiche gilt für die Nichteuropäer. Ende des 17. Jahrhunderts bemerkt ein Reisender über die Siamesen: »Obwohl die Siamesen maßvoll leben, sterben sie genauso früh« wie die Menschen in Europa. Über die Türken schreibt ein Franzose 1766: »Sie werden so alt wie wir, wenn sie der schrecklichen Geißel der Pest, die ständig in diesem Kaiserreich wütet, entgehen ...« Osman Aga, ein türkischer Dolmetscher (während einer langen Gefangenschaft, 1688–1699, lernte er Deutsch), der uns eine äußerst lebendige, bisweilen humorvolle Schilderung seines Lebens unter Christen hinterlassen hat, heiratete zweimal: Aus der ersten Ehe gehen drei Töchter und fünf Söhne hervor, von denen nur zwei überlebten, aus der zweiten Ehe drei Kinder, von denen zwei überlebten.

Zusammenfassend läßt sich für die Zeit von 1400 bis 1800 folgendes sagen: Geburten- und Sterbeziffer sind ungefähr gleich, dazu kommen eine sehr hohe Kindersterblichkeit, Hungersnöte, chronische Unterernährung, riesige Epidemien. Erst zu Beginn des 18. Jahrhunderts tritt eine je nach örtlichen Gegebenheiten unterschiedliche Verbesserung in einem bestimmten Teil Europas (noch nicht einmal in ganz Westeuropa) ein.

Dieser Umwandlungsprozeß geht langsam vor sich, was wir Historiker oft übersehen. Noch im ganzen 18. Jahrhundert kommt es zeitweise zu einer hohen Sterblichkeit, wie wir das am Beispiel Frankreichs demonstriert haben; dies gilt bespielsweise auch für Bremen für die Zeit von 1710 bis 1729 und von 1740 bis 1799; in Königsberg liegt der Durchschnittswert in den Jahren 1782 bis 1802 bei 32,8 je 1000, erhöht sich auf 46,5 im Jahr 1772, beträgt 45 im Jahr 1775, 46 im Jahr 1776. Man denke nur an die zahlreichen Todesfälle in der Familie von Johann Sebastian Bach. J. P. Süßmilch, der Begründer der Bevölkerungsstatistik, meint dazu 1765: »In Deutschland ... sterben die Bauern und die Armen, ohne jemals das geringste Heilmittel genommen zu haben. An den Arzt denkt niemand, zum einen, weil er zu weit entfernt, zum andern ... weil er zu teuer ist ...« Eine ähnliche Äußerung dazu aus Burgund: »Die Ärzte wohnen in der Stadt und verlassen sie nicht umsonst«; in Cassey-les-Vitteaux kostet ein Arztbesuch einschließlich Medikamenten ungefähr 40 Pfund, »die armen Leute sterben heutzutage lieber, als daß sie einen Arzt zu Hilfe rufen«.

Obwohl die Frauen durch die zahlreichen Schwangerschaften besonders gefährdet sind und obwohl, wie sich aus den Zahlenangaben, die wir seit dem 16. Jahrhundert besitzen, ersehen läßt, mehr Knaben als Mädchen geboren werden (heute noch 102 zu 100), gibt es in den Städten, ja sogar auf dem

Land (Venedig und St. Petersburg bilden für eine kurze Zeit eine Ausnahme) mehr Frauen als Männer. Die Dörfer Kastiliens, in denen 1575 und 1576 Volkszählungen durchgeführt werden, haben alle überdurchschnittlich viele Witwen.

Charakteristisch für die Entwicklung der Bevölkerung in der Zeit von 1400 bis 1800 ist ein zeitweise kurzfristiger Anstieg sowie ein plötzlicher Rückgang in der Bevölkerungszahl, wobei sich aber auf die Dauer die Aufwärtsbewegung durchsetzt.

Viertes Kapitel

Der Kampf der Vielen gegen die Schwachen

Die Zahl teilt die Welt, gliedert sie, verleiht jeder Bevölkerung ihre spezifische Bedeutung, bestimmt Zivilisationsstufe, Leistungsfähigkeit, biologische und selbst wirtschaftliche Entwicklung, ja sogar das pathologische Schicksal eines Volkes. Was den letzten Punkt anbetrifft, so haben wir bereits gezeigt, daß China, Indien und Europa große Sammelbecken für Krankheiten darstellen, die stets latent vorhanden sind und jederzeit ausbrechen können.

Die Zahl bestimmt auch das Verhältnis der einzelnen Völker untereinander, ihre friedlichen, d. h. wirtschaftlichen Beziehungen, aber auch ihre zahllosen kriegerischen Auseinandersetzungen, die in die Darstellung eines dem Alltagsleben gewidmeten Buchs miteinbezogen werden müssen. Der Krieg kann viele Gestalten annehmen und ist von Anfang an, also bereits am Nullpunkt der Geschichte, vorhanden. Der Zahl kommt hier eine entscheidende Bedeutung zu, denn im Kampf wie im täglichen Leben gibt es keine Chancengleichheit. Die Zahl teilt auch die Menschen auf in Herren und Untergebene, in Proletarier und Privilegierte.

Sicherlich gibt es neben der Zahl auch noch andere bestimmende Faktoren. So spielt zum Beispiel die Technik in Kriegs- wie in Friedenszeiten eine große Rolle; letztlich hängt aber auch der Stand der Technik wiederum von der Größe eines Volkes ab. Einem Menschen des 20. Jahrhunderts erscheinen diese Behauptungen einleuchtend; Zivilisation, Macht, Zukunft sind für ihn gleichbedeutend mit Größe. Die Frage ist nur, ob man das auch für frühere Jahrhunderte behaupten kann. Zahlreiche Gegenbeispiele tauchen auf. So widersprüchlich es auch sein mag — und widersprüchlich erschien es Fustel de Coulanges, als er Rom und Deutschland am Vorabend der Barbareninvasion betrachtete —: der am wenigsten Zivilisierte, der zahlenmäßig Unterlegene, siegt manchmal, oder siegt scheinbar, wie dies Henri Pirenne so oft dargelegt hat und Hans Delbrück mit seinen Berechnungen über die kleine, fast lächerlich kleine Anzahl der über Rom triumphierenden Barbaren nachwies.

Die »Barbaren«

Erleiden die »zivilisierten« Kulturen eine Niederlage oder auch nur eine vermeintliche Niederlage, so ist dem damaligen Sprachgebrauch zufolge der Sieger immer ein »Barbar«. Für einen Griechen ist jeder Nichtgrieche, für einen Chinesen jeder Nichtchinese ein Barbar. Die europäischen Kolonisationen früherer Jahrhunderte wurden immer damit motiviert, daß man den Barbaren und Primitiven die »Zivilisation« bringen wollte. Der schlechte Ruf der Barbaren, den sie, wenn es hoch kommt, nur halbwegs verdienen, geht natürlich auf die zivilisierten Völker zurück. Der Historiker Rechid Saffet Atabinen stellt mit seiner Verteidigungsrede für Attila eine Gegenthese auf. Wie dem auch sei, fest steht, daß sich ein Mythos von der Macht der Barbaren gebildet hat. In Wirklichkeit ist der Barbar, wenn er siegt, bereits halb zivilisiert. Lange hat er im Vorzimmer gewartet und zehnmal an die Tür geklopft, bevor er in das Haus eindringt. Wenn er auch nicht völlig zivilisiert ist, so hat er doch zumindest mit der benachbarten Kultur Bekanntschaft gemacht.

Ein Beweis hierfür ist der klassische Fall vom Kampf der Germanen gegen das römische Kaiserreich im 5. Jahrhundert, aber auch die Geschichte der Araber, Türken, Mongolen, Mandschuren, Tataren: Stets wiederholt sich das gleiche. Türken und Turkmenen, die Transportunternehmer und Kameltreiber auf den Straßen Zentralasiens zum Kaspischen Meer und nach dem Iran, kamen mit den benachbarten Zivilisationen in Berührung und gingen dann oft in ihnen auf. Die Mongolen des Dschingis Khan und Kubilai machen, kaum ihrem Schamanismus entwachsen, nicht den Eindruck von wilden Barbaren; bald werden sie im Osten von der chinesischen Kultur, im Westen von den Ideen des Islam überrollt. Die Mandschuren, die 1644 Peking, später das übrige China erobern, stellen ein gemischtes Volk mit stark mongolischem Einschlag dar. Chinesische Bauern, Barbaren, wenn man so will, gingen sehr früh bereits über die chinesische Mauer hinweg gegen die Mandschurei vor, angetrieben zu ihren Eroberungszügen durch die im chinesischen Riesenreich herrschenden wirtschaftlichen und sozialen Unruhen.

Die Erfolge der Barbaren sind immer nur von kurzer Dauer. Sehr schnell gehen die Sieger in den besiegten Kulturen auf. So eroberten die Germanen das römische Kaiserreich, dann ertranken sie in den Ländern des Weins; die Türken wurden seit dem 17. Jahrhundert zu Bannerträgern des Islam; Mongolen und Mandschuren gingen im chinesischen Volk auf. Hinter dem Barbaren schließt sich die Tür des eroberten Hauses.

Der Untergang der großen Nomadenvölker vor dem 17. Jahrhundert

Die für die »zivilisierten« Kulturen wirklich gefährlichen »Barbaren« gehören fast alle einer ganz bestimmten Menschengruppe an: Es sind Nomadenvölker aus den im Herzen der Alten Welt gelegenen Wüsten- und Steppengebieten. Nur in der Alten Welt sind diese ungewöhnlichen Völker anzutreffen. Eine Kette wasserarmer, unfruchtbarer Gebiete zieht sich vom Atlantik bis zum Pazifik; ein kleiner Funke genügt, und das ganze Land steht in Flammen. Eine Auseinandersetzung, eine Trockenzeit, ein plötzliches Anwachsen der Bevölkerung vertreibt diese sich selbst und anderen gegenüber harten Reiter und Kameltreiber von ihren Weideplätzen und läßt sie in die angrenzenden Gebiete einfallen.

In einer Zeit, in der alles einer langsamen Entwicklung unterliegt, verkörpern sie die Schnelligkeit und die Überraschung. An der bis ins 17. Jahrhundert hinein von den tatarischen Reiterscharen ständig bedrohten Grenze Polens löst ihr Erscheinen Alarmrufe aus, die dann zu einer sofortigen Erhebung der Massen führen. Die Befestigungsanlagen werden in Verteidigungsbereitschaft versetzt, die Magazine aufgefüllt und, sofern es noch nicht zu spät ist, die Kanonen geladen, die Reiterei mobilisiert, Absperrungen errichtet. Meist jedoch gelingt den Nomaden, nach Überquerung der Berge und der weiten, unbesiedelten Gebiete Siebenbürgens, der Einfall in das Land. Das Ausmaß ihrer Verwüstungen in den Städten und auf dem Land ist beispiellos, selbst die Überfälle der Türken lassen sich damit nicht vergleichen. Die Türken ziehen für gewöhnlich ihre Truppen vor Ausbruch des Winters, nach dem St. Georgstag zurück, die Tataren aber bleiben im Land, überwintern hier mit ihren Familien und plündern die Besiegten bis aufs letzte aus.

Und dennoch sind diese Kriegszüge, über deren schreckliche Auswirkungen zeitgenössische Berichte Aufschluß geben, nichts im Vergleich zu den großen Eroberungszügen der Nomaden in China und Indien. Bis auf einige Überfälle, so der Hunnen, Awaren, Ungarn und Mongolen, ist Europa, dank dem natürlichen Schutzwall der Völker des Ostens, dem Ansturm der Nomaden glücklich entronnen.

Die Stärke der Nomaden beruht auf der Unachtsamkeit und der relativen Schwäche der »zivilisierten« Völker. So kann in den vor dem 18. Jahrhundert nur gering besiedelten Norden Chinas jeder ungehindert eindringen, ebenso steht der Pandschab, der bereits weit vor dem 10. Jahrhundert von den Mohammedanern erobert wurde, Eindringlingen aus dem Iran offen. Die in Ost- und Südosteuropa errichteten Absperrungen sind in den einzelnen Jahrhunderten verschieden stark. Die Nomaden nutzen diese Sorglosigkeit der zivilisierten Völker und ihre teilweise unwirksamen Verteidigungsmaßnahmen geschickt aus: Sie dringen nach Westen wie nach Osten, nach Europa wie in die islamischen Länder, Indien und China vor, je nachdem, wo sich gerade Schwächemomente offenbaren. 1494 übt das in Fürstentümer und Stadtstaaten zerfallene Italien, wie das klassische Werk von Eduard Fueter nachweist, auf ganz Europa eine magische Anziehungskraft aus; ebenso fallen die Steppenvölker in die Länder ein, die ihnen den geringsten Widerstand zu leisten scheinen.

Zur Zeit der Ming-Dynastie vertreibt China 1386 die Mongolen aus ihrem Land und steckt ihr großes, in der Wüste Gobi gelegenes Zentrum Karakorum in Brand. Auf diesen Sieg über die Nomaden folgt jedoch eine lange Zeit der Untätigkeit, die eine mächtige Bewegung der Steppenvölker in Richtung Osten auslöst. Um 1400 überqueren die Nogaier die Wolga in west-östlicher Richtung, erstes Anzeichen einer langsamen Richtungsänderung. Völker, die seit mehr als zwei Jahrhunderten nach Westen strömten, dringen von nun an, angezogen von der Machtlosigkeit des entfernten chinesischen Reiches, nach Osten vor. Die bedeutendsten Ereignisse dieses Vormarsches nach Osten stellen die Eroberung Nordindiens durch Babur, 1526, sowie die Einnahme Pekings durch die Mandschuren, 1644, dar.

Im Westen Europas ist die Situation günstiger. Die Russen erobern Kasachstan und Astrachan, 1551 und 1556; dabei halfen ihnen nicht nur Schießpulver und Scharfschützen, sondern im wesentlichen wurde der russische Vorstoß in die fruchtbaren Gegenden an Wolga, Don und Dnjestr durch den langsamen Rückzug der Nomaden aus Südrußland begünstigt. Bei diesem Vorgang verliert das alte Rußland einen Teil seiner Bauern, die vor der strengen Herrschaft der Gutsherren fliehen; in die leeeren Räume dringen Bauern aus den baltischen Ländern und aus Polen ein, und in die von ihnen verlassenen Gebiete strömen Bauern aus Brandenburg und Schottland. Alexander und Eugen Kulischer, die beiden hervorragenden Historiker, charakterisierten diese stille Völkerwanderung als einen Stapellauf.

Die Eroberung Chinas durch die Mandschuren führt um 1680 zur Errichtung einer neuen Ordnung und im frühen gering besiedelten Norden des Landes zu einem Anwachsen der Bevölkerung. Die Russen, die mühelos nach Sibirien vorgedrungen sind, stoßen in der Ebene des Amur auf den Widerstand der Chinesen und werden durch den Vertrag von Nertschinsk (7. September 1689) an einem weiteren Vormarsch gehindert. Seit diesem Zeitpunkt erstreckt sich das chinesische Reich »von der großen Mauer bis in die Nähe des Kaspischen Meeres«. Schon vor diesen Erfolgen bereits machten die Nomaden auf ihrem Weg nach Osten kehrt und wandten sich wieder nach Westen über die für die Mongolei und Turkestan so bedeutende Völkerpforte der Dsungarei. Diesmal finden sie bei ihrer großen Flucht jedoch kein offenes Tor. Sie stoßen im Westen auf das neue Rußland Peters des Großen, mit seinen Festungen, seinen Forts, den neugegründeten Städten in Sibirien und an der unteren Wolga. Die ganze russische Literatur des folgenden Jahrhunderts ist erfüllt von den ständigen Kämpfen gegen die Eindringlinge.

Damals vollendet sich in der Tat das Schicksal der Nomaden. Das Schießpulver hat über die Schnelligkeit gesiegt; in Peking wie in Moskau, in Delhi wie in Teheran haben, bereits vor Ende des 18. Jahrhunderts, die zivilisierten Kulturen den Sieg davongetragen. Nun dazu gezwungen, in den Grenzen ihres eigenen Landes zu leben, offenbaren sich die Nomaden als das, was sie wirklich sind: arme, schwache Völkerschaften. Ihr langes Parasitendasein, das unweigerlich seinem Ende entgegengeht, stellt ein einmaliges, außergewöhnliches, fast abwegiges Ereignis in der Geschichte dar.

Bei einem Zusammenstoß verschiedener Völker tragen für gewöhnlich die »zivilisierten« Kulturen den Sieg davon; sie siegen über die primitiven Völker, und sie siegen auch über den leeren Raum. Bei der Gewinnung von Neuland bietet sich so zum Beispiel im Fall der Europäer für die Russen in Sibirien, für die Engländer in Australien und Neuseeland eine günstige Gelegenheit, ein Aufbauwerk zu leisten. Welche Möglichkeit für die Weißen, wäre der Ansturm der Schwarzen angesichts der in Südafrika eindringenden Buren und Engländer ausgeblieben!

Als die Portugiesen in Brasilien an Land gehen, weicht der primitive Indianer zurück und überläßt den Europäern das Land. Die *bandeiras paulistas* dringen so in einen fast völlig leeren Raum vor. In weniger als hundert Jahren durchziehen die Abenteurer aus São Paulo auf der Jagd nach Sklaven, Edelsteinen und Gold halb Südamerika, vom Rio de la Plata bis hin zum Amazonas und zu den Anden, ohne das Land wirklich in ihren Besitz zu nehmen. Niemand leistet ihnen Widerstand, bis die Jesuiten ihre indianischen Reserven aufbieten, die von den *paulistas* schamlos ausgebeutet werden.

Der gleiche Vorgang wiederholt sich beim Eindringen der Franzosen und Engländer in Nordamerika und bei der Eroberung der verlassenen Gebiete Nordmexikos durch die Spanier, denen nur wenige Chichimecas gegenüberstehen. Noch im 17. Jahrhundert wird auf diese Indianer eine regelrechte Menschenjagd veranstaltet, die alljährlich im November beginnt. In Argentinien und vor allem in Chile ist die Situation für die Eroberer weitaus ungünstiger, denn hier haben die Indianer vom Sieger wenigstens das Pferd übernommen, zudem erweisen sich die Araukanier bis zum Beginn des 20. Jahrhunderts als hartnäckige Gegner einer Besiedlung durch die europäischen Kolonisten.

In Wirklichkeit handelt es sich aber nicht um die Eroberung

von Menschen (sie werden vernichtet), sondern um die Eroberung von Land, wobei die Überwindung der weiten Entfernungen eine besondere Schwierigkeit darstellt. Die langsamen Ochsenkarren der argentinischen Pampa und die Maultierkarawanen des spanischen Amerika im 16. Jahrhundert wie die durch die Western zur Berühmtheit gelangten Wagenkolonnen der Vereinigten Staaten von Amerika auf ihrem Weg nach Westen im 19. Jahrhundert sind die Fahrzeuge dieser Eroberung. Langsam entwickelt sich dann in dem neuen Land das Leben der Kolonisten. Anfangs ist jeder noch sein eigener Herr auf seinem Besitz, da die Bevölkerungszahl zu gering ist, als daß sich ein Gemeinschaftsleben entwickeln könnte. Diese verlockende Anarchie herrscht jedoch nur vorübergehend, bald schon etabliert sich eine gewisse Ordnung. Die Siedlungsgrenze schiebt sich dann immer weiter ins Landesinnere vor und bringt dabei immer wieder die gleichen vorübergehend anarchischen Zustände mit sich. Der Romantismus eines Joseph Türner führte (1922) die Entstehung Amerikas eben auf diese *moving frontier*, eine spezifisch amerikanische Eigenart, zurück.

Auch die Russen dringen bei ihren Expansionszügen im 16. Jahrhundert, als sich Salzhändler, Kosaken und Pelzhändler an die Eroberung Sibiriens machen, in einen leeren oder fast leeren Raum vor. Wenn sich Widerstand erhebt, so wird er sehr schnell gebrochen. Es entstehen Städte, Befestigungsanlagen, »Verteilerbahnhöfe«, Brücken, Zwischenstationen für Wagen, Pferde und Schlitten (Tobolsk 1587, Ochotsk 1648, Irkutsk in der Nähe des Baikalsees 1652). Doch lange noch ist das Reisen in diesem ausgedehnten Land mit erheblichen Gefahren verbunden, so besonders im Winter, wo mancher mit dem Schlitten reisende Kaufmann mit seinen Leuten und seiner Ware unter den Schneemassen begraben wird. 1643 erreichen die Eroberer das Amurbecken, 1696 ist die ganze riesige Kamtschatka-Halbinsel erkundet; im folgenden Jahrhundert stoßen die russischen Entdecker nach Alaska vor, wo sich 1799 die ersten Siedler niederlassen. Diese Landnahmen gehen sehr schnell vor sich, sind aber alles in allem ziemlich unsicher. So entdeckt Bering, als er sich 1726 in Ochotsk niederläßt, um von hier aus seine Entdeckungsreisen zu unternehmen, in der Zitadelle der Stadt nur einige russische Familien. Und John Bell »sieht innerhalb von sechs Tagen weder Häuser noch Menschen«, als er 1719 auf einer Hauptstraße durch Sibirien reist.

Widerstand gegen die Eroberung

Die Entwicklung nimmt einen völlig anderen Verlauf, wenn es sich bei der Eroberung von Neuland um bereits besiedelte Gebiete handelt. Die berühmte deutsche Ostkolonisation läßt sich mit der Eroberung Amerikas durch die Europäer nicht vergleichen. Vom 12. bis 13. Jahrhundert, sogar noch im 14. Jahrhundert lassen sich zahlreiche deutsche Siedler (oft aus Lothringen und den Niederlanden) östlich der Elbe nieder; oft werden sie von slawischen Fürsten ins Land gerufen, häufig erfolgt aber ihre Landnahme aufgrund reiner Gewaltanwendung. Die Neuankömmlinge errichten ihre Dörfer inmitten ausgedehnter Rodungsgebiete, bauen ihre Häuser entlang der Straße, führen wahrscheinlich den schweren Pflug mit der eisernen Pflugschar ein, erbauen Städte, denen sie wie den slawischen Städten das Magdeburger oder Lübecker Stadtrecht verleihen. Es handelt sich dabei um eine ungeheuer große Bewegung. Das Unglück Deutschlands besteht darin, daß es sich spät gebildet hat und seinen Vormarsch in den Osten erst begann, nachdem sich die slawischen Völker in viel stärkerem Ausmaß, als man dies bis vor kurzem noch angenommen hat, in diesen Gebieten festgesetzt hatten.

Das gleiche gilt für die ebenfalls von Bauern getragene russische Expansion an die südlichen Flüsse Wolga, Don und Dnjestr. Das Steppengebiet zwischen Wolga und Schwarzem Meer weist zwar keine dichte Besiedlung auf, dient jedoch den

Nomaden, so den Nogaiern und den auf der Krim beheimateten Tataren als Durchzugsgebiet. Die furchterregenden tatarischen Reiterscharen bilden die Vorhut des Islam und des großen türkischen Kaiserreichs, das sie unterstützt, bei Gelegenheit nach vorne wirft und sogar durch Lieferung von Feuerwaffen, die den Verteidigern der Khanate von Kasachstan und Astrachan fehlten, vor dem Ansturm der Russen rettet. Sie leisten den russischen Eindringlingen erheblichen Widerstand und stoßen sogar nach Siebenbürgen, Ungarn, Polen und Rußland vor, das sie schrecklich verwüsten. 1592 gilt einer ihrer Einfälle Moskau. Die zahlreichen slawischen Gefangenen (Russen und Polen) werden von den Tataren auf dem Markt von Istanbul als Sklaven verkauft. Noch 1696 scheitert Peter der Große bei seinem Unternehmen, »ein Fenster« zum Schwarzen Meer zu öffnen – ein Mißerfolg, der erst hundert Jahre später von Katharina II. wieder wettgemacht wird. Aber auch dann sind die Tataren nicht ausgeschaltet.
Die Kolonisation der russischen Bauern ist übrigens undenkbar ohne die Befestigungsanlagen und »Marken« sowie ohne die Unterstützung durch die Kosaken. Als Reiter können sie den Gegner ungewöhnlich schnell abwehren, als Schiffer beherrschen sie die Flüsse, indem sie ihre Boote von einem Flußlauf zum anderen tragen (800 Kosaken brechen um 1690 von Tanais auf, bringen ihre Boote auf die Wolga und verfolgen die »langhaarigen Tataren«), und auch als Seeleute beweisen sie ihre Macht auf dem Schwarzen Meer, wo sie sich seit dem Ende des 16. Jahrhunderts als Seeräuber betätigen.
Noch zwei weitere Beispiele: die späte, vorübergehende Kolonisation Schwarzafrikas durch die europäischen Mächte des 19. Jahrhunderts und die Eroberung von Mexiko und Peru durch die Spanier. Diese wenig gefestigten Kulturen sind unter dem Ansturm von nur wenigen Menschen zusammengebrochen; heute jedoch werden diese Länder wieder afrikanisch beziehungsweise indianisch.

Solange eine Kultur noch nicht auf ihrem Höhepunkt angelangt ist, wird sie von den benachbarten höheren »zivilisierten« Kulturen auf die verschiedenste Weise ausgebeutet — ein ganz natürlicher, wenn auch nicht berechtigter Vorgang. Man denke an den Handel im Golf von Guinea, ein typisches Beispiel von wirtschaftlicher Ausbeutung, von denen die Geschichte erfüllt ist. Die Kaffern von Mozambique an der Küste des Indischen Ozeans behaupten sogar, daß die Affen nur deshalb nicht »sprechen, weil sie Angst haben, man würde sie sonst zur Arbeit zwingen«. Sie selbst aber sprechen leider, und so müssen sie Baumwollstoffe kaufen, Goldstaub verkaufen usw. Das Spiel der Mächtigen ist immer das gleiche. Phönizier wie Griechen gingen bei ihren Geschäften und in ihren Kolonien nicht anders vor, desgleichen die seit dem 11. Jahrhundert an der Küste von Sansibar sitzenden arabischen Kaufleute, die Venezianer und Genuesen im 13. Jahrhundert in Kaffa und Tana, die Chinesen auf den Insulinden, die für sie seit dem 13. Jahrhundert der Markt für Goldstaub, Gewürz, Pfeffer, Sklaven und Edelhölzer waren. In dem ganzen Zeitraum, den wir in diesem Buch betrachten, beutet ein Schwarm von chinesischen Kaufleuten und Händlern diese »kolonialen« Märkte aus, und diese umfassende Ausbeutung, die ohne Schwierigkeiten verlief, ist, so möchte ich behaupten, die Ursache dafür, daß sich China, trotz seiner Intelligenz und seiner Erfindungen (dem Papiergeld zum Beispiel), so wenig schöpferisch und so wenig modern auf dem Gebiet des Kapitalismus erwies: Es ist ihm einfach zu leicht gemacht worden.

Vom Markt zur Kolonie ist nur ein Schritt. Irgendeine Betrügerei oder ein Aufbegehren der Ausgebeuteten genügt, und die Eroberung folgt auf dem Fuß. Der Beweis ist jedoch erbracht, daß die »primitiven« Kulturen (diese Bezeichnung trifft sogar für die Tataren der Krim zu) keine unbedeutenden Gegner darstellen. Sie werden beseitigt, tauchen aber immer wieder auf und überleben.

Hochkulturen gegen Hochkulturen

Wenn Hochkulturen untereinander in eine kriegerische Auseinandersetzung geraten, dann spielen sich, wie wir das heute noch erleben können, regelrechte Dramen ab. Eine Hochkultur kann eine andere Hochkultur besiegen; so siegt zum Beispiel England über Indien in der Schlacht von Plassey (1757), die für England und die ganze Welt den Beginn einer neuen Ära darstellt. Ebenso kennzeichnet der absurde Opiumkrieg (1840 bis 1842) den Beginn eines Jahrhunderts der »Ungleichheit« für China, das, ohne wirklich eine Kolonie zu sein, die Folgen einer Kolonisation erlebt. Was den Islam anbetrifft, so hat er im 19. Jahrhundert, abgesehen von der Türkei, auf der ganzen Linie Schiffbruch erlitten. Nach 1945 aber erlangen China, Indien und der Islam (in seinen verschiedenen Ländern) in einer kettenreaktionsartigen Entkolonisierungsbewegung ihre Unabhängigkeit wieder.

Von heute aus betrachtet, erscheinen demnach die stürmischen Landeroberungen früherer Jahrhunderte, wie lange sie sich auch gehalten haben mochten, nur wie Episoden. Sie erfolgen mehr oder weniger schnell und brechen dann eines schönen Tages wie eine Theaterdekoration zusammen.

Die Zahl stellt auch hier, wie im gesamten materiellen Leben, einen entscheidenden Faktor dar. Wollte man die Kriege außer acht lassen, dann verschwindet mit einemmal auch eine ganze soziale, politische, kulturelle (religiöse) Landschaft. Auch die verschiedenen Beziehungen der einzelnen Länder untereinander verlieren dann ihren Sinn, denn oft handelt es sich dabei um ungleiche Beziehungen. Die Geschichte Europas wird unverständlich ohne seine Sklaven und seine Kolonien, ebenso die Entwicklung Chinas ohne die zahlreichen Eroberer, die seine Existenz in Frage stellen, und ohne die in seinen Herrschaftsbereich eingegliederten fernen Länder.

Zweiter Teil

DAS TÄGLICHE BROT

DIE ERNÄHRUNG des Menschen vom 15. bis 18. Jahrhundert besteht im wesentlichen aus pflanzlicher Kost. Das gilt ebenso für das präkolumbianische Amerika wie für Schwarzafrika und in besonderem Maß für die asiatischen Reisländer von gestern und heute. Allein der geringe Anteil an fleischlicher Nahrung ermöglichte das frühzeitige Aufblühen, später das erstaunliche Wachstum der Bevölkerungsmassen Ostasiens. Die Begründung hierfür ist sehr einfach. Bei einem Vergleich zwischen Ackerbau und Viehzucht hinsichtlich der von ihnen gelieferten Kalorienmenge erweist sich die Ackerbaukultur bei gleicher Oberfläche als weitaus ergiebiger. Sie ernährt eine zehn- bis zwanzigmal größere Zahl von Menschen als die mit ihr konkurrierende Viehwirtschaft. Bereits Montesquieu hat diese Tatsache erkannt: »Die Erde, die anderswo für die Ernährung der Tiere verwendet wird«, stellte er im Hinblick auf die Reisländer fest, »dient hier unmittelbar dem Lebensunterhalt der Menschen«.
Überall auf der Welt – und nicht nur in dem Zeitraum zwischen dem 15. und 18. Jahrhundert – greifen die Menschen, sobald das demographische Wachstum eine bestimmte Höhe überschreitet, in verstärktem Maß auf pflanzliche Nahrung zurück. Getreide oder Fleisch: diese Alternative hängt von der Größe der Bevölkerung ab. Die Art der Ernährung wird somit zu einem der wesentlichsten Kriterien des materiellen Lebens: »Sage mir, was du ißt, und ich sage dir, wer du bist.« Und ein altes deutsches Sprichwort besagt: »Der Mensch ist, was er ißt.« Die Nahrung des Menschen gibt also Aufschluß über seine gesellschaftliche Stellung und über die Kultur, in der er lebt.

Auf einer Reise von einer primitiven in eine hohe Kultur, von einem Land mit geringer Bevölkerungsdichte in ein relativ dicht besiedeltes Gebiet (oder umgekehrt), lassen sich typische Veränderungen auf dem Bereich der Ernährung feststellen. Jenkinson, ein Kaufmann der »Moskauer Kompanie«, gelangte aus dem entfernten Archangelsk nach seiner Ankunft

1558 in Astrachan zu dem in der Nähe lebenden Nomadenvolk der Nogaier, die »weder Städte noch Häuser« besitzen. Der Engländer hörte bei seinen Gastgebern nur Spott und Witzeleien über die Russen. Wie können sie wie andere Menschen sein, so fragen sich die Nogaier, wo sie doch ihr ganzes Leben immer am gleichen Ort verbringen, »ihren eigenen Gestank einatmen« und immer nur Getreide essen, ja sogar Getreide trinken (Bier und Wodka werden aus Korn hergestellt). Die Nogaier trinken Milch und essen Fleisch — das ist doch etwas ganz anderes. Auf seiner Weiterreise durchzog Jenkinson die verlassenen Gebiete von Turkestan, kam fast um vor Hunger und Durst, bis er schließlich das Tal des Amu-Darja erreichte; dort fand er Süßwasser, Stutenmilch, Fleisch von Wildpferden, aber kein Brot. Diese Unterschiede in der Ernährung und die gegenseitigen Spötteleien zwischen Viehzüchtern und Ackerbauern lassen sich selbst im Herzen des Abendlandes feststellen, so zum Beispiel zwischen den Leuten aus Bray und den Getreidebauern des Beauvaisis, zwischen Kastillanern und den Viehzüchtern des Béarn, diesen »Kuhhirten«, wie sie von den Südfranzosen verächtlich genannt werden, denen sie jedoch in keiner Weise die Antwort schuldig bleiben.

Eine ganz große Ausnahme stellt in dieser Hinsicht das in seiner Gesamtheit »fleischfressende« Europa dar. Jahrhundertelang waren im Mittelalter die Tische in einer Weise mit Fleisch und sonstigen Nahrungsmitteln überladen, die selbst einem Argentinier des 19. Jahrhunderts alle Ehre gemacht hätte. Die Ursache hierfür ist in der Tatsache zu sehen, daß Europa, abgesehen von seinen mittelmeerischen Küstengebieten, ein halb leeres Land geblieben war, über ausgedehnte Weideflächen für seine Tierherden verfügte und selbst in der Folgezeit außerhalb der landwirtschaftlich genutzten Anbauflächen noch genügend Land für die Viehwirtschaft besaß. Diese Vorrangstellung Europas geht jedoch nach dem 17. Jahrhundert langsam zurück, als sich die dortige Bevölkerung Europas beträchtlich zu vermehren beginnt und man aus diesem Grund wieder in verstärktem Maß auf pflanzliche Kost zurückgreift. Dieser Zustand dauert dann mindestens bis zur Mitte des 19. Jahrhunderts an; erst dann verbessern eine auf wissenschaftlichen Erkenntnissen basierende Viehwirtschaft sowie die umfangreichen Einfuhren von Pökel-, später von Gefrierfleisch aus Amerika die Nahrungsmittelversorgung Europas.

Auch in den außereuropäischen Ländern ernähren sich die Europäer, wie es ihrer Tradition entspricht, regelmäßig von Fleisch. Sie haben die Viehherden in die Neue Welt mitgebracht, und sie stopfen sich voll mit Fleisch. In Ostasien ruft ihr Appetit auf fleischliche Kost Erstaunen und zugleich Entsetzen hervor. »Man muß in Sumatra schon ein sehr großer Herr sein«, meint ein Reisender des 17. Jahrhunderts, »wenn man Anspruch auf ein gekochtes oder gebratenes Huhn haben will, das übrigens für einen ganzen Tag ausreichen muß. Sie behaupten, daß zweitausend Christen (gemeint sind die Europäer) bald alle Rinder und alles Geflügel ihrer Insel verzehrt haben werden.«

Die Wahl einer bestimmten Ernährungsart und die dadurch ausgelöste Diskussion beruht auf weit in die Vergangenheit zurückreichenden Vorgängen. Maurizio geht sogar so weit zu behaupten, daß »in der Geschichte der Ernährung tausend Jahre kaum eine Veränderung bringen«. Tatsächlich bestimmen zwei sehr frühe Revolutionen im wesentlichen die Nahrungsgewohnheiten der Menschen. Am Ende des Paläolithikums gehen die »Allesfresser« zur Jagd auf Großwild über und leiten so die »große fleischfressende Epoche« ein, »dieses Bedürfnis nach Fleisch, Blut, dieser ›Stickstoffhunger‹, oder mit anderen Worten, dieser Hunger nach tierischem Eiweiß«, der sich auch später immer wieder zeigen wird.

Die zweite Revolution ist gekennzeichnet durch die im 5. oder vielleicht bereits im 4. Jahrtausend v. Chr. sich entwickelnde Ackerbaukultur, die den Beginn des Getreideanbaus darstellt. Die bewirtschafteten Ländereien dehnen sich auf Kosten der

Jagdreviere und der Gebiete mit extensiver Viehwirtschaft immer weiter aus. Aufgrund des immer stärkeren Bevölkerungsanstiegs in den folgenden Jahrhunderten tritt die pflanzliche Nahrung — sei es in rohem oder gekochtem Zustand, jedoch in der stets gleichbleibenden Form von Brei, Suppen und Brot — immer mehr in den Vordergrund. Zwei große Menschengruppen stehen sich seit dieser Zeit für den weiteren Ablauf der Geschichte gegenüber: auf der einen Seite die geringe Anzahl von Menschen, die Fleisch essen, auf der anderen Seite die riesige Menschenmenge, die sich ausschließlich von Brot, Breiarten, gekochten Wurzeln und Fruchtknollen ernährt. Im China des zweiten Jahrtausends »werden die Verwalter der großen Provinzen als ... Fleischesser bezeichnet«. Im alten Griechenland kursiert das Gerücht, daß »die Esser von Gerstenbrei keine Lust zum Kriegführen verspüren«. Viele Jahrhunderte später (1776) bestätigt ein Engländer diese Behauptung: »Man findet mehr Mut bei den Menschen, die sich von Fleisch ernähren, als bei denen, die sich mit leichterer Kost zufrieden geben.«

Unter diesen Voraussetzungen werden wir unsere Aufmerksamkeit für die Zeit vom 15. bis 18. Jahrhundert vor allem auf die Hauptnahrungsmittel richten, auf die Produkte also, die der Ackerbau, die älteste aller Wirtschaftsformen, liefert. Seit ihren Anfängen stützte sich die Landwirtschaft zu allen Zeiten zwangsläufig jeweils auf eine ganz bestimmte Pflanze, von deren Gedeihen und Weiterentwicklung in der Folgezeit alles oder fast alles abhängen wird. Drei davon trugen einen überwältigenden Erfolg davon: Weizen, Reis und Mais; sie machten und machen sich auch heute noch das kultivierbare Land der Erde streitig. Sie sind »Kulturpflanzen«, die das materielle und in manchen Fällen auch das psychische Leben der Menschen weitgehend bestimmt haben. Die Entwicklung dieser Nutzpflanzen sowie der nachhaltige Einfluß, den sie auf die Landbevölkerung und das gesamte Leben der Menschen hatten, ist das wesentliche Thema dieses Kapitels.

ERSTES KAPITEL

Der Weizen

DAS HAUPTANBAUGEBIET des Weizens liegt im Abendland, aber auch in außereuropäischen Ländern ist er anzutreffen. Lange vor dem 15. Jahrhundert gedeiht Weizen neben Sorgho und Hirse in den nordchinesischen Tiefebenen. Er wird dort »in Löchern angepflanzt« und nicht gemäht, sondern mit Hilfe einer Hacke »mit dem Stengel ausgerissen«, um anschließend über den Yun Leang Ho — »den Fluß, der den Weizen trägt« — nach Peking weiterbefördert zu werden. Zeitweilig wird Weizen sogar in Japan und Südchina angebaut, wo es den Bauern, nach Berichten des Jesuitenpaters De Las Cortes (1626), gelingt, zwischen zwei Reisernten eine Weizenernte einzubringen. Weizen ist jedoch hier nicht mehr als eine einfache Zugabe, denn den Chinesen »ist die Methode, Brot zu backen sowie Fleisch zu braten, unbekannt«; als Nebenprodukt ist der Weizen in China »immer preiswert«. Manchmal machen die Chinesen daraus ein brotähnliches Gericht, das über Wasserdampf hergestellt und mit »kleinen gehackten Zwiebeln« angereichert wird, jedoch nach Ansicht eines Reisenden aus dem Abendland im allgemeinen »eine sehr schwer verdauliche Masse ist, die einem wie ein Stein im Magen liegt«. In Kanton wird im 16. Jahrhundert eine Art Biskuit hergestellt, das nach Macao und den Philippinen exportiert wird; der Weizen dient als Grundlage für Fadennudeln, Breisorten und mit Schmalz angereicherte Fladen, jedoch nicht für Brot, das als »geschmacklos« gilt.

Ein hervorragender Weizen wächst in den wasserarmen Flußniederungen des Indus und am oberen Ganges; die Rinder-Karawanen ermöglichen in ganz Indien einen intensiven Handelsaustausch zwischen Weizen und Reis. Im Iran wird überall zu niedrigem Preis ein primitives Brot ohne Hefezusatz, eine Art einfacher Fladen, verkauft — das Ergebnis einer oft erstaunlichen Arbeitsleistung der bäuerlichen Bevölkerung. So ist zum Beispiel in der Umgebung von Isfahan »der Ackerboden so schwer, daß man vier, manchmal sogar sechs Rinder zum Pflügen benötigt. Auf das Joch der ersten Zugtiere wird ein Kind gesetzt, das die Rinder mit einem Stock antreibt«. Ergänzend sei der Vollständigkeit halber noch die allgemein bekannte Tatsache hinzugefügt, daß im gesamten Mittelmeerraum Weizen angebaut wird, selbst in den Oasen der Sahara, vor allem aber in Ägypten, wo — infolge der jährlichen Überschwemmungen des Nils in den Sommermonaten — die Bestellung der nicht überfluteten Felder zwangsläufig im Winter vorgenommen werden muß. Das dortige, für tropische Pflanzen nicht sonderlich geeignete Klima hat sich für den Weizenanbau als sehr vorteilhaft erwiesen. Auch in Äthiopien ist der Weizenanbau nicht unbekannt.

Von Europa aus verbreitet sich der Weizen in immer entferntere Gebiete. Die russischen Kolonisatoren machten ihn in Sibirien, sogar in den Gebieten nördlich von Tomsk und Irkutsk, heimisch; seit dem 16. Jahrhundert setzte der russische Bauer sein ganzes Glück auf die fruchtbare Schwarzerde der Ukraine, mit deren Gewinnung Katharina II. 1793 ihre späten Eroberungszüge abschließen sollte. Doch bereits lange vor diesem Zeitpunkt gedeiht dort der Weizen in einem Ausmaß, das den Verbrauch oft bei weitem übersteigt. »Heute noch«, so lautet ein Bericht von 1771, »gibt es in Podolien und Wolhynien Getreideberge so groß wie Häuser, mit denen man ganz Europa ernähren könnte, und die hier verderben.« Die gleiche Überfülle und die gleiche verhängnisvolle Situation zeigt sich im Jahr 1784: Der Weizen ist »in der Ukraine so billig, daß viele Bauern auf seinen Anbau verzichten«, berichtet ein Franzose; »die Überfülle an Getreide ist bereits so groß, daß davon nicht nur ein großer Teil der Türkei ernährt, sondern daß er sogar nach Spanien und Portugal exportiert wird.« Auch nach Frankreich gelangt Getreide aus der Ukraine, und zwar über die Zwischenstation Marseille, deren Schiffe den Weizen vom Schwarzen Meer, etwa von der Krim (beispielsweise dem Getreideumschlageplatz Gozlev, dem späteren Eupatoria) aus über die türkischen Meerengen nach Europa befördern.

Die wirklich große Zeit für den »russischen« Weizen bricht jedoch erst später an. Die mit ukrainischem Getreide beladenen Schiffe leiten bei ihrer Ankunft in Italien 1803 in den Augen der einheimischen Großgrundbesitzer eine Katastrophe ein. Auch Frankreichs Deputiertenkammer weist einige Jahre später (1818) auf die aus dem Osten kommenden Gefahren für die französische Getreideproduktion hin.

Lange vor diesen Ereignissen hat der Weizen bereits den Atlantik überquert. In den spanischen Besitzungen in Amerika mußte er gegen die Tücken eines zu heißen Klimas, gegen allerlei schädliche Insekten sowie gegen rivalisierende Getreidearten (Mais, Maniok) ankämpfen. Er hat sich in der Neuen Welt erst verhältnismäßig spät, im 17. und vor allem im 18. Jahrhundert, durchgesetzt, so in Chile, an den Ufern des St.-Lorenz-Stroms, in Mexiko und in noch stärkerem Ausmaß in den Neuenglandstaaten. Bostoner Segelschiffe bringen damals Mehl und Getreide zu den Antillen, dem Zuckerlieferanten, ja bis nach Europa und ans Mittelmeer. Im 19. Jahrhundert setzt sich dann der Weizen in Argentinien, Südafrika, in Australien und in den »Prärien« Kanadas und des Mittleren Westens durch, »überall ein Kennzeichen der sich immer weiter ausdehnenden europäischen Zivilisation«.

Der Weizen und die sekundären Getreidearten

Aber kehren wir wieder nach Europa zurück. Bei genauerer Betrachtung des hier angebauten Getreides wird man feststellen, daß eine viel stärkere Differenzierung vorgenommen werden muß. Richtiger wäre es wohl von Kornarten zu sprechen, *los panes,* wie es in so vielen spanischen Texten heißt. Zunächst einmal gibt es qualitative Unterschiede. Das beste Getreide wird in Frankreich häufig *la tête du blé* genannt; daneben werden mittelmäßige Getreidesorten, wie Gerste und Hafer, auch Mischkorn, eine Mischung aus Weizen und einem anderen Getreide, oft Roggen, zum Verkauf angeboten. Der langgrannige Dinkel ist noch im 16. Jahrhundert in Italien und sogar noch 1697 in der Pfalz anzutreffen. Weite Gebiete werden für den Anbau von Hirse verwendet. So kann sich zum Beispiel das 1378 von den Genuesen belagerte Venedig nur aufgrund der in den Vorratskammern lagernden Hirse retten. Noch im 16. Jahrhundert legen sich die Gutsherren mit Vorliebe einen Vorrat von diesem äußerst haltbaren (manchmal bis zu zwanzig Jahren) Getreide in den befestigten Städten ihrer Besitzungen in der Terra Ferma an; Hirse wird in noch stärkerem Umfang als Weizen in die Presidios Dalmatiens und auf die levantinischen Inseln ausgeführt, sobald es dort an Lebensmitteln mangelt. Noch im 18. Jahrhundert wird diese Getreideart in der Gascogne, in Italien und in Mitteleuropa angebaut. Wenn man den Äußerungen eines Jesuiten Glauben schenken darf, so dient sie in Europa jedoch nur als Grundlage für eine ganz primitive Nahrung, verglichen mit den von ihm so bewunderten Hirsegerichten der Chinesen: »Bei all unserem Fortschritt in den Jahrhunderten der Neugier, Eitelkeit und des Nützlichkeitsdenkens sind unsere Bauern der Gascogne und des Landes um Bordeaux so wenig fortgeschritten wie vor drei Jahrhunderten, da sie es immer noch nicht verstehen, aus ihrer Hirse eine bessere und gesündere Nahrung herzustellen.«

Doch neben dem Weizen gibt es andere, bedeutendere Getreidesorten als die oben aufgeführten, so zum Beispiel die Gerste, die in den südlichen Ländern als Pferdefutter Verwendung findet. »Keine Gerstenernte – kein Krieg« konnte man im 16. Jahrhundert und auch später noch sagen, so wenn sich an der langen Grenze Ungarns türkische und christliche Reiterscharen feindlich gegenüberstanden. Im Norden weicht das »harte« Getreide dem »weicheren« Getreide, die Gerste dem Hafer und mehr noch dem Roggen, der erst spät in die nördlichen Gebiete gekommen ist, vermutlich zur Zeit der großen Wanderungsbewegungen im 5. Jahrhundert, gleichzeitig mit der Entwicklung der Dreifelderwirtschaft. Die Schiffe aus den baltischen Ländern sind nicht nur mit Weizen, sondern vielfach auch mit Roggen beladen; denn schon sehr früh bot sich in dem von Hungersnöten heimgesuchten Europa ein Absatzmarkt für diese Getreideart. Zu Anfang fuhren diese Schiffe nur bis in die Nordsee und in den Ärmelkanal, später liefen sie dann die iberischen Häfen an, und schließlich, während der Krisenzeit um 1590, gelangten sie in verstärktem Maß in den mittelmeerischen Raum.

Aus all diesen Getreidearten wird überall dort, wo es an Weizen fehlt, noch bis ins 18. Jahrhundert hinein Brot hergestellt. »Das Roggenbrot«, schreibt 1702 der Arzt Louis Lemery, »ist nicht so nahrhaft wie das Weizenbrot, und es fördert ein wenig die Verdauung«; das Gerstenbrot, fährt er fort, »ist erfrischend, aber es ist weniger nahrhaft als das Weizen- und Roggenbrot«. Nur die Leute aus dem Norden verwenden Hafer zur Herstellung von Brot, »an das sie sich gut gewöhnen«. Es ist indes auch eine Tatsache, daß 1716 in Frankreich mehr Roggen als Weizen produziert wird.

Ein anderes Ersatzgetreide stellt der seit dem klassischen Altertum über den Indischen Ozean importierte Reis dar, der im Mittelalter von den großen Häfen des Morgenlandes aus nach Europa transportiert wird. In Spanien haben die Araber sehr früh mit seinem Anbau begonnen: im 16. Jahrhundert wird auf den Märkten der Champagne bereits Reis aus Mallorca verkauft. Seit dem 15. Jahrhundert wird in Italien Reis angepflanzt und zu niedrigen Preisen auf dem Markt von Ferrara feilgeboten. Ein italienisches Wortspiel besagt, daß wer gern lacht, Reissuppe gegessen hat: »*Che aveva mangiato la minestra di riso.*«

In der Folgezeit breitet sich der Reis in den Ländern der italienischen Halbinsel immer mehr aus, wobei er dort zur Entstehung ausgedehnter Landgüter (bis zu tausend Hektar) beitrug — so in Venetien, in der Lombardei, in Piemont, in der Romagna, Toskana, in Neapel, auf Sizilien —, Güter, deren Bewirtschaftung bereits im Zeichen des Kapitalismus steht und zu einer Proletarisierung der bäuerlichen Bevölkerung führt. Man kann bereits hier von *il riso amaro*, dem »bitteren Reis«, sprechen, der den Menschen eine harte Arbeit abverlangt. Auch in den türkischen Balkanländern spielt der Reis eine wichtige Rolle, ebenso in Amerika, wo sich zu Ende des 17. Jahrhunderts Carolina zu einem bedeutenden Reisexporteur entwickelt.

In Wirklichkeit aber gilt der Reis im Abendland nur als eine Notlösung; trotz eines gewissen Gebrauchs von Milchreis wird er von den wohlhabenden Europäern kaum gegessen. So ist auch der über den Seeweg von Alexandrien in Ägypten 1694 und 1709 nach Frankreich eingeführte Reis nur »ein Mittel zur Ernährung der Armen«. In Venedig mischte man seit dem 16. Jahrhundert im Fall von Hungersnöten bei der Zubereitung des Brotes Reismehl unter das übliche Mehl.

In Frankreich fand Reis in den Hospitälern, Kasernen und auf Schiffen Verwendung. Die von den Kirchen organisierten Lebensmittelverteilungen in Paris bestanden oft aus einem in Wasser gekochten Reis, vermischt mit weißen Rüben, Kürbissen und zerstampften Karotten, einer breiigen Masse, die in kleinen Töpfen gereicht wurde (sie wurden übrigens nie ausgewaschen, damit nicht etwa ein Essensrest verloren ging). Vermischt mit Hirse, wurde Reis auch zur Herstellung von

David Teniers d.J. (1610–1690): »Der Alchimist«; Herzog Anton Ulrich-Museum, Braunschweig.

Brot verwendet, einem billigen Brot allerdings, das natürlich immer nur für die Armen bestimmt war, »damit diese von einer Mahlzeit zur anderen gesättigt seien«. Ungefähr die gleiche Situation kann man in China beobachten, das seinen Armen, »die sich keinen Tee kaufen können«, heißes Wasser anbietet, in dem man dicke Bohnen, Hülsenfrüchte und Fladen »aus dem Teig zerstampfter dicker Bohnen« kocht; die gleichen gekochten dicken Bohnen »dienen als Sauce für das Essen«. Vielleicht handelt es sich hierbei um Soja, jedenfalls um ein minderwertiges Nahrungsmittel, das ähnlich wie Reis und Hirse im Abendland ausschließlich für die Ernährung der armen Bevölkerungsschichten bestimmt war.

Überall zeigt sich eine klare »Wechselbeziehung« zwischen dem Weizen und den anderen Getreidearten. Das verdeutlicht eine auf der Grundlage der seit dem 13. Jahrhundert aus England bekannten Getreidepreise aufgestellte Statistik: In Zeiten der Baisse sind die Preise einheitlich, bei einer Hausse geht diese Einheitlichkeit verloren, denn der Roggen, die Nahrung der Armen, erlebt in Teuerungszeiten einen besonders starken Preisanstieg, der manchmal den des Weizens übertrifft. Der Hafer hingegen bleibt, preislich gesehen, zurück. »Der Preis des Weizens steigt immer viel mehr an als der des Hafers«, lehrt Dupré de Saint-Maur (1746), da »wir traditionsgemäß nur von Weißenbrot leben[zumindest die Reichen (Anmerkung des Autors)], anstatt daß man die Pferde auf dem Land auf die Weide führt, sobald der Preis des Hafers ansteigt«. Für Dupré de Saint-Maur ist das normale Verhältnis (er spricht von »natürlich«, wie die alten Volkswirtschaftler, die beharrlich an einem natürlichen Verhältnis von eins zu zwölf zwischen Gold und Silber festhalten) zwischen Hafer und Weizen drei zu zwei: »Immer dann, wenn innerhalb eines bestimmten Zeitraums der Sester Hafer ... ungefähr ein Drittel weniger kostet als der Sester Weizen, sind die Dinge in ihrem natürlichen Verhältnis.« Wenn dieses Verhältnis nicht mehr gegeben ist, so ist das ein Indiz für eine Hungersnot,

und je größer die Preisunterschiede zwischen den beiden Getreidearten werden, desto schlimmer sind die Auswirkungen dieser Hungersnot. »1351 kostet ein Sester Hafer den vierten Teil eines Sesters Weizen, 1709 den fünften Teil, 1740 den dritten Teil. So war 1709 die Hungersnot größer als 1351 und 1351 größer als 1740 ...«
Diese Überlegungen beruhen wahrscheinlich auf den zur Zeit des Autors herrschenden Zuständen. Ob sie jedoch auch für die Zeit von 1400 bis 1800 Gültigkeit besitzen, läßt sich mit Sicherheit nicht behaupten. So soll zwischen 1596 und 1635, wahrscheinlich auch während der meisten Zeit im 16. Jahrhundert, der Hafer in Frankreich im großen ganzen die Hälfte des Weizens gekostet haben. Erst von 1635 an zeichnet sich das »natürliche« Verhältnis von drei zu zwei ab. Es wäre zu einfach, wollte man, ausgehend von den Überlegungen von Dupré de Saint-Maur, behaupten, daß das 16. Jahrhundert von einer latenten Hungersnot gekennzeichnet war, auf die sich dann die Unruhen dieser Zeit zurückführen ließen, die um 1635 mit der Rückkehr zu einem relativen inneren Frieden und zu einer Normalisierung der wirtschaftlichen Verhältnisse führten. Man könnte genausogut argumentieren, daß sich der plötzliche Preisanstieg des Hafers durch den Kriegseintritt von Richelieus Frankreich in den von unseren Geschichtsbüchern so genannten Dreißigjährigen Krieg ergab; denn ohne Hafer waren weder Pferde noch Kavallerie oder Artillerietrains möglich.

An Brotgetreide herrscht – selbst wenn man alle Getreidearten miteinbezieht – nie eine Überfülle; der im Abendland lebende Mensch muß sich schon früh an eine chronische Nahrungsmittelknappheit gewöhnen. Eine Kompensation stellt für ihn die volkstümliche Ernährung durch Hülsenfrüchte dar sowie die Gewinnung einer Art Ersatzmehl aus Kastanien und Buchweizen, der seit dem 16. Jahrhundert in der Normandie und Bretagne nach der Weizenernte gesät und noch vor Anbruch des Winters eingebracht wird (der Buchweizen gehört nicht zur Pflanzenfamilie der Gramineen, sondern zu den blütenblattlosen Dikotyledonen; das ändert indes nichts an der Tatsache, daß er von den Menschen früher »der schwarze Weizen« genannt wurde). Aus den Kastanien wird Mehl und eine Art Fladen hergestellt, den man in den Cevennen und auf Korsika den schönen Namen »Bauernbrot« gegeben hat. In Aquitanien – dort nannte man die Kastanien *ballottes* – und auch in anderen Gegenden spielen sie die Rolle, die die Kartoffel im 19. Jahrhundert übernehmen wird. Ihre Verbreitung in den südlichen Ländern war jedenfalls bedeutender, als für gewöhnlich angenommen wird. Für das in der Nähe von Yuste im kastilischen Estremadura gelegene Jarandilla bestätigt dies (1556) der Majordomus Karls V.: »Was hier gut ist, sind die Kastanien, nicht der Weizen, und der, den man findet, ist zudem schrecklich teuer.«

Die ungewöhnliche Ernährung der Bevölkerung der Dauphiné im Winter 1672/73, die aus »Brot aus Eicheln und Wurzeln« besteht, weist auf eine schreckliche Hungersnot hin. Lemery berichtet 1702 von einem Gerücht, an das er selbst nicht richtig glauben will, nämlich »daß es noch Gegenden gibt, wo diese Eicheln für den gleichen Zweck verwendet werden«.

Die wirklichen Zusatzgetreide – Hülsenfrüchte, Linsen, dicke Bohnen, schwarze, weiße und braune Erbsen, Kichererbsen – sind ebenfalls eine billige Protein-Quelle. Es sind die sogenannten *menudi* oder *minuti*, die kleinen Lebensmittel, wie sie in den venezianischen Dokumenten bezeichnet werden. Wenn in einem Dorf der Terra Ferma die *menudi* durch einen sommerlichen Wirbelsturm zerstört werden, wie dies so häufig der Fall ist, ruft die sofort ausbrechende Hungersnot die öffentliche Verwaltung Venedigs auf den Plan. Denn diese kleinen Lebensmittel gelten als »Getreide«; unzählige Dokumente, die sie sogar mit dem Weizen gleichstellen, liefern den Beweis hierfür. Schiffe aus Venedig und Ragusa werden ins ägyptische Alexandria entsandt mit dem Auftrag, dort Wei-

zen und Bohnen zu laden. Und der Generalkapitän von Granada sorgt sich um die Lebensmittelversorgung seiner Flottenbesatzung; es werde schwierig sein, eine ausreichende Menge an dicken Bohnen und Kichererbsen für die Besatzung aufzutreiben, schreibt er, und was den Preis anbetreffe, »so sind diese Gemüse so teuer wie der Weizen« (2. Dezember 1539). Ein spanischer Brief aus einem afrikanischen Presidio bestätigt um 1536, daß dort die Soldaten die *garbanzos* (Kichererbsen) dem Weizen und Biskuit vorziehen. Und ein venezianischer Memoirenschreiber berichtet 1629 von einer schlechten Weizen- und Weinernte, einer ausreichenden Gemüseernte, *ma di minuti honestamente:* Sie wird für den nötigen Ausgleich sorgen.
Ausgrabungen in frühmittelalterlichen Dörfern in Böhmen erbrachten den Nachweis, daß damals die Ernährung viel mehr auf der Grundlage von Erbsen als von Weizen beruhte. Der Bremer Preiscourant von 1758 führt hinter dem Preis für Getreide den für Hülsenfrüchte an.

Getreideanbau und Fruchtwechsel

Getreide kann nur zwei Jahre hintereinander auf dem gleichen Boden ohne große Verluste angebaut werden; dann muß die Aussaat an einer anderen Stelle erfolgen. Für den Abendländer muß es daher wie ein Wunder wirken, daß der Reis, wie der Jesuit De Las Cortes (1626) berichtet, »immer am selben Platz wächst und das Land nicht wie in unserem Spanien ein Jahr lang brach liegen bleibt«. Ist das überhaupt möglich und glaubwürdig? In Europa und überall dort, wo Getreidewirtschaft betrieben wird, sucht man für die Aussaat jedes Jahr einen anderen Platz, d. h., man benötigt für den Getreideanbau eine doppelte oder dreifache Bodenfläche. Jedes zweite oder dritte Jahr wächst dann das Getreide wieder an seinem ursprünglichen Ort. Das ist das System der Zwei- oder Dreifelderwirtschaft.

Es gibt in Europa auch eine Feldwirtschaft ohne bestimmte Periodizität, sofern es sich um schwierigen Boden oder um in archaischer Form bewirtschaftete Gebiete handelt. Der Boden wird hier einfach angebaut und nach der Ernte einige Jahre lang brach liegen gelassen, damit er »sich ausruhen« kann. Diese jahrelang brachliegenden Felder brachten die Agronomen früherer Zeiten zur Verzweiflung; einer von ihnen berichtet 1777, die Ackerböden seien »in Mayenne ... schwarz und schwierig zu bebauen; das gilt in noch stärkerem Maß für die Böden in Laval, wo ... die tüchtigsten Bauern mit sechs Ochsen und vier Pferden jährlich nicht mehr als 15 bis 16 Morgen Land bewirtschaften können. Deshalb lassen sie die Erde acht, zehn, zwölf Jahre hintereinander sich ausruhen.« Andrerseits sind aber auch in besiedelten Gebieten bereits ziemlich früh mehr auf wissenschaftlichen Erkenntnissen basierende Fruchtwechsel von längerer Dauer als die Zwei- und Dreifelderwirtschaft in Erscheinung getreten und haben dort die traditionelle Art der Bewirtschaftung verdrängt. In Flandern experimentierte man sicherlich schon seit dem 14. Jahrhundert mit einem Fruchtwechsel zwischen Getreide und Futterpflanzen. Später bildete sich in Holland der *koppelstelsel* heraus, eine Art Feldgraswirtschaft, wo auf fünf Jahre Ackerbau fünf Jahre Weide- oder Wiesenwirtschaft folgt. Auch in Deutschland war seit dem 16. Jahrhundert in einigen Gebieten die Bewirtschaftung einer Flur in einem vier- bis fünfjährigen Zyklus bekannt. Im 17. Jahrhundert kehren hier die Lehensherren auf der Suche nach Weideplätzen für ihre Schafherden jedoch wieder zur Dreifelderwirtschaft zurück. Norditalien erweist sich schon ziemlich früh als ein fortschrittliches Land: In der Provinz Vercelli kennt man um 1700 einen vierjährigen, um 1800 einen fünfjährigen Fruchtwechsel.

Im großen ganzen kann man Europa in zwei Systeme aufgliedern. Im Süden erfolgt der Anbau von Weizen und den übrigen Brotgetreiden abwechselnd auf einer Hälfte des Ackerlandes, während die andere Hälfte Brachland bleibt, *barbe-*

chos, wie es in Spanien heißt. Im Norden wird die Bewirtschaftung der Flur in einem dreijährigen Wechsel vorgenommen: Wintergetreide, Sommergetreide, das im Frühjahr gesät wird (auch *mars, marsage, carêmes, tremis, tremois* usw. genannt), und schließlich Brache. Noch in jüngster Zeit bewirtschaftete man in Lothringen das Land nach diesem System: Weizen, Hafer, Brache – die sogenannten *versaines*. Zwei Systeme: In dem einen erholt sich das Ackerland mehr, in dem anderen ist eine größere Anbaufläche vorhanden, unter der Voraussetzung, daß das ganze Land mit Getreide bestellt wird (was aber eigentlich nie der Fall ist). Im Süden ist das Getreide reicher an Gluten, im Norden bringt es höhere Erträge. Daneben spielen natürlich auch die Qualität des Bodens und die klimatischen Bedingungen eine wichtige Rolle.

Diese Einteilung ist natürlich grob schematisiert; so kann man auch im Süden Dreifelderwirtschaft (Brache nach zwei Jahren) und im Norden (im nördlichen Elsaß, von Straßburg bis Weißenburg) Fälle von Zweifelderwirtschaft antreffen. Eine sich später entwickelnde Dreifelderwirtschaft hat eine Zweifelderwirtschaft abgelöst, die ähnlich einer alten Schrift auf einem Palimpsest wieder zum Vorschein kommt.

Natürlich haben sich neben diesen beiden großen Systemen der Flurbewirtschaftung zahlreiche Mischformen entwickelt. Eine Erhebung, die die Limagnes im 16. Jahrhundert betrifft, zeigt eine Verflechtung von Zwei- und Dreifelderwirtschaft, je nach Beschaffenheit des Bodens, den Arbeitsgewohnheiten und dem Lebensstandard der bäuerlichen Bevölkerung. Selbst in der südlichsten Zone der Zweifelderwirtschaft wird 1755 in einem kleinen Gebiet in der Umgebung von Sevilla eine Dreifelderwirtschaft praktiziert, die dem Fruchtwechsel des Nordens analog zu sein scheint.

Aber lassen wir die abgewandelten Formen auf sich beruhen. Die Norm ist eine Zwei- oder Dreifelderwirtschaft mit einer toten Zeit, einer Ruhezeit für den Getreideanbau. In dieser toten Zeit kann sich das Brachland wieder mit Nährsalzen be-

reichern, vor allem da der Boden in dieser Zeit durch Düngung und wiederholtes Pflügen auf eine neuerliche Bewirtschaftung vorbereitet wird. Jethro Tull (1674—1741), einer der großen Vorkämpfer der englichen Agrarrevolution, empfiehlt wiederholtes Pflügen, Düngung und einen Fruchtwechsel. Urkunden erwähnen sogar siebenmaliges Pflügen, das zweimalige Pflügen vor der Aussaat miteingeschlossen. Bereits im 13. Jahrhundert wird in England wie in der Normandie dreimal gepflügt (im Frühjahr, Herbst und Winter). Im Artois wird 1328 der für den Weizenanbau bestimmte Boden »viermal gepflügt, einmal im Winter, dreimal im Sommer«. Auf den Gütern der Czernin in Böhmen wird 1648 gewöhnlich drei- bis viermal gepflügt, je nachdem, ob das Land für den Anbau von Weizen oder Roggen vorbereitet wird. Bezeichnend ist der Ausspruch eines Landbesitzers aus Savoyen (1771): »In manchen Gebieten pflügen wir unaufhörlich, wir bearbeiten das Land vier- bis fünfmal wegen einer einzigen Weizenernte, die dann oft noch sehr mittelmäßig ausfällt.«
Wie dem auch sei, jede Fruchtwechselwirtschaft unterhält ständig ein Brachland, das in vielen Fällen als Weidefläche benützt wird. Dazu kommen nach Einbringung der Ernte im Juli oder August die abgeernteten Weizen-, Roggen- oder Haferfelder, die dann den Schafherden zur Verfügung stehen. Mit einem Wort: die Getreidefelder bilden im Gegensatz zu den Reiskulturen keine in sich abgeschlossene Welt. Sie stehen der Viehzucht des eigenen Landes wie der der benachbarten Gebiete offen, besonders auch den Tierherden aus den Gebirgsregionen. Neben den Gärten, dem Ackerland und gegebenenfalls den Weinbergen gibt es die Wälder, das Brachland, die Futterwiesen, ja selbst Gras entlang den Wegen, wo — in Kleinpolen — noch bis vor kurzem die Kühe und Ziegen der Armen sich ihre Nahrung suchten, oder auch die Gänseherden, denen der Humanist Thomas Platter als fahrender Schüler zusammen mit vagabundierenden Studenten in Schlesien begegnete. Auch in Kastilien wäre ein Almabtrieb von

den Höhen von Segovia, Soria und Cuenca in die verlassenen Täler und Ebenen von La Mancha nicht möglich, wenn nicht die weiten steinigen Weideflächen, die brachliegenden Gebiete jenseits der geschlossenen Felder rings um das Dorf und die nach dem Juli mitten in den bewirtschafteten Gebieten liegenden Stoppelfelder der Viehwirtschaft zugänglich gemacht würden.

Ackerbau und Viehwirtschaft

Der Anbau von Weizen fördert und begünstigt die Viehzucht, denn er erfordert eine intensive Düngung des Bodens, auf die man im bezug auf den Anbau von Hafer oder jedem anderen *mars, marsage* oder *tremois* verzichtet, weshalb der Ernteertrag an Hafer (obwohl dieser viel dichter gesät wird als der Weizen) im allgemeinen im Gegensatz zu den gegenwärtigen Produktionsergebnissen um die Hälfte geringer ist als die des Weizens. Die Düngung hängt zwangsläufig mit der Viehzucht zusammen. Da sie im Norden weiter verbreitet ist, erklärt sich daraus auch zum Teil die qualitative Überlegenheit der nördlichen Ackerbaugebiete. Doch selbst in diesen bevorzugten Regionen ist die Viehzucht vor dem 18. Jahrhundert und auch später noch, da es regelmäßig an künstlich angelegten Wiesen fehlt, ziemlich beschränkt und somit auch der Ernteertrag.

Die für den Weizenanbau bestimmten Düngemittel werden von den Landbesitzern genau überwacht. Ein von den Kartäusern der Pikardie 1325 ausgestellter Pachtvertrag sieht in dieser Hinsicht für den Fall, daß es zu Meinungsverschiedenheiten kommen sollte, den Schiedsspruch von Schiedsgerichten vor. In Böhmen existiert für die ausgedehnten – (sicherlich zu ausgedehnten) – Ländereien ein sogenanntes Düngerregister. Selbst in der Umgebung von St. Petersburg »düngt man mit einem mit Stroh vermengten Dung. Für alle Getreidearten wird zweimal, für Winterroggen dreimal gepflügt«, so der Bericht eines Deutschen. Im 17. und 18. Jahrhundert ist es im Süden der Provence üblich, die Düngerladungen, die bereits gelieferten sowie die noch ausstehenden, einer genauen Kontrolle zu unterziehen. In einem Pachtvertrag kann man nachlesen, daß der Dünger, bevor er auf die Felder gebracht wird, genau überprüft werden sollte, ja daß sogar seine Herstellung überwacht werden müßte.

Natürlich gibt es auch Ersatzdünger, zum Beispiel Gründünger, Asche, Laub von den Bauernhöfen und Dorfstraßen; aber all das ändert nichts an der Tatsache, daß der Stalldünger und nicht die Abfallprodukte der Städte und ländlichen Gebiete wie in Ostasien (im Abendland werden solche Abwässer nur in der Umgebung einiger bestimmter Städte, so in Flandern oder in der Nähe von Valencia in Spanien, verwendet) den wichtigsten Beitrag zur Erhöhung der Bodenfruchtbarkeit leistet.

Weizenanbau und Viehzucht sind also eng miteinander verbunden, nicht nur was die Düngung, sondern auch was die Bewirtschaftung der Felder anbetrifft, die nur mit Hilfe von Zugtieren bewältigt werden kann. Ohne zusätzliche Hilfe kann der Mensch höchstens zwei Hektar Land im Jahr umgraben (seine Arbeitsleistung liegt in dieser Hinsicht weit hinter der eines Pferdes oder Rindes), er kann sich also unmöglich allein an die Bearbeitung des Ackerlandes machen. In den nördlichen Ländern verwendet er daher in besonderem Maß Pferde als Zugtiere, im Süden Rinder und in immer stärkerem Ausmaß Maultiere.

Im Lauf der Zeit hat sich auf diese Weise im Getreideanbau Europas – mit regionalen Unterschieden natürlich –, nach den Beobachtungen von Ferdinand Lot, »ein kompliziertes System von Beziehungen und Gewohnheiten [herausgebildet], in dem alles bis ins kleinste geregelt ist«. Pflanzen, Tiere und Menschen – alles hat hier seinen bestimmten Platz. Ohne das Zusammenwirken von Bauern und Zugtieren, aber

auch ohne die nach dem Almabtrieb auf den abgeernteten Feldern weidenden Tierherden und ohne die zur Erntezeit ins Land kommenden Saisonarbeiter, wäre der Getreideanbau undenkbar.
Ich weiß nicht, was man an diesem System mehr bewundern soll: die Arbeitsteilung zwischen landwirtschaftlicher Arbeit und der Viehzucht sowie Verwendung der Tiere, diese für die ländlichen Gebiete des Okzidents und des Mittelmeerraums so charakteristische Verbindung, oder die Öffnung der fruchtbaren Gebiete für die ärmere Bevölkerung, wie im südlichen Jura und Dombes, im Zentralmassiv und im Languedoc. Man sollte vielleicht von einem doppelten Gleichgewicht sprechen, das unbedacht zu stören immer gefährlich sein wird.
Das Eindringen von Tieren und Menschen in die ländlichen Gebiete können wir an unzähligen Beispielen illustrieren. So kommen alljährlich im Sommer Unmengen von Schnittern, angelockt durch die hohen Löhne — bis zu fünf *paoli* täglich im Jahr 1796 — in die klimatisch so ungesunden toskanischen Maremmen. Unzählige fallen dort regelmäßig der Malaria zum Opfer. Die Erkrankten überläßt man damals ihrem eigenen Schicksal: in Hütten untergebracht, die zugleich auch den Tieren als Unterkunft dienen, ohne ärztliche Pflege, mit ein bißchen Stroh, modrigem Wasser und etwas Schwarzbrot, einer Zwiebel oder Knoblauchzehe versorgt, so vegetieren sie dahin, »ohne ärztliche Hilfe und ohne priesterlichen Beistand«.

Geringe Erträge und Katastrophen

Der größte Nachteil des Weizenanbaus liegt in seinem geringen Ernteertrag; er ernährt seine Menschen schlecht, wie wir bereits dargelegt haben und wie durch neuere Arbeiten aufgrund von unzähligen Einzelheiten und Zahlenangaben erneut bewiesen wurde. Auf ein gesätes Korn kommen bei der Ernte fünf Körner, manchmal viel weniger. Da man zudem vom Ernteertrag jeweils ein Korn für die nächste Aussaat abrechnen muß, bleiben für die Ernährung nur vier Körner übrig. Wie verhalten sich diese Ergebnisse zu den heute erzielten Erträgen, jeweils in Zentner und auf einen Hektar gerechnet? Eine Gegenüberstellung früherer und heutiger Ergebnisse ist nicht ganz einfach, denn sie setzt die gleiche Materie voraus, die sich natürlich aufgrund der verschiedenen Beschaffenheit des Bodens, der Art der Bewirtschaftung und der unterschiedlichen klimatischen Bedingungen ändert. So ist die Produktivität, d. h. das Verhältnis zwischen dem, was produziert wird, und der Summe der zur Erreichung dieses Ergebnisses notwendigen Anstrengungen (d. h. keineswegs nur der Arbeitsleistung), nur schwer zu ermitteln und stellt mit Sicherheit eine veränderliche Größe dar.

Wenn wir davon ausgehen, daß auf einen Hektar ein bis zwei Hektoliter Weizen gesät werden, wie dies heute üblich ist (wir berücksichtigen dabei nicht, daß früher die Samenkörner kleiner waren und somit eine größere Anzahl von Körnern je Hektar ausgesät wurde), wenn wir also einen Durchschnittswert von 1,5 Hektoliter bei der Aussaat annehmen, dann erhalten wir, das Verhältnis von 5 zu 1 zugrunde gelegt, einen Ernteertrag von 7,5 Hektolitern oder ungefähr 6 Zentnern — gewiß ein sehr niedriger Ertrag. »Der Bauer kann zufrieden sein«, sagt Olivier de Serres, »wenn das Verhältnis zwischen Ernte und Aussaat im Durchschnitt 5—6 zu 1 beträgt ...« Das gleiche hören wir von Quesnay (1757) bezüglich der in seiner Zeit — und auch später noch — in Frankreich vorherrschenden *petites cultures:* »Jeder Morgen bringt durchschnittlich einen Ertrag von 4 zu 1, der Samen abgerechnet und der Zehnte nicht inbegriffen ...« Nach den Ermittlungen eines Historikers unserer Zeit belief sich im Burgund des 18. Jahrhunderts »der normale Ertrag eines durchschnittlichen Akkerbodens, der Samen für die Aussaat nicht eingerechnet, zwischen 5 und 6 Zentnern je Hektar«. Diese Zahlenangaben können als ziemlich zuverlässig angesehen werden. Um 1775 zählt Frankreich ungefähr 25 Millionen Einwohner. Im großen ganzen lebt die Bevölkerung von ihrem Getreide, wobei der Getreideexport jahraus, jahrein dem Getreideimport entspricht. Geht man von einem Verbrauch von 4 Hektolitern Brotgetreide je Einwohner und Jahr aus, so müssen 100 Millionen Hektoliter oder 80 Millionen Zentner Getreide produziert werden. Dazu kommt jedoch noch das Korn für die Aussaat und das Futter für die Tiere, so daß also die notwendige Produktionsziffer noch weit höher liegen müßte; nach einer hohen Schätzung von J. C. Toutain an die 100 Millionen Zentner. Wenn man eine bebaute Fläche von 15 Millionen Hektar annimmt, kämen wir auf eine Produktionsziffer von 6 Zentnern je Hektar. Das entspräche unserem ersten Schätzwert von 5 bis 6 Zentnern (pessimistische Angaben, die man jedoch kaum in Zweifel ziehen dürfte). Natürlich besitzen wir Angaben, die weit über, aber auch solche, die weit unter diesen 5 bis 6 Zentnern je Hektar liegen.

Die eindrucksvollen statistischen Erhebungen von Heinrich Wächter über die Vorwerk-Domänen, die große Ländereien im Besitz des Deutschherrenordens, später der Herzöge von Preußen (1550—1695), die auf annähernd dreitausend Zahlenangaben beruhen, geben folgende Durchschnittswerte an (Zentner je Hektar): Weizen 8,7 (hier handelt es sich allerdings um ein winzig kleines Anbaugebiet); Roggen 7,6 (wenn man die geographische Breite betrachtet, so nimmt der Roggen einen immer breiteren Vorrang ein); Gerste 7; Hafer nur 3,7. Günstigere, wenn auch immer noch geringe Ergebnisse gehen aus einer Erhebung für Braunschweig hervor (die Angaben gelten hier für das 17. und 18. Jahrhundert): Weizen 8,7; Roggen 8,2; Gerste 7,5; Hafer 5. Rekorde der Spätzeit, könnte man denken. Aber zu Beginn des 14. Jahrhunderts erntet Thierry d'Hireçon ein Landbesitzer aus dem Artois, der auf eine gute Verwaltung seiner Ländereien bedacht ist, in dem Gebiet von Roquestor (die uns bekannten Angaben betreffen die Zeit von 1319 bis 1327) auf ein gesätes Korn 7,5; 9,7; 11,6; 8; 8,7; 7; 8,1. Ebenso gibt Quesnay für die *grande kulture*, als deren Befürworter er gilt, Erträge von 16 Zentnern je Hektar an, eine Rekordzahl, die der Aktivität einer modernen kapitalistischen Landwirtschaft, auf die wir noch zurückkommen werden, zuzuschreiben ist.

Aber abgesehen von diesen Rekordergebnissen, die keine Durchschnittswerte darstellen, haben wir in überwiegendem Maß betrübliche Angaben. Eine jüngst veröffentlichte Studie von Léonid Zytkowski ermittelte für Polen vom 16. bis 18. Jahrhundert ziemlich geringe Durchschnittswerte: Die schlechten Ernten (weniger als 2 Körner auf 1 gesätes Korn) stellen demnach 13,5 Prozent der gesamten Ernten dar; die »normalen« Ernten (2 bis 4 auf 1) 63 Prozent; die guten Ernten (über 4,23) nur 5 Prozent. Ähnlich traurige Ergebnisse ergeben sich aus den Ernteerträgen Ungarns in der Zeit vom 16. bis zum 18. Jahrhundert. In der Tat entwickelte sich Ungarn erst im 19. Jahrhundert zu einem bedeutenden Getreideproduzenten. Aber auch die Resultate der alten Anbaugebiete des Abendlandes sind nicht besser. Der Landmann des Languedoc hat vom 16. bis zum 18. Jahrhundert »eine schwere Hand«: Er brauchte oft 2, sogar 3 Hektoliter für einen Hektar. Hafer, Gerste, Roggen und Weizen wachsen auf einem zu engen Raum nebeneinander, sie erdrücken sich, wie dies Alexander von Humboldt für ganz Europa nachweisen konnte. Diese massiven Aussaaten zeitigen im Languedoc des 16. Jahrhunderts (1584–1585) nur miserable Erträge: 2,2 auf 1 gesätes Korn; im 17. Jahrhundert 4 auf 1 (also 10 Hektoliter oder 8 Zentner auf 1 Hektar). Eine Verbesserung der Ernteerträge »für die klassischen Getreidearten« setzt sich erst ab 1725 (6 zu 1) durch.

Steigerung der Ernteerträge

Trotz dieser geringen Durchschnittserträge läßt sich, wie die ausführliche Studie von B. H. Slicher van Bath aus dem Jahr 1963 zeigt, eine langsam steigende Tendenz erkennen. Sein Verdienst besteht darin, daß er alle bis dahin bekannten, die Getreideproduktion betreffenden Zahlenangaben, die isoliert betrachtet fast wertlos erscheinen, in einer Tabelle zusammenfaßte, aus der sich deutlich ein wenn auch erst auf lange Sicht hin erkennbarer Fortschritt auf diesem Gebiet abzeichnet. Die Tabelle wird angeführt von einer Gruppe von Spitzenreitern, die einer ähnlichen Entwicklung unterliegen: erstens England, Irland und die Niederlande; zweitens Frankreich, Spanien und Italien; drittens Deutschland, die Schweizer Kantone, Dänemark, Norwegen und Schweden; viertens Böhmen, Polen, die baltischen Länder und Rußland.
Legt man eine einzige Ernte für die vier Hauptgetreidesorten (Weizen, Roggen, Gerste, Hafer) zugrunde, so lassen sich gemäß den Gruppen und den erzielten Ernteergebnissen vier Phasen unterscheiden (Verhältnis der geernteten zu den ausgesäten Körnern):

Ernteergebnisse in Europa (1200—1820)

A. *Vor 1200—1249.* Erträge von 3 bis 3,7 auf 1	
1. England 1200—1249	3,7
2. Frankreich vor 1200	3
B. *1250—1820.* Erträge von 4,1 bis 4,7	
1. England 1250—1499	4,7
2. Frankreich 1300—1499	4,3
3. Deutschland, Skandinavische Länder 1500—1699	4,2
4. Osteuropa 1550—1820	4,1
C. *1500—1820.* Erträge von 6,3 bis 7	
1. England, Niederlande 1500—1700	7
2. Frankreich, Spanien, Italien 1500—1820	6,3
3. Deutschland, Skandinavische Länder 1700—1820	6,4
D. *1750—1820.* Erträge über 10	
1. England, Irland, Niederlande 1750—1820	10,6

Aus dieser statistischen Aufstellung ergibt sich ein jeweils bescheidener Fortschritt von einer zur anderen Phase. Dies schließt indes ziemlich lang anhaltende rückläufige Bewegungen nicht aus, so für die Zeit von 1300 bis 1350, von 1400 bis 1500 und von 1600 bis 1700, Daten, die natürlich nur annähernd sind. Auch schließt diese Kurve ebensowenig in Einzelfällen starke Schwankungen von einem Jahr zum anderen aus. Wesentlich ist jedoch die langfristige Progression zwischen 60 und 65 Prozent. Man wird feststellen, daß die in der letzten Phase (1750–1820) erreichten Fortschritte ein Vorrücken der dichter besiedelten Länder (England, Irland, Niederlande) erkennen lassen. Es besteht ganz offensichtlich ein Zusammenhang zwischen dem Anstieg der Erträge und dem Wachstum der Bevölkerung. Schließlich eine letzte Bemerkung: Die Anfangserfolge waren relativ am stärksten; wie sich aus der Tabelle deutlich ergibt, ist der Fortschritt von der ersten zur zweiten Stufe relativ größer als der von der zweiten zur dritten. Der Übergang von 3 zu 1 auf 4 zu 1 stellt einen entscheidenden Schritt dar. Eine Begründung hierfür ist in dem Wachstum der ersten Städte Europas oder in dem Wiederaufblühen der in der Zeit des Hohen Mittelalters nicht untergegangenen Städte zu sehen, denn offensichtlich waren die Städte auf eine Steigerung der Getreideproduktion angewiesen.

Zeitweiser Rückgang der Getreideproduktion 1250–1750
(nach Slicher van Bath)

		Eträge auf 1 gesätes Korn	Verringerung in Prozent
England	1250–1299	4,7	16
	1300–1349	4,1	
	1350–1399	5,2	14
	1400–1449	4,6	
	1550–1599	7,3	13
Niederlande	1600–1649	6,5	
Deutschland	1550–1599	4,4	18
Skandinavien	1700–1749	3,8	
Osteuropa	1550–1599	4,5	17
	1650–1699	3,9	

Es ist nicht verwunderlich, daß die Saatfelder, besonders zu Zeiten eines Bevölkerungswachstums, oft sehr ausgedehnt waren. Im Italien des 16. Jahrhunderts investierten Kapitalisten aus Genua, Florenz und Venedig riesige Summen in Unternehmen, die sich mit der Landverbesserung und der Gewinnung von Neuland beschäftigen. Ständig war Europa, oft unter unmenschlichen Bedingungen, darum bemüht, Land zu gewinnen; Lagunen und Sümpfe wurden trockengelegt, Wald- und Heidegebiete fruchtbar gemacht. Doch nur allzuoft wirkten sich diese Erfolge negativ auf die bäuerliche Bevölkerung aus – sie war ebenso sehr Sklave ihres Gutsherrn wie des Getreides selbst.

»Die Landwirtschaft ist die größte Industrie der Renaissance und der Neuzeit«, behauptet zu Recht ein Historiker unserer Zeit. Aber es ist eine stets mit Schwierigkeiten verbundene Industrie. Selbst für die großen Agrarexportländer des Nordens stellen die neu gewonnenen Ackerbaugebiete nur eine Notlösung ohne nachhaltige Wirkung dar. Die Ausdehnung der Getreidewirtschaft (wir haben es nebenbei in Polen gesehen, Heinrich Wächter zeigt es ganz deutlich am Beispiel Preußens, und die gleiche Situation wird man auch in Sizilien beobachten können) bedeutet nichts anderes als ein Auffangen der absinkenden Ernteerträge.

Lokaler und internationaler Getreidehandel

Da die ländlichen Gebiete von ihrer Ernte leben und die Städte von derem Überschuß, müssen sich die Städte mit dem lebensnotwendigen Getreide aus ihrer nächsten Umgebung versorgen, »aus ihren eigenen Besitzungen«, wie bereits ein 1325 in Bologna gefaßter Beschluß rät. Die Nahrungsmittelversorgung aus einem engen Umkreis von 20 bis 30 Kilometern vermeidet kostspielige Transportkosten und schaltet zudem den stets vorhandenen Unsicherheitsfaktor aus, der bei Lieferungen aus weiter entfernten Gebieten zu berücksichtigen ist. Diese Versorgung der städtischen Bevölkerung funktioniert um so besser, als die Städte fast überall die in ihrem Umkreis gelegenen ländlichen Gebiete in ihrer Macht haben. Bis zur Zeit Turgots und der *guerre des farines*, ja sogar bis zur Französischen Revolution war der französische Bauer gezwungen, sein Getreide auf den Märkten der nächst gelegenen Stadt zu verkaufen. Während der durch die Hungersnot im Sommer 1789 ausbrechenden Unruhen gelingt es den Aufständischen, die als Wucherer verschrieenen Getreidehändler in ihre Gewalt zu bekommen. Überall in Europa genießen diese Händler einen ähnlich schlechten Ruf, was die im 18. Jahrhundert in ganz Deutschland erlassenen Maßnahmen gegen den Getreidewucher verständlich macht.

Der lokale Handel verläuft keineswegs reibungslos. Jede schlechte Ernte zwingt die Städte, sich nach einem neuen Getreidelieferanten umzusehen. So gelangen wohl schon seit dem 14. Jahrhundert Weizen und Roggen aus den nördlichen Ländern in den Mittelmeerraum. Und bereits vor dieser Zeit erhält Italien Getreide aus Byzanz, in späterer Zeit aus der Türkei. Sizilien ist schon immer ein bedeutendes Ausfuhrland für Getreide gewesen, ebenso Kanada und Argentinien, deren Funktion mit der der heutigen Ukraine vergleichbar ist.

Diese für die Versorgung der Stadtbevölkerung so lebenswichtigen Getreidelager müssen leicht zugänglich sein; sie liegen daher am Rand des Meeres oder in der Nähe schiffbarer Flüsse, denn der Transport für die schwere Ware hat sich als auf dem Wasserweg am vorteilhaftesten erwiesen. In den Jahren einer guten Ernte exportieren bis zum ausgehenden 15. Jahrhundert Pikardie und Vermandois nach Flandern über den Escaut, nach Paris über die Oise; im 16. Jahrhundert wird Paris von der Champagne und dem Barrois von Vitry-le-François aus über die stellenweise gefährliche Marne versorgt. In dieser Zeit kommt auch tonnenweise Getreide über Saône und Rhône aus Burgund in den Süden, wobei sich Arles zu einem

regelrechten Getreidehafen entwickelt: Wenn sich in Marseille Anzeichen einer Hungersnot bemerkbar machen, so wendet es sich an seine guten Freunde, die Stadtväter von Arles. Später, vor allem im 18. Jahrhundert, ändert sich die Situation, das am Meer gelegene Marseille wird dann selbst zu einem bedeutenden Ausfuhrhafen für Getreide und in Krisenzeiten zu einem wichtigen Kornlieferanten für die Bevölkerung der Provence.
Auf dem internationalen Getreidemarkt gewinnt das aus dem Norden kommende Getreide immer mehr an Bedeutung, oft jedoch zum Nachteil des betreffenden Exportlandes selbst. »Wenn man sich die große Getreidemenge vergegenwärtigt, die Polen alljährlich exportiert, heißt es in einem Handelslexikon aus dem Jahr 1797, »so könnte man annehmen, daß dieses Gebiet eines der fruchtbarsten Länder Europas ist. Wer das Land und seine Bevölkerung jedoch kennt, wird anders darüber denken; denn obgleich es hier an fruchtbaren und gut bewirtschafteten Anbaugebieten nicht fehlt, gibt es noch fruchtbarere und noch besser bewirtschaftete Länder, die im Gegensatz zu Polen kein Getreide exportieren. Tatsache ist, daß in Polen die Adligen die alleinigen Landbesitzer darstellen und die Bauern Sklaven sind, und daß jene, um ihre Machtposition zu bewahren, den Schweiß und die Arbeitskraft dieser, die mindestens sieben Achtel der Bevölkerung ausmachen und die sich mit Gersten- und Haferbrot begnügen müssen, zu ihrem Vorteil ausbeuten. Während die anderen Völker den größten Teil ihres besten Getreides selbst verbrauchen, verwenden die Polen nur einen ganz geringen Anteil ihres Weizens oder Roggens für den Eigenbedarf, so daß man behaupten kann, sie ernten nur für das Ausland. Bürger und selbst Adlige ernähren sich nur von Roggenbrot, das Weizenbrot ist allein für den Tisch der hohen Herren bestimmt. Man kann ohne Übertreibung behaupten, daß eine einzige Stadt irgendeines europäischen Landes mehr Weizen verbraucht als das gesamte Königreich Polen.«

Die Getreidelieferanten Europas stellen fast immer die gering besiedelten, wenig entwickelten Länder am Rand des europäischen Kontinents dar, so im Norden oder Osten (das türkische Kaiserreich), sogar im Süden (die Raubstaaten, Sardinien, Sizilien), wobei sich ganz natürliche Verschiebungen ergeben. Oft wird ein Getreidespeicher geschlossen, ein anderer öffnet dafür seine Tore: Im 17. Jahrhundert ist es Schweden (Livland, Estland, Schonen), dann nach 1689 unter dem Einfluß von Prämienzahlungen für den Export, die die Landwirtschaft begünstigten, England, im 18. Jahrhundert die englischen Kolonien in Amerika.

Was den Handel mit Getreide so verlockend macht, ist die Aussicht auf Bargeld; denn der Reiche zahlt bei diesem Geschäft immer in bar, während der Arme wie immer zugunsten der Zwischenhändler ausgenutzt wird. Das gilt zum Beispiel für die wucherischen Kaufleute, die im Königreich Neapel und sicher auch in anderen Ländern das Getreide lange vor der Ernte – »grün« – kaufen. Venedig pflegte schon 1277 sein Getreide in Apulien mit Goldbarren zu bezahlen. Ebenso schleppen die winzigen bretonischen Boote, die im 16. und 17. Jahrhundert Getreide nach Sevilla und vor allem nach Lissabon zu transportieren pflegen, den Gegenwert in Geld oder »rotem Gold« davon, was für jedes andere Handelsgut untersagt war. Im 17. Jahrhundert werden Exporte aus Amsterdam in Richtung Frankreich und Spanien ebenfalls mit »einer Art Geld« beglichen. Seit 1689, behauptet ein Pseudo-Engländer, hat »die Fülle unseres Getreides die Stabilität unserer Währung« bewahrt.

Die Ausmaße dieses Getreidehandels sind indessen weit weniger umfangreich, als man dies *a priori* annehmen könnte. Im Mittelmeerraum leben im 16. Jahrhundert ungefähr 60 Millionen Menschen. Bei 3 Hektoliter je Person käme man auf einen Gesamtverbrauch von 180 Millionen Hektoliter oder 145 Millionen Zentner. Nach einer groben Schätzung umfaßt der Seehandel 1 bis 2 Millionen Zentner, das entspricht also

ungefähr einem Prozent des gesamten Konsums. Bei Zugrundelegung eines Pro-Kopf-Verbrauchs von 4 Hektolitern würde sich dieser Prozentsatz noch verringern.
Hat sich diese Situation nach dem 16. Jahrhundert geändert? 1635 behauptet ein Augenzeuge, daß Danzig auf der Höhe seiner Macht »mehr als 700 000 Tonnen« Getreide exportiert, jede von einer »halben Last« (1 Last entspricht 10 Zentnern); der Export beträgt demnach 3,5 Millionen Zentner. Der gesamte Norden exportiert vielleicht die doppelte Menge, also 7 Millionen Zentner; hinzu kommt 1 Million, die Europa aus dem Mittelmeerraum einführen kann, also alles in allem 8 bis 9 Millionen im Vergleich zu einem Gesamtverbrauch von 300 Millionen Hektoliter oder 240 Millionen Zentner (bei einem Pro-Kopf-Verbrauch von 3 Hektoliter und einer Einwohnerschaft von 100 Millionen). Auch hier ergibt sich wiederum nur ein bescheidener Anteil des Getreidehandels von 3 Prozent.
Sicher werden diese zum Teil über weite Entfernungen durchgeführten Transaktionen immer wieder Erstaunen hervorrufen. Es ist einfach großartig, wie es 1336 den im Dienst Papst Benedikts XII. stehenden Bardi von Florenz gelang, Weizen aus Apulien nach Armenien zu exportieren; wie die florentinischen Händler jedes Jahr zwischen 5000 und 10 000 Tonnen Getreide aus Sizilien importieren; wie die Großherzöge von Toskana, Venedig und Genua im Jahr 1590 durch die Vermittlung internationaler Händler und der von Nürnberg und Antwerpen ausgestellten Wechsel mehrere 10 000 Tonnen Getreide vom Baltikum und der Nordsee in den Mittelmeerraum einführen, um die hier durch eine Mißernte eingetretene Versorgungsschwierigkeit zu beheben; wie die reiche und noch wenig entwickelte Moldau im 16. Jahrhundert jahraus, jahrein 350 000 Hektoliter nach Istanbul exportiert; oder wie am Ende des 18. Jahrhunderts ein mit amerikanischem Mehl und Getreide beladenes Schiff aus Boston in den Hafen von Istanbul einläuft.
Mit der gleichen Berechtigung kann man die in den Ausgangs-

häfen errichteten »Docks« und Lagerhäuser in den *caricatori* Siziliens, in Danzig, Antwerpen (ab 1544 von Bedeutung), Lübeck oder Amsterdam bewundern, ebenso die Einrichtungen in den Bestimmungshäfen, etwa in Genua oder in Venedig (44 Lagerhäuser in Venedig im Jahr 1602), oder etwa die bequeme Abwicklung dieser Handelsgeschäfte mittels Schuldscheinen, zum Beispiel die der sizilianischen *caricatori*.

Alles in allem aber ist dieser Getreidehandel, der besser »überwacht wurde, als die Inquisition das Auftreten von Irrlehren kontrollierte«, eine zeitlich begrenzte Randerscheinung. Erst im 18. Jahrhundert entwickelt sich dann, durch Errichtung neuer Lagerhäuser und den Ausbau des Zwischenhandels, ein ausgedehntes Handelssystem, das eine bessere Abwicklung des Transports dieser schweren, leicht verderblichen Handelsware gewährleisten konnte. Noch im 16. Jahrhundert gibt es weder in Venedig noch in Genua oder Florenz (mit Ausnahme der Bardi Corsi) große, unabhängige, auf den Getreidehandel spezialisierte Kaufleute. Nur in besonderen Krisenzeiten beschäftigen sich die Händler nebenbei mit diesem Geschäft. Dabei verdient man gut bei diesen Transaktionen, wie sich dies an den großen portugiesischen Firmen nachweisen läßt; die Ximénès zum Beispiel, die anläßlich der großen Hungersnot von 1590 den weiten Transport von Getreide aus dem Norden in den Mittelmeerraum finanzierten, erzielten, Aussagen von Experten zufolge, mit Sicherheit einen Gewinn zwischen 300 und 400 Prozent. Trotzdem zeigten die Händler im allgemeinen wenig Interesse an dem Geschäft, da diese Unternehmungen für gewöhnlich ein großes Risiko darstellten und der Händler zudem noch persönlich dafür haftbar war. Tatsächlich läßt sich erst im 18. Jahrhundert eine Konzentration auf diesem Marktbereich erkennen. »Der Getreidehandel«, so wird während der Hungersnot von 1773 in Marseille behauptet, »liegt heute in den Händen einer kleinen Anzahl von Kaufleuten«. Der internationale Handel löst sich dann langsam von den unmittelbaren natürlichen Bedin-

gungen (Abhängigkeit der Preise vom Ernteertrag), die für den mehr lokal bedingten Handel charakteristisch sind.
Die großen und bekannten Getreidegeschäfte — die Getreidekäufe »großen Stils« von Gustaf Adolf in Rußland, die Käufe Ludwigs XIV. auf dem Markt von Amsterdam am Vorabend seines 1672 erfolgten Einfalls in Holland, die von Friedrich II. am 27. Oktober 1740, kurz nach Bekanntwerden des Ablebens von Kaiser Karl VI., erlassene Verordnung zum Ankauf von 150 000 bis 200 000 Scheffel Roggen in Polen, Mecklenburg, Schlesien, Danzig und anderen auswärtigen Ländern (Anlaß für spätere Auseinandersetzungen mit Rußland) — sind vielfach mit den militärischen Aktionen der einzelnen Staaten verbunden. Am Beispiel Friedrichs II. kann man deutlich erkennen, daß man sich in Notzeiten an alle Getreidelieferanten gleichzeitig wenden muß, denn auch die Exportländer verfügen nur über begrenzte Vorräte. Zudem hat der freie Handel zahllose Schwierigkeiten zu überwinden, die das an sich schon schwierige Transportwesen stark behindern. Ein Beweis hierfür ist die Situation Frankreichs während der letzten Jahre des *ancien regime.* Von dem Wunsch beseelt, eine bessere Versorgung der Bevölkerung zu gewährleisten, unterdrückt die königliche Verwaltung jegliche Privatinitiative und schafft ein staatliches Monopol des Getreidehandels, das weniger dem Königtum selbst als vielmehr den in seinem Dienst stehenden Kaufleuten und Geschäftsträgern zugute kommt; die ganze Verantwortung aber ruht auf dem Staat, oft zu seinem größten Nachteil. Doch auch dieses System konnte die Versorgung der immer stärker anwachsenden Städte nicht immer sicherstellen und führte zudem in vielen Fällen zu groben Pflichtverletzungen und ständigen Veruntreuungen.
In Frankreich, wie im ganzen Abendland, kommt dem Getreide eine besonders große Bedeutung zu; das ganze Leben hängt davon ab. Die im Anschluß an die von Turgot zu einem ungünstigen Zeitpunkt erlassenen Maßnahmen — Befreiung

des Getreidehandels von den inneren Zollschranken – ausbrechenden Unruhen sind als *guerre des farines* in die Geschichte eingegangen. »Nach der Plünderung der Märkte und Bäckereien«, sagt ein Zeitgenosse, »wird man bald auch unsere Häuser plündern und uns umbringen.« Und er fügt hinzu: »Man beginnt die Bauernhöfe zu plündern, warum sollten da die Schlösser verschont werden?«

Getreide und Kalorien

Heute benötigt der Mensch – vorausgesetzt, er lebt in einem reichen Land und gehört einer höheren Gesellschaftsklasse an – zwischen 3500 und 4000 Kalorien am Tag. Dieser Kalorienbedarf war auch vor dem 18. Jahrhundert nicht unbekannt, kann jedoch noch weniger denn heute als Norm angesehen werden. Da wir aber einen Anhaltspunkt für unsere Berechnungen benötigen, wollen wir an diesen 3500 Kalorien festhalten. Die gleiche Kalorienmenge ergibt sich übrigens auch aus den Untersuchungen von Earl J. Hamilton über die Tagesration der spanischen Flottenbesatzung in Amerika um 1600 – gewiß ein schöner Rekord, sofern man den Angaben der damaligen Intendantur Glauben schenken darf.
Natürlich sind uns auch größere Kalorienmengen bekannt, denken wir nur an die reichhaltige Nahrung der fürstlichen Häuser oder anderer privilegierter Bevölkerungskreise (zum Beispiel das Collegio Borromeo in Pavia zu Beginn des 17. Jahrhunderts). Diese vereinzelten Rekordzahlen dürfen uns indes nicht über die tatsächliche Situation der Allgemeinheit hinwegtäuschen. Eine Berechnung des durchschnittlichen Kalorienwerts der großen Massen in den Städten ergibt rund 2000 Kalorien. Das gilt zum Beispiel für Paris am Vorabend der Revolution. Die uns vorliegenden Zahlenangaben sind auch heute noch spärlich, so daß wir über das wirkliche Nahrungsproblem, mit dem wir uns hier beschäftigen, nur bedingt Aufschluß geben können, um so mehr als die Diskussion über

den Wert der Kalorien im Hinblick auf eine gesunde Ernährung, die ein Gleichgewicht zwischen Kohlehydraten, Eiweiß und Fetten erfordert, immer noch nicht abgeschlossen ist. Fraglich ist auch, ob man bei einer Berechnung der Kalorienmenge Wein und Alkohol mit einbeziehen soll. Ihr Anteil an der gesamten Kalorienmenge wird im allgemeinen mit nicht mehr als 10 Prozent veranschlagt; was über diesen Prozentsatz hinausgeht, ist in den Berechnungen nicht enthalten, was aber nicht heißen kann, daß dieser Überschuß sich nicht auf die Gesundheit des Menschen ausgewirkt hat.

Dennoch lassen sich aufgrund der spärlichen Angaben gewisse Rückschlüsse ziehen. So wird zum Beispiel an der Aufteilung der verschiedenen Nahrungsmittel der Abwechslungsreichtum, öfter jedoch die Eintönigkeit der Essensgewohnheiten deutlich erkennbar. Eine Eintönigkeit ist immer dann gegeben, wenn der Anteil an Kohlehydraten (das entspricht ungefähr dem Verbrauch an Getreide) weit über 60 Prozent der gesamten Kalorienmenge liegt. Das bedeutet, daß der Anteil an Fleisch, Fisch und Milchprodukten ziemlich begrenzt ist und die Ernährung im wesentlichen ein Leben lang aus Brot und Breigerichten besteht.

Nordeuropa hat einen größeren Konsum an Fleisch aufzuweisen, Südeuropa einen größeren Anteil an Kohlehydraten, mit Ausnahme der militärischen Truppen, deren Verpflegung durch Pökelfleisch und Thunfisch aufgebessert wird.

Die Ernährung der Reichen ist natürlich viel abwechslungsreicher als die der Armen. Mehr als die Quantität ist die Qualität ein Kennzeichen des Standes. Bei den in Genua residierenden Spinola stellen um 1614/15 die Getreide nur 52 Prozent der gesamten Kalorienmenge dar, während sie zur gleichen Zeit in der Verpflegung der Armen im Hospital der Unheilbaren 81 Prozent ausmachen (1 Kilogramm Getreide entspricht, nebenbei bemerkt, 3000 Kalorien, 1 Kilogramm Brot 2500 Kalorien). Bei einem Vergleich der übrigen Nahrungsmittel ergibt sich, daß die Spinola die doppelte Menge an

Fleisch und Fisch und die dreifache Menge an Milchprodukten und Fetten verbrauchen wie die Kranken des Hospitals. Ebenso steht fest, daß die Schüler des Collegio Borromeo (1609–1618), trotz ihrer großen Tagesration (die fast unglaubliche Menge von 5500 bis 7000 Kalorien täglich) keine abwechslungsreiche Kost genießen: 73 Prozent der Kalorien entfallen auf Getreide. Das Essen im Collegio kann also wirklich nicht vorzüglich gewesen sein.

Ein bißchen früher oder später macht sich überall in den Städten, soweit sich dies heute noch feststellen läßt, eine abwechslungsreichere Ernährung bemerkbar, zumindest im Vergleich zu den ländlichen Gebieten. In Paris, wo, wie bereits erwähnt, um 1780 ungefähr 2000 Kalorien den Durchschnitt darstellen, entfallen auf das Getreide nur 50 Prozent der Gesamtkalorienmenge, was einem Pfund Brot am Tag entspricht. Wir besitzen einige Zahlenangaben (sie dürften im wesentlichen auch für frühere und spätere Zeiten gelten) über den durchschnittlichen Tagesverbrauch an Brot: 1637 540 Gramm; 1728 bis 1730 556 Gramm; 1770 462 Gramm; 1788 587 Gramm; 1810 463 Gramm; 1820 500 Gramm. Diese Zahlen können jedoch nicht als absolut zuverlässig angesehen werden, genausowenig wie die auf einer umstrittenen Berechnung beruhende Angabe über den jährlichen Pro-Kopf-Verbrauch Venedigs von 120 Kilogramm zu Beginn des 17. Jahrhunderts – eine Zahl, für die andererseits Anzeichen für eine anspruchsvolle, gut bezahlte Arbeiterschaft in Venedig und eine wohlhabende Bevölkerungsschicht, die einen großzügigen Lebensstil aufzuweisen hat, sprechen.

Es besteht kein Zweifel daran, daß im allgemeinen auf dem Land relativ mehr Brot konsumiert wird als in der Stadt und daß der Brotverbrauch der Arbeiterklasse größer ist als der reicherer Bevölkerungsschichten. Nach Grand d'Aussy nimmt 1782 ein französischer Handwerker oder Bauer zwei bis drei Pfund Brot täglich zu sich, »aber wer etwas anderes zu essen hat, verzehrt nicht solche Mengen an Brot«. Heute noch kann man in Süditalien beobachten, wie die Arbeiter als Mittagessen einen riesigen Laib Brot vertilgen, dazu, fast wie eine Art Gewürz, einige Tomaten und Zwiebeln, was bezeichnenderweise *companatico* (»Zukost«) heißt.

Dieser Erfolg des Brotes erklärt sich natürlich aus der Tatsache, daß bei gleichem Kalorienwert das Getreide – und der Getreideschnaps, wie ein polnischer Historiker hinzufügt, um auf diese Weise die Vorliebe der bäuerlichen Bevölkerung seines Landes für dieses Getränk zu rechtfertigen – die relativ billigste Nahrung darstellt: Um 1780 kostet das Brot 11mal weniger als Fleisch aus der Metzgerei, 65mal weniger als frischer Meeresfisch, 9mal weniger als Flußfisch, 3mal weniger als Stockfisch, 6mal weniger als Eier, 3mal weniger als Butter und Öl. In dem kärglichen Budget des Durchschnittsparisers kommt jedoch das Getreide als bedeutendster Energielieferant in den Jahren 1788 und 1854 erst an dritter Stelle der Gesamtausgaben hinter Fleisch und Wein (17 Prozent in beiden Fällen).

Dieser relativ geringe Preis ist eine Rechtfertigung für das Getreide, über das wir so viel Negatives sagten oder sagen mußten. Es ist das Manna der Armen, und »seine Teuerung ... ist der Gradmesser für die anderen Nahrungsmittel gewesen«. 1770 schreibt Sébastien Mercier: »Drei Winter hintereinander ist das Brot nun schon teuer. Seit dem letzten Jahr ist die Hälfte der Bauern auf die Wohlfahrt angewiesen, und in diesem Winter wird die katastrophale Situation ihren Höhepunkt erreichen; denn jene, die bis heute vom Verkauf ihrer Habseligkeiten lebten, haben nun nichts mehr zu verkaufen.« Wenn es an Getreide mangelt, fehlt es den Armen an allem. Vergessen wir nie die äußerst problematische Komponente der Getreidewirtschaft, die Erzeuger, Zwischenhändler, Lieferanten und Konsumenten zu ihren Sklaven macht und in Krisenzeiten zu ständigen Unruhen und Aufständen führt: »Das Getreide, das den Menschen ernährt, ist gleichzeitig auch sein Untergang gewesen«, sagt Sébastian Mercier.

Getreidepreis und Lebensstandard

Man kann wohl ohne Übertreibung behaupten, daß das Getreide in Europa einen wesentlichen Faktor des täglichen Lebens darstellt. Das Leben der Menschen wird bestimmt von den Getreidevorräten, den Lieferungsbedingungen, den Unbilden des Wetters, von denen wiederum der Ernteertrag abhängt, schließlich von den sich je nach Jahreszeit ändernden Getreidepreisen. Diese Schwankungen bestimmen in besonderem Maß das Leben der Armen, da es ihnen nur in seltenen Fällen möglich ist, dem saisonbedingten Preisanstieg durch Anschaffung großer Vorräte in einem günstigen Augenblick zu entgehen. Kann man diese Preisschwankungen auf kurze oder lange Sicht als eine Art Barometer für den Lebensstandard der Massen ansehen?
Zur Beantwortung dieser Frage hat man nur wenige und immer unbefriedigende Lösungsmöglichkeiten: den Vergleich des Getreidepreises mit den Arbeitslöhnen – aber viele Löhne werden schon in Naturalien oder teilweise in Naturalien ausbezahlt –; eine Umsetzung der Löhne in den Gegenwert an Weizen oder Roggen (W. Abel hat diese Methode angewandt); die Bestimmung des Preises von einem »Einkaufskorb« (Methode von Phels Brown); schließlich kann man noch von dem Stundenlohn des am schlechtesten bezahlten Arbeiters – im allgemeinen der Maurergehilfen und Kalkanrührer – ausgehen, diese von Jean Fourastié und seinen Schülern, vor allem René Grandamy, angewandte Methode hat viel für sich. Doch was sagen diese »wirklichen« Preise letztlich aus? Zunächst einmal, daß ein Zentner Weizen bis um 1543 dem Arbeitslohn von etwas weniger als hundert Stunden entspricht und diese kritische Linie bis ungefähr 1883 nur wenig übersteigt. Das ist ungefähr die Situation Frankreichs und im großen ganzen die Situation des Abendlandes. Ein Arbeiter kommt auf annähernd 3000 Stunden Arbeit im Jahr, seine Familie (4 Personen) verbraucht in diesem Zeit-

raum ungefähr 12 Zentner. Ein Überschreiten dieser Grenze von 100 Stunden Arbeit für einen Zentner Getreide ist immer bedenklich, der von 200 Stunden besorgniserregend, bei 300 Stunden herrscht eine Hungersnot. René Grandamy hat nachgewiesen, daß der Getreidepreis im Lauf der Jahrhunderte immer entweder durch einen starken Anstieg – so um die Mitte des 16. Jahrhunderts – oder durch einen starken Abfall – 1883 – gekennzeichnet ist. Im allgemeinen liegt jedoch der Getreidepreis ziemlich hoch; die einzige günstige Periode ist wohl die Zeit kurz nach der Schwarzen Pest gewesen, eine Tatsache, die uns zu einer systematischen Überprüfung früherer Standpunkte zwingt.

Zusammenfassend läßt sich sagen: Der städtische Arbeitnehmer lebt im Elend, genauso wie die Bevölkerung auf dem Land, wo die in Naturalien ausbezahlten Löhne ungefähr die gleichen Schwankungen aufzuweisen haben. Den Armen bleibt kein anderer Ausweg aus dieser Notlage, als sich mit minderwertigem Getreide zufrieden zu geben, »mit billigeren Nahrungsmitteln, die trotzdem eine ausreichende Menge an Kalorien liefern, auf die an Proteinen reichhaltigen Erzeugnisse zu verzichten und von einer auf Stärke basierenden Nahrung zu leben«. Am Vorabend der Französischen Revolution »ißt die Landbevölkerung (in Burgund) mit Ausnahme der Großbauern nur selten Weizen. Dieses Luxusgetreide ist dem Verkauf, den Kleinkindern und besonderen Festtagen vorbehalten. Es füllt eher die Geldbörse als den Tisch ... Die zweitrangigen Getreidesorten stellen die Hauptnahrung der bäuerlichen Bevölkerung dar: *coinceau* oder Mischkorn, Roggen in den wohlhabenden, Gerste und Hafer in den ärmsten Häusern, Mais in Bresse und im Saône-Tal, Roggen und Buchweizen im Morvan«. In Piemont verteilt sich um 1750 der durchschnittliche Getreideverbrauch (in Hektolitern) wie folgt: Weizen 0,94; Roggen 0,91; andere Getreide 0,41; Kastanien 0,45.

So wie es verschiedene Getreidesorten gibt, so gibt es auch verschiedene Brotsorten. Als in Poitiers im Dezember 1362 »der Preis eines Sesters Weizen auf 24 *sous* ansteigt, findet man vier Sorten Brot: das *pain choyne* ohne Salz, das *pain choyne* mit Salz, das *pain de safleur* und das *pain reboulet*«. Das *pain choyne*, mit oder ohne Salz, war ein Weißbrot von hervorragender Qualität, hergestellt aus gesiebtem Mehl. Das *pain de safleur* (eine noch heute verwendete Bezeichnung) wurde aus ungesiebtem Mehl zubereitet. Was das *reboulet* anbetrifft, so wurde es sicherlich zu 90 Prozent aus gesiebtem Mehl und einer kleinen Menge Kleie, die auch heute noch in Poitou mundartlich *riboulet* genannt wird, hergestellt. Diese vier Brotsorten sind in ruhigen Zeiten bei einem durchschnittlichen Getreidepreis anzutreffen. Sinken die Preise, dann sind nur noch drei Kategorien genehmigt, steigen sie jedoch an, dann werden bis zu sieben verschiedene Brotsorten von sehr unterschiedlicher Qualität gebacken; in Wirklichkeit ist es aber nur ein größeres Angebot von schlechterem Brot. Daraus ergibt sich ganz deutlich – das Beispiel Poitiers ist nur eines unter Tausenden –, welch große Unterschiede es zwischen den einzelnen Brotsorten gab. Manchmal hat Brot mit Brot nur noch den Namen gemein, oft noch nicht einmal das.
Das seinen traditionellen Eßgewohnheiten verhaftete Europa ernährt sich bis zum 18. Jahrhundert vornehmlich von dicken Suppen und breiartigen Gerichten, die älter sind als Europa selbst. Die *puls* der Etrusker und der alten Römer wurde aus Hirse zubereitet, die *alica*, ein anderer Brei, aus Stärkemehl oder sogar aus Brot die sogenannte punische *alica*, ein Luxusgericht, unter anderem aus Käse, Honig und Eiern. Die *polenta*, später aus Mais hergestellt, ist ein Brei aus zunächst gerösteter, dann gemahlener Gerste, vermischt mit Hirse. Im Artois dient Hafer im 14. Jahrhundert, wahrscheinlich auch schon früher, mit Sicherheit aber auch noch später »zur

Bereitung von Haferbrei, der unter der Landbevölkerung weit verbreitet war«. Vom 16. bis 18. Jahrhundert wird in der Sologne, Champagne und Gascogne ein Hirsebrei zubereitet. In der Bretagne ist ein dicker, mit Milch oder Wasser angesetzter Brei unter dem Namen *grou* bekannt. Im Frankreich des beginnenden 18. Jahrhunderts empfehlen die Ärzte Grütze, vorausgesetzt, daß sie »aus nahrhaftem Hafer gemacht ist«.

Noch heute werden einige dieser alten Gerichte gegessen. Der schottische und englische Porridge ist nichts anderes als ein Haferbrei; die in Polen und Rußland bekannte *kacha* wird aus zerstampftem und geröstetem Roggen hergestellt. Über die Verpflegung im Spanienfeldzug von 1809 berichtet ein englischer Grenadier: »Wir bereiteten diesen Weizen zu, indem wir ihn wie Reis kochten, oder, wenn das einfacher ging, das Getreide zwischen zwei flachen Steinen zermalmten, und es dann zu einer Art dickem Teig kochen ließen.« Osman Aga, ein junger türkischer *sipahi*, der während der deutschen Besetzung von Limova nahe Temešvar 1688 in Gefangenschaft geriet, zog sich zum Erstaunen seiner Bewacher noch besser aus der Affäre. Als die Brotvorräte erschöpft waren, ließ die Intendantur Mehlrationen an die Soldaten verteilen. Osman Aga gelang es, das Mehl mit ein bißchen Wasser zu einem Teig zu kneten und über dem Feuer zu backen, denn er hatte sich, wie er sagte, schon in ähnlicher Situation befunden. Was entstand, war Brot, jedenfalls ein Brot ohne Hefezusatz, so wie es häufig in der Türkei und in Persien gegessen wird.

Das Weißbrot ist also eine Seltenheit, ein Luxus. »Es gibt«, schreibt Dupré de Saint-Maur, »unter allen Franzosen, Spaniern und Engländern nicht mehr als zwei Millionen Menschen, die Weißbrot essen.« Angenommen, die Behauptung von Saint-Maur entspräche den tatsächlichen Gegebenheiten, so würde das bedeuten, daß von den 100 Millionen Europäern nur 3 bis 4 Millionen Weißbrot essen. Noch zu Beginn des 18. Jahrhunderts »ernährte sich mehr als die Hälfte der Landbevölkerung von Roggen und Nicht-Brotgetreiden«, und »das Mehl der Armen« enthielt einen großen Prozentsatz an Kleie. Das Weizenbrot, das Weißbrot und das *pain choyne* (wahrscheinlich das Brot der Domherren, das Brot des Domkapitels) galten lange Zeit als Luxus. Ein alter Spruch gibt den guten Rat: »Man soll sein *choyne* nicht als erstes essen.« Wie auch immer die verschiedenen Bezeichnungen für Weißbrot heißen mögen, fest steht, daß es zwar schon früh vorhanden, aber ausschließlich den Reichen vorbehalten war. Als 1581 junge Venezianer auf der Reise nach Santiago die Compostela in der Nähe des Duero auf der Suche nach etwas Eßbarem in ein verlassenes Haus eindringen, finden sie dort »weder richtiges Brot, noch Wein, nur fünf Eier, ein großes Roggenbrot und andere kaum genießbare Nahrungsmittel«.

Ein noch größerer Erfolg als dem Weißbrot ist in Paris ziemlich früh dem *pain mollet,* das aus bestem Mehl und einem Zusatz von Bierhefe (anstelle der »echten Hefe«) hergestellt wurde, beschieden. Durch Zugabe von Milch entsteht das *pain à la Reine*, das sich bei Maria de Medici großer Beliebtheit erfreute. 1668 verurteilt die Medizinische Fakultät die Verwendung von »Hefe«, doch vergeblich: Sie wird weiter für die Brötchen gebraucht; jeden Morgen bringen die Frauen die gefüllten Scheffel, »die sie nach Art der Milchmädchen auf den Köpfen tragen«, zu den Bäckereien. Das Milchbrot bleibt natürlich ein Luxus, das für einen Pariser (1788) »mit seiner festen, goldenen Kruste ein Hohn auf das Brot aus dem Limousin zu sein scheint ... und etwas von einem Adligen inmitten von Nichtadligen hat«. Diese Luxusgüter setzen einen Überfluß voraus; in Teuerungszeiten, so im September 1740 in Paris, wird durch Verfügungen des Parlaments nur die Herstellung von *bis blanc* gestattet, alle anderen Brotsorten, auch Milchbrot und Brötchen sind verboten, sogar die Verwendung des in der damaligen Zeit für die Perücken so beliebten »Mehlpuders« ist untersagt.

Zwischen 1750 und 1850 allerdings gibt es die regelrechte Revolution zugunsten des Weißbrots: Der Weizen tritt an die Stelle der anderen Getreidearten (zumal in England), und zur Herstellung von Brot wird immer mehr ein zum größten Teil kleiefreies Mehl verwendet. Zur gleichen Zeit verbreitet sich die Ansicht, daß nur Brot – d. h. fermentierte Nahrungsmittel – der Gesundheit des Verbrauchers nicht abträglich seien. Diderot hält jeden Brei für unverdaulich, »da er nicht gegoren ist«. In Frankreich, wo die Revolution des Weißbrots früh einsetzt, wird 1780 eine »École nationale de boulangerie« gegründet; die Soldaten Napoleons werden dann ein wenig später zur Verbreitung dieses »köstlichen Weißbrots« in allen Ländern Europas beitragen. Dennoch geht diese Revolution, wenn man den europäischen Kontinent in Betracht zieht, erstaunlich langsam vor sich und ist erst gegen 1850 abgeschlossen. Doch lange bevor sich der Weizen, aufgrund der alten Ansprüche der Reichen und der neuen Ansprüche der Armen, in diesem Ausmaß endgültig durchgesetzt hat, hat sich diese Revolution nachhaltig auf die Verteilung der »Kultur« ausgewirkt. »Seit Beginn des 17. Jahrhunderts dominiert der Weizen (in der Umgebung von Paris), in der Ebene Frankreichs, im reichen Multien und Vexin; in Valois, Brie und Beauvaisis setzte er sich erst Ende des Jahrhunderts durch. Der Westen Frankreichs blieb indes dem Roggen treu.«

In der Herstellung von Weißbrot kommt Frankreich demnach eine Vorrangstellung zu. »Wo ißt man gutes Brot wenn nicht in Paris?«, meint Sébastien Mercier; »ich liebe gutes Brot und erkenne es auf Anhieb.«

Kaufen oder selbst herstellen?

Der Kaufpreis des Brotes ändert sich nicht, wohl aber das Gewicht des Brotes – eine Feststellung, die im großen ganzen für das ganze Abendland zutrifft. In Venedig ändert sich das

Giorgio Vasari (1511–1574): »Der Marquis von Marignano stürmt Siena«; Palazzo Vecchio, Florenz

Jacopo Tintoretto (1518–1594): »Die Eroberung von Parma durch Federigo II.«; Bayerische Staatsgemäldesammlung, München.

durchschnittliche Gewicht des Brotes in den Bäckereien auf dem Markusplatz und an der Rialtobrücke im umgekehrten Verhältnis zum Getreidepreis. Die in Krakau 1561, 1589 und 1592 veröffentlichten Anordnungen weisen die gleiche Tendenz auf: feststehender Brotpreis, veränderliches Gewicht. Was festgelegt wird, ist der Gegenwert in Brot — bei veränderlicher Qualität und Gewicht; so erhält man für einen Groschen 1592 zum Beispiel 6 Pfund Roggenbrot oder 2 Pfund Weizenbrot.

Es gibt auch Ausnahmen von dieser Regel, jedenfalls in Paris; die Verordnung vom Juli 1372 unterschied hier drei Sorten von Brot: *pain de Chailli, pain coquillé* oder *bourgeois* und *pain brode* (letzteres ein Schwarzbrot). Bei gleichem Preis unterscheiden sie sich im Gewicht in der folgenden Reihenfolge: 1, 2, 4 Unzen. Es handelt sich also auch hier wiederum um einen konstanten Preis, aber unterschiedliche Gewichte. Ab 1439 wird jedoch das Gewicht der drei Brotsorten ein für allemal festgelegt auf 1/2 Pfund, 1 Pfund und 2 Pfund. »Von da an ändert sich der Brotpreis mit dem Getreidepreis.« Eine Ursache für diese Umstellung ist mit Sicherheit in der Tatsache zu sehen, daß den außerhalb der Hauptstadt lebenden Bäckern — den Bäckern von Gonesse, Pontoise, Argenteuil, Charenton, Corbeil usw. — bereits sehr früh die Konzession erteilt wurde, ihr dort »gebackenes Brot« in Paris nach Gewicht zu verkaufen. Und in noch stärkerem Ausmaß als in den Bäckerläden wird in Paris, wie in London, das Brot auf den zehn bis fünfzehn Märkten der Stadt verkauft.

Obwohl den Bäckern in der damaligen Zeit überall in Europa eine große Bedeutung zukommt, eine noch größere sogar als den Müllern, da sie das Getreide direkt beziehen und aufgrund dieser Tatsache auch die Funktion eines Kaufmanns ausüben, erreichen ihre Erzeugnisse nur einen Teil der Verbraucherschaft. Denn man muß bedenken, daß zahlreiche Backöfen in privater Hand sind und daß auch von staatlicher Seite Brot hergestellt und verkauft wird. Bereits bei Tagesan-

bruch kommen die Bauern im 15. Jahrhundert in Köln, im 16. Jahrhundert in Kastilien wie heute noch aus den Nachbardörfern in die Stadt, um hier ihr Brot zum Verkauf anzubieten. In Venedig genießen die Botschafter das Privileg, sich mit Bauernbrot, das besser zu sein scheint als das der venezianischen Bäckereien, versorgen zu dürfen. Darüber hinaus gibt es in Venedig, Genua und in anderen Städten zahlreiche wohlhabende Familien, die ihren eigenen Getreidespeicher und ihren eigenen Backofen besitzen.
Große Unruhe verursacht unter der Bevölkerung Genuas im August 1673 ein Gerücht über das Verbot der privaten Herstellung von Brot. »Das Volk begehrt auf«, schildert der französische Konsul die Situation, »es scheint, als ob sie [die Stadtherren] alle Leute zwingen wollen, ihr Brot auf den Marktplätzen zu kaufen. Es wird behauptet, daß es Adlige [d. h. die großen Geschäftsleute des Ortes] gibt, die 180 Tausend Taler im Jahr bieten, um das Recht zu haben, Brot zu backen, denn ... es ist Brauch, daß jeder sein Brot bei sich zu Hause bäckt; wenn nun dieses Recht den Adligen allein vorbehalten bliebe, könnte niemand mehr für sich selbst Brot backen, was zu sehr hohen Ausgaben führen würde, da das Brot, das auf den Marktplätzen verkauft wird, 40 Lire je Laib kostet, dabei aber nur ungefähr 18 Lire wert ist. Außerdem ist selbiges Brot, das dort verkauft wird, nur gut an dem Tag, an dem es gebacken wird, am nächsten Tag ist es schlecht und nicht mehr genießbar. Diese Angelegenheit erregte großes Aufsehen. Gestern morgen wurde auf dem Saint-Sire-Platz, dort, wo sich der alte Adel zu versammeln pflegt, ein Plakat gefunden, das sich energisch gegen die Obrigkeit wandte und sie aufforderte, von ihrem tyrannischen Vorhaben abzulassen.«
Die Herstellung von Brot wird in früherer Zeit noch durch den Umstand erschwert, daß im Gegensatz zum Getreide (oft wird es in ungedroschenem Zustand aufbewahrt, um dann zu verschiedenen Zeiten im Jahr gedroschen zu werden) das Mehl

nur kurzfristig haltbar ist. Die Menschen sind also gezwungen, das ganze Jahr hindurch fast täglich zu mahlen. Diese Aufgabe übernehmen die Mühlen, die sich damals neben einem Flußlauf am Rand der Dörfer oder Städte, in manchen Fällen sogar innerhalb des Dorfes oder der Stadt selbst befinden. Eine Panne im Mühlenbetrieb – so etwa wenn in Paris die Seine zufriert, oder einfach nur über die Ufer tritt – führt sofort zu Versorgungsschwierigkeiten. Ist es da verwunderlich, wenn innerhalb der Befestigungsanlagen von Paris Windmühlen errichtet werden, die unter besonderem Schutz stehen?

Zweites Kapitel

Der Reis

In den Ländern des Fernen Ostens kommt dem Reis eine ähnliche Bedeutung zu wie dem Weizen auf dem europäischen Kontinent.

Mancher Leser wird wohl bei der Lektüre der Geschichte Chinas aus der Feder eines bedeutenden Historikers über die zahlreichen Vergleiche mit der europäischen Geschichte gelächelt haben; es ist da zum Beispiel von einem Hugo Capet, einem Ludwig XI. oder Ludwig XIV. und einem Napoleon Chinas die Rede. Für den Europäer sind diese Vergleiche zum näheren Verständnis der Geschichte Asiens unerläßlich. Mit der gleichen Berechtigung können auch wir vom Reis als dem Weizen Asiens sprechen.

Beide Getreidearten gehören zu der Pflanzenfamilie der Gramineen und stammen ursprünglich aus wasserarmen Regionen. Im Lauf der Zeit entwickelte sich aber der Reis zu einer Sumpfpflanze, wodurch er sich seine hohen Ernteerträge sicherte und in der Folgezeit zur bedeutendsten Nutzpflanze Asiens wurde. Eine Eigenart weist indes noch heute auf seine Herkunft hin: wie der Weizen benötigen seine »buschigen« Wurzeln eine große Menge an Sauerstoff, die in stehendem Gewässer nicht vorhanden ist. Folglich muß das äußerlich völlig ruhige Wasser der Reisfelder von Zeit zu Zeit mit Hilfe einer bestimmten hydraulischen Technik in Bewegung versetzt werden.

Der Reis spielt im Leben Ostasiens eine vergleichsweise noch bedeutendere Rolle als der Weizen im Abendland, denn er ernährt 80 bis 90 Prozent der Bevölkerung (der Weizen 50 bis 70 Prozent) und ist in ungeschältem Zustand auch länger haltbar. Auf Weltebene dagegen kommt dem Weizen eine weitaus größere Bedeutung zu. So beträgt die Anbaufläche des Weizens heute mehr als 200 Millionen Hektar, die des Reises dagegen nur 125 Millionen Hektar. Der Reis ergibt pro Hektar fast die doppelte Menge wie der Weizen (20,5 Zentner gegenüber durchschnittlich 12 Zentner), so daß die Gesamtproduktion der beiden Getreidearten mit ungefähr 250 Millionen Tonnen, gegenüber 225 Millionen Tonnen Mais, annähernd gleich groß sein dürfte. Hierbei ist jedoch zu berücksichtigen, daß sich die Angaben für den Reis auf den ungeschälten Reis beziehen, der durch das Schälen 20 bis 25 Prozent an Gewicht einbüßt. Das bedeutet, daß sich der Reisertrag auf ungefähr 200 Millionen Tonnen verringert und somit weit hinter den Ernteergebnissen des Weizens zurückliegt, ja sogar noch vom Mais übertroffen wird. Ein weiterer Nachteil des Reis besteht darin, daß er ein überaus großes Maß an menschlicher Arbeitskraft erfordert.

Ergänzend sei noch hinzugefügt, daß der Reisanbau, trotz einer gewissen Verbreitung in Europa, Afrika und Amerika, im wesentlichen auf Ostasien, das heute 95 Prozent der gesamten Reisproduktion liefert, beschränkt ist und daß es keinen dem Weizenhandel vergleichbaren Reishandel gibt, da der Reis immer gleich an Ort und Stelle verbraucht wird. Eine Ausnahme bilden hierin vor dem 18. Jahrhundert nur die Exporte Südchinas über den Kaiserkanal nach Nordchina, an den Hof von Peking, oder die Lieferungen von Tonking, dem heutigen Indochina oder Siam, vor allem nach Indien, das seit jeher unter Vorsorgungsschwierigkeiten zu leiden hatte. Das einzige Exportland Indiens wiederum ist Bengalen.

Reis und Weizen stammen wie so viele andere Kulturpflanzen ursprünglich aus den wasserarmen Talebenen Zentralasiens. Der Weizen ist jedoch viel früher zur Bedeutung gelangt (um 5000 v. Chr.) als der Reis (um 2000 v. Chr.), wodurch er sich einen zeitlichen Vorsprung von mehreren Jahrtausenden sicherte. Als Landpflanze ist der Reis lange Zeit kaum in Erscheinung getreten; die erste chinesische Zivilisation hat ihn nicht gekannt; denn sie entwickelte sich in Nordchina, in diesem riesigen kahlen »Land«, auf der Grundlage von drei noch heute als klassisch geltenden Gramineen: von Sorgho mit seinen 4 bis 5 Metern hohen Stengeln, Weizen und Hirse. Letzteres ist für einen englischen Reisenden (1793) »die Hirse von Barbados, die von den Chinesen *kow leang* genannt wird, d. h. großes Getreide. In allen Provinzen Nordchinas wird dieses Getreide billiger verkauft als der Reis; wahrscheinlich ist es die erste Getreideart, die hier angebaut wurde; denn wie sich aus alten chinesischen Büchern ersehen läßt, beruhten die Maßeinheiten früherer Zeiten auf einer jeweils ganz bestimmten Anzahl von Hirsekörnern. Hundert Körner zum Beispiel ergaben ein *choo* . . .« Ein europäischer Reisender äußert sich 1774 begeistert über ein Gericht Nordchinas, das aus »gekochter Hirse mit Zucker« bestand. Weizen- und Hirsebrei erfreuen sich auch heute noch allgemeiner Beliebtheit.

Das tropische, waldreiche und von zahllosen Sümpfen durchzogene Südchina hat sich im Vergleich zu Nordchina viel langsamer entwickelt. Selbst gegenwärtig lebt der Mensch dort noch von Ignamen — Schlingpflanzen, die Knollen bilden, aus denen ein nahrhaftes Stärkemehl gewonnen wird — oder von Taro (Kolokasien), einem rübenähnlichen Gewächs, das auch heute noch in der Nähe von Bodenerhebungen zu finden ist. Die aus Amerika stammenden Nutzpflanzen wie Süßkartoffel, Maniok, Kartoffel und Mais wurden hier erst nach der Entdeckung der Neuen Welt bekannt, zu einem Zeitpunkt also, als die Reiskultur bereits in voller Blüte steht und nicht mehr von ihrem Platz verdrängt werden kann. Der Maniok hat sich so zum Beispiel nur in der Umgebung von Trawankur im Dekkan, die Süßkartoffel erst im 18. Jahrhundert in China, auf Ceylon und den inmitten des Pazifischen Ozeans gelegenen einsamen Sandwich-Inseln durchgesetzt.

Als Wasserpflanze wurde der Reis zum erstenmal in Indien angepflanzt und erreichte dann von hier aus zu Land oder zu Wasser, vielleicht um 2000 oder 2150 v. Chr. den Süden Chinas. Dort hat er sich zu der heute bekannten Form weiterentwickelt und das Leben Chinas entscheidend verändert: Von nun an gewann der Süden des Landes immer mehr an Bedeutung, während der Norden allmählich in den Hintergrund trat (wobei freilich auch die Tatsache eine Rolle spielte, daß Nordchina aufgrund seiner ungünstigeren geographischen Lage zahlreichen Invasionen und Überfällen fremder Völker ausgesetzt war). Von China aus gelangte der Reis zu den Philippinen und nach Japan; seine letzte Station dürfte der Reis nicht vor dem ersten Jahrhundert christlicher Zeitrechnung erreicht haben. Zu diesem Zeitpunkt begann er auch nach und nach die Stelle der Hirse einzunehmen.

Die Reisfelder Ostasiens nehmen auch heute noch eine relativ kleine Fläche ein. Sie repräsentieren zwar 95 Prozent der gesamten Reisanbaufläche der Erde, belaufen sich aber im ganzen nur auf 70 Millionen Hektar. Abgesehen von diesen bewässerten Reisfeldern hat sich der Reis als Trockenpflanze über weite Gebiete ausgedehnt und bildet die Nahrungsgrundlage verschiedener weniger entwickelter Völker: So werden auf Sumatra, Ceylon und in den Cordilleren von Annam die Wälder gerodet oder einfach abgebrannt; auf dem so gewonnenen Boden wird dann ohne jede Vorbereitung (die Baumstümpfe sind noch vorhanden, es wird nicht gepflügt, nur die Asche dient als Dünger) die Aussaat vorgenommen, die nach fünfeinhalb Monaten zur Reife gelangt. Nach der Reisernte werden Knollengewächse angebaut, Auberginen

oder verschiedene Gemüsearten, wodurch der an sich schon wenig fruchtbare Boden nach kurzer Zeit völlig verbraucht ist. Im nächsten Jahr muß dann ein anderes Stück Wald dem Anbau geopfert werden. Auf diese Weise benötigt die Landwirtschaft theoretisch einen Quadratkilometer zur Ernährung von fünfzig Menschen, in Wirklichkeit jedoch ungefähr das Doppelte, denn mehr als die Hälfte der gebirgigen Regionen sind unkultivierbar. Wenn der Wald sich nicht nach zehn Jahren, sondern erst, wie dies sehr häufig vorkommt, nach fünfundzwanzig Jahren wieder regeneriert, leben sogar nur zehn Menschen von einem Quadratkilometer.
Der »brachliegende Wald« ist selbst mit Hilfe primitiver Ackergeräte jederzeit leicht zu kultivieren. Das System der Brandrodung ist jedoch nur so lange erfolgreich, wie die Bevölkerung nicht übermäßig ansteigt und der Wald immer wieder nachwächst. *Ladang* wird diese Art der Kultivierung in Malaysia und Indonesien genannt, *ray* oder *rai* in den Gebirgsregionen Vietnams, *djoung* in Indien, *tavy* auf Madagaskar, das den Reis um das 10. Jahrhundert durch Vermittlung arabischer Seeleute kennenlernte. Zusammen mit dem »Mark der Sagopalme« und den Früchten des Brotbaumes ist dieser Bergreis die Hauptnahrung seiner Bevölkerung. Von einer »planmäßigen« Anlage der Reisfelder ist man hier noch weit entfernt, aber auch von der mühseligen Arbeit, die die späteren Reiskulturen mit sich gebracht haben.

Das Wunder der Reisfelder

Wir besitzen eine Fülle von Abbildungen und Schilderungen zum Thema Reis. Im *Keng Tche Tou,* einem chinesischen Werk aus dem Jahr 1210, sind bereits die schachbrettartigen Reisfelder (jedes einzelne Feld im Umfang von mehreren Ar), die Bewässerungsanlagen, die Reisernte und »der gleiche Pflug wie heute, von einem einzigen Wasserbüffel gezogen«,

abgebildet. Die Bilder sind stets die gleichen, aus welcher Zeit sie auch immer stammen mögen.
Besonders auffallend ist die ungewöhnliche Ausnutzung des Bodens: »Alle ebenen Flächen werden bewirtschaftet«, schreibt 1735 der Jesuitenpater Du Halde. »Man sieht weder Hecken noch Gräben, kaum einen Baum, so sehr sind sie darauf bedacht, nur ja keinen Zoll breit Boden zu verlieren.« Las Cortes, jener andere bewunderungswürdige Jesuit, machte die gleiche Feststellung bereits ein Jahrhundert früher (1636): »Es gab keinen Zoll breit Boden ... nicht den kleinsten, verborgensten Winkel, der nicht bewirtschaftet war.« Jedes einzelne von Dämmen umgebene Feld hat eine Breite von ungefähr 50 Metern. Wasser überflutet die Felder und fließt wieder ab. Ein schlammiges Wasser zum Glück, denn nur so verliert der Boden nichts von seiner Fruchtbarkeit und läßt der Anopheles, dem Überträger der Malaria, die klares Gebirgswasser bevorzugt, keine Chance. Die *ladang*- oder *ray*-Zonen sind erst dann gefährdet, wenn infolge eines zum Stillstand gekommenen Bevölkerungszuwachses die Reisfelder nicht mehr hinreichend bewirtschaftet werden können, das Wasser also immer an Schlamm absondern kann. Angkor Wat mit seinen unter schlammigen Wassern liegenden Reisfeldern war im 15. Jahrhundert eine blühende Stadt; seinen Untergang besiegelten nicht allein die kriegerischen Auseinandersetzungen mit den Siamesen, die den gesamten Lebens- und Arbeitsrhythmus durcheinanderbrachten, sondern auch das Auftreten der Malaria, nachdem das Wasser in den Kanälen immer sauberer geworden war. Ähnlich dramatische Vorgänge spielten sich im 17. Jahrhundert in Bengalen ab. Sobald das Reisfeld zu klein und von den benachbarten klaren Wassern überflutet wurde, brach die fürchterliche Malaria aus. In der zwischen dem Himalaja und den Siwalik Hills gelegenen Talniederung, wo so viele klare Quellen entspringen, ist diese Krankheit immer latent vorhanden.
Das Wasser ist wirklich das größte Problem. So kommt es bei

der Bewässerung der Reisfelder oft zu unterschiedlichen Höhen des Wasserspiegels, die etwa in Kambodscha nur durch die außergewöhnliche Biegsamkeit der im Wasser schwimmenden Reispflanzen, die bis zu 9 und 10 Meter lang werden können, ausgeglichen werden. Eine weitere Schwierigkeit stellt das Be- und Entwässern der Reisfelder dar. Die Bewässerung erfolgt mit Hilfe langer Rohrleitungen aus Bambus, die das Wasser aus den hoch gelegenen Quellen herbeiführen und, wie dies in der Gangesebene und oft auch in China der Fall ist, in Brunnen speichern oder wie in Ceylon in großen künstlichen Stauteichen, die jedoch den Nachteil haben, fast immer tief unter der Erdoberfläche zu liegen, sammeln. Anschließend muß dann das Wasser zu den höher gelegenen Feldern befördert werden; daher die – allerdings primitiven – Schöpf- und Treträder, denen man heute noch begegnen kann; der Ersatz dieser Räder durch eine elektrisch oder mit Dampf angetriebene Pumpe käme einem Verzicht auf die billige menschliche Arbeitskraft gleich. Las Cortes hat diese Leute bei der Arbeit beobachtet: »Manchmal«, so berichtet er, »pumpen sie das Wasser mit einer kleinen einfachen Maschine empor, einer Art Schöpfrad, für das man keine Pferde benötigt. Es ist das Einfachste von der Welt, denn ein einziger Chinese vermag diesen Apparat mit seinen Füßen zu bedienen.« Mit Hilfe von Staubrettern gelangt das Wasser dann von einem Feld zum andern. Natürlich wird das jeweils bevorzugte Bewässerungssystem von den lokalen Gegebenheiten bestimmt. Wo eine künstliche Bewässerung nicht möglich ist, dienen die Dämme des Reisfeldes zum Auffangen des Regenwassers, das zumindest in Monsunasien für den größten Teil der Anbaugebiete in den Ebenen ausreicht.

Alles in allem erfordert der Anbau von Reis einen ungeheuer großen Arbeitsaufwand und den Einsatz zahlloser Menschen. Zudem funktioniert das Ganze nur dann reibungslos, wenn die verschiedenen Teile der ganzen Bewässerungsanlage genau aufeinander abgestimmt sind und einer ständigen Überwachung unterliegen. Voraussetzung hierfür ist eine festgefügte Gesellschaft, die Autorität eines Staates und schließlich ununterbrochene Arbeit. Auch der Kaiserkanal des Blauen Flusses in Peking stellt im Grunde ein ausgedehntes Bewässerungssystem dar. Der Anbau von Reis führte regelmäßig zu einem Zusammenschluß mehrerer Dörfer, da einerseits die damit verbundene Arbeit nur im Kollektiv zu bewältigen ist, andererseits die ländlichen Gebiete Chinas häufig von Überfällen bedroht wurden, gegenüber denen der einzelne machtlos war.

Dort, wo die Reisfelder gediehen sind, haben sich eine große Bevölkerungsdichte und starke gesellschaftliche Ordnungen herausgebildet. Wenn sich das Hauptgewicht Chinas um 1100 in den Süden verlagert, so trägt der Reis die Verantwortung dafür. Seit 1390 ist die Bevölkerungszahl Südchinas dreimal so hoch wie die Nordchinas, heute beträgt sie, offiziellen Angaben zufolge, 45 Millionen gegenüber 15 Millionen. Die eigentliche Leistung der Reisbauern besteht nicht darin, daß es ihnen gelingt, immer den gleichen Boden zu bewirtschaften und aufgrund eines geschickten Bewässerungssystems die Ernteerträge zu steigern, sondern daß es ihnen glückt, Jahr für Jahr zwei, manchmal sogar drei Ernten einzubringen.

Als Beweis hierfür sei der aktuelle Kalender von Nieder-Tongking erwähnt; er läßt das Jahr für die Landwirtschaft mit der Aussaat im Februar beginnen, vier Monate später, im Juni, findet die Ernte statt, es ist die größte Ernte, »die Ernte des fünften Monats«. Damit noch eine weitere Ernte, die »des zehnten Monats«, eingebracht werden kann, ist Eile geboten. Im Juni werden die Reisfelder entwässert, damit der Reis voll ausreifen kann, dann wird die Ernte in aller Eile in die Scheunen gebracht, die Felder anschließend gepflügt, gedüngt und wieder unter Wasser gesetzt. Die Aussaat läßt man in der Zwischenzeit, um einen Zeitverlust zu vermeiden, in Saatbeeten bis zu 10 oder 12 Zentimeter hoch werden, bevor sie auf die Felder verpflanzt wird. Diesen mit menschlichen Exkrementen und Abwässern der Städte reichlich gedüngten Saatbeeten kommt eine besondere Bedeutung zu, sie helfen Zeit sparen und geben den kleinen Pflanzen die nötige Widerstandskraft.

Überall bestimmt ein Kalender ganz genau die Abfolge der eilig durchgeführten Arbeiten. Nach der Regenzeit »weckt« in Kambodscha der Pflug das Reisfeld, auf dem große Wasserlachen zurückgeblieben sind. Das erstemal wird von außen nach innen, das nächste Mal von innen nach außen gepflügt. Der Bauer geht dabei nicht hinter, sondern neben seinem Wasserbüffel, um zu vermeiden, daß sich Vertiefungen bilden, die sich mit Wasser füllen. Quer zu den Furchen zieht er mehrere diagonale Rinnen, damit das überflüssige Wasser abfließen kann. Dann wird noch das Unkraut entfernt und die zahllosen Krebse, die sich in dem flachen Wasser tummeln, vertrieben. Vorsichtig nimmt der Bauer die Sämlinge in die rechte Hand und klopft sie auf dem linken Fuß ab, »damit sich die Erde von den Wurzeln löst, und zum gleichen Zweck werden die Pflanzen im Wasser hin und her bewegt«.

In bildhafter Sprache werden die Arbeiten auf dem Reisfeld geschildert. »Sperlinge und Turteltauben ertränken« bedeutet so in Kambodscha die Bewässerung der Anbaugebiete; beim Erscheinen der ersten Rispe spricht man davon, daß »die Pflanze schwanger ist«, nimmt das Reisfeld seine goldene Färbung an, dann ist dies »die Farbe des Papageienflügels«; einige Wochen später, »wenn die Milch einschießt«, wird man mit großem Vergnügen die Garben entweder zu »Matratzen«, »Oberschwellen«, oder in Form eines »davonfliegenden Pelikans«, eines »Hundeschwanzes« oder »Elefantenfußes« aufstapeln. Nach dem Dreschen werden die Körner von »der Sprache des *paddy«*, d. h. von der Spreu, »befreit«.

Im allgemeinen werden also zwei Reisernten eingebracht. Eine Ausnahme bilden nur die hoch im Norden gelegenen Gebiete; hier ist die zweite Ernte eine Weizen-, Roggen- oder Hirseernte. In manchen Teilen des Landes wird sogar dreimal

geerntet, zwei Reisernten und dazwischen eine Weizen-, Gerste-, Buchweizen- oder Gemüseernte (Rüben, Karotten, dicke Bohnen, Nankingkohl). Das Reisfeld gleicht so einer Fabrik. Während die durchschnittlichen Hektarerträge an Weizen in Frankreich zur Zeit von Lavoisier bei 5 Zentnern liegen, werden hier 30 Zentner Reis gewonnen. Nach dem Schälen bleiben immer noch 21 Zentner übrig, bei 3500 Kalorien auf 1 Kilogramm im ganzen 7 350 000 Kalorien je Hektar, gegenüber 1 500 000 Kalorien je Hektar Weizen und sogar nur 340 000 Kalorien, die dieser Hektar, für die Viehzucht verwendet, in Form von 150 Kilogramm Fleisch bringen würde. An diesen Zahlen wird die klare Überlegenheit der Reisfelder und der Pflanzennahrung deutlich.
Der — kurz im Wasser gekochte — Reis ist hier wie im Abendland das Brot die tägliche Nahrung der Menschen. Man muß unwillkürlich an das italienische *pane e companatico* denken, wenn man die heute (1938) noch kärglichen Reisbeilagen eines »wohlgenährten« Bauern aus dem Tongkingdelta sieht: »5 Gramm Schweinefett, 10 Gramm *nuoc mam* [Fischsauce], 20 Gramm Salz und eine bestimmte Menge Gemüse ohne Kaloriengehalt« auf 1000 Gramm weißen Reis (der Reis enthält 3500 Kalorien, zusammen mit den Beilagen 3565 Kalorien). Las Cortes schrieb bereits 1626, daß der Chinese, nachdem er den ganzen Tag ununterbrochen gearbeitet hat, »oft bis zu den Knien im Wasser stehend, am Abend ... sich glücklich schätzt, ein bißchen Reis, gekochtes Gemüse und ein wenig Tee vorzufinden. Man wird bemerken, daß der Reis in China immer in Wasser gekocht wird; er ist für die Chinesen das, was für die Europäer das Brot ist, nie werden sie seiner überdrüssig.« »Eine kleine Schale Reis ohne Salz ist das tägliche Brot in diesen Ländern«, meint Las Cortes (in Wirklichkeit dürften es 4 bis 5 Schalen Reis gewesen sein), »die man mit der linken Hand an den Mund führt, in der rechten zwei Stäbchen, mit denen man den Reis hastig in den Magen befördert, als wenn man ihn in einen Sack werfen würde, wo-

bei sie zuerst blasen.« Brot und Zwieback sind den Chinesen so gut wie unbekannt; dort, wo Weizen angebaut wird, verwendet man ihn zur Herstellung von Fladen, die mit Schweineschmalz durchtränkt werden.

Gemelli Careri und seine Reisegefährten waren entzückt von diesen chinesischen »Brötchen«, die, mit »ein bißchen Butter« aufgebessert, »das von den Mandarinen aufgezwungene Fasten« ein wenig vergessen ließen. Für diese einseitige Ernährung der Chinesen kann der Europäer im allgemeinen nicht das geringste Verständnis aufbringen, Gemelli Careri erging es da nicht anders als vielen anderen Nichtasiaten. Die ausschließliche Ernährung durch Reis stellt die bewußte Bevorzugung eines ganz bestimmten Nahrungsmittels dar, ein Abgehen von dieser traditionellen Eßgewohnheit käme in den Augen der Chinesen einem Verfall ihrer Zivilisation gleich. »Die Menschen in Monsunasien«, so ein Geograph, »ziehen den Reis den aus Knollenfrüchten oder Getreide hergestellten Breigerichten vor«, genauso wie dem Brot. Heutzutage bauen die Japaner auch Gerste, Weizen, Hafer und Hirse an, aber immer nur zwischen zwei Reisernten, oder wenn es keine Möglichkeiten für eine Bewässerung gibt. Nur in Notzeiten oder als zusätzliche Nahrung wird auf diese anderen Getreidearten zurückgegriffen. Daraus erklärt sich auch die immer stärkere Verbreitung des Reises bis weit hinauf in den Norden Asiens (in jüngster Zeit wurde der 49. Breitengrad erreicht), wo andere Kulturen sicherlich angebrachter wären.

Ganz Ostasien lebt vom Reis und seinen Nebenprodukten; das gilt sogar für die in Goa siedelnden Europäer. Der aus Reis hergestellte Wein »berauscht genauso schnell wie der beste Wein Spaniens«; es handelt sich dabei, wie wir aus einer anderen Quelle erfahren, um »einen bernsteinfarbenen Wein, der wie spanischer Wein schmeckt und als ganz gewöhnliches Getränk gilt«. Aus Reis wird außerdem ein sehr starker Schnaps hergestellt, der »in Frankreich ebenso wie die Korn- und Melassenschnäpse verboten ist«.

Viel Reis also und wenig oder gar kein Fleisch bilden die Nahrungsgrundlage der Völker Ostasiens. So wird auch verständlich, in welch starkem Ausmaß der Reis das gesamte Leben Chinas beherrscht, ja gewissermaßen sogar tyrannisiert. Die Preisschwankungen machen sich überall bemerkbar, sogar der Tagessold des Soldaten steigt oder fällt mit dem Reispreis. In Japan gilt der Reis bis zu den entscheidenden Reformen und Veränderungen im 17. Jahrhundert sogar als Zahlungsmittel.

Dieser Erfolg des Reises beruht auf der zweiten Ernte. Wann hat man sie zum erstenmal durchgeführt? In jüngster Zeit bestimmte ein Sinologe dafür das 17. oder 18. Jahrhundert, mit den üblichen Vorbehalten natürlich, und erklärte so das starke Anwachsen der Bevölkerung zu Ende des 17. und während des ganzen 18. Jahrhunderts. Doch diese entscheidende Neuerung ist sicherlich wesentlich älteren Ursprungs. Schon 1626 konnte Las Cortes mit eigenen Augen sehen, wie die Reisbauern in der Umgebung von Kanton zweimal im Jahr ernteten. Auf der gleichen Nutzfläche, so schreibt er, »erreichen sie in einem Jahr drei Ernten hintereinander, zwei Reis- und eine Weizenernte, mit einem Ertrag von 40 bis 50 Körnern auf ein gesätes Korn, aufgrund des milden Klimas, der atmosphärischen Bedingungen, des ausgezeichneten Bodens, der besser und fruchbarer ist als irgendein Boden Spaniens oder Mexikos.« Ob der Ernteertrag nun wirklich bei 40 bis 50 Körnern lag, kann man bezweifeln, nicht jedoch die Tatsache, daß hier wirklich hohe Ernteergebnisse erzielt wurden.

Was das Datierungsproblem anbetrifft, so gab es bereits im 11. Jahrhundert – in Zentral- und Südannam – einen früh reifenden Reis, der sich dann allmählich auch in den anderen Provinzen durchsetzte, eine Entwicklung, die im 13. Jahrhundert abgeschlossen war: Von jetzt an gab es überall zwei Reisernten im Jahr. Für den gewaltigen Bevölkerungsanstieg im 18. Jahrhundert muß man also nach einer anderen Erklärung suchen.

Oben: Vogelhändler aus dem 17. Jahrhundert (links); Strohhändler aus dem 18. Jahrhundert.
Unten: Stuhlflechter und ambulanter Holzspalter um 1738.

George Stubbs: »Die Heusammler« (1786); Privatbesitz

Die fast ausschließliche Bewirtschaftung der Nutzflächen mit Reis bringt ähnlich wie in Europa beim Weizen als dominierender Nutzpflanze eine Reihe von Problemen mit sich. Der einzige Unterschied besteht darin, daß wir über die Probleme Asiens nicht so gut unterrichtet sind.
Die Reisfelder stellen nicht nur gemessen an der Größe des chinesischen Territoriums, sondern auch gemessen an seinen Nutzflächen einen sehr geringen Anteil dar. Hügelige Landschaften, von Gebirgszonen gar nicht zu sprechen, ja sogar Talebenen sind keineswegs immer mit diesen schachbrettartigen, terrassenförmigen Feldern bedeckt. Natürlich kann man auch im Hügelland, manchmal sogar an den unteren Berghängen oder im Gebirge selbst – zwar nicht in China, aber auf Java und den Philippinen – Reisfelder antreffen und in manchen Gegenden ein Übergreifen des Reises auf benachbarte, mit anderen Pflanzen bewirtschaftete Felder beobachten, aber das sind stets Ausnahmeerscheinungen. Karl Wittfogel unterteilt die Reiszone Chinas in Trockenkulturen, Gärten und Reisfelder (im Verhältnis 1000 zu 300 zu 100). Die Gärten sind schmale, winzige Stückchen Land, gewöhnlich mit einem Brunnen versehen; hier versorgt sich der Chinese mit zusätzlicher Nahrung: eine Konzentration der bewirtschafteten Gebiete und somit auch eine Konzentration der Bevölkerung. Heute noch werden in Südchina nur 7 bis 10 Prozent des ganzen Landes, in Nordchina dagegen, das sich der Tyrannei des Reises entziehen konnte, 30 bis 40 Prozent (in Chang Tong sogar 68 Prozent) des ganzen Landes landwirtschaftlich genutzt.
Außerhalb der Reiszone, so zum Beispiel zwischen Ning Po und Peking, müssen wir uns einsame, nur spärlich mit einigen Kiefern bewachsene Gebirge und Hügelland, das nur in seltenen Fällen bewirtschaftet wird, vorstellen.
Im Gegensatz zu Europa haben die Chinesen im allgemeinen

nur die Talniederungen bewirtschaftet; weite Gebiete des Hügellandes und der Gebirgszonen bleiben ungenutzt. Für dieses Verhalten gibt es mehrere Motive: Waldwirtschaft und Viehzucht sind den Chinesen unbekannt (sie trinken keine Milch, essen keinen Käse und nur sehr wenig Fleisch), der Versuch einer Integration der Bergvölker in das allgemeine Leben wurde im Gegensatz zu Europa nie unternommen. Stellen wir uns einmal den Jura oder Savoyen (das Beispiel stammt von Pierre Gourou) gänzlich abgeholzt vor, ohne Tierherden, die arbeitende Bevölkerung in den Tälern und an den Ufern der Flüsse und Seen konzentriert. Der Reisanbau und die damit verbundenen Lebensgewohnheiten sind also sicher zum Teil verantwortlich für die eigenartige Situation in China.
Eine weitere Erklärung finden wir in der eigentlich bis heute noch wenig erforschten Entwicklung der chinesischen Landwirtschaft selbst. »Im Gegensatz zu dem, was die chinesische Überlieferung lehrt, ist die Bewässerung eine relativ späte Errungenschaft in China. Alle Zeugnisse weisen darauf hin, daß sich diese Technik gleichzeitig mit den ersten Anfängen der chinesischen Eisenverarbeitung zwischen dem 5. und 1. Jahrhundert v. Chr. durchgesetzt hat.« China hat sich also erst spät der Hydraulik und der intensiven Getreideproduktion zugewandt und erst zur Zeit der Han-Dynastie die klassische Landschaft seiner Geschichte geschaffen. Dies stellt »eine der großen Errungenschaften, um nicht zu sagen, die bedeutendste Errungenschaft des Menschen in Ostasien« dar. Die Landschaft Chinas ist frühestens im Perikleischen Zeitalter entstanden und erst zwischen dem 11. und 12. Jahrhundert, also zur Zeit der Kreuzzüge, zur vollen Entwicklung gelangt. Erst die in jüngster Zeit erfolgte Agrarrevolution hat die traditionellen Strukturen entscheidend verwandelt.
In Europa gibt es nichts Vergleichbares; lange vor Entstehung der Homerischen Epen hat sich im Mittelmeerraum eine intensive Landwirtschaft – Anbau von Weizen, Olivenbäumen, Wein- und Viehzucht entwickelt, wurden die Bergvölker in

die allgemeine Entwicklung mit einbezogen. Telemach erinnert sich, bei schmutzigen Bergbewohnern des Peloponnes, die sich von Eicheln ernährten, gelebt zu haben.
Im Süden des Landes ist den Chinesen die Nutzbarmachung der Gebirgsregionen nicht etwa mißlungen: Man hat im Gegenteil noch nicht einmal den Versuch dazu unternommen. Nachdem man fast alle Haustiere vertrieben und seine Tür vor den armseligen Bergvölkern der Trockenreiskulturen verschlossen hat, geht es aufwärts; aber der Chinese muß die ganze Arbeit allein bewältigen, die Felder beizeiten pflügen, die Boote vorwärtsbewegen und von einem Wasserlauf zum andern befördern, Bäume transportieren, Kurierdienste verrichten. Die Wasserbüffel helfen dem Bauern nur bei der Feldarbeit; Pferde, Maultiere und Kamele gibt es lediglich im Norden, der aber nicht mehr zu den eigentlichen Reisländern Chinas zählt. Die Düngung der Reisfelder erfolgt durch die Abwässer der Städte, so daß sich schon früh eine enge Verbindung zwischen Stadt und Land anbahnt. Die Bauern kommen in die Städte und tauschen »Holz, Gemüse und Leinöl« gegen die kostbaren Düngemittel, die über den Dörfern und Städten einen gräßlichen Gestank verbreiten. Die Symbiose zwischen Stadt und Land ist hier weitaus stärker als im Abendland; aber nicht der Reis an sich ist schuld an dieser Entwicklung, sondern die großen Erfolge, die ihm im Süden des Landes beschieden sind.

Japan zur Zeit der Tokugawa, Indien

Das Wirtschaftsleben der Städte wird aber nun nicht etwa einseitig von der in den ländlichen Gebieten erzielten Reisproduktion bestimmt, im Gegenteil. Die in jüngster Zeit vorgenommenen Untersuchungen zeigen, daß die durch eine ausgeprägte Feudalstruktur in der Produktionskapazität stark eingeschränkten Reisbauern sich zu Beginn des 17. Jahrhunderts dem System einer in Erscheinung tretenden Marktwirtschaft unterzuordnen hatten. In dieser Zeit wird eine Steigerung der Ernteerträge erzielt, und zwar infolge einer Verbesserung des Saatgutes, der Bewässerungsanlagen, der Ackergeräte und vor allem aufgrund einer intensiveren Düngung — die in vielen Fällen bis zu 30 und 40 Prozent der Betriebsunkosten ausmacht — mit getrockneten Sardinen oder Rückständen von Raps, Soja und Baumwolle.

Verschiedene Untersuchungen zeigen eine ständige Steigerung der Ernteerträge, so in der Umgebung von Tokio bei einem Index von 100 in den Jahren 1736 bis 1741, 102 im Jahr 1802; in der Nähe von Osaka, dem größten Handelszentrum Japans bei einem Index von 100 in den Jahren 1727 bis 1735, 156 in den Jahren 1800 bis 1806. Vor allem in Osaka und im gesamten Westen Japans führt die ständig zunehmende Kommerzialisierung landwirtschaftlicher Erzeugnisse durch das Auftreten von Getreideaufkäufern zu einem ausgedehnten Reishandel und zu einem intensiveren Anbau von Ergänzungskulturen wie Baumwolle, Raps, Hanf, Tabak, Hülsenfrüchten, Maulbeerbäumen, Zuckerrohr, Sesam, Weizen usw. Baumwolle und Raps sind dabei am wichtigsten: Der Raps ist eng mit der Reiskultur, die Baumwolle mit dem Weizenanbau verbunden. Diese zusätzlichen Kulturen erfordern übrigens eine viel stärkere Düngung als die Reisfelder. Die Bewirtschaftung der Flur außerhalb der Reisfelder erfolgt in dreijährigem Wechsel: Gerste, Buchweizen und weiße Rüben. Während die Bauern beim Reis immer noch große Abgaben in Naturalien zu leisten haben (50 bis 60 Prozent der Ernte müssen an den Gutsherren abgeliefert werden), liegen die in Geld bezahlten Abgaben dieser neuen Kulturen weitaus niedriger. So verbindet sich die bäuerliche Welt mit dem neuen Wirtschaftssystem, und das ist auch die Erklärung für das Auftreten von wenn schon nicht reichen, so doch trotz ihrer noch winzig kleinen Landgüter (2 bis 3 Hektar) ganz wohlhabenden Bauern.

Über die je nach Ort und Zeit unterschiedlichen Probleme und

Schwierigkeiten, die sich aus dem Anbau von Reis ergeben, sind wir großenteils nur schlecht informiert. So wissen wir nichts oder fast nichts über Indien und die alten Probleme seiner Landwirtschaft. Der Reis wird hier nur in den Küstengebieten, an der Mündung des Indus, im Gangesdelta und im unteren Gangestal angebaut; weite Gebiete des Landes sind dem Anbau von Weizen und besonders Hirse überlassen, die sich auch mit weniger fruchtbarem Boden zufrieden gibt. Knollenfrüchte, die zu einer Behebung der ständigen Versorgungsschwierigkeiten Indiens beitragen könnten, sind mit Ausnahme der Umgebung von Trawankur, dem ausgedehnten Anbaugebiet für Maniok, nur sehr selten anzutreffen. Sicherlich spielen hier, im Unterschied zu China, Rinder und Büffel als Zugtiere eine beachtliche Rolle; ihre getrockneten Exkremente aber werden nicht als Düngemittel, sondern als Heizmaterial verwendet. Auch die menschlichen Exkremente werden hier im Gegensatz zu China aus religiösen Motiven nicht für die Landwirtschaft genutzt. Bekanntlich tragen auch die riesigen Viehherden nichts zur Ernährung der Bevölkerung bei, abgesehen von Milch und Butter, die aber nur in geringen Mengen produziert werden, da sich die Tiere im allgemeinen aufgrund mangelnder Pflege und unzureichender Fütterung in einem schlechten Zustand befinden.

Im ganzen versorgen der Reis und die anderen Getreidearten die Bevölkerung dieses riesigen »Subkontinents« nur sehr schlecht; die ständig auftretenden Hungersnöte, von denen wir bereits gesprochen haben, sind ein Beweis für die latenten Ernährungsschwierigkeiten. Der Reis kann für diese Situation nur zum Teil verantwortlich gemacht werden, denn er ist in Indien wie in anderen Ländern nicht eigentlich die Ursache für die Überbevölkerung in Vergangenheit und Gegenwart, sondern ermöglicht sie nur. So sagt schon P. Gourou: »Dort, wo die Menschen weniger essen, können sie zahlreicher sein.« Noch heute leiden die Menschen Ostasiens im allgemeinen an Unterernährung.

Drittes Kapitel

Der Mais

Wir werden unsere Untersuchung über die bedeutendsten Nutzpflanzen mit dem Mais abschließen können. Denn der Maniok gehört nicht zu dieser Pflanzengruppe: Der Anbau von Maniok beschränkte sich nämlich auf primitive und noch wenig entwickelte Kulturen, während der Mais schon den Hochkulturen der Inkas und Azteken bekannt war, außerdem in der ganzen Welt eine beispiellose Entwicklung erlebt hat.

Die Herkunft des Maises

Die Frage nach dem Ursprung und dem ältesten Anbaugebiet des Maises ist heute geklärt. Die Gelehrten des 18. Jahrhunderts glauben, im Anschluß an umstrittene Untersuchungen und Berichte, noch, die Heimat des Maises zugleich in Ostasien und in Amerika suchen zu müssen, wo ihn die Europäer bei ihrer ersten Kolumbusreise entdeckt haben sollen. Heute besteht jedoch kein Zweifel mehr daran, daß Ostasien als Ursprungsland ausscheidet und daß sich der Mais nur von Amerika aus nach Asien und Afrika verbreitet haben kann (einige Funde, besonders Yoruba-Skulpturen, könnten allerdings etwas Verwirrung stiften). Doch sollen die Archäologen das letzte Wort haben. Sie konnten zwar in den frühen Erdschichten keine Maiskolben finden, dafür aber in der Umgebung von Mexiko, wo tiefe Bohrungen durchgeführt worden sind, versteinerte Pollen. Mexiko lag einstmals am Rand einer Lagune, die später austrocknete, wodurch sich der Boden erheblich senkte. Bei den zahlreichen Bohrversuchen in den ehemaligen Sumpfgebieten der Stadt wurden aus einer Tiefe von 50 bis 60 Metern Maispollen ans Tageslicht gebracht, die Tausende von Jahren alt sind und entweder dem heute angebauten Mais oder dem wildwachsenden Mais entsprechen.

Die in jüngster Zeit im zweihundert Kilometer südlich von Mexiko gelegenen Tal von Tehuacan durchgeführten Ausgrabungen trugen zu einer weiteren Klärung der Herkunft des Maises bei. In diesem regenarmen Gebiet, das sich jeden Winter in eine riesige Wüstenlandschaft verwandelt, haben sich aufgrund der Trockenheit sogar Körner von altem Mais und leere Maiskolben sowie alte Blätter erhalten.

»In den ältesten Schichten tauchen nacheinander die modernsten Maisarten auf... In der ältesten 7 bis 8 tausend Jahre alten Erdschicht ist nur ein primitiver Mais vorhanden, der allem Anschein nach noch nicht kultiviert war und der nur eine geringe Höhe aufweist... Der reife Kolben mißt nicht mehr als 2 bis 3 Zentimeter und hat nicht mehr als ungefähr 50 Körner, die an der Stelle sitzen, wo die zarten Hüllblätter mit der Achse verwachsen sind. Da diese Hüllblätter nicht besonders widerstandsfähig waren, konnten sich die Maiskörner leicht ausstreuen.« Der wilde Mais vermehrte sich auf diese Weise ganz natürlich, im Gegensatz zum kultivierten Mais, dessen Körner von Blättern umgeben sind, die sich bei der Reifung nicht öffnen. Hier muß der Mensch eingreifen.

Natürlich gibt es im Zusammenhang mit dem Herkunftsproblem manche Einzelfragen, die noch nicht endgültig geklärt worden sind. Warum ist zum Beispiel der wilde Mais verschwunden? Vielleicht sind die von den Europäern eingeführten Viehherden, vor allem die Ziegen, schuld daran. Woher stammt dieser wilde Mais ursprünglich? Man nimmt an, aus Amerika, doch ist das genaue Ursprungsland dieser vom Menschen auf so wunderbare Weise verwandelten Pflanze nicht näher bekannt. Paraguay, Peru und Guatemala wurden vorgeschlagen, augenblicklich gilt Mexiko als der große Favorit. Aber die Archäologen sorgen immer wieder für überraschende Neuentdeckungen. Es gibt Experten, die immer noch die Hochländer Asiens, Wiege fast aller Getreidearten der Welt, oder Burma als ursprüngliche Heimat des Maises annehmen.

Der Mais und die amerikanischen Kulturen

Im 15. Jahrhundert, als die Kulturen der Azteken und Inkas in voller Blüte stehen, kann der Mais im amerikanischen Raum bereits auf eine lange Vergangenheit zurückblicken; er ist entweder in Verbindung mit dem Maniok anzutreffen, so im Osten Südamerikas, oder allein, sei es auf unbewässertem Gebiet oder auf den bewässerten Terrassen Perus und an den Ufern der mexikanischen Seen. Für die unbewässerten Gebiete gilt das gleiche, was wir beim Reisanbau über den *ladang* und den *ray* gesagt haben, wir können uns also kurz fassen. Wer einmal die großen Buschfeuer auf der mexikanischen Hochebene von Anahuac und die riesigen Rauchschwaden, in denen die in einer Höhe von nur 600 bis 1000 Metern über dem Hochplateau fliegenden Flugzeuge aufgrund der aufsteigenden Warmluft stark absinken, gesehen hat, kann sich vorstellen, wie hier die Landwirtschaft betrieben wird: Jedes Jahr wird ein neues Stück Wald oder Busch dem Anbau geopfert. Diese Art der Bewirtschaftung wird *milpa* genannt. Gemelli Careri sah in der Umgebung von Cuernavaca, in unmittelbarer Nähe von Mexiko, den Menschen bei der Arbeit zu: »Das Gras war so trocken«, berichtet er 1697, »daß die Bauern es abbrannten, um damit die Erde zu düngen.«
Einem intensiven Maisanbau begegnet man an den Ufern der mexikanischen Seen und, eindrucksvoller noch, auf den terrassenförmig angelegten Feldern von Peru. Infolge eines starken Bevölkerungswachstums zogen die Inkas auf der Suche nach

Neuland von den Höhen über dem Titicaca-See hinab in die Andentäler, wo sie mit Hilfe von Terrassierung und Bewässerung eine intensive Landwirtschaft betrieben. Alte Illustrationen zeigen uns die mit Grabstöcken versehenen Bauern und ihre Frauen bei der Aussaat, dann das schnell reifende Getreide, das vor den zahlreichen Tieren, besonders vor dem Lama, geschützt werden muß, schließlich die Arbeiten bei der Ernte. Wenn man die naiven Bilder von Poma de Ayala mit den heutigen Verhältnissen vergleicht, stellt man fest, wie sehr sich die Bilder gleichen.

Der Mais ist eine Wunderpflanze: Er wächst schnell, und seine Körner sind bereits vor der Reife genießbar. Der Ernteertrag beträgt in den unbewässerten Gebieten des von europäischen Siedlern beherrschten Teils von Mexiko 70 bis 80 Körner auf ein gesätes Korn; in Michoacan wird ein Ertrag von 150 zu 1 als schlecht angesehen, und auf den überaus fruchtbaren Böden in der Nähe von Queretaro werden fast unglaubliche Rekordergebnisse von 800 zu 1 erzielt. In den heißen und gemäßigten Zonen wird sogar zweimal im Jahr geerntet, das erstemal dank der Bewässerung *(riego)*, das zweitemal aufgrund der Niederschläge *(temporal)*. Die Hektarerträge der kleinen Güter liegen in der Zeit, als Mexiko europäische Kolonie wird, bei 5 bis 6 Zentnern und sind damit genauso hoch wie in unserer Zeit. Der Archäologe Fernando Márquez Miranda hat vor einiger Zeit die Vorteile des Maisbauern mit besonderem Nachdruck herausgestellt: Der Mais erfordert jährlich nur 50 Tage Arbeit, alle 7 bis 8 Tage einen Tag, je nach Jahreszeit. Den Menschen bleibt somit viel, ja zuviel Freizeit. Die Maiskultur der bewässerten Andenterrassen oder der Sumpfgebiete der mexikanischen Hochebenen bringt regelmäßig (ist es ihre Schuld oder die der Bewässerung oder die der Gesellschaft?) theokratische Tyrannenstaaten hervor, die den Bauern seiner gesamten Freizeit berauben, indem sie ihn zur Errichtung riesiger Monumente ägyptischen Ausmaßes zwingen. Die gigantischen Pyramiden der Mayas und Azteken, die zyklopischen Mauern von Cuzco und die herrlichen Wunderwerke von Machu Pichu verdanken ihre Entstehung allein der Tatsache, daß sich der Mais von ganz allein oder fast von ganz allein entwickelt.

Was wird aus dem Mais hergestellt? Ein »Fladen, der bei kleinem Feuer auf Tonplatten gebacken wird«, und ein Gericht aus gerösteten Körnern – beides eine unzureichende Nahrungsgrundlage, denen die notwendige Fleischbeilage fehlt. Auch heute noch lebt der Maisbauer in den von Indianern besiedelten Gebieten, vor allem in den Anden, in größter Armut. Seine Nahrung besteht im wesentlichen aus Mais und getrockneten Kartoffeln (unsere Kartoffel ist bekanntlich peruanischen Ursprungs). Gekocht wird im Freien auf einer aus Steinen errichteten Feuerstätte. Als Behausung dient eine kleine niedrige Hütte, die nur einen einzigen Raum aufweist, in den sich zudem Menschen und Tiere teilen. Die bis auf den heutigen Tag unveränderte Kleidung wird mit Hilfe von primitiven Webstühlen aus Lamawolle hergestellt. Die Kokablätter stillen Hunger und Durst, lassen Kälte und Müdigkeit vergessen, das aus gegorenem Mais gewonnene Bier, die *chicha,* der die Spanier zum erstenmal auf den Antillen begegnen und deren Namen sie über den gesamten von Indianern bewohnten Raum Amerikas verbreiten, wird ebenso wie die *sora,* das starke peruanische Bier, von einsichtigen Obrigkeiten verboten, doch vergeblich. Für die Menschen dieser Länder bieten diese stark berauschenden Getränke die einzige Möglichkeit, ihrem traurigen Dasein zu entfliehen. Szenen, wie sie Goya in zahlreichen Bildern dargestellt hat, gehören zum Alltag in Südamerika.

Ein großer Nachteil des Maises besteht darin, daß er nicht immer in Reichweite ist. So können in den Anden wegen der zu geringen Temperaturen nur die unteren Berghänge bewirtschaftet werden; zudem sind die Anbauflächen oft so klein, daß sie keine ausreichende Ernährung der Bevölkerung gewährleisten. Der Mais muß also oft über weite Strecken transportiert werden, oder die Menschen kommen selbst in die Anbaugebiete, um sich mit dem Nötigsten zu versorgen. Auch heute noch verlassen die im Süden von Potosi lebenden Yura-Indianer zusammen mit ihren Familienangehörigen jedes Jahr im März ihre in einer Höhe von 4000 Metern gelegenen Wohnstätten und ziehen hinab in die Maiszonen, wobei sie für den Hin- und Rückweg mindestens drei Monate benötigen. Gezahlt wird mit Silber, das die Indianer in den Bergen ihrer Heimat zutage fördern.

Im 19. Jahrhundert sah Alexander von Humboldt in den spanischen Kolonien Amerikas, ähnlich wie Auguste de Saint-Hilaire in Brasilien, die mit dem Warentransport betrauten Maultierkarawanen, die Haltestellen, Umschlageplätze und Straßenverbindungen. Das gesamte Leben hängt in diesen Ländern von einem erfolgreichen Warenaustausch ab, jede Unterbrechung innerhalb dieses Warenverkehrs hat verhängnisvolle Auswirkungen.

Wenn wir Rodrigo Vivero, dem Generalkapitän von Panama zu Beginn des 17. Jahrhunderts, Glauben schenken dürfen, so erreichte das Silber aus den Bergwerken von Potosi über Arica und die Zwischenstation Callao den Hafen von Panama, anschließend wurde die kostbare Fracht mit Maultierkarawanen und in Booten über den Chagres zu dem am Karibischen Meer gelegenen Portobelo transportiert. Maultiertreiber und Fährleute verlangen von ihren Auftraggebern eine ausreichende Verpflegung: ohne Verpflegung kein Transport. Nun lebt aber Panama ausschließlich von dem aus Nikaragua und Caldera (Chile) importierten Mais: Als im Jahr 1626 die Einfuhren einmal ausblieben, konnte daher nur die Lieferung eines mit 2000 bis 3000 *fanegas* Mais (das sind 100 bis 150 Tonnen) beladenen Schiffes den Weitertransport des Silbers über die Landenge von Panama retten.

Im 16. Jahrhundert sorgten Spanier und Portugiesen für die Verbreitung des Maises in überseeische Gebiete, wo er jedoch, infolge der veränderten klimatischen Bedingungen, erst nach einiger Zeit heimisch wurde. Portugiesen brachten den Mais nach Schwarzafrika, nach Marokko und auch nach Asien, Burma und China, wo er 1597 zum erstenmal aufgetaucht sein soll. Zu den ältesten Anbaugebieten in der Alten Welt zählen Marokko und die Niederlande. In der Gascogne spielt er eigenartigerweise lange Zeit eine untergeordnete Rolle; erst im 18. Jahrhundert gelingt ihm hier der Durchbruch. In Venezien wird er dagegen auf den Märkten von Udine bereits um 1600 regelmäßig zum Verkauf angeboten. Ein Jahrhundert später ist der Mais in Ungarn und in Rumänien anzutreffen. Die südfranzösische *millasse,* die italienische *polenta* und die rumänische *mamaliga* gehören ebenso wie die Kartoffel, wahrscheinlich auch die Bohne und die Tomate, diese anderen Geschenke der Neuen Welt, einer wesentlich späteren Zeit an, die nicht mehr in den Rahmen dieses Buches fällt. In den neuen Anbaugebieten ist der Mais unter den verschiedensten Namen bekannt: In Lothringen wird er »Weizen von Rhodos« genannt, in den Pyrenäen bezeichnenderweise »spanischer Weizen«, in der Toskana »Weizen aus Sizilien«, in der Provence »Weizen der Berber« oder »Weizen aus Guinea«, in Ägypten »*doura* aus Syrien«, in Italien häufig *grano turco,* in Deutschland und in den Niederlanden »türkischer Weizen«, in Rußland mit dem türkischen Wort *kukuruz,* in der Türkei dagegen »Weizen der Rumänen«, in der Franche-Comté turky. Überall bietet er eine willkommene Nahrung für die Armen; so kann, wie zum Beispiel in Südfrankreich, der Weizen für die Versorgung der Wohlhabenden und für den Export verwendet werden. Im Burgund des 18. Jahrhunderts »dient das im Ofen gebackene Maismehl, die *gaudes,* der Ernährung der Bauern«.

Ähnlich wie der Mais setzen sich der Reis und die Kartoffel nur langsam in Europa durch. Die Kartoffel, die man zunächst zur Herstellung von Mehl und einem wohl eher abscheulichen Brot verwendet, dient lange Zeit nur den armen Bevölkerungskreisen als Nahrungsmittel, es ist der sogenannte *gonfle bougres,* der Armenfraß. Eßgewohnheiten und Eßtabus gehören zu den Grundlagen jeder Kultur und ändern sich nicht von heute auf morgen — für Experimente müssen immer die Armen herhalten.

Im Kongo wird der Mais *Masa ma Mputa,* Weizen aus Portugal, genannt. In der Tat waren es die Portugiesen, die zu Beginn des 16. Jahrhunderts den Mais in diesem Land einführten. Ein Reisender berichtet jedoch 1596, daß der Mais hier weniger geschätzt werde als die anderen Getreidearten und daß man ihn nicht als Nahrung für die Menschen, sondern als Schweinefutter verwende. Seit damals haben sich die Zeiten ziemlich geändert; so hat sich mittlerweile der Mais im Norden des Kongogebiets, in Benin und im Land der Yoruba, den ersten Platz unter den Nutzpflanzen erobert. Auch in den Legendenzyklus ist er aufgenommen worden — ein Beweis überdies, daß dem Essen Bedeutung zukommt, die das Alltagsleben weit übersteigt.

Viertes Kapitel

Die übrige Welt

Für die Zeit vor dem 18. Jahrhundert kann der Mais im Unterschied zum Weizen und zum Reis nicht zu den wichtigsten Nutzpflanzen der Erde gerechnet werden. Als Beweis für diese Behauptung mag die Tatsache gelten, daß sich die Mais-Anbaugebiete nicht auf die Länder mit intensiver Landwirtschaft erstrecken, sondern auf die Gebiete beschränkt bleiben, in denen die Feldbestellung noch mit Grabstock oder Hacke vorgenommen wird.

Die Bauern dieser Länder mit noch wenig ausgeprägter Landwirtschaft gehören einer ganz bestimmten Menschengruppe an. Sich für ihr Schicksal interessieren, bedeutet, den Kreis der bedeutendsten Kulturpflanzen, d. h. der »Hochkulturen«, verlassen, die sich so gern in den Vordergrund spielen. Für die Entwicklung und Verbreitung einer Kulturpflanze sind oft die verschiedensten Gründe maßgebend. So haben wir zum Beispiel den Maniok nicht zu den wichtigsten Nutzpflanzen gezählt, weil er nur den primitiven Kulturen bekannt war, von den ärmsten Völkern der präkolumbianischen Zeit angebaut wurde, sich in der Folgezeit gegen Weizen, Reis und selbst Mais nicht durchzusetzen vermochte und schließlich nur als Nahrung für die schwarzen Sklaven der Antillen diente; die Weißen aßen die *kassawa* nur während der Blockade der Inseln, und auch da nur, weil ihnen nichts anderes übrigblieb. Dabei ist die aus der Wurzel des Maniok hergestellte *kassawa* ein hervorragendes Mehl und der Maniok, nach Aussage eines

Historikers, die »bevorzugte Kultur« in Savannenländern. Wie dem auch sei, Pflanzen wie Menschen können sich eben nur dann erfolgreich entwickeln, wenn sie von den Umständen begünstigt werden, und die Umstände waren für den Maniok sehr ungünstig.

Die Hackbauern

Auffallend ist auch heute noch die weite Verbreitung des Hackbaus, also die Feldbestellung mit dem Grabstock (einer Art primitiver Hacke) oder mit der Hacke, die sich wie ein Ring oder ein »Gürtel«, wie es die deutschen Geographen nennen, über die ganze Erde hinzieht: über Ozeanien, das präkolumbianische Amerika, Schwarzafrika und einen großen Teil von Süd- und Südostasien. In den asiatischen Gebieten, vor allem im Südosten (Indochina im weitesten Sinn) grenzt der Hackbau häufig an den Ackerbau, manchmal treten auch beide Arten der Feldbestellung gemeinsam auf.
Der Hackbau stellt eine weit in die Vergangenheit zurückreichende Errungenschaft der Menschheit dar, die, abgesehen von lokalen Unterschieden, eine erstaunlich homogene Gesellschaft hervorgebracht und im Lauf der Zeit die verschiedensten Mischformen entwickelt hat.
Wenn wir den Prähistorikern und Ethnologen, deren Diskussion über den Hackbau immer noch nicht abgeschlossen ist, Glauben schenken dürfen, so ist diese primitive Art der Feldbestellung auf eine sehr alte Agrarrevolution, die noch älter sein soll als die im 4. Jahrtausend auftretende Bewirtschaftung der Felder mit Hilfe von Zugtieren, zurückzuführen. Vielleicht liegen ihre Anfänge also bereits im 5. Jahrtausend. Als ursprüngliche Heimat wird Indien oder, was wahrscheinlicher ist, das alte Mesopotamien angenommen. Tatsache ist jedenfalls, daß es sich bei dem Hackbau, der auch in unserer Zeit noch weit verbreitet ist, um eine sehr alte Methode der Feldbestellung handelt.

Die Unterscheidung zwischen einem Ackerbau mit Pflug und einem Ackerbau ohne mag umstritten sein. Wir wollen uns hier nicht näher mit diesem Problem beschäftigen, sondern vielmehr nach den Ursachen fragen, die zu solchen Veränderungen innerhalb der Landwirtschaft führten. In einer sehr interessanten, 1966 erschienenen Veröffentlichung weist Ester Boserup am Beispiel der *ladang*-Gebiete, von denen bereits die Rede war, nach, daß jeder Bevölkerungszuwachs auf einem zu engen Raum zu einer stärkeren Ausnutzung des Brachlandes führt, dem Boden also weniger Zeit für seine Regeneration bleibt, und daß sich so mit Hilfe neuer Ackergeräte eine intensivere Bewirtschaftung der Felder durchsetzt. Die Übernahme neuer Ackergeräte ist demnach nicht die unmittelbare Ursache für die Entwicklung einer anderen Art der Feldbestellung, sondern eine Folge veränderter äußerer Gegebenheiten. Dort, wo Brandrodung betrieben wird, genügt der Grabstock, ja in manchen Fällen ist sogar er überflüssig. Wenn jedoch infolge eines größeren Bevölkerungswachstums eine intensivere Feldbestellung unerläßlich wird, muß der Pflug für eine bessere Vorbereitung des Bodens sorgen.

Die Hackbau betreibenden Völker gehören folglich zu den unterentwickelten Völkern. Der Jesuitenpater Jean François de Rome (1648) beobachtete die Bauern im Kongo während der in der Regenzeit durchgeführten Feldbestellung: »Ihre Art, den Boden zu bestellen«, schreibt er, »erfordert wegen der großen Fruchtbarkeit des Bodens [wo so nicht gilt] nur wenig Arbeit; sie pflügen nicht, sie graben den Boden nicht um, sondern kratzen nur mit Hilfe einer Hacke ein wenig die Erde auf, damit der Samen nicht frei liegt. So erhalten sie reiche Ernten, vorausgesetzt, daß der Regen nicht ausbleibt.« Es sei hinzugefügt, daß die Arbeit der Hackbauern, gemessen an dem Zeit- und Arbeitsaufwand, produktiver ist als die der Ackerbauern Europas oder der Reisbauern Asiens. Nicht aber ein besserer Boden oder ein günstigeres Klima bieten hierfür die Erklärung, sondern die Tatsache, daß aufgrund der gerin-

gen Bevölkerungsdichte dem Hackbau ein riesiges Gebiet an Brachland zur Verfügung steht.
Die verschiedenen Hackbau betreibenden Völker sind — das ist in diesem Zusammenhang das eindrucksvollste Detail — durch eine Reihe von Gemeinsamkeiten gekennzeichnet: Der Hackbauer wohnt, gleichgültig in welchem Teil der Erde, in einem rechteckigen, eingeschossigen Haus, stellt einfache Töpferwaren her, verwendet den primitiven Handwebstuhl, trinkt gegorene Getränke (aber keinen Alkohol), hält Kleintiere, Ziegen, Schafe, Schweine, Hunde, Hühner, manchmal auch Bienen, aber keine Großtiere. Bananenstauden, Brotbäume, Ölbäume, Kalebassen, Taro und Ignamen liefern ihm die tägliche Nahrung. Ein im Dienst des Zaren stehender Seemann entdeckt 1824 auf Tahiti Brotbäume, Kokospalmen, Bananenstauden und »kleine von Ignamen und Taro umgebene Felder«.
Natürlich gibt es auch einige Ausnahmen. So werden für das Vorhandensein von Großvieh, Büffeln und Rindern in den Steppen und Savannen Afrikas abessinische Ackerbauern verantwortlich gemacht. Im Sudan, im Norden des Niger und auf Neuseeland, wo sich zwischen dem 9. und 14. Jahrhundert n. Chr. nach einer abenteuerlichen Fahrt in ihren Pirogen zahlreiche Polynesier (Maori) niederließen, fehlt die für den Hackbau so charakteristische Bananenstaude (die Tatsache, daß sich diese Pflanze nicht durch Samen, sondern durch Stecklinge fortpflanzt, soll ein Beweis für das Alter ihres Anbaus sein).
Die bedeutendste Ausnahme stellt indes das präkolumbianische Amerika dar. Die Hackbauern, die in den Anden und auf den Hochebenen Mexikos späte, vergängliche Kulturen entwickelten, sind Nachfahren polynesischer Völkerschaften, die schon früh (vielleicht im 6. oder 7. Jahrhundert v. Chr.) in mehreren Einwanderungswellen über den Pazifik nach Amerika gekommen sind. Sie sollen übrigens die wirklichen »Rothäute« gewesen sein. Wie dem auch sei, fest steht, daß die

Neuankömmlinge an Ort und Stelle nicht die ihnen bekannten Pflanzen vorfanden und daher mit dem Vorhandenen vorliebnehmen mußten. Das waren Maniok, Süßkartoffel und Mais. Letzterer ist in besonderem Maß für die ungewöhnliche Ausbreitung der Hackbaukultur in den gemäßigten Zonen im Norden und Süden des Kontinents, weit über die feuchtheißen Anbaugebiete des Maniok hinaus, verantwortlich.

Die Seefahrten der Europäer über die Meere der Welt tragen in immer stärkerem Ausmaß auch zur Entwicklung von Mischformen bei. Auf die Einfuhr von Mais und Maniok im Kongogebiet haben wir bereits hingewiesen. Sie sind ein Geschenk der Portugiesen. Die Neuankömmlinge wachsen dann einfach mitten zwischen den alten Pflanzen, neben der roten und weißen Hirse, die, mit Wasser angesetzt, eine Art *polenta* ergeben, die in getrocknetem Zustand zwei bis drei Tage haltbar ist. »Sie dient als Brot und beeinträchtigt in keinster Weise die Gesundheit.« Ebenso gedeihen die gleichfalls von den Portugiesen importierten Gemüse, Kohl, Kürbis, Lattich, Petersilie, Chicorée und Knoblauch.

Kola, Bananenstauden und mehr noch Palmen gehören zu den ergiebigsten Pflanzen des afrikanischen Kontinents. Sie liefern Öl, Wein, Essig, Textilfasern, Blätter. »Überall finden sich Erzeugnisse der Palme: bei den Einfriedungen und Dächern der Häuser, bei den Fallen für das Wild und den Reusen der Fischer, beim Staatsschatz [Stoffstücke dienen im Kongo als Zahlungsmittel], auch in der Kleidung, Kosmetik und Nahrung.« Den Palmen, die als männliche Bäume gelten, kommt zudem eine besondere symbolische Bedeutung zu.

Mit einem Wort: Man darf die Hackbau betreibenden Völkerschaften keinesfalls unterschätzen. Denken wir nur an die Polynesier, die seit dem 13. Jahrhundert das riesige Meerdreieck zwischen Hawaii, Osterinsel und Neuseeland beherrschen, gewiß eine großartige Leistung. Die »hohen Kulturen« jedoch haben diese Völker in den Hintergrund gedrängt und ihre Errungenschaften entwertet oder zunichte gemacht.

Die primitiven Völker

Natürlich gibt es, wie schon W. Gordon Hewes nachgewiesen hat, noch weitaus primitivere Völker als die Hackbauern; sie gehören zu der Gruppe der Sammler, Jäger und Angler, denen eine Bewirtschaftung des Bodens völlig unbekannt ist.
Ein Beispiel soll hier genügen. In den Küstengebieten der Kamtschatka, dieser riesigen Halbinsel im Nordosten Asiens, die wir bereits auf den Streifzügen der Fischotterjäger kennengelernt haben, leben die Eingeborenen im wesentlichen vom Fischfang. Der Graveur J.-B. Le Prince, der um 1753 ihre Bekanntschaft machte, hat sie in seinen Stichen verewigt. »Die Leute der Kamtschatka«, so der Kommentar zu einem seiner Werke, »trocknen die Fische und bringen das Fett mit Hilfe rotglühender Steine in Holzgefäßen zum Schmelzen.« Einer seiner Stiche zeigt Hunderte zum Trocknen aufgehängte Fische sowie die Steine, die mit einer Art überdimensionalem Holzlöffel, der einen außergewöhnlich langen Stiel aufweist, bewegt werden.
Zehn oder zwanzig weitere Beispiele ließen sich für die nördliche Hemisphäre anführen. Was die südliche Erdhalbkugel anbetrifft, so müßte man Tasman oder Cook an die Küsten Tasmaniens oder Australiens folgen. Überall jedoch, ob es sich nun um die Eskimos im Hohen Norden, die Negritos auf den Philippinen oder die in den afrikanischen Urwäldern lebenden Pygmäen handelt, verstanden es diese primitiven Völker, sich die notwendige Nahrung aus der Tier- oder Pflanzenwelt zu verschaffen.

Fremde Nahrung

In allen Ländern der Erde läßt sich, zumindest dort, wo ein Nachweis möglich ist, eine bestimmte Hierarchie der vor allem im Alltagsleben ständig gleichbleibenden Nahrungsmittel feststellen; die einen lassen sich mit Goldmünzen, die andern mit silbernen oder kupfernen Scheidemünzen vergleichen. Reis und ein bißchen Brot bilden die Hauptnahrung in Persien, in China »trockener« oder »kurz gekochter« Reis, der »Brot und Fleisch ersetzt«, dazu manchmal ein bißchen Schweinefett, mit dem man »in China alles zubereitet . . . da man dort weder Butter noch Öl kennt; es gibt kein Olivenöl, nur Öl aus Rübsamen und einigen anderen Samen, und dieses Öl wird auch nur für die Lampen oder in den Küchen der Armen verwendet . . .«, in Europa die verschiedenen Getreidearten, in Amerika der Mais.

Gegenüber diesen traditionellen Eßgewohnheiten konnten sich andere, fremde Nahrungsmittel nur sehr schwer und meist erst nach sehr langer Zeit durchsetzen.

Problematisch wird es vor allem immer dann, wenn sich zwei verschiedene Ernährungsweisen miteinander konfrontiert finden; das ist immer dann der Fall, wenn sich die Menschen außerhalb ihrer gewohnten Umgebung befinden und nicht auf die ihnen vertraute Nahrung verzichten wollen. Das beste Beispiel bieten hier die europäischen Auswanderer. Sie importieren aus ihrer Heimat Wein, Alkohol, Fleisch und Schinken, der manchmal schon von Würmern angefressen ist, aber in Indien zum Beispiel trotz allem zu hohen Preisen verkauft wird. Die Versorgung mit Brot ist da wesentlich einfacher. So ließ sich Gemelli Careri in China aus Weizen Zwieback und Kuchen herstellen, »da der gedörrte, völlig ungewürzte Reis, so wie man ihn in diesem Land zu sich nimmt, meinem Magen nicht bekam«. In Panama, wo kein Weizen gedeiht, wird das Mehl aus Europa eingeführt, eine höchst kostspielige Angelegenheit. Das Brot ist also hier ein Luxusartikel, »den sich nur die in den Städten lebenden Europäer und die reichen Kreolen, die das Brot übrigens nur in Verbindung mit Schokolade oder Karamelmarmelade essen, leisten können«. Maiskuchen, eine Art *polenta,* und die mit »Honig gewürzte« *kassawa* vervollständigen das Mahl.

Als der rastlose Wanderer Gemelli Careri von einer Reise zu den Philippinen im Februar 1697 in Acapulco ankommt, sucht er natürlich vergeblich nach Weizenbrot. Diese freudige Überraschung wird ihm erst später zuteil, auf dem Weg nach Mexiko, in der *trapiche* von Massatlan, wo »wir gutes Brot ... fanden, was etwas bedeuten will in diesen Bergen, wo alle Menschen nur von Maiskuchen leben«. In diesem Zusammenhang sei daran erinnert, daß es in den spanischen Kolonien Amerikas auf bewässerten und unbewässerten Feldern (*riego* und *secano*) einen bedeutenden Weizenanbau gab, der aber nur für den Export in die Städte bestimmt war.
Am 12. März 1697 wird Gemelli Careri Zeuge eines Volksaufstands in Mexiko: »An diesem Tag erhob sich das Volk und schrie unter den Fenstern des Vizekönigs nach Brot.« Nur die sofort eingeleiteten Gegenmaßnahmen können verhindern, daß der Palast von der aufgebrachten Menge in Brand gesteckt wird, »so wie dies 1692 zur Zeit des Grafen Galoe geschah«. Falls es sich bei diesem »Pöbel« um Weiße handelte, so könnte man daraus den — wenn auch vielleicht etwas voreiligen — Schluß ziehen: weißes Brot, weißer Mann. Bestand diese Volksmenge dagegen aus Mestizen, Indianern und schwarzen Sklaven der Stadt, dann kann man mit größter Wahrscheinlichkeit annehmen, daß die Menschen mit dem immer etwas zweideutigen Wort »Brot« nur Mais gemeint haben können.

Dritter Teil

LUXUS UND NOTWENDIGKEIT: NAHRUNGSMITTEL UND GETRÄNKE

Die meisten Menschen ernähren sich von Getreide, Reis und Mais — eine nicht weiter problematische Tatsache. Bei ausgefalleneren Nahrungsmitteln — zu denen auch schon das Fleisch gehört — und bei Bedürfnissen wie Kleidung oder Wohnung wird die Sachlage schon komplizierter, denn hier stoßen ständig Notwendigkeit und Luxus aufeinander.
Vielleicht wird die Problematik deutlicher, wenn von Anfang an die lebenswichtigen Lösungsversuche — Nahrung für alle, Wohnung für alle, Kleidung für alle — und der Luxus der Privilegierten einander gegenübergestellt werden. Um dabei brauchbare Resultate zu bekommen, muß man notgedrungen dialektisch vorgehen. Diese Methode zwingt aber zu dauernden simplifizierenden Vergleichen, auch wird eine Wertung immer unvollkommen bleiben. Auch ist der Begriff Luxus — ein nur schwer greifbarer, vielschichtiger und widersprüchlicher Faktor — noch lange nicht mit der nötigen Konsequenz definiert. So gilt Zucker bis zum 16. Jahrhundert, Pfeffer sogar bis zum Ende des 17. Jahrhunderts als ein ausgesprochener Luxusartikel, der Alkohol und die ersten »Apéritifs« noch zur Zeit Katharinas de Medici, ebenso die Federbetten oder die Silberbecher der russischen Bojaren in der Zeit vor Peter dem Großen. Als Luxusgegenstände wurden im 16. Jahrhundert auch die ersten flachen, wahrscheinlich aus Silber gefertigten Teller, die Franz I. 1538 bei einem Goldschmied in Antwerpen in Auftrag gab, betrachtet, ebenso die ersten tiefen Teller, auch italienische Teller genannt, die 1653 im Inventarverzeichnis des Kardinals Mazarin aufgeführt sind. Seltenheitswert besaßen auch die Gabel (!) und gewöhnliches Fensterglas — beide venezianischer Herkunft. Nachdem seit dem 15. Jahrhundert für die Glasherstellung nicht mehr Kali, sondern Soda als Grundstoff verwendet und dadurch durchsichtigeres und leichter zu verarbeitendes Material gewonnen wurde, nimmt die Fabrikation von Fensterglas im folgenden Jahrhundert in England dank der Steinkohle rasch zu.
Erstaunlich ist, daß nicht einmal ein gewöhnlicher Stuhl als

Gebrauchsgegenstand angesehen wurde; bei den Mohammedanern oder Indern ist er heute noch kaum bekannt. Während des Zweiten Weltkriegs in Süditalien stationierte indische Soldaten äußerten sich begeistert über die Gegend und ihren Wohlstand, denn man bedenke – in allen Häusern gab es Stühle! Luxuriös war es damals auch, ein Taschentuch zu benutzen. Erasmus schreibt in seinem Tractat *De civilitate morum puerilium*: »Die bäuerliche Bevölkerung schneuzt sich in die Mütze oder den Ärmel; die Feinbäcker in den Ärmel oder am Ellenbogen. Es ist auch kein Zeichen von Anstand, sich in die Hand zu schneuzen und diese dann am Kleid abzuputzen. Aber es ist sehr vornehm, den Ausfluß der Nase mit einem Taschentuch aufzunehmen und sich dabei etwas von den Anwesenden abzuwenden.« Noch im England der Stuarts hatten Orangen Seltenheitswert. Sie wurden in der Weihnachtszeit angeboten und bis zum April oder Mai sorgfältig aufbewahrt. Auf den Luxus in der Bekleidung – einen schier unerschöpflichen Gesprächsgegenstand – kommen wir später zu sprechen.

In den einzelnen Epochen, Ländern und Kulturen ist der Begriff Luxus immer wieder verschieden gedeutet worden. Kaum Veränderungen weist dagegen die an keine zeitliche Fixierung gebundene Gesellschaft auf, für die Luxus immer Anreiz und Ziel zugleich bedeutet. Das Schauspiel bietet sich Soziologen, Psychoanalytikern, Wirtschaftsfachleuten und Historikern gleichermaßen. Luxus bedeutet nicht nur Seltenheit und Eitelkeit, er steht auch stellvertretend für sozialen Erfolg und Anziehungskraft und symbolisiert damit den Traum, den die Armen eines Tages in die Tat umsetzen und dabei dem Luxus den ihm anhaftenden Zauber nehmen wollen. Vor kurzem stellte ein Arzt, der zugleich Historiker ist, fest: »Wenn ein seltenes, lang erwartetes Nahrungsmittel endlich der Masse zugänglich gemacht wird, erfolgt naturgemäß ein schlagartiges Ansteigen des Konsums. Man könnte hier von einer lang verdrängten ›Appetitexplosion‹ sprechen.

Ist das Nahrungsmittel dann aber Allgemeingut geworden (in des Wortes doppelter Bedeutung von Wertverlust und Popularisierung), verliert es auch rasch an Reiz ... und eine gewisse Sättigung macht sich breit.« Die Rolle der Reichen besteht also darin, den künftigen Lebensstil der vorerst noch Armen vorwegzunehmen. Sie testen die Annehmlichkeiten, die die Masse früher oder später übernimmt; diese Aufgabe rechtfertigt erst eigentlich ihre Existenz.

Dabei geht es vor allem um Nichtigkeiten und die Befriedigung von Eitelkeiten und Launen. »Bei den englischen Schriftstellern des 18. Jahrhunderts finden sich ausgefallene Lobeshymnen auf die Schildkrötensuppe: Sie schmecke köstlich und sei ein probates Mittel gegen Schwindsucht und Schwächezustände, denn sie wecke den Appetit. Kein Galadiner (das Vorbild dafür gab das Bankett des Lord Mayor der City of London ab) ohne Schildkrötensuppe!« Verweilen wir noch einen Augenblick in London und lassen wir uns ein *roast mutton stuffed with oysters* servieren. Ein Kuriosum auf wirtschaftlichem Bereich: Spanien zahlte mit barem Geld für die Perükken, die in den zur Hölle verdammten Ländern Nordeuropas hergestellt wurden. »Aber was können wir machen?«, konstatiert 1717 Ustariz. Zur selben Zeit erkaufen sich die Spanier die Loyalität einiger nordafrikanischer Scheichs mit schwarzem Tabak aus Brasilien. Und wenn man Laffemas, dem Berater Heinrichs IV., Glauben schenken darf, »tauschen die Franzosen« — darin immer noch den Wilden ähnlich — »ihre Schätze gegen wertlose Nippsachen und fremdländische Waren.«

Ebenso geben Indochina und die Insulinde Goldpuder, Gewürze, wertvolles Sandel- und Rosenholz, Sklaven oder Reis für unnützen chinesischen Kram wie Kämme, Lackschachteln und mit Blei legiertes Kupfergeld aus. Auch China seinerseits läßt sich auf ähnliche Tauschgeschäfte ein, um nicht auf seine Schwalbennester aus Tongking, Indochina oder Java verzichten zu müssen; »gepökelte Tatzen von Bären oder anderen

wilden Tieren werden aus Siam, Kambodscha oder der Tatarei eingeführt«. Doch wenden wir uns wieder Europa zu. »Wie miserabel, sich den Luxus von Porzellan zu leisten!«, entrüstet sich 1771 Sébastien Mercier. »Eine Katze kann mit ihren Pfoten mehr Schaden anrichten, als wenn 20 Morgen Land verwüstet werden.« Und dennoch sinken von dieser Zeit an die Preise für chinesisches Porzellan in Europa, bis es bald nur noch als gewöhnliches Frachtgut auf Schiffen mitläuft, die sich ohnehin auf der Rückfahrt nach Europa befinden.
Jeder Luxusartikel kommt irgendwann aus der Mode und verschwindet von der Bildfläche, kann aber auch wieder zum Vorschein kommen. Er ist Gradmesser sozialer Unterschiede, die sozusagen in einem ständigen »Klassenkampf« immer wieder in Frage gestellt werden. Es ist ein Kampf der Klassen, aber auch der Kulturen, die sich fortwährend die gleiche Komödie vom Luxus vorspielen, genau wie die Reichen und die Armen. Diesmal aber spielen beide Fronten mit, neue Perspektiven eröffnen sich und kurbeln den Umsatz an. Kurz: nicht in der Produktion, sondern im Luxus ist die treibende Kraft der Gesellschaft zu suchen, wie es Marcel Mauss schreibt. Werner Sombart hat dies schon früher nachdrücklich betont. Für Gaston Bachelard wirkt »der Erwerb des Luxus geistig anregender als die Beschaffung des Notwendigen. Denn der Mensch ist ein Geschöpf seiner Wünsche, nicht des Nutzens.« Der Wirtschaftswissenschaftler Jacques Rueff geht sogar so weit zu behaupten, daß »die Produktion die Tochter der Wünsche« ist. Zweifellos bestreitet niemand diese Antriebskräfte und ihre innere Notwendigkeit. Was aber die anthropologischen und historischen Wissenschaften nicht so ohne weiteres akzeptieren werden, ist die Tatsache, daß es sich hierbei um einen zeitlosen Mechanismus erster Ordnung handelt, selbst in den modernen Gesellschaftsformen mit ihrer Produktion von Luxusgütern für die Massen. Oder man muß die Bedeutung des Begriffs Luxus weiter fassen, als die genannten brillanten Formulierungen es tun. Werner Sombart

sieht den Luxus als unermüdlichen Pionier des modernen Frühkapitalismus; dieser nahm seinen Anfang an den Fürstenhöfen des Abendlandes und fand seinen Prototyp im Päpstlichen Hof zu Avignon. Nun lassen sich aber in jeder Gesellschaft Klassenunterschiede feststellen, die früher wie heute mit dem Luxus korrespondieren. (An dieser Stelle könnte man auch den Luxus im alten Rom und seine negativen Auswirkungen anprangern.)

Andererseits steht außer Zweifel, daß vor den Umwälzungen des 19. Jahrhunderts der Luxus in seinen verschiedenen Spielarten mehr als jedes andere Wachstumselement oft Ähnlichkeit mit einem Motor im Leerlauf aufwies – ein Beweis dafür, daß die Möglichkeiten des materiellen Lebens und der Wirtschaft zwar begrenzter und oberflächlicher, aber um so prächtiger waren. Man kann also behaupten, daß ein gewisser Luxus zu den feststehenden Tatsachen gehörte, ja gehören mußte, als eine Art zwangsläufiger Krankheit des *ancien régime*, und daß er Gesellschafts- oder Wirtschaftsformen entspricht, deren Wachstumsquoten minimal sind und in denen die Menschen bis zur industriellen Revolution und ihren Errungenschaften ausharren mußten. Moralische Überlegungen müßten dann lauten: Vor dem 19. Jahrhundert – oft aber noch danach – war Luxus die ungerechte, ungesunde, prächtige, unökonomische Anwendung des »Überschusses«, der in einer bestimmten Gesellschaft produziert wurde. Den Verfechtern des Luxus möchte ich folgendes Wort des amerikanischen Biologen Th. Dobzhansky zu bedenken geben: »Ich für meinen Teil bedauere es nicht, daß die sozialen Organisationsformen verschwunden sind, die die Masse quasi als gutgedüngte Erde betrachteten, auf der sie seltene und anmutige Blumen einer subtilen und empfindlichen Kultur züchten konnten.«

Erstes Kapitel

Luxus und Massenkonsum bei den Nahrungsmitteln

Beim Essen ist es ein leichtes, auf den ersten Blick Luxus und Armut, Überfluß und Not zu unterscheiden. Wenden wir uns zunächst dem Luxus zu, der in seiner Offenkundigkeit am gründlichsten untersucht werden konnte und für einen Laien auch heute noch interessante Details bietet.

Ein spät entwickelter Luxus

Wir können mit einiger Sicherheit feststellen, daß Europa vor dem 15. oder 16. Jahrhundert keinen eigentlichen Tafelluxus oder, wenn man so will, keine verfeinerte Tischkultur kannte. Es ist durchaus möglich, daß Europa in diesem Punkt sogar hinter den Kulturen der Alten Welt zurückblieb.

Die Kochkunst entwickelte sich, zumindest in Italien, im 15. Jahrhundert zu etwas wie einer — übrigens äußerst kostspieligen — Wissenschaft mit genau festgelegten Regeln und Vorschriften. Sehr früh schon wettert der Senat Venedigs gegen die aufwendigen Feste junger Adliger und verbietet 1460 Bankette, bei denen mehr als ein halber Dukaten pro Person ausgegeben wird. Die *banchetti* blieben natürlich trotzdem in Schwung. Marin Sanudo beschrieb in seinen *Diarii* die Speisefolgen und die Preise einiger dieser fürstlichen Essen in den Tagen des Karnevals. Wie zufällig stößt man beinahe regelmäßig gerade auf die Gedecke, die von der Signoria verboten wurden: auf Rebhuhn, Fasan, Pfau usw. Kurze Zeit später zählt Ortensio Lando in seinem *Commentario delle più notabili e mostruose cose d'Italia* (Venedig 1550–1559) die Köstlichkeiten auf, die die Gaumen der Feinschmecker delektierten – und die Wahl scheint ihm nicht leichtgefallen zu sein! Würste und Zervelatwurst aus Bologna, der *zampone* (eine Art gefüllter Schinken) aus Modena, Pasteten aus Ferrara, die *cotognata* (Quittenteig) aus Reggio, Käse und *gnocchi* mit Knoblauch aus Piacenza, Marzipan aus Siena, *caci marzolini* (Märzkäse) aus Florenz, *luganica sottile* (feine Wurst) und *tomarelle* (Hackfleisch) aus Monza, *fagiani* (Fasane) und Kastanien aus Chiavenna, Fische und Austern aus Venedig, sogar das äußerst exzellente Brot aus Padua wird erwähnt (eine Delikatesse für sich), ganz zu schweigen von den Weinen, die immer mehr geschätzt werden.

So kristallisiert sich allmählich eine erlesene Küche heraus, wie sie jede höherstehende Kultur in fortgeschrittenerem Stadium kennt: die chinesische seit dem 5. Jahrhundert, die muselmanische seit dem 11./12. Jahrhundert, die abendländische seit dem Erfolg der italienischen Kochkunst, der sich die französische anschließt. Frankreich wird vom 16. Jahrhundert an immer mehr ein Land, in dem es sich gut leben (sprich essen) läßt: Leckere Rezepte werden erfunden, ausprobiert und gesammelt, das Zeremoniell des guten Tons wird vervollkommnet. Frankreich kann bei dieser Entwicklung mit reichen, vielfältigen Reserven aufwarten, die sogar einen Venezianer überraschen. Girolamo Lippomano, der 1557 als Botschafter in Paris lebte, war begeistert von dem allgemeinen Überangebot: »In manchen Gaststätten kann man zu jedem Preis essen, für einen oder zwei Teston, für einen, für vier oder auch für zehn Taler, auf Wunsch selbst für 20. Für 25 Taler gibt man Euch Manna als Suppe oder gebratenen Phönix, eigentlich alles, was die Erde an Delikatessen zu bieten hat.« Doch setzt sich die große französische Küche wahrscheinlich erst später durch, nach dem die *artillerie du gueule*, wie die *régence* und der Geschmack des Regenten genannt werden, außer Gefecht

Marinus Reymerswaele († 1567): »Der Geldwechsler«; Prado, Madrid.

gesetzt worden waren. Vielleicht auch erst im Jahr 1746, als endlich die *Cuisinière bourgeoise* von Menon erschien, ein ganz wichtiges Buch, das, zu Recht oder zu Unrecht, wohl höhere Auflagen erzielte als die *Provinciales* von Pascal.

»Erst seit einem halben Jahrhundert legt man Wert auf köstlich zubereitetes Essen«, meint ein Pariser im Jahr 1782. Wie dem auch sei, derselbe Feinschmecker zählt 1788 die kulinarischen Spezialitäten Frankreichs auf: Puten mit Trüffelfüllung aus dem Périgord, Leberpasteten aus Toulouse, Rebhuhnsuppe aus Nérac, frische Thunfischpasteten aus Toulon, Lerchen aus Pézenas, gekochte Preßsülze aus Troyes, Schnepfen aus Dombe, Kapaune aus der Gegend von Caux, Schinken aus Bayonne, gekochte Zunge aus Vierzon und Sauerkraut aus Straßburg.

1827 meint ein Franzose: »Die Kochkunst machte in den letzten dreißig Jahren mehr Fortschritte als in den ganzen 100 Jahren vorher.« Dabei denkt er hauptsächlich an einige große Pariser Restaurants (aus den Schankwirten wurden erst vor kurzem Speisewirte). Mit der Kochkunst ist es wie mit der Kleidung – sie wird von der Mode regiert! Eines schönen Tages geraten die berühmten Soßen in Mißkredit und werden von da an nur noch mit einem herablassenden Lächeln quittiert. »Die moderne Küche«, sagt ein ironischer Beobachter, nämlich der Autor des *Dictionnaire Sententieux* (1768), »besteht nur noch aus Fleischsaft und Kraftbrühe.« »Suppe [so zu lesen in demselben Wörterbuch] aß früher jeder, und heute schüttet man sie weg, wie ein zu bürgerliches und altmodisches Gericht, unter dem Vorwand, daß die heiße Brühe die Magennerven schwäche.« Aus der Küche verbannt werden auch Suppenkräuter und Gemüse, die dieses feinschmeckerische Jahrhundert als plebeisch abtut! Kohl ist zwar gesund, doch nicht gerade schmackhaft; trotzdem essen ihn die Bauern ihr Leben lang.

Weitere Veränderungen ergeben sich beinahe automatisch, als im 16. Jahrhundert der Truthahn aus Amerika eingeführt wird. Der holländische Maler Joachim Buedkalaer (1530 bis 1573) ist wahrscheinlich einer der ersten, der ihn auf einem seiner Stilleben, das heute im Rijksmuseum hängt, darstellt. Puten und Puter gab es in Frankreich mehr und mehr zu kaufen, seit unter Heinrich IV. das Land innenpolitisch zur Ruhe gekommen war. Ganz gleich, was man von dieser Variante zum »Huhn-im-Topf« des großen Königs halten soll, Ende des 18. Jahrhunderts steht fest, daß »der Truthahn«, wie ein Franzose 1779 schreibt, »die beliebten Gänse von unseren Tischen vertrieben hat«. Muß man daher die fetten Gänse aus Rabelais' Zeiten einem vergangenen Zeitalter europäischer Feinschmeckerei zuschreiben? Die kulinarischen Modeerscheinungen ließen sich an der Geschichte und dem Bedeutungswandel heute noch üblicher Worte wie Vorspeise, Süßspeise, Ragout usw. beliebig weiterverfolgen, ganz zu schweigen von den »guten« und den »schlechten« Arten des Grillens. Aber ein solches Unterfangen wäre endlos.

Von diesen luxuriösen Auswüchsen ist allerdings nur ein ganz bestimmter Teil Europas betroffen. Speisen sowie Tisch- und Eßsitten befreien sich nur langsam von der Tradition und alten Bräuchen. Dann aber wird Essen und Trinken nicht mehr nur als notwendiges Übel oder als gesellschaftlicher Luxus angesehen, sondern als Gesellschaftsspiel, das der Verbesserung der Beziehungen zwischen dem Individuum und der Gemeinschaft dienen soll, als Spiel zwischen dem Menschen und der materiellen Welt, zwischen dem Menschen und dem Übernatürlichen. »Grabstein und Altar«, schreibt ein Historiker, »waren die ersten mit Speise und Trank beladenen Tische« – die Toten und die Götter verlangten ihr Recht. Bis ins späte Abendland halten sich Relikte dieser alten Riten, im volkstümlichen und bäuerlichen Sektor. Noch augenfälliger ist die Entwicklung in Osteuropa, das auf neue Tendenzen immer schon langsamer reagiert hat, und zwar keineswegs nur, weil es lange Zeit unter byzantinischem Einfluß stand. Die Almosen der Reichen, der freie Tisch bei den Gutsherren, strenge Fastengebote und die öffentliche Schlemmerei und Völlerei hatten hier beinahe immer einen schwierigeren Stand. Die Gerberzunft in Saloniki hielt bis ins 19. Jahrhundert an dem Brauch fest, bei der Ernennung neuer Meister die ganze Stadt zum vergnügten und festlichen Treiben auf dem nahen Land zu laden. Im revolutionären Paris wurden für ein riesiges Bürgermahl, das zwischen der Fête de l'Être Suprème und dem denkwürdigen 9. Thermidor stattfand, 20 000 Tische aufgestellt. Sie standen auf den Straßen, vor den Haustüren und auf den öffentlichen Plätzen, und die ganze Stadt war eingeladen.

Der Fleischkonsum in Europa

Wir stellten fest, in Europa gebe es vor dem Ende des 15. Jahrhunderts keine verfeinerte Kochkunst. Dabei darf sich der Leser nicht täuschen lassen von vereinzelten Festen, wie zum Beispiel jenen berühmten Festen am verschwenderischen Hof der burgundischen Valois, wo Springbrunnen mit Wein gefüllt und Theaterstücke aufgeführt wurden, bei denen als Engel verkleidete Kinder an Seilen vom Himmel herabstiegen: Hier übertraf die demonstrativ zur Schau getragene Quantität die Qualität, es handelte sich dabei bestenfalls um pure Prasserei.

Davon legt auch der exzessive Fleischkonsum der Reichen ein beredtes Zeugnis ab! Fleisch wurde auf alle erdenklichen Arten gekocht oder gebraten, mit Gemüse und sogar mit Fisch vermischt und dann wie eine Pyramide auf riesigen Platten serviert, die in Frankreich *mets* hießen. Ein einziges Gericht bestand aus allen möglichen übereinandergeschichteten Braten, die verschiedenen Soßen wurden extra gereicht. Die ganze Mahlzeit, nach unserem Empfinden ein verheerendes Sammelsurium, wurde einfach in einem großen Topf geschmort. In den Jahrzehnten zwischen 1361 und 1391, als es schon französische Kochbücher gab, sagte man auch *assiettes*: eine Mahlzeit mit sechs *assiettes* oder *mets* hatte sechs Gänge, wie wir heute sagen würden. Diese fielen, für heutige Vorstellungen, ungemein reichlich aus; hier ein Beispiel aus dem *Ménagier de Paris* (1393): Rindfleischpastete, Pastete, Neunauge, zwei dünne Fleischsuppen, weiße Fischsoße, Buttersoße, Sahnesoße, Zucker- oder Fruchtsaftsoße. Die Rezepte dieser Menüs jedoch sollte ein Koch von heute lieber nicht befolgen — diesbezügliche Experimente gingen übel aus.

Der luxuriöse Fleischkonsum im 15. und 16. Jahrhundert scheint indes nicht nur ein Privileg reicher Leute gewesen zu sein. In den Gasthäusern Süddeutschlands findet Montaigne 1580 mehrfach unterteilte Servierteller, auf denen zwei bis sieben Fleischsorten auf einmal serviert werden können. Das Fleisch wurde damals hauptsächlich aus dem Schlachthaus oder der Garküche geliefert; angeboten wurden Kalb-, Schaf- und Schweinefleisch, Geflügel, Tauben, Ziegen- und Lammfleisch. Eine Abhandlung über die Kochkunst aus der Zeit um 1306 zählt erstaunlich viele Wildarten auf; im 15. Jahrhundert wird in Sizilien so viel Wildschweinfleisch gegessen, daß es billiger ist als Fleisch vom Metzger. Rabelais zählt dagegen eine Unmenge von Federwild auf: Reiher, Silberreiher, Wildschwäne, Rohrdommeln, Kraniche, Rebhühner, Frankolinhühner, Wachteln, Ringeltauben, Turteltauben, Fasane, Amseln, fette Lerchen, Flamingos, Wasserhühner, Taucher usw. Dem über lange Zeit hin geführten Marktberichten von Orléans (von 1391 bis 1560) zufolge dominiert neben dem Großwild (Wildschwein, Hirsch, Reh) in der Regel das Federwild: neben Hasen und Kaninchen findet man vor allem Reiher, Rebhühner, Schnepfen, Lerchen, Regenpfeifer, Enten usw. Das Angebot auf den Märkten im Venedig des 16. Jahrhunderts fällt ebenso reichhaltig aus. Diese Fülle des Angebots ist eigentlich nur verständlich aufgrund der spärlichen Bevölkerung Europas.

Die in der Literatur häufigen Klagen über mangelndes und

schlechtes Essen darf man also nicht zu wörtlich nehmen. Wenn die Reichen den armen Bauern »Wein, Käse, Kühe, Schafe und Kälber stahlen und ihnen nur das Roggenbrot übrigließen«, so gibt es auch Beweise für das Gegenteil. In Deutschland war es nach einem Erlaß der sächsischen Herzöge 1482 »selbstverständlich für einen jeden, daß die Handwerker zu den Mittags- und Abendmahlzeiten vier Gerichte bekommen. An Fleischtagen gab es Suppe, zwei Fleischsorten, ein Gemüse; an Freitagen oder sonstigen fleischlosen Tagen Suppe, frischen oder gepökelten Fisch und zwei Gemüsesorten. Vor einer längeren Fastenzeit gibt es fünf Platten: Suppe, zwei Sorten Fisch, zwei Portionen Gemüse. Dazu kommt morgens und abends Brot. Ferner gibt es *kofent,* ein leichtes Bier. Man kann diese Handwerker- kaum von einer Bürgermahlzeit unterscheiden. Wenn 1429 zum Beispiel in Oberbergheim im Elsaß der Bauer, der für Hofdienste angefordert wurde, nicht mit den anderen auf dem Hof des Verwalters essen wollte, mußte ihm dieser »in dessen eigenes Haus zwei Stück Ochsenfleisch, zwei Stück gebratenes Fleisch sowie Wein und Brot für 2 Pfennige bringen lassen«. »In Paris«, schreibt ein ausländischer Beobachter, »war 1557 Schweinefleisch die einzige Nahrung der wirklich armen Leute. Aber jeder Handwerker und jeder Händler, mag er noch so arm sein, will an Fleischtagen sein Reh und sein Rebhuhn vorgesetzt bekommen, genauso wie die Reichen.« Natürlich werfen die nur selten objektiv urteilenden Reichen den Armen schon den geringsten Luxus vor, den diese sich leisten; »es gibt keinen Handwerker mehr«, schreibt Thoinot Arbeau 1588, »der an seiner Hochzeit auf Oboe und Trompete verzichten wollte.«

Fleischgerichte setzen eine gewisse Regelmäßigkeit in der Nahrungsmittelversorgung voraus. Für sie sorgten entweder die französischen Provinzen oder die Schweizer Kantone; Deutschland und Norditalien werden mehr von den Ostgebieten aus versorgt, von Polen, Ungarn, dem Balkan, die bis ins 16. Jahrhundert Herden von lebendem Vieh liefern. In

Buttstedt in der Nähe von Weimar, wo sich der größte deutsche Viehmarkt befindet, wundert sich niemand, wenn »riesengroße Herden mit 16 000 oder 20 000 Ochsen auf einmal« ankommen. Die Herden aus den östlichen Ländern gelangen entweder auf dem Landweg oder über die dalmatinischen Verladehäfen nach Venedig; sie werden auf dem dortigen Lido gesammelt, der sonst für Schießübungen der Artillerie und als Quarantänestation für seuchenverdächtige Schiffe verwendet wird. Die Armen von San Marco ernähren sich hauptsächlich von den Innereien, vor allem von Kutteln.

1498 kauften die Metzger Marseilles Schafe in der Auvergne ein (in Saint-Flour). Aus dieser Gegend stammt nicht nur das Vieh, sondern werden auch viele Metzger angeworben. Im 18. Jahrhundert rekrutieren sich die Metzger Venedigs meist aus den Bergbewohnern Graubündens. Vom Balkan wandern Albanier, später Epiroten — sogar heute noch — als gelernte Metzger oder Darmhändler aus.

Zweifellos herrschte in Europa zwischen 1350 und 1550 eine Periode von individuellem Wohlstand und Zufriedenheit. Nach der Katastrophe der Schwarzen Pest waren Handwerker rar geworden, die Arbeits- und Lebensbedingungen für den einzelnen daher gut. Nie waren die Reallöhne so hoch wie damals. Domherren aus der Normandie klagten 1388, daß sie niemand für den Ackerbau fänden, »der nicht so viel verdienen wollte wie zu Anfang des Jahrhunderts sechs verdienten«. Dieses Paradox muß man besonders hervorheben, um der vielfach verbreiteten Meinung entgegenzutreten, daß im »finsteren« Mittelalter nur Armut und Not herrschten. In bezug auf den Lebensstandard der meisten Menschen ist gerade das Gegenteil der Fall. Ein untrügliches Detail: Vor der Zeit 1520/1540 aßen die Bauern und Handwerker im noch dünn besiedelten Languedoc Weißbrot. Die Lage verschlechterte sich dagegen gegen Ende des Mittelalters immer mehr, und dieser Trend hält bis Mitte des 19. Jahrhunderts an, in manchen Gebieten Ost- und Südosteuropas sogar bis heute.

Im Abendland sind seit der Mitte des 16. Jahrhunderts gewisse Verschlechterungen nicht mehr zu übersehen. »Im Jahr 1550«, schreibt Heinrich Müller, »aß man bei den schwäbischen Bauern anders, als es heute der Fall ist. Damals gab es jeden Tag Fleisch und Essen in Hülle und Fülle; an der Kirmes und an Feiertagen bogen sich die Tische unter der Last. Heute ist alles ganz anders geworden! In welch miserablen Zeiten leben wir, seit Jahren wird das Leben immer teurer! Das Essen begüterter Bauern ist beinahe schlimmer als früher das der Tagelöhner und Dienstboten.« Es war unklug von den Historikern, diese immer wieder auftretenden Zeugnisse nicht zu berücksichtigen; sie sahen darin immer nur das schon pathologische Verlangen des Menschen, vergangene Zeiten zu verherrlichen. Ein alter bretonischer Bauer klagt 1548: »Wo ist die Zeit geblieben, oh ihr Brüder, wo es einem schon bei einem kleinen Fest nicht wohl war, wenn einer aus unserem Dorf nicht alle Einwohner eingeladen hätte, sein Hühnchen zu essen, seine Gans und seinen Schinken, sein erstes Lamm oder auch ein Schweineherz zu verzehren.« Zur Zeit meines Vaters«, schreibt 1560 ein normannischer Edelmann, »gab es alle Tage Fleisch, die Teller liefen über, und man kippte den Wein wie Wasser hinunter.« »Vor den Religionskriegen«, erinnert sich ein Zeitgenosse, »waren die Franzosen so reich und begütert, sie hatten so schöne Häuser, so viel Vieh und Geflügel, daß sie es darin beinahe dem Adel gleichtaten.« Die Verhältnisse haben sich inzwischen sehr geändert. Getreide ist die am meisten gefragte Ware auf dem Markt; sein Preis steigt übermäßig, daher fehlt das Geld für Vorratskäufe. Der Fleischkonsum nimmt bis zur Mitte des 19. Jahrhunderts ständig ab.

Dieser Prozeß ging wohl stufenweise vor sich. Zum Beispiel regenerierte sich in Deutschland nach dem Dreißigjährigen Krieg der Viehbestand in den oft kaum mehr besiedelten Gebieten sehr schnell. In den Jahren zwischen 1770 und 1780 stieg der Fleischpreis unaufhörlich, während der Getreidepreis sank. Auge und Bessin, die beiden fruchtbaren Gebiete in der Normandie, wechselten immer mehr von der Viehzucht auf Getreideanbau über, bis es am Ende zur großen Futterkrise (1785) kam: Streiks brachen aus, viele Kleinbauern kamen an den Bettelstab oder wurden Landstreicher. Dazu kam noch ein Bevölkerungszuwachs, der sich als sehr verhängnisvoll erweisen sollte. Trotzdem behielt aber im ganzen die Tendenz zur Feldbestellung und zum Getreideanbau die Oberhand. In Montpézat, einer kleinen Stadt des Bas-Quercy, nahm die Zahl der Metzger ständig ab: von 18 im Jahr 1550 auf 10 1556; 1641 waren es nur noch 6, 1660 2 und 1763 ein einziger: Selbst wenn man annimmt, daß auch die Einwohnerzahl im gleichen Zeitraum abgenommen haben kann, ist ein solcher Rückgang ein erstaunliches Phänomen.

Paris soll zwischen 1751 und 1850 durchschnittlich 50 bis 60 Kilogramm Fleisch pro Person im Jahr verbraucht haben, doch sind diese Zahlen aus dem 18. Jahrhundert fragwürdig, weil Paris als Hauptstadt nicht repräsentativ ist. Eine Statistik Lavoisiers vom Anfang der Französischen Revolution gibt als mittleren Durchschnittskonsum Frankreichs 46 Pfund (zu 488 Gramm) an, also rund 20 Kilogramm; aber selbst diese Schätzung ist noch zu hoch angesetzt. In Hamburg – das allerdings den Viehlieferanten Dänemark vor der Tür hat – beläuft sich der Durchschnittsverbrauch im 18. Jahrhundert auf 60 Kilogramm Fleisch pro Kopf im Jahr, davon allerdings nur 20 Kilogramm Frischfleisch.

In der Neuzeit mußte Europa auf seine Privilegien im Fleischverbrauch verzichten; effektiv wurde erst Mitte des 19. Jahrhunderts Abhilfe geschaffen durch die Entwicklung wissenschaftlich betriebener Viehzucht und die Nutzung des amerikanischen Viehpotentials. Europa muß sich also auf eine lange Hungerperiode einstellen. In der Provinz Brie mit ihren 18 800 Hektar entfallen 1717 14 400 Hektar auf Ackerland und nur 814 Hektar auf Weidefläche, d. h. so gut wie nichts. Und trotzdem »halten die Bauern nur das Notwendigste zur Deckung des Eigenbedarfs«, verkaufen das Futter für gutes Geld nach Paris für die zahlreichen Pferde in der Hauptstadt. Wenn der Hektar bei guten Ernten ungefähr 12 bis 17 Doppelzentner Getreide abgibt, kann man es den Bauern nicht verübeln, wenn sie sich diese gute Verdienstmöglichkeit nicht entgehen lassen.

Auch diese Rezession erfolgte in mehreren Stufen. In den Mittelmeerländern geht der Prozeß rascher und einfacher vor sich als in den nordeuropäischen Ländern, die über fette Weiden verfügen. Polen, Deutsche, Ungarn und Engländer scheinen überhaupt weniger von der allgemeinen Fleischrationierung betroffen zu sein als andere Völker. In England kam es im 18. Jahrhundert bei einem Bauernaufstand zu einem wahren Fleischausverkauf. Auf dem Londoner Markt von Leaden Hall wurde 1778 – glaubt man einem spanischen Botschafter – »in einem Monat mehr Fleisch verkauft als ganz Spanien in einem Jahr benötigt«. Doch selbst in einem Land wie Holland, wo die »offiziellen« Rationen hoch (wenn auch nicht genau anzugeben) sind, ist vor Ende des 18. Jahrhunderts kaum für Abwechslung im Speisezettel gesorgt: Neben Bohnen (die wahrscheinlich nicht, wie man früher annahm, aus Amerika importiert wurden) gibt es ein wenig gepökeltes Fleisch, Gersten- oder Roggenbrot, Fisch, etwas Speck, ab und zu etwas Wild. Letzteres bleibt in der Regel dem Bauern oder dem Gutsherrn vorbehalten. Der Arme in der Stadt kennt es kaum, er ißt Kohlrabi, gebratene Zwiebeln, trockenes oder schimmeliges Brot oder klebriges Roggenbrot, dazu trinkt er ein kleines Bier (ein großes Bier genehmigen sich nur die Reichen und die Trunkenbolde). Der holländische Bürger stellt kaum Ansprüche. Zwar enthält der *hutsepot*, das Nationalgericht, fein gehacktes Ochsen- oder Schafsfleisch, aber abends gibt es oft nur Brei mit in Milch getauchten Brotresten. Die Ärzte waren sich damals nicht einig, ob ein Fleischgericht gesundheitsschädigend sei oder nicht. »Was mich betrifft«, schreibt Louis Lemery (1702), »glaube ich, daß man ohne unnötige Diskussion sagen kann, daß eine maßvolle Verwendung von tierischem Fleisch immer verträglich ist.«

Parallel mit der »Fleischrationierung« erfolgt eine Zunahme des gepökelten und geräucherten Fleisches. Werner Sombart sprach in diesem Zusammenhang von einer wahren Pökelrevolution. Damit sollte vor allem das Ernährungsproblem der Schiffsbesatzungen gelöst werden. Im Mittelmeer bekommen die Seeleute auch heute noch ihren gepökelten Fisch und ihr traditionelles Biskuit zu essen. Erst in Cadiz, das näher am Atlantik liegt, fängt die Zone des gepökelten Rindfleischs an, der *vaca salada*, die die spanische Provinzverwaltung seit dem 16. Jahrhundert verteilt.

Dieses Fleisch kommt aus dem Norden Europas, vor allem aus Irland, wo auch die gesalzene Butter herkommt. Je teurer und luxuriöser der Genuß von Fleisch wird, desto mehr wird gepökeltes Fleisch zum Alltagsgericht der Armen (einschließlich der schwarzen Sklaven Amerikas). In England gehörte mit Beginn der kalten Jahreszeit *saltbeef* mangels frischer Lebensmittel zur *standard winter dish*. In Burgund konnte der Bauer im 18. Jahrhundert seinen Fleischbedarf mit der Haltung einiger Schweine decken. Nur wenige Inventarlisten erwähnen einige Speckstücke in der Räucherkammer. Frischfleisch ist absoluter Luxus, der nur Rekonvaleszenten zugestanden wird, denn es ist so teuer, daß man es sich kaum mehr leisten kann. In Italien und Deutschland gehören die Wursthändler zum festen Bestandteil des Stadtbildes. Von Neapel bis Hamburg, von Frankreich bis Petersburg müssen sich die Armen Europas mit kargen Rationen von Ochsen- oder gepökeltem Schweinefleisch begnügen.

Natürlich gibt es auch hier Ausnahmen. Mademoiselle de Montpensier berichtet 1658 von den Bauern der Dombes, die gut gekleidet sind, keine Kopfsteuer zu zahlen brauchen und viermal täglich Fleisch essen. Letzteres ist zwar nicht zu beweisen, aber auch nicht unmöglich, denn die Ernährungsschwierigkeiten variieren je nach Landschaft und Umständen. Die Dombes gehören auch im 17. Jahrhundert noch zu den wenig erschlossenen und klimatisch ungesunden Gebieten. Aber gerade in diesen schlecht bewirtschafteten Gegenden gibt es am meisten Vieh, Haustiere ebenso wie Nutztiere. Vermutlich wäre uns Menschen des 20. Jahrhunderts die Tagesration in Riga zur Zeit Peters des Großen oder in Brussa in Anatolien als durchaus ausreichend erschienen, eher als in Berlin, Wien oder auch Paris. »Viele benachteiligten Länder sind im Grunde nicht ärmer als die reichen Länder«, sagte einmal ein bekannter Historiker: In ihnen resultiert der Lebensstandard aus dem Verhältnis zwischen der Bevölkerungsdichte und den ihnen zur Verfügung stehenden Mitteln.

Privilegiertes Europa

Auch eingeschränkte Privilegien bleiben Privilegien, vor allem im Vergleich mit den Verhältnissen in anderen Kulturen. »Die Bewohner Japans«, berichtet 1609 ein Spanier, »essen nur Rebhühner, die sie auf der Jagd erlegt haben.« In Indien verschmähen die Einwohner glücklicherweise fleischliche Nahrung. Die Soldaten des Großmoguls Aureng Zeb stellen nach Aussagen eines französischen Arztes im allgemeinen wenig Ansprüche: »Wenn sie nur ihre *kicheris* oder Reismischung und anderes Gemüse bekommen, über das sie rote Butter gießen, sind sie schon zufrieden.«

In China wird nur ganz selten Fleisch gegessen. Der täglichen Reismahlzeit wird manchmal etwas Fisch zugesetzt, den übrigens auch der höhergestellte Chinese samt den Schuppen verzehrt. »Mir ist es sogar passiert«, erzählt der Pater De Las Cortes während seines unfreiwilligen Aufenthalts in China 1626, »daß ich die kleinen Fischköpfe beiseitelegte (in die Reisschale), um sie nachher dem Hund zu geben. Der Herr des Hauses aber kam mir zuvor und nahm sie aus meiner Reisschale, um sie selber zu essen.« Es gab so gut wie kein Fleisch von Großvieh, außer dem Fleisch von Hausschweinen, manchmal etwas Reis, Geflügel und Rebhuhn; ein paar Hundefleischsorten wurden in speziellen Fleischerläden oder von Tür zu Tür angeboten, ebenso Spanferkel, die in Käfigen transportiert wurden, sowie Ziegen aus Spanien — doch konnten diese wenigen Tiere die Nachfrage einer ausgesprochenen fleischliebenden Bevölkerung nicht zufriedenstellen. Die reichen Mandarine essen manchmal Schweine- oder Hühnerfleisch o. a. als »Appetithäppchen«; aber sie können noch so reich und mächtig sein: die Fleischmenge, die sie verbrauchen, ist minimal. Würden sie so viel wie die Europäer essen, reichte ihr ganzes Fleisch kaum für einen Tag. Ähnlich berichtet auch ein Neapolitaner, der 1696 von Kanton nach Peking und zurück reiste. Ihm schmeckt die vegetarische Kost nicht, denn das Gemüse ist seiner Meinung nach miserabel zubereitet, und er kauft auf den Märkten der einzelnen Stadtviertel Hühner, Eier, Fasanen, Hasen, Schinken oder Rebhühner. Nach seiner Heimkehr notiert er: »In den Herbergen hätte man schon gut und teuer essen können, aber die Chinesen wollen nicht mehr als den Normalpreis bezahlen und sind so schuld daran, daß der Gast nur schlechtes Schweinefleisch, verdorbenes Huhn und anderes stinkendes Fleisch vorgesetzt bekommt.« Um 1735 resümiert ein europäischer Beobachter: »Die Chinesen essen nur wenig Fleisch von Großtieren, also benötigen sie auch weniger Weidefläche.« Zitieren wir abschließend aus dem Brief eines Jesuiten: »Bei Berücksichtigung der hiesigen Verhältnisse stehen zehn Ochsen in Frankreich gegen einen einzigen in China.«

Die chinesische Literatur bezeugt ähnliches. In der Ming-Zeit brüstet sich ein aufgeblasener Schwiegervater: »Neulich kam mein Schwiegersohn und brachte mir zwei Pfund getrocknetes Fleisch, das hier auf dem Teller liegt.« Der Metzger wird voll der Bewunderung sein für diese hohe Persönlichkeit, »die reicher als selbst der Kaiser« ist und deren Haus mindestens einige Dutzend Verwandte und Bedienstete zählt. Unwiderlegbare Folgerung: »Das kostet ihn im Jahr 4000 bis 5000 Pfund Fleisch!« Ein Festessen besteht aus Schwalbennestern, Huhn, Ente, Tintenfischen, sauren Gurken aus Kuangtung. Neben täglich 8 Yen für Medikamente hat eine junge und kapriziöse Witwe Anspruch auf folgende kulinarischen Genüsse: an einem Tag Ente, am folgenden Fisch, dann frisches Gemüse, Bambussprossensuppe, oder Orangen, Biskuits, Seerosen, Obst, gesalzene Krabben und natürlich Wein ... Fleisch in Menge gibt es in China nur am Kaiserhof in Peking, aber auch hier handelt es sich nur um Wild aus der Tatarei, das im Winter auf Schnüre aufgezogen wird (Bericht von 1688).

In der Türkei lebt die Bevölkerung ebenso bescheiden und anspruchslos; alle, auch die Soldaten, essen getrocknetes Ochsenfleisch — das *pastermé*. Zwischen dem 16. und 18. Jahrhundert liegt der Jahresdurchschnitt — den enormen Fleischkonsum des Serail ausgenommen — in Istanbul bei einem Drittel bis einem ganzen Schaf pro Kopf, wobei die Zustände in Istanbul aber noch als ausnehmend gut bezeichnet werden müssen. In Ägypten, wo auf den ersten Blick die Getreidespeicher überzuquellen scheinen, »kommt einem die türkische Lebensart wie eine immerwährende Strafe vor«, berichtet 1693 ein Reisender. Selbst bei den Mahlzeiten der Reichen werden schlechtes Brot, Knoblauch, Zwiebeln und bitterschmeckender Käse aufgetischt, gekochtes Schafsfleisch gibt es nur sehr selten. Sie essen weder Hühnerfleisch noch anderes Geflügel, obwohl es sehr billig gehandelt wird.«

Einerseits schrumpfen die Eßprivilegien der Europäer immer mehr zusammen, andererseits beginnt für einige von ihnen ein neues Mittelalter mit seinem ganzen Überfluß, zum Beispiel für Osteuropa (Ungarn) oder für die amerikanischen Kolonien, für Mexiko und Brasilien (im Tal des São Francisco), wo Weiße und Mestizen eine gutgehende Viehzucht betreiben). Im Süden des Landes um Montevideo oder Buenos Aires schlachten die Cowboys für eine einzige Mahlzeit ein ganzes Tier. Obwohl diese Massaker teilweise durch die unwahrscheinliche natürliche Vermehrung wieder wettgemacht werden — so in Argentinien —, führen sie anderwärts sehr bald zur Ausrottung des Vorrats — so im Norden Chiles; Ende des 16. Jahrhunderts sind in der Umgebung von Coquimbo nur noch wildstreunende Hunde übrig.

Von sonnengetrocknetem Fleisch (den *carne do sol* Brasiliens) ernähren sich die Bewohner der Küstenstädte und die schwarzen Sklaven auf den Plantagen.

Das *charque*, Trockenfleisch ohne Knochen, das in den *saladeros* Argentiniens hergestellt und als Nahrung für die Armen nach Europa exportiert wird, ist praktisch erst eine Erfindung des 19. Jahrhunderts. 1696 befindet sich — sozusagen als gerechter Ausgleich — ein anspruchsvoller Reisender auf der endlosen Rückreise von Manila nach Acapulco, der an den sogenannten »Fleischtagen« dazu verdammt ist, getrocknetes Ochsen- und Büffelfleisch zu essen, das aber so zäh ist, daß man es erst lange klopfen muß, bis es einigermaßen genießbar wird. Außerdem wimmelt es in diesen Lebensmitteln von unzähligen ekelerregenden Würmern.

Die Freibeuter auf den Antillen und die Schwarzen Afrikas essen trotz mancher Vorbehalte besonders gern junge Affen. In Rom kaufen die Armen und die Juden Büffelfleisch in besonderen Metzgereien, um die die Allgemeinheit einen Bogen macht. In Aix-en-Provence wird erstmals um 1690 ein Ochse geschlachtet und auch gegessen, nachdem Ochsenfleisch lange in dem Ruf gestanden hatte, ungesund und nicht bekömmlich zu sein.

Übertriebener Delikatessenkult

In der Zeit nach dem 15. und 16. Jahrhundert konnten sich höchstens einige Privilegierte den Luxus ausgefallener Gerichte leisten.

Besonders extravagant war es zum Beispiel, sich eine Schildkrötensuppe aus London schicken zu lassen, denn »dieses Gericht kostete 1782 für ungefähr 7 oder 8 Gäste ungefähr 1000 Taler«.Ein auf dem Rost gebratenes Wildschwein nimmt sich dagegen ziemlich gewöhnlich aus. Der gleiche Beobachter sagt, »ich habe es auf dem Rost gesehen, das von Saint-Laurent war nicht annähernd so gut gewachsen. Es wird in die Glut gelegt, nachdem man es mit Leberpastete gespickt, mit feinem Schmalz flambiert und mit köstlichem Wein beträufelt hat; dann wird es mitsamt dem Kopf serviert.« Die Gäste aber kosten kaum von dem Tier ... es sind nur fürstliche Schnurren. Für das Königshaus oder die Haushalte der Reichen füllen die Lieferanten ihre Körbe mit dem besten Fleisch, Wild und Fisch vom Markt. Der Ausschuß – die weniger guten Stücke – wird teurer verkauft als die besseren Stücke, die für die Reichen zurückbehalten werden. Am Vorabend der Französischen Revolution beliefern die Pariser Metzger die großen Häuser mit dem besten Ochsenfleisch, das sie herschaffen können; dem Volk verkaufen sie das weniger gute, dazu noch mit den Knochen, die ironisch »Beilagen« genannt werden. Die Abfälle und Reste verkauft man außerhalb der Metzgereien an die Armen.

Ein weiteres seltenes Gericht sind die Haselhühner oder Fettammern. 1680 werden rund 16 000 Pfund davon bei der Hochzeit der Prinzessin von Conti verzehrt. Dieser Vogel kommt vor allem auf Zypern vor (das im 16. Jahrhundert in Essig konservierte Fettammern nach Venedig exportiert), aber auch in Italien, der Provence und im Languedoc. Ebenso ausgefallen sind grüne oder frische Austern aus Dieppe oder Cancale, die im Oktober gefangen werden; oder Erdbeeren oder die Ananas aus Gewächshäusern der Pariser Gegend; oder auch die guten Soßen, gewürzt mit allen erdenklichen Ingredienzien: Pfeffer, Mandeln, Amber, Muskat und Rosenwasser usw., zubereitet von den perfekten und sehr gefragten Köchen aus dem Languedoc, die in Paris als die besten gelten und die man für teures Geld mieten kann. Will ein Armer an diesen Festen teilnehmen, muß er sich entweder mit dem Hausgesinde gut stellen, oder er muß auf den *regrat* nach Versailles fahren, wo die Abfälle von der königlichen Tafel verkauft werden, von denen sich mühelos und ungeniert ein Viertel der Stadtbevölkerung ernährt. Dort kauft auch der Soldat seinen Lachskopf, ein köstliches und seltenes Stück. Aber vielleicht täte er besser daran, in eine der Garküchen in der Rue de la Huchette im Quartier Latin oder auf den Quai de la Vallée zu gehen (den Geflügel- und Wildmarkt), wo man einen in seiner Brühe schwimmenden Kapaun erstehen kann, der dort an einem Haken mit anderen Kapaunen zusammen in einem Kessel gegart wird. Man nimmt ihn entweder heiß mit nach Hause oder ißt ihn auch in der Nähe, mit Burgunder begossen. Doch ist dies Bürgerart ...

Tafelsitten

Auffallender Luxus wird auch an der Tafel getrieben: beim Geschirr, beim Silberbesteck, bei der Tischdecke und den Servietten, beim Kerzenlicht und überhaupt beim Intérieur eines Eßzimmers. Im Paris des 16. Jahrhunderts mietete man gewöhnlich für festliche Essen ein adäquates Haus, oder man führte sich dort durch Bestechung der Wächter und Händler ein. Zuweilen kam es vor, daß sich der vorübergehende Gast so lange einnistete, daß ihn der eigentliche Eigentümer zwangsweise ausquartieren mußte. »Monsignore Salvati, der päpstliche Nuntius«, so berichtet ein Botschafter 1557, »mußte zu meiner Zeit dreimal in zwei Monaten umziehen«. Außer diesen prunkvollen Häusern gibt es auch vornehme Herbergen. Montaigne schreibt 1580: »In Châlons-sur-Marne logierten wir in *La Couronne,* einer schönen Unterkunft, in der auf Silbergeschirr angerichtet und serviert wird.«

Wie aber wurde damals ein Tisch für 30 Personen hohen Standes gedeckt, die standesgemäß bewirtet werden sollten?

Die Antwort gibt ein 1650 erschienenes Kochbuch mit dem irritierenden Titel *Les loisirs de campagne* von Nicolas de Bonnefons. Sie lautet: vierzehn Gedecke auf einer Seite, vierzehn auf der anderen Seite des Tisches, und da er rechteckig ist, ein Gedeck am oberen und ein oder zwei am unteren Tischende. Der Abstand zwischen den Geladenen sollte eine Stuhlbreite betragen. Das Tischtuch soll auf beiden Seiten bis auf den Boden fallen. Außerdem müssen mehrere Untersätze in der Mitte stehen, damit man die Platten, die herumgereicht werden, daraufstellen kann. Eine Mahlzeit sollte aus acht Gängen bestehen, als krönender Abschluß werden trockene oder flüssige Marmeladen, Eis, Bisamkügelchen, Dragées aus Verdun, nach Ambra und Moschus duftender Zucker gereicht ... Der Haushofmeister, den Degen an der Seite, wacht darüber, daß die Teller nach jedem Gang, die Servietten mindestens nach jedem zweiten gewechselt werden. Aber auch diese detaillierte Beschreibung, bei der nicht einmal die Reihenfolge der Platten auf dem Tisch bei jedem Gang vergessen wurde, erwähnt nirgends, wie das Gedeck des Gastes angeordnet wurde. Damals gehörte sicherlich schon ein Teller dazu, ein Löffel sowie ein Messer, doch kaum für jeden eine extra Gabel. Ebensowenig standen ein Glas und eine Flasche vor dem Gast. Die Anstandsregeln bleiben im einzelnen unklar; der Verfasser empfiehlt als besonders vornehm tiefe Suppenteller, »damit die Gäste nicht aus der Schüssel löffeln müssen, denn sie könnten sich ja voreinander ekeln«.

Der Tisch, so wie wir ihn heute decken, die Tischsitten und vieles andere mehr bürgerten sich erst allmählich und je nach Gebiet unterschiedlich ein. Obwohl Messer und Gabel schon ziemlich lange bekannt sind, wird die Verwendung eines Löffels erst im 16. Jahrhundert allgemein üblich, ebenso die Gewohnheit, ein Messer vorzulegen. Früher brachten die Gäste ihr eigenes mit. Ebenso lange dauerte es, bis jeder ein eigenes Glas bekam. Früher verlangte es die Höflichkeit, das Glas zu leeren, bevor man es dem Nachbar reichte, der das gleiche tat.

Erst allmählich wurde es Brauch, daß der Diener bei Bedarf aus dem Vorratskeller oder dem neben dem Tisch stehenden Geschirrschrank das gewünschte Getränk – Wein oder Wasser – herbeischaffte. Montaigne, der, wie schon erwähnt, 1580 Süddeutschland bereiste, notierte, daß »jeder Gast seinen Becher oder seine Silbertasse vor sich hat; der, der bedient, paßt auf, daß ein leerer Becher sofort wieder gefüllt wird; er macht dies mit einem Gefäß mit einem langen Schnabel, deshalb muß er nicht aufstehen!« Eine elegante, dem Personal viel Arbeit ersparende Lösung! Aber natürlich muß bei dieser Prozedur jeder Gast einen Becher vor sich stehen haben. Zur Zeit von Montaigne bekommt in Deutschland jeder Gast einen Holz- oder Zinnteller, manchmal auch eine Holzschale unten und einen Zinnteller darüber. Es ist nachgewiesen, daß sich die Holzteller in dieser, wahrscheinlich aber auch in anderen Gegenden bis ins 19. Jahrhundert hielten. Vor diesen mehr oder weniger raffinierten, aber erst spät eingeführten Verbesserungen mußten die Gäste mit einem Holzbrett vorliebnehmen, allenfalls mit einem sogenannten »Tranchierstück«, d. h. einer Scheibe Brot, auf der man sein Fleisch zurecht machte. Auf einem großen Teller wurde alles angerichtet, und alle aßen davon; jeder nahm sich mit den Fingern, was und so viel er wollte. Bei den Schweizern beobachtet Montaigne, daß »sie für jeden Anwesenden einen Holzlöffel mit Silbergriff bereithalten. Ein Schweizer besitzt auch ein Messer, mit dem er so umgeht, daß er sich kaum die Hände fettig machen muß.«
Die Holzlöffel mit Metallgriff sowie verschiedene andere Messerformen, die man heute in den Museen sehen kann, sind Bestecke früherer Zeit. Bei der Gabel liegen die Dinge anders. Wahrscheinlich ist die große zweizinkige Gabel als Vorlagebesteck schon lange in Gebrauch; als Eßinstrument wird sie im allgemeinen erst im 16. Jahrhundert benutzt. Der Brauch wurde von den Venezianern übernommen und kam über Italien nach Spanien. Montaigne ist die Gabel noch nicht bekannt, denn er gibt zu, zuweilen so hastig zu essen, »daß ich

mir manchmal aus lauter Eile in den Finger beiße«. Felix Platter bezeugt sie schon um 1590 in Basel, wundert sich jedoch während eines Studienaufenthaltes in Montpellier, daß sie dort offensichtlich nicht gebräuchlich ist. 1608 entdeckt sie ein Engländer in Italien, findet sie so amüsant, daß er sie ebenfalls benützt, sehr zum Gespött seiner Freunde, die ihn *forciferus, portefourchette* oder auch *porte-fourche* taufen. In England taucht in den Inventarlisten vor 1660 keine Gabel auf. Sie wird erst um 1750 allgemein üblich. Man muß also durchaus Nachsicht haben mit Anna von Österreich, die sich nie abgewöhnen konnte, das Fleisch mit den Fingern zu essen. Am Wiener Hof war das bis 1651 gang und gäbe. Dieser Umstand erklärt auch die vielen Servietten, die zwar immer gereicht wurden, aber erst zur Zeit Montaignes und auch dann nur von Personen höheren Standes wirklich benutzt wurden. Daher mußte man sich während einer Mahlzeit mehrere Male die Hände waschen.

Im ganzen gesehen bürgerten sich diese Sitten, in denen sich eine neue Lebensart ausdrückte, nur zögernd ein. Den Luxus eines Eßzimmers konnten sich im 16. Jahrhundert in Frankreich nur die Reichen leisten; früher aß der Hausherr in der riesigen Küche seines Hauses. Das ganze Essenszeremoniell wird über Diener abgewickelt, die für die Küche und die Bewirtung der Gäste immer nötiger gebraucht werden, nicht nur in Versailles, wo sie in der Marschalls- und der Kavaliersküche geschäftig am Werk sind. Von dieser Welle eines noch ungewohnten Luxus werden Frankreich und England im ganzen erst im 18. Jahrhundert erfaßt.

»Wenn die Toten von vor sechzig Jahren auferstehen könnten«, schreibt Duclos um 1765, »würden sie Paris, seine Tischsitten, seine Mode und seine Moral nicht wiedererkennen.« Dieses Zitat läßt sich sicherlich auf die europäischen Zustände allgemein anwenden. Europa lebte damals auf allen Bereichen in einem evidenten Luxus, ebenso seine Kolonien, bei denen Europa von jeher darauf bedacht war, seine Sitten und Gebräuche aufzudrängen. Infolgedessen halten europäische Reisende von nun an die Sitten und Gewohnheiten der übrigen Welt schlichtweg für schlechter und unter ihrem Niveau. Gemelli Careri ist 1694 höchst verwundert über seinen persischen Gastgeber, der, als er ihn bei Tisch empfängt, den Reis anstatt mit einem Löffel mit seiner rechten Hand auf die Teller seiner Gäste legt. Oder lesen wir, was Pater Labat von den Senegalesen hält: »Sie wissen nicht einmal, was es heißt, an einem Tisch zu essen.« Vor solch anspruchsvollen Richtern finden nur die kultivierten Chinesen Gnade, die am Tisch sitzen und aus Emailschüsseln essen; im Gürtel ihres Gewandes bewahren sie in einem Etui Messer und Stäbchen auf, mit denen sie dann essen.

Noch 1624 legte eine österreichische Verordnung für die Landgrafschaft Elsaß die Regeln für die jungen Offiziere fest, wenn sie beim Erzherzog zu Tisch geladen waren: Sie hatten in ordentlicher Kleidung und nicht halb betrunken zu erscheinen, sollten nicht nach jedem Bissen einen Schluck trinken und sich vor dem Trinken sorgfältig Schnurrbart und Mund abwischen; sie sollten sich weder die Finger ablecken noch in den Teller spucken, sich auch nicht in die Tischdecke schneuzen und gar zu gierig trinken. Diese Empfehlungen stimmen den Leser doch etwas nachdenklich, wenn gleichzeitig von der Verfeinerung der Sitten im Zeitalter Richelieus die Rede ist.

Am Tisch des Herrn

Auf unserer Erkundungsfahrt in die Vergangenheit lassen wir uns am besten von Gemälden führen, die vor dieser spät einsetzenden Phase der Kultivierung entstanden sind. Auf unzähligen Bildern werden Tischszenen dargestellt, vor allem das Abendmahl, das abendländische Maler in tausendfachen Variationen abbildeten, daneben aber auch die Mahlzeit Christi bei Simon, die Hochzeit von Kana und die Szene mit den

Jüngern von Emmaus. Wenn man für einen Augenblick von den pathetischen Gesten der Personen absieht und nur die Tafel, die bestickten Tischtücher, die Sitze (Schemel, Hocker, Bänke) betrachtet, die Teller und Platten und das Besteck, so stellt man fest, daß bis 1600 Gabel und Löffel fehlen. Statt der Teller gibt es runde oder ovale Holzbrettchen und flache Zinnteller, wie sie vor allem auf Gemälden süddeutscher Meister immer wiederkehren. Das Brett oder »Tranchierstück« aus altbackenem Brot ist oft auf einer Holz- oder Metallplatte befestigt, die den Saft des abgeschnittenen Fleischstückes auffängt. Dann wird der »Brotteller« an die Armen verteilt. Immer liegt mindestens ein Messer dabei, manchmal ein großes Vorlegemesser, oft auch kleine Messer für jeden einzelnen. Wein, Brot und das Lamm dürfen bei der mystischen Begegnung natürlich nicht fehlen, auch wenn es kein reichhaltiges oder gar luxuriöses Mahl ist — aber die *Heilige Schrift* hält irdische Nahrung ja für mehr oder weniger unwesentlich. Christus und seine Jünger essen dasselbe wie die Bürger Ulms oder Augsburgs; die Darstellungen ähneln sich, sei es nun die Hochzeit von Kana, das Festmahl des Herodes oder die Mahlzeit irgendeines Herrn aus Basel, der im Kreis seiner Familie sitzt und von einer aufmerksamen Bedienung umgeben ist, oder um den Nürnberger Arzt, der 1593 mit seinen Freunden fröhlichen Einstand feiert. Meines Wissens kommt eine Gabel das erstemal auf einer Abendmahlszene des Jacopo Bassano von 1599 vor.

Nahrungsmittel des Alltags: das Salz

Wenden wir uns nun nach der Schilderung des luxuriösen Lebens dem Alltag zu. Mit dem Salz als lebenswichtigem Allgemeingut wird ein weltweiter Handel getrieben. Salz ist ein für Mensch und Tier, für das Pökeln von Fleisch und Fisch gleichermaßen unentbehrliches Gut und um so bedeutsamer, als die Regierungen ihre Hand dabei im Spiel haben. Die Kaufleute Europas und Chinas haben am Salz eine unschätzbare Einnahmequelle, auf die wir noch zu sprechen kommen. Der Besitz von Salz kann Grenzen überwinden und genießt alle Vorteile. Der Transport dieses wichtigen Rohstoffs erfolgt auf dem Flußweg (etwa rhôneaufwärts) und auf dem Seeweg. Es gibt keine Steinsalzmine, die nicht abgebaut wird. Die Salzsümpfe befinden sich ausschließlich im Mittelmeergebiet oder am Atlantik, in den südlichen Ländern mit überwiegend katholischer Bevölkerung; die Fischer aus dem Norden Europas, vorwiegend Protestanten, sind die Abnehmer des Salzes von Brouage, von Setubal oder von San Lucar de Barrameda. Zu allen Zeiten, selbst im Krieg, findet ein Tauschhandel statt, wobei die großen Kaufherrenvereinigungen einen maximalen Profit einstecken. Auch der Transport durch die Sahara stellt kein Hindernis dar; bezahlt wird mit Goldstaub, mit dem Elfenbein der Elefantenstoßzähne oder mit schwarzen Sklaven — kein Faktum sagt mehr aus über das straffreie Geschäftsgebaren dieses Handels. Wirtschaftlich betrachtet, wird dieser Umstand auch in einem ganz anderen Land, dem kleinen Schweizer Kanton Wallis, deutlich. Hier an der oberen Rhône herrscht vollkommenes Gleichgewicht zwischen den Energiequellen und der Bevölkerungszahl, Eisen und Salz ausgenommen. Letzteres benötigen die Bewohner besonders für Viehzucht, zur Käseherstellung und Pökelei. Sie bekommen ihr Salz aus dem 870 Kilometer entfernten Languedoc (über Lyon), aus Barletta (1300 Kilometer entfernt, von Venedig) und Tropani (2300 Kilometer entfernt, mit Venedig als Umschlagplatz) geliefert. Wichtig, unersetzlich und einmalig wie das Salz ist, wurde es ein heiliges Gewürz (im alten Hebräischen und im heutigen Madegassischen ist ein gesalzenes Nahrungsmittel gleichbedeutend mit einem heiligen). Die Europäer würzen damit ihre Mehlsuppen (20 Gramm pro Person täglich, d. h. doppelt so viel wie gewöhnlich). Ein Historiker, der Arzt ist, vermutet sogar, daß im 16. Jahrhundert die Aufstände der Bauern im Westen Frankreichs gegen die Salzsteuer sich mit der Nachfrage nach Salz erklären lassen, der der Fiskus entgegenwirkte. Salz fand damals vielfältige Verwendung: bei der Zubereitung der provenzalischen *botarga* oder für die häusliche Vorratshaltung, die im 18. Jahrhundert allgemein üblich war: für Spargel, frische Erbsen, Champignons, Ritterlinge, Morcheln und Artischockenherzen usw.

Nahrungsmittel des Alltags: Milchprodukte, Fett, Eier

Molkereiprodukte wie Käse, Eier, Milch und Butter sind Mangelware. Paris bekommt seinen Käsebedarf aus der Champagne oder der Brie (die *angelots*) geliefert, oder man kauft den Käse beim Kleinkrämer, der seine Ware von den Klöstern und dem nahen Land bezieht. Vor allem frisch geronnener und getrockneter Käse aus Montreuil und Vincennes wird in geflochtenen Weiden- oder Binsenkörbchen angeboten. Sardinien exportiert seinen *formaggio cacio* oder *sabo* überallhin, nach Neapel wie nach Rom, Livorno, Marseille oder Barcelona. In Cagliari wird er auf Schiffe verladen und findet besseren Absatz als holländischer Käse, der im 18. Jahrhundert den europäischen und internationalen Markt beherrscht. 1572 werden enorme Mengen von holländischem Käse auf Schleichwegen in die spanischen Kolonien in Amerika geschleust. In Venedig bietet man dalmatinische Käsesorten und die riesigen Käseräder aus Kreta feil. In Marseille wird 1543 unter anderem Käse aus der Auvergne gehandelt. Für die Landbevölkerung stellt der Käse im 16. Jahrhundert die eigentliche Ernährungsgrundlage dar. Hundert Jahre früher rühmte man die qualitativ hervorragenden Käse der Grande Chartreuse in der Dauphiné, die man für Fondues und überbackene Brote verwendete. Schweizer Käse war schon vor dem 18. Jahrhundert sehr gefragt; ursprünglich stammt er aus einem Ort im Kanton Fribourg, wird aber in der Freigrafschaft Burgund täuschend ähnlich nachgemacht.

Käse wird das beliebteste Nahrungsmittel in Europa, denn er ist billig und obendrein mit seinem hohen Proteingehalt äußerst nahrhaft. Um 1698 scheffelten französische Bauern ein Vermögen, als sie für die im Kampf stehenden Heere Italiens und Deutschlands Käse beschaffen sollten. Doch zu diesem Zeitpunkt hatte der Käse, besonders der französische, noch nicht seine spätere Berühmtheit erlangt und galt noch nicht als salonfähig.

In den Kochbüchern wird er zwar erwähnt, jedoch ohne alle Qualitäts- oder Markenunterschiede. Ziegenkäse ist so verpönt, daß er hinter dem Schafskäse und dem Käse aus Kuhmilch rangiert. 1702 gibt es nach Ansicht eines Arztes nur drei gute Käsesorten: den Rocquefort, den Parmesan und den Sassenage (aus der Dauphiné). Die Verkaufsziffern des Rocquefort liegen bei mehr als 6000 Doppelzentnern jährlich. Der Sassenage wird aus gegorener Kuh-, Schafs- und Ziegenmilch hergestellt. Den Parmesan wie auch seinen Vorgänger, den florentinischen *marsolin,* brachte Karl VII. von seinen Feldzügen aus Italien mit.

Milch, Butter und Käse, seien sie auch bescheidene Lebensmittel, finden sogar Anklang bei den Mohammedanern und Indern. Ein Reisender notiert 1694, daß die Perser sich mit sehr wenig zufriedengeben, mit ein wenig Käse und Sauermilch, in die sie ihr ziemlich fades altbackenes Brot tauchen. Morgens tun sie etwas Reis oder *pilaw* dazu, der nur mit Wasser gekocht wird; doch diese Art Reisragout essen anscheinend nur besser Situierte. In der Türkei ernährt sich der ärmere Teil der Bevölkerung beinahe ausschließlich von diesen einfachen Milchprodukten: Sauermilch (Yoghurt) im Sommer, manchmal auch Gurken oder Melonen, Zwiebel, Lauch oder einen Sud aus Trockenobst. Neben dem Yoghurt essen die Türken den *kaymak,* eine leicht salzige, gekochte Creme, sowie Käse, der in Schläuchen *(tulum),* Rädern *(tekerlek)* oder Kugeln aufbewahrt wird, wie zum Beispiel der berühmte *cascaval* der walachischen Bergbewohner, der nach Istanbul und bis

nach Italien geliefert wird. Der *cascaval* ist eine Art Schafskäse, der nach mehrmaliger Gärung ähnlich wie der *cacio cavallo* aus Sardinien und Italien schmeckt.
China kennt trotz seiner riesenhaften Ausdehnung weder Milch noch Käse noch Butter. Kühe, Ziegen und Schafe werden nur des Fleischertrags wegen gehalten. Bekam Gemelli Careri also wirklich, wie er meinte, Butter zu essen? Die Japaner teilen in diesem Punkt die Abneigung oder Unkenntnis der Chinesen – selbst Bauern, die mit Ochsen und Kühen ihr Feld bestellen, nutzen auch heute noch die Möglichkeit der Milchverwertung nicht, weil sie sie für ungesund halten. Das wenige Öl, das der Japaner benötigt, liefern Sojabohnen.
Der Milchverbrauch des Abendlands nimmt dagegen solche Ausmaße an, daß die Versorgung bald schwierig wird. In London steigt der Verbrauch im Winter regelmäßig an, wenn sich alle reichen Familien in der Hauptstadt aufhalten; im Sommer sinkt er aus dem umgekehrten Grund ab, doch Sommer wie Winter blüht der Schwarzhandel in ungeahntem Ausmaß: Dabei wird die Milch entweder vom Zwischenhandel oder schon bei der Gewinnung stark mit Wasser verdünnt. Bei einem Großgrundbesitzer, so erzählte man sich 1801, stand in der Milchkammer eine Pumpe, die als sogenannte »schwarze Kuh« Berühmtheit erlangte: Sie war schwarz bemalt, und man versicherte, daß sie mehr Milch als alle Kühe zusammen lieferte. Hundert Jahre früher konnte man auf den Straßen Valladolids täglich das gleiche Schauspiel beobachten: Die Straßen waren mit mehr als 400 Eseln verstopft, die Milch, Quark, Butter und Sahne aus der Umgebung in die Stadt brachten. In Cocagne, das unter Philipp II. Madrid als Hauptstadt ablöste, konnte man alles kaufen: Auf dem Geflügelmarkt wurden täglich mehr als 7000 Stück Geflügel verkauft, das Schaffleisch gehört zum besten der Welt, das Brot ist ausgezeichnet, die Weine von erlesener Güte; aber das Angebot an Milchprodukten übertraf alles andere in Spanien.
Butter war auf den nördlichen Teil Europas beschränkt, sieht

man von Nordafrika und seiner ranzigen Butter ab. Die übrige Bevölkerung des Kontinents griff zu Schweineschmalz, Speck und Olivenöl. Die französische Küche eignete sich alle Erzeugnisse fremder Länder an. Das Loiregebiet ist der größte Butterlieferant für Paris und Umgebung. »In Frankreich wird keine Soße ohne Butter zubereitet«, stellt Louis Lemery fest (1702). Der Butterkonsum der Holländer und Skandinavier liegt noch höher als der Frankreichs; deswegen haben sie – so behauptet man – einen so frischen Teint. Doch zieht selbst in Holland die Verwendung von Butter erst im 18. Jahrhundert größere Kreise, bleibt aber auch dann noch ein Charakteristikum der Küche der Reichen. Die Mittelmeerländer sehen dieser Konsumsteigerung besorgt zu, denn ihrer Meinung nach ist das der Grund für die Zunahme der Leprakranken. Deswegen ließ der wohlhabende Kardinal von Aragon auf seiner Reise durch die Niederlande 1516 dafür Sorge tragen, daß sein Leibkoch ihn begleitete und in seinem Reisegepäck genügend Olivenöl mitgeführt wurde.
Für Paris war im 17. Jahrhundert die Versorgung mit Frischbutter gesichert. Aus Irland und der Bretagne wurde gesalzene Butter bezogen, für ganz ausgefallene Geschmäcker gab es sogar Butterschmalz nach Lothringer Art. Einen hohen Prozentsatz der Frischbutter lieferte Gournay, eine kleine Stadt bei Dieppe; dort wurde die noch unbearbeitete Butter geknetet und eventuell vorhandene Molke abgeschöpft, in große Klumpen von 40 bis 60 Pfund geformt und nach Paris verschickt. Nach dem *Dictionnaire sentencieux* von 1778 existieren für die snobistische *high society* der damaligen Zeit nur zwei Buttersorten: die aus Vanvre (sic!) und die aus Frévalais nahe Paris.
Eier werden in der damaligen Zeit viel gegessen. Sie sollen nicht zu lange gekocht und möglichst frisch verbraucht werden. Die Ärzte berufen sich auf den erprobten Rat der Schule von Salerno: *Si sumas ovum, molle sit atque novum.* Damals gehen besondere Rezepte zur Frischhaltung der Eier von Hand

zu Hand. Als sehr gefragtes Grundnahrungsmittel unterliegt das Ei den normalen Konjunkturschwankungen und steigt beträchtlich im Preis. Der Verkauf relativ weniger Eier zum Beispiel in Florenz ermöglicht die Aufstellung einer genauen Statistik über die Höhe der Lebenskosten im 16. Jahrhundert sowie den momentanen Geldwert in Stadt und Land. In Ägypten konnte man im 17. Jahrhundert für einen Sol entweder dreißig Eier, zwei Tauben oder ein Huhn erstehen; auf dem Weg von Magnesia nach Brussa sind Lebensmittel (1694) billig, für einen Para (= 1 Sol) bekommt man 7 Eier, für 10 ein Huhn, für 2 eine gute Wintermelone und zum gleichen Preis eine Tagesration Brot. Im Februar 1697 konstatiert der Reisende, von dem diese Nachricht stammt, daß in der Nähe Acapulcos »der Gastwirt 32 Sol für ein einziges Huhn und nur einen Sol für ein Ei verlangte«. Eier gibt es also überall in Hülle und Fülle. Montaigne ist zu Recht über die deutschen Herbergen verwundert, wo man »nur harte Eier in Achteln als Salat serviert bekommt«. Noch größer aber muß Montesquieus Erstaunen gewesen sein, als er 1729 Neapel verließ und bei seiner Ankunft in Rom »im ehemaligen Latium der Reisende weder Hühner noch Täubchen noch ein einziges Ei vorfindet«. Für europäische Verhältnisse stellen diese Zustände eine Ausnahme dar, nicht dagegen im vegetarisch orientierten Fernen Osten, in dem das Ei zu den absoluten Seltenheiten zählt. Sowohl China als auch Japan und Indien kennen dieses die Mahlzeiten so bereichernde und doch so simple Nahrungsmittel nicht; es gehört dort nicht zu den Grundnahrungsmitteln. Chinesische Enteneier, die vor dem Verbrauch ungefähr einen Monat in eine Salzlake gelegt werden, bleiben als Delikatesse dem verwöhnten Geschmack der Reichen vorbehalten.

Nahrungsmittel des Alltags: die Früchte des Meeres

So ungeheuer wichtig und lebensnotwendig das Meer für manche Völker ist, so wenig – oder gar nicht – kennen weite Gebiete seine Möglichkeiten. Das gilt beispielsweise für die gesamte Neue Welt. Auf den Antillen machen nur Schiffe auf dem Weg nach Santa Cruz bei Windstille ungeahnte Beute. Wenig von Einheimischen genutzt wird der unermeßliche Fischreichtum auch an den Küsten und Sandbänken Neufundlands – er kommt vor allem Europa zugute (allerdings werden im 18. Jahrhundert Tonnen von Kabeljau in die englischen Kolonien und die Plantagen im Süden Amerikas verfrachtet). Auch Kanadas und Alaskas Lachsreichtum wird nicht erkannt. In der Bucht von Bahia, wo die von Süden kommende, zunehmend kälter werdende Strömung die Jagd auf den Wal begünstigt, sind im 17. Jahrhundert nur einige baskische Harpuniere am Werk. In Asien wird nur in Japan und im Süden Chinas, an der Mündung des Jangtsekiang bis zur Insel Hainan, Fischfang betrieben. Sonst gibt es nur vereinzelt Fischerboote, zum Beispiel in Malaysia oder in Ceylon. Hierher gehört auch das Kuriosum der Perlenfischer am Persischen Golf nahe Bauder Abassi, denen ihre in der Sonne getrockneten Sardinen – ihr tägliches Brot – wertvoller erscheinen als die Perlen, die sie fischen. In China bringt der Fischfang im Süßwasser und in den Seen des Jangtsekiang und im Pei Ho reiche Beute; doch liegt noch heute der Verbrauch bei nur 0,6 Kilogramm pro Person jährlich.

In Japan dagegen wird viel Fisch gegessen, 40 Kilogramm pro Person im Jahr; nach Peru besitzt dieses Land die größte Fangflotte der Welt und gibt damit das Gegenstück zu Europa und seinem beinahe ausschließlichen Fleischkonsum ab. Japan gewinnt diese Erträge aus seinen fischreichen Binnenmeeren, vor allem aus den Fanggründen vor Yeso und Sachalin, wo das Kaltwasser des Oya-shivo und das Warmwasser des Kuro-shivo zusammenfließen, ähnlich wie im Nordatlantik bei Neufundland der Golfstrom mit dem Labradorstrom. In der Planktonverbindung des Kalt- und Warmwassers liegt der Grund für den Fischreichtum.

Auch Europa verfügt über die verschiedensten Versorgungsquellen. Der Fisch als Nahrungsmittel wird immer gefragter, nachdem sich durch die religiösen Vorschriften die Zahl der Fastentage erhöhte: Es gibt 166 Fastentage im Jahr, darunter die vorösterliche Fastenzeit, die noch unter Ludwig XIV. sehr streng eingehalten wird. Während dieser vierzigtägigen Fastenperiode dürfen Fleisch, Eier und Geflügel nur an Kranke verkauft werden, aber auch nur dann, wenn sie eine von einem Arzt und einem Priester ausgestellte Bestätigung vorweisen können. Um die Lebensmittelausgabe leichter kontrollieren zu können, darf in Paris nur der »Metzger der Fastenzeit« die verbotenen Nahrungsmittel verkaufen, und auch das nur im Hôtel-Dieu, dem städtischen Spital. Deswegen ist in dieser Zeit frischer, geräucherter oder gepökelter Fisch so gefragt. Doch sind die europäischen Küstengewässer nicht übermäßig fischreich. Auch das vielgerühmte Mittelmeer verfügt nur über beschränkte Vorräte: Thunfische vom Bosporus, Kaviar aus den russischen Flüssen, Tintenfische von der griechischen Halbinsel – und das für die fastende Christenheit eines ganzen Kontinents und darüber hinaus bis nach Abessinien. Nordafrika betreibt ebenfalls Thunfischfang, außerdem Sizilien, Andalusien und die Südküste Portugals. Lagos ist ein Hauptexporteur für Thunfischladungen Richtung Mittelmeer und Nordeuropa. Geringe Vorkommen an Thunfisch, Sardinen, Anchovis finden sich auch an der Küste der Provence.

Verglichen damit sind die Vorräte der nordischen Binnenmeere Ärmelkanal, Nordsee, Baltisches Meer, und vor allem des Atlantik überreich. Im Mittelalter herrschte an den Atlantikküsten Europas reger Fischfang (Lachse, Makrelen, Kabeljau). Das Baltische Meer und die Nordsee galten seit dem 11. Jahrhundert als Fangplatz großer Heringsschwärme; diese brachten damals zuerst der Hanse, dann den holländischen

und seeländischen Fischern ein Vermögen ein. Um 1375 soll ein Holländer namens William Benkelszoor ein Verfahren erfunden haben, wie die Netze schneller ausgelegt und das sofortige Pökeln und die Verpackung in Fässer auf dem Schiff erledigt werden konnten. 1473 verlassen die Heringsschwärme unerklärlicherweise das Baltische Meer und ziehen zu den Sandbänken der Doggerbank vor der englischen und schottischen Küste bis hinauf zu den Orkney-Inseln. Die Fischer Hollands und Seelands, aber auch andere Schiffe ziehen ihnen nach; beachtlich, daß mitten in den Kämpfen zwischen Valois und Habsburgern im 16. Jahrhundert rechtmäßig abgeschlossene Heringsverträge dafür sorgen, daß die Nutzung dieser Vorkommen in europäischen Händen bleibt.
Der Hering wird nach West- und Südeuropa exportiert, entweder auf dem See- oder dem Flußweg oder über Land auf Wagen und Lasttieren. Bis nach Venedig werden gesalzene oder geräucherte Heringe geliefert. Oft ziehen die Fischkärrner mit ihrem klapprigen, mit Fischen und Austern beladenen Gaul in die großen Städte wie Paris. »Frische Heringe vom Nachtfang!«, tönt es einem noch in den Ohren aus *Les cris de Paris* des Komponisten Janequin. In London kann es sich sogar der junge Nationalökonom William Petty leisten, mit seinen Freunden und seiner Frau ein Faß Austern zu essen.
Man darf aber nicht glauben, daß die Fischvorkommen des Meeres den Bedarf Europas decken. Je weiter man von den Küstengebieten weg nach Osten ins Landesinnere gelangt, desto mehr drängt sich die Nutzung des Süßwasserfischs auf. Jeder Fluß, jeder Bach, sogar die Seine in Paris hat ihre anerkannten Fischer. Die Wolga birgt enorme Vorräte, die Loire ist so berühmt für ihre Lachse und Karpfen wie der Rhein für seine Barsche. In Valladolid dagegen hält ein portugiesischer Reisender zu Anfang des 17. Jahrhunderts die Versorgung mit Fisch für äußerst unzureichend. Auch leidet die Qualität unter den Transportschwierigkeiten. Das ganze Jahr über gibt es Seezungen, Sardinen und Austern zu kaufen,

manchmal auch Kohlfisch; in der Fastenzeit werden ausgezeichnete Goldbrassen aus Santander geliefert. Forellen werden täglich in großen Mengen auf dem Markt verkauft, sie stammen aus Burgos und Medina de Rioseco. Die künstlich angelegten Sümpfe und Fischzuchten auf den großen südböhmischen Gütern haben wir schon erwähnt. Bezeichnend für die damaligen Verhältnisse in Deutschland ist der große Konsum an Karpfen. Das Ausmaß der Inflation von 1817 lesen die Experten unter anderem am damaligen Preis für einen Karpfen ab.

Kabeljaufang

Die am Ende des 15. Jahrhunderts anlaufende Erschließung der Kabeljaubänke Neufundlands — nach der bisherigen Inaktivität übrigens eine umwälzende Neuerung — führt zu einer Interessenkollision zwischen Basken, Holländern und Engländern, wobei von vornherein klar ist, daß der Stärkere die schutzlosen Mächte besiegen wird. So werden die spanischen Basken verjagt, der Zugang zu den Fischgründen bleibt damit in der Hand Frankreichs und Englands, den Ländern mit den stärksten Flottenverbänden. Als ein großes Problem stellt sich die Konservierung und der Transport der Fische heraus. Der Kabeljau wird entweder schon an Bord der Neufundlandschiffe präpariert und gepökelt oder erst an Land getrocknet. Der gepökelte Kabeljau — der Laberdan — wurde vorher gesalzen und ist noch sehr saftig. Die Schiffe, die auf den Laberdan spezialisiert sind, können nur begrenzte Tonnage aufnehmen neben den etwa zehn bis zwölf Fischern an Bord und den Seeleuten, die den Fisch zerkleinern, zurichten und pökeln — alles in einem Schiffsraum, der bis unter die Luken vollgestopft ist. Wenn sie die Neufundlandbänke erreicht haben, lassen sie sich gewöhnlich treiben. Die auf Stockfisch spezialisierten Schiffe dagegen werfen Anker aus, denn der Stockfischfang wird von Barken aus getätigt. An Land wird der Fisch dann nach einem komplizierten Verfahren getrocknet.

Jedes Kabeljaufangschiff muß sich vor dem Ablegen mit genügend Proviant eindecken, mit Salz, Lebensmitteln, Mehl, Wein, Alkohol, aber auch mit Werkzeug wie Angelhaken und Angelschnüren. Noch zu Anfang des 17. Jahrhunderts holen norwegische und dänische Fischer in San Lucar de Barramada in der Nähe von Sevilla ein ganz bestimmtes Salz für die Beize, in die Fische eingelegt werden. Bezahlt wird nach der Rückkehr aus Amerika mit Fischen.

In La Rochelle legen – in seiner Blütezeit im 16. und 17. Jahrhundert – im Frühjahr viele Schiffe, oft mit mehreren Hundert Tonnen, an, da für diese Art Expedition ein ziemlich großer Laderaum Voraussetzung ist. Der Kabeljau ist ein eher sperriges als schweres Tier. An Bord befinden sich ungefähr zwanzig bis fünfundzwanzig Männer, jeder muß mit Hand anlegen. Der Verproviantierer liefert dem Schiffspatron Mehl, Werkzeug, Getränke und Salz; er muß dabei genau die Bestimmungen befolgen, wie sie in der *Certepartie* notariell festgelegt sind. Allein der kleine Hafen Olonne nahe La Rochelle rüstet jährlich bis zu Hundert Segler aus, auf denen mehrere tausend Männer buchstäblich auf die andere Seite des Ozeans verfrachtet werden. Da die Stadt 3000 Einwohner zählt, müssen die Schiffspatrone ihre Seeleute anderswo unterbringen, zum Teil auch jenseits der Grenze in Spanien. Wenn die Schiffe abgelegt haben, ist das geliehene Geld der Bürger dem Glück und dem Zufall ausgeliefert. Erst nach der Rückkehr im Juni wird rückvergütet. Auf das Schiff, das als erstes zurückkommt – im allgemeinen gewinnt immer ein Olonneser das Rennen – ist eine phantastische Prämie ausgesetzt. Der Sieger wird in seinem Quartier regelrecht belagert; es geht äußerst turbulent zu, hitzige Diskussionen und Handgemenge sind bei dieser lukrativen Siegesfeier an der Tagesordnung. Alle warten gespannt auf den ersten Fisch, und es kommt durchaus vor, daß für 100 bis 110 Kabeljaus bis zu 60 Pfund bezahlt werden, während man einige Tage später Mühe hat, tausend für 30 Pfund zu verkaufen. Der Fischreichtum ist unerschöpflich: Auf der großen Neufundlandbank — einem riesigen submarinen Berg, dessen höchster Punkt gerade unter der Wasseroberfläche liegt — gibt es ohne Übertreibung beinahe ebenso viele Kabeljaus wie Sandkörner. »Gott hat uns den Kabeljau geschenkt«, schreibt 1739 ein Einwohner Marseilles. Hundert Jahre früher meinte ein französischer Reisender, daß der europäische Handel sein bestes Geschäft mit dem Kabeljau mache; nur das Fangen und der Verkauf bringen Arbeit mit sich. In Frankreich sollen davon eine Million Menschen leben — was natürlich zu hoch gegriffen ist. Doch besaß Frankreich im 18. Jahrhundert immerhin 500 Fangschiffe mit ungefähr 1000 Fischern samt ihren Familien. Am Ende des 18. Jahrhunderts macht der Kabeljau 60 Prozent der Tonnage der französischen Flotte aus, und je 45 Prozent der Mannschaften und der Gewinner sind daran beteiligt. Zählt man den europäischen Anteil und den der Fischer aus Boston im 18. Jahrhundert zusammen, kommt man auf 1500 Schiffe, 25 000 bis 30 000 Seeleute, die Fischer an den Küsten Islands, Norwegens, Lapplands, Helgolands und der Orkney-Inseln mitgerechnet. Wenn man dann je Schiff 100 Faß Fisch rechnet, ergibt das mindestens 150 000 Tonnen Ladung. Doch haben nur wenige Schiffe 100 Tonnen geladen, und ebenso selten kommt auch vor, daß die Olonneser im Dezember ausfahren und so zwei Fahrten zurücklegen. Das Risiko, wegen schlechten Wetters überstürzt heimkehren zu müssen, ist zu groß. Die holländische Flotte zählt 1750 1000 Schiffe mit insgesamt 86 000 Tonnen, die in zwei Saisons 175 000 Fässer Fisch einbringen, Heringe, Sardinen und Makrelen, vor allem aber Kabeljau, in Fässern verpackt. Um 1699 kommen weitere 300 Kabeljaufangschiffe hinzu.

Die Korrespondenz eines Kaufmanns aus Honfleur, eines Zeitgenossen Colberts, verschafft uns Einblick in die Qualitätsunterschiede, die man damals notierte: Die *gaffe* ist ein Kabeljau von enormen Ausmaßen, die *marchande* und der Lengfisch und die kleinen Kabeljaus gelten als kleine Laberdans, rangieren aber trotzdem noch vor dem Ausschuß. Als schlecht gelten die, die entweder zu viel oder zu wenig gepökelt oder von den Staplern beim Zusammenstampfen zerdrückt worden sind. Da der Laberdan nach Stückzahl und nicht wie der Stockfisch nach Gewicht verkauft wird, muß man sich ganz auf die Sortierer verlassen, die mit einem Blick die »gute« von der »schlechten« Ware unterscheiden und wiegen. Kopfzerbrechen bereitet den Kaufleuten und Kabeljauverkäufern nur, wie sie den Einbruch holländischer Heringe (die allerdings ziemlich besteuert wurden) auf dem Markt von Honfleur eindämmen könnten; noch problematischer aber ist die Übertretung des Fangverbots durch Fischer aus der Normandie – vor allem in der Zeit nach Weihnachten. Der Fisch ist zu dieser Jahreszeit qualitativ schlecht und muß zu einem Spottpreis verkauft werden. »Sobald es diesen Hering gibt, läßt sich nicht einmal mehr der Schwanz eines Kabeljaus verkaufen.« Deshalb kommt es zu einem königlichen Verbot, das von den rechtschaffenen Kabeljaufischern lebhaft begrüßt wird.

Jeder Hafen hat sich auf eine bestimmte Fischsorte spezialisiert; den Ausschlag gibt die Gegend, die beliefert werden muß. Dieppe, Le Havre, Honfleur versorgen Paris mit Laberdan, Nantes ist zuständig für die Loire und ihre Nebenflüsse, Marseille verarbeitet durchschnittlich die Hälfte der französischen Fangerträge an Stockfisch und exportiert einen Teil davon nach Italien. Zahlreiche Schiffe aus St. Malo laufen seit dem 17. Jahrhundert regelmäßig die italienischen Häfen, besonders Genua an. Die erste Fangfahrt (Ausfahrt im Januar, Rückkehr im November) und die zweite (Ausfahrt im März, Rückkehr im November/Dezember) bestimmen die beiden Versorgungsphasen. Die erste Ladung reicht nie lange, die zweite hält auch nur bis ungefähr April vor. Darauf folgt für ganz Frankreich eine Karenzzeit von drei Monaten (April bis Juni). In dieser Zeit gibt es noch wenig Gemüse, die Eier sind teuer, und man ißt nur wenig Süßwasserfisch. Diese Marktlücke erklärt den plötzlichen Kursanstieg und den hohen Preis für Laberdan, den die Engländer vor ihren eigenen Küsten fangen und bei dem Dieppe wiederum Umschlagshafen für Paris ist.

Beinahe alle Schiffe stellen ihre Fangexpeditionen im Kriegsfall ein; so war es im spanisch-österreichischen Erbfolgekrieg, im Siebenjährigen Krieg und im amerikanischen Unabhängigkeitskrieg. Nur noch der mächtigste Staat kann es sich dann leisten, weiterhin mit Kabeljau beliefert zu werden.

Fischfang und mittlere Tonnagen nehmen allmählich zu, obwohl es nach wie vor zu Fahrtverzögerungen kommt — vier bis sechs Wochen auf der Hin- und Rückfahrt. Es grenzt beinahe an ein Wunder, wenn der Vorrat nie erschöpft, ja sogar immer noch mehr als genug vorhanden ist. Der Kabeljau ernährt sich vor allem von Plankton und Fischen, besonders gerne von Wittlingen. Diese werden von den Kabeljauschwärmen regelmäßig von Neufundland bis an die europäischen Küsten gejagt, wo sie dann von den Fischern gefangen werden. Anscheinend gab es im Mittelalter in Europa unzählige Kabeljauschwärme, die jedoch später nach Westen gewandert sein müssen. In Europa stürzten sich vor allem die Armen auf das neue Nahrungsangebot. Früher waren es der Talg und das wesentlich zähere Fleisch des Walfischs, das die Armen in der Fastenzeit aßen, bis man merkte, daß Talg in öliger Form sich für die Erzeugung von Licht verwenden ließ sowie für Seife und verschiedene andere Dinge. Von da an wurde Walfischfleisch nicht mehr auf dem Markt gehandelt und nur noch von »halbwilden Kaffern am Kap der Guten Hoffnung« gegessen — so zu lesen in einem Vertrag von 1619, aus dem hervorgeht, daß auch Italien gesalzenen Walfischtalg — den sogenannten Fastenspeck — verwendet.

Jedenfalls aktivieren die Bedürfnisse der »Industrie« den

Walfischfang beträchtlich: Die Holländer schicken zwischen 1675 und 1721 6995 große Schiffe nach Spitzbergen, die mit 32 908 harpunierten Walen heimkehren; Hamburger Schiffe kreuzen regelmäßig im Eismeer um Grönland.

Der Pfeffer

Dem Pfeffer kommt in der Geschichte der Eßgewohnheiten eine besondere Rolle zu. Heute ein durchaus entbehrliches Gewürz, gehörte er jahrhundertelang zu den wichtigsten Handelswaren der Levante. Alles Glück oder Unglück dieser Erde, ja sogar die Pläne der Eroberer schienen im 15. Jahrhundert von ihm abzuhängen. Aus dieser Zeit stammt auch das französische Sprichwort: »Teuer wie Pfeffer.«
Europa hatte lange Zeit geradezu eine Leidenschaft für Gewürze wie Pfeffer, Zimt, Nelke, Muskat und Ingwer, eine Vorliebe, die freilich daneben auch der Islam, China und Indien teilten. Aber deswegen kann dort noch lange nicht von einer Manie die Rede sein; jede Gesellschaft hat ihre spezifischen Bedürfnisse, die zwar variabel, aber immer gegenwärtig und auch notwendig sind. Man wollte dort lediglich etwas Abwechslung in die Eintönigkeit der Gerichte bringen. Ein hinduistischer Schriftsteller sagt: »Wenn der Palast rebelliert, weil der gekochte Reis so fade schmeckt, dann träumt jeder von Fett, Salz und Gewürzen.«
Heutzutage verwenden gerade die ärmsten und unterentwikkelten Länder am meisten Gewürze; auch im Mittelalter standen auf allen Tischen der ärmeren Schichten Thymian, Majoran, Lorbeer, Bohnenkraut, Anis, Koriander; letzteren bezeichnete Arnaud von Villeneuve, ein berühmter Arzt im 13. Jahrhundert, als »das Theriakon der Bauern«. Nur der Safran bleibt ein ausgesprochener Luxusartikel. In der Zeit von Plautus und Cato dem Älteren entdeckte die römische Welt ihr Faible für das *silphium* aus Libyen, eine geheimnis-

volle Pflanze, die aber im 1. Jahrhundert des Imperiums ausstarb. Als Caesar 49 den Staatsschatz leerte, fand er dort außer 1500 Pfund auch 490 Kilogramm *silphium*. Später kam die *asa foetida* in Mode, ein persisches Gewürz, das heute noch dort wächst und damals wegen seines üblen Geruchs den Namen *stercus diaboli* (»Teufelsdreck«) erhielt. Pfeffer und andere Gewürze werden in Rom nicht vor Varro und Horaz populär; Plinius wundert sich sehr über die Vorliebe für den Pfeffer, »der sehr begehrt und nicht teuer ist«. Wenn man ihm glauben darf, waren die feinen Gewürze billiger als Pfeffer. Später wird der Pfeffer in besonderen Speichern aufbewahrt, in den sogenannten *horrea piperataria;* Alarich, der 410 die Stadt plündert, erbeutet 5000 Pfund Pfeffer.

Von Rom aus verbreiteten sich der Pfeffer und die übrigen Gewürze im ganzen Abendland. Zur Zeit Karls des Großen, als das Mittelmeer für die Christenheit beinahe völlig gesperrt war, wurden sie wahrscheinlich Mangelware. Aber das sollte sich schnell ändern, als im 12. Jahrhundert eine wahre Gewürzsucht ausbricht. Das Abendland läßt seine kostbarsten Metallvorkommen ungenutzt, um sich beim Handel mit der Levante zu engagieren, der den halben Erdball erfaßt hat. Diese Passion geht soweit, daß neben dem schwarzen und weißen Pfeffer – mit oder ohne dunkler Schale – auch der langkörnige Pfeffer in Kauf genommen wird, der in Indien wächst und nur ein Ersatzprodukt ist, ebenso wie seit dem 15. Jahrhundert der falsche Pfeffer – die Paradieskörner – von der Küste Guineas. Den Kochbüchern nach zu urteilen, wurde so ziemlich alles gewürzt, Fleisch und Fisch ebenso wie die Suppen, Marmeladen und Getränke. Wer konnte es sich damals erlauben, Wild ohne »heißen Pfeffer« zu braten, wie es Douet d'Arcy zu Anfang des 15. Jahrhunderts empfiehlt. Der *Ménagier de Paris* (1393) rät, die Gewürze erst im letzten Augenblick dazuzugeben; für die Zubereitung von Blutwurst schreibt er zum Beispiel vor: »Geben Sie Ginger, Gewürznelken und ein wenig Pfeffer hinein und zerstoßen Sie diese.« Auch aus der *olla-podrida*, einem spanischen Gericht aus Fleisch, Ente, Rebhuhn, Taube, Wachtel und Poularde, wird in diesem Buch eine bunte Mischung aus »aromatischen Drogen«, die allerdings nicht mehr unbedingt aus dem Orient stammen müssen, wie zum Beispiel Muskat, Pfeffer, Thymian Ingwer und Basilikum.

Gewürze werden auch wie Obst eingemacht oder – in Puderform – als Allerweltsmedizin verschrieben. Sie stehen tatsächlich in dem Ruf, die »Winde zu vertreiben und die Zeugungsfähigkeit zu begünstigen«.

Zwischen dieser Verschwendung auf der einen und der sparsamen Verwendung in der römischen Antike auf der anderen Seite gibt es keinen gemeinsamen Nenner. Zwar konsumierte das alte Rom weniger Fleisch – zu Zeiten Ciceros war es noch Gegenstand von Antiluxus-Gesetzen –, während das Abendland im Mittelalter für sich in Anspruch nimmt, zu den ausgesprochenen Fleischkonsumenten zu zählen. Vielleicht sollte mit Gewürzen, scharfem Pfeffer und gewürzten Saucen die schlechte Qualität des Fleisches bemäntelt werden – es war selten zart und außerdem schlecht haltbar. Nach Aussagen moderner Ärzte gibt es äußerst kuriose Geruchsidiosynkrasien; Gewürze mit bitterem und etwas »physiologischem« Geschmack, wie Knoblauch und Zwiebel, und feinere aromatischere Gewürze, die so milde wie Blumenduft sind, scheinen sich gegenseitig auszuschließen. Letztere sollten sich auf Dauer im Mittelalter durchsetzen.

Doch liegen die Dinge nicht so einfach. Jedenfalls stieg im 16. Jahrhundert als Folge der Kap-Umschiffung Vasco da Gamas auch der Gewürzkonsum vor allem im Norden, der damit die Mittelmeerländer überholte. Der Umschlageplatz für Gewürze verlagert sich allerdings nicht allein wegen der veränderten Handelsbeziehungen und Schiffahrtswege von Venedig und seinem *Fondaco dei Tedeschi* nach Antwerpen und später nach Lissabon und Amsterdam. Luther übertreibt freilich, wenn er behauptet, in Deutschland gebe es mehr Ge-

würze als Getreide. Die Hauptabnehmer sind im Osten und Norden zu suchen; Pfeffer und Gewürze scheinen in den Gebieten, in denen sie erst später heimisch wurden, begehrter zu sein. Die Frage lautet: Kommt dieser Luxus der Natur den nördlichen und den östlichen Ländern besonders entgegen oder stellt er überhaupt eine ganz neue Art von Luxus dar? Als der Abbé Mably zum Beispiel in Krakau ankam, bekam er »eine äußerst reichhaltige Mahlzeit und ungarischen Wein vorgesetzt, was vielleicht gar nicht so schlecht geschmeckt hätte, wenn die Russen und die Konföderierten nur alle diese aromatischen Kräuter ausgerottet hätten, mit denen hier alles gewürzt wird, genau wie in Deutschland, wo die Reisenden mit Zimt und Muskat förmlich vergiftet werden«. In Osteuropa herrschte zu dieser Zeit offenbar noch das aus dem Mittelalter übernommene Bedürfnis nach scharfen Gewürzen, eine kulinarische Eigenart, die im Westen schon als überholt galt.
Ein Historiker des ausgehenden 19. Jahrhunderts glaubt, daß die Gewürze deswegen immer mehr aus der Mode kamen, weil jeder sie erstehen konnte und sie nicht mehr zu den Luxusartikeln zählten. Diese Annahme wird auch durch das *Kochbuch* von François Pierre de la Varenne (1651) erhärtet und durch eine Satire Boileaus, die den unmäßigen Gewürzkonsum verspottet.
Seit die Holländer ihre Handelsbeziehungen bis zum Indischen Ozean und auf die Insulinde ausgedehnt hatten, waren sie sehr darauf bedacht, ein Pfeffer- und Gewürzmonopol zu errichten; sie wollten damit den portugiesischen Handel ausschalten – der aber trotzdem nie völlig zum Erliegen kam – und sich gegenüber der Konkurrenz Englands und später Frankreichs und Dänemarks behaupten. Ebenso waren sie daran interessiert, die Versorgung Chinas, Japans, Bengalens und Persiens weiterhin unter ihrer Kontrolle zu halten. So konnte es durchaus geschehen, daß die Holländer Gewinnverluste in Europa mit einem Überschuß in Asien ausgleichen konnten. Vermutlich wurde aber um die Mitte des 17. Jahr-

hunderts der größte Teil des Pfeffers via Amsterdam nach Europa importiert. Vor dem großen Aufschwung der Holländer (um 1600) lag die jährliche Einfuhrziffer bei ungefähr 20 000 Doppelzentnern für 100 Millionen Europäer, also durchschnittlich bei 20 Gramm pro Kopf. Um 1680 erhöht sich der Bedarf auf 50 000 Doppelzentner, d. h. auf das Doppelte wie in der Ära des portugiesischen Monopols. Zwischen 1715 und 1732 weisen die Verkaufsbücher der Holländischen Ostindischen Handelskompanie eine stagnierende Tendenz auf. Sicher ist, daß der Pfeffer nicht mehr wie früher den Markt beherrschte, also wie zum Beispiel zur Zeit Priulis oder Sanudos, als der Ruhm Venedigs noch ungetrübt war. Nahm er 1648 bis 1650 im Handelsregister der Gesellschaft von Amsterdam mit 33 Prozent noch den ersten Platz ein, so rangierte er zwischen 1778 und 1780 auf dem vierten Platz (mit 11 Prozent) nach Textilien (Seide und Baumwolle mit insgesamt 32,66 Prozent), anderen Gewürzen (24,43 Prozent) sowie Tee und Kaffee (22,92 Prozent). Ist dieser Rückgang symptomatisch für den Wandel eines Luxusartikels zu einem Gebrauchsgegenstand? Oder ist er eher als Rückgang eines übermäßigen Konsums zum Normalverbrauch zu deuten?
Hand in Hand mit diesem Rückgang geht das Aufkommen neuer Luxusartikel: Kaffee, Schokolade, Alkohol und Tabak sowie neuer Gemüse, die etwas Abwechslung auf den abendländischen Tisch bringen: Spargel, Spinat, Kopfsalat, Artischocken, Erbsen, Bohnen, Blumenkohl, Tomaten, Melonen. Sie sind vor allem italienischer Herkunft. Karl VII. brachte die Melone von dort nach Frankreich. Manches kommt aber auch aus Armenien, wie etwa die Warzenmelone. Aus Amerika stammt eigentlich nur die Kartoffel.
Bleibt eine letzte, aber unwahrscheinliche Erklärung für die Abnahme des Pfefferkonsums: Von 1600 an, aber auch schon früher, ist eine allgemeine Abnahme des Fleischkonsums zu verzeichnen. Gleichzeitig ging man zumindest in Frankreich zu einer einfacheren Küche über. Vielleicht wurden Deutsch-

land und Polen besser mit Fleisch versorgt, hatten also auch weiterhin größeren Bedarf an Pfeffer und anderen Gewürzen. Doch sollten die oben erwähnten Gründe ausreichen, solange keine detaillierteren Kenntnisse vorliegen.
Die Holländer liefern als erste den Beweis für eine gewisse Saturiertheit des europäischen Marktes; bei ihnen kommt es nach den Aussagen eines deutschen (1722) und eines englischen Beobachters (1761) vor, »daß große Mengen an Pfeffer, Muskat usw. verbrannt oder ins Meer geworfen werden müssen, damit die Preisstabilität erhalten bleibt«.
Im 17. Jahrhundert kommt man in Frankreich völlig von Gewürzen ab und begeistert sich stattdessen für die »Düfte«: Sie erobern die Ragouts, das Feingebäck, die Liköre und Saucen. Nichts bleibt von den »Düften« verschont, von Ambra, Iris, Rosenwasser und Orangeblüten, Majoran oder Muskat. Sogar Eier werden jetzt parfümiert!

Der Zucker erobert die Welt

Das Zuckerrohr ist ursprünglich an der bengalischen Küste zwischen dem Gangesdelta und Assam beheimatet. Zunächst wächst die Pflanze wild, gedeiht aber auch bald in Gärten. Zuerst gewann man Zuckerwasser aus ihm, dann den Zucker, der damals wie alle neuen Nahrungsmittel als Heilmittel angesehen wurde: Er kommt schon in den medizinischen Schriften der persischen Sassaniden vor. Vom Arzt verordneter Zucker macht dem bis dahin hoch im Kurs stehenden Honig Konkurrenz. Im 10. Jahrhundert taucht der Zucker auch in den Arzneibüchern der Schule von Salerno auf. Schon vor diesem Zeitpunkt war er in Indien als Lebensmittel anerkannt, ebenso in China, wohin er im 8. Jahrhundert importiert wurde und sich in dem hügeligen Gebiet von Kuangtung um Kanton rasch akklimatisierte. Kanton war in der damaligen Zeit der größte Hafen Chinas; sein waldiges Hinterland erfüllte eine günstige Vorbedingung für die Zuckerproduktion, die viel Brennmaterial erfordert. Jahrhundertelang stellt das Gebiet von Kuang Tung den Hauptanteil der chinesischen Produktion. Erst im 17. Jahrhundert gelingt der Holländisch-Ostindischen Handelskompanie der Export nach Europa.

Im 10. Jahrhundert wird Zuckerrohr in Ägypten angebaut. Die Kreuzfahrer bringen nach der Eroberung von Akkon und dem Verlust Syriens (1291) erste Proben mit nach Europa, wo er in Zypern rasch heimisch werden sollte. Die schöne Katharina Cornaro, Gattin des letzten Lusignan und letzte Königin der Insel (die Venezianer erobern sie 1479), stammt aus der venezianischen Patrizierfamilie der Cornaro, die zu ihrer Zeit Zuckerkönige waren.

Schon vor dieser Zeit wächst Zuckerrohr in Sizilien; nach Valencia brachten es die Araber. Ende des 15. Jahrhunderts wird es in Südmarokko angepflanzt, dann in Madeira, auf den Azoren, den Kanarischen Inseln, den Inseln Sao Tomé und Ile du Prince im Golf von Guinea. Sehr früh gelangt es auch über den Atlantik nach Brasilien. Als 1654 die Holländer aus Recife vertrieben werden und die Inquisition die portugiesischen Marranen verfolgen läßt, wandert er nach Martinique, Guadeloupe, Curacao, Jamaika und Santo Domingo, die um 1680 damit große Gewinne erzielen.

Seitdem nimmt die Produktion ununterbrochen zu. Mas-Latrie, ein französischer Historiker, schätzt Ende des 15. Jahrhunderts allein den Umsatz Zyperns auf 2000 venezianische Doppelzentner, das sind rund 100 Tonnen. Santo Domingo produziert im 18. Jahrhundert bis zu 70 000 Tonnen. England konsumiert jährlich 150 000 Tonnen Zucker, d. h. ungefähr das Fünfzehnfache von 1700. Lord Sheffield hat also nicht Unrecht, wenn er der Meinung ist, daß »der Zukkerkonsum immer noch beträchtlich ansteigen kann, denn in halb Europa ist er noch so gut wie unbekannt«. In Paris beläuft sich der Konsum am Vorabend der Französischen Revolution angeblich auf 5 Kilogramm pro Kopf jährlich (bei einer Einwohnerzahl von 600 000, was aber nicht stimmen kann, denn nach sicheren Schätzungen von 1846 kommen auf jeden einzelnen nur 3,62 Kilogramm). Eine für ganz Frankreich gültige Kalkulation ergibt theoretisch einen durchschnittlichen Jahreskonsum von einem Kilogramm im Jahr 1788. Dabei muß aber beachtet werden, daß Zucker trotz reger Nachfrage und relativ niedrigem Preis immer noch zu den Luxusartikeln gehört. In vielen französischen Bauernhäusern hing damals ein »Zuckerbrot« über dem Tisch; man mußte sein Glas hinhalten, damit ein Stück abschmolz.

Die bescheidene Produktion hängt auch mit der nur zögernd einsetzenden Nutzung der Zuckerrübe zusammen, die immerhin seit 1575 bekannt ist. Dem deutschen Chemiker Marggraf gelang es 1747 erstmals Zucker in fester Form zu gewinnen. Die Zuckerrübe »debütiert« sozusagen bei der Kontinentalsperre, aber es sollte noch fast ein ganzes Jahrhundert dauern, bis ihre Bedeutung erkannt wurde.

Der Anbau des Zuckerrohrs beschränkte sich naturgemäß auf die tropischen Klimazonen; in China gedeiht er zum Beispiel nur südlich des Jangtsekiang.

Bei der Zuckergewinnung ist viel Handarbeit vonnöten, die in Amerika die Sklaven verrichten; aufwendige Investitionen sind erforderlich, in Kuba und den spanischen Kolonien und Peru die *yngenios*, in Brasilien die *engenhos de assucar*, auf den französischen Inseln die *engins* oder Zuckermühlen, auf den englischen die *engines*. Das Zuckerrohr wird mit Walzen zermahlen; diese werden entweder von Tieren, dem Wind, dem Wasser oder Menschenkraft angetrieben. Der Pflanzensaft verlangt eine spezielle Behandlung und muß lange in Kupferkesseln gekocht werden. Nach der Kristallisation in irdenen Töpfen ergibt dies den Rohzucker; nach einem Filtervorgang in Steingut erhält man Kassonade oder den sogenannten »Farinzucker«. Im Anschluß daran lassen sich zehn verschiedene Produkte gewinnen. Oftmals wird der Rohzucker erst in Europa, in Antwerpen, Bordeaux, Nantes oder Dresden raffiniert – ein beinahe ebenso lukratives Geschäft wie die Gewinnung des Rohmaterials. Damit aber sind Konflikte zwischen den Raffinerien und den Zuckersiedern unausbleiblich, d. h. den Inselbewohnern, die alles an Ort und Stelle herstellen wollen. Für Anbau und Herstellung aber ist Kapital erforderlich. Wo sich dieses nicht auftreiben läßt, wie in Peru, den spanischen Kolonien und in Kuba, übersteigt der Absatz bis ins 19. Jahrhundert kaum die lokalen Bedürfnisse. Die Zuckerinseln können nur deshalb florieren, weil der Transportweg nach Europa die Kapazität und Schnelligkeit der damaligen Schiffe nicht überfordert.

Als zusätzliches Hindernis stellt sich heraus, daß für die Nahrungsversorgung einer einzigen amerikanischen Kolonie die Anbaufläche einer ganzen europäischen Provinz gebraucht wird; die Zuckerkolonien sind nämlich nicht autark, da das Zuckerrohr als Monokultur kaum Boden für den Anbau anderer Nahrungsmittel läßt. Dieser Nachteil tritt überall auf, im Nordosten Brasiliens wie auf den Antillen und im Süden Marokkos (wo die Archäologen gerade dabei sind, die riesigen alten Anbauflächen freizulegen). England exportiert 1783 auf die ihm gehörenden Westindischen Inseln (vor allem nach Jamaika) 16 576 Tonnen gepökeltes Rind- und Schweinefleisch, 5188 Speckseiten, 2559 Tonnen Konserven mit Innereien. In Brasilien wird die Ernährung der Sklavenarbeiter gesichert mit Tonnen von Kabeljau aus Neufundland, dem *carne do sol* aus dem Landesinnern (dem *sertão*), auch mit dem *charque*, das per Schiff vom Rio Grande do Sul kommt. Die Neuenglandstaaten tauschen Ochsenfleisch und Mehl mit den Antillen gegen Zucker und Rum, obwohl sie selber schon ziemlich frühzeitig Rum herstellen können.

Zusammenfassend erscheint es angebracht, nicht voreilig von einer Zuckerrevolution, sondern eher von einer Evolution zu sprechen. Sie läßt sich in ihren Anfängen zwar früh feststellen, greift aber so langsam um sich, daß sie an der Wende zum 19. Jahrhundert ihren Höhepunkt noch nicht erreicht hat.

Zweites Kapitel

Getränke und Rauschmittel

Auch bei einem kurzgefassten Abriss der Getränke und ihrer Geschichte müssen sowohl die herkömmlichen wie die neuartigen, die alltäglichen wie die ausgefalleneren Getränke samt ihren Veränderungen im Laufe der Jahrhunderte behandelt werden. Nicht alle Getränke gehören zur Kategorie der Nahrungsmittel. Von jeher spielen manche auch die Rolle von Betäubungs- und Rauschmitteln; zum Beispiel ist die Trunkenheit bei gewissen Indianerstämmen ein ausgesprochenes Mittel zur Kommunikation mit dem Übernatürlichen. Wie dem auch sei, der Alkoholismus nahm während der im vorliegenden Buch behandelten Jahrhunderte ständig zu. Später kamen exotische Aufputschmittel hinzu — Tee, Kaffee und nicht zuletzt der Tabak als ein weder unter Speisen noch Getränken einzuordnendes Rauschmedium mit all seinen Abarten.

Das Wasser

So paradox es auch erscheinen mag — wir beginnen mit dem Wasser, das keineswegs immer zur Verfügung stand. Auch wenn die Ärzte bestimmte Wasser für bestimmte Krankheiten verschreiben, man muß sich mit dem begnügen, was vorhanden ist, mit Regen-, Fluß- oder Quellwasser, Wasser aus der Zisterne, aus dem Brunnen, der Regentonne oder einem Kupferbehälter, den man vorsichtshalber immer gefüllt in Reserve stehen hat. Im Notfall scheut man auch vor Meerwasser nicht zurück, das in den spanischen Festungen in Nordafrika im 16. Jahrhundert in der Retorte destilliert wird — sonst muß man es aus Spanien oder Italien kommen lassen. Im schlimmsten Fall ergeht es einem wie diesen Kongoreisenden 1648, die halb verhungert und völlig erschöpft Wasser trinken müssen, »das ausgesprochen nach Pferdeurin schmeckt«.

Ein ungelöstes Problem — trotz vieler eifersüchtig gehüteter Rezepte — blieb die Konservierung des Süßwassers auf den Schiffen. Auch in wohlhabenden Städten war es um die Wasserversorgung nicht gut bestellt, so zum Beispiel in Venedig, dessen Brunnen auf den öffentlichen Plätzen oder in den Palasthöfen keineswegs, wie man annehmen würde, bis zum Süßwasserspiegel unterhalb des Lagunenbodens ausgegraben sind. Es sind vielmehr Zisternen, zur Hälfte mit feinem Sand aufgefüllt, der das Regenwasser filtert, das aus einer Düse in der Mitte des Brunnens hochschießt. Bei wochenlanger Trockenzeit — wie es einmal während eines Aufenthalts Stendhals der Fall war — sind die Zisternen naturgemäß ausgetrocknet. Bei stürmischem Wetter gelangt auch Salzwasser hinein. Doch reichen diese Zisternen schon in normalen Zeiten nicht für die Bevölkerung der Stadt aus. Süßwasser muß importiert werden, aber nicht über Aquädukte, sondern auf Barken, die in der Brenta beladen werden und täglich die Kanäle Venedigs passieren. Diese *aquaroli* sind sogar in einer eigenen Zunft in Venedig zusammengeschlossen. Ähnlich unangenehm wie hier ist die Situation auch in den holländischen Städten, die ebenfalls nur auf Zisternen, Brunnen und das reichlich dubiose Wasser der Kanäle angewiesen sind. Zu allem Unglück sind nur noch wenige Aquädukte in Betrieb: die zu Recht berühmten in Istanbul oder der noch aus der Römerzeit stammende *puente* in Segovia (1481 instandgesetzt), den die Besucher heute noch bewundern. In Portugal funktionieren — man höre und staune — noch im 17. Jahrhundert die

Aquädukte von Coimbra, Tomar, Vila do Conde und Elva. In Lissabon wird das Wasser über einem im 18. Jahrhundert erbauten Aquädukt zu dem abgelegenen Ratoplatz geleitet. Das von den Aquädukten gelieferte Quellwasser ist besonders begehrt; die Träger transportieren es in kleinen roten Fässern mit Eisengriff im Nacken. Verständlich also, daß die erste Sorge des Papstes Martin V. nach dem Großen Schisma der Restaurierung eines zerstörten Aquädukts in Rom galt. Ende des 16. Jahrhunderts mußte die Stadt über zwei Aquädukte versorgt werden, der *aqua Felice* und der *aqua Viola.* Der Aquädukt von Belleville, einem Vorort von Paris, wurde 1457 restauriert und reichte zusammen mit dem von Saint-Gervais bis ins 17. Jahrhundert für die Versorgung der Stadt aus. Der Aquädukt in Arcueil, von Maria de Medici wieder aufgebaut, leitete das Wasser von Rungis bis in den Palais de Luxembourg.

Überall hoben große hydraulische Räder den Wasserspiegel der Flüsse an und betrieben riesige Druck- und Saugpumpen. Die zwischen 1603 und 1608 erbaute Pumpe der Samaritaine pumpte täglich 700 Kubikmeter Wasser aus der Seine in den Louvre und die Tuilerien; die Pumpenleistung an der Brücke von Notre-Dame betrug 2000 Kubikmeter.

Das Wasser der Aquädukte und Pumpen wurde über Rinnen aus Terrakotta (wie zur Zeit der Römer) oder Holz (ausgehöhlte und aneinandergefügte Baumstämme) weitergeleitet, wie zum Beispiel in Norditalien seit dem 14. Jahrhundert, in Breslau seit 1471. Bleirohrleitungen, die es in England seit 1236 gab, wurden nur begrenzt eingesetzt. Im 16. Jahrhundert gab es in Paris auf dem linken Seineufer nur Brunnen, auf dem rechten darüber hinaus auch einige Quellen, die allerdings die Hälfte des Jahres über versiegen. Der große Wasserlieferant bleibt also die Seine. Seinewasser vereinigt angeblich alle Vorzüge in sich: Es trägt die Schiffe besser, weil es – wofür sich die Wasserträger freilich nicht interessieren – schwerer, dafür aber auch schmutziger ist, wie 1641 ein portugiesischer Gesandter bemerkt; es soll bekömmlich sein, was aber eindeutig abgestritten werden muß. »Zwischen dem Quai Pelletier und den zwei Brücken«, sagt 1771 ein Beobachter, »legen viele Färber bis zu dreimal in der Woche ihre Färberware aus ... Der Brückenbogen am Quai de Gèvres ist eine ziemlich übelriechende Ecke; das ganze Stadtviertel trinkt infiziertes Wasser.« Doch ist belegt, daß dort bald Abhilfe geschaffen wurde. Außerdem liefert die Seine immer noch besseres Wasser als die Brunnen auf dem linken Ufer, das die Bäcker zum Brotbacken benutzen, obwohl es dauernd übelriechende Rückstände aufweist.

Dieses Flußwasser war den Reisenden ohne Zweifel ein Dorn im Auge. Aber sie konnten, wenn sie wollten, immerhin einige Tropfen Essig hinzufügen oder filtriertes und »verbessertes« Wasser kaufen, etwa das sogenannte »Königswasser« oder das »Bristol-Wasser«, das zwar besser schmeckte als alle anderen, »aber auch noch teurer war«. Bis 1760 kannte man diese Verbesserungen gar nicht — man trank das Wasser, ohne sich viel Gedanken zu machen.

Die Pariser Wasserversorgung ernährt mehr schlecht als recht 20 000 Wasserträger, von denen jeder täglich etwa 30 Gänge (ein Gang à 2 Sol) zurücklegt (mit zwei Eimern jedesmal), zum Teil bis in die obersten Stockwerke. Deshalb schlug die Erfindung der Gebrüder Périer wie eine Bombe ein, die um 1782 in Chaillot zwei Feuerpumpen installierten, »ganz merkwürdige Maschinen«, in denen das Wasser einfach »durch siedenden Wasserdampf« steigt. Damit wurde das Londoner System übernommen, das schon seit langem solche Pumpen einsetzte. Im Quartier Saint-Honoré, das am wohlhabendsten war und sich deshalb am ehesten diesen Luxus leisten konnte, wurde es zuerst installiert. Sollten sich diese Maschinen jedoch auch in Zukunft bewähren, so war die berufliche Existenz der 20 000 Wasserträger gefährdet. Doch bald kam es in dem Unternehmen zu einem handfesten Finanzskandal (1788), womit man vorerst aller Sorge enthoben

Fränkisches Schöpfrad mit Eimern; Deutsches Museum, München.

Rekonstruktion einer Dampfmaschine von 1784; Science Museum, London.

war. Im 18. Jahrhundert war auch die Frage der Trinkwasserleitungen akut: Endgültige und nicht nur für die Hauptstädte praktikable Lösungen mußten gefunden werden; der Kanalisationsplan der Stadt Ulm (1713) beweist, daß auch das Gegenteil möglich sein kann.

Doch wird nur langsam ein gewisser Fortschritt erzielt. Früher war in allen Städten der Welt der Wasserträger zuständig. Der oben erwähnte portugiesische Reisende rühmt das ausgezeichnete Wasser, das man in der Zeit Philipps II. in Valladolid in entzückenden Flechtkörben oder bunten Keramikkrügen verkauft. Der chinesische wie der Pariser Wasserträger hängt seine beiden Eimer jeweils an die Enden einer Stange und gleicht damit das Gewicht aus. Auf einer chinesischen Zeichnung aus dem 18. Jahrhundert ist aber auch eine große Tonne mit Rädern zu sehen, die hinten mit einem Spundloch versehen ist. Ungefähr um die gleiche Zeit wird auf einem Kupfertiefdruck demonstriert, auf welche Weise ägyptische Frauen ihre großen, irdenen, amphorenähnlichen Wasserkrüge balancieren: Der große wird auf dem Kopf getragen und mit der linken Hand abgestützt, der kleine wird auf der rechten Hand mit abgewinkeltem Arm gehalten — alles in allem eine sehr graziöse Haltung.

In Istanbul nahm die Zahl der Quellen stetig zu, nachdem der Islam tägliche Waschungen unter fließendem Wasser zur Pflicht machte. Außerdem wurde dort wohl mehr Wasser als anderswo getrunken. Vielleicht brüsten sich die Türken deswegen heute noch, die Geschmacksnuancen verschiedener Quellwasser erkennen zu können, so wie der Franzose die unterschiedlichsten Weinsorten.

Ein weiterer Vorteil, den Istanbul zu bieten hat, ist das Eiswasser, das auch im Sommer für wenig Geld auf den Straßen verkauft wird. Der Portugiese Bartolomé Pinheiro da Veiga wundert sich, daß man in Valladolid Anfang des 17. Jahrhunderts auch in der warmen Jahreszeit »kaltes Wasser und glacierte Früchte« zu erschwinglichem Preis kaufen kann. In

Peking wird jeden Winter Eis in großen Blöcken in eigens dafür vorgesehene Eiskeller eingelagert. Aber wieder einmal ist es so, daß sich nur die Reichen den Luxus dieses Eiswassers leisten können. Auch Heinrich III. von Frankreich fand aus einer Laune heraus daran Gefallen, und alle machten es ihm nach. Allerdings sind im Mittelmeerraum die mit Eis und Schnee beladenen Schiffe ziemlich lange unterwegs. Die Malteser Ritter werden von Neapel aus damit versorgt; in einer ihrer Bestellungen heißt es (1743), daß sie ohne dieses Mittel das Fieber nicht senken könnten und viele sterben müßten.

Der Wein

Zwar wird in ganz Europa Wein getrunken, angebaut aber wird er nur in einigen Gegenden. Wenn der Weinstock auch in Asien, Afrika und vor allem in Amerika erfolgreich nach europäischem Muster angepflanzt wurde, so wurde der Wein dort dennoch nicht heimisch, die relativ schmale Zone der europäischen Weinkultur blieb nach wie vor ausschlaggebend. Hier sind es vor allem die Mittelmeerländer, dazu noch einige Gebiete im Norden, die nach beharrlichen Versuchen der Weinbauern dazugewonnen werden konnten. »Der Weinstock«, sagt schon Jean Bodin, »kann wegen der Kälte jenseits des 49. Breitengrades nicht gedeihen.« Die nördliche Anbaugrenze verläuft auf der Höhe der Loiremündung vom Atlantik zur Krim und darüber hinaus bis nach Georgien und Transkaukasien und stellt damit eine Verbindung zwischen westlicher und östlicher Wirtschaft her. Auf der Höhe der Krimhalbinsel schrumpft die Anbauzone auf einen schmalen Streifen zusammen, auf dem erst im 19. Jahrhundert reichere Erträge geerntet werden konnten. In früherer Zeit grub man dort die Rebstöcke vor Einbruch des Winters ein, um sie so vor den kalten Winden der Ukraine zu schützen.

Europäische Auswanderer brachten den Wein nach Mexiko und Peru; seit 1541 wurde er in Chile angebaut, in Argentinien wurde er nach der zweiten Gründung von Buenos Aires (1580) heimisch. In Peru reift der Wein in den feuchtheißen Tälern nahe Lima schnell, noch besser gedeiht er in dem klimatisch begünstigten Chile; dort beginnen die Weingärten schon zwischen den *cuadras,* den ersten Häuserblöcken der entstehenden Stadt Santiago. 1578 kapert Drake vor Valparaiso ein mit chilenischem Wein beladenes Schiff. Dieser Wein gelangt auf dem Rücken der Mulis oder Lamas nach Potosi. Kalifornien mußte bis zum letzten Vorstoß des Spanischen Reiches nach Norden warten, ehe es den Wein kennenlernte. Den größten Erfolg konnte der Wein mitten im Atlantik, auf den Inseln zwischen der Alten und Neuen Welt, für sich verbuchen. Madeira lag an erster Stelle, dort verdrängt die Rotweinproduktion allmählich den Zuckeranbau, es folgen die Azoren mit ihren hochprozentigen Weinen, die die Sorten von La Rochelle und Bordeaux verdrängen sollten (da hatte die Politik ihre Hände mit im Spiel: der Vertrag Lord Methuens mit Portugal stammt aus dem Jahr 1704); schließlich seien die Kanarischen Inseln erwähnt, besonders Teneriffa, das Weißwein in großem Stil nach Amerika und England exportiert.

Im Süden und Osten Europas scheitert der Weinanbau am obstinaten Widerstand des Islam. Doch behauptet der Wein auch innerhalb dieses religiösen Einflußbereichs seinen Platz. Die Schenkeninhaber Istanbuls nahe dem Arsenal geben täglich Wein an die griechischen Seeleute aus, und Selim, der Sohn Suleimans des Prächtigen, hat ein Faible für den likörartigen Zypernwein. In Persien – wo die Kapuziner ihren eigenen Wein anbauen, und zwar sicher nicht nur für liturgische Zwecke – genießen die Weine von Schiraz und Isfahan einige Berühmtheit und finden immer ihre Abnehmer. In riesigen Korbflaschen werden sie bis nach Indien verschickt. Schade, daß die Großmogule, die Nachfolger der Sultane von

Delhi ab 1526, nicht mit diesem starken persischen Wein vorliebnahmen, sondern sich dem Reisschnaps, dem Arrak, verschrieben.

Alle mit dem Wein zusammenhängenden Fragen lassen sich jedoch am Beispiel des europäischen Bereichs klären. Auf der einen Seite stehen die Bauern als Hersteller und die Konsumenten der lokalen Weinsorten – mögen sie nun gut oder schlecht sein –, auf der anderen Seite die große Masse der Kunden, die nicht immer besonders wählerisch ist, aber doch gewisse Ansprüche stellt und im allgemeinen hochprozentige Weine bevorzugt. Die Engländer machen zum Beispiel sehr früh die Malvasier Weine berühmt, die kretischen Muskat-Weine. Später lancieren sie den Portwein, den Malaga, den Madeira, den Jerez, den Marsala – alles berühmte Weine mit hohem Alkoholgehalt.

Vom 17. Jahrhundert an verdienen die Holländer ein Vermögen mit allen möglichen Aquaviten. Die Südländer lächeln herablassend über die Leute aus dem Norden, die ihrer Meinung nach nichts von der Kunst des Trinkens verstehen, weil sie ihr Glas immer mit einem einzigen Zug leeren. Jean d'Auton, der Chronist Ludwigs XII., beschreibt, wie deutsche Soldaten sich bei der Plünderung des Schlosses von Forli betrinken oder wie sie bei der Plünderung Roms den Fässern den Boden ausschlagen und binnen kurzem völlig betrunken sind. Auf deutschen Stichen aus dem 16. und 17. Jahrhundert mit Darstellungen bäuerlicher Feste fehlt beinahe nie eine Person, die sich auf der Bank umdreht, um sich von den Folgen übermäßiger Zecherei zu befreien. Der Basler Felix Platter, der sich 1556 in Montpellier aufhält, gibt zu, daß »sämtliche Trunkenbolde in der Stadt Deutsche sind«. Schnarchend – Opfer ihrer regelmäßigen Gelage – findet man sie unter den Fässern liegend.

Die starke Nachfrage des Nordens bestimmt den Handel mit dem Süden. Der Süden exportiert auf dem Seeweg von Sevilla und Andalusien aus in Richtung London und Flandern; oder

auf der Dordogne und der Garonne in Richtung Bordeaux und Gironde; oder von La Rochelle oder den Städten an der Loiremündung aus auf der Yonne aus Burgund nach Paris und darüber hinaus bis nach Rouen; auf dem Rhein oder über die Alpen (nach jeder Weinlese werden auf großen Karren, den *carretoni*, wie sie die Italiener nennen, die neuen Weine aus Tirol, Brescia, Vicenza, Friaul und Istrien nach Deutschland gebracht; von Mähren und Ungarn aus nach Polen; bald auch von Portugal, Spanien und Frankreich aus über das Baltikum nach Petersburg zu den Russen, deren Trinkvermögen zwar groß, aber nicht besonders differenziert ist. Natürlich trinkt nicht die gesamte Bevölkerung der nordeuropäischen Länder Wein, sondern nur die reicheren Schichten, darunter auch mancher Bürger oder ein mit einer Pfründe bedachter Geistlicher in Flandern, vom 16. Jahrhundert an auch der Edelmann in Polen, der meint, er vergebe sich etwas, wenn er sich wie die Bauern mit dem selbstgebrauten Bier begnüge.
Überall wird der neue Wein sehnsüchtig erwartet und freudig begrüßt; denn damals konnte man den Wein nicht länger als ein Jahr aufbewahren, dann wurde er sauer. Die Umfüllung in Flaschen und die serienmäßige Verkorkung sind anscheinend noch bis ins 17. Jahrhundert unbekannt. Im folgenden Jahrhundert wird das Sammeln gebrauchter Flaschen nach Ansicht der Kaufleute zu einer der lukrativsten Tätigkeiten der Londoner Unterwelt. Der Transport des Weins in Fässern ist dagegen schon länger bekannt; vereinzelt hält sich jedoch noch hartnäckig die Gewohnheit, ihn in Amphoren zu füllen. In dieser Erfindung des römischen Gallien hält sich der Wein aber nicht besonders gut. Der Herzog von Mondejar rät Karl V. am 2. Dezember 1539, nicht zu viel Wein für die Flotte zu kaufen. Da er sowieso schon gäre, sei es besser, er bleibe beim Eigentümer als bei seiner Majestät. Noch im 18. Jahrhundert steht in einem Handelswörterbuch zu lesen, daß die Römer die Güte eines Weins an seinem Alter ablesen, während die Franzosen gerade die Weine ungenießbar finden,

die ins 5. oder 6. Blatt (d. h. Jahr) gehen, und am ehesten für eine lange Lagerung geeignet sind (d. h. die von Dijon, von Nuits und Orléans).

Erst im 18. Jahrhundert finden die großen Weinsorten allmählich Anklang. Die bekanntesten unter ihnen verdanken ihre Berühmtheit vielleicht weniger ihrer Qualität als vielmehr dem günstig gelegenen Verkehrsnetz. Paris allein konsumiert ungefähr 100 000 Fässer (1698), die aus der Gegend um Orléans geliefert werden. Die Weine des Königreichs Neapel, *greco, latino, mangiaguerra, lacryma christi,* finden ihre Abnehmer in Neapel selber sowie in Rom. Champagner wird erstmals in der ersten Hälfte des 18. Jahrhunderts hergestellt; er verdrängt die früheren so beliebten roten, »grauen« und weißen Sorten etwas in den Hintergrund. Aber von der Mitte des 18. Jahrhunderts an steht fest, daß sich die großen, auch heute noch bekannten Sorten genauso behaupten. 1788 schreibt Sébastien Mercier: »Kosten Sie die Weine der Romanée, von Saint-Vincent, Citeaux, Grave, den roten und den weißen ..., und halten Sie sich an den Tokayer, wenn Sie ihn auftreiben können, denn er ist meiner Meinung nach der beste Wein der Erde, und ihn zu trinken gebührt auch nur den Herren.« Das *Dictionnaire de Commerce* von Savary (1762) zählt alle französischen Weinsorten auf, wobei an erster Stelle Champagner und Burgunder rangieren, ferner: »Chablis ..., Pomar, Chambertin, Beaune le Clos de Vougeau, Volleney, Romanée, Nuits, Mursault ...« Offensichtlich wird der Wein – je mehr Sorten es gibt – zu einem Luxusartikel. 1768 gibt es laut *Dictionnaire Sentencieux* »Personen vom Stand«, die »den Sekt wie Wasser trinken«.

Aber mehr als diese verfeinerten Trinkgewohnheiten, die nur zu leicht vom Thema ablenken, interessieren uns die Bräuche der ständig wachsenden Volksmassen. Im 16. Jahrhundert kommt es immer häufiger zu Fällen von Trunkenheit, zum Beispiel in Valladolid, wo der Weinkonsum Mitte des Jahrhunderts jährlich 100 Liter pro Person beträgt. In Venedig sieht sich die Signoria 1598 neuerlich gezwungen, äußerst strenge Maßnahmen gegen Trunkenheit in der Öffentlichkeit zu ergreifen. Über die Zustände in Frankreich äußert sich Laffemas Anfang des 17. Jahrhunderts. Die grassierende Trunkenheit sagt freilich nichts über die Qualität eines Weins aus; im allgemeinen werden die großen Rebenarten mit reichem Ertrag von den Weinlieferanten bevorzugt. Im 18. Jahrhundert greift das Laster der Trunkenheit von den Städten auch auf die Provinzen über (die Schenken werden zum Ruin der Bauern); gleichzeitig spitzt sich die Lage in den Städten zu: Der Massenkonsum ist geboren. Damit steht der Errichtung von Ausflugslokalen vor den Toren von Paris nichts mehr im Weg.

Petits bourgeois, artisans et grisettes,
Sortez tous de Paris et courez aux guingnettes
Ou vous aurez quatre pintes pour deux
Sur deux ais de bateau, sans napes, sans serviettes,
Vous boirez tant dans ces bachiques lieux
Que le vin vous sortira par les yeux.

Dieser Werbetext unter einem zeitgenössischen Stich lügt nicht. Die Armen tragen ihr Geld in die Schenken der nahen Vorstädte, unter ihnen die berühmte *Courtille* in der Nähe von Belleville, die von Sieur Ramponneau gegründet wurde, dessen Namen der breiten Masse mehr sagt als der von Voltaire oder Buffon. Oder auch der bekannte *Salon des gueux* in Vaugirard, wo Frauen und Männer barfuß im Sand tanzen. Ist in Vaugirard kein Platz mehr frei, strömt das Volk sonntags nach Petit Gentilly, Porcherons oder in die *Courtille;* tags darauf stehen vor den Läden der Weinhändler zu Dutzenden leere Weinfässer. Das Volk trinkt für acht Tage auf Vorrat. Auch in Madrid wird außerhalb der Stadt guter und billiger Wein angeboten.

Wie reimen sich Trunkenheit auf der einen und Wein als Luxusartikel auf der anderen Seite zusammen? Plädieren wir für mildernde Umstände! Paris konsumiert am Vorabend der

Französischen Revolution durchschnittlich 100 Liter pro Person und Jahr, was an sich nicht weiter skandalös ist. Denn eigentlich ist der Wein billig, wenn man keine zu hohen Qualitätsansprüche stellt. Der Weinpreis sinkt selbst dann noch, wenn Getreide teurer wird. Soll man einem optimistischen Historiker Glauben schenken, der den Wein (wie überhaupt den Alkohol) als billigen Kalorienersatz für fehlendes Brot ansieht? Wenn weniger Wein gekauft wird, sinken gezwungenermaßen die Preise, die bei Hungersnöten in die Höhe schnellten. Jedenfalls darf dieser scheinbare Luxus nicht zu falschen Rückschlüssen auf den Lebensstandard verleiten. Man muß ferner berücksichtigen, daß Wein — ob mit oder ohne Kalorien — oft ein Fluchtmittel darstellt; kastilische Bauern nennen ihn heute noch den *quita-penas,* den Sorgenbrecher: Das ist beispielsweise der Rotwein der Kumpane auf dem Bild von Velazquez im Budapester Museum. Man kann auch an die kostbaren, langen goldgelben Gläser der holländischen Maler denken: Auf ihren Bildern vereinen sich Wein, Tabak, leichte Mädchen und das Ständchen zu einem typischen Stilleben des 17. Jahrhunderts.

Das Bier

In Amerika gibt es in dem von uns behandelten Zeitraum Maisbier und in Schwarzafrika das Hirsebier, das dort etwa die Funktion von »Brot und Wein« des christlichen Rituals hat. Schon im alten Babylon und in Ägypten wurde Bier getrunken. Die Römer machten sich nichts daraus, als sie es außerhalb der Mittelmeerzone auf ihren Eroberungen kennenlernten, zum Beispiel in Numantia, das Scipio 133 v. Chr. belagerte, oder in Gallien. Kaiser Julian der Abtrünnige (reg. 361—363) versuchte es nur ein einziges Mal. In Trier wurden im 6. Jahrhundert Tonnen von Bier getrunken. Auch in China war es, ebenfalls lange vor der christlichen Zeitrechnung, bekannt.

Einige hundert Jahre später ist es im Abendland das Getränk der Armen und der Barbaren geworden. Überall im Reich Karls des Großen wird Bier gebraut, selbst an seinem Hof: *»cervisam bonam facere debeant.«*

Für die Bierherstellung verwendet man entweder Weizen, Hafer, Roggen, Hirse oder gekeimte Gerste (Malz), nie aber nur eine einzige Kornart. Heute wird außer Gerste Hopfen und Reis genommen. Das Malz — das sich allmählich durchgesetzt hat — wird zerstampft, aufgekocht, mit Hefe vermengt und dann zur Gärung gebracht. Ein zeitgenössischer englischer Historiker betont immer wieder, daß Bier nichts anderes als »eine Suppe mit verschiedenen Ingredienzien« ist. Früher gab man gern noch Klatschmohn, Champignons, Gewürze, Honig, Zucker, Lorbeerblätter, Butter und Brotkrumen dazu. Das bittere, aber haltbarere Hopfenbier stammt angeblich aus den Klöstern Galliens, in Deutschland taucht es zwischen dem 9. und 12. Jahrhundert auf, in England faßt es im 15. Jahrhundert allmählich Fuß, wie ein etwas übertriebener Refrain singt (wobei man wissen muß, daß Hopfen bis 1556 verboten war):

Hops, Reformation, bays and beer
Came into England all in one year.

Bier wird vor allem außerhalb der Weinbauzone heimisch, d. h. in Nordeuropa, von England über die Niederlande bis nach Böhmen, Polen und Moskau. Es wird in Städten, aber auch auf den Gutshöfen hergestellt, »wo die Bauern im allgemeinen versucht sind, ihre Herren hinters Licht zu führen«. Ein polnischer Bauer trinkt im Durchschnitt bis zu 3 Liter täglich. Natürlich ist der Bierkonsum in seiner Ausdehnung nach Westen oder Süden nicht genau abzugrenzen. Im 17. Jahrhundert — parallel zum Vorstoß der Holländer — breitet es sich ziemlich rasch nach Süden aus. Damals ließ sich mitten in Bordeaux eine Brauerei nieder, nicht weit vom Chateau-Trompette im Faubourg des Chartreux (noch früher — 1542 — soll sogar in Sevilla eine Brauerei errichtet worden sein). Man sah dies nicht als eine besonders revolutionäre Tat an, ebensowenig wie die Gründung von Brauereien in Lothringen mit seinem nur mittelmäßigen Weinbau, der keine sicheren Einnahmen garantierte. Ähnliches gilt für die Gegenden bis hinüber nach Paris. Nach Le Grand d'Aussy (*La vie privée de Français,* 1872) stieg der Bierkonsum – Bier war das Getränk der armen Leute – in Krisenzeiten an; umgekehrt wurden bei guter Wirtschaftslage die Biertrinker zu Weintrinkern. Nach einigen Beispielen aus der Geschichte fügt er hinzu: »Haben wir es nicht selber im Siebenjährigen Krieg (1756–1763) und danach am eigenen Leib erlebt? In Städten, in denen bis dahin nur Wein getrunken wurde, ging man zu Bier über, und ich weiß von Städten in der Champagne, in denen in einem Jahr vier neue Brauereien gebaut wurden.«

Zwischen 1740 und 1780 jedoch gerät die Bierproduktion in Paris in eine Krise, auf lange Sicht bleibt die wirtschaftliche Lage allerdings stabil: Die Anzahl der Brauer geht von 75 auf 23 zurück, die Herstellung sinkt von 75 000 *muids* (1 *muid* = 286 Liter) auf 26 000. Den übrigen Bauern bleibt nichts anderes übrig, als sich auf die Apfelernte zu verlegen und zu versuchen, den Ausfall an Bier mit der Herstellung von Most auszugleichen. So gesehen, hat sich die Situation kurz vor der Französischen Revolution nicht gebessert: Der Wein bleibt weiterhin der große Favorit; zwischen 1781 und 1786 beläuft sich der Jahreskonsum der Pariser Bevölkerung auf runde 730 000 Hektoliter gegenüber 54 000 Hektolitern Bier (ein Verhältnis von 1:13). Die These Le Grand d'Aussys wird aber erhärtet durch die Periode ernster wirtschaftlicher Schwierigkeiten zwischen 1821 und 1830, in der der Weinkonsum in Paris mit durchschnittlich 917 000 Hektolitern angegeben wird gegenüber 140 000 Hektolitern Bier (ein Verhältnis von 1:6,5).

Doch darf das Bier nicht nur im Zusammenhang mit der Armut gesehen werden, auch dann nicht, wenn man an das hausgebraute *small beer* der Engländer denkt, das täglich zu *cold meat* und *oat cake* getrunken wird. In Holland kennt man neben einem Bier für das gemeine Volk zu einem halben Heller seit dem 16. Jahrhundert auch ein besseres Bier für die Reichen, das aus Leipzig importiert wird. In Deutschland, Böhmen und Polen wird mit zunehmender Tendenz zur städtischen Brauerei das leichte Bier ohne Hopfen, das Herren wie Bauern trinken, auf den zweiten Platz verdrängt. Über diesen Vorgang ist viel geschrieben worden. Bier und Schankstätten werden nun in die Gesetzgebung einbezogen. Die Herstellung wird von den Städten überwacht: In Nürnberg darf nur vom Michaelstag bis zum Palmsonntag gebraut werden. In eigens gedruckten Broschüren werden Lobeshymnen auf die ständig steigende Zahl berühmter Biere angestimmt. Das 1575 erschienene Buch von Heinrich Knaust zählt Namen und Beinamen berühmter Biere wie auch ihre medizinisch wirksamen Eigenschaften auf. Aber aller Ruhm ist vergänglich. In Moskau, das aufgrund seiner peripheren Lage immer etwas hinter der allgemeinen Entwicklung nachhinkt, wird noch 1655 das Kräuterbier und Aquavit aus der öffentlichen Kantine geholt, womit – wie beim Kauf von gesalzenem Fisch, Kaviar oder schwarzgefärbten Schafshäuten aus Astrachan oder Persien – einmal mehr das Säckel eines handeltreibenden, monopolisierten Staates gefüllt wird.

Der Most

Noch kurz ein Wort zum Most. Er kommt – wie auch die Mostäpfel – aus der Biskaya. Im 11. und 12. Jahrhundert wachsen die Mostäpfel im Cotentin, in der Gegend um Caen und in der Auge. Im folgenden Jahrhundert spricht man vom Most auch in den nördlichen Weinbauzonen. Der Neuling will es aber weniger mit dem Wein als mit dem Bier aufnehmen, denn zu Bier braucht man Getreide, und dann fehlt es manchmal an Brot. So gewinnen Apfelbäume und Most ziemlich schnell an Boden. An der Wende vom 15. zum 16. Jahrhundert werden sie auch im Osten der Normandie (untere Seine und Pays de Caux) angepflanzt. 1484 konnte ein Vertreter der Provinz in den Generalständen noch behaupten, daß der Hauptunterschied zwischen dem Westen und Osten der Normandie darin zu suchen ist, daß es in jener Apfelbäume gebe, in dieser aber nicht. In der östlichen Normandie wird kein Bier und auch kein Wein (auch nicht der der geschützten Seinemündung) getrunken. Der Most holt erst um 1550 auf und wird vor allem von den kleinen Leuten gekauft. Eindeutige Erfolge kann er in der südlichen Maine für sich buchen, denn zumindest im Süden dieser Provinz arriviert er zum bevorzugten Getränk der Reichen, während Bier gerade gut genug für die Armen ist. In Laval jedoch blieben die Vornehmen hart und unnachgiebig bis tief ins 17. Jahrhundert; sie tranken lieber schlechten Wein als Most, den überließen sie den Maurern, Dienern und Zimmermädchen. Vielleicht muß die Regression des 17. Jahrhunderts für diesen Wandel verantwortlich gemacht werden. Die Normandie und Paris liegen zu nahe beieinander, als daß die Hauptstadt von dieser neuen Entwicklung nicht berührt worden wäre. Aber hüten wir uns vor Übertreibungen: Ein Pariser soll zwischen 1781 und 1786 durchschnittlich 121,76 Liter Wein, 8,96 Liter Bier und 2,73 Liter Most im Jahr getrunken haben. In Deutschland, aber auch anderswo, bekommt der Most aus Mostäpfeln harte Konkurrenz in dem qualitativ sehr mittelmäßigen Most aus wilden Äpfeln.

Die starken Alkoholika in Europa

Für Europa bedeutete die Erfindung des Schnapses und anderer Alkoholika aus Korn die revolutionierende Neuerung schlechthin. Im 16. Jahrhundert wird er sozusagen erfunden, im 17. Jahrhundert nimmt er an Popularität zu, und im 18.

Jahrhundert wird er Allgemeingut. Branntwein wird mittels Destillation gewonnen, durch das »Brennen« des Weins.
Für dieses Verfahren benötigt man ein Gerät, den sogenannten Destillierkolben. Es gilt noch nicht als gesichert, obschon die Griechen und später die Römer solche Apparate benutzten; noch unklarer ist, wer sie ins Abendland brachte, ob das nicht einmal dem Islam zu danken ist. Eins steht außer Zweifel: Seit dem 12. Jahrhundert wird im Abendland mit Retorten gearbeitet, ist also die Möglichkeit zur Destillation alkoholischer Säfte gegeben.
Lange Zeit war die Weindestillation ausschließliches Monopol der Apotheker, denn dem Schnaps als erstem Produkt der Destillation und dem Weingeist als Ergebnis einer zweiten werden heilende Wirkungen zugeschrieben. Vielleicht wurde der Alkohol um 1100 in Süditalien entdeckt, dort, wo die Medizinschule von Salerno das bedeutendste chemische Forschungszentrum seiner Zeit bildete. Wahrscheinlich ist es nur ein Märchen, wenn die erste gelungene Destillation dem großen Raimundus Lullus (gest. 1315) oder dem vagabundierenden Sonderling und Arzt Arnaud de Villeneuve zugeschrieben wird; letzterer soll in Montpellier und Paris gelehrt haben und 1313 auf einer Reise von Sizilien in die Provence gestorben sein. Er hinterließ ein Werk mit dem schönen Titel: *La conservation de la jeunesse.* Seiner Meinung nach vollbringt der Schnaps, das *aqua vitae,* dieses Wunder; es vertreibt die Sorgen, belebt das Herz, heilt Koliken, Wassersucht, Lähmungen, Quartanfieber, es lindert Zahnschmerzen und schützt vor der Pest. Dieses Wunderheilmittel brachte jedoch Karl den Bösen auf schreckliche Art vom Leben zum Tod (1387): Die Ärzte hatten ihn in ein mit Schnaps getränktes Tuch gewickelt, das der größeren Wirksamkeit wegen mit großen Stichen zugenäht worden war und den Patienten eng umschloß. Als der Diener eine Naht auftrennen wollte, kam er mit der Kerze zu nahe und Laken samt Patient fingen Feuer.

Wie gesagt, galt Schnaps lange Zeit als Arznei- und Heilmittel gegen Pest, Gicht und Heiserkeit. Ziemlich früh fand er auch Verwendung bei der Likörherstellung — dem italienischen *rossolo* auf der Basis von trockenen Weinbeeren und einer aromatischen Pflanze aus der Gattung des Morgenthau. Doch noch im 15. Jahrhundert gelten in Deutschland die aus Gewürzsud hergestellten Liköre als pharmazeutische Erzeugnisse. Dies wird erst anders an der Jahrhundertwende. In Nürnberg findet 1496 der Schnaps nur für Kranke Verwendung, denn die Stadt sah sich gezwungen, an Feiertagen den freien Verkauf von Alkohol zu verbieten. Ein Nürnberger Arzt schreibt 1493 sogar: In Anbetracht der Tatsache, daß jeder die Gewohnheit habe, *aqua vitae* zu trinken, sei es von Nutzen, sich jeweils der Menge zu erinnern, die man trinken könne und dürfe, um sich noch als Kavalier benehmen zu können. Es besteht also kein Zweifel: Zu dieser Zeit gibt es bereits den *geprant Wein*, das *vinum ardens*, oder wie es noch in den Urkunden zu lesen ist, das *vinum sublimatum*.
Die Kontrolle über den Branntwein gaben Ärzte und Apotheker nur langsam und widerwillig aus der Hand. Erst 1514 konzedierte Ludwig XII. der Zunft der Essighändler das Privileg zur Destillation. Damit setzte die »Profanisierung« des Heilmittels ein. 1537 teilte Franz I. dieses Privileg zwischen den Essighändlern und Limonadenherstellern auf; dies wiederum führte zu Kompetenzschwierigkeiten, die jedoch beweisen, daß das Geschäft mit dem Branntwein schon einigermaßen lohnend sein mußte. In Kolmar kontrolliert die Stadt die Weinbrenner und Schnapsverkäufer schon seit 1506; seitdem wird dafür auch Steuer und Zoll erhoben. Die Schnapsproduktion wird schnell zur staatlichen Industrie, die anfangs den Küfern übertragen ist, einer sehr einflußreichen Zunft in den vorwiegenden Weinbaugebieten. Aber als der Umsatz zu gut floriert, versuchen die Händler (seit 1511) ihnen diese Einnahmequelle abspenstig zu machen, was ihnen allerdings erst fünfzig Jahre später gelingt. Doch ist der Streit

damit noch nicht beendet; 1650 erhalten wiederum die Küfer die Destilliergenehmigung, allerdings unter der Bedingung, ihre Produkte an die Händler abzuliefern. Bei diesem Streit bekommt man einen Einblick in die vielen berühmten Patrizierfamilien Kolmars und kann sich ein Bild von der wichtigen Position dieses Handels machen. Leider besitzen wir zu wenig Untersuchungen dieser Art, um in einer Statistik die Anfänge der Schnapsindustrie geographisch und chronologisch umreißen zu können. Einige Anzeichen deuten darauf hin, daß in Gaillac im Bordelais schon sehr früh, im 16. Jahrhundert, eine Brennerei existierte und daß Schnaps seit 1521 über Antwerpen verschickt wurde. In Venedig taucht der Schnaps — zumindest in den Zollisten — erst 1596 auf, in Barcelona bis zum 17. Jahrhundert nur vereinzelt. Die nordeuropäischen Länder Deutschland, Holland und Frankreich nördlich der Loire scheinen diesmal schneller auf den Geschmack gekommen zu sein als die südlichen Breiten. Als Erfinder oder zumindest Pioniere dürfen wohl die holländischen Händler und Seeleute angesehen werden, die im 17. Jahrhundert entlang der Atlantikküste Weinbrennereien anlegten. Als größte Weinhändler ihrer Zeit gehören sie auch zu den Experten für die anfallenden Probleme des Transports, der Konservierung und des Süßens; etwas Schnaps verleiht selbst der übelsten Weinsorte etwas Substanz. Branntwein ist ein edleres Getränk als der Wein, wiegt genauso schwer, und seine Transportkosten liegen wesentlich niedriger.
Mit steigender Nachfrage siedeln sich auch im Landesinnern immer mehr Weinbrennereien an, in den Weinanbaugebieten der Loire, des Poitou, im Norden von Bordeaux, im Périgord, in Béarn (der Wein von Jurençon ist eine Mischung aus Wein und Schnaps), zumal der Transport nicht unbedingt abhängig von nahen Flußläufen ist. Im 17. Jahrhundert wurde erstmalig Cognac und Armagnac hergestellt, heute noch Markenzeichen besonderer Qualität. Dabei spielten die Weinsorten (zum Beispiel der *Enrageant* oder die *Folle Blanche* der Cha-

rentes), die Holzvorräte und die Entfernung zum nächsten Wasserweg eine Rolle. Ab 1728 wurden im Hafen von Tonnay-Charente ungefähr 2000 Tonnen Schnaps aus der »Élection de Cognac« verschifft. Sogar der schlechte Wein aus der Maasgegend wird ab 1690 (vielleicht auch schon früher) ebenso wie die Kelterrückstände gebrannt. Alle Fabrikate werden per Schiff nach Holland transportiert. Bald wird überall dort Schnaps hergestellt, wo der Wein als Grundstoff angebaut wird, also auch in den weinreichen südlichen Regionen Andalusiens, Kataloniens und des Languedoc.

Die Produktion steigt rapide. 1699 exportiert Sète 12 640 Hektoliter (aus 63 200 Hektoliter Wein destilliert); 1753 sind es schon 62 096 Hektoliter (aus 310 480 Hektolitern Wein), 1755 – am Vorabend des Siebenjährigen Krieges, der dem Export katastrophalen Schaden zufügen sollte – wurde die Rekordzahl von 68 806 Hektolitern (aus 344 030 Hektolitern Wein) erreicht. Zugleich fallen die Preise: 1595 kostet ein *verge* (= 7,6 Liter) 25 Pfund, 1698 nur noch 12, 1725 5 Pfund; nach 1731 ist ein leichter Anstieg zu bemerken, 1758 erhöht sich der Preis auf 15 Pfund.

Natürlich müssen bei der Festlegung der Preise Qualitätsunterschiede berücksichtigt werden; diese werden mittels der »holländischen Probe« festgestellt: Eine Phiole wird bis zur Hälfte mit dem Destillat gefüllt, mit dem Daumen zugehalten und geschüttelt; wenn die eindringende Luft zur Bildung von Blasen in der Flüssigkeit führt, besitzt der Schnaps den handelsüblichen Alkoholgehalt. Was unterhalb dieser Grenze liegt, muß weggeschüttet oder noch einmal destilliert werden. Eine mittlere Qualität trägt die Bezeichnung *Drei–Sechs,* mit 79° bis 80° Alkoholgehalt; an der Spitze steht der *Drei bis Acht,* der pure Weingeist, mit 92° oder 93° Alkoholgehalt.

Die Schnapsherstellung bleibt ein schwieriges Unterfangen; der traditionelle Destillierkolben erlaubt so gut wie keine Neuerungen, bis zu den entscheidenden Verbesserungen durch Weigert (1773) und Magellano (1780), die die kontinuierliche

Jean Tassel (1608–1667): »Zimmerleute«; Musée des beaux Arts, Straßburg.

Codex von Balthazar Behem: »Backstube« im 15. Jahrhundert; Bibliothek Jagiellonska, Krak

Abkühlung ermöglichen. Diese entscheidende Neuerung erfolgte aber erst, als man den Wein in einem einzigen Durchgang destillieren konnte. Das war die Erfindung eines kaum bekannten Mannes, Edouard Ardant (geb. 1778); sie trug zur sprunghaften Verbreitung des Alkohols im 19. Jahrhundert bei, denn damit war eine erhebliche Senkung der Herstellungskosten verbunden.

Der Konsum stieg rasch an. Bald bekamen Soldaten vor der Schlacht Alkohol, was, wie ein Mediziner 1702 bemerkte, »keine negativen Folgen« nach sich zog. Der Soldat wird zum Gewohnheitstrinker, und die Branntweinherstellung damit je nach Bedarf sozusagen eine Art »Rüstungsindustrie«. Ein englischer Feldarzt versichert sogar (1765), daß Weine und alkoholische Liköre die »faulen Krankheiten« eindämmen und daher für die Gesundheit der Truppe unerläßlich seien. Ebenso wird es den Lastenträgern in den Hallen, Männern wie Frauen, zur lieben Gewohnheit, Schnaps mit Wasser verdünnt und mit Pfeffer versetzt zu trinken — auch eine Methode, die Weinsteuer, die vor Paris erhoben wird, zu boykottieren! Die Besucher der Tabakstuben trinken dasselbe; dort sitzen die Arbeiter, rauchen und machen ihre Späße und werden deshalb für faul gehalten.

Außer Schnaps werden auch »Apéritifs« ausgeschenkt; damals hießen sie *ratafias*, wir würden heute von Likören sprechen. »Die Weingeistsorten sind etwas bitter und brandig im Geschmack«, schreibt der Arzt Louis Lemery in seinem *Traité des Aliments*. Um diesen Fehler auszumerzen, erfand man mehrere Geschmackskompositionen — *ratafias* —, die im Grunde nichts anderes sind als Branntwein oder Weingeist mit verschiedenen Ingredienzien. Im 18. Jahrhundert trinkt Paris vornehmlich das sogenannte Wasser von Sète, Anis- und Mandelkremwasser, die »dünnen Wasser«, die wie der sogenannte »Clairet«-Wein mit Gewürzen hergestellt werden. Andere *ratafias* schmecken nach Früchten, die Wasser von den Barbados-Inseln nach Zucker und Rum; daneben gibt es Sellerie- und Fenchelwasser, Nelkenwasser, Kaffeewasser. Montpellier in der Nähe des Languedoc und seiner Schnapssorten ist das Zentrum dieser »Wasser«-Fabrikation. Größter Abnehmer ist Paris, die Hauptstadt. In der Rue de la Huchette steht das Lagerhaus der Händler Montpelliers. Was im 16. Jahrhundert noch Luxus war, ist damit zur Selbstverständlichkeit geworden.

Aber nicht nur der Branntwein erobert Europa und die ganze Welt. Die Antillen stellten Rum her, der vor allem in England, Holland und den Neuenglandstaaten reißenden Absatz findet. In Europa konkurriert der aus Wein destillierte Branntwein mit dem Mostschnaps (der seit dem 17. Jahrhundert den unvergleichlichen Calvados abgibt) und den Destillaten aus Birnen, Pflaumen und Kirschen; der Kirsch, beheimatet im Elsaß, in Lothringen und der Freigrafschaft Burgund, wird um 1760 in Paris als Heilmittel verwendet; der Maraschino von Zara, berühmt seit 1740, ist ein sorgsam gehütetes venezianisches Monopolgeheimnis. Dagegen waren die Kornbranntweine von schlechter Qualität. Um 1690 begann man in Lothringen mit der Destillation der Kelterrückstände. Im Unterschied zum Schnaps, der nur bei geringer Temperatur gebrannt werden darf, ist hierfür starke Hitze und dementsprechend viel Brennmaterial notwendig. Der Holzreichtum der lothringischen Wälder spielt dabei eine ausschlaggebende Rolle. Diese Destillationsmethode verbreitet sich allmählich, zum Beispiel in Burgund, dessen Tresterbranntwein bald der berühmteste von allen sein sollte, aber auch in den Weinbaugebieten Italiens, die alle ihre *grappa* haben.

Die großen Konkurrenten (vergleichbar dem Konkurrenzkampf zwischen Bier und Wein) waren die Kornbranntweine: Kornbrand, Wodka, Whisky, Genever und Gin, die nördlich der »Weinhandelsgrenze« hergestellt und getrunken wurden, über deren Anfänge und Verbreitung aber weiter nichts bekannt ist. Sie hatten den Vorteil, billig zu sein.

Entlang dieser nördlichen Grenze ziehen sich die Länder hin,

die sich nicht eindeutig für eine Getränkesorte entschieden haben: England importiert sowohl Branntwein vom Kontinent als auch Rum aus Amerika (der *punch* wird dort sehr beliebt), trinkt aber auch Whisky und Gin. In Holland als einem Handelsknotenpunkt aller Weinbrände und Kornbranntweine der Welt, auch des Rums von Curacao und Guayana, wurde so ziemlich alles getrunken; an der Amsterdamer Börse werden alle Alkoholika notiert, an der Spitze der Rum, gefolgt vom Schnaps, ganz am Ende erst die Kornbranntweine. In Hamburg wurden 4000 Tonnen Schnaps (zu je 500 Liter) aus Frankreich importiert; jenseits der Elbe, im Baltikum, wird fast ausschließlich Kornbranntwein getrunken. 1783 bezog Danzig ungefähr 100 Tonnen Schnaps, die, nachdem sie mit Kümmel gewürzt worden waren, nach Stockholm weiter verschickt wurden, einem anderen Zentrum der Kornbranntweine.
In Europa wurde der Alkohol ein voller Erfolg. Er war ein Aufputschmittel, der Kalorien enthielt, und ein Luxusartikel, der leicht zugänglich war, jedoch mit fatalen Konsequenzen. Und bald hat auch der Staat seine Hand im Spiel.

Der Alkohol außerhalb Europas

Keine Kulturform kam um das Problem der Alkoholika und seiner Folgen herum. Jede Gärung eines pflanzlichen Produkts ergibt Alkohol. So brauen die Indianer Kanadas ihren Ahornsaft, die Mexikaner vor und nach Cortes den *pulque* aus dem Saft der Agaven, die armen Indianer der Antillen und Südamerikas den Mais- oder Maniokschnaps. Sogar die Tupinambas in der Bucht von Rio de Janeiro, die Jean de Lery 1556 entdeckt, trinken bei ihren Festen ein Getränk aus gekautem und gegorenem Maniok. Auch Palmwein ist nichts anderes als gegorener Saft. Der Nordeuropäer kennt seinen Birkensaft, sein Bier aus Getreide, bis ins 16. Jahrhundert wurde gegorenes Honigwasser hergestellt; der Ferne Osten schwört auf Reisschnaps.

Verschaffte der Destillierkolben und die Möglichkeit, nach Belieben Spirituosen herzustellen, wie Rum, Whisky, Kornbrand, Wodka, Calvados, Trester, Schnaps oder Gin, den Völkern Europas eine Vorrangstellung? Zur Beantwortung dieser Frage müßte man zuerst den Anfängen des Arrak nachgehen, vor allem der Frage, ob es ihn schon vor oder erst nach dieser umwälzenden technischen Erfindung des Kolbens im 16. Jahrhundert gegeben hat. Wenn sich Pater Ricci, der 1583 nach China kam und dort 1610 starb, nicht geirrt hat, haben die Chinesen zu jener Zeit noch keine Ahnung von der Möglichkeit, Pflanzen bestimmte Substanzen zu entnehmen; sie können also noch nicht destillieren, kennen vermutlich auch noch keinen Kolben. Aber diese Schlußfolgerung ist vielleicht voreilig. Berichte von Reisenden sind hier wohl nicht maßgebend. Sie bestätigen nur, daß in Algier im 17. Jahrhundert in seiner Korsarenzeit *arrequi* ausgeschenkt wird. 1638 behauptet ein Reisender, der aus dem Gujerat kommt, der *terry* der Kokosbäume schmecke mindestens genauso köstlich wie der Wein, und er fügt hinzu: »Aus Reis, Zucker und Datteln machen sie den Arrak, eine Art Schnaps, der aber stärker ist und besser schmeckt als das, was in Europa darunter bekannt ist.« Doch keiner verrät uns, *wie* dieser Branntwein hergestellt wird und vor allem, wann dazu ein Destillierkolben benützt wurde.

Vieles beruht nur auf Vermutungen. Kein Zweifel dagegen besteht über den Alkoholgehalt des Arrak oder des Sake, dieses »amberfarbigen« Reisweins. Für einen so erfahrenen Arzt wie Kämpfer ist der *sacki*, den er in Japan vorgesetzt bekommt (1690), eine Art Bier, das vor allem in Temusii, einem Dorf in der Nähe Osakas, hergestellt wird. Er wird lauwarm getrunken – kalt wäre es gesundheitsschädlich –, und er ist »ebenso stark wie spanischer Wein«, ein echtes Kompliment für ein Bier; dagegen sei der *lau*, den er in Siam probiert hat, eine Art gekochter Wein, *Branntwein.*

Demgegenüber ist der chinesische Wein echtes Bier auf der Grundlage von Hirse oder Reis, wie in einem Brief eines Jesuiten zu lesen ist (1781). Oft gibt man auch unreife, eingemachte oder getrocknete Früchte dazu. Um die Weinsorten voneinander unterscheiden zu können, gibt man ihnen den Namen der Zutat, Quittenwein, Traubenwein, Kirschwein usw. Etwas später, 1793, trank Georges Staunton in China einen gelben Wein oder Schnaps (Reiswein), der besser zu schmecken schien als der im allgemeinen trübe Wein, der zudem noch schnell sauer wurde. Der klare Schnaps hatte selten einen Branntweingeschmack; in den Provinzen des Nordens wurde er aus Hirse gebrannt, im Süden aus Reis. Die Engländer wie Staunton, der Botschafter Macartney begleitete, mußten einen hochprozentigen Schnaps trinken, dessen Alkoholgehalt höher war als beim Weingeist. Dieselbe Beobachtung machten auch die Jesuiten: Die Chinesen trinken oft nur Schnaps, »der noch einmal durch den Destillierkolben getrieben wurde und so stark ist, daß er fast so brennt wie Weingeist«. Dieser Schnaps, der laut Staunton bei den Chinesen *show-choo* d. h. »heißer Wein« heißt, muß heiß getrunken werden.
Diese Nachrichten stammen freilich vom Ausgang des 18. Jahrhunderts. Und heute ist die gängige Meinung der Historiker, daß der Alkohol und seine Herstellung im 15. Jahrhundert vom Abendland aus den Fernen Osten erreicht haben, und zwar durch Vermittlung des Islam. Doch trotz dieser einleuchtenden Erklärung sollte die Fachliteratur zu Rate gezogen werden. Man nimmt als ziemlich sicher an, daß im persischen Sassanidenreich Destillierkolben zur Herstellung von Parfums bekannt waren. Al Kindi erwähnt diese Parfumproduktion im 9. Jahrhundert und beschreibt sogar die Geräte, die dafür benutzt wurden. Er nennt den Kampfer, den man bekanntlich durch Destillation von Kampferbaumholz erhält. Nun wird Kampfer in China schon sehr früh gewonnen. Theoretisch wäre also möglich, daß der Schnaps in China

schon um das 9. Jahrhundert erfunden wurde. Ein neuerer Historiker schreibt, daß die Mongolen im 13. Jahrhundert die chinesischen Schnapssorten bevorzugten. In seinem *Spruchbuch* beschwor Dschingis Khan sein Volk, dem Alkohol zu entsagen. Kurz, die Mongolen sollen von den Chinesen »das Schießpulver übernommen haben, mit dem sie ganze Schlösser und Städte in Persien zerstören konnten, und auch den Reisgeist und den Hirsegeist (*shao hung* und *shao-chiu*) sowie Kornbranntweine, die innerhalb eines Jahrhunderts zu ihrer völligen Degeneration führten«. In Persien oder anderen islamischen Ländern heißt der Arrak auch *araqi* (Geist). In Kaschmir starb der Sultan Iskander II. (1465—1467) an übermäßigem Branntweingenuß. Man erzählt sich, daß er allen verfügbaren Zucker für sich zur Destillation reservieren ließ. Diese Tatsache ist um so interessanter, als über Kaschmir die Erfindungen der Chinesen und der Timuriden in den Westen gelangten: das Papier, das Schießpulver und die Seife. All diese Bemerkungen — sie stammen von meinem Kollegen Ali Mazaheri — weichen von den üblichen Erklärungen ab. Ein zeitlicher Vorsprung Chinas würde niemand verwundern. Aber im Rahmen einer allgemeinen Geschichte müssen wir uns an die gängigen Erklärungen halten, denen zufolge der Destillierkolben und die Pflanzendestillation — man nimmt an, während der Kreuzzüge — über den Islam von Asien nach Europa kamen.

Die Diskussion darüber wird wohl nie zu Ende kommen. Die Jesuitenpatres nehmen an, daß der Schnaps ursprünglich ohne Kolben allein durch mehrmaliges Aufkochen gebraut wurde (1780). In einem Brief wird sogar behauptet, daß, wenn man der letzten Ausgabe des *Pent-t'sao Kang mu* glauben darf, die Erfindung des Kornbranntweins in China auf die Yün-Dynastie zurückgeht, d. h. auf das Ende des 13. Jahrhunderts. Aber das hilft uns weder weiter, noch ist es belegt.

Dagegen läßt sich nicht abstreiten, daß der Schnaps, Rum und das *agua ardiente* (Zuckerrohrschnaps) ein Vermächtnis Europas an die Staaten Amerikas war, ein Vermächtnis, das üble Konsequenzen haben sollte. Wahrscheinlich muß auch der *mezcal* dazugezählt werden, der aus der Agave gewonnen wird und noch hochprozentiger ist als der *pulque*. Die Indianer mußten ungeheuer unter dem Alkohol und seinen Folgen leiden.

Eine Kultur wie die der mexikanischen Hochebene verlor völlig den Maßstab, vergaß ihre Tradition und die alten Verbote und gab sich rückhaltlos der Versuchung hin, die seit 1600 verheerende Auswirkungen zeitigte. Man bedenke nur, daß der *pulque* den spanischen Kolonien in Amerika die Hälfte vom Ertrag der Silberminen einbrachte. Die neuen Herren trieben hier übrigens eine ganz gezielte Politik. 1786 rühmt der mexikanische Vizekönig Bernardo de Galvez die Wirkung des Getränks und rät den Indianern, die es schon übernommen haben, es bei den Apachen publik zu machen. Kein Mittel war geeigneter, neue Bedürfnisse und Abhängigkeiten zu schaffen. Ähnliches machten die Engländer und die Franzosen in Nordamerika; jene brachten trotz aller königlichen Verbote den Branntwein, diese den Rum unter das Volk.

Schokolade, Tee, Kaffee

Ungefähr zur gleichen Zeit entdeckte Europa drei neue aufputschende und stärkende Getränke: den Kaffee, den Tee und die Schokolade. Alle drei kamen aus Übersee: Der Kaffee ist arabischen Ursprungs (und kommt nicht, wie man früher annahm, aus Äthiopien), der Tee chinesischer und die Schokolade mexikanischer Herkunft.

Die Schokolade

Die Schokolade gelangte in Brot- und Tafelform von Mexiko und den spanischen Kolonien um 1520 nach Spanien. So ist es nicht weiter verwunderlich, wenn sie in den spanischen

Niederlanden etwas früher als in Frankreich getrunken wurde (1606). Von Maria Theresia, die 1659 Ludwig XIV. heiratete, wurde behauptet, daß sie heimlich Schokolade trinke, eine Angewohnheit, die sie aus Spanien in ihre neue Heimat mitbrachte und sich nie abgewöhnte. Der Mann, der die Schokolade Jahre vorher salonfähig machte, war angeblich der Kardinal Richelieu, der Bruder des Ministers und Erzbischof von Lyon (gestorben 1653). Damals wurde die Schokolade ebenso als Medizin wie als Nahrungsmittel angesehen: »Ich hörte, wie er einem seiner Diener sagte«, berichtet später ein Zeuge, »daß er [der Kardinal] sie trank, um den Blähungen der Milz abzuhelfen«, ein Geheimtip, den er von spanischen Nonnen erhalten hatte. Um 1657 verbreitete sich die Schokolade in England.
Doch wurde die Schokolade damals im ganzen erst vereinzelt getrunken. Madame de Sévigné schreibt, daß die Schokolade bei Hof entweder in Gunst stand oder in Ungnade fiel. Auch war sie etwas beunruhigt über mögliche gefährliche Auswirkungen des neuartigen Getränks und vermischte sie gewöhnlich mit Milch. Endgültig setzt sich die Schokolade erst in der Régence durch. Damals hieß *aller au chocolat,* beim Lever des Prinzen zugegen sein zu dürfen. Jedoch darf dieses Detail auch nicht überbewertet werden. 1768 sagt man in Paris, daß »die Vornehmen sie von Zeit zu Zeit, die alten Leute oft und das Volk nie zu sich nimmt«. In Spanien wurde sie als einzigem Land von allen Bevölkerungsschichten hochgeschätzt. Jeder Fremde bestaunt amüsiert die dicke, mit Zimt gewürzte Schokolade, das Lieblingsgetränk eines jeden Madriders. So kommt es nicht von ungefähr, daß sich 1727 in Bayonne ein jüdischer Kaufmann, Aron Colace, niederläßt, der seiner erhalten gebliebenen Korrespondenz zufolge mit Amsterdam und dem internationalen Kolonialwarenmarkt in Verbindung steht (Kakao aus Curaçao geht oft über diesen einkalkulierten Umweg) und den gesamten Markt der Halbinsel beherrscht.

Im Dezember 1693 setzt Gemelli Careri in Smyrna einem türkischen Aga Schokolade vor. Doch dem wurde schlecht, »entweder machte sie ihn trunken, oder aber der Tabakrauch war schuld; jedenfalls war er ziemlich verärgert und beschuldigte mich, ich hätte ihm absichtlich diesen Likör angeboten, um ihn damit seines klaren Verstands zu berauben«.

Der Tee

Portugiesen, Holländer und Engländer brachten den Tee aus dem fernen China mit, wo er schon seit zehn bis zwölf Jahrhunderten in Gebrauch war. Der lange Transportweg stellte sich allerdings als äußerst schwierig heraus; die Teeblätter, die Teekannen, selbst die Porzellantassen mußten eingeführt werden. Die Europäer tranken ihn zum erstenmal in Indien, wo das Teetrinken ebenfalls zum Alltag gehörte. Das erste Schiff mit Tee legte 1609 auf Initiative der Holländischen Ostindischen Handelskompanie in Amsterdam an.

Der Teebaum ist ein Strauchgewächs, von dem nur die Blätter abgepflückt werden. Die ersten kleinen und zarten geben den Kaisertee (je kleiner die Blätter sind, um so besser ist der Tee). Sie werden nach dem Pflücken getrocknet, entweder mit Ofenhitze — das ergibt den grünen Tee — oder in der Sonne — dann gärt der Tee und wird schwarz. Beide Sorten werden von Hand gerollt und in große Bleikisten verpackt, nachdem er zusammengestampft wurde wie Trauben in der Kelter.

In Frankreich wird das neue Getränk seit 1635 oder 1636 getrunken und zwar in der Umgebung des Kanzlers Séguier, aber es sollte noch lange dauern, bis es öffentlich anerkannt war. Dies bekam ein Kandidat der Medizin zu spüren, dessen Dissertation 1648 über den Tee angeblich abgelehnt und das Manuskript verbrannt wurde.

1646 nahm die Britisch-Ostindische Handelskompanie die Importgeschäfte auf. Samuel Pepys trank am 28. Juni 1667 erstmals Tee in seinem Haus. Der Teeverbrauch nahm aber erst zwischen 1720 und 1730 in Europa in nennenswertem Maß zu. Damals bahnten sich direkte Handelsbeziehungen zwischen Europa und China an, nachdem bis dahin ein Großteil des Handels über Batavia abgewickelt wurde, das die Holländer 1617 gegründet hatten. Chinesen transportierten ihn auf Dschunken dorthin, auch gröberen Tee, der haltbarer war und daher die längere Reise unbeschadet überstand. Die Holländer brachten es fertig, den Tee von Fu Kien zeitweilig nicht mit Bargeld, sondern mit Salbei zu bezahlen, aus dem man in Europa einen Heiltee machte. Aber die Chinesen ließen sich nicht beeindrucken — der echte Tee blieb weiterhin ihr bevorzugtes Getränk.

Rund vierzig Jahre später hatten die Engländer die Holländer eingeholt. 1766 lauten die Exportzahlen ab Kanton: auf englischen Schiffen 6 Millionen Pfund, auf holländischen 4,5 Millionen, auf schwedischen 2,4 Millionen und auf französischen 2,1 Millionen; das ergibt insgesamt 15 Millionen Pfund, d. h. 7000 Tonnen. Allmählich kann man von richtigen Teeflotten sprechen, deren Schiffe immer häufiger in den Häfen am »Quai des Indes« anlegen: in Lissabon, Lorient, London, Ostende, Amsterdam, Göteborg, manchmal auch in Genua und Livorno. Die Frachtzahlen ab Kanton betragen zwischen 1730 und 1740 28 000 *pics* jährlich (ein *picul* = 60 Kilogramm) zwischen 1760 und 1770 115 000 *pics* und zwischen 1780 und 1785 172 000. Selbst wenn man, wie George Staunton, den Anfang dieser Entwicklung schon ins Jahr 1693 setzt, steht die Zunahme gegenüber hundert Jahren später in einem Verhältnis von 1 : 400. In dieser Zeit schätzte man den Jahreskonsum eines Engländers oder Amerikaners auf 1 Pfund Tee. In Europa wurde dieses Getränk eigentlich nur in Holland und England heimisch, Frankreich behielt höchstens ein Zehntel seiner eigenen Fracht. In Deutschland wurde mehr Kaffee getrunken. Spanien fand am Teetrinken überhaupt keinen Geschmack.

Es heißt, daß in England der Tee den Gin an Beliebtheit einholte, denselben Gin, dessen Herstellung die Regierung niedriger besteuerte, um so gegen den überhandnehmenden Import vom Kontinent anzukämpfen. Oder sollte der Tee als Mittel gegen den nicht mehr zu übersehenden Alkoholismus der Londoner Gesellschaft zur Zeit Georgs II. eingesetzt werden? Vielleicht begünstigten auch die plötzliche Besteuerung des Gins einerseits und ein allgemeiner Preisanstieg des Korns andererseits die Beliebtheit dieses Getränks, dem außerdem die Fama voranging, Schnupfen, Skorbut und Fieber heilen zu können. Damit wäre das Ende der Ginstraße von Hogarth gekommen. Jedenfalls setzte sich der Tee durch, und der Staat unterstellte ihn einem ausgeklügelten Steuersystem, das später in den amerikanischen Kolonien den Zündstoff zum Aufstand legen sollte. Dem Schmuggel stehen Tür und Tor offen: Jährlich landen in Europa auf dem Weg über die Nordsee, den Ärmelkanal oder die Irische See etwa 6 bis 7 Millionen Pfund. An diesen Schmuggelgeschäften waren alle Seehäfen beteiligt; alle indischen Handelsgesellschaften sowie die Hochfinanz Amsterdams und anderer Städte hatten ihre Hand im Spiel. Alles steckte unter einer Decke, die englischen Konsumenten nicht ausgenommen.

In dieser bisher nur Nordeuropa berücksichtigenden Darstellung fehlt ein wichtiges Absatzland: nämlich Rußland. Tee ist dort wahrscheinlich erst seit 1567 bekannt, vor dem Vertrag von Nertschinsk (1689) wird er nur vereinzelt getrunken, bevor er sich sehr viel später, 1763, auf dem Markt von Kiatka im Süden von Irkutsk durchsetzt. In einem französisch geschriebenen Dokument, das in den Archiven von Leningrad liegt, steht: »Die Chinesen liefern ... Seidenstoffe, einige Glasurarbeiten und sehr viel von diesem Zeug aus Kanton, das wir *nankins* nennen und das bei den Russen *chitri* heißt, außerdem beträchtliche Mengen an grünem Tee. Er schmeckt sehr viel besser als der, den Europa erst nach langem Transport bekommt, daher müssen die Russen bis zu 20 Francs für das Pfund bezahlen, obgleich sie ihn selten für mehr als 15 bis 16 Francs weiterverkaufen. Um diesen Verlust auszugleichen, setzen sie die Preise für ihre Pelze hoch – ihre beinahe einzige Exportware nach China. Doch diese List kommt weniger den Händlern als dem russischen Staat zugute, der 25 Prozent der Import- und Exportsteuer einzieht.« Trotzdem importiert Rußland gegen Ende des 18. Jahrhunderts noch nicht einmal 500 Tonnen Tee, ist also weit entfernt von den 700 Tonnen des Abendlandes.

Erwähnen wir am Schluß dieses Kapitels noch, daß Europa lange Zeit vergeblich versuchte, in den Besitz von Teepflanzen zu gelangen. Die ersten Teesträucher wurden auf Java erst 1827 gepflanzt, auf Ceylon erst 1877, als die Kaffeebäume der Insel verwüstet worden waren. Auch wenn sich der Teekonsum auf Rußland, die Niederlande und England beschränkte, stellt der Aufschwung des Tees in Europa ein ungeheures Novum dar, verliert freilich, gemessen an internationalen Maßstäben, an Bedeutung. Noch heute ist China Haupterzeuger und -konsument zugleich. Tee spielt dort die Rolle einer ebenso hochzivilisierten Pflanze, um Vidal de la Blanche zu zitieren, wie der Weinstock in Europa an der Mittelmeerküste. Beide, Tee und Wein, sind in einem ganz bestimmten geographischen Gebiet anzusetzen, in dem althergebrachte und veraltete Anbaumethoden allmählich immer weiter vervollkommnet wurden. Sorgfältige, kontinuierliche Pflege ist dabei notwendig, um den Anforderungen einer anspruchsvollen Konsumgesellschaft gerecht zu werden. »Die Chinesen«, meint Pierre Gouron, »verfeinerten ihren Geschmack in einem Maß, daß sie die verschiedenen Teesorten zu unterscheiden und in eine qualitative Reihenfolge einzuordnen vermochten.« Die Parallelität zum Weinbau der Alten Welt ist auffallend; auch er ist ein Produkt tausendjährigen Fortschritts, den eine Kultur seßhafter Bauern vollbrachte.

Wie jede Kulturpflanze schafft auch der Tee Abhängigkeiten: Der Boden muß für die Teepflanze aufbereitet werden, die

Körner müssen gesät und die Teebäume gestutzt werden, damit sie Sträucher bleiben und nicht wie Bäume hochschießen, obwohl sie das von Hause aus in der Wildnis tun. Die Blätter müssen sorgfältig gepflückt und getrocknet werden (in der Sonne oder durch Heizung), gerollt und neuerlich getrocknet werden usw. In Japan wird der Vorgang Trocknen-Rollen bis zu sechs- oder siebenmal wiederholt. Dann können Spitzenqualitäten zu hohem Preis verkauft werden (die Qualität der einzelnen Sorte hängt vom Boden und vom Zeitpunkt der Pflückung ab – die jungen Frühlingsblätter sind aromatischer als die, die später gepflückt werden; außerdem wird grüner Tee anders als schwarzer Tee bearbeitet usw). Die besten grünen Tees benutzen die Japaner für den Tee in Pulverform, den man in kochendem Wasser auflöst (anstelle eines einfachen Aufgusses), nach alter chinesischer Manier, die selbst in China in Vergessenheit geraten war und dem feierlichen Zeremoniell, dem *cha-no-yu* vorbehalten bleibt. Diese Zeremonie ist so kompliziert, daß man sie bei einem Lehrmeister erlernen muß, so wie in Europa das Tanzen und der Umgang mit dem Degen.« Das Teetrinken erfordert ein bestimmtes Ritual, genauso wie der Wein oder jede andere geschätzte Kulturpflanze. Auch in den Häusern der Armen in China und Japan steht zu jeder Tageszeit heißes Wasser für Tee auf dem Ofen. Jeder Gast wird mit einer Tasse Tee willkommen geheißen. In den vornehmen chinesischen Häusern verwendet man dafür besondere, sehr handliche Instrumente, wie zum Beispiel einen kleinen Tisch (traditionell niedrig gehalten), ein kleines Öfchen, Näpfe, Tassen, Untertassen, Löffel für die Konfitüre, Kandiszucker in Nußform, den man während des Teetrinkens im Mund lutscht, damit der gute Geschmack nicht verloren geht und weniger Zucker verbraucht wird. Außerdem werden verschiedene Marmeladensorten gereicht – die Chinesen verstehen sich besser auf ihre Zubereitung als die Europäer. Erwähnenswert wäre noch, daß im Norden Chinas – einem Reisebericht aus dem 19. Jahrhundert zufolge –, wo

der Tee nur schlecht gedeiht, »die Leute niedrigen Standes ihn nur als Luxusgetränk kennen und so, wie die vornehmen Leute grünen Tee zu sich nehmen, einfach warmes Wasser trinken und dies auch Tee nennen.« Übt die Sitte des Teetrinkens einen so starken sozialen Druck aus, daß warmes Wasser als seltsamer Tee-Ersatz propagiert werden muß? Oder wird in der Regel in China und Japan alles heiß getrunken, der Tee wie der Sake, der Reis- und Hirseschnaps, also entsprechend auch das Wasser? In einem sehr vernünftigen Buch von 1762 steht, daß die Spanier nicht dauernd so krank wären, wenn sie nicht so unmäßig viel Eiswasser trinken würden und es mehr wie die Chinesen hielten. Als der Tee Chinas Nationalgetränk geworden war, setzte er sich – wenn auch nicht in diesem Ausmaß – im übrigen Fernen Osten durch. Muß er einen längeren Transport überstehen, wird er zu Briketts geformt und mit Yakkarawanen früh schon nach Tibet gebracht. Kamelkarawanen bringen ihn nach Rußland, bevor die Eisenbahn erfunden wird; auch heute noch ist der Tee in dieser festen Form in einigen Gegenden Rußlands gebräuchlich.
Auch die Mohammedaner fanden das Getränk schmackhaft. In Marokko wurde stark gesüßter Pfefferminztee das Nationalgetränk. Im folgenden Jahrhundert gelang ihm der entscheidende Durchbruch. Über seine Beliebtheit in den übrigen Gebieten des Islam wissen wir so gut wie nichts. Doch bleibt bemerkenswert, daß der Tee überall dort, wo der Wein unbekannt war, Erfolge zu verzeichnen hat: in Nordeuropa, Rußland und in den mohammedanischen Ländern. Kann daraus gefolgert werden, daß Kulturpflanzen sich gegenseitig ausschließen? »Die romanisierten Länder gehören kaum zu den zivilisierten teetrinkenden Ländern«, schreibt ein Geograph. Doch ist das Gegenteil richtig; auf jeden Fall aber gelang es den Wein- und Alkoholsorten nicht, sich im Fernen Osten anzusiedeln.

Über den Kaffee und seine Geschichte kursieren viele Anekdoten, die aber in ihren Angaben unsicher sind und nichts einbringen.
Früher nahm man an, der Kaffeebaum stamme aus Persien, oder wahrscheinlicher noch aus Äthiopien. Vor 1470 war er kaum bekannt; damals trank man nur in Aden Kaffee. Vor 1511 muß er schon bis Mekka vorgedrungen sein, denn in diesem Jahr wird er zum erstenmal, 1524 zum zweitenmal verboten. 1510 ist er in Kairo zu haben, 1517 in Istanbul, wo er von da an in regelmäßigen Abständen erlaubt und wieder verboten wird. Er wird in der Türkei heimisch, in Damaskus, Aleppo (1532), dann in Algier, in Persien und sogar im mohammedanischen Indien. Am Ende des 16. Jahrhunderts ist Kaffee in der ganzen muselmanischen Welt zu einem Begriff geworden. Der italienische Arzt Prospero Alpini bereist 1592 Ägypten, ebenso Pietro della Valle, der sich 1615 in Konstantinopel aufhält und schreibt: »Bei den Türken trinkt man ein schwarzes Getränk, das im Sommer sehr erfrischt und im Winter wärmt, obwohl es immer das gleiche Getränk ist und heiß getrunken werden muß. Man trinkt es langsam und nicht zu den Mahlzeiten, sondern erst nachher in kleinen Schlucken; dabei entspannt man und unterhält sich mit seinen Freunden. Kaum eine Tafelrunde, an der er nicht getrunken wird. Zu diesem Zweck unterhält man extra ein großes Feuer, über das die kleinen Porzellannäpfe gehalten werden, die mit dieser Flüssigkeit gefüllt sind; sind sie heiß, servieren eigens dafür angestellte Männer jedem einzelnen seine Schale. Dazu bekommt man einige Melonenkerne. Mit den Kernen und diesem Getränk, das sie *kafoué* nennen, vertreiben sie sich oft sieben bis acht Stunden lang die Zeit.«
1615 kam der Kaffee nach Venedig, etwas später nach Marseille, 1644 nach Lyon. Damals brachte Pater De La Roque die ersten Kaffeebohnen sowie Tassen und Kaffeekanne nach

Paris mit. 1650 gelangte der Kaffee wahrscheinlich nach London, 1651 nach Wien, 1674 nach Schweden. Alle diese Daten beruhen auf ungefähren Schätzungen.

Erst in Paris sollte er die Aufnahme finden, die über sein weiteres Schicksal entschied. Der türkische Botschafter, Soliman Mustafa Raca, bot auf seinen zahlreichen Empfängen (1669) seinen Gästen immer Kaffee an: »Die Botschaftsgeschäfte gingen nicht gut, aber wenigstens der Kaffeekonsum.« 1670 erschien in Lyon ein anonymer *Traité du Caphé,* der vielleicht Jacob Spon zuzuschreiben ist. Ähnlich wie der Tee wurde auch der Kaffee zuerst als Wunderheilmittel angekündigt: »Er beseitigt Skrofeln und Blähungen, stärkt die Leber, erleichtert die Schmerzen der Wassersüchtigen durch seine reinigende Wirkung, ist ein probates Mittel gegen die Krätze und schlechtes Blut, wirkt belebend auf Herz und Kreislauf, vertreibt Magenschmerzen und regt den Appetit an; er ist gut gegen ein bedrücktes Gemüt ... Der aufsteigende Dampf heilt geschwollene Augen und die Kurzatmigkeit sowie Bronchialerkrankungen, Nervenschmerzen und die Wurmkrankheit; außerdem bringt er wesentliche Erleichterung nach einem opulenten Mahl.« Doch manche Ärzte wie auch die öffentliche Meinung behaupten, der Kaffee verursache Kinderlosigkeit.

Dank den Lobpreisungen und allen mißtrauischen Einwänden zum Trotz nahm der Kaffeekonsum in Paris zu. Am Ende des 17. Jahrhunderts kamen ambulante Gewerbetreibende auf, meist Armenier, die, als Türken mit einem Turban verkleidet, vor sich ein Tablett mit Kaffeekanne, Öfchen und Tassen trugen. Hatarioun, ein Armenier, später unter dem Namen Pascal bekannt, eröffnete um 1670 den ersten Kaffeeausschank in einer Marktbude auf dem Jahrmarkt von Saint-Germain, der seit mehreren Jahren neben der gleichnamigen Abtei abgehalten wurde, und zwar an der Kreuzung der heutigen Rue du Four und Rue Saint-Sulpice. Dort ging das Geschäft aber nicht gut, und Pascal wechselte auf das rechte Seineufer an den Quai der École du Louvre, wo einige Zeit

Levantiner und Malteserritter zu seinen Kunden gehörten. Dann setzte er sich nach England ab. Andere ließen sich durch diesen Mißerfolg aber nicht entmutigen und eröffneten weitere Cafés, so zum Beispiel Malibar in der Rue de Buci und der Rue de Férou. Am berühmtesten und modernsten aber war das Café des Italieners Procope, der früher als Ober bei Pascal gearbeitet hatte; er wurde 1650 in Sizilien geboren und nannte sich später François Couteaux oder Descouteaux. Er fing ebenfalls auf dem Markt von Saint-Germain an, richtete sich dann in der Rue de Torunon ein, 1686 in der Rue des Fossés Saint-Germain. Dieses dritte Café — das *Procope,* das heute noch steht — war nicht weit entfernt vom damaligen Stadtzentrum mit seinen eleganten Läden und seinem ganzen Leben und Treiben, dem Carrefour de Buci und dem Pont Neuf (das später vom Palais Royal abgelöst wurde). Besonders günstig wirkte sich kurz nach der Eröffnung des Cafés 1688 die Errichtung der Comédie française gegenüber aus. Procope ließ die Zwischenwände zum angrenzenden Haus niederreißen, dekorierte die Wände mit Spiegeln und Teppichen, an die Decke wurden Leuchter gehängt, und man konnte dort außer Kaffee auch eingemachte Früchte und Liköre zu sich nehmen. Sein Laden entwickelte sich bald zum Treffpunkt aller Arbeitslosen, Klatschbasen, Schönredner, geistvoller Männer (Charles Duclos, zukünftiger Sekretär der Académie française, gehörte zu seinen Stammkunden) und hübscher Frauen. Procope hatte außerdem in dem nahen Theater seinen Erfrischungsstand.

Das Café in seiner modernen Bedeutung konnte aber nicht lange Privileg eines bestimmten Stadtviertels oder einer Straße bleiben. Nach städtebaulichen Veränderungen zogen die Cafés vom linken auf das rechte Ufer um, im 18. Jahrhundert gab es dort ungefähr 600 bis 700 Cafés. Damals erlangt das *Café de la Régence* Berühmtheit; 1681 war es an der Place du Palais Royale gegründet worden und zog später an seinen jetzigen Standort in der Rue Saint-Honoré um. Die

Kneipen werden allmählich immer mehr von den Cafés verdrängt, eine Tendenz, die sich auch in Deutschland, Italien und Portugal feststellen läßt. In Lissabon sind der Kaffee und Zucker — beide kommen aus Brasilien — sehr billig; nach Aussage eines Engländers nimmt man dort so viel Zucker, daß der Löffel in der Tasse steckenbleibt.
Das Modegetränk Kaffee sollte nicht lange den vornehmen Schichten vorbehalten bleiben. Selbst als die Preise für alle Lebensmittel steigen, hält die Überproduktion der Inseln den Kaffeepreis einigermaßen stabil. 1782 erklärt Le Grand d'Aussy, der Verbrauch der französischen Bevölkerung sei auf das Dreifache angewachsen. In jedem bürgerlichen Haushalt wird Kaffee getrunken, jeder Ladenbesitzer, jede Köchin, jedes Zimmermädchen trinkt morgens zum Frühstück Milchkaffee. Auf den öffentlichen Plätzen und in einigen Straßen und Passagen der Hauptstadt verkaufen Frauen sogenannten Milchkaffee, d. h. schlechte Milch mit etwas Kaffee, der in einer Art Brunnen aus Weißblech mit Hahn und Öfchen warmgehalten wird. Neben der Ausschenkbude steht gewöhnlich eine Holzbank. Der Kaffee wird aus großen Fayencetassen, sogenannten *génieux,* im Stehen getrunken. »Von meiner Wohnung am Quai du Louvre [in der Nähe des Pont Neuf] beobachte ich oft diese Szene in den Holzbuden, die man vom Pont Neuf bis zum Louvre gebaut hat. Und manchmal schon bedauerte ich, nicht ein Teniers oder Callot zu sein.«
Das malerischste und zugleich rührendste Schauspiel dieser Art spielt sich ab, wenn diese ambulanten Verkäuferinnen im Morgengrauen an die Arbeiter Kaffee ausgeben; auf dem Rücken tragen sie ihre Weißblechbehälter, den Milchkaffee bekommt man in irdenen Töpfen für 2 Sols. Zucker gibt es selten. Trotzdem geht das Geschäft gut, denn die Arbeiter halten dieses Getränk für billiger, kräftiger und schmackhafter als alles andere. Folglich trinken sie ganz beachtliche Mengen, um damit bis zum Abend ohne Essen auszukommen.

Mitte des 18. Jahrhunderts nahm der Kaffeekonsum stark zu, auch in den anderen Ländern, denn Europa hatte seine Kaffeeherstellung selbst in die Hand genommen. Solange der Weltmarkt allein vom Kaffeeanbau in der Gegend von Moka in Arabien abhing, blieb der europäische Markt notgedrungen sehr begrenzt. Seit 1712 wurde aber auch in Java Kaffee angepflanzt, 1716 auf der Insel Bourbon (Réunion), 1722 auf den Cayenneinseln (damit war er in der Neuen Welt heimisch), 1723 bis 1730 auf Martinique, 1730 auf Jamaika, 1731 in Santo Domingo. Diese Daten beziehen sich nicht auf die erste Ernte, die erst nach einigen Jahren erfolgen kann, wenn die Sträucher gewachsen sind und sich vermehrt haben. 1731 meint P. Charlevoix: »Man fühlt sich geschmeichelt angesichts des Kaffee-Reichtums auf unserer Insel [Santo Domingo]. Der Baum gedeiht so prächtig . . ., als ob er immer hier gewachsen wäre, doch braucht er noch einige Zeit.« Obwohl der Kaffee dieser Insel erst als letzter auf den Markt kommt, ist er der gefragteste und zugleich der am reichlichsten vorhandene: 1789 produzierte man dort etwa 40 Millionen Pfund; der Verbrauch ganz Europas lag fünfzig Jahre früher bei etwa 4 Millionen Pfund. Der Mokka steht qualitativ und preislich immer noch an erster Stelle, dann folgen die Kaffeesorten Javas und der Insel Bourbon (gute Qualität heißt, daß die Bohne klein und bläulich ist wie beim Kaffee von Java), dann folgen Martinique, Guadeloupe, schließlich Santo Domingo. Um 1785 bis 1789 importiert Frankreich 36 000 Tonnen Kaffee, davon die Hälfte aus Santo Domingo, Paris behält zur Deckung seines Bedarfs etwa 1000 Tonnen, 10 000 bis 12 000 Tonnen werden wieder exportiert. Einige Provinzstädte lehnen das neue Getränk noch ab. In Limoges trinken die Bürger Kaffee nur als Medizin. Nur einige soziale Schichten — zum Beispiel die Postmeister im Norden — machen die neue Mode mit.

Es müssen also neue Absatzmärkte gefunden werden. Die holländische Handelskompanie in Indien versorgt Persien und

das mohammedanische Indien mit Mokka, obwohl die Gesellschaft dort lieber ihren Überschuß aus Java loswerden möchte. Wenn man zu den 150 Millionen Europäern ebenso viele Muselmanen zählt, ergibt dies — theoretisch — einen möglichen Handel mit 300 Millionen Menschen, von denen vielleicht ein Drittel Kaffee trinkt. Realiter ist der Kaffee wie der Tee eine Handelsware geworden, die zu Reichtum verhelfen kann. Das Interesse für seine Produktion, Verbreitung und seinen Absatz wächst. Daraus resultiert in Paris ein ernstzunehmender sozialer und kultureller Impuls: Das Café wird Treffpunkt der eleganten Müßiggänger und Asyl für die Armen. Sébastien Mercier notiert 1782, daß »ein Mann so gegen 10 Uhr morgens das Café betritt und erst gegen 11 Uhr abends [zur Polizeistunde] wieder geht; mittags trinkt er eine Tasse Milchkaffee, abends eine *bavaroise* [eine Mischung aus Sirup, Zucker, Milch und manchmal etwas Tee].«
An einer Anekdote läßt sich der doch sehr langsame Einbürgerungsprozeß des Kaffees ablesen. Cartouche, der am 29. November 1721 hingerichtet wurde, bekam von dem, der ihn verraten hatte, eine Tasse angeboten. Er antwortete, das sei kein Getränk für ihn, und verlangte ein Glas Wein und etwas Brot.

Die Stimulantien: der Tabak

Natürlich wurden zahlreiche Schmähschriften veröffentlicht gegen die neumodischen Getränke. In einer stand zu lesen, England werde durch den Besitz Indiens, d. h. durch den Luxus des Tees, in den Ruin gestürzt. Sébastien Mercier wird bei seinen moralischen Spaziergängen durch das Paris des Jahres 1740 von einem Weisen geführt, der ihm sagt: »Wir haben drei Gifte aus dem Hausgebrauch verbannt, den Tabak, den Kaffee, den Tee. Aber ihr tatet ein scheußliches Pulver in eure Nase, das euch das Gedächtnis raubte, euch Franzosen, die ihr sowieso kaum eins hattet. Ihr verbranntet eure Mägen mit Likören, eure so weit verbreiteten Nervenkrankheiten verdankt ihr dieser Verweichlichung ...«

Doch braucht jede Zivilisation ihre Luxusartikel und ihre ganz bestimmten Stimulantien. Im 12. und 13. Jahrhundert waren es der Pfeffer und die Gewürze, im 16. Jahrhundert der Alkohol, dann der Tee und der Kaffee, ganz zu schweigen vom Tabak. Auch das 19. und 20. Jahrhundert kennt seine ganz spezifischen Luxusgegenstände, seine guten oder schädlichen Drogen. Vom Beginn des 17. Jahrhunderts ist ein venezianisches Steuerschreiben erhalten geblieben, das vernünftig und nicht ohne Humor bestimmt, daß die Steuer auf den *acque gelate,* dem Kaffee und anderen *bevande* sich auch auf alle anderen ähnlichen Artikel bezieht, *inventate o da inventarsi,* »schon erfundene oder noch zu erfindende«.

Michelet übertreibt natürlich, wenn er im steigenden Kaffeeverbrauch seit der Régence den Zündstoff der Revolution sieht; doch die Historiker übertreiben nicht weniger, wenn sie bei der Behandlung des 17. Jahrhunderts – des Grand Siècle – und des 18. Jahrhunderts den Fleischmangel und die revolutionären Konsequenzen des Alkohols und Kaffees vergessen. Ich glaube, daß die Menschen angesichts ihrer ernsthaften wirtschaftlichen Schwierigkeiten, die nicht besser wurden, sondern sich eher verschlimmerten, ein Kompensationsmittel brauchten.

Tabak ist eines dieser Mittel. Louis Lemery, Professor an der medizinischen Fakultät von Paris und an der Königlichen Akademie der Wissenschaften, versäumt es nicht, in seinem *Traité des Aliments* (1702) den Tabak zu behandeln. Die Pflanze, so führt er aus, wird entweder durch die Nase eingenommen oder rauchend inhaliert oder gekaut. Er spricht auch von den myrrheähnlichen Kokablättern, die »hunger- und schmerzstillend wirken und stark machen«; das *quinquina* erwähnt er nicht, als er vom Opium spricht, das vor allem die Türken nehmen und das eine »gefährliche Droge«

sei. Der Weg des Opiums war abenteuerlich genug; er ging von Indien über die Insulinde nach China. Nach 1765 tritt mit der Eroberung Bengalens die große Wende ein, als sich die Britische Ostindische Handelskompanie das Monopol über die Mohnfelder sichert, die bisher eine sichere und lukrative Einnahmequelle der Großmogule war. All das sind Dinge, die Louis Lemery zu Anfang des Jahrhunderts natürlich ebensowenig bekannt sein konnten wie der Hanf der Indianer. Als Rausch-, Nahrungs- oder Heilmittel spielen die Drogen eine wichtige Rolle im Alltag der Menschheit.

Aber kommen wir zum Tabak, der zwischen dem 16. und 17. Jahrhundert die ganze Welt erobert, und zwar nachhaltiger noch als Kaffee und Tee, was einiges heißen will.

Der Tabak stammt eigentlich aus der Neuen Welt: als Kolumbus am 2. November 1492 in Kuba landet, bemerkt er, daß die Eingeborenen gerollte Tabakblätter rauchen. Die Pflanze kommt unter ihrem karibischen (oder brasilianischen) Namen nach Europa, bleibt dort lange Zeit ein Kuriosum botanischer Gärten und ist ansonsten als Heilmittel bekannt. Jean Nicot, Botschafter Ihrer Allerchristlichsten Majestät in Lissabon, schickt Katharina de Medici Tabak in Pulverform gegen ihre Migräne (ein Rezept der Portugiesen). Jean Thevet, der die Pflanze in Frankreich propagiert hat, versichert, daß die brasilianischen Eingeborenen damit ihre *humeurs superflues du cerveau* vertreiben. In Paris schreibt ihm ein gewisser Jacques Gahory die Eigenschaften eines Allheilmittels zu.

Die Pflanze wurde von 1558 an in Spanien angebaut, gelangte dann schnell nach Frankreich, England (um 1565), Italien, auf den Balkan und nach Rußland. 1575 brachte sie die »Gallone von Manila« auf die Philippinen. Obwohl 1588 nach Virginia importiert, floriert der Anbau dort erst ab 1612; 1600 wird sie in Macao, 1601 auf Java, 1605 bis 1610 in Indien und Ceylon angepflanzt. Diese enorme Breitenwirkung ist um so erstaunlicher, als der Tabak ursprünglich keinen Produktionsmarkt hinter sich hat, d. h. von keiner Gesellschaft gesteuert wurde wie zum Beispiel der Pfeffer in seinen ersten Anfängen in Indien, der Tee in China, der Kaffee im Islam und selbst die Schokolade in den spanischen Kolonien. Der Tabak stammt von den »Wilden« aus Amerika. Es mußte also vor allem die Tabakproduktion sichergestellt werden, bevor man ihn beziehen konnte. Vorteilhaft wirkte sich dabei die Anpassungsfähigkeit der Pflanze an jedes Klima und jeden Boden aus.

Erst mit dem 17. Jahrhundert kann man in Lissabon, Sevilla und Amsterdam von einem kommerzialisierten Tabakgeschäft sprechen, auch wenn der Schnupftabak in Lissabon zumindest seit 1558 bekannt war. Tabak gibt es bald in Pulverform und mehreren Duftnoten zu kaufen, Muskat, Amber, Bergamote, Orangenblüte. Es gibt Tabak »nach spanischem Geschmack«, mit »Maltaduft« oder »römischem Duft«, wobei die illustren Damen genauso gern schnupfen wie die vornehmen Herren. Nach dem Schnupfen und Kauen wurde das Rauchen des Tabaks üblich, erst mit der Pfeife, später in Zigarrenform; die gerollten, ungefähr kerzenlangen Blätter, wie sie die Eingeborenen in Amerika rauchten, wurden also von Europa nicht sofort übernommen. Zigaretten kommen in Spanien während der Napoleonischen Kriege auf; der Tabak wird nun gewöhnlich in ein kleines Papier gedreht, einen *papelito,* der bei der französischen Jugend sofort populär wird. Die Zigarette gehört mit zum Bild eines Romantikers.

In den einzelnen Ländern läßt sich das erste Auftreten des Tabaks an den strikten Verboten durch die Regierungen (die sich später recht lukrative Steuereinkünfte sicherten) sehr genau verfolgen. Die Verbote gingen rund um die Erde: in England 1604, in Japan 1607 bis 1609, in der Türkei 1611, in der Mongolei 1617, in Schweden und Dänemark 1632, in Rußland 1634, in Neapel 1637, in Sizilien 1640, in China 1642, im Kirchenstaat 1642, im Kurfürstentum Köln 1649, in Württemberg 1651. Natürlich blieben diese Maßnahmen erfolglos; vor allem in China mußte bis 1776 das Verbot dauernd erneuert werden. Von 1640 an war der Genuß von

Tabak in Tche-li nichts Außergewöhnliches mehr. In Fu Kien hat (1664) jeder eine lange Pfeife im Mund, zündet sie an und bläst den Rauch aus. Tabak wird auf riesigen Flächen angepflanzt, von China aus wird er nach Sibirien und Rußland exportiert. Ende des 18. Jahrhunderts raucht in China jeder, Männer wie Frauen, Mandarine und Arme, sogar kleine Jungen.

Alle Tabaksorten und alle Arten ihn zu rauchen sind in China bekannt, einschließlich des Konsums von mit Opium vermischtem Tabak, einer seit dem 17. Jahrhundert durch die Ostindische Handelskompanie über die Insulinde und Formosa nach China gelangten Art des Rauchens.

Weder in China noch in Indien stieß der Tabak auf eine solche Ablehnung wie dies zeitweilig im 18. Jahrhundert in Europa der Fall war. Doch sollte diese Ablehnung nur eine Episode bleiben; auch kann bezweifelt werden, ob sie allgemein war, denn man weiß, daß in Burgund die Bauern sich samt und sonders dem Rauchen verschrieben hatten, genauso wie die vornehme Petersburger Gesellschaft. In Afrika fand der Tabak gerollt und mit Melasse geklebt – eine drittklassige Qualität aus Bahia – reißenden Absatz und führte bis zum 19. Jahrhundert zu einem regen Handel zwischen Brasilien und dem Golf von Benin, wo sich bis um 1850 ein blühender Schwarzhandel breitmachte.

Vierter Teil

LUXUS UND NOTWENDIGKEIT: WOHNUNG, KLEIDUNG UND MODE

ERSTES KAPITEL

Die Häuser

ZWISCHEN DEM 15. UND DEM 18. JAHRHUNDERT gibt es für die Betrachtung der Häuser keinen gemeinsamen Nenner. Auch ist es schlechthin unmöglich, sämtliche Details und Nuancen zu registrieren. Verallgemeinernd läßt sich sagen, daß die Architektur nur eine sehr langsame Entwicklung durchmacht: Viele alte oder restaurierte Häuser könnten ebenso gut aus dem 18. Jahrhundert oder auch aus dem 15. oder 16. Jahrhundert stammen; zum Beispiel das Prager Goldgäßchen auf dem Hradschin oder Santillana nahe Santander. Der Stadtcharakter von Beauvais ist im Jahr 1842 noch äußerst mittelalterlich, ungefähr 40 Holzhäuser gehen bis ins 16. und 17. Jahrhundert zurück. Nicht genug damit, wird jedes Haus auch noch nach traditionellem Schema gebaut oder wiederaufgebaut. Als in Valladolid nach dem Brand von 1564 die Häuser der vornehmen Familien wieder aufgebaut wurden, wandten sich die Bauleute an die Maurer, die noch etwas vom islamisch geprägten Kunsthandwerk verstanden. Deswegen wirken diese eigentlich restaurierten, neuen Fassaden so archaisch. Überall spielen überkommene Gewohnheiten und Traditionen eine entscheidende Rolle, ein im Grund unnötiger Ballast, den aber niemand über Bord wirft. Ein Beispiel dafür bieten die Häuser der Mohammedaner, deren abweisendes geschlossenes Äußeres die Abgewandtheit des Mohammedaners von der Außenwelt symbolisiert. In Persien gleichen sich nach Aussagen eines Reisenden Ende des 17. Jahrhunderts fast alle vornehmen Häuser; meist sind sie sogar nach dem gleichen Muster gebaut: In der Mitte des Hauses befindet sich in der Regel ein Saal von ungefähr dreißig Schritten im Quadrat, in dessen Mitte wiederum ein kleiner Teich angelegt ist, um den herum Teppiche ausgebreitet sind. Bei den Behausungen der Landbevölkerung in allen Ländern der Erde läßt sich diese Monotonie in der Bauweise noch eindeutiger nachweisen. Sie bauen ihre armseligen Hütten auf dünne Holzgerüste, zum Beispiel die sogenannten *caboclos* in der Gegend von Vitoria im Norden von Rio (1937). Desgleichen überdauern die primitiven Zelte der Nomaden die Jahrhunderte ohne die geringste Veränderung, nicht einmal ein anderes Material wird verwendet. Kurzum, jedes »Haus«, ganz gleich in welchem Land, beweist im Grund die konservative Einstellung der einzelnen Kulturen, die sich nur sehr zögernd dem Fortschritt und seinen Errungenschaften erschließen.

Kostspieliges Baumaterial: Stein und Ziegelstein

Die stagnierende Tendenz beim Hausbau, der sich nur immer an gegebene Vorbilder hält, ist um so verständlicher, als sich auch das Baumaterial nur wenig ändert. Dies soll aber nicht heißen, daß nur behauene Steine, Ziegel, Holz und Erde verwendet wurden. »Aus Mangel an Steinen baut man in Persien Mauern und Häuser aus Erde«, schreibt ein Reisender. Sie werden dort tatsächlich mit sonnengetrockneten und unbehauenen Ziegeln gebaut. »Die reichen Leute verschönern diese Mauern mit einem Gemisch aus Kalk, Gummi und grüner Steinfarbe, das ihnen einen silbernen Schimmer verleiht.« Steine galten als absoluter Luxus; im allgemeinen mischte man Ziegel und Steine, wie es schon die Maurer in Rom, Byzanz, der Türkei und China machten, oder man wechselte Stein mit Holz ab; Stein allein blieb den Palästen der Fürsten und den Tempeln der Götter vorbehalten. Die Inkas in Cuzco bauten ausschließlich mit Stein, die Mayas verwendeten dieses Material nur für Observatorien, Tempel und Stadien. Daneben stelle sich der Reisende die gewöhnlichen Flechthütten und Stampfbauten der Durchschnittsbevölkerung vor, wie man sie heute noch um die Ruinen von Chichen Itzá oder von Palenqua in Yucatan vorfindet. Im Dekkan reicht die prachtvolle und ins Auge stechende Architektur rechteckig angelegter Stadtsiedlungen bis hinauf in den Norden an die Mündung des Indus und Ganges. Die indischen Dörfer kennen jedoch keine Steinbauten. Im portugiesischen Goa stehen 1639 »nur Strohhäuser, geschlafen und gegessen wird auf Binsenmatten. Das einzige Nahrungsmittel dieses Volkes scheint Reis zu sein, der in irdenen Töpfen zubereitet wird. Die Bewohner tünchen ihr Haus mit Kuhmist, weil sie glauben, damit die Läuse zu vertreiben.«

An diesen Bräuchen wird bis heute festgehalten. Das Haus ist immer noch beängstigend eng und klein, ohne Herd und ohne Fenster; die schmale Dorfstraße ist blockiert von Tieren, die keinen Stall haben.

Im Abendland und im Mittelmeerraum setzte sich der Steinbau erst nach Jahrhunderten durch. Dazu mußten Steinbrüche abgebaut und Steine herausgesucht werden, die leicht zu bearbeiten waren und doch an der Luft hart blieben. Über Jahrhunderte mußte investiert werden.

In der Umgebung von Paris findet man unzählige Sand-, Kalk- oder Gipssteinbrüche. Paris selber steht auf einem riesigen, mehrstöckigen, unterkellerten Fundament, vor allem die Stadtviertel Chaillot, Passy und die frühere Straße nach Orléans, der ganze Faubourg de Saint-Jacques, die Rue de la Harpe und die Rue de Tournon. Bis zum Ersten Weltkrieg wurde Kalkstein im großen Stil abgebaut, auf den Vorstadtbahnhöfen mit der Säge zurechtgeschnitten, dann auf Rollwagenzügen durch Paris transportiert. Lassen wir uns aber nicht täuschen: Auch Paris bestand nicht von jeher aus Steinhäusern. Die ersten wurden Anfang des 15. Jahrhunderts gebaut: Scharen von Zimmerleuten aus der Normandie, von Dachdeckern, Schmieden, Maurern aus dem Limousin (die langfristige Aufträge gewohnt waren) sowie unzählige Tapezierer und Gipser rückten an. Zur Zeit Sébastien Merciers konnte man jeden Abend den Gipsern und ihren weißen Fußabdrücken bis zur Wohnung folgen. Die Grundmauern vieler Häuser sind aus Stein, während die oberen Etagen noch aus Holz gebaut sind. Bei der Feuersbrunst am Petit Pont vom 27. April 1727 brannten die Holzhäuser »lichterloh wie ein großer Kalkofen, von dem ganze Balken herunterfallen«. Die wenigen Steinbauten bildeten Schutzdämme, die das Feuer nicht übersprang. »Das sehr solid gebaute Petit Châtelet schirmte die Rue de la Huchette und die Rue de la Galande ab.«

In Paris waren Holzhäuser genauso üblich wie in Troyes, das bei dem großen Feuer von 1547 in einem einzigen Flammenmeer aufging, oder wie in Dijon, wo noch im 17. Jahrhundert Häuser mit Schilf gedeckt wurden. Mit der Steinbauweise bürgerte sich der Dachziegel ein. In den lothringischen Städten und Dörfern sind die Häuser mit Holzschindeln gedeckt, sehr spät erst wird der Rundziegel der Romanik übernommen. In einigen Dörfern der Wetterau am Main sind im 17. Jahrhundert Stroh und Schindeldach verboten. In einzelnen Orten konnte sich der Stein nur unter Zwang und durch verlockende Prämien durchsetzen. Das Strohdach wird Symbol der Armut und vergangener Zeiten. In der Saône-Ebene findet sich das Ziegeldach sehr selten. Am Plan eines kleinen Dorfes in der Nähe von Nürnberg lassen sich an der unterschiedlichen Markierung von Ziegel- und Strohdächern die Häuser der armen Bauern und der wohlhabenden Handwerker genau ausmachen.

Der Backstein, der nun seinen Siegeszug durch Europa – von England bis Polen – antritt, ersetzt in der Regel die Holzbauweise. In Deutschland gewinnt er schon im 12. Jahrhundert an Boden.

Als in Paris schon unzählige Steinhäuser standen, übernahm auch London — zu Beginn der Elisabethanischen Epoche — den Backsteinbau. Diese Umstellung wurde nach dem großen Feuer von 1666 in Angriff genommen (bei dem drei Viertel der Stadt, d. h. mehr als 12 000 Häuser zerstört wurden). In Amsterdam werden vom 17. Jahrhundert an alle neuen Gebäude nur noch aus den bräunlichen Ziegeln gebaut, die mit einer Schutzschicht aus Teer überzogen sind.

Billiges Baumaterial: Holz, Erde, Stoffe

Inmitten dieser luxuriösen Bauten hält sich das Holz weiterhin als Baumaterial — mit oder ohne Lehm und Ton — für den Stampfbau, und zwar in den durch ihre geographische Lage und Tradition begünstigten Gebieten: in der Picardie, in der Champagne, in Skandinavien und im Moskauer Reich, in den Rheingegenden und überall dort, wo sich die Errungenschaften des Fortschritts immer erst später bemerkbar machen. Die Maler der Kölner Schule malen im 15. Jahrhundert noch regelmäßig Stroh- oder Fachwerkhäuser. In Moskau gibt es sozusagen Holzfertighäuser, die in einigen Stunden aufzubauen sind und deren Standort beliebig verändert werden kann.

Im Fernen Osten sind wegen der Erdbeben Holz- und Stampfbauhäuser auf einem Bambusgerüst am zweckmäßigsten. In China werden Holzhäuser bevorzugt; zwar steht der Kaiserpalast auf Steinmauern, doch ist das Dach aus Holz und wird von Holzsäulen getragen. Übrigens kann es kein Material mit dem zylinderförmigen Bambus aufnehmen, »der hart wie Eisen ist«. Ist er voll ausgereift, läßt er sich nicht mehr biegen; er ist zwar hohl und scheint aneinandergestükkelt, aber diese Nahtstellen geben ihm einen solchen Halt, daß er im allgemeinen sogar als Säule an kleineren Häusern dient.

Diese Häuser sind oft, vor allem auf dem Land, miserabel gebaut. Ein französischer Reisender, der im Winter 1774/75 China von Kanton bis Peking durchquert, betont immer wieder, daß die Bauernhäuser aus Backstein und mit Dachziegeln am Jangtsekiang immer noch am besten sind; sonst sind sie in der Regel aus Erde mit einem Dach aus Schilf; die Pultdächer werden mit Kieferngestrüpp abgedeckt; niedrig, rund und oft ausnehmend häßlich sind sie alle.

Nördlich von Peking sind 1793 nach Aussagen eines englischen Reisenden die meisten Häuser auf den Dörfern nur aus Reisig und Lehm gebaut, der kurz an der Sonne getrocknet und zwischen zwei Brettern verrieben worden ist. Manchmal werden die Schilfwände mit Ton verputzt. Die Dächer sind im allgemeinen mit Schilf, manchmal mit Gras gedeckt. Die einzelnen Zimmer sind durch Gitter voneinander getrennt und die Wände mit Papier beklebt, auf denen Gottheiten abgebildet oder moralische Sentenzen zu lesen sind. Jedes Haus ist ferner von einem freien Platz umgeben, um den herum ein Zaun aus Flechtwerk oder *kow lean*-Stengeln (Sorgho) gezogen ist.

Auch ein modernes Haus unterscheidet sich in nichts von der früheren Bauweise. Um einen Hof gruppieren sich ein bis drei rechteckige Hütten, das Ganze wird von einer Mauer umschlossen. Nur durch den Hof fällt Licht durch Türen und eventuell vorhandene Fenster ein. Verallgemeinernd läßt sich behaupten, Backstein und Dachziegel als Zeichen von Reichtum und Traditionsbewußtsein werden im Süden als Baumaterial bevorzugt, während der Norden Stampfbau und Schilfdach (aus Sorgho oder Getreide) verwendet. Die japanischen Häuser mit ihren Schilfdächern sehen ähnlich aus, stehen aber immer auf Pfahlwerken, und wie in den ersten chinesischen Häusern sind die Außenwände großenteils verschiebbare, mit Papier beklebte Holzrahmen. »Tagsüber stehen sie immer offen, nachts sehen sie bei Lampenlicht wie eine Laterne aus.«

Ludwig Knaus: »Der Taschenspieler« (1862); Sammlung H. Dietze, Frankfurt am Main.

Holz und Erde als Baumaterialien sind in China so wichtig, daß heute noch ein großes Bauprojekt »ein großes Unternehmen von Holz und Erde« genannt wird. Wenn es sich um einen Prachtbau für einen Fürsten oder Kaiser handelt, stellt sich vor allem im waldarmen Norden die Frage nach der Holzbeschaffung, die »einen maßlosen Aufwand an Geld und Menschen« erfordert. Das gewünschte Holz befindet sich nicht immer in der Nähe der Küste oder schiffbarer Flußläufe. Ein Beamter des 16. Jahrhunderts hat ein volkstümliches Sprichwort aus Sze-tschuan überliefert. »Von tausend Menschen, die in die Wälder gehen, kehren fünfhundert zurück.« Von ihm wissen wir auch, daß die Bauern in Hu-Pei und Sze-tschuan jedesmal, wenn die kaiserlichen Beamten kamen und Holz anforderten, »bis zur Erschöpfung« weinten.
Die baufälligste Behausung ist aber immer noch das Zelt der Nomaden. Das Material (Filz, Gewebe aus Ziegen- oder Kamelhaaren), Form und Aussehen änderten sich, trotzdem überdauerte dieser Notbehelf die Jahrhunderte. Wenn es einen triftigen Grund gäbe, die Nomaden seßhaft zu machen, würden sie sich wohl nach einer anderen, besseren Bleibe umsehen, wie es in gewisser Weise schon einmal gegen Ende des Römischen Reiches geschah oder während der türkischen Eroberungen auf dem Balkan und den damit verbundenen Bestrebungen, seßhaft zu werden, oder auch in der früheren Kolonie Algerien und allen heutigen mohammedanischen Ländern.

Die Bauernhäuser in Europa

Auf der Erde kann man zwischen zwei Kategorien von Häusern unterscheiden: den bäuerlichen und den städtischen. Die ersteren sind in der Überzahl. Sie stellen eher einen einfachen Schutz dar, als daß man sie als richtige Häuser bezeichnen könnte. Sie sind einzig und allein auf die elementaren Bedürfnisse von Mensch und Haustier ausgerichtet. Hinsichtlich Chi-

na und Indien ist dem im vorhergehenden Abschnitt Gesagten nichts mehr hinzuzufügen. Hier wie auch in anderen Bereichen sind wir am besten und genauesten über die europäischen Verhältnisse informiert.
Das europäische Bauernhaus taucht nicht in den schriftlichen Zeugnissen auf. Die klassische Beschreibung von Noël du Fail ist eigentlich nur die oberflächliche Skizze eines bretonischen Bauernhauses, so wie es Ende des 16. Jahrhunderts aussah. Ebenso steht es mit der – allerdings äußerst detaillierten – Beschreibung eines finnischen Hofes in der Nähe von Petersburg (1790): Dieser besteht aus einigen meist zerfallenen Hütten, das Wohnhaus enthält ein einfaches verräuchertes Zimmer, zwei kleine Ställe, ein russisches Bad (Sauna) und einen Ofen zum Trocknen des Getreides. Ein Tisch, eine Bank, ein Kochtopf, ein Wasserkessel, ein Zuber, ein Eimer, verschiedene Fässer, Bottiche und Holzteller, eine Axt, ein Spaten und ein Kohlschneidemesser bilden das sogenannte Mobiliar.
Zeitgenössische Zeichnungen oder Gemälde geben im allgemeinen mehr Aufschluß über das Aussehen ganzer Dörfer und die Innenausstattung großer Häuser, wo Mensch und Tier noch nebeneinander leben. Doch noch ein wenig mehr erfahren wir, wenn wir zum Beispiel aufmerksam die Bauvorschriften für ein Dorf studieren.
In einem Dorf darf ein Haus nur dann gebaut und repariert werden, wenn die Genehmigung der Gemeinde oder der Herrschaft vorliegt, die den Zugang zu den Steinbrüchen und dem Forstbestand beaufsichtigt. Im 15. Jahrhundert benötigte man im Elsaß für ein Haus sechs Bäume, ebensoviel für eine Scheune. Zusammen mit dieser Genehmigung wird auch genau vorgeschrieben, wie die Binsen, das Schilf oder Stroh auf dem Dach angeordnet sein müssen, wie die Steine auf die Holzziegel der Berghütten gelegt werden müssen, damit sie der Sturm nicht abheben kann; wir erfahren, wie relativ niedrig die Feuergefahr bei diesen Strohdächern ist, wie ausgezeichnet der

Dünger ist, den so ein altes, ausgedientes Strohdach abgibt. In Notzeiten wird es allerdings als Futter verwendet (so in Savoyen im 18. Jahrhundert). Ebenfalls vorgeschrieben wird das Mischverhältnis von Holz und Lehm oder die Anordnung der Deckenbalken in der Wohnstube. Damals wurde es auch üblich, eine Herberge durch ein Schild kenntlich zu machen, durch einen Faßreifen oder eine Krone (wie in Deutschland). Wir erfahren einiges über den Dorfplatz, die Mauer, die oft um die Häuser gezogen wurde, die Festung, die manchmal zugleich als Kirche diente, über die Wasserversorgung (Wasserlauf, Quelle, Brunnen), die Lage der Bauernhäuser zwischen den Stallungen und der Vorratsscheune — alles Einzelheiten, die sich bis ins 19. Jahrhundert halten. In Varzy (Mièvre), einer kleinen Stadt in Burgund mit dörflichem Charakter, wohnen die reichen Leute im 17. Jahrhundert in Bauernhäusern in nur einem Zimmer, das Küche, Schlaf- und Wohnzimmer in einem ist.

Seit rund zwanzig Jahren ergänzen Ausgrabungen in Rußland, Polen, Ungarn, Deutschland, Dänemark, Holland, England und seit kurzem auch in Frankreich die bis dahin chronischen Quellenlücken über die Beschaffenheit verlassener Dörfer. In alten Bauernhäusern in der Puszta, aber auch anderswo, fand man Gegenstände (wie zum Beispiel den Backsteinofen), die die Zeit überdauerten. Die ersten französischen Grabungen (1964/65) wurden in drei Orten durchgeführt, in Montaigut (Aveyron), Saint-Jean-le-Froid (Tarn) und Dracy (Côte d'Or). Der erste Ort war wohl ziemlich groß, im dritten fand man in großer Zahl die verschiedensten Gegenstände, der zweite wurde so weit freigelegt, daß die Befestigungen, der Graben und der Zugang zum Ort rekonstruiert werden können. Damals gab es schon gepflasterte Straßen mit Rinnsteinen, zwei oder drei übereinandergebaute Kirchen, die viel imposanter gewesen sein müssen als die jetzige Kapelle mit dem Friedhof.

Ein weiteres Resultat dieser Grabungen ergab eine relative

Mobilität dieser Dörfer und Weiler: Sie entstanden irgendwann, die Einwohnerzahl nahm entweder zu oder ab, oder die Leute zogen woanders hin. Deutsche Historiker und Geographen sprechen dabei manchmal von »Wüstungen«. Nicht selten kam es innerhalb eines bestimmten Gebiets zu einer Zentrumsverlagerung; Möbel, Tiere, Steine, kurz alles wurde zusammengetragen und einige Kilometer entfernt wieder aufgestellt. Dabei kann sich natürlich der Charakter eines Dorfes verändern; das große, dichbebaute lothringische Dorf stammt wahrscheinlich aus dem 17. Jahrhundert. Zur gleichen Zeit entstehen die Hecken in der Vendée sowie die großen einzelstehenden Bauernhöfe, die das Landschaftsbild völlig veränderten.
Aber viele Dörfer und Häuser blieben mit geringfügigen Änderungen bis heute unverändert erhalten. Bei vielen Siedlungen besteht die Schwierigkeit darin, die einzelnen Abschnitte ihrer historischen Vergangenheit genau zu datieren. Nach langen Untersuchungen lassen sich mögliche Entwicklungen rekonstruieren (Publikationen über Italien liegen vor, während in Frankreich insgesamt 1634 Monographien auf ihren Verleger warten). Wo der Alltag weiterhin seinen gewohnten Gang nimmt, zum Beispiel in Sardinien, ist der bäuerliche Charakter der Behausungen erhalten geblieben. Wenn sie auch alle anders aussehen, passen sie sich doch den unterschiedlichen Aufgaben in den verschiedenen Gegenden der Insel vorzüglich an. Mensch und Tier leben hier noch zusammen.
Jeder Reisende kann ihnen begegnen — auch ohne Gelehrtenfleiß —, zum Beispiel im Museum von Innsbruck oder in einem Bauernhaus in Savoyen, das bis jetzt noch nicht vom Tourismus heimgesucht wurde, mit seinem Holzkamin, an dem Wurst und Schinken geräuchert werden. Auch die Lombardei besitzt solche großen Bauernhäuser aus dem 17. Jahrhundert, in Katalonien ist es die prächtige *masia* des 15. Jahrhunderts mit ihren romanischen Gewölben, Rundbögen und Steinarbeiten. In beiden Fällen handelt es sich sicherlich um in ihrer Art seltene Exemplare vornehmer Bauernhäuser.

Einfacher gestaltet sich – zumindest in Europa – ein Besuch in einer Wohnung reicher Leute. Außerhalb unseres Kontinents haben sich mit Ausnahme von Palästen keine alten Wohnhäuser erhalten.
Das Musée de Cluny in Paris (das alte Stadthaus der Äbte von Cluny) gegenüber der Sorbonne wurde 1498 nach einer Bauzeit von knapp dreizehn Jahren fertiggestellt von Jacques d'Amboise, dem Bruder des Kardinals, der lange als Minister unter Ludwig XII. diente. 1515 beherbergte es für kurze Zeit die junge Witwe Ludwigs XII., Maria von England. Im ehemaligen Haus der Guise im Marais-Viertel (1553–1697) sind heute die Bestände des Nationalarchivs untergebracht. Mazarin wohnte zwischen 1643 und 1649 in dem Haus der heutigen Nationalbibliothek. Das Haus in der Rue du Bac 46, in dem Jacques Samuel Graf von Coubert, der Sohn von Samuel Bernard, dem reichsten Kaufmann Europas zur Zeit Ludwigs XIV., wohnte – nur einige Meter vom Boulevard Saint-Germain entfernt –, entstand zwischen 1741 und 1744. Neun Jahre später, 1753, machte sein Eigentümer bankrott – Voltaire gehörte unter anderem zu den Geschädigten. Aber nehmen wir statt Paris eine so unversehrt erhaltene Stadt wie Krakau; dort könnten wir dem Prinzen Czartoryski einen Besuch abstatten oder dem reichsten Kaufmann des 14. Jahrhunderts, Wierzynek, dessen Haus am Marktplatz (Rynek) zu einem Restaurant umgebaut wurde, in dem man heute noch essen kann. In Prag steht am Ufer der Moldau das ungeheuer große und in seinem Prunk beinahe anmaßende Haus Wallensteins. In Toledo ist das Museum der Herzöge von Lerma authentischer als das angebliche Haus El Grecos, dessen Besichtigung sich jedoch keiner entgehen lassen will. Auf einem wesentlich bescheideneren Niveau bewegen sich die Pariser Appartements des 16. Jahrhunderts, deren Pläne wir den Akten der Notariatsarchive verdanken. Aus ihnen geht hervor,

daß es sich dabei keineswegs um Durchschnittswohnungen handelte. Denn selbst wenn es davon mehrere gegeben hätte – den Parisern des 17. und 18. Jahrhunderts erschienen sie unheimlich groß; damals hausten die Armen in noch armseligeren Behausungen als heute, und das will etwas heißen.

In Paris wurden möblierte Zimmer, schmutzig, voller Wanzen und Flöhe, im allgemeinen von den Weinhändlern oder Perückenmachern vermietet; sie dienten als Absteige für Dirnen, Delinquenten, Fremde und mittellose junge Leute aus der Provinz. Die Polizei führte regelmäßige rücksichtslose Hausdurchsuchungen durch. Die sozial kaum höher stehenden Schichten bewohnten die damals gerade erfundenen Zwischenetagen und die Keller- und Speicherräume eines Hauses. Im allgemeinen nimmt das soziale Niveau mit steigender Zahl der Stockwerke ab. Im sechsten und siebten Stock, in den Mansarden und Speicherräumen, wohnen die ganz Armen. Manche von ihnen schaffen den Absprung, wie Greuze, Fragonard, Vernet, und sie schämen sich ihrer Herkunft später nicht. Doch wie ergeht es all den vielen anderen? Im Faubourg Saint-Marcel, in dem es bei weitem am primitivsten zugeht, bewohnt 1772 eine ganze Familie nur ein einziges Zimmer: »Das Bett ist unbezogen, und die Kochtöpfe stehen neben dem Nachtgeschirr.« An jedem Zahltag häufen sich die hastigen, verschämten Aus- und Umzüge, die am deprimierendsten in der Weihnachtszeit bei eisiger Kälte sind. Ein Lastenträger hängt seinen ganzen Hausstand an seine Bügel – Bett, Matratze, Stühle, Tisch, Schrank, Geschirr – und zieht damit vom fünften Stockwerk eines Hauses in die sechste Etage eines anderen um. In einem einzigen Haus des Faubourg Saint-Honoré besitzt man um 1782 ungefähr genausoviel Geld wie das ganze Quartier Saint-Marcel zusammen. Dieses Stadtviertel ist Jahr für Jahr den Überschwemmungen der Bièvres ausgesetzt, dem »Fluß der Gobelins«. Die engen Häuser in den Kleinstädten, zum Beispiel in Beauvais, waren aus schlechtem

Fachwerk erbaut, »mit zwei Zimmern unten und zwei oben, doch in jedem Zimmer wohnt eine Familie«.
Überall bietet sich das gleiche triste Bild, dieselbe ausweglose Situation. In den Städten Hollands, auch in Amsterdam, hat man die armen Bevölkerungsschichten in die niedrigen Häuser einquartiert oder im Tiefparterre. So ein Armenhaus, deren es vor dem wirtschaftlichen Aufschwung im 17. Jahrhundert nicht wenige gab, besaß zwei Zimmer, ein vorderes und ein hinteres. Als man dann größere Häuser baute, nahmen die nunmehr »bürgerlichen« Häuser an Höhe und Tiefe zu, die Fassade hingegen blieb weiterhin sehr schmal; aber ein Haus beherbergte jetzt nur noch eine Familie. Die Zimmer waren miteinander entweder durch Stufen oder durch schmale Treppenleitern verbunden. In Rembrandts Haus lag hinter dem Prunkzimmer das Zimmer mit dem Bett, in dem die kranke Saskia lag. Wenn man vom Wohnungsluxus des 18. Jahrhunderts spricht, ist vor allem der Wandel in den Wohnungen reicher Leute gemeint. Die Armen müssen unter den Folgen leiden – aber das ist ein anderes Problem. Halten wir also fest: Auf der einen Seite ist eine Wohnung der Ort, an dem man ißt, schläft, die Kinder erzieht, die Frau die Rolle der Hausfrau spielt, wenn sie nicht mehrere Diener beschäftigt, die zwar schwatzhaft und perfide sind, aber doch in Schach gehalten werden, denn ein Wort, ein Verdacht oder gar ein Diebstahl bedeutet Gefängnis oder den Galgen. Auf der anderen Seite aber wird das Haus jetzt auch zum Arbeitsplatz, Laden oder Büro, in dem man die meisten und schönsten Stunden des Tages zubringt. Diese Aufteilung war bis jetzt völlig unbekannt, Wohnung und Laden oder Atelier des Meisters waren im selben Haus untergebracht, dort wohnten auch seine Arbeiter und Lehrlinge. Deshalb wurden die Pariser Häuser so hoch und schmalbrüstig gebaut: unten befand sich der Laden, darüber die Wohnung, ganz oben die Zimmer der Arbeiter. 1619 beherbergte jeder Bäcker in London in einem Haus seine Kinder, Dienstboten und Lehrlinge, seine ganze

family, deren Oberhaupt der Bäckermeister ist. Selbst das Amtsbüro der Minister Ludwigs XIV. befand sich manchmal in deren Privatwohnung.

Der im 18. Jahrhundert einsetzende Bewußtseinswandel ist wohl eine zwangsläufige Auswirkung der »Großstadt«; als solche gilt nicht nur Paris und London, sondern zum Beispiel auch Kanton. Im 18. Jahrhundert haben die chinesischen Kaufleute genau wie die europäischen ihren Laden und ihre Wohnung voneinander getrennt.

Mangelhafte Quellen über die außereuropäischen Verhältnisse lassen aber keine gerechte und ausgewogene Beurteilung der Zustände zu. Die skizzenhaften Eindrücke, die wir von den Häusern des Islam, Chinas und Indiens gewinnen, haben etwas unnatürlich Zeitloses an sich. Nicht einmal die Städte — auch nicht Peking — zeigen uns ihr wahres Gesicht. Bei vielen Reisenden ist das Mitteilungsbedürfnis größer als der echte Informationswille, größer auch als die Gewissenhaftigkeit und Neugier zum Beispiel eines Montaigne. Die anderen besuchen die bekannten Sehenswürdigkeiten, wie es ihre potentiellen Leser von ihnen erwarten, sie bestaunen die Pyramiden, sehen aber nicht die Häuser in Kairo, nicht die Straßen oder Läden, nicht die Wohnungen des Mittelstands in Peking und Delhi. Sie bestaunen nur die verbotene Kaiserstadt hinter ihren gelben Mauern und den Palast des Großmoguls.

Die Verstädterung der Provinzen

Stadt- und Landwohnungen lassen sich natürlich nicht so kategorisch voneinander trennen. Familien beider Stände stehen sich im Lebensstandard in nichts nach. Abgesehen von dem veränderten Aussehen englischer Dörfer im 16. und 17. Jahrhundert reflektieren die Veränderungen auf dem Land das Leben in der Stadt. Die Städter legen nämlich ihren Reichtum

in Investitionen in der ländlichen Umgebung an. Auch wenn der Besitz an Boden für die reichen Bevölkerungsschichten nicht so attraktiv wäre — er garantiert soziales Prestige, verschafft vorteilhafte Einkünfte und bietet als ländlicher Herrensitz einige Bequemlichkeit —, würden sie sich kaum davon abhalten lassen. Diese Fluchtbewegung aufs Land ist charakteristisch für das Abendland und wurde eine wahre Modekrankheit, als sich die Wirtschaftslage im 17. Jahrhundert besserte. In der Umgebung der Stadt breitet sich adliger und bürgerlicher Besitz aus, übrig bleiben Bauern und alte Leute in den Randbezirken. Der Eigentümer überwacht vom Stadtbüro aus seine Güter, Einkünfte und Rechte; er läßt Getreide, Wein und Geflügel in die Stadt liefern, und für gelegentliche Aufenthalte auf seinen Besitztümern steht ihm ein Haus zur Verfügung.
Deshalb gibt es rund um Paris heute noch so viele Gutshöfe, Herrensitze und Landhäuser wie die *bastides* der Provence. Um Florenz herum entstand im 16. Jahrhundert eine zweite, beinahe ebenso reiche Stadt, im Tal der Brenta standen die venezianischen Residenzen. Im 18. Jahrhundert werden die Stadtpaläste zugunsten der Landsitze völlig vernachlässigt. Ausschlaggebend war bei all diesen Vorgängen der Gewinn, egal, ob es sich um Lissabon, Ragusa, Dijon, Marseille, Bordeaux, Ulm, Nürnberg, Köln, Hamburg, Den Haag oder London handelt. Englands Geldadel erbaute sich im 18. Jahrhundert kostspielige Residenzen in der Provinz. Eine Aufstellung aus dem Jahr 1779 gibt eine Beschreibung mit Reproduktionen von 84 dieser Schlösser, besonders dem der Herzöge von Oxford in Hughton (Norfolk), das von Walpole 1722 begonnen und 1735 vollendet wurde, mit seinen riesigen Sälen, seinem Marmor und seinen Galerien. Am schönsten sind vielleicht die neoklassischen Villen des 18. Jahrhunderts in der Umgebung von Neapel in Richtung Torre del Greco, oder zwischen Barra und San Giorgio, Cremano und Portici, auf dem Weg von Resina nach Torre Annunziata. Alle diese Her-

renhäuser sind verschwenderisch eingerichtet, so recht geeignet für einen zauberhaften Aufenthalt zwischen den Abhängen des Vesuv und dem blauen Meer.

Auch wenn diese Kolonisierung der Landbezirke nur in Europa so offensichtlich ist, zu spüren war sie überall. Die Häuser der vornehmen Türken in Istanbul stehen an den Ufern des Bosporus, die der algerischen Rais auf den Hügeln des Sahel mit »den schönsten Gärten der Welt«. Über die Zustände im Fernen Osten geben die Quellen nur wenig Aufschluß; es kann aber auch sein, daß das flache Land zu ungeschützt und gefährlich war für derartige Investitionen. Bernardino de Escalante spricht in seinem Buch (1557) von den Lusthäusern der reichen Chinesen »mit Gärten, kleinen Wäldchen und Vogelhäuschen« — aber nur, weil es ihm andere Reisende so erzählt haben. Eine ganze Reihe überlieferter chinesischer Zeugnisse preist schon im 11. Jahrhundert den Zauber dieser Häuser, die immer einen künstlich angelegten Weiher in der Nähe haben, auf dem purpur- und scharlachfarbene Seerosen schwimmen. Gibt es ein größeres Vergnügen auf Erden, als sich dort dem Sammeln von Büchern zu widmen, »die Schwäne und die Störche im Kampf mit den Fischen zu beobachten«, oder die Hasen zu belauern und sie mit dem Pfeil zu durchbohren, sobald sie aus ihrem Bau hervorkommen?«

Zweites Kapitel

Die Inneneinrichtung

Die Innenansicht eines Hauses hält, was die Fassade verspricht. Die Räume ändern sich kaum, auch nicht bei armen Leuten oder in armen oder verarmten Kulturen, die in kraftloser, unfruchtbarer Isolation leben. Nur das Abendland unterliegt einem dauernden Wechsel — wohl ein Vorrecht der Herren.

Die Armen leben ohne Mobiliar

Eine erste Regel: Die Not der Armen braucht nicht weiter erklärt zu werden. Sie bleibt sich überall gleich, auch im reichen, sich dauernd verändernden Europa. Die Armen leben im Abendland auf dem Land und in der Stadt in beinahe völliger Mittellosigkeit. Sie besitzen entweder keine oder nur sehr wenige Möbel, zumindest nicht vor dem 18. Jahrhundert, als man gewisse Luxusartikel (Stühle, Wollmatratzen und Federbetten) zu den elementaren Bedürfnissen zu rechnen beginnt. In dieser Zeit werden in manchen Gegenden die bemalten oder geschnitzten Prunkmöbel der Bauern beliebt. Doch das sind Ausnahmen, die in den Inventarlisten, die nach dem Ableben eines Bürgers aufgestellt werden, bei hundert Fällen einmal vorkommen. Das Mobiliar eines Tagelöhners oder Arbeiters in Burgund im 18. Jahrhundert besteht weiterhin aus einem Kessel, einem Kochtopf, den Pfannen, den Backmulden für das Brot, der Truhe, einem Holzbett mit vier Säulen, einem Kopfkissen und dem Kopfpolster, außerdem einem Federbett, manchmal auch einem Bettbezug. Ferner gehörte dazu die Hose aus Drogett, die Weste, die Gamaschen, einige Werkzeuge (Schaufel und Hacke). Vor dem 18. Jahrhundert enthielt diese Liste nur wenige Kleidungsstücke, dazu einen Schemel, einen Tisch, eine Bank, ein Holzbett und einen Strohsack.

Gerade in Burgund wimmelt es im 16. und 17. Jahrhundert in den Protokollen von »Leuten, die auf Stroh schlafen, weder Bett noch Möbel besitzen« und »von den Schweinen nur durch ein Gitter getrennt sind«. Auf einem Bild von Adrien Brouwer (1605–1638) singen vier Bauern im Chor in einem ärmlich möblierten Zimmer, in dem ein paar Hocker, eine Bank und ein Faß stehen, das als Tisch dient und auf dem neben einem Lappen ein Laib Brot und ein Krug zu sehen ist. Das ist kein Zufall. Ausgediente halbierte Fässer werden in den Dorfschenken zu allem verwendet, unter anderem als Lehnstühle. Auf einem Bild von J. Steen wird ein Brett über einem Faß zu einem Pult für einen Bauernjungen, dem seine neben ihm stehende Mutter eine schriftliche Übung diktiert; er gehörte also nicht unbedingt zu den untersten Schichten, da seine Umgebung sich immerhin aufs Lesen und Schreiben versteht. Ein Auszug aus einem alten Text des 13. Jahrhunderts spricht für sich: »In der Gascogne gibt es viel Weißbrot und ausgezeichneten Rotwein, dort sitzen alle Bauern gewöhnlich um das Feuer herum, essen ohne Tisch und trinken alle aus demselben Becher.«

Beim Gedanken an die damals herrschende Not kommt einem diese Beobachtung durchaus glaubwürdig vor. 1669 wurde in Frankreich ein Erlaß veröffentlicht, nach dem die Häuser, die auf Pfählen errichtet worden waren, und in denen am Rand der Wälder Vagabunden und allerlei dunkle Gestalten wohnten, zerstört werden mußten. Ähnlich sahen die Hütten aus, in die die Engländer vor der Pest in London (1664) flüchteten. In den Städten bietet sich das gleiche bedrückende Bild: In

Paris in den Faubourgs Saint-Marcel und Saint-Antoine sind nur einige wenige Tischlermeister besser gestellt als die Masse der Armen, in Beauvais leben die Weber praktisch von nichts.
In Pescara an der Adria ergibt 1560 eine Untersuchung, daß 400 bis 500 der 2000 Einwohner aus den Bergen oder vom Balkan stammen und keine Wohnung haben, sondern in armseligen Behausungen — schon damals gab es Elendsviertel — dahinvegetieren. Es handelt sich hier um eine durchschnittliche Stadt mit einer Festung, einer Garnison, einem Markt, einem Hafen und Salinen — in ihrer Entwicklung typisch für die zweite Hälfte des 16. Jahrhunderts, in dem Italien an das große Spanien angeschlossen war. In dem ungeheuer wohlhabenden Genua verkaufen sich jeden Winter Arme, die keine Unterkunft finden, freiwillig als Galeerensklaven. In Venedig hausen Familien in menschenunwürdigen Verhältnissen auf Barken in der Nähe der Quais *(fondamenta)* oder unter den Brücken der Kanäle. Die Chinesen mit ihren Familien und Haustieren sind in ihren Dschunken oder Sampans ebenfalls immer stromauf, stromab auf der Suche nach Arbeit und Verdienst unterwegs.

Die »armen« Kulturen

Als zweite Regel läßt sich sagen, daß alte Kulturen ihrer Tradition treu bleiben. Abgesehen von einigen Details wie Porzellan, Malerei und Bronzefiguren kann man ein chinesisches Zimmer des 15. Jahrhunderts kaum von einem aus dem 18. Jahrhundert unterscheiden; das Haus der Japaner sah, abgesehen von den kolorierten Stichen, die erst im 18. Jahrhundert auftauchen, im 16. und 17. Jahrhundert schon genauso aus wie heute. Ähnlich verhält es sich in Indien und in den islamischen Ländern. Abgesehen von der chinesischen Kultur sind die außereuropäischen Kulturen außerordentlich arm, was die Inneneinrichtung betrifft. In Indien gibt es praktisch weder Tisch noch Stuhl; das Wort *méçei* in der Tamilsprache kommt bezeichnenderweise vom portugiesischen *mesa*. Schwarzafrika kennt ebenfalls keine Stühle; die Handwerker von Benin begnügen sich mit der Nachahmung europäischer Stuhlformen. In islamischen Gebieten kennt man weder Stühle noch hohe Tische.

Im mohammedanischen Teil Jugoslawiens, zum Beispiel in Mostar, war noch vor einigen Jahren der niedrige Tisch, um den herum man auf Kissen saß, gang und gebe. Holländische Kaufleute bekamen 1669 den Auftrag, dickes Papier nach Moskau zu liefern: da auch in Rußland Tische mehr oder weniger unbekannt sind und meist auf den Knien geschrieben wurde, brauchte man sehr steifes Papier.

Natürlich ist das Abendland anderen Ländern nicht immer und überall überlegen. Die außereuropäischen Länder lösten ihre Einrichtungsprobleme oft auf billigere Weise. Auf das Konto des Islam gehen die öffentlichen Bäder (die von den Römern übernommen sind; bei den Japanern besticht die vornehme Einrichtung und Sauberkeit der Räume und ihre innenarchitektonischen Fähigkeiten. Osman Aga kam nach seiner Befreiung im Frühjahr 1699 (er war zehn Jahre zuvor von den Deutschen bei der Eroberung von Lipova gefangengenommen worden) durch Buda, das 1686 von den Christen wiedererobert wurde, und war ganz glücklich über die »prächtigen Bäder der Stadt«. Dabei handelt es sich um die türkischen Bäder am Donauufer, die zur Zeit der türkischen Herrschaft kostenlos benützt werden konnten. Rodrigo Vivero, der 1609 erstmals ein japanisches Haus zu Gesicht bekommt, gefallen zwar die Fassaden nicht so gut wie die spanischen, doch in der Schönheit ihrer Inneneinrichtung übertreffen diese Häuser alles andere. Im bescheidensten Haus ist morgens alles ordentlich und neugierigen Blicken entzogen; die Betten sind aufgeräumt, überall liegen die Strohmatten, und die Zwischenwände sind heruntergezogen; allerdings gibt es nirgends Heizung; wie im mediterranen Bereich ist man hier auf die Wärme der Sonnenstrahlen angewiesen. Im ganzen mohammedanischen Türkenreich gibt es keinen einzigen Kamin außer jenem monumentalen im Serail von Istanbul. Als primitiver Behelf bietet sich der *brasero,* die Wärmepfanne, an, die mit Holzkohle oder Glut gefüllt wird. In den mohammedanischen Häusern Jugoslawiens wird auch heute noch kein Kamin eingebaut. In Persien dagegen gibt es ihn in allen Zimmern, aber nur in den Häusern der Vornehmen. Allerdings sind sie sehr schmal, um das teure Holz sparen zu helfen und die Rauchentwicklung einzudämmen. Ebenfalls ohne Kamine kommen Indien und die Insulinde aus (wo sie auch nicht immer nötig wären), ebenso Japan, wo es immerhin sehr kalt sein kann. Das heiße Bad in einem mit Holz beheizten Bottich — ein fester Bestandteil jeden Haushalts — c ent zum Waschen und Wärmen gleichermaßen.

In Nordchina ist es im Winter genauso kalt wie in Sibirien; dort schläft der Bauer und seine Familie auf dem Ziegelofen, der zum Trocknen des Getreides benutzt wird. Beheizt wird dieser Ofen mit Holzkohle vom benachbarten Kamin aus. Der Ofen, der so niedrig wie ein Diwan ist, wird tagsüber auch als Sitzbank benutzt. In den Häusern der reichen Leute werden die Steinplatten des Fußbodens von unten her beheizt.

Oft gibt es also überhaupt keine Heizungsmöglichkeit und keine oder nur wenige Möbel. In den Wohnungen der Mohammedaner stehen kostbare Zederntruhen, in denen Gewänder und Stoffe sowie Wertgegenstände aufbewahrt werden. Unter Umständen werden niedrige Tische, manchmal auch nur große Kupferteller mit einem Holzuntersatz als Ablage verwendet. In den türkischen Häusern übernehmen Wandnischen die Funktion eines Schranks. Im übrigen sind kostbare bunte Wollteppiche, manchmal mehrere übereinander, auf dem Boden ausgebreitet, an denen sich die Christenheit von jeher begeistert hat. Im Grund sind diese wenigen Stücke das Mobiliar von Nomaden.

Der Reichtum der Museen von Istanbul besteht in kostbaren, bestickten Stoffen mit stilisierten Blumen, in schneckenförmig geblasenen Gläsern, ausnehmend schönen Löffeln aus Bergkristall, Elfenbein oder Pfefferstrauchholz, die mit Kupfer, Silber, Perlmutt oder Koralle besetzt sind. Daneben kann man chinesisches Porzellan bewundern, wertvollen Schmuck und die zwei oder drei mit Rubinen, Türkisen, Smaragden usw. besetzten Thronsessel. Beinahe dieselben Stücke zählt schon das Schatzverzeichnis eines kurdischen Fürsten auf, dessen Besitz im Juli 1655 in die Hände des türkischen Heeres fällt und versteigert wird: Koffer aus Elfenbein, Ebenholz und Zypressenholz, Kästchen mit ceylonesischen Perlen besetzt, Flakons mit Rosenwasser, Räucherfässer, Bücher westeuropäischer Autoren, mit Edelsteinen verzierte Korane – manchmal das Werk berühmter Kalligraphen –, sodann unzählige Teppiche, Hunderte von Tigerfellen, Silberkandelaber, chinesisches Porzellan sowie bunte Tassen, Schüsseln und Teller aus Iznik (Nikäa) usw.

Die beiden Formen des chinesischen Mobiliars

In China macht die Entwicklung in den uns interessierenden Jahrhunderten kaum Fortschritte, doch unterscheidet es sich von anderen nichteuropäischen Ländern durch sein ausgesuchtes, vielfältiges Mobiliar aus kostbaren, oft von weither importierten Hölzern, seinen Schränken und Regalen mit geschickter Fächeraufteilung, seinen hohen und niedrigen Tischen, Stühlen, Bänken, Schemeln, den Betten mit Vorhängen, die an die des frühen Abendlands erinnern. Am originellsten ist aber ohne Zweifel der Gebrauch von Tisch und Stuhl, Schemel oder Bank. Als Japan alle Einrichtungsgegenstände der chinesischen Tang-Zeit (618–907) übernahm und gewissenhaft kopierte, fand es dort weder Stuhl noch hohe Tische vor. Das moderne japanische Mobiliar entspricht genau dem früheren

chinesischen; niedrige Tische, Stützkissen für die Arme, die die Hockstellung erleichtern, Matten *(tatami)*, niedrige Möbel (Regale und Kasten), Kissen — alles ist dort auf ein Leben am Boden ausgerichtet.
Den Stuhl kennt China wahrscheinlich schon seit dem 2. oder 3. Jahrhundert n. Chr., doch dauerte es noch sehr lange, bis er als Gebrauchsgegenstand akzeptiert wurde (das erste Mal begegnet er uns in der Zeit um 535 bis 540, wie eine Stele im Museum von Kansas City bekundet). Er stammt wahrscheinlich aus Europa und kam über Persien, Indien oder Nordchina auf Umwegen bis nach China. Der altchinesische Name für Stuhl bedeutet »fremdländische Sitzgelegenheit«. Wahrscheinlich war er als Ehrensessel bei profanen oder religiösen Anlässen gedacht und blieb Ehrengästen und bejahrten Personen vorbehalten; man benutzte viel lieber als in Europa den Schemel. Aber wichtig ist die Körperhaltung, die ein Stuhl erfordert. Damit sind ein bestimmter Lebensstil und eine Reihe von Bewegungen verbunden, die sich grundsätzlich von den herkömmlichen Vorstellungen Chinas und anderer Länder abheben. Auch wenn der Stuhl über Persien und Indien nach China gelangte, wurde er in diesen Ländern nicht heimisch. Seit dem 13. Jahrhundert aber ist er es in China, wie man beispielsweise auf einem Rollbild sehen kann, das uns zuerst entlang einer Landstraße, dann durch eine chinesische Stadt führt, in deren Herbergen und Läden hohe Tische mit Bänken und anderen Sitzgelegenheiten stehen.
Für China bedeutete diese Errungenschaft eine völlig neue und zugleich ursprüngliche Lebensform, die jedoch die früheren keineswegs verdrängte. Damit verfügt China also über zwei Möbelformen: die hohen Möbel und die niedrigen. Der für Nordchina typische große allgemeine Aufenthaltsraum ist mit Stuhl, Schemel und Bank eingerichtet; daneben stehen ein hoher Tisch und ein Schrank (oft mit Schubladen). Die Aufsatz- oder die Schubladenkommode dagegen ist in China so gut wie unbekannt; sie findet sich nur vereinzelt als gute

Imitation europäischer Modelle aus dem 19. Jahrhundert. Das Mobiliar des alten oder japanischen Typs findet man auf der ungefähr bankhohen Estrade aus Ziegelstein, dem *kang*, der mit Rohren beheizt wird und dessen Boden mit Matten, Filz, Kissen und bunten Teppichen ausgelegt ist; hier stehen ein niedriger Tisch, Schränke und Truhen. Auf dem *kang* schläft man im Winter, vor der Kälte geschützt, hier empfängt man die Gäste zum Tee, hier gehen die Frauen ihrer Näharbeit oder Webarbeit nach. Bevor er den *kang* betritt, zieht der Chinese seine Schuhe aus und behält nur die blauen Tuchstiefel mit weißen Wattesohlen an, die immer makellos sauber sein müssen. In Südchina wird zwar nicht geheizt, aber auch dort gibt es die beiden Typen von Möbeln. Pater De Las Cortes überlieferte uns Zeichnungen aus Kanton vom Anfang des 17. Jahrhunderts, auf denen Chinesen auf Stühlen sitzen und ihre Mahlzeit am Tisch einnehmen. Die Tragsessel sind wohl aus leichterem Holz angefertigt, aber sonst im Prinzip den europäischen gleich.

Dieser kurze Abriß kann keineswegs alle Probleme dieser sehr eindrucksvollen Entwicklung beleuchten. Wenn man dabei nur den Stuhl und seine Konsequenzen in Betracht zieht – eine Einseitigkeit, die in den Büchern über die Geschichte der Erfindungen so häufig vorkommt –, macht man es sich etwas zu leicht. Die Wirklichkeit (auf die wir im folgenden noch zu sprechen kommen) ist weit komplexer. In China, wo es vor dem 13. Jahrhundert zu dieser Differenzierung zwischen dem Leben im Sitzen und in der Hockstellung am Boden kam, entsprach sie zwei ganz verschiedenen Formen sozialen Lebens: Die zweite schuf eine familiäre Atmosphäre, die erste blieb offiziellen Anlässen vorbehalten: dem Herrscherthron, dem Sessel der Mandarine, den Bänken und Stühlen in den Schulen ... Trotz fehlender Einzeluntersuchungen ist es bedeutsam, in dieser Weise zwei Lebensformen feststellen zu können, zwei völlig verschiedene Lebensauffassungen: die Sitzstellung und die Kauerstellung. Die zweite wird im Abendland nie populär, während in China beide in friedlicher Koexistenz leben. Auf der Suche nach den Anfängen dieser Verhaltensweisen käme man bis in die Antike zurück und damit zu den Wurzeln der abendländischen Kultur.

Abschließend einige flüchtige Impressionen. In einem japanischen Ochsenkarren kauert der Reisende ganz normal. Auf einer persischen Miniatur ist ein Fürst auf einem großen Thron im Schneidersitz zu erkennen. In Kairo zog der Kutscher früher auf den Mietkutschen die Füße zusammen, obwohl Platz genug zum Ausstrecken vorhanden war. Hier handelt es sich wohl um einen grundlegenden Unterschied in der Lebensauffassung. Das typisch japanische Knien auf den Absätzen, der Schneidersitz der Mohammedaner oder aber die Kauerstellung der Hindus fällt Europäern sehr schwer oder ist ihnen unmöglich. Die Japaner dagegen finden die europäische Art zu sitzen so erstaunlich, daß sie dafür den amüsanten Ausdruck prägten, »die Beine aufhängen«. Im Winter 1693 begibt sich Gemelli Careri auf die Reise von Gallipoli nach Adrianopel. In dem Wagen gab es keine Sitzgelegenheit. »Da ich es nicht gewohnt war mit gekreuzten Beinen auf dem Boden zu sitzen, fand ich den Wagen äußerst unbequem für meine Zwecke. Es gibt kaum einen Europäer, dem es nicht ebenso erginge.« In dem Palankin der Inder muß sich Careri zwei Jahre später wie in einem Bett ausstrecken — eine Pflicht, der er bestimmt lieber und unter weniger Mühen nachkam.

Schwarzafrika

Ob man von der Armut der Menschen oder der Armut der Kulturen spricht: das Resultat ist das gleiche. In den primitiven Kulturen besteht diese Armut in beiderlei Sinn, und die Not dauert Jahrhunderte an. So ist es auch in Schwarzafrika, dem wir uns kurz zuwenden wollen.

Am Golf von Guinea wird zunehmend Handel mit Europa

getrieben; dort gibt es keine winkeligen, engen Städtchen wie im Abendland oder in China. Bauern, die zwar nicht gerade unglücklich, aber sicher sehr arm sind, begegnen uns häufig in den Erzählungen der Reisenden.

Von Häusern im eigentlichen Sinn kann man nicht sprechen; es sind vielmehr runde, einfach gebaute Lehmhütten aus Ruten und Schilf. Manchmal sind sie mit Kalk verputzt, ohne Mobiliar — abgesehen von Tonvasen und Körben — und ohne Fenster; jeden Abend werden sie sorgfältig ausgeräuchert, um die Stechmücken, deren Stiche so schmerzhaft sind, zu vertreiben. »Es ist nicht jedermanns Sache«, schreibt 1728 der Pater Labat, »wie ein Schinken geräuchert zu werden und beißenden, übelkeitserregenden Qualm einzuatmen.« Messen wir jedoch dieser Übelkeit keine zu große Bedeutung bei. Brasilianische Historiker und Soziologen behaupten, daß die Negerflüchtlinge des Sertão, die dort in unabhängigen Republiken leben, aber auch die Neger der Städte in ihren Elendsquartieren (den *mucambos*) im 19. Jahrhundert gesünder leben als ihre Herren auf den Plantagen oder in den Städten.

In Afrika gibt es neben der üblichen Bauweise als kleinen Fortschritt auch schon kalkgetünchte Hütten. Seltener findet man Häuser in portugiesischem Stil, die nach den Vorbildern der alten Eroberer erbaut sind, deren Sprache die »Fürsten« heute noch sprechen; es sind Häuser mit offenem Vestibül, mit sehr sauberen Holzaborten (wo sich die Gäste setzen können) und mit Tischen. In solchen Häusern wohnen die schönen Mulattinnen, die Maitressen der Landeskönige und reicher englischer Kaufleute (was auf das gleiche hinausläuft). Die Kurtisane des Königs von Barre ist zum Beispiel mit einem Satinkorsett bekleidet, einer Art Lendenschurz von der Insel Saint-Yague auf den Kapverdischen Inseln, der aus sehr feinem Material hergestellt wird und den nur Personen höheren Standes tragen dürfen. Flüchtige Eindrücke, die jedoch beweisen, daß selbst in dem riesigen Erdteil Afrika Armut und Luxus klar und deutlich erkennbar sind.

Das Abendland und seine Möbelkultur

Verglichen mit China und der übrigen Welt ist die Originalität westeuropäischer Möbel und Inneneinrichtungen zweifellos in der Freude an der Veränderung und in einer relativ raschen Fortentwicklung zu sehen, wie sie China niemals kannte.
Diese Veränderung geht nicht von heute auf morgen vor sich, erfaßt aber alle Bereiche um so gründlicher. Jeder Saal in einem Museum unterscheidet sich vollkommen von dem anderen, und dies in jedem einzelnen europäischen Land. Nur die große Linie ist allen gemeinsam, die unabhängig von Nachahmungen und mehr oder weniger bewußten Einflüssen hinter den Dingen steht. Der Norden unterscheidet sich vom Süden, das Abendland ist anders als die Neue Welt, das alte Europa anders als das neue, das im Osten bis nach Sibirien reicht. Das Mobiliar legt beredtes Zeugnis von diesen Gegensätzen ab, die alle diese kleinen Teilgebiete in ihrer Selbständigkeit bestätigen. Auch die gesellschaftlichen Verhältnisse haben dabei ihre Hand mit im Spiel. Außerdem zeugt das Mobiliar, d. h. die Wohnung in ihrer Gesamtheit von dem breiten wirtschaftlichen und kulturellen Strom, der Europa an die Schwelle der Aufklärung und des Zeitalters des »Fortschritts« bringen sollte.

Fußböden, Mauern, Decken, Türen und Fenster

Wenn wir von den uns vertrauten Einrichtungen der Neuzeit ausgehen, stellen wir fest, daß alle Teile schon früher existierten: der Schreibtisch, der Wäscheschrank, die Tapeten, die Sitzgelegenheiten, der Holzfußboden, die Decke, die Raumaufteilung, der Kamin, die Treppe, die Nippsachen und die Bilder. Die Entwicklung vom Luxus der Antike bis zum einfachen Interieur der Neuzeit kann also leicht nachvollzogen werden. Ein Zimmer bestand immer schon aus vier Wänden, Fußboden, Decke, einem oder mehreren Fenstern und einer oder mehreren Türen. Der Boden im Erdgeschoß war lange Zeit nur gestampfte Erde, später wurde er mit Platten ausgelegt. Früheren Miniaturen nach zu schließen, muß dieser Fliesenbelag oft sehr aufwendig gewesen sein.

Im 14. Jahrhundert werden eingelegte Fliesen üblich, »plombierte« Platten (emailliert auf Graphitbasis) kommen im 16. Jahrhundert auf, im 17. Jahrhundert sind Keramikkacheln vor allem in den Durchschnittswohnungen sehr beliebt. Jedoch findet sich vor Ende des 17. Jahrhunderts zumindest in Frankreich kaum ein Mosaik. Parkett im heutigen Sinn gab es schon im 14. Jahrhundert, aber erst im 17. Jahrhundert setzt es sich durch (Mosaik- und Riemenparkett). Der Holzbedarf nimmt demnach sprunghaft zu. Voltaire schreibt zu jener Zeit: »Früher faulten die Eichen in den Wäldern, heute macht man aus ihnen Parkett.«

Die Zimmerdecke bestand lange Zeit aus rohen Balken und Brettern; wenn man Geld hatte, konnte man sie abhobeln und mit Stoff verkleiden lassen. Bei einstöckigen Häusern bildete die Zimmerdecke des unteren Zimmers ursprünglich den Boden des oberen Zimmers. Die Kassettendecke kam im 16. Jahrhundert über die Alpen und war lange Zeit sehr beliebt. Erst im 18. Jahrhundert ging man zu weißgekalkten Decken über.

Bis ins 16. Jahrhundert und später war es merkwürdigerweise Sitte, den Boden des Erdgeschosses und der anderen Zimmer im Winter mit Stroh, im Sommer mit Gras und Blumen auszulegen: »Der Name der Rue du Fouarre, des Geburtsorts unserer philosophischen Fakultät, geht zurück auf das Stroh, mit dem die Vorlesungssäle ausgelegt wurden.« In den königlichen Gemächern verfuhr man ebenso: Im Juni 1549 streute man aus Anlaß eines Banketts zu Ehren Maria de Medicis im Saal duftende Kräuter. Auf dem Gemälde eines anonymen Malers (1581/82) tanzt der Duc de Joyeuse auf seiner Hochzeit auf einem mit Blumen übersäten Boden. Die Blumen, Kräuter und Schilfrohre mußten aber von Zeit zu Zeit erneuert werden; wenn das – wie laut Erasmus in England – nicht geschah, war der Boden Sammelplatz von Abfällen und Schmutz. Trotz dieser Nachteile empfiehlt ein Arzt noch 1613 eine Streu aus Rosmarin, Polliminze, Oregano, Majoran, Lavendel, Salbei und anderem für ein schönes tapeziertes Zimmer. Stroh, Gras, mehr noch Schilfrohr und Gladiolen schmücken die Wände, machen jedoch bald geflochtenen, bunten Strohmatten Platz, bis diese ihrerseits von Teppichen abgelöst werden. Sie waren schon seit frühester Zeit bekannt, dick und in bunten Farben bedecken sie Boden, Tische und Truhen, manchmal sogar Schränke. Im 18. Jahrhundert setzt sich dann überall die Moquette durch; die mit Ölfarbe oder Leim bemalten Wände, die früher Blumen, Zweige und Gräser zierten, werden nun mit Tapeten aus Samt, Damast, Brokat, Spitze, Brüsseler Satin oder grobem Wolltuch verkleidet. Daneben gibt es, nach Savary (1762), die »Bergamotapeten«, Tapeten aus Wolle, die in Paris und Rouen hergestellt werden, und vergoldete Ledertapeten, die *guademeciles* Spaniens. Andere neuartige Vorhänge bestehen aus Drell in verschiedenen Farben. Die sogenannte »hochschäftige Tapete« mit Personendarstellungen – eine Meisterleistung flämischer Künstler –, deren Hochblüte ins 15. Jahrhundert fällt, wurde später in den Gobelins perfektioniert. Mit der ständigen Zunahme des Mobiliars im 18. Jahrhundert werden sie aber immer überflüssiger. »Sobald man eine Kommode oder ein Buffet vor sie stellt, sind die Personen schon zur Hälfte verdeckt«, beklagt sich Sébastien Mercier völlig zu Recht.

Bemaltes marmoriertes türkisches Papier, sogenannter *domino*, ist billiger. Die *dominotiers*, die »Türkischpapiermacher«, bedrucken es nach demselben Verfahren, in dem man Spielkarten herstellt. Solche Papiertapeten wurden lange von den einfachen Leuten auf dem Land und in Paris als Wandschmuck benutzt. Gegen Ende des 17. Jahrhunderts waren sie qualitativ so gut, daß man sie ins Ausland und in alle Städte des Königreiches verschickte und es kein Haus gab, in dem nicht mindestens die Garderobe damit tapeziert und ausgeschmückt wurde (1762). Auch die Mansarden werden mit diesem bemalten Papier beklebt, manchmal ganz einfach nur in schwarzen und weißen Streifen. Im allgemeinen sind die Papierrollen aber nicht so aufwendig wie das chinesische Muster (1770), das man im Münchner Nationalmuseum bewundern kann.

Gelegentlich werden die Wände auch mit Holz verkleidet, womit zugleich ein Kälteschutz gegeben ist. Seit dem 14. Jahrhundert stellten englische Tischler solche Wandverkleidungen vornehmlich aus dänischer Eiche her. Ein einfaches Beispiel dafür ist das Arbeitszimmer eines Fuggerhauses aus dem 16. Jahrhundert; die französischen Salons des 18. Jahrhunderts, die für ganz Europa und Rußland als Vorbild gelten, sind dagegen mit Schnitzereien, Gemälden und Vergoldungen überladen.

Aber nun gilt es im wahrsten Sinn des Wortes, Türen und Fenster zu öffnen. Bis zum 17. Jahrhundert ist die Türöffnung äußerst eng gehalten (nur für eine Person gedacht). Die großen Doppeltüren kommen erst später auf. Ein Fenster bestand im 18. Jahrhundert in den Bauernhäusern aus einem einfachen Holzladen. Das Glasfenster – ein Privileg der Gotteshäuser – ist mit Blei eingefaßt und so schwer und kostbar, daß das Fenster dann kaum geöffnet werden kann. Beim feststehenden Fenster läßt sich nur ein Flügel öffnen – eine in Deutschland sehr verbreitete Variante. Oder feste Glasflächen wechseln ab mit beweglichen Holzflächen – wie es zum Beispiel in Holland der Fall ist. In Frankreich sind die Fensterrahmen oft fest verankert; Montaigne bemerkt, »daß die Fenster an den deutschen Häusern blank sind, weil sie nicht so wie bei uns befestigt sind und auch öfter geputzt werden«. Es gibt auch bewegliche Fenster, die mit terpentingetränkter Leinwand oder mit Pergamentpapier oder mit geöltem Papier verklebt

sind. Erst seit dem 16. Jahrhundert gibt es das farblose, transparente Glasfenster im heutigen Sinn, es wird aber nur langsam populär. Karl V. kümmert sich noch auf dem Weg ins Exil nach Estremadura (1555) um den Kauf von Glasfenstern. Montaigne notiert auf dem Weg nach Deutschland (1580), daß von Épinal ab »jedes kleine Häuschen Glasfenster hat«. Zwei holländische Reisende, die unterwegs nach Spanien sind, berichten, daß es jenseits der Loire ab Saumur schlagartig keine Fensterscheiben mehr gibt. 1779 wohnt auch der kleinste Arbeiter in Paris in einem Zimmer mit Fensterscheiben; in Lyon jedoch blieb man weiterhin bei geöltem Papier, das Licht wirkte dadurch weicher, was vor allem für die Seidenindustrie wichtig war. In anderen Ländern setzt sich die Neuerung noch zögernder als in Frankreich durch. In Serbien werden erst im 19. Jahrhundert Glasfenster verwendet. Ebensowenig ändert sich der Fensterrahmen mit den Holzkreuzen – der Glasscheibengröße und der Rahmenspannung wegen. Erst im 18. Jahrhundert geht man zu großen Fenstern über, vorerst jedoch nur in den Häusern der reichen Leute.
Diesen sehr spät einsetzenden Modernisierungsprozeß spiegeln die Maler erwartungsgemäß sehr unterschiedlich. Ein holländisches Fenster – wie auf der »Verkündigung« von Schongauer – mit den typischen unbeweglichen Fenstern in der oberen Hälfte und dem beweglichen Holzladen in der unteren Hälfte wird nicht von einem Tag auf den anderen Vorschrift in ganz Europa. Zur gleichen Zeit gibt es auch Fenster aus nur einem kleinen, beweglichen Glasviereck; oder ein Holzladen mit einem feststehenden Fenster; manchmal ist der Fensterflügel nur auf einer Seite, manchmal auf beiden Seiten usw. Manche bringen immer Vorhänge an den Fenstern an, manche nicht.
Kurz, Möglichkeiten, das Haus zu lüften, aber auch es zu erhellen und sich darin vor Kälte zu schützen, gibt es viele. Unterschiedliches Klima und die Sitten und Gebräuche der jeweiligen Gegend geben den Ausschlag. Montaigne findet es

nicht übel, daß »in Deutschland zum Schutz gegen Hitze und Wind nur einfaches Glas verwendet wird ohne innere und äußere Fensterladen«. Und dabei haben die Betten in den deutschen Herbergen nicht einmal Vorhänge!

Der Kamin

Bis zum 12. Jahrhundert ist der Kamin unbekannt. Er verbreitet sich aber von Venedig aus, dessen hohe Außenkamine oft auf Bildern zu sehen sind, schnell bis zur Nordsee und bis nach Moskau. Lange Zeit glichen die Kamine den Herden der Bauernhäuser zu Anfang dieses Jahrhunderts, d. h. sie bestanden aus einer langen, senkrecht verlaufenden Zuleitung, die im Notfall zwei Schornsteinfeger zugleich durchließ. Sitzt man nahe am Feuer, muß man immer fürchten, »auf der einen Seite geröstet zu werden, während man auf der anderen Seite friert«.
Der Herd ist von jeher mit Ziegelplatten abgedichtet, vom 17. Jahrhundert an mit einer Metallplatte; die Holzscheite liegen auf den Feuerböcken. Eine senkrechte, oft verzierte Gußplatte (es gibt davon wahre Prachtexemplare) – die Kaminplatte an der Rückwand – bedeckt das »Herz« des Herdes. Im Kamin selber kann an einem verstellbaren Kesselhaken über dem Feuer ein Kessel, meist ein Wasserkessel, aufgehängt werden. Gekocht wird auf dem Herd, vor dem Feuer, in der Nähe der Flammen oder der Glut. Manchmal werden auch langstielige Pfannen einfach über die Glut gehalten. Die wohlhabenden Leute beziehen den Kamin als dekoratives Element in den Wohnraum ein. Dann ist die Kaminverkleidung mit Holzreliefs geschmückt, der Rauchfang mit Fresken; Konsolen oder mit Köpfen verzierte Kapitelle bilden den unteren Teil des Kamins. Der Rauchfang eines Kamins in einem Haus in Brügge vom Ende des 15. Jahrhunderts ist sogar mit einer Verkündigungsszene aus der Schule von

Gerard David bemalt. Je größer der Kamin ist, desto besser lassen sich rechts und links der Feuerstelle Steinbänke stellen, manchmal vor den Wänden, die mit *azulejos* geschmückt sind wie im Haus El Grecos in Toledo. Dort läßt man sich nieder und plaudert, bis das Feuer allmählich verglimmt. Dieses Feuerungssystem kann zwar zum Kochen genutzt werden, als Heizungsmöglichkeit ist es jedoch völlig unbrauchbar. Mit Einbruch des Winters bietet nur die Umgebung des Ofens etwas Wärme in einem sonst eiskalten Haus. Die beiden Kamine an den Enden des Spiegelsaals in Versailles reichten nie aus, um diesen riesigen Saal zu beheizen. Man tat besser daran, sich in wärmende Pelze zu hüllen. Aber auch sie genügten nicht. Am 3. Februar 1695 schreibt Liselotte von der Pfalz: »An der königlichen Tafel gefroren Wein und Wasser in den Gläsern.« Dieses Detail verdeutlicht hinreichend den mangelhaften Wohnkomfort des 17. Jahrhunderts. In dieser Zeit kann Kälte durchaus ein nationales Unglück bedeuten, wenn zum Beispiel die Flüsse zufrieren, die Mühlen stillstehen, hungrige Wolfsrudel über das Land streunen und sich Epidemien ausbreiten. Zu einer solchen Katastrophe kam es 1709, als die Leute vor Kälte wie die Fliegen wegstarben (2. März). »Seit Januar«, schreibt Liselotte, »sind alle Theateraufführungen und Prozesse eingestellt.«

Um 1720 ändern sich diese Verhältnisse grundlegend. »Seit der Régence legt man Wert darauf, es im Winter einigermaßen warm zu haben« — was auch gelingt dank der Fortschritte der »Kaminologie«, d. h. der Schornsteinfeger und der Ofensetzer. Die Feuerstelle des Kamins wird verkleinert und vertieft, die Verkleidung niedriger angesetzt, der Kamin (eigentlich der Schornstein) ist nun gebogen, nachdem der gerade nach oben laufende Schornstein dauernd rußte. (Man fragt sich, wie der große Raffael, der den Auftrag hatte, die Kamine der Herzöge d'Este vom Qualm zu befreien, sich aus der Affäre ziehen konnte.) Mit einem besser funktionierenden Abzug konnte man auch normal große Zimmer beheizen, wenn schon nicht die Palastappartements Mansarts, so doch wenigstens die Zimmer der Stadthäuser Gabriels. Hatten die Kamine mehrere, mindestens zwei Feuerstellen (genannt *à la Popelinière*), konnten sogar noch die Zimmer der Bediensteten beheizt werden. Mit Brennmaterial ging man nicht sehr sparsam um, auch wenn in einem hundert Jahre früher — 1619 — erschienenen Buch mit dem Titel *L' épargne-bois* dieser Wunschtraum verwirklicht scheint, denn die verbesserten Konstruktionen wurden überall in Windeseile nachgebaut und nahmen sprunghaft zu. Schon vor Einbruch des Winters wurde der Holztransport und die Bearbeitung in Angriff genommen. Vor der Französischen Revolution war in Paris »ab Mitte Oktober ein ungewohntes Geräusch in allen Stadtvierteln zu hören: Tausende beladener Karren holperten über die Straßen und blockierten den Verkehr; es wurde abgeladen, gesägt und transportiert, natürlich ohne jede Rücksicht auf Passanten, die Gefahr liefen, erschlagen zu werden oder sich zumindest die Beine zu brechen. Die Transportarbeiter werfen ohne jegliche Vorwarnung und im Akkord die Scheite vom Wagen. Das Pflaster dröhnt, sie aber scheinen taubstumm zu sein und sind nur darauf aus, möglichst schnell ihr Holz loszuwerden. Danach kommt der Säger, läßt seine Säge singen und wirft die Holzscheite herum, ohne auch nur einmal aufzublicken.« Überall ist zu dieser Zeit die gleiche Betriebsamkeit zu bemerken. In Rom liefern die Holzverkäufer auf Wunsch die Ware sogar frei Haus. In Nürnberg, das inmitten riesiger Wälder liegt, wird am 24. Oktober 1702 den Bauern der Befehl gegeben, die Hälfte ihrer Holzreserven auf dem Markt abzuliefern. Und in den Straßen von Bologna sucht der Holzspalter Arbeit.

Montaigne behauptet ein wenig voreilig, in Deutschland »gebe es überhaupt keine Kamine«; zumindest in den Küchen ist überall und immer einer vorhanden. Aber die Deutschen »mögen es nicht, wenn man in die Küche kommt«. Der Reisende soll sich im großen Aufenthaltsraum aufwärmen, wo auch die Mahlzeiten eingenommen werden und der Kachelofen steht. Auch unterscheidet sich ihr Kamin von dem bei den Franzosen üblichen; »er steht in der Mitte oder in einer Ecke der Küche, braucht ungefähr die ganze Zimmerbreite für den sieben bis acht Quadratschritt großen Abzug, der oben in der Wohnung endet. Deswegen hat es noch Platz für ein ›Segel‹, das bei uns nicht mehr hinpassen würde, sonst könnte der Rauch nicht mehr abziehen.« Diese Segel, eine Art »Windmühlenflügel«, sollen die warme Luft verteilen sowie die Bratspieße drehen — sozusagen eine moderne Umwälzanlage.
Ganz gewöhnliche Stein-, Backstein- oder Lehmöfen trifft man östlich von Deutschland in Ungarn, Polen, Rußland, bald auch in Sibirien an. In Deutschland werden sie seit dem 14. Jahrhundert auf der Basis von »Töpferton« hergestellt und oft mit Fayencekacheln verziert. Die Bank davor kann als Sitz- oder Schlafgelegenheit benutzt werden. Erasmus schreibt 1527: »In dem Zimmer, in dem er [der Ofen] steht, zieht man sich die Stiefel aus und die Hausschuhe an, wechselt das Hemd und hängt seine regennassen Sachen auf, damit alles trocknen kann.« »Wenigstens verbrennt man sich dort Gesicht und Stiefel nicht und ist die Sorge mit dem Rauch los«, gibt Montaigne zu.
Am Ende des 18. Jahrhunderts wurde der große gußeiserne Ofen erfunden. Seine eiserne Klappe läßt sich nach außen öffnen; er beheizt ein ganzes Haus, ohne es von oben bis unten im Qualm zu ersticken, und ermöglicht sogar noch das Kochen.
Glasierte Tonöfen kennt man in Frankreich erst seit 1520; all-

gemein gebräuchlich wurden sie erst im 17. Jahrhundert. Noch 1571 waren Kamine selbst in Paris eine absolute Seltenheit. Oft mußte man sich über der Wärmepfanne wärmen. Im 18. Jahrhundert benutzen die Armen in der Hauptstadt Kohlebecken mit brennender Holzkohle, deshalb waren damals Vergiftungen so häufig. Der Kamin spielt in Frankreich letztlich eine größere Rolle als der Ofen; letzterer setzt sich vor allem in Nord- und Osteuropa durch. Sébastien Mercier bemerkt 1788: »Welch ein Unterschied besteht doch zwischen einem Ofen und einem Kamin! Wenn ich einen Ofen sehe, setzt meine Vorstellungskraft aus.«

Die Möbelschreiner

Auch wenn der Geschmack der reichen Leute kurzlebig und beeinflußbar ist, ändern sich Möbel und Inneneinrichtungen nicht übermäßig schnell. Dafür gibt es gute Gründe: Neue Möbel sind eine ziemlich kostspielige Angelegenheit und die Herstellungsmöglichkeiten noch begrenzt. 1235 gab es noch keine mechanische, wasserbetriebene Säge, bis ins 16. Jahrhundert wurde im allgemeinen nur Eichenholz verwendet. Nußbaum und exotische Hölzer kamen erst allmählich in Mode. Außerdem stand und fiel die Herstellung mit den Handwerkern. An der Wende vom 15. zum 16. Jahrhundert gab es Zimmerleute und Tischler, d. h. Leute, die das »kleine Holz« bearbeiten; neben ihnen behaupten sich im 17. Jahrhundert die Ebenholzarbeiter, die lange Zeit »Tischler für Einlegearbeit« genannt werden.
Jahrhundertelang stellten die Zimmerleute Möbel her und bauten gleichzeitig auch Häuser. Vielleicht wirken die gotischen Möbel deshalb so ausladend und schwerfällig. Die Schränke der damaligen Zeit hatten riesige Ausmaße, die Tische waren schmal, aber sehr lang, Sitzbänke beliebter als Schemel oder Stühle; die Truhen aus schlecht zugeschnittenen

Brettern waren mit mächtigen Schlössern versehen. Diese Möbel konnten im Bedarfsfall auch als Reisegepäck verwendet werden. Die Bretter wurden mit der Axt zugerichtet — der Hobel, ein Werkzeug aus ägyptischer, griechischer und römischer Zeit spielt in Europa erst wieder nach dem 13. Jahrhundert eine Rolle. Dann werden die Bretter zusammengenagelt, später geht man zu Verzapfungen über, dann zu Holznägeln (Dübeln) und schließlich zu Eisenschrauben, die zwar von jeher bekannt waren, vor dem 18. Jahrhundert aber eigentlich nie benutzt wurden.

Axt, Beil, Schere und Hammer und Drehbank wurden für schwer zu verarbeitende Stücke benutzt, mit Handkurbel oder Pedalen betriebene Drechselbänke für die Feinarbeit. Alle diese Werkzeuge stammen von den Römern. Die alten Werkzeuge und Herstellungsverfahren hielten sich am hartnäckigsten in Italien; nur dort finden wir auch Möbel aus der Zeit vor dem 14. Jahrhundert. Italien war in der Möbelindustrie damals führend. Um sich von dieser Aktivität ein Bild zu machen, genügt es, sich im Münchner Nationalmuseum die italienischen Truhen aus dem 16. Jahrhundert anzusehen, die mit ihren Schnitzereien, Sockeln, polierten Hölzern und ihren edlen Formen völlig verschieden sind von den damals üblichen europäischen Truhen. Schubladen kamen erst später hinzu, sie stammen ebenfalls aus dem Süden und gelangten durch das Rheintal nach Frankreich, Deutschland und England.

Bis ins 16., ja auch noch im 17. Jahrhundert malte man Möbel, Decken und Wände gewöhnlich an. Man muß sich diese Möbel in den alten Palästen, Häusern oder Kirchen vorstellen mit ihren vergoldeten oder versilberten Schnitzereien. Damit sollte Licht und Farbe in die halbdunklen Interieurs gebracht werden. Manchmal wurden Möbelstücke vor dem Bemalen mit feiner Leinwand und Gips umwickelt, damit sich in der Farbe kein Holzfehler abzeichnen konnte. Ende des 16. Jahrhunderts werden die Möbel dann einfach nur noch gewachst oder poliert.

Die Geschichte einiger Möbelstücke

Der Geschichte jedes einzelnen Möbelstücks nachzugehen, wäre viel zu kompliziert. Sie werden erfunden, abgeändert und anderen Verhältnissen angepaßt, kommen aber nie völlig aus der Mode. Immer sind sie vom jeweiligen Stilgefühl und der jeweiligen Aufteilung der Wohnräume abhängig. Wahrscheinlich machte eine Bank vor dem Kamin den rechteckigen kleinen Tisch notwendig. Dort sitzen die Gäste nebeneinander in einer Reihe, d. h. alle mit dem Rücken zum Feuer. Ein runder Tisch macht Prioritätsansprüche hinfällig — dies bekundet schon die Artuslegende. Er war allerdings nur in Verbindung mit dem Stuhl sinnvoll, der sich wiederum sehr spät durchsetzt. Ursprünglich ist der Stuhl ein ziemlich großes Gebilde, ein Einzelstück, das dem Hausherrn vorbehalten blieb; die andern mußten mit Bank, Schemeln und Sätteln vorliebnehmen.

Die Gesellschaft gab den Ausschlag für die Beliebtheit eines bestimmten Möbelstücks. Die Anrichte gehört zum Beispiel in die Küche als eine Art Serviertisch, auf dem Platten angerichtet und das Eßgeschirr für die einzelnen Gänge abgestellt wurden. In den herrschaftlichen Häusern kam eine zweite Anrichte im Prunksaal dazu; dort wurde das Geschirr zur Schau gestellt, das entweder aus Gold, Silber oder feuervergoldetem Silber gefertigt war; daneben standen Schüsseln, Kannen und Trinkbecher. Die Anzahl der Fächer richtete sich nach dem Standard des Hauses; sie hing von den Titeln ab und betrug zum Beispiel zwei Etagen für einen Baron. Auf einer Darstellung des Festmahls des Herodes zeugt eine Anrichte mit acht Fächern von der unvergleichlichen königlichen Würde. Am Fronleichnamstag wurde der Geschirrschrank samt Inventar auf der Straße aufgestellt, die Hauswände wurden mit Teppichen behängt. Der Engländer Thomas Coryate wunderte sich 1608, in den Straßen von Paris so viele Schränke mit Silber stehen zu sehen.

Leonard Defrance (1735–1805): »Nagelschmiede«; Sammlung Jowa, Lüttich.

Von links nach rechts: Vergoldete Kupferschere aus dem 16. Jahrhundert; Taschenuhr aus der Zeit Heinrichs IV.; Eßbesteck mit Elfenbeinschnitzerei.

Eine Geschichte des Schrankes müßte bei den plumpen, unpraktischen Möbeln der frühen Zeit beginnen und bis zu den »verbürgerlichten« des 16. Jahrhunderts reichen, wie sie ein Historiker ironisch nennt, der die »Simse, Gebälke, Säulen und Pilaster« im Stil Ludwigs XIII. nicht sehr schätzt. Ein Schrank konnte damals solche Ausmaße annehmen, daß man ihn zum Transport in zwei Hälften auseinandernehmen mußte; daraus entwickelte sich dann ein Unterschrank, der aber keinen Anklang fand. Der Schrank wurde allmählich für den anspruchsvollen Geschmack zu einem unentbehrlichen Gegenstand. Im 18. Jahrhundert wurde er dann, zumindest in den luxuriöser geführten Haushalten, aus dem Empfangszimmer verbannt und diente von nun an als Garderobe. Aber für Jahrhunderte blieb er noch der Stolz jeden Bauernhauses und jeder armseligen Kate.

Von diesem improvisierten und spielerischen Auf und Ab lebt die Mode. Zeitweilig war der Kabinettschrank sehr beliebt mit seinen Schubladen und Fächern, in denen man Toilettenartikel, Schreibutensilien, Kartenspiele und Schmuck unterbringen konnte. Im Zeitalter der Gotik war er zwar bekannt, wurde aber erst im 16. Jahrhundert populär. Die Renaissanceschränke oder die Kabinettschränke nach deutscher Art hatten auch in Frankreich zeitweilig großen Erfolg. Unter Ludwig XIV. sahen einige dieser Möbel noch sehr ungestalt aus. Im 18. Jahrhundert entwickelt sich aus diesen verschiedenen Stilen der »Sekretär«.

Wenden wir uns für einen Augenblick noch der Kommode und ihrem Schicksal zu. Sie ist eine Erfindung Frankreichs aus dem Anfang des 18. Jahrhunderts und sollte sich bald ganz in den Vordergrund schieben und den Schrank verdrängen. Wie man sagen könnte, die früheren Schränke seien hochgestellte Truhen, so besteht auch das Prinzip einer Kommode in dem Übereinander mehrerer kleiner Truhen. Sie war von Anfang an ein Luxusmöbel, rechteckig oder geschwungen, gerade oder gewölbt, rustikal oder zierlich im Aussehen, mit oder ohne

Intarsien aus kostbarem Holz, immer an die gerade dominierende Geschmacksrichtung angepaßt. Ebenso die Nippsachen, auch wenn die Unterschiede zwischen dem Stil Ludwigs XIV. und Ludwigs XV. nur gering waren. Obwohl die Kommode in jeden Haushalt gehören sollte, stand sie bevorzugt in den Zimmern und Häusern der höheren Schicht und erreichte erst im 19. Jahrhundert eine gewisse Volkstümlichkeit.
Es stellt sich nun aber die Frage, ob die detaillierte Geschichte einzelner Möbelstücke eine allgemeine Geschichte der Einrichtung ersetzen kann.

Der Gesamteindruck der Wohnkultur

So charakteristisch ein einzelnes Möbelstück auch sein mag, es schafft keinen Gesamteindruck – dieser jedoch ist allein entscheidend. Einzeln ausgestellte Stücke im Museum vermitteln in der Regel nur summarische, oberflächliche Eindrücke. Wichtig ist aber die Anordnung der Möbelstücke, die Atmosphäre eines Zimmers und die Lebensart des Hauses im allgemeinen. Wie lebte, wie aß und wie schlief man in dieser Welt, die selbstverständlich eine Welt des Luxus war?
Erste genauere Zeugnisse gehen auf die Spätgotik zurück; holländische oder deutsche Maler widmeten der genauen Wiedergabe des Mobiliars genauso viel Liebe und Aufmerksamkeit wie der Darstellung von Personen oder einem Stilleben. Die Geburt des heiligen Johannes von Jan van Eyck oder die Verkündigung van der Weydens geben uns eine konkrete Vorstellung vom Aussehen eines normalen Zimmers des 15. Jahrhunderts. Eine offene Tür gibt den Blick frei auf andere Zimmer, die Küche oder die geschäftigen Diener. Bei Verkündigungs- und Weihnachtsmotiven – seien sie nun von Carpaccio, Holbein d. Ä. oder Schongauer – sehen wir immer wieder die gleichen Truhen, ein offenes Fenster, eine Bank vor dem Kamin und einen Holzzuber, in dem das Neugeborene

gebadet wird, sowie die Tasse Brühe, die man der Wöchnerin bringt. Alle Einzelheiten veranschaulichen den damaligen Rahmen eines Haushalts genauso wie beispielsweise die Darstellung des Abendmahls die früheren Eßgewohnheiten.
Sind die Möbel auch rustikal, so verbreiten sie doch eine gemütliche Atmosphäre zusammen mit den bunten und glänzenden Stoffen der Bettvorhänge, Bettdecken, Wandbespannungen und Kissen, die dem Zimmer einen luxuriösen Charakter verleihen. Die Tapeten des 15. Jahrhunderts mit ihren leuchtenden Farben, den Blumen- und Tiermotiven sind ein weiterer Beweis für die Freude und den Mut zur Farbe. Man hat den Eindruck, als ob das Haus der damaligen Zeit der Außenwelt trotzen will und ebenso wie das Kloster, die Festung, die Stadt oder die abgeschlossenen Gärten hinter ihren Mauern unbewußt Schutz bieten soll gegen Existenzsorgen und Schwierigkeiten materieller Art.
Seit sich jedoch in dem wirtschaftlich mächtigen Italien an den Fürstenhöfen die ganze Pracht der Renaissancekultur entfaltet, verändern sich Stil und Lebensgewohnheiten der Halbinsel, das Zeremoniell wird steifer und feierlicher, Architektur und Möbel sind auf gesellschaftliche Schaustellung und überladenen Pomp ausgerichtet, was in den monumentalen Motiven und Linien ihrer Fassaden, Medaillons und Schnitzereien sehr klar zum Ausdruck kommt. Das italienische Interieur des 15. Jahrhunderts mit seinen Säulen, riesigen Baldachinbetten und breitangelegten Treppenaufgängen gibt schon einen Vorgeschmack auf das 17. Jahrhundert, das »Grand siècle« Frankreichs und die Theatralik seines Hoflebens. Luxus wird hier allem Anschein nach planmäßig und gezielt als Machtmittel eingesetzt.
Zwei Jahrhunderte später, im 17. Jahrhundert, orientieren sich Frankreich, England und sogar die katholischen Niederlande in ihrem Wohnstil nur noch an der gesellschaftlichen Stellung (nicht aber Holland und Deutschland). Das Empfangszimmer bildet nun den größten und höchsten Raum, er

wirkt oft überladen von allerlei Zierat, Schnitzereien und Prunkmöbeln wie Anrichten und schweren Buffets, die vor Silbergeschirr starren; an den Wänden hängen darüber hinaus Teller, Platten, Bilder mit verworrenen Motiven (im Salon von Rubens hingen die Grotesken) und die immer noch modischen Wandteppiche. Doch auch diese haben sich geändert und sind bombastischer geworden.

Dabei ist dieses große Prunkgemach, für das Versailles Pate gestanden haben mag, eigentlich ein ganz normales Zimmer. In all diesem vordergründigen Dekor steht hinter langen Vorhängen das Bett, daneben im allgemeinen der Kamin – und in demselben Zimmer wird auch zu Tisch gebeten. Das 17. Jahrhundert mit seinem ganzen Luxus ist in vielen Details sehr rückständig geblieben: Es fehlt eine Heizung, und man kennt auch keine Intimität in der Wohnung. Selbst Ludwig XIV. mußte, wenn er Madame de Montespan besuchen wollte, durch die Gemächer der Mademoiselle de la Vallière!

Im 18. Jahrhundert ändert sich das, ohne daß Europa deswegen auf weltlichen Luxus verzichtet, im Gegenteil: das gesellschaftliche Leben steht stärker denn je im Vordergrund. Doch daneben meldet sich auch schon das Individuum zu Wort. Wohnungen und Einrichtungen ändern sich, weil die Bewohner es so wollen, nicht weil der Zeitgeschmack es verlangt.

In den rasch anwachsenden Hauptstädten London, Paris und Petersburg steigen die Lebenshaltungskosten immer mehr, ein unkontrollierter Luxus greift um sich, die Architekten müssen – da es an Platz fehlt – den für teures Geld gekauften Baugrund maximal ausnützen. Die Entwicklung läuft automatisch auf das moderne Stadthaus hinaus und auf das Appartement, das sich für ein zwar weniger aufwendiges, dafür aber angenehmeres Leben eignet.

Zur Zeit Ludwigs XV. wird in Paris ein Appartement zur Miete angeboten »mit zehn Zimmern: einem Vorzimmer, einem Eßzimmer, einem Salon, einem zweiten für den Winter (d. h. mit Heizung), einer kleinen Bibliothek, einem kleinen Empfangszimmer und einem Schlafzimmer mit Ankleideräumen«. Ein solches Inserat wäre zu Zeiten Ludwigs XIV. noch undenkbar gewesen, wo man in einer langen Zimmerflucht logierte, wo alles auf die Fassade ausgerichtet war und kein Zimmer eine bestimmte Funktion zu erfüllen hatte. Die neue Wohnungsaufteilung ließ mehr Spielraum für den persönlichen Stil und die Lebensart seiner Bewohner.

Das Büro unterschied sich von der Küche, der Speisesaal vom Salon, das Schlafzimmer wird ein Reich für sich. Lewis Mumford ist sogar der Ansicht, daß die Liebe, die sich früher notgedrungen auf den Sommer beschränken mußte, jetzt nicht mehr an bestimmte Jahreszeiten gebunden ist (doch beweisen die Geburtsangaben in den Standesamtsregistern eher das Gegenteil). Fest steht jedoch, daß jeder Raum ein anderes Aussehen bekommt, was weder bei den Römern noch den Medici noch im Frankreich Ludwigs XIV. der Fall war. Seit der Régence gibt es komfortable Wohnungen mit kleinen Zimmern, denn auch auf kleinem Raum können viele Dinge untergebracht werden. »Unsere Appartements«, schreibt Sébastien Mercier, »gleichen Muscheln; man wohnt bequemer und geordneter als in den früheren dunklen Räumen, in denen man sich so verloren vorkam«. Übrigens käme, fügt ein ganz Schlauer hinzu, »die frühere Art zu wohnen heutzutage auch viel zu teuer«.

Man unterschied in Wohnungsfragen drei Bereiche: die *bienséance* oder das Gesellschaftliche, die Schaustellung oder den Prunk, schließlich die Bequemlichkeit. In den vornehmen Häusern wirken selbst Prunkmöbel graziler als früher; Schnörkel, kostbare Vasen und Hölzer, Spiegel, Tapeten, Nippsachen und Bilder leiten eine Phase der Auflockerung des Interieurs ein. In einem Dorf an der Maginotlinie, dessen Bewohner evakuiert waren und in dem wir 1939/40 monatelang kampierten, waren die Zimmer ärmlich, aber mit viel unnützem Zeug eingerichtet. Fing diese verhängnisvolle modische Entwicklung damit an, wie Lewis Mumford vermutet, daß es zum guten Ton gehörte, über viele Hausangestellte zu verfügen, die man aber irgendwann auch nutzbringend beschäftigen mußte — zum Abstauben, Putzen und Polieren? Aber da dieser Zustand weiterhin andauert, kam die Manie wohl auch anderen Bedürfnissen entgegen.

Luxus und Komfort

Der frühere Luxus erscheint uns heute deshalb oft so »falsch«, weil er nicht immer mit unserer heutigen Vorstellung von Komfort übereinstimmt. Das Heizungssystem funktioniert noch äußerst mangelhaft, die Lüftungsmöglichkeiten sind geradezu lächerlich, die Kochgelegenheiten noch sehr improvisiert, manchmal wird auf tragbaren Wärmern mit Holzkohle gekocht. Die Appartements verfügen nicht immer über eine Toilette, die immerhin schon 1596 von Sir John Harington erfunden wurde, und es fehlt ein Ventil oder zumindest ein Entlüftungsschacht, um das Haus von schlechten Gerüchen zu befreien.
Die ungenügende Leerung der Senkgruben stellt Paris 1788 vor ein Problem, mit dem sich die Akademie der Wissenschaften höchstselbst beschäftigt. Die Nachttöpfe werden weiterhin zum Fenster hinausgeleert, die Straßen sind die reinste Kloake. Lange Zeit erleichterten sich die Pariser in den Tuilerien an einer Taxushecke; als sie von den Schweizer Garden von dort vertrieben wurden, verlegten sie ihren Stammplatz an die Seineufer, die schon zur Zeit Ludwigs XVI. »Auge und Geruchssinn äußerst strapazierten«. Ein Bad ist im 17. und 18. Jahrhundert ein höchst seltener Luxus. Flöhe und Wanzen sind in Paris und London an der Tagesordnung und machen auch vor den Interieurs der vornehmen Schichten nicht halt. Vor 1808 und der Erfindung der Gaslaterne wird das Haus abends mit Kerzen und Öllampen beleuchtet. Alle die

heute bei uns ausgestorbenen Beleuchtungskörper, von der Fackel und Laterne über den Wandleuchter bis zum Handleuchter, gehören ebenfalls zu den späten luxuriösen Errungenschaften und setzten sich zum Beispiel in Toulouse erst 1527 durch. Bis dahin war die Beleuchtungsfrage sozusagen gar nicht bis ins Bewußtsein der Menschen gedrungen. Doch der stolze Triumph über die Finsternis war eine teure Sache. Man muß auf Wachs zurückgreifen, auf Talg und Olivenöl (oder sein Nebenprodukt, das Höllenöl). Im 18. Jahrhundert kamen die Fischer Hollands und Hamburgs zu einem kleinen Vermögen durch den Handel mit Walfischtran, später auch die Häfen Amerikas, die in Melvilles Romanen vorkommen.
Würden wir also unangemeldet in ein Interieur der damaligen Zeit eintreten, würden wir uns dort nicht besonders wohlfühlen. So schön es auch aussehen mag — und oft ist es bewundernswert schön —, uns würde diese Auffassung von Luxus nicht zusagen.

Drittes Kapitel

Kleidung und Mode

Die Geschichte der Kleidung ist weniger anekdotenhaft, als es den Anschein haben könnte. Hier müssen die Fragen der Rohstoffe, der Herstellungsmethoden, der Fabrikationskosten, der kulturellen Bindungen ebenso wie die gesellschaftliche Hierarchie und ihre ungeschriebenen Gesetze berücksichtigt werden. Die Kleidung – in einem dauernden Wandel begriffen – betont überall und immer die sozialen Gegensätze. Wenn Gesetze gegen die Verschwendungssucht erlassen werden, ist das auf die Vernunft und den Weitblick der Regierung zurückzuführen, aber auch auf die oberen Gesellschaftsschichten, die protestieren, wenn sie sich von den Neureichen kopiert sehen. Wenn Bürgermädchen und -frauen in Paris sich in Samt und Seide kleiden, dann sahen sich Heinrich IV. und der Adel zum Eingreifen gezwungen. Aber niemand konnte je sein Streben nach Höherem verleugnen oder den Wunsch nach einer Bekleidung, die, zumindest in Europa, als Merkmal des gesellschaftlichen Avancements genau registriert wurde. Die Regierungen sind niemals gegen den ostentativen Luxus der Oberschicht eingeschritten, zum Beispiel gegen diese ungewöhnlichen Zurschaustellungen von Wöchnerinnen in Venedig oder die Beerdigungszeremonien in Neapel.

Ähnlich verhält es sich mit den Mittelschichten. In Rumegies, einem flandrischen Dorf nahe Valenciennes, gaben die reichen Bauern – wie in den Tagebüchern eines Pfarrers zu lesen ist — ihr ganzes Geld für Kleidung aus, »die jungen Männer gingen mit gold- oder silberbetreßten Hüten, die Mädchen mit Frisuren von einem Fuß Höhe, und entsprechend waren die übrigen Gewänder.« Derselbe Pfarrer schreibt nach einigen Jahren: »Den Sonntag ausgenommen, wo sie in der Kirche oder im Wirtshaus sitzen, sehen sowohl reiche als auch arme Leute so schmutzig aus, daß die Mädchen die Männer und die Männer die Mädchen wohl nicht mehr sehr begehrenswert finden.« Madame de Sévigné empfängt bewundernd und zugleich entrüstet im Juni 1680 »eine kleine Bäuerin aus Bodégat (Bretagne); sie trägt ein Kleid aus holländischem Tuch mit geschlitzten Ärmeln« — und diese Person schuldet ihr 8000 Pfund! Doch ist das eine Ausnahme, ebenso wenn auf dem Kirchweihfest in einem deutschen Dorf die Bäuerinnen in Halskrause erscheinen. Beinahe alle Leute laufen barfuß, und auf den Märkten in der Stadt kann man mit einem einzigen Blick die Bürger vom Volk unterscheiden.

Wenn sich die Gesellschaft nicht verändert ...

Die Gesellschaftsstruktur bleibt meist bis in die obersten Schichten stabil. In China tragen schon vor dem 15. Jahrhundert alle Mandarine von Peking, der neuen Hauptstadt (1421), bis hinunter zu den Provinzen Sze-tchuan und Yünnan das gleiche Gewand aus bestickter Seide, wie es der Pater De Las Cortes geschildert hat (1626). Bis zum 18. Jahrhundert sollte es sich in nichts verändern. Zu Hause tragen die Mandarine ein einfaches Baumwollgewand. Die glänzende Robe tragen sie nur als Tribut an die Gesellschaft und in ihrer Eigenschaft als Amtspersonen. Die Jahrhunderte und die immobile Gesellschaft änderten kaum etwas daran. Nicht einmal die Eroberung durch die Tataren (ab 1644) vermochte dieses Gleichgewicht ins Wanken zu bringen. Auf Befehl der neuen Herren mußten sich ihre Untertanen lediglich den Kopf bis auf eine Strähne kahl scheren lassen — alles in allem keine einschneidende Änderung. »China folgt in der Kleidung selten einer Laune oder der allgemeinen modischen Richtung«, schreibt 1793 ein Reisender. »Die Keidung bleibt je nach sozialem Status und Jahreszeit immer gleich. Die Frauen tragen kaum einmal etwas Neues, sie wechseln nur mit den Blumen im Haar ab oder tragen anderen Schmuck.« Japan ist ebenfalls sehr konservativ eingestellt; es bleibt Jahrhunderte dem Kimono treu, einem Hauskleid, das sich nur geringfügig von dem heutigen unterscheidet, sowie dem *jinbaori,* einem Ledergewand, das auf dem Rücken bemalt ist und in der Öffentlichkeit getragen wird.

Veränderungen innerhalb einer derartigen Bevölkerungsstruktur sind nur durch politische Umstürze möglich, die das ganze soziale Gefüge erschüttern. Als die Muselmanen Indien eroberten, übernahmen zumindest die reichen Familien die Kleidung der Eroberer d. h. den *pyjama* und den *chapkar.* Alle Darstellungen der Fürsten von Radschputana — die keine Muselmanen waren — zeigen diese beinahe ausnahmslos in der Hoftracht, ein unwiderlegbarer Beweis dafür, daß der Hochadel die Sitten und Gebräuche der mongolischen Herrscher angenommen hatte. Dasselbe läßt sich im Osmanischen Reich feststellen. Überall wo die Macht und der Einfluß der Sultane spürbar wird, tragen die höheren Stände deren Kleidung, im fernen Algier ebenso wie im christlichen Polen, wo die türkische Tracht erst verhältnismäßig spät der französischen Mode des 18. Jahrhunderts weicht. Dieser Hang zur Imitation schließt jeweils für Jahrhunderte jeden Versuch einer Änderung aus, da das Vorbild immobil bleibt. Mouradj d'Osson stellt dies in seinem 1741 erschienenen *Tableau général de l'Empire ottoman* fest: »Die Mode, die die Frauen Europas völlig in ihrem Bann hält, erregt die Gemüter im Orient kaum. Dort tragen alle immer diesselbe Frisur, denselben Kleiderschnitt und denselben Stoff.« Vielleicht hängt diese Monotonie mit dem Fehlen von Modeläden in der levantinischen Hauptstadt zusammen. In Algier, das zwischen 1516 und 1830 unter türkischer Besatzung stand, veränderte sich die Frauenmode dreihundert Jahre lang nur ganz unwesentlich. Einem Gefangenen, dem Pater Haedo, verdanken wir eine genaue Beschreibung aus dem Jahr 1580, die mit wenig Abänderung auch als Kommentar für Stiche aus dem Jahr 1830 dienen könnte.

Wenn es nur arme Leute gäbe ...

... dann würde sich das Problem der Kleidermode gar nicht erst stellen, und alles bliebe, wie es schon immer war. Es gäbe keinen Reichtum, keine Bewegungsfreiheit, keine möglichen Neuerungen. Das ist das Los der Armen, wo immer sie leben mögen. Ihre Kleider werden, ob schön oder häßlich, immer so bleiben, wie sie sind. Schön ist das noch von den Eltern geerbte Festtagskleid, das sich trotz der Vielfalt von National- und Provinztrachten jahrhundertelang gleich bleibt. Das Arbeitsgewand des Alltags ist abgetragen und billig und ändert sich im Schnitt noch weniger als andere Kleidungsstücke.
In den spanischen Kolonien Amerikas tragen die Indianerfrauen zur Zeit von Cortes und auch noch im 18. Jahrhundert lange Baumwolltuniken, die später auch aus Wolle hergestellt werden. Der Habit der Männer ist immerhin etwas abgeändert worden, weil die Missionare und Eroberer dezentere Kleidung forderten, die die bloßen Körperteile bedeckt. In Peru ist alles beim alten geblieben, ein Tuch aus Lamawolle mit einem Schlitz in der Mitte für den Kopf – der *poncho*. Stagnation auch in Indien: »Der Hindu zieht dort seit jeher den *dhoti* an«, schreibt K. H. Panikkar. In China kennen Dorfbewohner und arme Leute nichts anderes als Baumwollkleider, d. h. einfach ein langes Hemd, das in der Taille zusammengebunden wird. Die japanischen Bauern tragen 1609 und wahrscheinlich auch schon vorher baumwollgefütterte Ki-

monos. Volney staunt in seiner *Voyage d'Égypte* (1783) über die Ägypter und ihre Kleidung: »Ein Stoffhaufen wird in Falten um den kahlen Kopf gewunden, das lange Gewand, das von Kopf bis zu den Zehen reicht, verhüllt eher, als daß es kleidet.« Dieses Bekleidungsstück ist noch älter als das der reichen Mamelucken. Die Muselmanen in Schwarzafrika tragen kein Hemd, sie umwickeln ihren Körper oberhalb der Unterhosen mit einem Stück Stoff und binden es am Gürtel fest. Kopfbedeckung und Schuhe sind überflüssig.
Die sozial niederen Schichten Europas haben zwar etwas mehr, aber immer noch keine phantasievollere Kleidung an. Jean-Baptiste de Sacy schreibt 1828: »Ich gestehe, daß ich die Mode der Türken und anderer orientalischer Völker überhaupt nicht attraktiv finde. Es sieht so aus, als ob ihr stupider Despotismus weiter andauert. Unsere Landbevölkerung hat ein bißchen etwas von den Türken geerbt in bezug auf die Mode. Auf alten Schlachtdarstellungen mit Ludwig XIV. haben die Bauern und Bäuerinnen dieselben Gewänder an wie heute« — eine Feststellung, die sich zeitlich und örtlich beliebig übertragen läßt. Wenn man beispielsweise in der Münchner Pinakothek ein Gemälde von Pieter Aertsen (1508—1575) und zwei Bilder von Jan Breughel (1568—1625) vergleicht — alle drei haben eine Menschenmenge auf einem Markt zum Gegenstand —, stellt man sofort fest, daß auf allen drei Bildern soziale Unterschiede an der Kleidung festzustellen sind: einfache Verkäufer oder Fischer, Bürger, Kunden und Spaziergänger. Aber die zweite eigenartige Feststellung ist, daß sich in diesen fünfzig Jahren, die beide Maler trennt, die Kleidung der Bürgerklasse sehr verändert hat: Spanische Stehkragen mit Röhrenfalten bei Aertsen werden abgelöst von der Halskrause bei Breughel. Das Gewand der Frauen ist gleich geblieben: offener, heruntergeschlagener Kragen, Mieder, Schürze über dem gefälteten Rock, nur die Haube ist je nach Landschaft verschieden.
In einem Dorf im oberen Jura erhält 1631 eine Witwe laut

Testament ihres Gatten »alle zwei Jahre ein Paar Schuhe und ein Hemd, alle drei Jahre ein Kleid aus grobem Tuch«.

Doch ändert sich das bäuerliche Kostüm trotzdem in einigen wichtigen Details. Um das 13. Jahrhundert herum wird zum Beispiel die Unterwäsche üblich. In Sardinien ist es im 18. Jahrhundert Brauch, zum Zeichen der Trauer ein Jahr lang das gleiche Hemd zu tragen – der Bauer weiß demnach, was ein Hemd ist und daß es ein Opfer darstellt, es nicht wechseln zu dürfen. Andererseits wissen wir aus vielen Darstellungen, daß reich und arm im 14. Jahrhundert ohne Nachthemd schlief.

Ein Demograph des 18. Jahrhunderts bemerkte schon, daß »Hautkrankheiten wie die Krätze oder Räude, die mit der Unsauberkeit zusammenhängen, früher, als es noch keine Wäsche gab, häufiger auftraten.« Diese Krankheiten verschwanden zwar im 18. Jahrhundert nicht völlig, sind aber, wie die Bücher über Medizin und Chirurgie beweisen, zurückgegangen. Damals wurde bei den Bauern grobe Wollkleidung üblich. »Ein französischer Bauer«, schreibt derselbe Zeitgenosse, »ist im Durchschnitt sehr ärmlich gekleidet; die Lumpen schützen ihn nur unzureichend gegen die Unbilden des Wetters und der Jahreszeiten. Doch es scheint, als ob seine Kleider in einem weniger bedauernswerten Zustand sind als früher. Für den armen Mann ist ein Bekleidungsstück kein möglicher Luxusartikel, sondern eine Notwendigkeit zum Schutz gegen Kälte. Kleider aus Tuch schützen nicht besonders ... seit einigen Jahren tragen daher immer mehr Bauern Wollsachen, nachdem im Königreich auch immer mehr dicke Wollstoffe hergestellt werden. Sie sind nicht für den Export bestimmt, also machen sich die Franzosen Kleider daraus.«

Doch das sind sehr späte und nur vereinzelt auftretende Verbesserungen. Auch wenn die Bauern in England ihre Kleider abänderten, hatte dies, allgemein gesehen, nichts zu bedeuten. Am Vorabend der Französischen Revolution tragen »die Bauern aus dem Chalonnais und der Bresse schwarze Tuchkleider«, die mit Eichenrinde eingefärbt wurden. Dies war damals ein gängiges Verfahren und trug stark zur Dezimierung des Waldbestandes bei. Im Budget der burgundischen Bauern zählt die Bekleidung nicht als wesentlicher Faktor, ebensowenig wahrscheinlich in Europa und Rußland, am wenigsten in Deutschland, wo der Bauer noch Anfang des 19. Jahrhunderts Tuchgewänder trägt. In Tirol tragen 1750 die Hirten eine bis zu den Knien reichende Tuchbluse, Beine und Füße sind nackt, höchstens trägt man eine Sohle, die ein Lederband um die Wade festhält. In der Toskana, einem reichen Land, trägt die Landbevölkerung im 18. Jahrhundert ausschließlich selbstgewebte Stoffe aus Hanf oder Tuch (*mezzelane*, d. h. halb aus Tuch, halb aus Wolle).

Europa oder Die Extravaganzen der Mode

Nur ein sehr kleiner Kreis kann sich die Verrücktheiten der Mode leisten; aber man fühlt sich eben von den Mitmenschen beobachtet und bewundert, ermutigt und provoziert. Nur langsam schaffte es die Mode, sich jedes Jahr in einem neuen Gewand zu präsentieren. Zwar meinte ein venezianischer Botschafter am Hof Heinrichs IV.: »Ein Mann wird nicht geachtet, wenn er nicht fünfundzwanzig bis dreißig verschiedene Kleidungsstücke besitzt und jeden Tag etwas anderes anzieht.« Aber Mode heißt nicht nur Überfluß, Luxus, Verschwendung, sie kann sich im gegebenen Moment auch völlig verändern. Das ist eine Frage der Jahreszeit, des Tages und der Stunde. Dieses Reich der Mode mit all seinen Konsequenzen etabliert sich nicht vor 1700. Von da an gehört es zum guten Ton, auf dem laufenden zu sein und zu bleiben.
Je weiter man in der Geschichte zurückgeht, desto mehr stößt man wieder auf Zeiten, in denen die Situation den chinesischen, indischen oder mohammedanischen Verhältnissen glich. Immobilität ist die Regel: Von der gallo-römischen Zeit bis

zum Anfang des 12. Jahrhunderts blieb die Kleidung im großen und ganzen in Europa unverändert: eine lange Tunika, die bei den Frauen bis zu den Zehen, bei den Männern bis zum Knie reichte.

Erst nach 1300 brachte der wirtschaftliche Aufschwung auch Bewegung in die Mode. Das Abendland gewann die Kontrolle über die Binnenmeere und ihre Schiffahrtsstraßen — ein Beweis für die enge Verbindung der Mode mit den Möglichkeiten und Schwierigkeiten der materiellen Konjunktur. Die neue Kleiderform betont nunmehr die Figur. Ordericus Vitalis beklagt diese seiner Meinung nach unnötigen Tollheiten: »Die alten Bräuche wurden völlig von neuartigen Ansichten verdrängt.«

Es handelt sich hier jeweils nur um langsame modische Entwicklungen, die untereinander kaum voneinander abweichen. Um 1400 bis 1450 — also zu Beginn dieses Buches — tragen alle Fürsten der christlichen Welt das gleiche Gewand: dieselben weiten Überröcke, dieselben kecken Hüte, dieselben Schnabelschuhe. Diese Universalität mit ihren vielen Varianten erinnert an die Kunst der Romanik oder Gotik. Letztere mündet im 15. Jahrhundert in den Flamboyantstil und seine Verirrungen. Doch diese zwar ein wenig verrückte, doch anmutige Kleidung am Hof Karls VI. behauptet sich nicht lange, sie ist nur Glied in einer langen Kette.

Im 16. Jahrhundert adaptierten die oberen Gesellschaftsschichten das Kostüm der Spanier aus schwarzem Tuch — ein Zeichen für die politische Vorherrschaft des Weltreiches der katholischen Könige. Dieser Tracht ging die Mode der italienischen Renaissance voraus, die mit ihren großzügigen, viereckigen Ausschnitten, den weiten Ärmeln und dem Haarnetz bei den Frauen Europas Schule gemacht hatte. Im 17. Jahrhundert wird diese Mode von der sehr bunten französischen abgelöst, die sich selbst in den spanischen Herrschaftsbereichen durchzusetzen vermag. Diese waren zwar zuerst dagegen, gingen dann aber sogar soweit, daß zum Beispiel ein alter

Aus Holz geschnitzte Tabakreiben um 1700.

Prescripte ordinationes et leg
ta habentur eciā in libro miss
li p pfatū dnm Adolfū Scolas
cū rc. pro supradcā eccſia bte M
rie virginis ad gradus cōpat

Cū aūt ieiunatis: nolite fieri sicut y
crite tristes. Extermināt eni facies sua
ut pareant hominibus ieiunante
Amen dico vobis: quia receperu
mercedem suā. Tu autem cū ieiuna

Vergleich einer Handschrift des 15. Jahrhunderts (oben)
mit der Gutenberg-Bibel (unten); Gutenberg Museum, Mainz.

peruanischer Kazike des 17. Jahrhunderts sich in der neuen Tracht porträtieren ließ. Bald schloß sich Spanien der neuen Richtung an, auch die Hauptstadt, in der der uneheliche Sohn Philipps IV., der zweite Don Juan d'Austria, damit seine Erfolge erzielte. Der Hof ignorierte den *vestido de color* lange, der Fremdling wurde dort nur im strengen Schwarz empfangen. Der Gesandte des damals mit den Spaniern verbündeten Prinzen von Condé erhielt erst eine Audienz, nachdem er sein Gewand mit einem düsteren strengen vertauscht hatte. Katalonien schloß sich zehn Jahre vor dem Aufstand gegen Madrid (1630) ebenfalls der neuen modischen Richtung an. Zur selben Zeit begeisterte sich in Holland der Hof des Stathouder dafür, aber viele waren auch dagegen, wie zum Beispiel der Bürgermeister Bicker, den B. van der Helst noch mit dem hohen runden Kragen gemalt hat. Kann man aus der Beliebtheit und der Verbreitung dieser Mode gerade in Holland und Spanien auf die fortschreitende Dekadenz beider Länder schließen?
Das jeweilige Übergewicht einzelner Geschmacksrichtungen bestätigt, was wir schon früher festgestellt haben, als von der Verbreitung des Gewandes der Mongolen in Indien und der Kleidung der Osmanen in der Türkei die Rede war: Europa ist und bleibt eine Gemeinschaft, trotz oder gerade wegen gelegentlicher Unvereinbarkeiten. Der Stärkste, der Bewundernswürdigste – nicht unbedingt, wie der Franzose meint, der Raffinierteste – macht das Gesetz. Ganz Europa wird beherrscht von dem Kampf um die politische Vorherrschaft. Manchmal sieht es so aus, als ob es sein Gleichgewicht verliere, doch von all dem bleibt das Königreich der Mode unberührt. Hier vollzieht sich alles in Abstufungen, wobei gelegentliche Verirrungen und Fehler nicht ausgeschlossen sind. Zeigt sich Frankreichs Mode seit dem 17. Jahrhundert auch uneingeschränkt überlegen, tonangebend ist sie erst im 18. Jahrhundert. Von Paris aus werden Modepuppen nach ganz Europa verschickt. In Venedig, der Hauptstadt der Mode und des

guten Geschmacks im 15. und 16. Jahrhundert, nennt sich noch heute eine der ältesten Modeboutiquen *La Piavola de la Franza (Die Puppe von Frankreich).*
Selbstverständlich geht diese Festlegung auf einen bestimmten Stil nicht ohne gewisse Einseitigkeiten ab. Denn erstens muß mit der Trägheit der armen Bevölkerungsschichten gerechnet werden, zweitens kommt es zu regional bedingten Widerständen, zu einer gewissen Isolation mancher Gegenden. Die Meinungsverschiedenheiten und Spielarten innerhalb der Gesamtentwicklung bringen die Geschichtsschreiber der Mode heute zur Verzweiflung. Der Hof der Valois in Burgund grenzt an Deutschland und empfindet sich auch als zu eigenständig, als daß er die Mode des französischen Hofs nachahmen würde. Im 16. Jahrhundert ist zwar der Hüftrock und mehr noch der Pelz allgemein verbreitet, aber jeder trägt ihn nach seinem Geschmack. Die Halskrause wird zu einer Rüsche, ähnlich der riesigen Spitzenrüsche, die Isabella Brandt auf dem Gemälde von Rubens ziert; oder die Frau von Cornelis van Vos auf dem Bild im Brüsseler Museum, auf dem der Maler mit ihr und seinen beiden kleinen Töchtern zu sehen ist. Die italienischen Frauen waren am Hochzeitstag Marias de Medici entsetzt über die Unsitte der Französinnen, wahllos sämtliche Schmuckstücke anzulegen, anstatt sich auf ein einziges kostbares Stück zu beschränken und dies effektvoll zu tragen – es war der huens Parvenues.
An einem Maiabend des Jahres 1581 treffen wir in Saragossa auf drei junge und vornehme venezianische Reisende, edle, schöne, lebenslustige, weltoffene und gescheite junge Männer. Eine Prozession mit dem Allerheiligsten kommt vorbei, dem eine Menge Männer und Frauen folgt. »Die Frauen sind alle sehr häßlich«, berichtet der Erzähler bösartig, »es sieht merkwürdig aus, wenn sie hohe Schuhe tragen, die *zocoli* der venezianischen Mode, und dazu die in ganz Spanien übliche Mantilla«. Sie nähern sich der Prozession, als die an ihnen vorbeikommenden Männer und Frauen schallend zu lachen anfan-

gen und ihnen etwas zurufen. »Weil wir größere Spitzenhalskragen trugen, als es in Spanien Sitte war«, schreibt Francesco Contarini. »Die einen sagten: ›Ganz Holland ist bei uns zu Besuch [d. h. alles holländische Tuch, es kann aber auch ein Wortspiel mit *olanda,* dem Tuch zur Bettuch- und Wäschefabrikation gemeint gewesen sein]‹. Die anderen meinten: ›Was für ein riesiges Mischmasch.‹ Wir hatten viel Spaß.«

Frivole Mode?

Die Unberechenbarkeit der Mode und uneingeschränkte Handlungsfreiheit scheinen eins zu sein. Doch in Wirklichkeit ist ihr ihr Weg schon lange vorher vorgeschrieben, ist ihr Spielraum relativ begrenzt. Sie wirkt anregend auf die kulturellen Beziehungen, doch geht ein solcher Vorgang naturgemäß nur langsam vor sich; er ist an gewisse Mechanismen und Zwänge gebunden.

Der englische Dramatiker Thomas Dekker (1572–1632) zählt die Anleihen auf, die seine Landsleute bei der Mode anderer Völker gemacht haben. »Der Hosenlatz kommt aus Dänemark, der Kragen und das Wams aus Frankreich, die Flügelärmel und die engen Ärmel aus Italien, das kurze Wams erfand ein holländischer Verkäufer aus Utrecht, die weiten Pluderhosen kommen aus Spanien und die Stiefel aus Polen.« Diese Angaben stimmen zwar nicht alle, um so mehr aber die Vielfalt der Kleidungsstücke. Im 18. Jahrhundert gerät zwar einiges in Bewegung, doch gibt sich die Mode nicht so frivol in diesem Königreich, wie Kritiker gerne behaupten. Zitieren wir einmal mehr Sébastien Mercier, den scharfen Beobachter und talentierten Journalisten, der aber sicherlich kein großer Geist war: »Ich hasse den Winteranfang«, schreibt er 1771, »mit seiner rauhen Witterung, mit seinen lauten, doch langweiligen Gesellschaften, Tummelplatz aller oberflächlichen Vergnügungen. Alle Männer haben sich in frauenähnliche Sklaven verwandelt, alle ordnen sich den Launen der Frauen unter. Wenn ich die Gabe hätte, eine Abhandlung über die Kunst des Frisierens zu schreiben, wären die Leser höchst erstaunt, wenn ich ihnen beweisen würde, daß sich ein ehrenwerter Mann auf 300 oder 400 verschiedene Arten das Haar schneiden lassen kann.« Dieses Zitat ist in dem vom Autor bevorzugten moralischen Ton gehalten, soll aber lediglich unterhaltsam sein. Daher ist man geneigt, ihn eher dann ernst zu nehmen, wenn er die Entwicklung der Frauenmode seiner Zeit lobt. Die Wülste, die mit Falbeln und Schlitzen versehenen Stoffe unserer Mütter, »ihre Reifengürtel, ihre vielen Schönheitspflästerchen, die manchmal eher richtige Pflaster sind, gibt es alle nicht mehr; nur die überhohen Frisuren sind geblieben, die wohl etwas lächerlich aussehen, doch geschmackvoll und anmutig getragen werden. Alles in allem genommen, kleiden sich die Frauen heute besser denn je, sie vereinen Leichtigkeit, Anstand, Frische und Anmut in ihrem Aufputz. Man trägt wieder diese leichten Kleider aus bedrucktem Kattun, nicht mehr nur Kleider aus gold- und silberdurchwirkten Stoffen.«

Die Mode ist also flexibel, und sie erfindet ständig Neues. Diesmal den bedruckten Kattun, einen relativ billigen Baumwollstoff, der Europa aber auch nur langsam erobert. Und die Textilgeschichte beweist, daß auf diesem Modekarussell alles vertreten ist. Allerdings ist der Spielraum nicht so groß, wie es auf den ersten Blick scheint.

Ist die Mode nun aber wirklich so eine unnötige Sache? Oder legen all diese Anzeichen nicht eher Zeugnis ab von dem Aufschwung, von den Möglichkeiten und Ansprüchen, von der Lebensfreude einer Gesellschaft und von ihrer Wirtschaft und ihrer Kultur? 1609 erlitt Rodrigo Vivero mit einem 2000-Tonnen-Schiff auf dem Weg von Manila nach Acapulco an der japanischen Küste Schiffbruch. Der Schiffbrüchige wurde alsbald ein gefeierter Gast der Insel und ihrer Bewohner, die den Fremden neugierig bestaunten. Er wurde so etwas wie ein Sonderbotschafter, der — übrigens vergeblich — versuchte, die Insel für den holländischen Handel zu sperren, und der — was ihm ebenfalls nicht gelang — Grubenarbeiter aus den spanischen Kolonien Amerikas kommen lassen wollte, um die Silber- und Kupferminen des Archipels effektiver abzubauen. Er war sympathisch, intelligent und ein guter Beobachter. Eines Tages kam er ins Gespräch mit dem Sekretär des Shogun in Yedo. Der Sekretär wirft den Spaniern ihren Stolz und ihren Egoismus vor, kritisiert ihre Kleidung, wobei ihn besonders zu stören scheint, daß die Gewänder alle zwei Jahre anders geschnitten werden. War es nicht Schuld der Regierung, wenn sie solche Mißstände zuließ? Der Sekretär berief sich auf die Tradition und zitierte alte Texte, nach denen sein Volk in mehr als einem Jahrtausend seinen Kleidungsstil nicht aufgab.

Wir wollen diese an sich unbedeutende Unterhaltung nicht im einzelnen beurteilen. Die Kleidung eines Volkes spricht immer für sich. Sie täuscht ebenso wenig wie eine Bevölkerungskurve oder eine Preisstatistik. Die Zukunft gehörte ziemlich unbedeutenden Gesellschaftsschichten, die jedoch erfinderisch und reich genug waren, sich um Farben, Stoffe und Schnitte zu kümmern; diese veränderten sich ebenso wie soziale Kategorien und die Weltkarte.

Waren sie reich genug? Ich war immer der Ansicht, daß Mode zu einem großen Teil dem Bedürfnis der Privilegierten nachkommt, sich von den anderen um jeden Preis zu unterscheiden und eine Barriere zwischen sich und ihnen zu errichten, denn »es gibt nichts, was den Edelleuten ihre golddurchwirkten Gewänder mehr verleidet, als sie von Menschen der untersten Schicht getragen zu sehen«, schreibt ein Sizilianer in Paris 1714. Also müssen neue goldgewirkte Gewänder erfunden werden oder Unterscheidungsmerkmale anderer Art, wobei das Bedauern jedesmal groß ist, wenn man feststellt, daß »sich alles verändert hat und die Mode der Bürger der Mode der Personen von Stand immer ähnlicher wird« (1779). Offenbar wird der Wettbewerb unter dem Druck der Nachahmer und Nachfolger immer lebhafter. Wenn dies der Fall ist, so ist es wiederum der Wohlstand, der Vorrechte schafft und manche als Neureiche nach oben bringt. Mit sozialem Aufstieg ist ein gewisser Wohlstand verbunden. Es gibt einen materiellen Fortschritt; ohne ihn würde sich nichts schnell ändern.

Doch erfaßt eine rein materialistische Deutung nicht das ganze Problem. Die Mode wird damals Ausdruck einer völlig neuen Lebensart, die die frühere Generation ablehnt und von der man sich distanziert (falls es sich überhaupt um eine Gesellschaft handelt, die den Generationskonflikt kennt). Ein Zeugnis von 1714 sagt, daß »die Schneider mehr Mühe auf das Erfinden neuer Schnitte als auf das Nähen verwenden müssen«. Das Problem für Europa liegt aber gerade in der Erfindung, in der Veränderung der traditionellen Formen. Die Kirche und die Monarchie als die konservativsten Kräfte versuchen um so mehr ihr Gesicht zu wahren; die Nonnen tragen die Tracht der Frauen des Mittelalters; die Benediktiner, Dominikaner und Franziskaner bleiben ihren althergebrachten Kutten treu. Das Zeremoniell der englischen Monarchie geht mindestens auf die Zeit der Rosenkriege zurück. Sébastien Mercier täuscht sich nicht, wenn er 1782 schreibt: »Wenn ich die Küster sehe, sage ich zu mir: so war in der Zeit Karls VI. jeder angezogen . . .«

Etwas Textilgeographie

Bevor wir die etwas verwirrenden Betrachtungen über die Mode abschließen, noch ein Wort zu den Textilien, ihrer Herstellung und zum Handel mit ihnen, aber auch zum Weberhandwerk und den regelmäßigen Krisen aus Mangel an Rohstoffen. Europa fehlte es an Wolle, Baumwolle, Seide, China an Baumwolle, Indien und den mohammedanischen Ländern an leichter Wolle. Schwarzafrika kauft die Stoffe zum Goldpreis oder gegen Sklaven an den Küsten des Atlantik und des Indischen Ozeans: So bezahlten arme Völker früher beim Einkauf von Luxusartikeln! Natürlich gab es auch damals schon feste »Industrie«-Standorte. Zwischen dem 15. und 18. Jahrhundert zeichnet sich eine stabile Zone der Wollherstellung ab, wobei Amerika und seine feine Vikunja- sowie die gröbere Lamawolle außer Betracht bleiben sollen: Diese Zone umfaßt das Mittelmeergebiet, Europa, den Iran, Nordindien und Nordchina.

China besitzt Schafherden, die »zwar geschoren werden«, wie Pater Ricci schreibt, »aber in der Wollverwertung sind die Chinesen weit weniger geschickt als die Europäer. Obwohl sie die Tuche sehr schätzen, die sie importieren müssen, sind sie nicht imstande, Wolle zu Kleidern zu verarbeiten.« Sie spezialisierten sich »auf einige sehr feine und sehr kostbare« Sergen, »die Personen von Stand und alte Leute im allgemeinen im Winter tragen«. Die Chinesen haben die Qual der Wahl zwischen Seide, Baumwolle und zwei oder drei anderen Pflanzenfasern. Im Winter hüllen sich im Norden die Mandarine und Herren in Zobelpelz ein, während die Armen versuchen, sich mit Schafsfellen vor der Kälte zu schützen.

Wie andere einfache Kulturgüter siedeln sich auch die Textilien ständig in neuen Gebieten an. Hauptlieferant für Wolle wird im 19. Jahrhundert Australien; Seide findet wahrscheinlich unter Trajan (53—117) den Weg nach Europa; Baumwolle kommt Anfang des 12. Jahrhunderts aus Indien nach China, war aber schon um das 10. Jahrhundert über die Araber ans Mittelmeer gelangt.

Die längste Reise legte die Seide zurück: sie fand erst nach langen Umwegen und Jahrhunderten ins Mittelmeergebiet, da ihr Herstellungsverfahren sorgsam gehütet wurde. Zuerst allerdings konnten die Chinesen gar nichts mit ihr anfangen, ebensowenig die Sassaniden, die zwischen China und Byzanz saßen und mit beiden gute Beziehungen pflegten. Justinian

(527—565) war nicht nur der Erbauer der Hagia Sophia und der Inaugurator des nach ihm benannten Codex, ihm war es unter abenteuerlichen Umständen auch gelungen, in Byzanz die Seidenraupe und den weißen Maulbeerbaum einzuführen und die Abwicklung des Kokons und die Verarbeitung des kostbaren Fadens zu realisieren. Byzanz war damit in den Besitz einer Quelle des Reichtums gelangt, über den es jahrhundertelang eifersüchtig wachte. Im 15. Jahrhundert war die Seide immerhin schon 400 Jahre lang in Andalusien und Sizilien bekannt. Sie und mit ihr der Maulbeerbaum breiteten sich bis zum 16. Jahrhundert bis zur Toskana, in die Lombardei, das Piemont und das Rheintal aus. Schließlich gelangte sie im 18. Jahrhundert auch nach Savoyen. Die Seidenindustrie in und außerhalb von Italien verdankt ihre Erfolge diesem Vormarsch seit dem 16. Jahrhundert.
Die Wanderwege der Baumwolle sind nicht weniger spektakulär. In Europa ist dieses kostbare Textil schon seit dem 13. Jahrhundert, also sehr früh bekannt, nachdem durch den Rückgang der Schafzucht Wolle immer rarer wurde. Damals behalf man sich oft mit dem Barchent, einem Baumwollersatz, der aus einer Kette Leinen und einem Schuß Baumwolle gearbeitet wurde; er kam in Italien, vor allem aber nördlich der Alpen im Einflußbereich Venedigs, in Ulm und Augsburg, sehr in Mode. Venedig ist der Importhafen für schon gesponnene oder in Ballen gelieferte Baumwolle. Im 15. Jahrhundert laufen zweimal jährlich von Venedig große Schiffe nach Syrien aus, um dort Baumwolle einzukaufen. Zum Teil wird sie dort schon an Ort und Stelle verarbeitet, zum Beispiel in Aleppo, und dann nach Europa exportiert. Im 17. Jahrhundert werden feste Baumwollstoffe (unserem heutigen Küchenschürzenstoff vergleichbar) in ganz Südfrankreich als Kleiderstoff benützt. Im 18. Jahrhundert konnte sich indische Baumwolle auf dem europäischen Markt durchsetzen, feiner, bedruckter Kattun, der das Entzücken der Damen hervorrief. In der Zeit der industriellen Revolution rissen die Engländer

die Produktionskapazitäten an sich — bei gleicher Qualität der Stoffe — und ruinierten damit die indische Wirtschaft völlig.

Flachs und Hanf blieben ungefähr in den Grenzen ihrer ursprünglichen Wachstumszone. Sie dehnten sich zwar etwas nach Osten in Richtung Polen, Baltikum und Rußland aus, überschritten aber nicht die Grenzen Europas (allerdings gibt es heute Hanf in China). Außerhalb Europas (einschließlich Amerika) fanden diese Rohstoffe keinen Anklang; in Europa jedoch waren sie unentbehrlich für die Herstellung von Bettüchern, Tisch- und Leibwäsche, Säcke, Pantoffel, Segeltuch und Seile.

In Asien und in Amerika wurde statt Hanf und Flachs Baumwolle verwendet, selbst für die Bespannung der Schiffsmasten (statt derer die Chinesen und Japaner für ihre Dschunken Bambusstangen vorzogen). Über die Geschichte der Stoffherstellung und die einzelnen Stoffqualitäten könnte man ein großes Buch schreiben. Dazu wäre freilich ein dickes Wörterbuch nötig für all die Fachausdrücke, die zwar heute auch noch gebräuchlich sind, aber zum Teil einen ganz entscheidenden Bedeutungswandel mitgemacht haben.

Langfristige Veränderungen

Mode hat nicht nur etwas mit Kleidung zu tun. Das *Dictionnaire sentencieux* definiert Mode folgendermaßen: »Die Art, sich zu kleiden, zu schreiben und zu benehmen, die die Franzosen nach allen Richtungen drehen und wenden, um sich anmutiger und graziöser zu geben, und deshalb oft noch lächerlicher wirken.« Die Mode berührt alle Bereiche, sie ist ein Orientierungsmittel für jede Kultur. Unter Mode versteht man ebenso die Idee für ein Kleid wie das Kleid selbst, den Erfolgsschlager wie die kokette Geste, die Art, bei Tisch zu empfangen oder einen Brief zu versiegeln. Sie bedeutet ebenso die Art zu sprechen; zum Beispiel sagt man 1768, die Bürger beschäftigen »Hausangestellte«, die Leute von Stand »Lakaien« und die Pfarrer »Diener«. »Mode« ist auch die Art zu essen: Die Essenszeit variiert in Europa nach Ort und sozialer Schicht, geht aber auch mit der Mode. Im 18. Jahrhundert versteht man unter einem Diner unser heutiges Mittagessen. »Die Handwerker essen um 9 Uhr morgens, die Landbevölkerung um 12 Uhr mittags, die Pariser um 14 Uhr, die Geschäftsleute um 1/2 3 Uhr, die Herren um 15 Uhr.« Das *souper,* das heutige Abendessen, »nimmt man in den Kleinstädten abends um 7 Uhr zu sich, in den Großstädten um 8 Uhr, in Paris um 9 Uhr und bei Hof um 10 Uhr. Die Herren und Finanzleute essen regelmäßig zu Abend, die Juristen niemals, die Offiziere, wenn es möglich ist.« Daher der beinahe sprichwörtlich gewordene Ausdruck: *La Robe dîne et la Finance soupe.*

Zur Mode gehört auch die Art zu gehen und zu grüßen, den Hut zu ziehen oder nicht. Die Sitte, vor dem König den Hut abzunehmen, soll in Frankreich auf neapolitanische Edelleute zurückgehen, über deren Ehrerbietung Karl VII. sehr erstaunt war und sie kopierte.

Auch die Körper-, Gesichts- und Haarpflege gehört in den Bereich der Mode. Man sieht dabei, daß auch die Mode einem Auf und Ab unterliegt, den Trends vergleichbar, den die Wirtschaftsexperten tagtäglich an der Preisbewegung beobachten. Diese Konjunkturschwankungen gehören auch zum Bild des Luxus und der europäischen Mode zwischen dem 15. und 18. Jahrhundert. Die Körperhygiene läßt zu allen Zeiten bei jedermann ziemlich zu wünschen übrig. Früh schon beklagen sich die vornehmen Leute über die abstoßende Unsauberkeit der Armen. Ein Engländer ist 1776 höchst erstaunt über den unglaublichen Schmutz der armen Bevölkerungsschichten in Frankreich, Spanien und Italien. »Sie neigen mehr zu Kränklichkeit als in England.« Doch darf man nicht vergessen, daß sich beinahe überall der Bauer absichtlich hinter seinem Elend versteckt; er verheimlicht nichts und will sich dadurch vor dem Pächter und dem Steuerbeamten schützen. Außerdem sind auch die höheren Schichten nicht besonders sauber.

Erst in der 2. Hälfte des 18. Jahrhunderts ging man von doppelten Hosen zu Unterhosen über, die jeden Tag gewechselt wurden und so zur Sauberkeit beitragen sollten. Bäder gibt es nur in den großen Städten. Zwischen dem 15. und 18. Jahrhundert geht das Baden und Waschen erstaunlich zurück. Im Mittelalter waren öffentliche Bäder ohne Trennung der Geschlechter an der Tagesordnung. Ihr schlagartiger Rückgang hängt wohl mit dem verbreiteten Auftreten der Syphilis und anderer ansteckender Krankheiten im 16. Jahrhundert zusammen. In Frankfurt waren von den 39 Bädern des Jahres 1387 im Jahr 1530 noch neun übrig. Neben der Angst vor der Ansteckungsgefahr mag auch eine bis dahin unbekannte Prüderie daran schuld sein. Jedenfalls macht in derselben Zeit auch niemand mehr von der früheren Gewohnheit Gebrauch, sich zu Hause in einem Zuber zu waschen, den man so oft auf alten Bildern sieht. Öffentliche Bäder halten sich weiterhin in Finnland und Rußland, im 17. Jahrhundert werden sie auch in Europa wieder populärer, stehen aber jetzt nur noch reichen Kunden zur Verfügung. Der Erfolg der Bäder in Vigier (Seine) mit 100 Badewannen, die vom Flußwasser gespeist werden, muß im richtigen Licht gesehen werden: »Das Bad soll als Heiltherapie für gewisse Krankheiten dienen, weniger als Säuberungsaktion«, lautet die Überlegung eines Parisers im Jahr 1827. Er meldet auch in der Zeit des Direktoriums überglücklich, daß täglich weibliche Badegäste im Bad von Vigier erscheinen, die völlig unbekleidet seien.

Unter diesen Umständen nimmt es nicht wunder, daß der Seifenverbrauch nur sehr sparsam war — obwohl es Seife immerhin schon im römischen Gallien gab. Diese Sparsamkeit ist sicherlich mit ein Grund für die hohe Säuglingssterblichkeit (Lewis Mumford). Hartseifen nimmt man für die Kör-

perpflege; »sie müssen marmoriert und parfümiert sein, um auf den Wangen unserer eleganten Damen Gnade zu finden«. Mit flüssiger Kaliseife (die im Norden viel benützt wird) werden Bettwäsche und Kleider gewaschen. Im ganzen gesehen, eine mehr als beschämende Bilanz, wo Europa doch als »Kontinent der Seife« gilt. In China gibt es weder Leibwäsche noch Seife, dafür 1793 noch Leprahospitale.
Die Schönheitspflege der Frau nimmt im 18. Jahrhundert ungeahnte Ausmaße an. Fünf bis sechs Stunden Toilette sind an der Tagesordnung. Man wird von der Dienerin und dem Friseur umsorgt und plaudert dabei mit dem Beichtvater oder mit dem Geliebten. Das große Problem bestand darin, die Haare so hoch wie einen Turm zu toupieren, so daß auf einmal die Augen unserer Schönen die Mitte des Körpers zu bilden schienen. Weniger Mühe bereitete das Schminken des Gesichts, nur das lebensechte Rouge, das bei Hof verlangt wurde, erforderte einige Überlegung: Zeig mir, welches Rouge du trägst, und ich sage dir, wer du bist.
Parfums mit Veilchen- und Rosenduft, Iris- und Maiglöckchenduft konkurrieren um die Gunst der Damen. Die Spanierinnen bevorzugen schweren Muskat- und Amberduft.
»Jede Französin glaubt, ihr Aufputz sei der absolute Gipfel des Geschmacks und der Eleganz, und sie ist der Meinung, daß jeglicher Zierat, der erfunden wird, um eine Person zu verschönern, ausschließlich ihr zukomme«, schreibt ein Engländer 1779. Dies behauptet auch das *Dictionnaire Sentencieux:* »Die Toilette ist die Essenz aller Pudersorten, aller Duftwasser und aller Mittel, die das Aussehen einer Person so verändern können, daß Alter sich in Jugend und Häßlichkeit in Schönheit verwandelt. Fehlerhafter Körperwuchs wird korrigiert, die Augenbrauen geformt, neue Zähne eingesetzt – kurz, man wechselt Haut und Gesicht.«
Am verrücktesten sind die Haarmoden, sogar bei den Männern. Trägt man die Haare lang oder kurz? Bart oder Schnurrbart? Auf diesem sehr speziellen Gebiet muß sich der

Geschmack des einzelnen rigoros unterordnen. Zu Beginn der Kriege mit Italien trugen Karl VIII. und Ludwig XIII. lange Haare und einen Bart. Die neue Mode mit Bart und Schnurrbart, aber kurzem Haarschnitt, stammt wahrscheinlich aus Italien von Papst Julius II. Später kopierten sie Franz I. (1521) und Karl V. (1524), und ganz Europa machte diese Mode mit. Als sich 1536 der Kanzler François Olivier dem Parlament als zukünftiger Berichterstatter im Staatsrat vorstellt, waren die Kammern so entsetzt über seinen Bart, daß es zu lautstarken Protesten kam. Olivier wurde in diesem Amt erst bestätigt, nachdem er seinen Bart abrasiert hatte. Die Kirche wetterte noch lauter als das Parlament gegen die Unsitte, »die Gesichtshaare wachsen zu lassen«. Bis 1559 waren sogar königliche Kabinettsbefehle nötig, um einem widerspenstigen Domkapitel einen bärtigen Bischof oder Erzbischof aufzuzwingen. Natürlich konnten sie die Mode nicht im mindesten aufhalten, aber auch die Sieger wurden ihres Erfolges müde. Wichtig ist es, festzuhalten, daß solche Moden meist nicht einmal hundert Jahre überstanden. Zu Beginn der Regierungszeit Ludwigs XIII. werden die Haare wieder länger getragen, Bart und Schnurrbart werden immer seltener. Diejenigen, die lange Bärte trugen, werden im eigenen Land wie Fremde angesehen. »Wenn man sie sieht, glaubt man, sie kommen aus einem fernen Land.« Dies bekam auch Sully zu spüren. Als er einmal wegen einer wichtigen Sache von Ludwig XIII. an den Hof gerufen wurde, »konnten sich die jungen Höflinge das Lachen nicht verkneifen, als sie den alten Kämpen mit Barttracht sahen, in einem altmodischen Gewand, gesetzter Haltung und Manieren, wie sie früher am Hof üblich waren«. Ganz allmählich wurden die Bärte immer seltener, bis Ludwig XIV. den Spitzbart unter der Unterlippe ganz abschaffte. Die Kartäuser-Brüder sind die einzigen, die ihn weiterhin tragen (1773). Denn auch diesmal sträubt sich die Kirche gegen Veränderungen und hält die Tradition mit nicht weniger einleuchtender Logik hoch. Als um 1629 die künstlichen Haare aufkommen, dann die Puderperücken, wehrt sich die Kirche auch gegen diese Neuerung. Ein Priester kann doch keine Messe lesen mit einer Perücke, die die Tonsur verdeckt! Diese Frage wurde sogar Gegenstand einer harten Kontroverse. Trotzdem wurden Perücken immer beliebter, Anfang des 18. Jahrhunderts exportierte Konstantinopel sogar bearbeitetes Ziegenhaar nach Europa für die Herstellung von Perücken.

Wesentlich ist, daß eine Modeerscheinung nach ungefähr hundert Jahren von einer anderen abgelöst wird. Der Bart verschwindet unter Ludwig XIV. und wird erst wieder in der Romantik ein unentbehrliches modisches Requisit, dann um 1920 nach dem Ersten Weltkrieg. In England gab es um 1800 bei 10 Millionen Einwohnern den Steuerlisten nach 150 000 Perücken. Um mit diesem Beispiel wieder auf unsere Beobachtung zurückzukommen, zitieren wir einen Text von 1779, der zumindest für die französischen Zustände Allgemeingültigkeit besitzt: Die Bauern und die einfachen Leute haben sich immer recht und schlecht rasiert und trugen kurze, ungepflegte Haare. Ohne diese Erklärung wortwörtlich zu nehmen, läßt sich damit wieder einmal mehr beweisen, daß die Unbeweglichkeit von der Masse ausgeht, während eine Minderheit sich den Luxus leistet.

Es genügt nicht, diese Faktoren des materiellen Lebens – Nahrungsmittel, Getränke, Behausungen und Kleidung – aufzuzählen; dafür verbindet sie zu wenig miteinander. Die Unterscheidung in Luxus und Elend ist nur ein erster ungenauer, schematischer Einordnungsversuch. Diese Faktoren sind nicht nur das Ergebnis zwingender Notwendigkeiten: Der Mensch ißt, lebt und kleidet sich, weil er nicht anders kann; doch er könnte auch anders essen, leben und sich kleiden, als er es augenblicklich tut. Die Mode und ihre Launen beweisen diese These in diachroner Sicht, die zu jeder Zeit vorhandenen Widerstände der Gesellschaft auf synchrone Weise.

Wir bewegen uns hier nicht nur im Bereich der Dinge, sondern vielmehr im Bereich »der Dinge und Worte«. Es handelt sich um Ausdrucksformen und ihre Interpretationsmöglichkeiten, von denen der Mensch von seiner Schüssel Reis oder seinem täglichen Brot unbewußt abhängig ist.
Wesentlich ist bei dieser Betrachtung – und damit schließe ich mich der Meinung von Mario Praz und Michel Foucault an –, diese Güter und Ausdrucksformen als Ganzes zu betrachten, sowohl im Rahmen der Wirtschaft im allgemeinen als auch im Rahmen der Gesellschaftsformen. Wenn Luxus eine Wirtschaft schon nicht zu stützen oder anzukurbeln vermag, so ist er wenigstens ein adäquates Mittel, eine Gesellschaft in seinem stimulierenden Bann zu halten. Kurz, das materielle Leben mit all seinen Ausformungen, seinem Gefälle und dem unbewußten Druck der Wirtschaft, Gesellschaft und Kultur ist sehr kompliziert angelegt.

Fünfter Teil

TECHNISCHE ERRUNGENSCHAFTEN: ENERGIEQUELLEN UND METALLHERSTELLUNG

Technik kann alles sein, eine einmalige gewaltsame Anstrengung wie auch eine stetige und gleichförmige Einwirkung des Menschen auf die Welt der Erscheinungen; es können Veränderungen sein, die sehr schnell erfolgen und von uns ein wenig voreilig und pauschal Revolutionen genannt werden (das Schießpulver, die Hochseeschiffahrt, die Buchdruckerkunst, die Wind- und Wassermühlen und die maschinelle Arbeitsweise), aber auch allmähliche Verbesserungen einzelner, wenn auch unbedeutender Arbeitsabläufe, Werkzeuge und unzähliger Handgriffe: wie der Seemann seine Taue spannt, wie der Bergmann einen Stollen gräbt, wie der Bauer mit dem Pflug, wie der Schmied mit dem Amboß umgeht ... Alle diese Tätigkeiten sind die Summe und die Frucht gesammelten Wissens und gesammelter Erfahrungen. »Technik nenne ich eine traditionelle, wirkungsvolle Tätigkeit«, sagt Marcel Mauss; kurz: Technik ist die Arbeit des Menschen am Menschen, ein Anpassungsprozeß, der in grauer Vorzeit begonnen hat und heute noch nicht beendet ist.
Die Technik ist so alt wie die Geschichte selbst, und sie entwickelt sich dementsprechend relativ langsam. Sie erklärt sich aus sich selber, wie sie auch ihrerseits Geschichte erklärt — eine Wechselbeziehung, die viele Fragen unbeantwortet läßt. Es handelt sich hierbei sicher nicht nur um *eine*, sondern um viele Taten und ebenso viele rückläufige Tendenzen und Verzahnungen; wir haben es also bestimmt mit keiner linearen geschichtlichen Entwicklung zu tun. Der Kommandant Lefebvre-Desnouettes, dessen Ruhm ungeschmälert bleiben soll, huldigte leider einem einseitigen Materialismus: Die Erfindung des Kummetgeschirrs, das das Brustblattgeschirr ablöste und mit einer Steigerung der Zugkraft der Pferde verbunden war, bedeutet nicht zwangsläufig den allmählichen Rückgang der Sklaverei (Marc Bloch zum Beispiel bestreitet diese irreführende Schlußfolgerung); genauso wenig war es dem von den Nordländern erfundenen Ankersteven zuzuschreiben, daß die Vorarbeiten zu den Entdeckungsfahrten zustande kamen

und schließlich die Expeditionen selbst gestartet wurden. L. Whites Bemerkung, die Zunahme der Brillenträger und damit der Leser vom 15. Jahrhundert an habe zum geistigen Aufschwung der Renaissance beigetragen, sollte wohl nur scherzhaft gemeint sein. In Wirklichkeit sind die Gründe ganz woanders zu suchen. Man denke nur an die Druckerkunst und die Beleuchtungsmöglichkeiten im Haus und damit an die vielen zusätzlichen für Lektüre und Schreiben gewonnenen Stunden. Vor allem aber müßte nach den Motiven dieser ungewohnten Lese- und Schreibwut geforscht werden (Wirtschaftsfachleute würden von einer erwünschten Nachfrage nach Wissen sprechen), denn schon vor der Erfindung der Brille, in Petrarcas Zeiten, gab es eine rege Suche nach alten Handschriften.

Kurz: immer hat auch die Geschichte im allgemeinen oder die Gesellschaft im weitesten Sinn ein Wort mitzureden in dieser Auseinandersetzung, bei der es nicht allein um Technik geht. Die Gesellschaft ist gleichbedeutend mit langsamer, wenig aufgeschlossener und umständlicher geschichtlicher Entwicklung und erinnert an einen Denkmechanismus, der fortwährend nur die schon bekannten Vorgänge wiederholen kann und die Schwierigkeiten und Gefahren des Versuchs, technisches Neuland zu gewinnen, einfach ausklammert. Jede Erfindung setzt sich in der Praxis erst nach Jahren durch. Der *inventio* folgt erst sehr viel später die Anwendung *(usurpatio)*, nämlich erst dann, wenn die Gesellschaft den notwendigen Grad an Rezeptivität erreicht hat. Dies zeigt sich zum Beispiel bei der Sense. Als im 14. Jahrhundert Epidemien die Bevölkerung des Kontinents stark dezimiert hatten, wird die Darstellung vom Schnitter Tod zum Albtraum der Menschen. Die Sense wird damals hauptsächlich zum Grasschneiden, nur selten bei der Ernte verwendet. Die Ähren werden mehr oder weniger hoch über dem Boden mit der Sichel abgeschnitten, das Stroh an Ort und Stelle den Herden überlassen, für deren Streu man Blätter und Zweige des Waldes benutzt. Trotz der rapiden Verstädterung und »Vergetreidung« Europas wird die Sense nicht vor Anfang des 19. Jahrhunderts populär, und auch dann verdankt sie diese frühzeitige Verbreitung nur dem Bedürfnis nach schnellerer Arbeit und einer gewissen großzügigen Verarbeitungsweise des Korns.

Diese retardierende Entwicklung ließe sich genauso an hundert anderen Beispielen aufzeigen, zum Beispiel an der lange vor der industriellen Revolution bekannten Dampfmaschine. In ihrem Kern ist die Geschichte der Erfindungen nur irreführend. Henri Pirenne faßt dieses Dilemma in dem Satz zusammen: »Das Amerika der Wikinger war zum Zeitpunkt seiner Entdeckung bereits wieder verloren, weil Europa es noch nicht brauchte.« Technik ist eine *Möglichkeit,* die der Mensch aus vorwiegend wirtschaftlichen, sozialen und psychologischen Gesichtspunkten heraus nicht ganz erreichen und voll ausnützen kann. Technik ist aber auch der *Grenzwert,* an dem die Bemühungen der Menschen materiell und technisch gesehen scheitern. Wird diese Linie einmal überschritten, so ist damit der Ansatz zu einer schnellen Entwicklung gegeben. Doch eine solche umstürzlerische Tat ist nicht die Entwicklung der Technik oder der Wissenschaft als solche — zumindest nicht vor dem 18. Jahrhundert.

ERSTES KAPITEL

Das Schlüsselproblem: Die Energiequellen

IN DEM ZEITRAUM zwischen dem 15. und dem 18. Jahrhundert kann der Mensch schon über seine eigene Körperkraft, die der Haustiere, des Windes, des fließenden Wassers, des Holzes sowie der Holz- und Steinkohle verfügen — verschiedenartige und doch nicht ins Gewicht fallende Energiekräfte. Fortschrittlich wäre es gewesen — nach den kommenden Ereignissen zu schließen —, auf die Steinkohle zu setzen, die in Europa seit dem 11. und 12. Jahrhundert, in China schon seit dem 4. Jahrtausend vor der christlichen Zeitrechnung genutzt wurde (vor allem als Koks in der eisenverarbeitenden Industrie). Doch sehen die Menschen sie lange Zeit nur als zusätzliches Brennmaterial an. Die Erfindung von Koks bedeutete noch lange nicht, daß er auch verarbeitet wurde.

Die Körperkraft des Menschen

Die Muskelkraft des Menschen leistet nur mittelmäßige Dienste. In Pferdestärken gemessen — d. h. 75 Kilogramm in einer Sekunde auf einen Meter Höhe — verfügt er sogar nur über lächerlich anmutende drei bis vier Hundertstel gegenüber 27 bis 57 Hundertstel Pferdestärken eines Pferdes. 1739 wies Forest de Belidor ausdrücklich darauf hin, daß ein Pferd die Kraft von sieben Menschen ersetzen konnte. Weitere Vergleiche: Im Jahr 1800 »vermag ein Mensch täglich 0,3 bis

0,4 Hektar zu bearbeiten, 0,4 Hektar Heu zu wenden, 0,2 Hektar mit der Sichel abzuernten, rund 100 Liter Getreide zu dreschen« — ein optimistischer Historiker spricht von zwei Doppelzentnern. Aber selbst dann wäre der Ertrag nur mäßig.

Trotzdem wird die potentielle Arbeitskraft des Menschen mit am höchsten eingestuft. Unter Ludwig XIII. wird der Arbeitstag eines Menschen so bezahlt wie der halbe eines Pferdes (mit 8 und 16 Sols); dieser Tarif bewertet völlig zu Recht die menschliche Arbeitskraft zu hoch. Der Mensch kann aufgrund seiner Anpassungsfähigkeit seine rein physische Kraft steigern, denn er verfügt über Werkzeuge wie Hammer, Axt, Säge, Zange und Spaten und über noch primitive handgetriebene Geräte wie Bohrmeißel, Winde, Blockrolle, Kran, Handwinde, Hebel, Fußhebel, Kurbel und Drehbank. Für die drei letzten Geräte, die über Indien oder China nach Europa kamen, fand G. Haudricourt den glücklichen Ausdruck *moteurs humains*. Ein solcher — sicherlich der komplizierteste von allen — ist auch der Webstuhl: Beide Füße bedienen abwechselnd das Pedal, die eine, dann die andere Hälfte der Kettfäden wird gehoben, während mit der Hand das Schiffchen mit den Schußfäden eingeschossen wird.

Der Mensch verfügt also über eine ganze Reihe von Möglichkeiten. Geschicklichkeit und Anpassungsfähigkeit befähigen einen Lastträger in Paris (1782), Lasten zu schleppen, »die ein Pferd töten würden«. P. G. Poinsot gibt in seinem Buch *L'Ami des cultivateurs* (1806) den verblüffenden Rat: »Es wäre zu wünschen, daß die Felder mit dem Spaten bearbeitet würden. Dieses Gerät wäre wesentlich vorteilhafter als der Pflug und ist in mehreren Gebieten schon verbreitet. Er spart wirklich Arbeit: Ein einzelner Mensch kann in 14 Tagen 487 Quadratmeter von 65 Zentimeter Tiefe umgraben; ein einziger Arbeitsvorgang genügt, während der Pflug diesen Vorgang viermal wiederholen muß, bis gesät werden kann. Außerdem ist der Boden dann niemals so gut umgegraben und aufgelockert wie mit dem Spaten. Vom wirtschaftlichen Standpunkt aus gesehen ist die Pflugarbeit also sehr unrationell, wenn man nicht eine riesige Fläche bewirtschaftet. Aus diesem Grund ruinieren sich beinahe alle Kleinbauern. Zudem ist nachgewiesen, daß die Ernteerträge der mit dem Spaten bewirtschafteten Felder sich verdreifachten. Der Feldspaten muß mindestens doppelt so lang und stark sein wie der Gartenspaten, sonst kann er den schweren Ackerboden nicht genügend lockern.«

Diese Ansicht mag einem sehr simpel erscheinen, steht aber beileibe nicht vereinzelt da. Auf dem Land bestellen die Bauern ihre Parzellen entweder mit dem Spaten oder mit der Kreuzhacke. In Moutiers-en-Bresse nennt man dies im 17. Jahrhundert »mit der Hand« nutzbar machen *(à la main)*. Es stellt sich die Frage nach dem möglichen Resultat dieser absurden, geradezu »chinesischen« Arbeitsweise, wenn sie nicht die Ausnahme, sondern die Regel gewesen wäre. Hätten sich die europäischen Städte unter diesen Voraussetzungen behaupten, ja überhaupt entstehen können? Und was wäre aus der Pacht geworden?

Der Mensch und seine Handarbeit – im wahrsten Sinn des Wortes – ist auch im modernen China ein noch immer vertrautes Bild. 1793 notiert ein Reisender: »Die Arbeitskraft des Menschen ist hier am billigsten, wird aber auch nicht geschont, wenn sie auf dem besten Wege ist, mißbraucht zu werden« (eine Einschränkung, die niemand glauben muß). Der Mensch hackt, zieht den Pflug anstelle des Büffels, verteilt Wasser, bedient die Ziehbrunnen, drischt das Korn, transportiert Reisende, hebt schwere Lasten, dreht den Mühlstein der Papiermühlen, treidelt Schiffe – alles Tätigkeiten, die in anderen Ländern von Pferden verrichtet werden. An der höchsten Schleuse auf dem Großen Kanal zwischen dem Jangtsekiang und Peking – der Tien Fi cha, d. h. »Königin und Herrin des Himmels« – werden nicht etwa Tore geöffnet und geschlossen, sondern die Schleusenkammern werden von 400

bis 500 Menschen – »aber auch noch mehr, wenn Größe und Gewicht des Schiffes es erfordern« – mit Schiffswinden und Tauen hochgezogen. Wie kommt Pater De Magaillans dazu, die chinesische Gewohnheit als beispielhaft zu empfehlen (1678), nach der »alle mechanischen Arbeiten mit viel weniger Gegenständen als bei uns verrichtet werden«? Gemelli Careri staunte zehn Jahre später über die Geschwindigkeit der Sänftenträger, die im Laufen ebenso schnell vorankommen wie »die kleinen Pferde aus der Tatarei«. Ein Jesuit bastelt 1657 in Peking eine Feuerpumpe, die »das Wasser hundert Spannen« hoch schießen kann, mit der Kraft des Menschen und des Windes. Nicht einmal in Indien werden Wasserschöpfwerke und Zuckermühlen von Menschenhand, sondern von vorgespannten Zugtieren gedreht. Ein Bild Hokusais zeigt uns ein extremes Beispiel aus Japan aus dem 19. Jahrhundert, auf dem Zuckerrohr manuell zermahlen wird.
Die Jesuitenpatres äußern sich dazu folgendermaßen (1777): »Die Frage nach der Zweckmäßigkeit von Maschinen und Arbeitstieren ist nicht einfach zu beantworten, zumindest nicht in einem Land, wo der Boden seine Bewohner kaum ausreichend ernährt. Wozu sollten hier Maschinen und Arbeitspferde gut sein? Um einige Bewohner zu Philosophisten [*sic!*] zu machen? Denn wären sie nicht im Dienst der Allgemeinheit tätig, würden sie sich nur um ihre Belange und um ihr Wohlergehen kümmern, und – was am schlimmsten wäre – groteske und lächerliche Ideen ausbrüten. Unsere Leute auf dem Land [chinesische Jesuiten argumentieren so], die nicht gebraucht werden oder arbeitslos sind, suchen in der Tatarei Arbeit und in den neueroberten Ländern, wo unser Ackerbau sich durchsetzt ...« Und das scheint auch am vernünftigsten zu sein. Es ist richtig, daß der Ackerbau der Chinesen im In- und Ausland führend wird. Doch muß hinzugefügt werden, daß damals der Fortschritt auf dem Agrarsektor mit dem Zuwachs der Bevölkerung nicht Schritt halten konnte.

Über die Arbeit der Neger in Schwarzafrika und der Inder wollen wir uns kurz fassen. Auf der Reise Aureng Zebs nach Kaschmir mußten die Kamele kurz vor dem Himalaja abgeladen werden, 15 000 bis 20 000 Träger übernahmen die Last; einige davon waren zum Frondienst gezwungen worden, andere bekamen einen Lohn von zehn Talern für hundert Pfund Last. Man kann dies Verschwendung, aber auch Sparsamkeit und Rentabilität nennen. Im Hospital von Bicêtre holten (1788) zwölf Pferde das Wasser aus dem Brunnen, »doch wirtschaftlicher und vorteilhafter war es, für diese Arbeit starke, kräftige Gefangene zu nehmen«. Das berichtet ausgerechnet Sébastien Mercier, der Moralist! In den Städten Brasiliens ersetzen schwarze Sklaven die Arbeit von Pferden und müssen schwer beladene Karren ziehen.

Grundbedingung für einen gesunden Fortschritt ist ein vernünftiges Gleichgewicht zwischen der Arbeit des Menschen und den übrigen Ersatzenergien. Mit diesen sollte der Mensch nicht über Gebühr in Konkurrenz treten wollen (denn es bringt keinen Profit), wie in der Antike oder in China, wo die Entwicklung von Maschinen durch die billige menschliche Arbeitskraft griechisch-römischer Sklaven und unzähliger Kulis gehemmt wurde. In Wirklichkeit ist jeder Fortschritt mit einer gewissen Aufwertung des Menschen verbunden.

Die Arbeitskraft des Tieres

Bald lösten Haustiere – die es aber keineswegs überall gab – die menschliche Arbeitskraft ab. Bei dieser Entwicklung muß von Anfang an zwischen der Alten und der Neuen Welt unterschieden werden.

Dort scheinen die Dinge sehr einfach zu liegen. Die Indianer Südamerikas kannten als — mäßig gutes — Lasttier einzig das Lama — das »Schaf der Anden«, das die dünne Gebirgsluft vertrug. Alle anderen Tiere außer dem Vikunja und dem Puter — also Ochsen, Schafe, Ziegen, Pferde, Hunde und Geflügel — kamen aus Europa. Für die Wirtschaft wurden Esel und Maultiere unentbehrlich (Nordamerika, einige Gebiete Brasiliens und die argentinische Pampa ausgenommen, wo bis ins 20. Jahrhundert hochrädrige Karren von Ochsengespannen gezogen werden). Doch überall sonst hört man die Glöckchen der Leittiere der Maultierkarawanen. Alexander von Humboldt bemerkt 1808 auf seiner Reise in die spanischen Kolonien Amerikas, wie wichtig sie beim Transport von Waren und Maismehl in die Städte seien, für die, vor allem im reichen Mexiko, diese Güter lebensnotwendig sind. Auguste de Saint-Hilaire ist ungefähr zehn Jahre später der gleichen Ansicht. Der Verkehr wird über feste Stationen, regelrechte »Eselsbahnhöfe« auf vorgeschriebenen Routen abgewickelt, zum Beispiel in Porto da Estrella, am Fuß der Serra do Mar vor Rio de Janeiro. Die Eigentümer der Eseltransporte, die brasilianischen *tropeiros*, finanzieren sowohl die Baumwoll- als später auch die Kaffeeproduktion. Sie können also als Pioniere eines Frühkapitalismus bezeichnet werden.

Im damaligen Königreich Peru sind 1776 500 000 Maulesel für den Verkehr zur Küste, in den Anden und für die Karossen in der Hauptstadt Lima im Einsatz. Jährlich werden etwa 50 000 Esel aus der argentinischen Pampa importiert. Dort wachsen sie wild auf, werden von *peones* auf dem Pferd in großen Herden nach Norden getrieben, bis nach Tucuman und Salta, wo sie gezähmt und abgerichtet werden. Dann werden sie nach Peru, Brasilien und besonders auf den Markt von Sorocaba in der Provinz São Paulo geschickt. Die damaligen Zucht- und Handelsgebaren erinnern Marcel Bataillon an die moderne Autoindustrie und den Binnenmarkt auf einem der Motorisierung aufgeschlossenen Kontinent. Für das noch wenig entwickelte Argentinien bietet dieser Handel die Möglichkeit, am Silber Perus oder am Gold Brasiliens teilzuhaben. 500 000 Maulesel allein in Peru, ebenso viele in Brasilien, dazu die Kontingente der spanischen Kolonien und der militärischen Kommandobezirke von Caracas und Santa Fe oder Mittelamerikas zum Beispiel ergeben etwa ein bis zwei Millionen Last- oder Satteltiere (seltener Zugtiere). Auf fünf bis zehn Einwohner kommt also ein Tier, das ist ein beachtlicher »Motorisierungs«faktor für den Transport von Edelmetallen, Zucker oder Mais. Außer in Europa findet sich auf der ganzen Erde nichts Vergleichbares. In Spanien kamen im Jahr 1799 auf zehn Millionen Einwohner – das entspricht ungefähr der Gesamtbevölkerung der spanischen Kolonien in Amerika – nur 250 000 Maulesel. Selbst wenn nach genaueren Untersuchungen die Zahlen für Amerika etwas anders lauten würden, bliebe das Mißverhältnis zwischen beiden Kontinenten doch ziemlich groß. Auch die anderen europäischen Haustiere, vor allem Ochsen und Pferde, vermehrten sich in der Neuen Welt schnell. Die Ochsen werden in der Pampa vor die schweren Wagen gespannt, in Brasilien vor den typischen *carro de boi* mit massiven Rädern und quietschenden hölzernen Radachsen. Sie leben aber auch in wilden Herden, zum Beispiel im Tal des São Francisco in Brasilien, wo eine auf Leder spezialisierte Kultur an ähnliche Verhältnisse in der argentinischen Pampa und am Rio grande do Sul erinnert, wo in ungeheuren Mengen gegrilltes, kaum gares Fleisch verzehrt wird.

Es gibt zwar viele Pferde, doch wird das Pferd überall als Symbol einer gewissen Aristokratie, der Oberschicht und der *peones* betrachtet. Seit dem Ende des 18. Jahrhunderts gibt es die *gauchos*, die erstaunlichsten Reiter der Welt, die in der Pampa leben. Damals steht ein Pferd mit zwei Reales im Kurs. Ein Ochse wird überhaupt nicht gehandelt, er gehört dem, der ihn mit dem *lasso* oder den *bolas* fängt. Ein Maulesel dagegen bringt auf dem Markt in Salta bis zu 9 Pesos. Wenn ein schwarzer Sklave in Buenos Aires oft 200 Pesos kostet, so bedeutet das für die Neue Welt eine Aufwertung des Menschen, der sich überdies noch auf zahlreiche Haus- und Arbeitstiere verlassen kann.

Die Alte Welt: Kamele und Dromedare

In der Alten Welt begann die Entwicklung schon früher, daher sind hier die Zusammenhänge etwas komplizierter.
Kamele und Dromedare eignen sich in dieser Kette kalter und heißer Wüstenflächen vom Atlantik und der Sahara bis zur Wüste Gobi am besten als Lasttiere. Das Dromedar bevorzugt die heißen Wüsten, denn es ist relativ kälteempfindlich und für die Berge nicht besonders geeignet. Das Kamel dagegen fühlt sich in kalten Wüsten und Bergen zu Hause, wobei die Grenze zwischen beiden Landschaftsformen in Anatolien und im Iran liegt. »Die Vorsehung schuf zwei Arten von Kamelen, eine für die kalten, die andere für die heißen Länder«, sagte schon 1664 ein Reisender.
Doch kam diese kluge Aufteilung erst spät zustande. Das Dromedar gelangt erst um den Beginn der christlichen Zeitrechnung in die Sahara, um dann mit der arabischen Eroberung im 7. und 8. Jahrhundert sowie mit der Ankunft großer Nomadenstämme im 11. und 12. Jahrhundert endgültig dort Fuß zu fassen. Im Westen setzt sich zwischen dem 11. und 16. Jahrhundert dank der türkischen Vorstöße in Kleinasien und auf dem Balkan das Kamel durch. Beide Arten lassen sich natürlich nicht strikt auf diese Gebiete beschränken. Dromedare gelangen über Persien auch bis nach Indien, wo sie so hoch im Kurs stehen wie Pferde; im Süden der Sahara ersetzen sie Einbäume und Trägerkolonnen. Sie sollen auch kurz in den Norden bis in das merowingische Gallien vorgedrun-

gen sein. Kamele tauchten dagegen nur vereinzelt im Osten auf dem Balkan auf. 1529 versorgen sie die türkische Armee bei der Belagerung Wiens mit Verpflegung. Am anderen Ende der Alten Welt, in China, ist es ebenfalls üblich, Kamele als Lasttiere einzusetzen. 1775 bemerkt ein Reisender in der Nähe Pekings neben einem Schubkarren ein Kamel, das auf dem Rücken Schafe transportiert.

Der Islam besaß praktisch das Monopol für dieses Lasttier, das für Transportzwecke, Feldarbeit und die Schöpfräder eingesetzt wurde (auch wenn in den Mittelmeerländern der Maulesel teilweise schon viel früher diese Funktion innehatte), ebenso auf den großen Karawanenstraßen der Sahara, des Vorderen Orients und Mittelasiens — Verbindungen, die auf ein frühes, äußerst reges kapitalistisches Wirtschaftssystem zurückgehen. Dromedare und Kamele können ziemlich schwere Lasten transportieren, ein schwächeres Tier rund 700 Pfund, der Durchschnitt liegt bei 800 Pfund; von bis zu 1000 und 1500 Pfund auf der Strecke zwischen Täbris und Istanbul spricht ein Text von 1708. Eine durchschnittliche Last betrug 4 oder 5 Doppelzentner. Eine Kamelkarawane von 6000 Tieren transportierte demnach zwischen 2400 und 3000 Tonnen, das entspricht der Fracht von vier bis sechs ziemlich großen Schiffen. Der Islam, der lange Zeit alle Binnenwege der Alten Welt kontrollierte, besaß in diesem Transportmittel den ausschlaggebenden Faktor seiner damaligen Vorrangstellung im Handel.

Die Alte Welt: Ochsen und Büffel

Der Ochse (zusammen mit dem Büffel und dem Zebu) kam in der ganzen Alten Welt vor, außer im Norden, wo das Ren zu Hause ist, und im Süden, wo ihn in den afrikanischen Urwäldern besonders die Tsetsefliege den Weg versperrte. In Indien, wo der Ochse manchmal ein Rentnerdasein fristet, wird er vor den Pflug oder auch eine goldene Karosse gespannt, er treibt die Mühlen an und gehört zur Ausrüstung der Soldaten und Gutsherren. Riesige Herden von bis zu 10 000 Tieren transportieren Getreide oder Reis unter der Leitung der Kameltreiber aus der eigenartigen Kaste der Muri (deren Frauen und Männer bei einem eventuellen Angriff mit Pfeil und Bogen kämpfen). Wenn sich zwei Karawanen in Nordindien auf einem der engen mit Bäumen und Mauern befestigten und abgegrenzten Wege begegnen, können sie nur nacheinander passieren; die übrigen Reisenden stecken dann unter Umständen zwei bis drei Tage lang mitten in der Tierherde fest, ohne sich vor- oder rückwärts bewegen zu können. Die indischen Ochsen stehen schlecht im Futter und haben keinen Stall. Der — allerdings nur selten vorkommende — Büffel in China arbeitet wenig, frißt noch weniger und muß sich irgendwie behaupten. Er scheut leicht bei Reisenden.

In Europa ist es ein alltägliches Bild, zwei Ochsen vor einem Holzkarren mit massiven Rädern gespannt zu sehen (in Galizien heute noch zu bestaunen). Japaner und Chinesen spannen den Ochsen wie ein Pferd an: mit einem Halskummet und »nicht an den Hörnern«, wie man das auch bei den Nordeuropäern manchmal sieht. Als Zugtier ist der Ochse schlechthin unerreicht. Alonso de Herrera, ein spanischer Agronom, veröffentlicht 1513 ein Buch, in dem er das Ochsengespann gegen die Maulesel verteidigt; diese seien zwar schneller, bestellten aber das Feld nicht so gründlich und wirtschaftlich wie jene. 1758 nimmt François Quesnay die endlose Auseinandersetzung wieder auf; zu seiner Zeit verdrängten die Pferde eines »kapitalistisch« organisierten Ackerbaus gerade die traditionellen Ochsengespanne. Moderne Untersuchungen ergaben, daß das Pferd dem Ochsen in nichts nachsteht. Aber genau genommen, arbeitet das Pferd zügiger und kann am Tag länger eingesetzt werden; dafür braucht es allerdings mehr Futter und verliert schneller an Wert als ein Ochse, der noch geschlachtet werden kann. Bei gleicher Leistung kommt der Ochse 30 Prozent teurer als das Pferd. In Polen wurde im 17. Jahrhundert ein Ackermaß nach der Fläche berechnet, die »ein Pferd oder zwei Ochsen« bearbeiten konnten.

Die Alte Welt: das Pferd

Das Pferd spielt seit jeher eine große Rolle. In Frankreich ist es seit dem Neolithikum bekannt, wie man seit den Knochenfunden in Solutré nahe Mâcon weiß, die dort auf einer Fläche von über 1 Hektar verstreut liegen. In Ägypten ist es seit dem 18. Jahrhundert v. Chr. bekannt, in der Zeit der römischen Herrschaft taucht es jenseits der Sahara auf. Es stammt vielleicht aus Innerasien, aus der Dsungarei. Wie dem auch sei, im 16. und 17. Jahrhundert unserer Zeitrechnung leben Wildpferde in den Wäldern und Dickichten Nordwestdeutschlands, in den Schweizer Bergen, im Elsaß, in den Vogesen. 1576 erwähnt der Kartograph Daniel Spekle »Wildpferde in den Wäldern der Vogesen, die ganz auf sich allein gestellt sind; im Winter suchen sie unter den Felsen Schutz ... sie sind völlig wild, mit einem sehr sicheren Tritt auf den rutschigen, schmalen Felswegen«. Also ein Tier, das schon sehr lange in Europa lebt. Nur aus dieser Vertrautheit heraus war es möglich, es mehr und mehr zu zähmen (im 9. Jahrhundert bekam es Halskummet, früher oder später Sattel, Steigbügel, Zaumzeug, Zügel, Geschirr und Hufeisen). Während der Herrschaft der Römer war es so schlecht angeschirrt (das Brustblattgeschirr engt das Pferd ein), daß es nur geringe Last bewegen konnte und bei der Arbeit nicht mehr als vier Sklaven wert war. Im 12. Jahrhundert konnte es sich auf die vier- bis fünffache Leistung steigern dank des Kummetgeschirrs. Wurde das Pferd bis dahin nur im Krieg eingesetzt, so wird es jetzt auch beim Eggen wichtig, überhaupt bei der Feldbestellung, sowie für den Transport. Mit dieser Veränderung ging eine Reihe weiterer einher: Anstieg der Bevölkerung, Verbreitung des schweren Pflugs, dreifacher Fruchtwechsel im Norden, Zunahme der Erträge – ein offensichtlicher Aufschwung Nordeuropas.

Doch verfügen nicht alle Länder über Pferde. In China zum Beispiel gibt es nur sehr wenige. »Im Königreich Chanchinfu«, schreibt Pater De Las Cortes, »gibt es nur wenige kleine Tiere mit kurzem Schritt; sie werden nicht beschlagen und gespornt und tragen völlig anders aussehendes Sattel- und Zaumzeug. [Noch im 18. Jahrhundert gibt es Holzsättel und einfache Schnüre statt Zügel.] Im Königreich von Fuchinsu und Kanton gibt es mehr Pferde. In den Bergen, so sagte man mir, leben viele verwilderte Pferde, die man in der Regel einfängt und zählt.« Auch Maultiere gibt es nur wenig; »sie sind ganz klein«, berichtet ein Reisender; sie werden aber teurer als Pferde gehandelt, »weil sie einfacher zu halten sind und mehr leisten«. Wenn ein Reisender in China zu Pferd auf Reisen gehen will, so muß er ein sehr gutes Tier wählen, denn unterwegs kann er nicht mehr wechseln; die vorhandenen Stationen sind allein dem Kaiser vorbehalten. Rentabel, schnell, leicht und bequem ist immer noch die Sänfte mit acht Trägern, die einander abwechseln. Die kleinen Pferde aus Sze-tchuan, der Mongolei und der Mandschurei sind im Landesinnern und in Nordchina nicht sehr geschätzt. Wahrscheinlich kennt Pater De Las Cortes nur die Verhältnisse im Süden, im Norden gibt es offensichtlich mehr Pferde. Den Angaben Pater De Magaillans (1678) zufolge gibt es im ganzen Reich zwei bis drei Millionen Pferde – Europa verfügt über die sechsfache Zahl –, wobei der Kaiser allein für seine Soldaten, die Hofhaltung und die Kurierstationen eine halbe Million benötigt.

Noch seltener sind Pferde in Schwarzafrika und Indien anzutreffen. Als Luxusgüter werden marokkanische Pferde im Sudan gegen Goldstaub, Elfenbein und Sklaven getauscht. Anfang des 16. Jahrhunderts bekam man ein Pferd für zwölf

Sklaven, später für fünf. Von Ormuz laufen die Flotten nach Indien aus mit in Persien gekauften Pferden. In Goa bekam man für ein Pferd bis zu 500 *pardoês* oder 1000 Rupien, während ein junger Sklave zur gleichen Zeit nur 20 bis 25 *pardoês* erbrachte.

Das Futter war ein Problem, solange es weder Gerste noch Hafer gab. »1664«, schreibt Tavernier, »bekamen die Pferde eine Art dicker Erbsen zu fressen, die zwischen zwei Mühlsteinen zermahlen und anschließend eingeweicht wurden, denn hart waren sie nur schwer verdaulich. Diese Erbsen gab es morgens und abends; dazu zwei Pfund schwarzen Zucker mit ebenso viel Mehl und ein Pfund Butterkugeln, die sie in das Maul gestopft bekamen, denn sie mochten sie nicht; danach wurden sie sorgfältig geputzt. Tagsüber bekommen sie einige gewaschene Graswurzeln.«

In Japan werden meistens koreanische Ochsen vor die Wagen gespannt; das Pferd ist dort Privileg des Adels.

In den muselmanischen Ländern ist das Pferd eines der vornehmsten Tiere überhaupt. Es ist sozusagen die *force de frappe* des Islam, vor allem nach den ersten großen Erfolgen. In Persien sieht ein Reisender 1694 Karawanen mit 1000 Pferden. Das Osmanische Reich hat 1585 40 000 Pferde in Asien und 100 000 in Europa stehen; das feindliche Persien besitzt nach Aussagen eines Botschafters angeblich 80 000. Alles in allem ein recht stattlicher Stall! Asien ist führend in der Zucht von Kriegspferden, wie allein schon das große Schauspiel im asiatischen Scutari zeigt, wo riesige Pferdetransporte gesammelt und mit Fähren nach Istanbul hinübergebracht werden. Noch im 19. Jahrhundert begeistert sich Théophile Gautier in Istanbul an den reinrassigen Pferden aus Nedsch, dem Hedschas und Kurdistan. Gegenüber der Landungsbrücke vis-à-vis von Scutari sind allerdings türkische Droschken, sogenannte *arabas,* stationiert, vergoldete und bemalte Wagen, angespannt mit schwarzen oder silbergrauen Büffeln: Im 19. Jahrhundert ist das Pferd immer noch ein Privileg der Soldaten, der reichen Gutsherren und des Adels. Trotzdem werden sie in Istanbul auch bei den Mühlen eingesetzt, im westlichen Balkan als Lasttiere (wofür die ganze Fußsohle mit Eisen beschlagen wurde).

Für solche Pferde wurden sicher keine 40 bis 50 Dukaten bezahlt, wie es 1881 noch in Magazan in Marokko geschah, während ein schwarzer Sklave 16 und ein Kind 7 einbrachte. Erst nach dem Ersten Weltkrieg, um 1920, löste das Pferd in Kleinasien Ochse und Kamel ab.

Verglichen mit diesen Reitervölkern nutzte Europa sein Pferdepotential lange Zeit überhaupt nicht. Dieses Versäumnis sollte es teuer zu stehen kommen. Erst nach der Schlacht von Poitiers (732) wurde die Zahl der Pferde und Reiter beträchtlich erhöht, um damit die Verteidigungs- und Überlebenschancen zu steigern. Nun gab es das »Schlachtroß« des bewaffneten Reiters für den Kampf, den »Hengst« für Friedenszeiten, dazu den gemeinen »Gaul« seines Knechtes. Auf seiten des Islam, aber auch der Christenheit wurde auf diesem Gebiet viel für den Kriegsfall investiert. Der Sieg der Schweizer über die Reiter Karls des Kühnen hatte im Abendland eine Rückkehr zur Infanterie, zu den Pikenieren und den Scharfschützen zur Folge. Das spanische *tercio* des 16. Jahrhunderts bedeutet den Sieg des Infanteristen. Auf türkischer Seite beginnt mit den Janitscharen die Ära des unberittenen Soldaten. Doch bleiben daneben die türkischen Spahis bestehen, die der europäischen Reiterei lange Zeit haushoch überlegen sein werden.

Die wirklich guten Pferde werden in Europa zu Goldpreisen verkauft. Cosimo de Medici, seit 1531 wieder Herr von Florenz, gründet eine Garde 2000 Berittener, ruiniert sich mit dieser kostspieligen Einrichtung aber völlig. 1580 erobert die spanische Reiterei Portugal, doch beklagt sich der Herzog von Alba über den Mangel an Pferden und Reitern, der auch noch im folgenden Jahrhundert zu spüren ist, zum Beispiel im Krieg gegen Katalonien 1640 bis 1659 und in der Regierungszeit Ludwigs XIV., in der 20 000 bis 30 000 Pferde im Ausland eingekauft werden mußten.

Die schönsten Pferde wurden in Neapel und in Andalusien gezüchtet, doch kam niemand – und wenn er noch so viel bot – in ihren Besitz ohne die Einwilligung des Königs von Neapel oder Spanien. Der Schmuggel blühte jedoch auf beiden Seiten; an der katalanischen Grenze riskiert der *passador de cavallos* sogar die Inquisition, der man diese ungewöhnliche Kontrolle anvertraut hat. Jedenfalls muß man sehr reich sein, um, wie der Herzog von Mantua, eigene Agenten von Kastilien bis in die Türkei und nach Nordafrika schicken zu können, die auf den Märkten Rassepferde und -hunde sowie Jagdfalken einkauften. Die Galeeren des Herzogs von Toskana (vom Orden des heiligen Stephan, gegründet 1562) gehen im Mittelmeer der Seeräuberei nach; die Beute wird bei den Korsaren gegen gute Pferde eingetauscht. Als sich im 17. Jahrhundert die Beziehungen zu Nordafrika bessern, werden nordafrikanische Berber auf dem Weg über Marseille sogar auf den Märkten von Beaucaire verkauft. In England versucht man sich seit Heinrich VIII., in Frankreich seit Ludwig XIV. und in Deutschland seit dem 18. Jahrhundert in der Zucht von Pferden, die mit Araberhengsten gekreuzt wurden. »Aus Kreuzungen mit ihnen bekommt man die schönsten Pferde der Welt«, schwärmt Buffon. So verbesserte sich auch die Qualität der Pferde im Abendland allmählich, gleichzeitig nahm der Viehbestand zu. Verblüffende Erfolge der österreichischen Kavallerie unter Prinz Eugen gegen die Türken Anfang des 18. Jahrhunderts erklären sich teilweise aus diesem Fortschritt.

Aber uns interessiert weniger das Schlachtroß als das Zug- und Arbeitspferd, beides robuste Arten, die in Nord-, Mittel- und Osteuropa beheimatet sind. Sie verdienen es, erwähnt zu werden, denn neben der Feldarbeit und dem Handelsverkehr leisteten sie auch bei den Truppen- und Artillerietransporten wertvolle Dienste. Im September 1494 versetzte Karl VIII.

ganz Italien in Erstaunen mit seiner Landartillerie, die nicht von Ochsen, sondern von Pferden, »in französischer Manier ohne Schwanz und Ohren«, gezogen werden. Ein Handbuch aus der Zeit Ludwigs XIII. zählt alle Details auf, die bei der Verlegung einer Artillerietruppe von etwa 20 000 Mann wichtig sind. Unter anderem ist eine stattliche Anzahl von Pferden vonnöten für die Küchengeräte, das Gepäck und Geschirr der Offiziere, die Werkzeuge des Schmieds und des Zimmermeisters sowie die Ausrüstung des Arztes, vor allem aber für die Artillerie und die Munition. Die größten Einzelstücke, die Batterien, können nur von mindestens fünfundzwanzig Pferden gezogen werden, dazu kommen ungefähr zwölf Pferde für den Transport des Schießpulvers und der Kugeln.

Deshalb exportiert der Norden immer mehr Arbeitspferde in den Süden. Mailand kauft sie spätestens seit Anfang des 16. Jahrhunderts über deutsche Händler, Frankreich über die Juden in Metz. Im Languedoc sind sie sehr gesucht. Allmählich bilden sich bestimmte Zuchtgebiete heraus wie die Bretagne, die Normandie (der Markt von Guibray), der Limousin und der Jura.

Es ist nicht sicher, ob der Preis für Pferde im 18. Jahrhundert gesunken ist. Der europäische Bedarf war immerhin mehr als gedeckt. In England bildeten Diebe und Hehler Anfang des 19. Jahrhunderts bald so etwas wie eine eigene Kaste! Lavoisier errechnet vor der Französischen Revolution 3 Millionen Ochsen und 1 781 000 Pferde, von denen 1 500 000 in der Landwirtschaft Verwendung finden (900 000 in Gebieten, wo nur Pferde, 600 000 in Gebieten, wo auch Ochsen die Feldarbeit verrichten). Frankreich zählt damals 25 Millionen Einwohner. Danach hätte ganz Europa über ungefähr 14 Millionen Pferde und 24 Millionen Ochsen verfügt.

In Europa spielt auch der Maulesel eine Rolle, zum Beispiel in Spanien und im Languedoc. Nach Quiqueran de Beaujeu kosteten Maultiere in der Provence mehr als Pferde. Ein Historiker leitet aus der Zahl der Maultiere, ihrer Treiber und ihren Wanderwegen die Konjunkturschwankungen des Wirtschaftslebens im 17. Jahrhundert ab. Wagen überqueren die Alpen nur auf bestimmten Wegen, wie zum Beispiel dem Brenner; alle anderen Wege dienen der ausschließlichen Beförderung mit Mauleseln; in Suse und den anderen alpinen Maultierstationen heißen die Esel sogar »große Karren«. Zu den bedeutendsten Zuchtgebieten von Eseln und Maultieren gehört das Gebiet von Poitou.

Pferde im städtischen Transportwesen

Jede Stadt ist auf Pferde angewiesen für die tägliche Nahrungsversorgung, die internen Verkehrsverbindungen sowie eine Anzahl von Mietwagen. Im 18. Jahrhundert gibt es in Paris, relativ gesehen, mindestens genauso viele Pferde wie heute Autos. Laufend kommen neue Gespanne an, »Pferdewagen«, wie man damals sagte, d. h. Zehn- oder Zwölfspänner, wobei jedes Pferd am Schwanz des andern angebunden ist und eine Decke auf dem Rücken trägt, die auch die Flanken bedeckt. Sie werden bei Saint-Victor oder auf dem Montmartre zusammengetrieben; lange befand sich auch in der Rue Saint-Honoré ein Pferdemarkt.

Die Seine dient kaum als Transportweg. Nur sonntags sind die nicht immer sicheren Schiffe voll mit Ausflüglern nach Sèvres oder Saint-Cloud besetzt. Wenn es jemand eilig hat, kann er immer noch eine Kutsche mieten.

Ende des Jahrhunderts fahren 2000 mehr oder weniger schlechte Kutschen in der Stadt herum; die Kutscher müssen am Tag 20 Sous für die Arbeitserlaubnis bezahlen. In dieser Zeit kommt es zu den berühmten Pariser Verkehrsstauungen, die wir aus vielen Beschreibungen kennen. »Solange die Kutscher nüchtern sind, stellen sie sich recht gelehrig an, am Mittag hat man schon seine liebe Not mit ihnen und abends sind sie völlig unansprechbar.« Außerdem sind sie gerade dann nie da, wenn man sie braucht, d. h. gegen 2 Uhr nachmittags und zu den Essenszeiten. Man öffnet die Tür der Kutsche, im selben Moment öffnet auf der anderen Seite eine andere Person. Man steigt ein, jene steigt auch ein. Meistens entscheidet dann der Polizeikommissar, wer am Ende sitzenbleiben darf. »In dieser Zeit kann es auch geschehen, daß ein vergoldeter Wagen von einer langsamen Kutsche vor ihm aufgehalten wird, die völlig heruntergekommen aussieht, deren Sitzleder abgenützt sind und die anstatt Fenster nur Bretterverschläge hat.«

Schuld an diesen Stauungen trägt allein die Stadt mit ihren engen Gassen und schmutzigen Häusern, in denen viel zu viele Menschen auf viel zu engem Raum wohnen (obwohl Ludwig XIV. den allgemeinen Aufschwung der Stadt durch den Erlaß von 1672 zu bremsen versuchte). Dieser Zustand herrschte in Paris allerdings auch schon unter Ludwig XI. »Um diese Hindernisse zu überwinden«, meint ein Historiker, »bräuchten wir nicht mehr und nicht weniger als eine Sintflut, die die ganze Altstadt wegschwemmen würde, so wie es 1666 bei der Feuersbrunst in London oder 1775 beim Erdbeben in Lissabon der Fall war.«

Bequemer ist dagegen eine Fahrt in der Kutsche von Paris nach Versailles und zurück; diese Kutscher werden von klapperdürren, schweißtriefenden Gäulen gezogen, den sogenannten *enragés*. »Versailles ist übrigens die Stadt der Pferde.« Bei ihnen lassen sich »dieselben Merkmale feststellen wie bei den Bewohnern der Stadt: manche sind gut ernährt und dick, gut erzogen ... Andere, mit schmucklosem Zaumzeug, fahren nur Diener oder Provinzler herum ...« Das gleiche Bild bietet sich in Petersburg und London, wo sich die Wege Samuel Pepys (unter Karl II.) tagtäglich an seinen Fahrten mit der Mietkarosse verfolgen lassen. Später leistete er sich den Luxus eines eigenen Wagens.

Die damaligen Probleme des Waren- und Personentransports

lassen sich in ihrer Bedeutung heute kaum mehr ermessen. In allen Städten wimmelt es von Pferdeställen. Der Hufschmied von damals hat etwas vom Tankwart der heutigen Zeit an sich. Dabei darf das Versorgungsproblem (Hafer, Gerste, Stroh und Heu) nicht unterschätzt werden. »Wer in Paris den Duft frischen Heus nicht gerochen hat, der kennt auch nicht den lieblichsten aller Wohlgerüche ... sonst gehe er zweimal in der Woche an die Porte d'Enfer [im Süden der Place Denfert-Rochereau]. Dort warten übervoll beladene Heuwagen auf ihre Käufer. Die Lieferanten der großen Stallungen kommen hierher, um die Qualität zu prüfen; sie reißen eine Handvoll Heu heraus, befühlen, beschnuppern und kauen es — das sind die Mundschenken von Madame la Marquise« —, so Sébastien Mercier 1788.

Die wichtigste Versorgungsstraße ist und bleibt die Seine. Der Brand am 28. April 1718 wurde ausgelöst von einem mit Heu beladenen Schiff, das unter den Brückenbögen des Petit Pont Feuer fing. In London konnte man Heu auf dem Markt kaufen, und zwar direkt vor Whitehall. Im Inflationsjahr 1664 wurde der Wagen Heu zu vier Pfund gehandelt. Auf dem Markt am Augsburger Perlachplatz gab es im Oktober neben Holz und Wild auch Heu zu kaufen. In Nürnberg fuhr ein fahrender Händler mit Stroh für die städtischen Pferdeställe herum.

Wind- und wassergetriebene Maschinen

Im 12. und 13. Jahrhundert setzte im Abendland die erste mechanische Revolution ein. Eigentlich handelt es sich dabei um keine echte Revolution, eher um eine Reihe sukzessiver Verbesserungen im Zusammenhang mit den rasch zunehmenden Wind- und Wassermühlen. Diese ersten »Motoren« verfügten über die zweifellos sehr mäßige Kapazität von 2 bis 5 Pferdestärken je Wasserrad und 5 bis 7 Pferdestärken je Mühlenwindrad. Doch für eine Wirtschaft mit schlechter

Energieversorgung bedeutete dies schon eine beträchtliche Energiesteigerung. Analog zu der industriellen Revolution des 19. Jahrhunderts steigen jetzt auch in Europa die Preise und Löhne (Wilhelm Abel) – eine Tatsache, die gar nicht so selbstverständlich ist.

Das Wasserrad

In früheren Zeiten war die Wassermühle wichtiger als die Windmühle, da sie nicht von den Wind- und Witterungsverhältnissen abhing. Sie war bekannter, auch waren genügend Bäche und Flußläufe vorhanden sowie Wasserbehälter, Ableitungen und Aquädukte, die ein Schaufel- oder Flügelrad in Bewegung setzen konnten. Auch Ebbe und Flut wurden im Orient wie im Okzident ausgenutzt, selbst wenn sie nur geringe Unterschiede aufwiesen. In der Lagune von Venedig begeistert sich 1533 ein französischer Reisender über die einzige Wassermühle auf der Insel Murano, die »vom ab- oder zunehmenden Wasser des Meeres gespeist und bewegt wird«. Die erste Wassermühle war horizontal angelegt wie eine primitive Turbine. Man spricht manchmal von einer »griechischen Mühle«, weil sie im antiken Griechenland erfunden wurde, oder auch von einer »skandinavischen Mühle«, weil sie lange Zeit in Skandinavien bevorzugt wurde. Aber ebensogut könnte man von einer chinesischen, korsischen, brasilianischen, japanischen, färoischen oder mittelasiatischen Mühle sprechen, denn überall dort wurde das Wasserrad senkrecht angebracht – ein Prozeß, der im 18. Jahrhundert, manchmal bis ins 20. Jahrhundert, noch nicht abgeschlossen war – und vermochte so mit eigener Kraft einen Mühlstein langsam zu drehen. Diese noch primitiven Räder gibt es in Böhmen bis ins 15. Jahrhundert, in Rumänien sogar bis zur Mitte des 19. Jahrhunderts. In der Nähe von Berchtesgaden waren Schaufelmühlen dieser Art bis 1920 in Betrieb.

Die Genialität der Erfindung bestand in der Verlegung des Rades von der Horizontalen in die Vertikale; dies war römischen Ingenieuren schon im 1. Jahrhundert v. Chr. gelungen. Die Zahnradbewegung erfolgt in horizontaler Richtung zum Mühlstein, der sich seinerseits fünfmal so schnell dreht wie das Antriebsrad. Diese ersten Ansätze eines mechanischen Vorgangs sind nicht unbedingt primitiv zu nennen. In Barbegal in der Nähe von Arles entdeckten die Archäologen großartige Installationen aus der Römerzeit, unter anderem einen über 10 Kilometer langen Aquädukt mit gelenktem Wasserlauf und 18 aufeinanderfolgenden Rädern, die sich beinahe wie Serienmotoren ausnehmen.

Jedoch gibt es solche modern anmutenden Ausstattungen auch im Römerreich nur vereinzelt; sie wurden einzig und allein zum Malen von Getreide benutzt. Die Zisterzienser verbreiteten sie gleichzeitig mit ihren Schmieden in Frankreich, England und Dänemark. Im Lauf der Jahrhunderte gibt es zwischen Moskau und dem Atlantik kein Dorf mehr ohne Müller und Wasserrad.

Die Verwendungsmöglichkeiten des Wasserrades sind vielseitiger Natur, für Erzstößel, den Schmiedehammer, die riesigen Schlegel der Tuchwalker, die Blasebälge der Schmiede, ebenso für die Pumpen, die Schleifsteine, die Gerber- und Papiermühlen. Im 13. Jahrhundert gesellen sich die mechanischen Sägen dazu, wie einer Skizze des Ingenieurs Villard de Honnecourt zu entnehmen ist (1235).

Trotzdem sind die mechanischen Sägen noch lange kein vertrauter Anblick. Als Barthélemy Joly 1603 über den Jura nach Genf reist, sieht er im Tal der Neyrolles am See von Silan Mühlen, »die das Tannen- und Kiefernholz bearbeiten, das von den Bergen heruntertransportiert wird; mit einem einzigen wassergetriebenen Rad laufen mehrere Bewegungen von oben nach unten und umgekehrt ab; das Holz schiebt sich in dem gleichen Maß vor, in dem sich das Rad dreht, mit einer Präzision wie von Menschenhand ...«

Mit dem ungeheuren Aufschwung des Bergbaus im 15. Jahrhundert werden die besten Mühlen zur Grubenarbeit herangezogen: sie betreiben die Winden, die die Förderwagen hinauf- und hinunterziehen, Maschinen zur Lüftung der Schächte dienen der Wasserversorgung durch Schöpfräder oder Saug- und Druckpumpen; es gibt regelrechte »Führerstände«, an denen Hebelvorrichtungen schon ziemlich komplizierte automatische Vorgänge auslösen, die sich in dieser Form bis zum 18. Jahrhundert unverändert erhalten. Diese Mechanismen sind in *De re metallica* von Georg Agricola (erschienen Basel 1556) zu bewundern, einem Buch, das zugleich alle vorhergehenden Abhandlungen zusammenfaßt. Manchmal werden die Winden noch manuell oder mit einem Pferdekarussell hochgezogen. In den aufgelassenen Salzbergwerken von Wieliczka nahe Krakau sind heute noch riesige Holzbauten mit Zahnrädern erhalten; es fehlen die Salzsteinblöcke am Ende der Seile aus Lindenholzfasern (die das Salz nicht angreift) und die Menschen oder Pferde, die das Ganze in Gang hielten.

Kurios erscheint, daß ziemlich früh schon der Bedarf an Wasserrädern mehr als gedeckt war. Vom 13. Jahrhundert an gab es zum Beispiel in der Umgebung von Rouen, gemessen an den wirtschaftlichen Bedürfnissen, viel zu viele Mühlen. Je nach Konjunkturlage baut der Gutsherr seine Wassermühlen, bessert und beutet sie aus oder gibt sie auf und verpachtet die Wiesen in ihrer Umgebung. Im 18. Jahrhundert setzt ein Konzentrationsprozeß zugunsten der größten Mühlen ein, doch halten sich die Fortschritte des Schaufelrades in Grenzen, trotz mancher Zeichnungen Leonardo da Vincis, die das Gegenteil zu beweisen scheinen. Die Turbine kommt erst gegen Ende des 18. Jahrhunderts auf.

Die Wasserkraft der Flüsse erweist sich, genutzt oder ungenutzt, als ausschlaggebender Faktor. Die »Industriestädte« – und welche Stadt ist dies nicht! – siedeln sich an den Flüssen an, bringen das Wasser unter Kontrolle und nehmen – zu-

mindest in drei oder vier Straßen – den Charakter eines Klein-Venedig an, so zum Beispiel Troyes; Bar-le-Duc besitzt heute noch seine Gerberstraße, in Châlons, der Tuchmacherstadt, führt heute noch der Pont des Cinq Moulins über die Marne, Reims schafft sich dieses Viertel mit dem Lauf der Vesle, Kolmar mit der Ill, Paris mit der Seine oder der Bièvre, an der sich 1667 die königliche Gobelinmanufaktur etabliert. Toulouse mit der Garonne, wo es schon sehr früh und lange Zeit eine kleine »Flotte« von Schiffsmühlen gibt, d. h. Barken mit Rädern in Höhe des Wasserlaufs, ebenso Nürnberg mit der Pegnitz (wo 1900 noch 180 Wasserräder liefen). Der westfälische Arzt Kämpfer, der 1690 auf einer unbedeutenden Insel im Golf von Siam zwischenlandet, veranschaulicht die Wassermenge eines Flußlaufs mit dem Vergleich »genug, um drei Mühlen anzutreiben«.
Nach einer Statistik vom Ende des 18. Jahrhunderts kommen im österreichischen Polen auf 2000 Quadratmeilen und 2 Millionen Einwohner 5243 Wassermühlen (aber nur 12 Windmühlen). Auf den ersten Blick kommt einem diese Zahl ganz beachtlich vor, doch sind im *Domesday Book* 1086 schon 5624 Wassermühlen an der Severn und Trent im Süden Englands angegeben. Man muß nur einmal auf die vielen Räder auf allen Zeichnungen, Gemälden und Stadtplänen achten, um ihre Häufigkeit zu ermessen. Wenn sich in anderen Ländern Wassermühlen und Bevölkerungsdichte ähnlich zueinander verhielten wie in Polen, käme man am Vorabend der industriellen Revolution in Frankreich auf 60 000 und in ganz Europa auf 500 000 bis 600 000 Mühlen.

Die Windmühle

Die Windmühle kommt erst viel später auf als das Wasserrad. Früher nahm man China als ihr Ursprungsland an, wahrscheinlich ist es aber das persische oder tibetanische Hochland. In Persien wurden die Mühlen seit dem 7. Jahrhundert

n. Chr. durch vertikal gesetzte Flügel angetrieben, die an einem Rad befestigt sind, das sich seinerseits in horizontaler Richtung dreht. Die Radbewegung wird auf eine Zentralachse übertragen und setzt den Mühlstein in Gang. Bei diesem einfachen Prinzip steht die Mühle immer in der günstigsten Windrichtung. Ebenfalls vorteilhaft ist die Verbindung der Bewegung der Mühlenflügel mit der des Mühlsteins ohne Zahnradübersetzung. Das Problem einer Kornmühle besteht immer darin, einen horizontal angebrachten Mahlstein anzutreiben, die *mola versatilis*, die das Korn auf einem darunterliegenden unbeweglichen (»schlafenden«) Mahlstein zerreibt. Die Moslems sollen diese Mühlen nach China und ans Mittelmeer gebracht haben. Tarragona, damals an der nördlichen Grenze des arabischen Spanien gelegen, besaß seit dem 10. Jahrhundert solche Windmühlen, deren Bewegungsmechanismus im einzelnen aber unbekannt ist.

Im Unterschied zu China und seinen über Jahrhunderte in horizontaler Richtung drehenden Mühlen verlegt Europa die Antriebsbewegung in die Vertikale, analog der Entwicklung des Wasserrades. Eine in den Augen der Ingenieure geniale Erfindung, denn dadurch potenziert sich die Energie nicht unerheblich. Diese neue Mühle wird für die Länder der christlichen Welt maßgebend.

Die Statuten von Arles registrieren sie erstmals im 12. Jahrhundert, zur gleichen Zeit findet sie sich in England und Flandern. Im 13. Jahrhundert ist sie in ganz Frankreich bekannt, im 15. Jahrhundert in Polen und auf dem Weg über Deutschland auch schon in Moskau. Nebenbei sei vermerkt: Die Kreuzfahrer haben die Windmühlen nicht etwa aus Syrien mitgebracht, sondern sie im Gegenteil dort bekannt gemacht.

In Spanien setzt sich die Windmühle sehr lange nicht durch, und auch dann nur in einigen Gebieten, besonders in der Mancha, so daß also das Entsetzen Don Quichottes bei ihrem Anblick nicht ganz unbegründet ist. Diese Riesenungeheuer sind für ihn große Unbekannte. Das gleiche gilt für Italien. Im *Inferno* von Dante (1319) breitet Satan seine Arme weit aus, *»come un molin che il vento gira«*.

Im Abendland ist die Windmühle den damaligen gesellschaftlichen Verhältnissen voraus; sie findet sich ziemlich regelmäßig am Rand der üblichen gesellschaftlichen Zwänge. Im Unterschied zur Wassermühle, die beinahe immer einem Gutsherrn gehört, hängt die Windmühle allein von ihrem Eigentümer ab, man könnte sagen, sie ist eine »kapitalistische« Einrichtung. Im 17. Jahrhundert zog der Bau von Windmühlen in der Gegend von Neubourg (Normandie) ein ganzes Netz von Trampelpfaden nach sich. Da sich das Mehl schlecht aufbewahren ließ, mußte man das Korn oft in die Mühle tragen, entweder zu Fuß oder auf Eselsrücken, und das geschah natürlich auf dem kürzesten Weg. Aus dieser Zeit stammen die *chemins herbus* oder *chemins verts*, die manchmal sogar befahren werden können.

Eine Windmühle ist bei gleicher Arbeitsleistung sowohl teurer im Unterhalt als auch kostspieliger im Arbeitsergebnis als ihr Artgenosse, was sich allgemein auf die Müllerei auswirkt. Sie wird aber auch für andere Zwecke eingesetzt: in den Niederlanden, dem Land der *wipmolen*, treibt sie vom 15. Jahrhundert an, vor allem aber nach 1600, Schöpfräder an, mit denen Wasser aus den Kanälen geschöpft wird. Damit leistet sie ihren Beitrag zur Bodengewinnung hinter den Deichen und entlang den Seen, die auf früher zu extensiv genutztem Torfmoor entstanden sind. Aber Holland gilt noch aus einem anderen Grund als die Heimat der Windmühlen: Es liegt im Zentrum permanenter Westwinde, die vom Atlantik bis ins Baltikum wehen. Ursprünglich drehte sich jeweils die ganze Mühle um sich selbst (Bockwindmühlen), um die Flügel in die günstigste Windrichtung zu bringen (wie zum Beispiel die *chandeliers* in der Bretagne). Die Mühle ist an einem Mittelbalken »aufgehängt«, wobei ein Orientierungsbalken das Ganze zum Drehen bringt. Da die Flügel ziemlich hoch über dem Boden angebracht sind, wo der Wind stärker weht, befinden sich auch der Zahnradmechanismus und die Mühlsteine oben (deswegen müssen die Kornsäcke hochgezogen werden). Die Flügelachse ist übrigens niemals ganz horizontal ausgerichtet, der Winkel richtet sich je nach Erfahrung und Lage. An den noch erhaltenen Mühlen läßt sich das Schema dieses einfachen Mechanismus noch gut ablesen: die Bewegungsübersetzung, die Bremssysteme, die Möglichkeit, die in der Mitte angebrachten zwei Mühlsteine durch je zwei andere auf jeder Seite zu ersetzen usw.

Ebenso unkompliziert ist aber auch eine *wipmolen* mit vertikaler Bewegungsachse, bei der die Schöpfräder die Rolle von Pumpen haben. Über einen hohlen Zentralmasten wird die Bewegung auf eine Achse übertragen. Wenn eine *wipmolen* gelegentlich als Getreidemühle dienen muß, treten manchmal Schwierigkeiten auf, die aber ohne weiteres zu bewältigen sind.

Ziemlich früh, wahrscheinlich schon im 16. Jahrhundert, erfinden holländische Ingenieure die Turmwindmühle. Der obere, allein bewegliche Teil der Konstruktion genügt, um die Flügel anzutreiben. Schwierig bei diesen Mühlen, die von weitem wie ein Bauernkittel aussehen, ist es, die Bewegung der Windmühlenhaube auf dem feststehenden Teil der Mühle mit Hilfe von Holzkufen oder anderen Rollmechanismen zu erleichtern. Im Innern der Mühle bleiben die Probleme unverändert: die Bewegung der Flügel und der Flügelschaufeln zu dirigieren und unter Kontrolle zu halten, im Trichter das Korn zu überwachen, das langsam durch den oberen, sich drehenden Teil läuft, sowie das grundsätzliche Problem überhaupt, nämlich mit Hilfe von Zahnrädern die vertikale Bewegung der Flügel in die horizontale Bewegung der Mühlsteine zu übersetzen.

Der größte Fortschritt bestand in der Entdeckung, daß ein einziger Antriebsmechanismus, ein einziges Rad — einer Wind- oder Wasssermühle — seine Bewegung auf mehrere

Albert Cuyp (1620–1691): »Ansicht von Dordrecht«; Iveagh Bequest, Kenwood.

Dinge gleichzeitig übertragen konnte: nicht nur auf einen, sondern auf zwei oder drei Mühlsteine, nicht nur auf eine Säge, sondern auf eine Säge und einen Schmiedehammer, nicht nur auf einen Stößel, sondern auf mehrere, wie es zum Beispiel an jenem eigenartigen Modell aus Tirol zu sehen ist, bei dem das Getreide nicht gemahlen, sondern zerstoßen wird, bei dem es natürlich dann auch nicht so fein in der Qualität ist.

Das Segel

Es soll hier nicht das ganze Problem der Segelbespannung der Schiffe aufgerollt werden. Es geht vielmehr um die Kräfte, die dem Menschen durch das Segel als eine der stärksten Energiequellen überhaupt zur Verfügung stehen. An den europäischen Verhältnissen läßt sich die Entwicklung wieder einmal am eindeutigsten erklären.

Um 1600 laufen Handelsschiffe von insgesamt etwa 600 000 bis 700 000 Tonnen. Nach einer in Frankreich 1786/87 aufgestellten zuverlässigen Statistik erreicht diese europäische Flottenstärke kurz vor der Französischen Revolution 3 372 029 Tonnen, d. h. in zweihundert Jahren hat sie sich verfünffacht. Nimmt man durchschnittlich drei Fahrten im Jahr an, ergäbe dies einen Handelsverkehr von insgesamt zehn Millionen Tonnen im Jahr, das ist die heutige Umschlagsziffer eines einzigen großen Hafens.

Aus diesen Zahlen lassen sich aber die Energie der Windmotoren und ihr Verdrängungsvolumen nicht ableiten, wie wir es mit relativer Sicherheit im Fall einer Frachtdampferflotte könnten. Um 1840, als Segel- und Dampfschiff nebeneinander laufen, nimmt man an, daß ein Dampfschiff fünf Segelschiffe ersetzt. Die europäischen Frachtdampferflotten mit 600 000 bis 700 000 Gesamttonnage kommen (ohne Gewähr) auf 150 000 bis 230 000 Pferdestärken, je nachdem, ob man ein Drittel oder ein Viertel einer Pferdestärke für eine Tonne annimmt. Für die entsprechenden Kriegsflotten muß diese Zahl natürlich erheblich höher angesetzt werden. Von hier könnte man dann auf die Gesamtenergie der Segelflotten zurückrechnen.

Holz als tägliche Energiequelle

Die heutigen Energiekalkulationen lassen die Arbeitskapazität der Tiere, die Handarbeit des Menschen und das Holz und seine Abarten völlig unberücksichtigt. Vor dem 18. Jahrhundert aber gehörte das Holz als gängigstes Material zu den wichtigsten Energiequellen. Die europäischen Kulturen vor dem 18. Jahrhundert basieren alle auf Holz und Holzkohle, erst vom 19. Jahrhundert an auf Steinkohle. Das Holz inspirierte die Menschen zur Baukunst, auch zu den Steinkonstruktionen; aus Holz sind die Transportmittel zu Land und zu Wasser und die Werkzeuge gemacht. Das Werkzeug des Zimmermeisters (außer dem Messer), die Webmaschinen, die Spinnräder, die Keltern und die Pumpen sind aus Holz; die meisten Ackerbaugeräte sind hölzern, auch die Pflugschar des räderlosen Pflugs ist meistens aus Holz mit einer zusätzlichen Eisenscheibe.
Am erstaunlichsten sind die Konstruktionen mit komplizierten Verzahnungen, wo alle Holzeinzelteile genau ineinanderpassen müssen (im Deutschen Museum in München sind solche Maschinen zu sehen). Auch die Räderwerke der Kuckucksuhren im 18. Jahrhundert sind aus Holz gefertigt.
Diese vielseitige Verwendungsmöglichkeit des Holzes war früher von ausschlaggebender Bedeutung. Eine der Ursachen für die Stärke und Macht unseres Kontinents lag in seinem gleichmäßigen Waldbestand. Demgegenüber waren die Länder des Islam durch den absoluten Mangel an Holzvorkommen sehr benachteiligt.

Zunächst interessiert vor allem das Brennholz, das für die Heizung von Häusern, in der Industrie und in Eisenbrennereien, zur Glas- und Ziegelherstellung, in den Kokereien, aber auch in den Salinen benötigt wird. Aber auch die anderen Verwendungsmöglichkeiten des Holzes sind von entscheidender Bedeutung, freilich zugleich auch so zahlreich, daß man sie gar nicht alle erwähnen kann.

Die zahlreichen Verwendungsmöglichkeiten des Holzes

Der Wald und seine Vorräte helfen dem Menschen, wenn er sich wärmen will, wenn er ein Haus oder Möbel bauen will, wenn er Werkzeuge, Karren und Schiffe herstellen will.
Für jeden Zweck ist ein anderes Holz nötig: Eiche für den Hausbau, für den Galeerenbau zehnerlei verschiedene Arten, von der Tanne bis zu Nußbaum oder Eiche, für die Laffetten Ulmenholz. Derartige Projekte machten enorme Abholzungen nötig. Auch für die Arsenale ist kein Weg zu lang oder zu beschwerlich; kein Waldstück wird verschont. Balken und Bohlen vom Baltikum und aus Holland gehen im 16. Jahrhundert bis nach Lissabon und Sevilla, ja sogar fertige Schiffe, die zwar ein bißchen plump aussehen, dafür aber billig sind; die Spanier schicken sie auf die Reise nach Amerika, ohne sie überhaupt zurückhaben zu wollen – sogleich nach Löschung der Ladung auf den Antillen verkauft man sie auf Abbruch; diese Schiffe nennt man die »verlorenen Schiffe«, *los navios al través*.
Für die Schiffe eines jeden Landes muß somit ein beträchtlicher Baumbestand abgeholzt werden. Für den Bau der Flotte zur Zeit Colberts wurden die Wälder des gesamten Königreichs systematisch abgegangen. Der Transport der Stämme erfolgte auf dem Wasser, selbst auf so kleinen Flüssen wie dem Adour oder der Charante. Die elsässischen Tannen werden zuerst auf der Meurthe befördert, dann weiter auf dem Landweg bis

Bar-le-Duc, wo die Stämme als Flöße auf der Ornain zusammengebunden werden. Dann gehen sie über die Saulx und die Marne in die Seine. Beim Ankauf von Masten für die Kriegsschiffe ist Frankreich vom Handel mit dem Baltikum ausgeschlossen; dieses beliefert über Riga und Petersburg hauptsächlich England. Dabei kommt Frankreich nicht auf den Gedanken – wie später die Engländer –, die Wälder Kanadas in der Neuen Welt auszubeuten.

Die französische Marine sieht sich also gezwungen, ein zusammengesetztes Mastwerk zu verwenden. Diese künstlichen Masten aus ineinandergefügten Holzstücken, die mit Eisen zusammengehalten werden, sind nicht sehr flexibel und brechen bei zuviel Fahrt. Gegenüber den Engländern verfügen die Schiffe der Franzosen niemals über eine zusätzliche Geschwindigkeitsreserve. Dies sieht man ganz deutlich, als sich im amerikanischen Unabhängigkeitskrieg die Situation umkehrte, als die Liga der Neutralen das Baltikum vor den Engländern schützte; diese mußten auf die zusammengesetzte Bemastung zurückgreifen und verhalfen so ihren Gegnern zum Sieg.

Der Raubbau an den Waldbeständen steht nicht allein und ist, auf die Dauer gesehen, auch noch nicht einmal das Schädlichste. Vor allem die Bauern in den europäischen Ländern schlagen immer wieder Bäume und roden die Flächen, um neues Ackerland zu gewinnen. Der Feind des Waldes ist das Gewohnheitsrecht. Zur Zeit Franz' I. hatte der Wald von Orléans noch 140 000 Morgen, hundert Jahre später nur noch 70 000 Morgen. Diese Angaben sind zwar nicht exakt belegt, sicher aber ist, daß seit dem Ende des Hundertjährigen Krieges, in dem die Feldbestellung vernachlässigt wurde und sich dadurch der Waldbestand vergrößerte, bis zu Ludwig XIV. Rodungen die Waldflächen ungefähr auf das heutige Ausmaß reduzierten. Dafür war jeder Anlaß recht: 1519 legte ein Wirbelsturm, »dem man sehr viel verdankte«, 50 000 bis 60 000 Bäume im Wald von Bleu um, der im Mittelalter das Massiv von Lyons mit den Wäldern von Gisors verband; der Ackerbau sprang in die Bresche, und der Baumbestand wurde nicht mehr aufgeforstet. Bei einem Flug von Warschau nach Krakau kann man heute noch sehen, wie sich die langen Feldstreifen in die Waldflächen hineinschieben. Der Forstbestand Frankreichs regenerierte sich im 16. und 17. Jahrhundert dank einer umsichtigen Gesetzgebung (dem Erlaß von 1573 und den Maßnahmen Colberts) und auch durch einen natürlichen Ausgleich, da der Boden, den man dazugewinnen konnte, nicht fruchtbar genug war.

Es wurde behauptet, daß – vor allem in Amerika – die Waldbrände und die neuen Anbauzonen auf kluger Berechnung beruhten, denn dadurch habe der, der die Schäden anrichtete, einen vorhandenen Reichtum gegen einen noch zu erwerbenden Reichtum getauscht, wobei aber das eine nicht unbedingt wertvoller ist als das andere. Außerdem ist diese Argumentation trügerisch: Waldreichtum hängt immer von der wirtschaftlichen Lage ab, sei es durch die Hirten und ihre Herden, die Kohlenbrenner und Fuhrmänner, all diese freien, wenig seßhaften Leute, die ausbeuten, nutzen und zerstören. Der Wald ist nur etwas wert, wenn man ihn auch nutzt.

Ungeheuer große Waldflächen bleiben bis zum 19. Jahrhundert ungenutzt: die Wälder Finnlands und Skandinaviens, die beinahe ununterbrochene Waldkette zwischen Moskau und Archangelsk, die durch ein dichtes Straßennetz erschlossen ist, die kanadischen und die sibirischen Wälder, die durch die Trapper mit dem europäischen und chinesischen Markt in Verbindung stehen, die tropischen Urwälder Amerikas und der Insulinde, wo keine Pelztiere, dafür aber kostbare Hölzer »gejagt« werden, Blauholz im heutigen Honduras, *pau brasil* (das Brasil mit rötlicher Färbung) im Nordosten Brasiliens, Teakholz im Dekkan, außerdem Sandel- und Rosenholz.

Das Brennholz

Neben all diesen Verwendungsmöglichkeiten werden mit Holz auch die Herde in der Küche geheizt und die auf Feuer angewiesenen Industriezweige versorgt. Im ganzen gesehen anscheinend sehr viele Anzeichen für einen Reichtum, der indes nur scheinbar vorhanden ist.
Denn ein Wald ist nicht einfach eine Ansammlung von Brennholz, vergleichbar mit einer — in damaliger Zeit ohnehin sehr bescheidenen — Kohlengrube. Nach dem Abholzen dauert es zwanzig bis dreißig Jahre, ehe der Bestand nachgewachsen ist. In Wieliczka in Polen mußte man von 1724 an darauf verzichten, die salzhaltigen Wasser der riesigen Bergwerke durch Erhitzung auszubeuten, weil alle Wälder in der Umgebung abgeholzt waren; man begnügte sich nunmehr damit, Steinsalz abzubauen.
Brennholz, ein sehr sperriges Material, muß immer in Reichweite sein. Der Transport lohnt sich nur in einem Umkreis von dreißig Kilometern, sofern er nicht auf dem Wasser- oder Seeweg erfolgt. Im 17. Jahrhundert schwammen die Stämme vom Doubs bis nach Marseille. In Paris kommt das »neue« Holz auf Schiffen an, ab 1549 in Form von Holzflößen aus Morvan (über die Cure und die Yonne), ungefähr zwölf Jahre später auf der Marne und ihren Nebenflüssen erstmals auch aus Lothringen und dem Barrois. Wie diese manchmal bis zu 250 Fuß langen Holzzüge ihren Weg unter den Brücken von Paris durchfinden, setzt die Pariser Gaffer in Verblüffung und Staunen. Seit dem 16. Jahrhundert gelangt Holzkohle aus Sens und dem Wald von Othe in die Hauptstadt.
Zur gleichen Zeit kommen riesige Flöße die polnischen Flüsse in die Ostsee heruntergeschwommen. In China nehmen die Transporte noch gigantischere Ausmaße an; die Stämme auf dem Sze-tchuan sind mit Weidenruten verbunden; die Länge der Flöße hängt vom Reichtum der Kaufleute ab, manche sind eine halbe Meile lang. Über größere Distanzen wird auch das

Meer als Transportweg benutzt. Die »schwarzen Segelschiffe« bringen Holzkohle vom Kap Corse nach Genua. Die Schiffe Istriens und aus Quarnero versorgen Venedig mit Brennholz für den Winter. Kleinasien beliefert Zypern und Ägypten mit Holz. Sogar die schlanken Galeeren liefern nach Ägypten, wo der Mangel an Brennholz beängstigende Formen annimmt.

Trotzdem halten sich solche Versorgungsfahrten in Grenzen, die meisten Städte müssen sich mit dem Vorrat aus der Umgebung begnügen. Der Basler Platter, der 1595 seine Studien in Montpellier beendet, schreibt, daß es in der Nähe der Stadt überhaupt keine Wälder gebe, »der nächste ist der bei der Glasbläserei von Saint-Paul, gut drei Meilen in Richtung Celleneuve. Von dort wird das Brennholz in die Stadt geschafft und nach Gewicht verkauft. Man fragt sich, wo die Leute es hernehmen würden, wenn der Winter einmal länger dauern würde, denn auch wenn man neben dem Kamin sehr friert, braucht er doch viel Holz. Öfen sind hierzulande nicht bekannt; die Bäcker heizen ihre Backöfen mit Rosmarin, Kermeseiche und anderen Zweigen, denn verglichen mit unseren Verhältnissen gibt es hier sehr wenig Holz.« Je weiter man nach Süden kommt, desto deutlicher tritt dieser Mangel in Erscheinung. Der spanische Humanist Antonio de Guevara hat recht, wenn er sagt, das Brennholz in Medina del Campo koste mehr als das Essen. In Ägypten wird in der Not mit dem Stroh des Zuckerrohrs geheizt; in Korfu formt man die Rückstände ausgepreßter Oliven zu Briketts, die dann getrocknet werden.

Dieser ungeheure Bedarf an Brennholz setzt eine umfassende Transportorganisation voraus, für die Flöße den Unterhalt von Wasserstraßen, außerdem ein ausgedehntes Handelsnetz und eine Kontrollinstitution für die Vorräte, für die die Regierungen immer mehr Vorschriften und Verbote erlassen.

Doch auch in den holzreichen Ländern wird Holz von Tag zu Tag rarer. Man müßte zu einer effizienteren Nutzung übergehen, doch weder Glasbläsereien noch Schmieden scheinen gewillt zu sein, ihren Bedarf an Brennmaterial etwas zu rationieren. Sobald der Nachschub von zu weither geliefert werden muß und sich damit verteuert, sucht man die Fabrik zu verlegen, oder aber man reduziert ihre Arbeitszeit. »In Dolgyne in Gallien« wurde zwar 1717 ein Hochofen gebaut, aber erst vier Jahre später in Betrieb genommen, weil man dann »genug Holzkohle für 36½ Wochen Arbeit hatte«. Im Durchschnitt ist so ein Ofen jährlich nur fünfzehn Wochen in Betrieb. Bei dieser anhaltenden unausgeglichenen Versorgungslage ist es nur normal, »wenn die Hochöfen in zwei oder drei Jahren nur ein Jahr oder in fünf, sieben oder zehn Jahren nur ein Jahr funktionieren«. Nach Schätzung von Experten benötigte eine mittelgroße Schmiede vor dem 18. Jahrhundert in zwei Jahren 2000 Hektar Wald! Das macht die Engpässe verständlich, die sich erst mit dem industriellen Aufschwung im 18. Jahrhundert etwas bessern sollten. »Der Holzhandel wird in den Vogesen von allen betrieben: Es geht nur noch darum, wer am meisten Holz fällt, und die Wälder sind in kürzester Zeit völlig abgeholzt.« Diese – in England schon seit dem 16. Jahrhundert latent vorhandene – Krise führt zu der Revolution durch die Steinkohle.

Hand in Hand mit diesen wirtschaftlichen Spannungen geht natürlich der Preis. Sully geht in seinen *Oeconomies royales* so weit zu behaupten, »daß alle lebenswichtigen Güter immer teurer werden und nur das allmählich immer rarer werdende Holz daran Schuld ist!« Nach 1715 nimmt die Teuerung extreme Formen an; »in den letzten zwanzig Jahren des *ancien régime* steigt die Inflationskurve steil an«. In Burgund »gibt es kein Nutzholz mehr«, und »die Armen können sich schon lange kein Holz mehr leisten«.

Auf diesem Sektor ist die Aufstellung einer sicheren Größenordnung außerordentlich schwierig. Doch besitzen wir immerhin drei einigermaßen zuverlässige Statistiken. 1942 mußte Frankreich wieder auf Holzheizung zurückgreifen und verbrauchte 18 Millionen Tonnen Holz, davon 9 Millionen Brennholz. 1830 betrug allein der Brennholzverbrauch 12 Millionen Tonnen! Dieser Konsum eines damals dünner als heute besiedelten Landes rechtfertigt *a posteriori* die ziemlich hohen Zahlenangaben für Paris kurz vor der Französischen Revolution, nämlich 10 000 Fuhren Steinkohle, 700 000 Fuhren Holzkohle (à 40 Kilogramm) und 700 000 Klafter Holz (à 800 Kilogramm). Die Holzmenge allein entspräche, wenn unsere Angaben verbindlich sind, 560 000 Tonnen, das ergäbe 1 Tonne je Kopf der Bevölkerung. Nach dieser für Paris gültigen Rekordziffer ist eine Schätzung des europäischen Konsums insgesamt überflüssig. 1830 wird als unterste Grenze 12 Millionen Tonnen für Frankreich angegeben, das hieße 120 Millionen für Europa (nämlich zehnmal soviel). Diese 120 Millionen Tonnen sind der Ausgangspunkt für die Berechnung der Energie in Pferdestärken, die das Holz liefert. Zwei Tonnen Holz sind soviel wert wie eine Tonne Holzkohle. Nehmen wir an, die Verbrennung von zwei Kilogramm Kohle ergäbe ein PS pro Stunde; nehmen wir außerdem an, daß im Jahr ungefähr 3000 Stunden Energie verbraucht werden, dann beläuft sich die zur Verfügung stehende Energie auf ungefähr 10 Millionen PS. Diese Berechnung, die auch von Fachleuten geprüft wurde, soll nur als ungefährer Anhaltspunkt dienen; zudem ist die Berechnung in PS veraltet und ungenau, die relativ hohen Werte wirken irreführend. Erst 1887 trug – nach ernsthafteren Kalkulationen – die Steinkohle in den USA den Sieg über das Holz davon.

Steinkohle

Kohle ist sowohl in China als auch in Europa als Rohstoff bekannt. In Peking beheizte man die Wohnungen damit (und dies schon seit 4000 Jahren, wie uns Pater De Magaillans versichert), und die Küchen der vornehmen Herrschaften und Mandarine benötigen sie ebenso wie die Bäcker, Schmiede und

Färber. In Europa wird seit dem 11. und 12. Jahrhundert Steinkohle abgebaut, zum Beispiel in den oberirdischen Kohlelagern in England, im Gebiet um Lüttich, an der Saar und in den kleineren Becken des Lyonnais, Forez und des Anjou mit ihren geringeren Vorkommen. Außer für die Hausheizung wird Steinkohle für die Kalköfen und gewisse Arbeitsgänge beim Schmieden verwendet (nicht bei allen, außer es handelt sich um Anthrazit und Koks, wobei letzterer erst gegen Ende des 18. Jahrhunderts aufkommt). Doch ist die Steinkohle schon lange vor diesem Zeitpunkt für die Metallbergwerke aktuell, wo ihr die Holzkohle in den »Hochöfen« und den Hammerwerken weicht, ebenso für die Drahtziehereien, in denen der Eisendraht gezogen wird. Die Steinkohle wird hierfür sogar über ziemlich große Distanzen transportiert.
Der Zoll in Marseille notiert 1543 die Ankunft von wahrscheinlich aus Alès stammender Kohle auf der Rhône. Zur selben Zeit liefert ein bäuerlicher Betrieb mehrere Tonnen Kohle nach La Machine in der Nähe von Decize (man sagte damals auch *poissons* oder Fuhren), die bis nach La Loge, einem kleinen Hafen an der Loire, verladen wurden. Von dort aus werden sie per Schiff bis nach Moulins, Orléans und Tours transportiert. In den Salzbergwerken von Saulnot in der Nähe von Montbéliard wird mit Kohle geheizt. Doch sind all diese Beispiele nicht sehr repräsentativ. An der Ruhr spielt die Kohle auch erst Anfang des 18. Jahrhunderts eine Rolle. Erst in diesen Jahren wird die Kohle von Anzin auch über Dünkirchen hinaus bis nach Brest und La Rochelle geliefert, werden mit Kohle aus dem Boulannais die Wachstuben, die Ziegeleien und Schmieden im Artois und in Flandern geheizt. Im europäischen Maßstab waren nur zwei Lagerstätten einigermaßen ergiebig, das Becken von Lüttich und das von Newcastle. Seit dem 16. Jahrhundert ist Lüttich eine einzige »Waffenfabrik«, eine Stadt mit metallverarbeitender Industrie, wo Kohle bei der Veredelung vonnöten ist. In der ersten Hälfte des 16. Jahrhunderts hat sich die Produktion verdrei-

bis vervierfacht. Seine Neutralität – Lüttich unterliegt allein der Zuständigkeit seines Bischofs – begünstigt Rüstungsaufträge von allen kriegführenden Ländern und Parteien. Auf der Maas wird die schon abgebaute Kohle Richtung Nordsee und Ärmelkanal exportiert. Newcastles Produktion liegt noch höher, was mit der Revolutionierung auf dem Kohlesektor seit 1600 zusammenhängt; dieses Brennmaterial wurde vielfältigst verwendet: bei der Salzgewinnung (bei der Meerwasser durch Hitze zum Verdampfen gebracht wird), bei der Herstellung von Fensterglas, Ziegel- und Backstein, bei der Zuckerraffinierung, der Behandlung von Alaunen, die bisher vom Mittelmeer importiert werden mußten, jetzt aber an der Küste von Yorkshire produziert werden können, ganz zu schweigen von den Backöfen, den unzähligen Heizungssystemen in den Wohnhäusern, die seit Jahrhunderten die Londoner Luft immer mehr verpesten. Mit zunehmender Nachfrage steigt auch die Produktion in Newcastle: 1563/64 waren es jährlich 30 000 Tonnen, 1658/59 500 000 Tonnen, um 1800 rund 2 Millionen Tonnen. Die Mündung des Tyne ist ständig von Kohlefrachtern verstopft, die hauptsächlich zwischen London und Newcastle hin- und herpendeln. Ihre Tonnage beträgt 1786/87 bei sechs Hin- und Rückfahrten im Jahr 348 000 Tonnen. Ein Teil dieser Kohle wird als *sea coal* seit dem 16. Jahrhundert bis nach Malta und weiter verladen.

Sehr früh schon dachte man daran, Kohle ebenso wie Holz in primitiven Köhleröfen zu raffinieren, um dadurch etwas der Holzkohle Vergleichbares für die Herstellung von Eisen zu bekommen. In England ist die Verkokung seit 1627 bekannt. Die erste Verbrennung von Steinkohle (in Derby) läßt sich in die Jahre 1642 bis 1648 datieren. Schon bald wurde Koks anstelle von Stroh und gewöhnlicher Kohle von den Bauern zum Trocknen von Malz verwendet. »Dieser neue Brennstoff macht das Bier von Derby – damals das beste Bier Englands – weiß und mild und nebenbei auch noch berühmt und nimmt ihm den schlechten Geschmack gewöhnlicher Kohle.«

Doch stellt sich die Metallverarbeitung nicht so schnell auf Koks ein. »Mit Hitze reinigt man Kohle von Bitumen und Schwefel«, sagt ein Wirtschaftsfachmann 1754; »damit verliert sie zwei Drittel ihres ursprünglichen Gewichts, doch nur wenig von ihrem Volumen. Sie bleibt eine brennbare Substanz, doch ohne diese unangenehm riechenden Bestandteile.«

Doch diese »Kohlenglut« kommt bei der Metallverarbeitung erst um 1780 richtig zum Zug. Wir kommen auf diese zuerst so wenig einleuchtende Verspätung noch zurück, denn sie ist ein treffendes Beispiel für das passive Verhalten der Gesellschaft gegenüber jeglicher Neuerung, wie es sich noch augenfälliger in China bietet. Es wurde schon erwähnt, daß dort die Wohnungen ebenfalls mit Kohle geheizt wurden, vielleicht schon Jahrtausende vor der christlichen Zeitrechnung, sicher aber seit 500 v. Chr. Heizung mit Steinkohle ermöglichte sehr früh die Herstellung und Verwendung von Gußeisen. Diese ungeheuer früh einsetzende Entwicklung führte aber trotzdem nicht zu einem regelmäßigen Gebrauch von Koks vor dem 13. Jahrhundert jener Epoche, in der die Chinesen ganz allgemein außergewöhnliche Fortschritte machten.

Das mächtige China hätte im 13. Jahrhundert alle Möglichkeiten in der Hand gehabt, eine industrielle Revolution herbeizuführen. Doch es überließ diese Revolution England am Ausgang des 18. Jahrhunderts, und England seinerseits ließ sich ebenfalls sehr viel Zeit, alle die Möglichkeiten in Anspruch zu nehmen, die es immerhin schon lange besaß! Die Technik ist nicht mehr als ein Hilfsmittel — und trotzdem weiß der Mensch sich ihrer nicht immer zu bedienen.

Kommen wir noch einmal auf Europa am Ende des 18. Jahrhunderts zurück. Es läßt sich in bezug auf die Energiequellen im gesamten und über die ihnen zur Verfügung stehenden mechanischen Einrichtungen zweierlei bemerken:
(1) Die verfügbaren Energiequellen lassen sich ohne Schwierigkeiten ihrer Wichtigkeit nach ordnen. An erster Stelle steht die Arbeits- und Zugkraft des Tieres; es gab damals 14 Millionen Pferde und 24 Millionen Ochsen, wobei für jedes Tier 1/4 PS angenommen werden kann; damit ergibt sich grob geschätzt eine PS-Leistung von 10 Millionen. An zweiter Stelle steht das Holz, das rund 10 Millionen PS entspricht, dann folgen die Wasserräder mit 1 bis 3 Millionen; am Schluß stehen die Segel mit höchstens 233 000 PS (die Kriegsflotten nicht mitgerechnet). Wir sind also weit entfernt von der gegenwärtigen Energiebilanz; doch stand dies von Anfang an fest und ist innerhalb dieser Kalkulation nicht weiter interessant. Dabei sind allerdings weder Windmühlen noch Flußschiffahrt noch Holz- und Steinkohle berücksichtigt. Wichtig ist vor allem, daß die Zugtiere und das Brennholz an der Spitze liegen. Denn damit ist bewiesen, daß die Wirtschaft nicht auf ihre veralteten, wenig flexiblen Arbeitsmethoden verzichtet hat, die für die Entwicklung maschineller Energie hinderlicher waren als der allgemeine Rückstand der Erfindungen. Es gibt zwar schon viele Maschinen, doch sind sie selten in vollem Einsatz. Maschinenkraft erfordert große Energiequellen; diese aber werden erst nach dem 18. Jahrhundert erschlossen.
(2) Doch der industriellen Revolution ging ein Vorbereitungsstadium voraus. Die Zuggespanne, das Brennholz, mehr noch die primitiven Antriebsmechanismen mit Wind- und Wasserkraft sowie die Potenzierung der menschlichen Arbeitskraft tragen zwischen dem 15. und 18. Jahrhundert zu einem gewissen Wachstum bei, zu einer langsamen Zunahme der Kräfte, der Energie und der praktischen Vernunft. Auf diesen

frühen Ansätzen basiert ein ab 1730/40 immer mehr spürbarer werdender Fortschritt. So kam es, oft kaum wahrnehmbar oder unbewußt, zu einer vorindustriellen Revolution, zu einer wahren Eskalation von Erfindungen, die zum Teil spektakulär waren, zum Teil mit der Lupe gesucht werden mußten: verschiedene Zahnräder, Winden, Getriebeketten, das geniale System der Handkurbel, das jede Bewegung übertragende Lenkrad, die Walzmaschine, die immer komplizierteren Arbeitsmethoden in den Bergwerken, außerdem viele andere Erfindungen wie Stricke, Bänder und chemische Produkte. In der zweiten Hälfte des 18. Jahrhunderts wurde erstmals versucht, die Drehbank, den Bohrer und die Bohrmaschine — Werkzeuge, die es schon lange gab — industriell einzusetzen. In dieser Zeit kündigt sich auch die Automatisierung der Weber- und Spinnerarbeit an, die ausschlaggebenden Anteil hatte an dem Aufstieg der englischen Wirtschaft. Um jedoch diese geplanten oder schon gebauten Maschinen voll ausnutzen zu können, fehlte nur noch ein gewisses Quantum an Energie, das aber leicht hätte mobilisiert werden können.

Als die Dampfmaschine erfunden worden war, ging plötzlich alles wie von selbst. Dabei muß aber berücksichtigt werden, daß diese Entwicklung schon vorbereitet und vorher ermöglicht worden war. Dem Historiker Pierre Léon zufolge kam es zuerst zur Evolution, d. h. einem langsamen Anstieg, dann zur Revolution, d. h. einer rapiden Beschleunigung — aber das sind zwei Strömungen, die voneinander abhängen.

Zweites Kapitel

Das Eisen: Ein Außenseiter

Das Attribut »Aussenseiter« hätten die Menschen damals nicht ernst genommen und auch nicht geglaubt. Was hätte Buffon dazu gesagt, Schmiedemeister in Montbard? Uns Menschen des 20. Jahrhunderts kommt diese nahe und doch so ferne Epoche in dieser Beziehung erstaunlich ärmlich vor.
Die Eisenverarbeitung basierte zu jener Zeit auf den gleichen Verfahren wie heute – Hochöfen und Hammer –, nur wird heute ungleich mehr produziert. Ein Hochofen verbrennt heute in 24 Stunden drei ganze Koks- und Erzzüge, im 18. Jahrhundert funktioniert selbst das beste Modell nur zeitenweise: Zusammen mit einer Metallraffinerie produziert ein solcher Ofen kaum mehr als 100 bis 150 Tonnen Eisen im Jahr. Heute wird in der Produktion mit Tausenden von Tonnen gerechnet, vor zweihundert Jahren sprach man von *cents peasants,* das sind heute 50 Kilogramm. So ändert sich der Maßstab von Generation zu Generation und von Kultur zu Kultur. Morgan schrieb 1877: »Als Eisen der wichtigste Rohstoff geworden war, war dies das Ereignis der Ereignisse in der Entwicklung der Menschheit.« Stefan Kurowski, ein junger polnischer Wirtschaftler, vertritt in seinem 1961 erschienenen Buch die Meinung, alle Schwankungen des Wirtschaftslebens ließen sich an der bevorzugten Stellung der metallverarbeitenden Industrie ablesen, die Ausgangs- und Endpunkt zugleich ist.
Am Anfang des 19. Jahrhunderts war »das Ereignis der Er-

eignisse« noch nicht eingetreten. Im Jahr 1800 belief sich die Eisenproduktion der ganzen Welt – einschließlich Gußeisen, Schmiedeeisen und Stahl – auf nur 2 Millionen Tonnen, und diese Angabe ist wohl immer noch zu hoch angesetzt. In der Wirtschaft dominieren damals Produktion und Export von Textilien – schließlich brachte Baumwolle die industrielle englische Revolution ins Rollen –, nicht das Eisen.

Die Metallverarbeitung bleibt weiterhin bei ihren traditionellen, veralteten Methoden. Sie ist von allen Industriezweigen am meisten an die natürlichen Reserven gebunden, an die glücklicherweise reichen Erzvorkommen, den trotz allem nicht ausreichenden Reichtum des Waldes und an die Wasserläufe. Im 16. Jahrhundert stellen Bauern aus Schweden Eisen her, aber nur in der Zeit der Schneeschmelze, wenn die Flüsse viel Wasser führen; sobald der Wasserstand zurückgeht, setzen sie aus. Außerdem gibt es nur wenige oder überhaupt keine Facharbeiter; meist sind es – im Elsaß ebenso wie im Ural – nur einfache Bauern. Es gibt auch keine Unternehmer im modernen Sinn. Dagegen gibt es in Europa unzählige Schmiedemeister, vor allem Grundbesitzer, die sich bezüglich ihrer Eisenfabrikation ganz auf ihre Verwalter oder die Bauern verlassen. Als letzter Nachteil sei angeführt, daß auch die Aufträge nur unregelmäßig einlaufen – die Produktion ist abhängig von den Rüstungsaufträgen.

Die Zeitgenossen konnten diese Umstände natürlich nicht unter diesem Blickwinkel sehen. Sie waren der Ansicht, Eisen sei das nützlichste Metall überhaupt; konnte sich davon doch jeder in einer Schmiede (zumindest einer Dorf- oder Hufschmiede), vor einem Hochofen, einem Glühofen oder in einer Metallraffinerie überzeugen. In der Regel beschränkt sich die Produktion auf die rein lokalen Bedürfnisse. Im 17. Jahrhundert bekommt Amiens seinen Eisenbedarf aus dem weniger als hundert Kilometer entfernten Thiérache geliefert, um ihn im Umkreis von fünfzig bis hundert Kilometern weiterzuverkaufen. Aus dem 16. Jahrhundert besitzen wir das Geschäftsbuch eines Kaufmanns aus der kleinen Stadt Judenburg in der Obersteiermark, der Eisen, Stahl und die Metallverarbeitungsprodukte der Schmiede aus der Umgebung und aus Leoben weitervertreibt. Man kann die Käufe und Verkäufe eines jeden Tages kontrollieren, ebenso den Transportpreis, und dabei auch schon Qualitätsunterschiede kennenlernen: Roheisen, Stangeneisen, verschiedene Stahlsorten, Eisendraht (wobei »deutsch« »dick« und »welsch« »fein« bedeutet), Nadeln, Nägel, Scheren, Pfannen und sonstige Blechgegenstände. Alle Produkte werden aber nicht sehr weit verschickt; der Stahl, der ziemlich teuer ist, geht nicht einmal über die Alpen nach Venedig. Die Eisenprodukte lassen sich überhaupt nicht mit den Textilien vergleichen, die überallhin exportiert werden. Ausgenommen sind natürlich Luxusartikel wie Damaszenerklingen aus Toledo, Waffen aus Brescia oder, um auf unseren Kaufmann zurückzukommen, Armbrüste für die Jagd, die Antwerpen in Auftrag gab. Das Exportgeschäft in der Metallproduktion (im 16. Jahrhundert von Kantabrien, im 17. Jahrhundert von Schweden und im 18. Jahrhundert von Deutschland aus) nutzt zwar die Flußläufe und das Meer, hält sich aber trotzdem, wie wir noch sehen werden, in bescheidenen Grenzen.

Vor dem 19. Jahrhundert spielt also das Eisen in Europa (mehr noch außerhalb des Kontinents) nicht die Rolle, daß es Produktion und Bedarf der materiellen Zivilisation maßgebend beeinflussen könnte. Wir stehen kurz vor der ersten Stahlschmelze (1740), vor der Erfindung des Puddelns (1784) sowie der Verbreitung des Verkokungsprozesses und damit vor einer langen Reihe berühmter Namen und Verfahren wie Bessemer, Siemens, Martin, Thomas ..., die aber auf einem anderen Stern zu leben scheinen.

Die frühe Metallgewinnung

Die Eisenverarbeitung – eine Entdeckung der Alten Welt – kam im 15. Jahrhundert v. Chr. wahrscheinlich im Kaukasus auf. Alle Kulturen der Alten Welt haben dieses Handwerk früher oder später auf irgendeine Weise kennengelernt und erlernt. Dabei fällt zweierlei auf: Die frühe Entwicklung in China, sozusagen doppelt rätselhaft in ihrer Frühreife einerseits, ihrer Stagnation nach dem 13. Jahrhundert andererseits, und die späte, doch entscheidende Entwicklung in Europa, die es zur industriellen Revolution führen sollte.

China darf für sich das unbestrittene Privileg in Anspruch nehmen, die Entwicklung zuerst erkannt zu haben; vielleicht schon im 5. Jahrhundert, sicher aber seit dem 1. Jahrhundert v. Chr. kannte man dort Gußeisen, Kohleheizung und im 13. Jahrhundert wahrscheinlich auch den Erzguß mit Hilfe von Koks. In Europa wurde Gußeisen in flüssigem Zustand nicht vor dem 14. Jahrhundert gewonnen; Gußmethoden mit Koks kannte man vielleicht im 17. Jahrhundert, sicher aber erst nach 1780.

Diese Entwicklung birgt ein Problem. Steinkohle ließ sich wahrscheinlich ziemlich stark erhitzen, die verwendeten Erze mit ihrem hohen Phosphorgehalt schmelzen schon bei relativ niedrigen Temperaturen. Mit Preßkolben, die von Schaufelrädern angetrieben wurden, wird ein ständiger Luftzug erzeugt, d. h. im Innern des Ofens kommt es zu hohen Temperaturen. Demnach mußten die Chinesen bei ihrem Verfahren mit den gleichen Problemen wie anderswo fertig werden: mit dem Waschen, Zerstampfen, Erzrösten, dem Ausschmieden des glühenden Eisens (um es von Unreinheiten zu befreien) und dem Raffinieren, um Stahl zu gewinnen.

Doch mit dem chinesischen Schmelzsystem ist eine zweifache Art der Verarbeitung gegeben: Nach hochgradiger Entkohlung entsteht Eisen oder – wenn man die Entkohlung auf halbem Wege stoppt – Stahl (wahrscheinlich kam diese Art von Entkohlung durch Zufuhr eines kalten Luftzugs im Verlauf des Schmelzverfahrens zustande). Andererseits gibt auch die Mischung von Eisen und Schmelzguß der Masse einen höheren Kohlegehalt als Eisen allein und einen niedrigeren als beim Schmelzguß – also wieder eine Art Stahl. Die Chinesen erfanden auch ein Schweißverfahren zwischen weichem Stahl und Flußstahl, wodurch eine hervorragende Metallqualität für die Herstellung von Säbeln erreicht wurde, die so geschätzt waren, daß sie bis nach Japan, Indien und in die Länder des Islam vordrangen. Ali Mazaheri behauptet in einem kürzlich veröffentlichten Artikel über die chinesischen Säbel, daß die berühmte Durandarte Rolands nicht mehr als eine Nachahmung sei, die wir wieder der Vermittlung des Islam zu danken haben.

Nach all diesen Errungenschaften und der damit verbundenen Vorrangstellung Chinas erfolgt vom 13. Jahrhundert an eine völlige Stagnation auf allen Gebieten. Der Guß auf Koksbasis – falls er überhaupt schon bekannt war – wird nicht weiterentwickelt. Dieser eigenartige Umstand läßt sich schwer erklären, wie auch Chinas allgemeine Entwicklung die gleichen, noch kaum gelösten Probleme stellt. In Europa geht ein erster zögernder Ansatz 1780 von England aus. Damit ist unter eine lange Entwicklung der Schlußstrich gezogen, eine Entwicklung, die nicht übersehen werden darf, um so mehr als ihre Anfänge auch das Stadium der übrigen Völker der Alten Welt beleuchten, denen weder die spektakulären Erfolge Chinas noch der schließliche Sieg Europas beschieden sein sollten.

Die Anfänge der mittelalterlichen Metallverarbeitung lassen sich besonders gut im Siegtal oder an der Saar, aber auch im Gebiet zwischen Seine und Yonne verfolgen. Eisenerz gibt es beinahe überall, Eisen dagegen ist selten, vor allem das reine Meteoreisen, das seit der La Tène-Zeit in Europa bearbeitet wird. Nach dem Stoßen, Waschen und Rösten wird in einem Ofen abwechselnd Erz und Holzkohle aufgeschichtet. Im

Wald von Othe zwischen Seine und Yonne fand man bei Ausgrabungen ganz primitive ungemauerte Öfen, sogenannte »Gebläseöfen«. Nach zwei oder drei Tagen erschmolz man sogenannten Eisenschwamm mit viel Schlacke, die nun in den Handschmieden wiederholt ausgeschmiedet und zusammengeschweißt wurden.

Bald gab es ummauerte, aber noch nicht geschlossene Öfen, für die aber die natürliche Entlüftung, wie zum Beispiel bei einem Kamin, nicht mehr ausreichte. Der Ofen von Landenthal im Saargebiet, den Grabungen freilegten und der um 1000 bis 1100 in Betrieb gewesen sein muß, hat Tonränder, ist 1,5 Meter hoch, mit einem Durchmesser von 0,65 Zentimetern an der breitesten Stelle (er ist konisch) und verfügt über zwei Blasebalge. Beinahe genauso sehen die meisten Öfen in Korsika, Katalanien und der Normandie aus (letztere wurden für die Bearbeitung des Schwedenerzes, des *ossmurd,* verwendet). Der Ofen war ummauert, aber oben offen, mit nur mittelmäßigen Blasebalgen ausgestattet und von insgesamt schwacher Leistung. Eine Größenangabe verdeutlicht dies: Erz mit 72 Prozent Eisen ergibt 15 Prozent Metallmasse. Dies gilt auch nach dem 11. Jahrhundert für die primitiven bäuerlichen Metallverarbeitungsstätten und für die der unterentwickelten Völker der Alten Welt. Pater Labat beschreibt eine Schmiede in Guinea um 1720: »Immer arbeiten mindestens drei an der Werkstätte. Einer bläst das Feuer an, wofür er einen in der Mitte geteilten Ziegenbalg benutzt. Sie erhitzen das Material mit allen möglichen Holzsorten, doch gewinnen sie niemals Kohle. Die beiden anderen sitzen sich gegenüber, zwischen ihnen steht der Amboß, auf dem sie mit gleichgültiger Miene das Material bearbeiten.«

Fortschritte zwischen dem 11. und 15. Jahrhundert: Steiermark und die Alpengebiete

Das Wasserrad löst in Europa im 11. und 12. Jahrhundert entscheidende Neuerungen aus, die sich langsam, aber sicher in allen wichtigen Produktionsgebieten durchsetzen. Die Schmiedewerkstätten, die früher vorzugsweise im Wald zu finden waren, verlegten ihren Arbeitsplatz nun an die Flußufer, um dort mit Wasserkraft riesige Blasebalge, Erzstößel und Schmiedehämmer zu betreiben. Am Ende des 14. Jahrhunderts setzt sich auch der Hochofen durch, zuerst in Deutschland und in Holland, dann in Ostfrankreich in der Marnegegend, während im Poitou, der unteren Maine und in Westfrankreich die Handschmieden in den Wäldern sich noch bis zum 16. Jahrhundert halten.
Die Steiermark bietet sich als treffendes Beispiel damaligen Fortschritts an: Im 13. Jahrhundert kommt das »Rennfeuer« auf (ein gemauerter Ofen mit Handblasebalg), im 14. Jahrhundert der höher gebaute »Stückofen« (Blashochofen) mit hydraulischem Gebläse, Ausgang des 14. Jahrhunderts schließlich der dem Stückofen ähnliche Hochofen, der noch höher und mit einem Vorherd versehen ist, das sogenannte »Blähhaus« (die Bezeichnung entstammt einem Dokument von 1389). Wichtig ist, daß mit riesigen, wasserbetriebenen Gebläsen aus Leder und mit den Seelen des Hochofens erstmals ein richtiger Schmelzvorgang zustande kommt. Die Erfindung des Eisenschmelzens geht somit auf das 14. Jahrhundert zurück. Seitdem ist es möglich, auf der allen Methoden gemeinsamen Grundlage des Schmelzens nach Belieben Eisen (durch hochgradige Entkohlung) oder Stahl (durch abgebrochene Entkohlung) zu gewinnen. In der Steiermark wird hauptsächlich Stahl produziert.
Aber meist kommt man mit den frühen Methoden der Metallverarbeitung nicht über die Gewinnung von »gestähltem Eisen« anstelle von Stahl hinaus.

Indessen trennte sich der Hochofen von der Schmiede; diese stand von nun an gesondert, denn die Fabrik verbrauchte sonst zu viel Brennmaterial und war in der Versorgung behindert.

Eine Skizze von 1613 aus dem Oberösterreichischen Landesarchiv zeigt ein von der Schmiede losgelöstes Blähhaus; die Schmiede verfügt über einen großen, mit Wasserkraft betriebenen Aufwerfhammer; ein riesiger Eichenbalken bildet die Verlängerung. Die Eisenmasse am vorderen Ende kann 500 bis 600 Pfund schwer sein, sie wird hochgehoben und fällt anschließend auf den Amboß herunter. Solche Schlagkraft ist notwendig für die Bearbeitung des Rohmetalls, das von nun an in großen Mengen produziert wird. Die weitere Bearbeitung des Eisens erfolgt mit besonders kleinen, sogenannten italienischen Hämmern; wahrscheinlich stammen sie aus Brescia, der Stadt der Eisenindustrie, und kamen auf dem Umweg über die Handwerker in Friaul über die Alpen.

Ein anderes Beispiel, das den Fortschritt auf diesem Sektor illustriert, führt uns in die Alpen zu den Kartäusern, die mit ihren Erfolgen in der Metallverarbeitung wegweisend waren. Seit dem 12. Jahrhundert haben sie sich in den Alpen, der Steiermark, der Lombardei, in Kärnten und in Piemont niedergelassen und waren aufs engste an der Entwicklung der modernen Eisenindustrie beteiligt. In Allevard in der Dauphiné sollen sie im 12. Jahrhundert das Schmelzen erfunden haben, auf jeden Fall wesentlich früher als in der Steiermark oder anderswo, und zwar aufgrund der frühzeitigen Verwendung eines starken Entlüftungssystems mit Hilfe riesiger Wassergußlöcher, die sogar einen reißenden Bergbach auffangen könnten. Tiroler Handwerker stellten von 1172 an sogenannten »deutschen Stahl« her, und zwar mittels einer Raffiniermethode der erschmolzenen Masse auf der Basis von Holzkohle und Abfalleisen. All diese Jahreszahlen können durchaus richtig sein.

Jedes Industriezentrum machte seine spezifischen Erfahrun-

gen mit den Veredelungsmethoden, mit den Käufern und der Auswahl zwischen den verschiedenen Produkten. Die verschiedenen Techniken — mögen sie auch aus noch so entfernten Gegenden stammen — werden Allgemeingut, und sei es auch nur durch Arbeiter, die öfter ihre Arbeitsplätze wechseln. Als unwesentliches Detail sei vermerkt, daß um 1450 zwei »aus Lüttich gebürtige Handwerker auf dem Avelon nahe Senlis ein Baugelände erwerben« für den Bau eines Wasserfalls und einer Schmelz- oder Eisenfabrik.
Alle Hochöfen werden über kurz oder lang zu Dauerbrennern; nach jedem Guß wird der Ofen wieder mit Erz- und Holzkohle aufgeschüttet. Die Arbeit wird jetzt nur noch für Reparaturen oder Nachschub unterbrochen, und auch dies in immer längeren Abständen. Außerdem baut man die Hochöfen jetzt größer: Zwischen 1500 und 1700 verdoppeln sie ihre Kapazität; sie fassen bis zu 4,5 Kubikmeter und liefern täglich zwei Tonnen Schmelzguß. Auch wird es üblich, das Eisen nochmals in den Schmelzguß zu tauchen, um einen höheren Gehalt an Kohlenstoff zu erzielen.

Industrielle Gruppierungen

Mit den häufigen Kriegen steigt auch die Nachfrage nach Harnischen, Schwertern, Piken, Büchsen, Kanonen und Kugeln. Die Einschmelzung ist zwar etwas schwierig, aber aus Eisen oder Gußeisen lassen sich Kochgeräte, Wasserkessel, Töpfe, Pfannen, Feuerböcke, Grills, Kaminplatten, Pflugschar und allerlei schmiedeeiserne Gegenstände anfertigen. Diese vielfältigen Aufträge setzen bestimmte industrielle Konzentrationsbestrebungen voraus, die allerdings noch nicht sehr weit gedeihen konnten, denn die Transportmittel, das Brennmaterial, die Nahrungsmittelversorgung sowie der stoßweise Produktionsrhythmus erlauben keine allzu großen Massierungen.
Ende des 15. Jahrhunderts gibt es in Brescia ungefähr 200

Waffenfabriken, sogenannte *botteghe,* Meisterwerkstätten mit drei oder vier Arbeitern. In einem Text ist von 60 000 Metallarbeitern die Rede, einer wohl übertriebenen Angabe, obgleich man einkalkulieren muß, wieviel Arbeiter an den Öfen *(forni),* den Schmieden *(fucine),* den Wasserrädern *(mole)* arbeiten, ferner alle die in der Erzgewinnung tätigen Schachtmeister und Grubenarbeiter und die Transportarbeiter berücksichtigen muß, d. h. all jene, die im Umkreis von 20 oder 30 Kilometern um die Stadt mitarbeiten.

Ähnliche Verhältnisse herrschen im 16. Jahrhundert in Lyon, dem Sammelpunkt für alle Produkte der kleinen eisenschaffenden Industrie im Umkreis von hundert Kilometern. In Saint-Étienne sind es folgende Produkte (der Bedeutung nach): Eisenwaren, Büchsen, Hellebarden, Schwerter und Dolche; in Saint-Chamond ebenfalls Eisenwaren, Büchsen, Ringe und Haken, Sporne, Feilspäne, Mahlgeräte oder Werkzeuge zum Seidenfärben wie Kupferbecken und sogenannte »Mühlenspindeln«. Die zweitwichtigsten Zentren Saint-Paul-en-Jarez, Saint-Martin, Saint-Romain, Saint-Didier stellen Nägel her. In Terre-Noire werden Eisenwaren hergestellt, in Saint-Symphories Eisentöpfe, in Saint-André Ackerbaugeräte, Spaten und Eisenteile für die Pflüge. Etwas abseits davon produziert Viverols Maultierglocken (vielleicht ist hier der Ursprung für diese Glöckchen zu suchen, die die italienischen Kaufleute in Lyon exportierten); Bounelle-Château machte sich einen Namen mit der Fabrikation von Scherwerkzeugen.

Die Handwerker, so zum Beispiel die Nagelschmiede, brachten ihre Waren selber in die Stadt und nahmen bei dieser Gelegenheit Kohle mit, ein Beweis dafür, daß dieser Industriezweig auf Kohle angewiesen war und in Lyon die Wohnungen geheizt wurden (auch die Kalköfen im Stadtviertel Vaise); ebenso dafür, daß sich das Endprodukt der Metallverarbeitung besser oder zumindest nicht so schlecht verkauft wie das Rohprodukt.

Ob es sich um die Eisenwarenindustrie und ihre vielfältigen Erzeugnisse in und um Nürnberg, um die Eisenverarbeitung im 16. Jahrhundert in Schweden, um die Zunahme der Industrieanlagen im Ural im 18. Jahrhundert oder um Details der Industrie in der Biskaya oder um Lüttich herum handelt: Überall findet man bestätigt, daß es sich nur um durchschnittliche Produktionseinheiten mit relativ großer Streuung und mit Transportschwierigkeiten handelt. Eine gewisse Konzentration ergibt sich nur in der Nähe von Flüssen oder Seen wie am Rhein, an der Adria, an der Maas, im Ural oder in der Biskaya. Bei letzterer erklärt sich die frühzeitige Existenz einer bedeutenden Eisenindustrie aus der Nähe zum Atlantik, zu den Bergen mit ihren reißenden Bergbächen, zu den Buchenwäldern und nicht zuletzt natürlich zu den reichen Lagerstätten. »Bis zum Anfang des 18. Jahrhunderts verkauft Spanien Eisen nach England, und die Engländer panzern die Schiffe, die gegen die spanische Flotte kämpfen, mit spanischem Eisen.«
Wir sagten bereits, daß die für 1800 angegebene Ziffer von 2 Millionen Tonnen Weltproduktion etwas hoch angesetzt ist. John Nef schätzt die Produktion Europas 1525 auf rund 100 000 Tonnen. Um diese Zeit beträgt der Anteil der Biskaya und Guipuzcoas etwa 15 000 Tonnen, der Steiermark und Lüttichs je 8000 bis 9000 Tonnen (diese Zahl stammt von 1569), Frankreichs 10 000 Tonnen, Deutschlands 30 000 Tonnen und Englands etwa 6000 Tonnen (zwischen 1536 und 1539). Die englische Produktion nimmt im 16. und zu Anfang des 17. Jahrhunderts stark zu; um 1640, d. h. kurz vor den Bürgerkriegen, steigt sie bis auf 75 000 Tonnen. Doch kann dieser Rekord nicht lange gehalten werden; erst um 1756 werden wieder ähnliche hohe Produktionsziffern erreicht. 1700 beträgt die Produktion Europas einschließlich Rußlands zwischen 145 000 und 180 000 Tonnen. Im 18. Jahrhundert, nach 1780, gelingt vor allem Europa der Durchbruch nach vorn. Um 1830 ist diese Aufwärtsentwick-

lung jedoch bereits wieder zu Ende. Doch dazwischen liegen sensationelle Zahlen: 1788 produziert England 68 000 Tonnen Gußeisen, 1796 bereits 125 400 Tonnen, 1806 250 000 Tonnen und 1840 678 000 Tonnen: Die industrielle Revolution hat begonnen. Vorher spielte das Eisen nur eine untergeordnete Rolle, weil seine Bedeutung unterschätzt wurde.

Die übrigen Metalle

Als Historiker stellen wir in der Regel Massenproduktion und Massengüter an die erste Stelle: nicht die Gewürze, wohl aber Zucker und Getreide, nicht die seltenen Edelmetalle, sondern das ganz gewöhnliche Eisen. Dieser Blickwinkel ist richtig in bezug auf die seltenen Metalle mit begrenzter Verwendungsmöglichkeit wie Antimon, Zinn, Blei und Zink (letzteres kam erst Ende des 18. Jahrhunderts in Gebrauch). Aber Gold und Silber als die Edelmetalle schlechthin fallen nicht in diese Kategorie. Bei ihnen kam es immer wieder zu Spekulationen, die beim Eisen nicht nötig waren. Wegen des Silbers wurde alles aufgeboten, wie man aus dem Buch von Agricola ersehen kann oder aus dem beeindruckenden Aufriß der Gruben und Schächte von Sainte-Marie-aux-Mines in den Vogesen. Das Silber war der unmittelbare Anlaß dafür, daß die Lagerstätten des kostbaren Quecksilbers in Almaden in Spanien ausgebaut wurden (das Amalgamieren macht aus Silber im 15. und vor allem im 16. Jahrhundert ein Metall, das herstellbar ist). Allein auf das Silber sind die Fortschritte im Bergbau, wie die Einrichtung von Schächten, Wasserabschöpfung und Belüftungssysteme, zurückzuführen.
Man könnte auch behaupten, daß Kupfer damals eine dem Eisen übergeordnete ähnliche Rolle spielt wie das Silber. Bronzegeschütze sind der Stolz jeder Artillerie. Kupferbeschläge am Schiffsrumpf werden im 18. Jahrhundert immer mehr üblich. Ein zweifacher Schmelzprozeß des Kupfers mit

Hilfe des Bleiverfahrens löste das Silber aus dem Erz (vom 15. Jahrhundert an üblich). Außerdem war es leicht zu verarbeiten – ein Reverberierofen kann täglich bis zu dreißig Tonnen Kupfer liefern – und wurde zudem begünstigt von den ersten Ansätzen eines Frühkapitalismus. Diese wirtschaftlichen Hintergründe erklären den Boom der Kupferminen von Mansfeld in Sachsen im 16. Jahrhundert, des schwedischen Kupfers im 17. Jahrhundert sowie auch die damalige Spekulation mit Kupfer aus Japan, über das schließlich die Holländisch-Ostindische Kompanie das Monopol besaß. Jacques Coeur, mehr aber noch die Fugger, waren die absoluten Kupferkönige der damaligen Zeit.

Sechster Teil

DIE AUSBREITUNG DER TECHNIK: REVOLUTION UND BEHARRUNG

Bei der, wie gesagt, sehr schwerfälligen Entwicklung der technischen Grundvoraussetzungen können sich Erfindungen und Neuerungen nur mühsam und ebenso langsam durchsetzen. Die Artillerie, die Buchdruckerkunst und die Hochseeschiffahrt sind die revolutionären technischen Einschnitte zwischen dem 15. und 18. Jahrhundert. Nur die zuletzt genannte bewirkt eine leichte Störung des Gleichgewichts der Welt. Im allgemeinen finden alle Erfindungen allgemeine Verbreitung, die arabischen Zahlen ebenso wie das Schießpulver, der Kompaß, das Papier, die Seidenraupe oder die Buchdruckerkunst. Keine bleibt auf eine Gruppe, einen Staat oder eine Kultur beschränkt — es sei denn, ein Volk wußte wirklich nichts damit anzufangen. Im eigenen Land sickern die Erfindungen so langsam durch, daß der Nachbar Zeit genug hat, sich zu informieren. Im Abendland kann man zum erstenmal bei Crécy von einer Artillerie sprechen, eher noch bei Calais (1347). Ein wichtiger Faktor in der europäischen Kriegführung wird sie erst mit den Feldzügen Karls VII. nach Italien im September 1494 — nach hundertfünfzig Jahren der Vorbereitung, der Versuche, der Diskussion. Auf einigen Gebieten stagnierte die Entwicklung ganz besonders auffällig: So haben sich zum Beispiel im Zeitalter des Kolumbus die Transportschwierigkeiten noch nicht wesentlich verbessert.

ERSTES KAPITEL

DREI GROSSE ERFINDUNGEN

Der Ursprung des Schießpulvers

EIN EUROPÄISCH-ABENDLÄNDISCH zu nennender Nationalismus verführt die Wissenschaftler immer wieder dazu, die Anleihen der Europäer bei den Chinesen entweder ganz zu verleugnen oder zumindest abzuschwächen. Trotz der Behauptungen Aldo Mielis — eines ausgezeichneten Kenners der Geschichte der Wissenschaften — gehört die Entwicklung des Schießpulvers durch die Chinesen nicht in den Bereich der Sage. Seit dem 9. Jahrhundert wird es auf der Basis von Salpeter, Schwefel und Holzkohle in Pulverform hergestellt. Auch die ersten Feuerwaffen aus dem 11. Jahrhundert können die Chinesen für sich verbuchen; die erste chinesische Kanone stammt jedoch erst aus dem Jahr 1356.

Kann das Abendland mit einer ähnlichen Erfindung aufwarten? Man hat sie ohne viel Federlesens dem großen Francis Bacon (1214—1293) zugeschrieben. Das Schießpulver taucht zwischen 1314 und 1319 in Flandern auf, 1324 in Metz, 1326 in Florenz, 1327 in England; in der Geschichte wird es aber erst relevant, als damit Wurfgeschosse geschleudert werden. Das geschah möglicherweise erstmals in der Schlacht von Crécy (1346), denn den Bombardements der Engländer gegenüber waren die Franzosen unter Philipp VI. von Valois ziemlich hilflos — zumindest nach Froissart —; doch gibt es keinen sicheren Beweis, daß Eduard III. wirklich zu Feuerwaffen übergegangen war. Zuverlässige Angaben haben wir jedoch von der Schlacht um Calais im darauffolgenden Jahr. Zum ersten eigentlichen Einsatz kommt die Waffe jedoch erst im folgenden Jahrhundert in den Hussitenkriegen, in denen die Rebellen über Wagen mit leichter Artillerie verfügen (ab 1427). Ebenso ausschlaggebend ist die Artillerie auch am Ende des Krieges von Karl VII. mit England, diesmal allerdings zugunsten der Feinde, gut hundert Jahre nach Calais. Dieser Sieg hängt mit der Entdeckung des körnigen Schießpulvers zusammen (um 1420), das im Gegensatz zu früheren Mischungen (bei denen die kompakte Materie keine Belüftung ermöglichte) absolut sicher wirkt.

Artillerie mit sich zu führen wurde aber trotz dieser Beispiele nicht allgemein üblich. Eine gewisse Bedeutung erlangte sie wahrscheinlich seit dem 14. Jahrhundert auch in Spanien und Nordafrika. 1457 wurde Ceuta an der marokkanischen Küste, von den Portugiesen seit 1415 besetzt, erneut von den Mauren angegriffen. Ein Soldat, der dort gegen die Ungläubigen kämpfte, erzählt: »Wir schossen mit Steinen auf sie und hatten ziemlichen Erfolg damit. Die Mauren ihrerseits verfügten über Schützen mit Pfeilen und Steinschleudern ... Außerdem schossen sie den ganzen Tag auch mit Katapulten ...« Vier Jahre vorher, 1453 vor Konstantinopel, hatten die Türken eine riesige Kanone auf die Stadt gerichtet. In Spanien werden bei der Belagerung von Burgos (1475/76) sogar noch Fallen verwendet. Salpeter war in Ägypten um 1248 übrigens unter dem Namen »chinesischer Schnee« bekannt. Seit 1366 sind in Kairo, seit 1376 in Alexandrien Kanonen aufgestellt; in ganz Ägypten und Syrien sind sie seit 1389 bekannt. Die zeitliche Reihenfolge Calais 1347 – China 1356 usw. sagt nichts aus über die Priorität des einen oder anderen Beteiligten bei der Erfindung der Kanone. L. White betont gerade deswegen, daß das Schießpulver zwar chinesischer, die erste Kanone aber europäischer Herkunft sei.

Am Anfang besteht die Artillerie aus leichten und kurzen Waffen, die nur sehr sparsam mit Schießpulver gefüllt werden, denn dieses ist rar und damit teuer. Bei den vielen gebräuchlichen Namen ist nicht immer auszumachen, welches Stück jeweils gemeint ist. Die große Armbrust bestand wohl, analog zu den Arkebusen, aus mehreren Rohren, so daß man sie schon als eine Art »Maschinengewehr« bezeichnen könnte.

Später werden die Geschütze immer schwerer: von 136 Kilogramm auf das Doppelte unter der Regierung Richards II. (1377–1400), wie man an den noch erhaltenen Modellen im Tower in London sieht. Im 15. Jahrhundert sind diese Geschütze manchmal ziemlich groß, wie zum Beispiel die »Donnerbüchsen« in Deutschland, monströse Bronzetrichter auf einem Holzuntersatz, die kaum von der Stelle zu bewegen waren. Die Wunderwaffe – der »Strauß« –, den Straßburg 1499 an Maximilian ausleiht, damit er die Schweizer Kantone wieder zum Gehorsam zwingt, kann nur so langsam transportiert werden, daß sie um Haaresbreite eine Beute des Gegners wurde. Weniger fatale Folgen waren es, als Ludovico il Moro im März 1500 »sechs Kanonen schwerer Artillerie« aus Deutschland nach Mailand kommen läßt: Unterwegs gehen zwei kaputt.

In dieser Zeit ging man zu einer Artillerie von ziemlichem Kaliber, aber relativer Beweglichkeit über, so daß sie der Truppe folgen konnte, wie zum Beispiel die Artillerie der Brüder Bureau, mit der Karl VII. in Formigny (1450) und in Castillan (1453) siegte. In Italien wird die Artillerie von Ochsengespannen gezogen (zum Beispiel in der Schlacht von Molinacela 1467). Die Kanonen auf Laffetten mit vorgespannten Pferden sieht man erstmals ebenfalls in Italien, beim Feldzug Karls VII. 1494. Die Wurfgeschosse – Eisen-, nicht mehr Steinkugeln – werden nicht nur auf die Häuser, sondern auch auf die Stadtmauern der belagerten Stadt gerichtet. Keine befestigte Stadt konnte auf Dauer einer solchen Bombardierung standhalten. Denn die Geschütze wurden bis an die Grundmauern der Wälle auf das jenseitige Ufer des Grabens gezogen und sofort gesichert.

Dreißig Jahre lang standen alle befestigten Städte daher in aussichtsloser Position. Ihre Wälle wurden zerstört wie Theaterkulissen. Aber mit der Zeit ging man zu Gegenmaßnahmen über, die leichten Steinmauern wurden durch Erdwälle ersetzt, an denen die Kugeln wirkungslos abprallten; auf den höchsten Punkten — den Katzen — wurde eine Artillerie zur Verteidigung aufgestellt. Mercurino de Gattinara, Kanzler Karls V., meinte um 1520, daß ungefähr zwanzig Artilleriegeschütze genügen müßten, um Mailand — und damit auch den Kaiser in Italien — vor den Franzosen zu schützen. Und er sollte recht behalten: 1525 sezte Pavia das Heer Franz' I. außer Gefecht, das die kaiserlichen Truppen am 24. Februar angreifen. Marseille behauptet sich auf diese Weise 1524 und 1536 gegen Karl V.; Wien 1529 gegen die Türken; Metz 1552/53 gegen die Kaiserlichen. Doch immer noch gelingen Überraschungsangriffe auf die Städte, so 1544 auf Düren, 1558 auf Calais, 1596 auf Amiens. Der Gegenschlag der Festungen läßt nicht auf sich warten, man geht zur Verteidigungs- und Belagerungstaktik über, Methoden, denen später Napoleon oder Friedrich II. aus dem Weg gingen, indem sie versuchten, die Streitmacht des Feindes völlig zu vernichten.

In der Zwischenzeit wird die Artillerie etwas rationeller gestaltet; Karl V. reduziert sie auf sieben Kaliber herab, Heinrich II. sogar auf sechs. Die größten, die bei der Belagerung oder Verteidigung einer Stadt eingesetzt werden, schießen aus einer Entfernung von 900 Schritt, die Feldartillerie nur auf 400. Daran ändert sich nur wenig; in Frankreich hält sich das System des Generals De Vallière aus der Zeit Ludwigs XV. bis zur Reform von Gribeauval 1776, dessen Kanonen in den Befreiungskriegen und im Kaiserreich eingesetzt werden.

Natürlich trifft man Kanonen auch schon früh auf den Schiffen an, wenngleich es hier zu ähnlich seltsamen und unverständlichen Erscheinungen kommt wie zu Lande. Schon 1338, also noch vor Crécy, führt die *Mary of Tower* Kanonen mit sich; vierzig Jahre später hingegen, 1377, zerstören zwölf kastilische Galeeren mit ihren Kanonen vor La Rochelle 36 englische Schiffe, die ohne jede Artillerie und Verteidigungsmöglichkeit sind. Dem Urteil von Fachleuten zufolge waren bewaffnete Schiffe in England aber schon um 1373 unterwegs! Bei Venedig ist man sich nicht einig, ob die Galeeren der Signoria in den Söldnerkriegen gegen Genua 1378 schon über Waffen an Bord verfügten oder nicht. Erst von 1440 an gilt dies auch für die Türken als gesichert. 1498 jedenfalls schoß in der Nähe von Gallipoli ein türkischer *schierazo* mit mehr als 350 Tonnen Steinkugeln auf die Venezianer, mit Steinkugeln, von denen eine 85 Pfund wog.
Selbstverständlich brauchte diese Entwicklung ihre Zeit und ging auch nicht ohne Rückschläge ab. Vor 1550 gibt es weder Kanonen mit langem Rohr und Horizontalschuß, noch sind die Ladeluken im 16. Jahrhundert schon bei allen Schiffen an der Längsseite angebracht. Ungeachtet drohender Gefahren fahren bewaffnete und unbewaffnete Schiffe auf den Meeren. 1377 kam es zu der schon erwähnten Niederlage der Engländer vor La Rochelle. Auf dem Atlantik verfügten die portugiesischen Schiffe noch 1520 über keinerlei Waffen, während die französische Flotte zu dieser Zeit schon lange mit Artillerie bestückt war. Doch im 16. Jahrhundert mit der ständigen Zunahme der Aufbringung von Schiffen sind die Schiffe gezwungen, Feuerwaffen und Kanoniere zu deren Bedienung mitzuführen. Kriegs- und Handelsschiffe unterscheiden sich nun kaum mehr voneinander, denn alle sind bewaffnet. Im 17. Jahrhundert kam es deswegen sogar zu grotesken Etikettestreitigkeiten. Denn zur Zeit Ludwigs XIV. hatten Kriegs-

schiffe bei der Einfahrt in einen Hafen Anrecht auf besonderen Salut — vorausgesetzt, sie führten keine Handelsware mit sich (was aber meistens doch der Fall war).

Die Bewaffnung der Schiffe geht bald nach ziemlich festen Regeln vor sich: so viele Menschen, soviel Feuerwaffen je Tonnage. Im 16. und 17. Jahrhundert hieß das: ein Geschütz auf zehn Tonnen. Ein englisches Schiff, das im April 1638 in Bender Abassi anlegt, ist bei 300 Tonnen mit 24 Geschützen nur unzureichend bewaffnet. Doch ist diese Regel auch nur ein ungefährer Anhaltspunkt. Die Schiffe sind wie die Kanonen jeweils voneinander verschieden, und außerdem zählen auch noch andere Kriterien als die Zahl der Mannschaftsmitglieder mit. Im Mittelmeer und auf dem Seeweg nach Indien waren seit dem 16. Jahrhundert die englischen Schiffe in der Regel überbewaffnet und hatten mehr Menschen und Kanonen an Bord als alle anderen. Ihre Laufgänge, die nicht mit Handelsware verstopft waren, erlaubten eine wendige Verteidigungstaktik.

Das große Schiff beherrschte lange Zeit die Meere, denn man hielt es für sicherer und besser zu verteidigen: Es war mit mehr Kanonen und stärkeren Kalibern bestückt. Vom 16. Jahrhundert an sind die kleinen Schiffe im Handelsverkehr ungeheuer erfolgreich, weil sie schneller laden, nicht zu lange im Hafen bleiben und im Kriegsfall trotzdem gut bewaffnet sind. Dies erklärt der Chevalier De Razilly am 26. November 1626 Richelieu: »Die großen Schiffe waren wegen ihrer Kanonen so sehr gefürchtet, während die kleinen Schiffe nur kleine Kanonen mit sich führen konnten und keine ernste Gefahr für andere darstellten. Heute verfügt ein Schiff mit 200 Tonnen über die gleichen Kanonen wie eines mit 800 Tonnen.« Im Fall eines Zusammenstoßes riskiert das große Schiff eine Niederlage, denn das kleinere Schiff ist wendiger und schneller und kann nach Belieben die toten Winkel des Gegners ausnützen. Auf allen sieben Meeren der Welt waren die Holländer und Engländer mit ihren niedrigen Tonnagen im Vorteil.

Es läßt sich nicht mehr genau feststellen, wann die Arkebuse zum erstenmal benutzt wurde, es war wohl Ende des 15. oder Anfang des 16. Jahrhunderts. 1512 wurden bei der Belagerung von Brescia die Einwohner mit Artillerie und Arkebusen »so dicht wie mit Fliegenschwärmen beschossen« — wie sich der *Loyal Serviteur* ausdrückt. Die Arkebusen, nicht die Bombarden und Feldschlangen siegen über die Reiterei von früher. Die Artillerie nahm es eine Zeitlang mit den Festungen und auch mit den Städten auf. Der Seigneur Bayard wurde 1524 von dem Stein einer Arkebuse tödlich getroffen. »Wäre dieses elende Gerät doch nie erfunden worden!« schrieb später Moulue, der 700 bis 800 Männer für de Lautrec und seine Expedition ausgehoben hatte, die vor Neapel ein schlimmes Ende nehmen sollte.

Die im Dienst Frankreichs stehenden Truppen waren anfangs gegenüber den deutschen, italienischen und vor allem spanischen Soldaten benachteiligt. Das Wort »Arkebuse«, französisch *arquebuse,* kommt aus dem deutschen »Hakenbüchse« *(hacquebute),* zum andern aus dem italienischen *archibugio,* das zu *arquebuse* wird. Die Niederlage der Franzosen bei Pavia 1525 läßt sich verschieden begründen, unter anderem auch mit dem schweren Kugelhagel der spanischen Arkebusen. Durch diese Erfahrung klug geworden, teilen die Franzosen auf zwei Pikeniere eine Arkebuse ein. In den spanischen Niederlanden geht der Herzog von Alba noch weiter und teilt seine Infanterie in zwei gleich große Hälften auf: Arkebusen und Pikeniere sind gleich stark vertreten. 1576 kommen in Deutschland auf fünf Pikeniere drei Arkebusen.

Auf die Pike, die Königin der Waffen, wie man sie noch im 17. Jahrhundert nannte, konnte man nach wie vor noch nicht verzichten. Denn die Arkebusen waren sehr umständlich zu handhaben. Als die Muskete schon die Arkebuse verdrängt hatte, hielt Gustaf Adolf immer noch einen Pikenier auf zwei

Musketiere. Eine endgültige Ablösung war erst möglich mit der Erfindung des Gewehrs (um 1630), das 1703 erstmals von französischen Soldaten verwendet wurde, mit der Papierkartusche, die der Große Kurfürst seit 1670, die französische Armee seit 1690 benutzte, schließlich mit dem Bajonett, das die Infanterie schließlich zu einer einheitlichen Truppe machte. Ende des 17. Jahrhunderts gehörten zur Ausrüstung jeder Infanterie in Europa Gewehr und Bajonett; aber es hatte zweihundert Jahre gedauert, bis es soweit war.

Kriegsindustrie und Rüstungsetat

Artillerie und Feuerwaffen verändern die Kriegführung und das Wirtschaftsleben der Staaten und führen zu einer kapitalistischen Rüstungsmaschinerie. Es zeichnen sich gewisse Konzentrationsbestrebungen in der »Industrie« ab, ohne aber endgültige Gestalt anzunehmen, denn die Kriegsindustrie ist auf viele Branchen verteilt. Schießpulver, Arkebusen, blanke Waffen und schwere Artillerie werden jeweils von verschiedenen Handwerkern gefertigt; auch die Energiequellen sind nicht an einem Ort konzentriert, sondern liegen entlang der Flüsse und in den Wäldern. Nur wohlhabende Staaten können die Ausgaben, die die veränderte Art der Kriegführung verursacht, aufbringen. Damit sind die großen freien Städte ausgeschaltet, die so lange ihrer Funktion gerecht geworden waren. Noch 1580 bewundert Montaigne auf der Durchreise in Augsburg die Arsenale. Im Arsenal von Venedig arbeiteten in der damaligen Zeit 3000 Arbeiter – eine respektable Zahl –, die die große Glocke von San Marco jeden Morgen zur Arbeit rief. Jedes Land besitzt seine eigenen Arsenale (Franz I. gründet elf, am Ende seiner Regierung waren es dreizehn), und alle verfügen über große Waffenvorräte. Unter Heinrich VIII. von England sind die wichtigsten der Tower, Westminster und Greenwich. In Spanien stützen sich die katholischen Könige auf ihre Arsenale in Medina del Campo und Malaga.

Doch ähneln die europäischen Arsenale bis zur industriellen Revolution oft eher einem Nebeneinander von Werkstätten handwerklicher Prägung als straff geführten Fabriken mit genauer Aufteilung der Tätigkeitsbereiche. Oft arbeiten die Handwerker sogar zu Hause. War es nicht klüger, fern der Städte Mühlen zur Herstellung des Schießpulvers zu unterhalten? In der Regel haben sie sich in den Gebirgszonen oder in kaum bewohnten Gebieten wie Kalabrien und der Eifel nahe Köln angesiedelt; 1576, kurz vor dem Ausbruch der Aufstände gegen die Spanier, hatte man in Malmedy zwölf Pulvermühlen gebaut. Sie alle, auch die, die sich im 18. Jahrhundert entlang der Wupper, einem Nebenfluß des Rheins, etablierten, stellen Holzkohle auf der Basis des Faulbaums her, den man allen anderen Holzarten vorzieht. Die Kohle wird mit Salpeter und Schwefel zusammen zermahlen und dann gesiebt; so erhält man feines oder grobes Schießpulver.

Das immer wirtschaftlich orientierte Venedig beschränkt sich auf grobes Pulver, weil es billiger ist als das feine. Es wäre jedoch besser, erklärt 1588 der Superintendent der venezianischen Festungen »wie die Engländer, Franzosen, Spanier und Türken, die nur eine Sorte für Arkebusen und Kanonen verwenden, zum feinen überzugehen«. Die Signoria ließ sechs Millionen Tonnen groben Pulvers lagern, d. h. 300 Schuß für jedes der 400 Geschütze der venezianischen Befestigungsanlagen. Eine Vergrößerung der Vorräte auf 400 Schuß je Geschütz würde einen Aufwand von zwei Millionen Pfund mehr, d. h. 600 000 Dukaten, bedeuten, das Sieben des Pulvers — um feineres zu bekommen — weitere 150 000 Dukaten; aber da die Steuer für feines Pulver ein Drittel unter dem groben liegt, wäre das Ganze noch ein Geschäft.

Die Sicherheit Venedigs läßt sich die Signoria also 1 800 000 Dukaten kosten, das ist mehr als der Gegenwert der jährlichen Einnahmen des eigentlichen venezianischen Haushalts. Die

Ausgaben für Rüstung sind selbst in Friedenszeiten ungeheuer hoch. Die Zahlen sollten später noch ansteigen: 1588 führt die unbesiegbare Armada 2431 Kanonen, 7000 Arkebusen, 1000 Musketen, 123 790 Kugeln (50 je Geschütz) und den entsprechenden Pulvervorrat an Bord ihrer Schiffe auf der Reise nach Norden mit sich. 1683 verfügt Frankreich über 5619, England über 8396 Gußkanonen an Bord seiner Flotte. Ein weiter Weg seit 1520 und den zwanzig Geschützen Gattinaras!
Eisenindustrien für Rüstungszwecke schossen wie Pilze aus dem Boden: seit dem 15. Jahrhundert im venezianischen Brescia, in der Umgebung von Graz, in der Steiermark; in Deutschland um Köln, Regensburg, Nördlingen, Nürnberg, Suhl (das deutsche Arsenal ist das bedeutendste Europas bis zu seiner Zerstörung durch Tilly 1634). In Saint-Étienne in dem großen Arsenal *Zum hinkenden Gatten der Venus* sind über 700 Leute beschäftigt, ganz zu schweigen von den schwedischen Hochöfen, die im 17. Jahrhundert mit englischem und holländischem Kapital gebaut werden. Die Werke von Geer können auf einmal 400 Artilleriegeschütze liefern; dank ihnen gelang es den Generalstaaten, im südlichen Rheindelta 1627 den Vormarsch der Spanier zu stoppen.
Die Zunahme der Feuerwaffen wirkte sich auch positiv auf die Kupferindustrie aus, solange Kanonen aus Bronze hergestellt und wie Kirchenglocken geschmolzen werden (das beste Schmelzverhältnis erhält man – im Unterschied zum Glokkenguß – mit 8 Teilen Zinn und 92 Teilen Kupfer). Seit dem 16. Jahrhundert gibt es Kanonen aus Gußeisen (von den 2431 Kanonen der Armada sind 934 aus Eisen). Diese billigere Kanone ersetzt die kostspieligen Bronzegeschütze und wird bald in großen Mengen hergestellt. Zwischen dem Fortschritt im Bau von Artilleriegeschützen und der Entwicklung der Hochöfen – zum Beispiel denen, die Colbert in der Dauphiné gegründet hat – besteht ein enger Zusammenhang.
Aber nicht nur die Herstellung und die Munition für die Ar-

tillerie, auch der Unterhalt und der Transport verursachten Kosten. Der Unterhalt von fünfzig Geschützen kostete die Spanier in den Niederlanden 1554 monatlich über 40 000 Dukaten. Um einen solchen Transport in Bewegung zu setzen, sind allein für die Reiter 473 Pferde, außerdem 1014 Pferde und 575 Wagen (mit je vier Pferden) vonnöten, im ganzen also 4777 Pferde, d. h. für jedes Geschütz rund neunzig Pferde. Zur selben Zeit kostet eine Galeere etwa 500 Dukaten monatlich.

Die Artillerie in globaler Sicht

Die Türken, bei Belagerungen äußerst geschickt im Graben von Schächten und mindestens ebenso gute Kanoniere, sind nicht fähig, sich (um 1550) mit den schweren Reiterpistolen, die mit einer Hand zu bedienen sind, vertraut zu machen. Ein Augenzeuge berichtet: »Bei der Belagerung von Malta konnten sie nicht so schnell wie wir die Arkebusen aufladen«. Rodrigo Vivero, Freund und Bewunderer der Japaner, bemerkt, daß sie nicht mit Artillerie umgehen können, und fügt hinzu, ihr Salpeter sei zwar von ausgezeichneter, ihr Schießpulver aber nur von mittlerer Qualität. Pater De Las Cortes berichtet 1626 über die Chinesen: »Sie laden ihre Arkebusen mit zu wenig Pulver«; außerdem seien diese, wie ein anderer Augenzeuge zu berichten weiß, »zu schwer und höchstens für Salutschüsse geeignet«. In Südchina werden 1695 durch den Handel mit den Europäern Gewehre mit sieben Spannen Länge und einer ganz kleinen Kugel importiert, die aber eher als Spielzeug als zum Gebrauch bestimmt sind.
Im Abendland mißt man den Artillerieschulen, vor allem in den bedrohten Städten, ziemlich große Bedeutung zu. Trotz der unablässigen Nachfrage fehlt es in Europa nie an Arkebusenschützen und Gießereimeistern. Manche kommen auf diese Weise in der ganzen Welt herum, in der Türkei, Nordafrika, Persien, Indien, Siam, den Insulinden und Moskau.

In Indien waren europäische Söldner bis zum Tod Aureng Zebs (1707) als Kanoniere des Großmoguls angestellt, die dann mehr schlecht als recht von den Muselmanen abgelöst wurden. So steht die Technik zumindest in Europa im Dienst aller, halten sich Erfolge und Niederlage der jeweiligen Gegner ungefähr die Waage. Wenn Rocroi 1643 den Triumph der französischen Artillerie bedeutet, war das bestenfalls eine Vergeltung für die Arkebusen von Pavia! Die Artillerie verursachte keine längere Störung des Kräfteverhältnisses zugunsten eines bestimmten Fürsten. Sie trug zur Erhöhung der Kriegskosten bei, ließ aber zugleich die Staatsmacht wirkungsvoller agieren und schließlich auch die Unternehmer an dieser Entwicklung profitieren. Europa war, gemessen an den globalen Verhältnissen, im Vorteil — an den Küsten des Fernen Ostens ebenso wie in Amerika, wo die Kanone kaum eine Rolle spielte, eher noch die Arkebuse.

Beim Islam waren die Erfolge geteilt. Die Eroberung Granadas 1492 und die Besetzung der nordafrikanischen Befestigungen 1497, 1505, 1509/10 waren der Artillerie zu verdanken. Ebenso die Eroberung des islamischen Kasan und Astrachan (1551 und 1556) durch Iwan den Schrecklichen. Diesen Triumphen stehen die Siege der Türken gegenüber: die Eroberung von Konstantinopel 1453, Belgrad 1521, der Sieg von Mohacs 1526. Die Türken requirierten ihr Waffenpotential aus europäischen Beständen (5000 Geschütze eroberten sie allein 1521 bis 1541 in Ungarn). Ihre Feuerkraft erprobten sie auf eine für damalige Zeit brutale Weise: in Mohacs konzentriert sich die türkische Artillerie auf das Zentrum und schneidet die ungarischen Linien glatt entzwei; in Malta werden (1565) 60 000 Kugeln auf die Verteidiger abgegeben, in Famagusta (1571/72) sogar 118 000. Ebenso erdrückend war die Überlegenheit der türkischen Artillerie gegenüber den übrigen islamischen Völkern (Syrien 1516, Ägypten 1517). In den Kriegen mit Persien wurde 1548 Täbris acht Tage lang bombardiert. Der Feldzug Baburs in Indien gegen die Sultane von

Delhi und der Sieg 1526 in der Schlacht von Panipat gehen ebenfalls auf die Kanonen und Arkebusen zurück. Drei portugiesische Kanonen auf der Chinesischen Mauer gelingt es 1636, die gesamte Armee der Mandschus in die Flucht zu schlagen, vor denen China damit für die nächsten zehn Jahre sicher ist.

Dieser Überblick ist keineswegs vollständig, aber kommen wir zum Schluß: Die Artillerie bringt die Grenzen der großen Kulturen nicht ernstlich in Gefahr. Der Islam bleibt, wo er ist, und der Ferne Osten wird davon nicht berührt; Plassey ist erst 1757. Die Artillerie verbreitet sich ganz von selbst allmählich überall und findet zum Beispiel auch auf den Piratenschiffen der Japaner Eingang. Im 18. Jahrhundert gibt es in Malaya keinen einzigen Piraten mehr, der nicht seine Kanonen an Bord hätte.

Vom Papier zur Druckerei

Auch das Papier stammt wie das Schießpulver aus China. Es erreichte das Abendland wiederum durch Vermittlung des Islam. Die ersten Papiermühlen besaß Spanien im 12. Jahrhundert. Doch die eigentliche Papierherstellung Europas ging erst im 14. Jahrhundert von Italien aus. In der Gegend von Fabriano betätigte ein Wasserrad riesige Stößel oder Holzhämmer mit Messern und Nägeln am vorderen Ende, mit denen die Lumpen zerkleinert werden. Das Wasser ist dabei Antriebskraft und Ingredienz zugleich; bei der Papierherstellung wird viel klares Wasser benötigt, deswegen finden sich die Fabriken an den Flußufern stromaufwärts vor den Städten, die es eventuell verunreinigen könnten. Das venezianische Papier wird am Gardasee hergestellt; in den Vogesen und der Champagne (Troyes!) und der Dauphiné gibt es schon sehr früh Papierfabriken. Bei diesem Prozeß spielen italienische Arbeiter und Unternehmer eine große Rolle. Als Rohmaterial stehen genügend alte Lumpen zur Verfügung, denn seit dem 13. Jahrhundert produziert Europa ausreichend Linnen und Hanf; Tuch löst die Wolle ab. Außerdem lassen sich auch alte Taue (zum Beispiel in Genua) verwerten. Der neue Industriezweig floriert gerade in einer Zeit, in der es zu ernstlichen Versorgungsschwierigkeiten kommt. Zwischen den Papierherstellern in Burgund zum Beispiel und den Lumpensammlern kommt es zu gerichtlichen Auseinandersetzungen; letztere befinden sich auf der Wanderung in die großen Städte oder in ein Gebiet, wo sie besser und einfacher zu Lumpen kommen.

Das Papier ist zwar weder so fest noch so schön wie Pergament, dafür aber wesentlich billiger: Für ein zweihundertseitiges Manuskript aus Pergament benötigte man die Haut von achtzig Schafen; die Abschrift verursachte also die geringsten Kosten. Die weiche und glatte Oberfläche des neuen Materials machte es von vorneherein zur einzig möglichen Lösung. Alles deutete auf den Erfolg der Buchdruckerkunst voraus. Seit dem 12. Jahrhundert hatte die Leserzahl beträchtlich zugenommen, nicht nur an den Universitäten des Abendlandes, sondern auch sonst. Eine lesehungrige Gesellschaft ließ »Abschreibbüros« wie Pilze aus dem Boden schießen, die Anzahl der Kopien erhöhte sich, man brauchte ein schnelleres Kopierverfahren, zum Beispiel die Reproduktion durch Abpausen der Illuminationen. Mit diesen Hilfsmitteln kamen regelrechte »Ausgaben« zustande. Von der *Voyage de Mandeville* (vollendet 1356) sind 250 Kopien erhalten: 73 in deutscher und holländischer Sprache, 37 in französischer, 40 in englischer und 50 in lateinischer Sprache.

Die Erfindung beweglicher Metalltypen

Es ist eigentlich unwichtig, wer nun Mitte des 15. Jahrhunderts im Abendland die beweglichen Metalltypen erfunden hat, der Mainzer Gutenberg und seine Gesellen – was am wahrscheinlichsten ist —, oder der Prager Prokop Waldfogel in Avignon, oder Coster aus Haarlem — falls er überhaupt gelebt hat — oder irgendein anderer Unbekannter. Die Frage lautet vielmehr, ob diese Erfindung nicht eher eine Wiederentdeckung oder eine Imitation war.

Denn in China kannte man die Druckerkunst schon seit dem 9. Jahrhundert, Japan druckte seit dem 11. Jahrhundert buddhistische Bücher; zwischen 1040 und 1050 entdeckte Pi cheng die beweglichen Typen aus Keramik, die mit einer Metallform hergestellt werden. In der Songdynastie (960—1280) gelangte diese Technik bis nach Turkestan. Schon 1390 schmolz man in Korea Metalltypen. Loys le Roy ist schon 1576 der Ansicht, daß es sich daher um eine Übernahme handelt, wobei er allerdings die Einzelheiten leider nicht belegen kann: Nach seiner Meinung kam die Kunde von der sehr alten chinesischen Druckerkunst über die Tatarei und Moskau nach Deutschland und zu den anderen christlichen Staaten. Auch heute noch sucht man vergeblich nach einem Bindeglied. Aber es gab genügend China-Reisende, auch gebildete, denen der europäische Alleinanspruch auf diese Erfindung äußerst zweifelhaft erscheint.

Wie dem auch sei, in Europa setzt sich die Buchdruckerkunst zwischen 1440 und 1450 durch, wenn auch nur zögernd. Wiederholte Verbesserungen sind nötig. Vor allem die chemische Verbindung der beweglichen Typen aus Blei, Zinn und Antimon (die Antimonvorräte scheinen erst im 16. Jahrhundert entdeckt worden zu sein) muß im richtigen Verhältnis sein, d.h., sie muß genügend widerstandsfähig, darf aber auch nicht zu hart werden. Drei Arbeitsgänge sind dafür notwendig: Aus sehr hartem Stahl den Stempel mit seinen erhabenen Buchstaben herzustellen, auf einer Kupfermatrize (selten eine Bleimatrize) eine entsprechende Hohlform des Buchstabens herzustellen und schließlich durch einen Schmelzguß mit der Metallverbindung den fertigen Buchstaben zu erhalten. Danach folgt die »Kompositionskunst«: Es gilt, die Linien und die

Zwischenräume festzulegen und die Druckerschwärze aufzutragen, bevor die Lettern auf das Blatt gepreßt werden. Das umgekehrte Abzugsverfahren gibt es erst Mitte des 16. Jahrhunderts, und die dafür konstruierte Druckerpresse bleibt bis zum 18. Jahrhundert ziemlich unverändert. Ungelöst blieb das Problem, daß sich die Buchstaben jeweils sehr schnell abnützten und man dann wieder ganz von vorne anfangen muß. Diese Prozedur ähnelt der Arbeit der Goldschmiede und Münzpräger. So ist es nicht weiter verwunderlich, wenn die neue Erfindung aus ihren Reihen kommt – nicht, wie man bisher immer betont hat, aus der Werkstatt der Holzschneider, die mit Holzschnitten, die geschwärzt wurden, bedruckte Blätter herstellten. Die Händler mit den volkstümlichen Holzschnittbildern bekämpften im Gegenteil die neuartige Erfindung. 1462 verwendete Albrecht Pfister, Drucker in Bamberg, zum erstenmal das Holzschnittverfahren zum Buchdruck.

Die Buchdruckerkunst ist bis zum 18. Jahrhundert nicht sehr viel weiter gediehen als in ihrer Anfangszeit. So wie man 1787 druckte – zu einer Zeit, als sich François Ambroise Didot eine Presse vorstellte, bei der das Blatt auf einen einzigen Knopfdruck hin ausgedruckt wurde –, so hätte schon Gutenberg drucken können; wäre er auferstanden und hätte eine Druckerei der Zeit Ludwigs XVI. besucht, er hätte sich, abgesehen von einigen Details, wie zu Hause gefühlt.

Die Erfindung ging um die ganze Welt. Wie die Kanoniere reisten auch die Druckergesellen auf der Suche nach einer Anstellung aufs Geratewohl herum, blieben eine Zeitlang irgendwo und zogen dann weiter auf der Suche nach einem neuen Arbeitgeber. 1471 wurde in Paris das erste Buch gedruckt, 1473 in Lyon, 1479 in Potiers, 1470 in Venedig, 1471 in Neapel, 1479 in Löwen, 1474 in Krakau. In Europa gibt es 1480 in mehr als 110 Städten Druckpressen. Zwischen 1480 und 1500 gelangt die Erfindung auch nach Spanien, nimmt in Deutschland und Italien schnell zu und findet sich vereinzelt

Lucas van Valckenborch: »Ansicht von Linz« (1593); Städelsches Kunstinstitut, Frankfurt am Main.

auch schon in Skandinavien. 1500 verfügen 236 Städte über eigene Werkstätten. Die Inkunabeln – die Wiegendrucke vor 1500 – erreichen eine Auflage von insgesamt 20 Millionen Exemplaren. In Europa wohnen damals etwa 70 Millionen Menschen. Im 16. Jahrhundert nimmt die Produktion stetig zu: 25 000 Ausgaben in Paris, 13 000 in Lyon, 45 000 in Deutschland, 10 000 in England und rund 8000 in den Niederlanden. Für jede Ausgabe kann man eine durchschnittliche Auflage von 1000 Exemplaren annehmen, d. h. bei 140 000 bis 200 000 Ausgaben werden 140 bis 200 Millionen Bücher gedruckt. Dabei zählt Europa am Ende dieses Jahrhunderts unter Einschluß der östlichen Gebiete kaum mehr als 100 Millionen Einwohner!

Europäische Bücher und Druckpressen werden nach Afrika, Amerika und auf den Balkan exportiert, wo von Venedig aus die ambulanten montenegrinischen Buchhändler einströmen; nach Konstantinopel bringen jüdische Flüchtlinge die westlichen Buchpressen. Mit den portugiesischen Schiffen erreichen die beweglichen Metalltypen auch Indien und die Hauptstadt Goa (1557), später Macao (1589). Japan kam mit ihnen schon während seines »christlichen Jahrhunderts« in Berührung (1549–1638). Wenn die Erfindung ursprünglich aus China kam, so hat sich damit der Kreis wieder geschlossen.

Der Buchdruck und die große Geschichte

Das Buch als Luxusgegenstand wurde von Anfang an den Gesetzen von Profit, Angebot und Nachfrage unterworfen. Das Handwerkszeug eines Druckers muß oft erneuert werden, Handarbeit ist teuer, das Papier macht mehr als das Doppelte aller übrigen Kosten aus; die Gewinne machen sich dagegen nur langsam bemerkbar.

Die Druckereien sind auf Geldverleiher angewiesen, die bald den Absatz völlig beherrschen. Seit dem 15. Jahrhundert hat jeder Verleger seinen kleinen »Fugger« an der Hand: In Lyon ist es Barthélemy Buyer (gest. 1438), in Paris Antoine Vérard, dem eine Schönschreibewerkstatt und eine Illuminationswerkstatt gehören, die sich auf die neuen Druckverfahren umstellen und auf das illustrierte Buch und seinen Absatz in Frankreich und England spezialisieren; in Florenz ist es die Dynastie der Giunta, in Nürnberg Anton Koberger, der zwischen 1473 und 1513 mindestens 236 Werke herausbringt. Er ist vielleicht der größte Verleger seiner Zeit, oder aber Plantin, geboren 1514 in der Touraine, der sich 1549 in Antwerpen niederläßt.

Als Handelsware ist das Buch auch an die Verkehrswege, an den Handel und die Messen gebunden (im 16. Jahrhundert die Frankfurter und Lyoner, im 17. die Leipziger Messe). Im ganzen gesehen, ist das Buch eines der Machtmittel des Abendlandes. Denn jede Idee lebt von dem Gedankenaustausch und dem Kontakt mit anderen. Das Buch hat die vom Pergament schon vorbereiteten Tendenzen beschleunigt und ausgeweitet. Im 15. Jahrhundert, der Epoche der Inkunabeln, ist Latein die vorherrschende Sprache, daher wird auch überwiegend religiöse Literatur herausgegeben. Nur die Ausgaben griechischer und lateinischer Klassiker zu Anfang des 16. Jahrhunderts stehen im Dienst des Humanismus und seiner Iden. Wenig später benutzen auch Reformation und Gegenreformation das Buch als Sprachrohr für die Verteidigung ihrer Thesen.

Es läßt sich also nicht eindeutig bestimmen, in wessen Diensten die Druckerkunst stand. Sie erweiterte den geistigen Horizont und bewirkte eine allgemeine Stärkung. In einem Punkt kann man vielleicht von möglichen Folgen sprechen. Die große Entdeckung, die die Mathematik im 17. Jahrhundert in Bewegung bringt, ist – um mit Oswald Spengler zu sprechen – die Aufstellung der Gleichung $y = f(x)$. Es ist keine Gleichung, wenn die Elemente unendlich klein und nicht limitiert sind – was schon Archimedes wußte, doch der war im 16. Jahrhundert nur einigen wenigen ein Begriff: Ein- oder zweimal bemühte sich Leonardo da Vinci um eines seiner Manuskripte, von denen man ihm erzählt hatte. Die Druckereien nehmen sich nur sehr zögernd der wissenschaftlichen Literatur an; aber die Mathematik der Griechen wird wieder zugänglich gemacht: neben Euklid und Apollonios von Perge vor allem Archimedes.

Diese relativ späten Ausgaben sind vielleicht mit schuld an der nur langsamen Entwicklung der modernen Mathematik an der Wende des 16. zum 17. Jahrhundert, doch ohne sie hätte es noch länger gedauert.

Die Hochseeschiffahrt

Die Eroberung des Atlantik verhalf Europa für Jahrhunderte zu uneingeschränkter Vorherrschaft. Die Hochseeschiffahrt führte zu einem einseitigen Kräfteverhältnis innerhalb der Völker und ihrer Privilegien. Mit dem Durchbruch Europas auf allen Weltmeeren stellt sich die Frage: Warum waren an der Hochseeschiffahrt nicht alle Seefahrernationen der Welt gleichmäßig beteiligt? Prinzipiell war keiner vom Wettbewerb ausgeschlossen, und doch blieb Europa allein übrig.

Die Seefahrernationen der Alten Welt

Dieser Umstand ist um so erstaunlicher, als sich die seefahrenden Länder seit langem kennen und die Alte Welt vom Atlantik bis zum Indischen Ozean, den Insulinden und den an den Pazifik angrenzenden Meeren befahren. Jean Poujade würde gern Mittelmeer und Indischen Ozean als ein großes »vaterländisches Meer« sehen, das er »den Weg nach Indien« nennt. Tatsächlich beginnt der Weg nach Indien, die Schiffahrtsachse der Alten Welt, in der Ostsee und im Ärmelkanal und reicht seit jeher bis zum Pazifik.

Auch der Isthmus von Suez trennt die beiden Meere nicht. Das Rote Meer war über Jahrhunderte über einen Nilarm mit dem Mittelmeer verbunden, den Kanal von Nechao, sozusagen den damaligen Suezkanal, der zur Zeit Ludwigs des Heiligen noch befahren, kurz danach aber zugeschüttet wurde. Anfang des 16. Jahrhunderts dachten Venedig und Ägypten an eine Wiedereröffnung. Menschen und Tiere sowie in ihre Einzelteile zerlegte Schiffe überquerten den Isthmus. Die türkische Flotte wurde 1538, 1539 und 1588 auf Kamelen zum Roten Meer transportiert und dann an Ort und Stelle wieder zusammengesetzt. Die Umseglung von Vasco da Gama (1498) machte diese von jeher bestehende Verbindung zwischen Europa und dem Indischen Ozean auch nicht überflüssig, sondern gab ihr im Gegenteil neue Impulse.

Solche nachbarschaftlichen Beziehungen führen nicht zwangsläufig zur Übernahme technischer Praktiken, an die der Seefahrer mehr als jeder andere gebunden ist. Die mit Segeln, Steuer, wasserdichtem Rumpf und seit dem 11. Jahrhundert Kompaß modern ausgerüsteten chinesischen Dschunken fahren zwar bis nach Japan, kommen aber nicht über den Golf von Tonkin hinaus. Von Da-Nang bis hinüber nach Afrika treten die mittelmäßigen Schiffe der Indonesier und Araber mit den Dreieckssegeln auf den Plan. Die Grenzen auf See sind ebenso verbindlich wie die kontinentalen Grenzen. Doch stattet man sich immerhin gegenseitige Besuche ab. Die chinesischen Segelschiffe und Dschunken ankern im Hafen von Tonkin, das einmal unter chinesischer Herrschaft stand. Der Isthmus von Suez wird, auch wenn es den Anschein haben sollte, nicht als Grenze betrachtet, denn er wird schon zu lange als Übergang frequentiert. Der Islam hat beinahe im ganzen Mittelmeer seine Schiffe laufen, wo er das sogenannte lateinische Segel einführt, das ursprünglich aus dem Golf von Oman stammt. Dadurch setzte sich das Dreieckssegel überall im Mittelmeer durch und wurde geradezu zu dessen Symbol. Und doch war es ursprünglich eine Imitation des Rahsegels, das alle Völker des Mittelmeers verwendeten, von den Phönikern bis zu den Griechen, Karthagern und Römern. Die Küstenbewohner des Languedoc wehrten sich dagegen, mehr noch die griechischen Länder unter der Herrschaft von Byzanz mit seinen Geschwadern und den äußerst wirksamen griechischen Feuern. Doch in Portugal, das früher stark unter byzantinischem Einfluß stand, finden wir das Dreieckssegel. In Nordeuropa, wo sich schon vor dem 13. Jahrhundert eine ziemlich breite Renaissance der Seefahrt angebahnt hatte, hielt man am Rahsegel fest; an dem besonders stabilen Rumpf sind die Planken dachziegelartig angebracht (Klinkerwerk). Das Wunder schlechthin ist aber das Axialsteuerruder, das vom Innern des Schiffes aus bedient wird und nach dem hinteren Teil des Rumpfes unter Fachleuten auch Ankersteven-steuerrad genannt wird.

Man kann also von zwei verschiedenen europäischen Seefahrertraditionen sprechen, der mittelmeerischen und der nordischen; sie sollten aber durch wirtschaftliche Errungenschaften unpolitischer Natur schließlich zusammenfallen. Auf ihrer ersten Reise nach Brüssel 1297 arrangierten sich die genuesischen Schiffe mit dem Norden und seinem Handel. Der Aufschwung Lissabons im 13. Jahrhundert ist beispielhaft für die Art und Weise, wie das Vorbild einer aktiven kapitalistischen Form der Seewirtschaft assimiliert werden kann. Die langgezogenen Schiffe des Mittelmeeres übernehmen auch die nordischen Völker und machen sich gleichzeitig mit den geschätzten Lateinsegeln bekannt. Umgekehrt werden allmählich durch eine Reihe von Vermittlern – darunter den Basken – die Klinkerwerke der nordländischen Schiffe und das Ankerstevensteuerrad (mit dem man in nördlicher Richtung besser steuern kann) den südlichen Schiffsbauern vertraut gemacht. Die daraus resultierenden Wechselbeziehungen und Mischformen bestätigen die Bildung einer neuen Kultureinheit – nämlich Europa.

Die portugiesische Karavelle, die um 1430 zum erstenmal gebaut wurde, ist ein Produkt dieser Zusammenarbeit: kleiner Segler mit Klinkerwerk, Ankerstevensteuerrad, drei Masten, zwei Rah- und einem Lateinsegel, das sich nicht in der Mitte des Schiffes befindet (die Rahe ist höher und auf einer Seite länger), schnelle Wendungen zuläßt und mit zur Steuerung dient; die Rahsegel dagegen sind quer zum Schiffsrumpf angebracht und sollen den Rückenwind auffangen. Nach ihrer Bewährung auf dem Atlantik geht die Karavelle wie alle anderen Schiffe Europas bei den Kanarischen Inseln dann vom Dreiecks- zum Viereckssegel über, das bis zur Landung auf den Antillen ständig dem Passat ausgesetzt ist.

Die Routen der Weltmeere

Das Ziel all dieser Bemühungen und Verbesserungen war die Eroberung der Wasserstraßen. Noch gegen 1420/30 sind alle Seefahrernationen (die Polynesier ausgenommen) in ihren kleinen Binnenmeeren gefangen, zu denen auch der Indische Ozean gehört, der durch Afrika, Indien und die malayische Halbinsel eingegrenzt wird. Es gab keinen Hinweis darauf, wer von all diesen Völkern den Wettlauf gewinnen würde. Hanno gelang immerhin schon mehr als zweitausend Jahre vor Vasco da Gama die erfolgreiche Umsegelung Afrikas. Schon Jahrhunderte vor Kolumbus entdeckten irländische Seefahrer um 690 die Faröerinseln, betraten irische Mönche 795 isländischen Boden, den die Wikinger um 860 von neuem entdeckten, gelangte Erik der Rote 981 oder 982 bis nach Grönland, wo sich bis zum 15. oder 16. Jahrhundert Normannen aufhielten. Vor kurzem entdeckte man eine Landkarte, auf der schon 1440 gegenüber von Grönland (»Vinland«) die Küste des nordamerikanischen Kontinents eingezeichnet ist. Die Brüder Vivaldi passierten 1291 mit zwei Galeeren die Meerenge von Gibraltar Richtung Indien, wurden aber nach dem Kap Juby nie mehr gesehen. Wenn es ihnen gelungen sein sollte, um Afrika herumzusegeln, dann waren sie es, die zweihundert Jahre früher das Startsignal für die großen Entdekkungsfahrten gaben.

All dies spielt sich im europäischen Bereich ab. Doch waren in der Retrospektive gesehen die Chinesen seit dem 11. Jahrhundert unvergleichlich stärkere Konkurrenten, denn sie verfügten über den Kompaß und seit dem 14. Jahrhundert über große Dschunken mit vier Decks mit wasserdichten Zwischenschotten, vier bis sechs Masten sowie zwölf großen Segeln und tausend Mann Besatzung. Unter der Songdynastie des Südens (1127—1279) vertrieben sie die Araber aus dem Chinesischen Meer. Im 15. Jahrhundert unternehmen chinesische Geschwader unter der Führung des großen Eunuchen Tschung Ho, eines Muselmanen aus Yünnan, aufsehenerregende Fahrten. Eine erste Expedition mit 62 Dschunken führte sie 1405 bis 1407 auf die Insulinde, auf der zweiten (1408—1411) eroberten sie mit 27 000 Mann und 48 Schiffen Ceylon, auf der dritten (1413—1417) Sumatra; eine vierte und fünfte (1417 bis 1419 und 1421/22) waren friedlicher Natur und erschöpften sich im Austausch von Geschenken und Botschaftern in Indien sowie Arabien und Abessinien. Auf der sechsten, nur sehr kurzen Expedition überbringen sie einen Brief des Kaisers an den Herrscher von Palembang auf Sumatra. Zur siebten, letzten und vielleicht sensationellsten Fahrt brachen sie am 19. Januar 1431 vom Hafen Long Nan auf; den Rest des Jahres lagen sie in den Häfen Tche Kiang und Fu Kien im Süden vor Anker; 1432 setzen sie die Reise in Richtung Java, Palembang, Malakka, Ceylon, Kalkutta bis nach Ormuz am Eingang des Persischen Golfes fort, wo die Flotte am 17. Januar 1433 landete und einen Botschafter zurückließ, der Muselmane war und möglicherweise nach Mekka gelangte. Am 22. Juli 1433 kehrte die Flotte nach Hause zurück.

Über die Zeit danach wissen wir überhaupt nichts. Unter den Ming mußte sich China wahrscheinlich gegen die Nomaden aus dem Norden verteidigen. 1421 löste Peking Nanking als

Hauptstadt ab. Man stelle sich vor, chinesische Dschunken wären bis zum Kap der Guten Hoffnung oder zum Nadelkap — dem südlichen Tor zwischen Indien und dem Atlantik — vorgedrungen.
Dies war aber nicht die einzige verpaßte Gelegenheit. Seit Jahrhunderten hatten arabische Geographen (im Gegensatz zum ptolemäischen Weltbild) von der Möglichkeit geträumt, den afrikanischen Kontinent auf dem Meer zu umfahren. Masudi war der erste, der im 10. Jahrhundert die arabischen Städte an der Küste Sansibars sah. Sie schlossen sich damit der unumstößlichen Meinung der Kirche und der *Bibel* an, nach der die Wassermasse eine Einheit bildet. Jedenfalls waren solche Erzählungen von Reisenden und arabischen Seefahrern zu den Christen durchgesickert. Alexander von Humboldt hält es für glaubhaft, daß um 1421 ein arabisches Schiff eine solche Reise angetreten haben kann, die auf einer Landkarte von Fra Mauro (1457), dem *geographus incomparabilis* Venedigs, verzeichnet ist. Das Schiff soll in vierzig Tagen 2000 Meilen im Meer der Finsternis — wie die Araber den Atlantik nennen — zurückgelegt haben, die Rückkehr dauerte siebzig Tage. Und doch sollte es Europa vorbehalten bleiben, den Atlantik und seine verborgenen Geheimnisse und damit alle anderen Probleme zu erforschen.

Der Atlantik

Der Atlantik läßt sich in drei große ellipsenförmige Wind- und Wasserströmungen unterteilen. Um günstig zu segeln, genügt es, sich den Strömungen und Winden anzuvertrauen und von ihnen treiben zu lassen, denn sie führen einen ans Ziel und auch wieder zurück. So machten es schon die Wikinger und Kolumbus: Mit seinen drei Schiffen stieß er bis zu den Kanarischen Inseln vor, dann bis zu den Antillen; die Winde der mittleren Breitengrade brachten ihn an Neufundland vorbei und im Frühjahr 1493 auf die Azoren zurück. Im Süden erstreckt sich die Kreiselbewegung von der südamerikanischen Ostküste bis zum Kap der Guten Hoffnung an der Südspitze Afrikas – dies allerdings nur unter einer Voraussetzung, daß man den günstigen Wind gefunden hat und auf seinem Kurs bleibt.

Das hört sich alles sehr einfach an, und es wäre auch einfach gewesen, wenn die Hochseeschiffahrt den Seefahrern damals vertraut gewesen wäre. Die Erfahrungen der Wikinger und Iren aber waren verlorengegangen. Um sie sich wieder anzueignen, mußte Europa die Techniken des Nordens und des Südens übernehmen und verarbeiten, es mußte den Umgang mit dem Kompaß und dem Gradbuch lernen und vor allem seine latent vorhandenen Befürchtungen überwinden. Die Portugiesen sind 1422 in Madeira, 1427 auf den Azoren anzutreffen; sie fahren immer der afrikanischen Küste entlang. Das Kap Bojador erreicht man zwar mühelos, die Rückfahrt gegen den Nordpassat erweist sich aber als äußerst schwierig. Auch Guinea mit seinen Sklavenmärkten, seinem Goldstaubvorkommen und seinem falschen Pfeffer anzusteuern, bereitet keinerlei Probleme, aber auf dem Weg nordwärts muß man dem Passat ausweichen und die West-Ost-Winde finden, die aber erst auf der Höhe der Sargassosee anzutreffen sind, d. h. nach einem Monat Fahrt auf hoher See! Ebenso ist man auf der Rückfahrt von Mina (São Jorge de Mina ist 1487 gegründet worden) gezwungen, bis zu den Azoren im Gegenwind zu kreuzen.

Die größte Schwierigkeit aber bestand in dem Wagnis an sich. Heutzutage unterschätzt man die dafür nötige Kühnheit ebenso, wie unsere Nachkommen die Unternehmungen im Weltraum nicht mehr sensationell finden werden. »Man weiß zur Genüge«, schreibt Jean Bodin, »daß das portugiesische Königreich seit hundert Jahren Fahrten auf hoher See unternimmt.« Doch selbst im 17. Jahrhundert entfernt man sich noch so wenig wie möglich von der Küste. Tomé Cano, dessen Buch 1611 in Sevilla erschien, urteilt über die Italiener: »Das sind keine Seeleute, die fürs offene Meer geschaffen sind.« Und das stimmt auch, denn die Mittelmeervölker, die im allgemeinen nur von einem Hafen zum anderen fahren, schifften sich höchstens von Rhodos nach Alexandrien — das sind vier Tage auf offener See —, von Barcelona nach Marseille oder von den Balearen über Sardinien nach Italien und manchmal auch nach Sizilien ein. Am schönsten ist die Reise von der spanischen Halbinsel in den Ärmelkanal und zurück, eine Fahrt, die aufregend werden kann, denn die Biskaya kann sehr stürmisch sein und die Dünung des Atlantik ist ungewohnt. Als Ferdinand sich 1522 nach einem Besuch von seinem Bruder, Karl V., verabschiedet, verfehlt die Flotte die Einfahrt zum Ärmelkanal und landet statt dessen in Irland. Für Dantiscus, den Botschafter des Königs von Polen, wird 1522 die Reise von England nach Spanien ebenfalls zu einer der dramatischsten seines Lebens. Die Biskaya heil zu durchfahren gehörte damals sicherlich zu den Meisterleistungen auf offener, wildbewegter See. Solche Prüfungen waren wohl die Voraussetzung für die Eroberung der Meere und Welten.

Warum aber stand Europa zwischen dem 16. und 18. Jahrhundert allein vor dieser Aufgabe, fragen sich europäische Fachleute und Seemänner, wo es doch so große Seefahrernationen wie China und Japan gab? Der Pater Mendoza streift diese Frage (1577): »Die Chinesen fürchten das Meer, es sind Leute, die sich gewöhnlich nicht einschiffen.« Auch die Seeleute des Fernen Ostens verlassen nie den sicheren Küstenbereich. Rodrigo Vivero, der ungefähr vierzehn Tage von Osaka nach Nagasaki unterwegs ist, berichtet, »daß man beinahe jede Nacht an Land schläft«. Der Pater Du Halde (1693) bekräftigt, daß die Chinesen zwar »gute Küstenfahrer, aber auf offener See ziemlich unerfahren sind«.

Gegen Ende des 18. Jahrhunderts kommt Georges Staunton, als er im Golf von Tche-li in aller Ruhe chinesische Dschunken begutachten kann, zu der Überlegung: »Der Unterschied dieser zwei englischen Schiffe mit ihren hohen Masten und ihrer komplizierten Takelage zu den Dschunken ist auffällig. Diese sind zwar einfach und niedrig, aber gut gebaut und ziemlich seetüchtig. Jede hatte etwa eine Tragkraft von 200 Tonnen.« Staunton notiert die Aufteilung des Rumpfes, die ungewöhnliche Dicke der beiden Masten, die aus einem einzigen Holzstück oder Baum gefertigt sind, jeder mit einem großen Viereckssegel aus Bambus, Stroh oder Schilf. Die Dschunken sind an den beiden Enden beinahe platt, an einem Ende befindet sich das Steuer, das so groß ist wie das auf den Londoner Lastkähnen; es ist mit Seilen an den beiden Schiffsenden vertaut. Die *Jackall*, das zweite der englischen dort liegenden Schiffe, das dem englischen Linienschiff *The Lion* folgt, faßt nur 100 Tonnen. Im Golf von Tche-li wird es von den chinesischen Dschunken überrundet: »Zwar«, so Staunton, »war diese Brigg dafür gebaut, unter den verschiedensten Winden zu segeln, deshalb lag sie doppelt so tief im Wasser wie die chinesischen Dschunken mit dem gleichen Fassungsvermögen. Der Nachteil der Seitenwinde, dem alle europäischen Schiffe ausgesetzt sind, die zu wenig Tiefgang haben, macht sich in den chinesischen Gewässern kaum bemerkbar, wo die Schiffe im allgemeinen nur mit günstigem Wind fahren [d. h. mit Rükkenwind]. Außerdem sind die Segel der chinesischen Dschunken sehr beweglich und können einen so spitzen Winkel zu den Schiffsseiten bilden, daß sie äußerst günstig im Wind stehen, trotz ihres geringen Tiefgangs.«

Als Schlußfolgerung ergibt sich: »Die Chinesen haben die gleichen Startchancen wie schon die Griechen. Ihre Meere ähneln dem Mittelmeer in der Ausdehnung wie in den vielen Inseln. Zu beachten ist jedoch, daß die Schiffahrt in dem Augenblick technisch verbessert wurde, als die Europäer gezwungen waren, längere Reisen auf dem unendlichen Ozean zu unternehmen.«

Damit sind wir wieder am Ausgangspunkt unserer Überlegungen angekommen – und wissen nicht viel mehr als vorher. Die Hochseeschiffahrt ist der Schlüssel zu den Sieben Meeren. Aber keiner kann mit Sicherheit behaupten, daß die Chinesen und die Japaner, technisch gesehen, nicht in der Lage waren, es den Europäern gleichzutun.

Vielleicht ist die Lösung der Frage gar nicht auf technischem Gebiet zu suchen. Dem portugiesischen Steuermann, der Johann II. versicherte, daß man von der Küste von Mina mit jedem Schiff zurückkommen könne, gebot der König zu schweigen, andernfalls werde er ihn in den Kerker werfen lassen. 1535 ereignete sich ein nicht minder beweiskräftiger Vorfall: Diego Botelho hatte aus Indien eine einfache Fuste mitgebracht, die der portugiesische König sofort verbrennen ließ.

Erwähnen wir am Schluß noch das einzigartige Abenteuer einer japanischen Dschunke, die 1610 ganz allein von Japan nach Acapulco fuhr. Sie war ein Geschenk der Japaner an Rodrigo Vivero und seine schiffbrüchigen Kameraden und hatte europäische Ausrüstung – ein Umstand, der beweist, daß die Dschunke die offene See nicht zu scheuen brauchte.

Kurz: eine rein technische Erklärung ist einfach nicht möglich. Heute sind die Historiker immerhin schon der Ansicht, daß die Karavelle ihren Erfolg nicht so sehr ihren Segeln und ihrem Steuer verdankt, sondern dem geringen Tiefgang, der Erkundungsfahrten an Küsten und Mündungsgebieten ermöglichte, mehr aber noch der Tatsache, daß, klein wie sie war, ihre Ausrüstung relativ billig war! Das aber hieße nun doch wiederum ihre Bedeutung schmälern.

Ebenso schwierig ist es, eine Erklärung dafür zu finden, warum islamische Schiffe bei dem Wettbewerb zur See keine Rolle spielten. Ihre Fahrten im Indischen Ozean, die durch die abwechselnden Monsunwinde nicht zu schwierig waren, setzten doch gewisse Kenntnisse voraus, wie den Umgang mit dem Seehöhenmesser oder dem Jakobstab. Die Geschichte von dem arabischen Seemann in der Mannschaft Vasco da Gamas, der die kleine portugiesische Flotte in Melinde übernimmt und sicher nach Kalkutta bringt, legt davon beredtes Zeugnis ab. Unter diesen Voraussetzungen hätten Sindbad der Seefahrer und seine Nachkommen die Welt unter arabische Vorherrschaft bringen können. Wie also kommt es, daß – um mit Vidal de la Blanche zu sprechen – die Schiffahrt der Araber im Süden Sansibars und Madagaskars praktisch zum Stillstand kam durch die heftigen Strömungen in der Straße von Mozambique (die nach Süden und dann auf den offenen Atlantik zieht)? Auf diesen frühen Fahrten beherrschten die Araber die Alte Welt bis zum 15. Jahrhundert; außerdem hatten sie den Suezkanal vor der Haustür, warum sollten sie also die Kaproute suchen? Gold, Elfenbein und Sklaven hatten sie an der Küste Sansibars und in den Nigergebieten schon gekauft. Auf Westafrika richtete sich damals das allgemeine Augenmerk noch nicht. Bestanden also die Verdienste des Abendlandes in seiner Eigenschaft als Kap Asiens darin, daß es auf die weite Welt angewiesen war und seine Grenzen ausdehnen mußte? Dies alles wäre nicht möglich gewesen, betont ein Kenner der chinesischen Geschichte, ohne den Aufschwung des Kapitalismus in den Städten des Abendlands. Sie gaben den Impuls, ohne den die Technik allein ohnmächtig gewesen wäre.

Das soll nicht heißen, daß Geld und Kapital die Hochseeschiffahrt »gemacht« haben. Im Gegenteil: China und die Länder des Islam sind zu dieser Zeit auch kapitalistische Gesellschaften mit Besitzungen, die wir heute Kolonien nennen würden. Neben ihnen nimmt sich das Abendland noch weitgehend proletarisch aus. Wichtig aber ist ein seit dem 13. Jahrhundert länger anhaltender Impetus, der sich auf das materielle Leben auswirkt und die ganze abendländische Welt auf den Kopf stellt. Das, was die Historiker Goldrausch, Eroberungsgier oder Gewürzsucht nannten, ist im technischen Bereich von einer beständigen Suche nach Neuerungen und nutzbringender Anwendung begleitet, d. h. nach Verbesserungen mit größtmöglicher Effizienz im Dienst des Menschen. Die gehäuft auftretenden praktischen Erfindungen, die von dem bewußten Willen getragen sind, sich die Welt untertan zu machen, und das wachsende Interesse für alle Energiequellen verhelfen Europa schon vor dem eigentlichen Erfolg zu seinerr Vorrangstellung.

Zweites Kapitel

Transportmöglichkeiten und Geschwindigkeit

Mit dem Sieg der Schiffahrt schließt sich der Kreis weltweiter Verbindungen. Aber deswegen ändert sich an den Unzulänglichkeiten des Transportwesens nichts, die die damalige Wirtschaft erheblich einengen. Bis ins 18. Jahrhundert ist das Ende einer Schiffsreise nicht abzusehen und die Transporte über Land erfolgen nur stockend. Zwar gibt es im 18. Jahrhundert ein ziemlich großes »Straßen«netz, doch genügt es, zum Beispiel die kleinen Bilder Jan Breughels in der Münchner Pinakothek zu betrachten, um festzustellen, daß im 17. Jahrhundert nicht einmal auf Straßen in der Ebene der Verkehr rollt. Im allgemeinen läßt sich kaum der Weg ausmachen, könnte man sich nicht an den Reisenden orientieren. Dies sind aber oft nur Bauern zu Fuß, Karren mit Bauersfrauen, die mit ihren Körben auf dem Weg zum nächsten Markt sind; ein Fußgänger hält ein Tier am Halfter ... Manchmal begegnet man natürlich auch eleganten Kavalieren mit Wagen und Pferden. Auf dem folgenden Bild aber waten eben diese Kavaliere in Schlammlöchern, stehen ihre Tiere bis zu den Knöcheln im Wasser, kommen die Wagen nur noch mühsam vorwärts, denn die Räder sinken im Morast ein. Fußgänger, Hirten und Schweine ziehen die sichere Böschung am Straßenrand vor. In Nordchina herrschen vielleicht noch schlimmere Zustände. Wenn der Weg völlig unbefahrbar ist oder einen beträchtlichen Umweg macht, »kürzte man mit Karren und Pferden über die Felder ab, ohne sich dabei um das Korn zu scheren«.

Diesbezüglich hat sich zur Zeit Richelieus oder Karls V. wenig oder nichts verändert gegenüber dem China unter den Songs oder dem Römischen Reich. Diese Umstände erschweren die wirtschaftlichen Beziehungen und beschränken die Beziehungen der Menschen untereinander.
Ein Bote brauchte damals Wochen, ja Monate, um zu den Adressaten zu gelangen. Der Sieg über die Entfernung ist erst mit dem interkontinentalen Tiefseekabel (1857) errungen; mit der Eisenbahn, dem Dampfschiff, dem Telegraphen- und Telephonwesen beginnt — sehr spät — die Phase der eigentlichen globalen Massenkommunikationsmittel.

Genau festgelegte Reiserouten

Nehmen wir einen beliebigen Reiseweg in einer beliebigen Epoche mit Fahrzeugen, Lasttieren, einigen Reitern, Herbergen, einer Schmiede, einem Dorf und einer Stadt. Transportunternehmer und Reisende müssen sich an ganz bestimmte Routen halten, wobei jedoch die Möglichkeit besteht, einmal an einem Brückenzoll oder einem Grenzzollposten vorbeizukommen. Im Winter wie im Frühjahr sind bestimmte Wege gesperrt, je nach Glatteisgefahr oder Schneeschmelze. Eine Reise war damals ein Unternehmen, bei dem man weitgehend auf die Dienstleistungen anderer angewiesen war, die man in Anspruch nehmen mußte. 1776 legt der Schweizer Arzt Jacob Fries, Major in der russischen Armee, die Strecke Omsk-Tomsk (890 Kilometer) mit einer durchschnittlichen Geschwindigkeit von fünf Kilometern in der Stunde zurück, wechselt dabei aber regelmäßig die Pferde, um die Stationen nicht zu verpassen. Wenn man im Winter nur eine einzige Station verfehlt, kommt man mit ziemlicher Sicherheit im Schnee um. Im Landesinnern von Argentinien reist man noch im 18. Jahrhundert auf schweren Ochsenkarren, die Korn oder Leder nach Buenos Aires bringen und leer nach Mendoza,

Santiago de Chile, Jujuy oder nach Peru zurückfahren. Man kann aber auch zu Pferde oder auf dem Eselsrücken reisen. Zu geeigneter Zeit müssen die Wüsten durchquert werden, um Häuser, Dörfer, Wasserstellen, Eierverkäufer und Frischfleisch nicht zu verfehlen. Wenn der Reisende es in seinem engen Wagenverschlag nicht mehr aushält, besteigt er ein Pferd, montiert auf einem weiteren Tier ein primitives Nachtlager, setzt sich an die Spitze des Konvois und reitet im Galopp voraus – vornehmlich zwischen 2 und 10 Uhr morgens, um der Hitze auszuweichen. »Die Pferde sind so an diese Ritte gewohnt, daß sie ohne Sporn mit hängenden Zügeln wie von selbst reiten.« Am Ziel winken die Poststationen, wo sich der Reisende am besten erholen kann. Man kommt dort an und legt sich zum Schlafen nieder. Nun verstehen wir den ersten Abschnitt der Beschreibung einer Reise von Buenos Aires nach Lima (1776) von Don Alonso Carrio de la Bandera: »Während gut dreier Tage Wegstrecke, abgesehen von zwei Überquerungen, stößt man auf Kühe, Schafe und Hühner in Hülle und Fülle, die zu niedrigem Preis angeboten werden.« Die relativ modernen Reiseeindrücke aus Ländern wie Sibirien und Amerika vermitteln ein ziemlich genaues Bild von Reisen in früheren Jahrhunderten in den alten Kulturländern. In Argentinien verfaßte jeder Reisende noch im 19. Jahrhundert vor Antritt der Reise sein Testament, wie es bei den europäischen Kaufleuten des Mittelalters Sitte war. Um Istanbul auf dem Weg über den Balkan zu erreichen, mußte man laut Pierre Lescalopier (1574) von morgens bis abends unterwegs sein, »falls nicht eine liebliche Landschaft dazu einlud, sein kaltes Fleisch und eine Flasche Wein aus der Satteltasche zu ziehen und sich auszuruhen, solange die Pferde ohne Zaumzeug friedlich grasen«. Bis zum Abend muß die nächste Karawanserei erreicht sein, wo man Essen und Trinken vorfindet. Eine Karawanserei ist eine Art Hospiz, die im Abstand einer Tagesreise erbaut sind. »Reich und arm übernachten dort, weil ihnen keine andere Möglichkeit bleibt; die

Scheunen sind ziemlich groß, als Fenster dienen Schießscharten. Die Leute liegen etwas erhöht auf einer Art Podium in der Halle, neben ihnen sind die Tiere festgebunden. So behält jeder sein Pferd im Auge, sorgt für das Futter [die Türken schütten Hafer und Gerste in Ledersäcke]; während das Pferd frißt, werden die überhängenden Sackenden über die Ohren gestülpt.« 1693 beschreibt ein neapolitanischer Reisender diese Herbergen etwas weniger umständlich: »Eigentlich sind es lange Pferdeställe, die Pferde stehen in der Mitte, an ihrer Seite ruhen die Herren.«

In China zeigt ein *Öffentliches Itinerar* aus dem 17. Jahrhundert den Verlauf der von Peking ausgehenden Straßen mit allen Haltepunkten, an denen die Mandarine in öffentlicher Mission auf Kosten des Kaisers beherbergt, bewirtet und neu ausgerüstet werden. Diese Stationen im Abstand einer Tagereise können größere oder kleinere Städte sein, Schlösser, *yes* oder *chins*, »die früher als Unterkunft oder Wachtposten dort errichtet wurden, wo keine Städte standen ...« Oft wurden an diesen Stellen später Städte gegründet.

Reisen bietet lediglich in den dichter besiedelten Ländern einigen Komfort. Der *Ulysse françois* (1643), ein *Guide bleu* der damaligen Zeit, gibt alle guten Herbergen an, den *Faucon Royal* in Marseille, die Gastwirtschaft *Au Cardinal* in Amiens, er rät — aus Rache oder berechtigten Gründen — davon ab, in Péronne in der Herberge *Au Cerf* zu logieren. Bequemlichkeit und Schnelligkeit ist ein Privileg dicht besiedelter und straff verwalteter Länder wie China, Japan, Europa und den islamischen Gebieten. In Persien »gibt es im Abstand von vier Kilometern Karawansereien, dort reist man ohne Mühen und Beschwerden«. Aber im folgenden Jahr (1695) beklagt sich derselbe Reisende während eines Aufenthaltes in Hindustan: keine Herbergen, keine Karawansereien, keine Miettiere für die Wagen, kein Essen und Futter, »ausgenommen die Marktflecken im Gebiet der Mogule«; »man schläft unter freiem Himmel oder unter einem Baum«.

Vielleicht finden es einige verwunderlich, daß auch auf See keine Kursabweichungen erlaubt sind und bestimmte Zwischenlandeplätze eingehalten werden müssen. Denn ein Schiff ist abhängig von Winden und Strömungen. Das Schmuggelgeschäft floriert in den an China grenzenden Meeren ebenso wie im Mittelmeer. Die Küste ist Orientierungspunkt und Zielscheibe der Schmuggler. Fahrten auf offener See sind im großen und ganzen Erfahrungssache. Die Route Spanien-Indien und zurück war von Kolumbus fixiert worden; 1519 wurde sie von Alaminos nur unwesentlich korrigiert und blieb dann bis zum 19. Jahrhundert unverändert. Der Rückweg führte am 33. Grad nördlicher Breite vorbei, wobei die Mitreisenden Gelegenheit hatten, die strenge Kälte nördlicher Regionen kennenzulernen. »Die Kälte machte sich ziemlich rigoros bemerkbar, und einige Kavaliere in Seide und ohne Umhang konnten sie kaum ertragen.« Ebenso legte Urdaneta 1565 ein für allemal die Route von Acapulco nach Manila fest, d. h. von den spanischen Kolonien in Amerika zu den Philippinen und zurück; jene war leichter, diese schwieriger und dauerte sehr lange (sechs bis acht Monate); die Reise kostete damals bis zu 500 *pièces de huit*.

Wenn alles reibungslos verlief, verfehlte man die Orientierungs- und Haltepunkte nicht. Bei den obligatorischen Zwischenlandungen füllte man die Lebensmittel- und Wasservorräte auf; im Notfall konnte man auch einen Masten ausbessern oder länger im Hafen liegen bleiben. Alles war genau vorgeschrieben.

Entlang der Untiefen an der Küste von Guinea, die nur kleine Schiffe ansteuern konnten, wurde man manchmal von einer Bö erfaßt, bevor das Segel eingeholt war, und der Masten beinahe brach. Dann konnte man die Ilha do Principe anlaufen, um Ersatzmasten, Zucker und Sklaven zu holen. In der Nähe der Meerenge von Sunda ist es ratsam, sich so nahe wie möglich an der Küste Sumatras zu halten und dann Kurs auf Malakka zu nehmen. Die gebirgige Küste der großen Insel schützt gegen Überfälle, aber das Wasser ist nicht tief. Wenn ein Hurrikan ausbricht – wie auf der Reise Kämpfers nach Siam 1690 –, müssen sofort Anker geworfen werden, bis der Sturm sich allmählich legt oder weiterzieht.

Veränderungen der Handelswege

Die Zustände und Ereignisse auf den Straßen und Fahrten dürfen jedoch auch nicht übertrieben werden. Die Berichte sind oft widersprüchlich oder belanglos. Es steht jedoch außer Zweifel, daß es nicht durch Schikanen der französischen Behörden, besonders Ludwigs X. des Zänkers, zur zunehmenden Auflösung der Märkte in der Champagne kam; auch die seit 1297 bestehende regelmäßige Schiffsverbindung vom Mittelmeer (Genua) nach Brügge war nicht die Ursache. Am Anfang des 14. Jahrhunderts wandelt sich die Struktur des kontinentalen Handels; der kleine ambulante Händler wird immer seltener, die Waren werden nach vorheriger schriftlicher Regelung zwischen Italien und den Niederlanden verschickt, den beiden Polen der europäischen Wirtschaft, ohne daß Besuche und Verhandlungen auf halbem Wege notwendig wären. Die Mittlerstation der Champagne wurde allmählich überflüssig. Die Märkte in Genf spielten erst im 15. Jahrhundert eine Rolle in der Zahlungsbilanz des europäischen Marktes. Auch soll nicht zu sehr am Abbruch des Handels mit der Mongolei um 1350 herumgerätselt werden. Im 13. Jahrhundert stellte die Eroberung der Mongolen einen direkten Kontakt zwischen China, Indien und dem Abendland her.

Marco Polo sowie sein Vater und Onkel vor ihm waren nicht die einzigen, die China und Indien auf endlos langen, aber erstaunlich sicheren Straßen bereisten. Der Abbruch ist vielmehr auf die im Abendland und in China gleich starke Rezession Mitte des 14. Jahrhunderts zurückzuführen. Auch die Entdeckung der Neuen Welt war kein unmittelbarer Anlaß, die schon bestehenden Hauptverkehrswege der Alten Welt zu verändern. Das Mittelmeer erlebt sogar noch hundert Jahre nach Kolumbus und Vasco da Gama einen internationalen Aufschwung; die Regression setzt erst später ein.

Straßen über kürzere Entfernungen hängen gewöhnlich von den Konjunkturschwankungen ab. 1332 läßt Gent auf eigene Kosten die Straße bei Senlis instand setzen, die die Verbindung zu den Märkten in der Champagne herstellt – mit wenig Erfolg. Die Freihandelspolitik der Grafen von Brabant zwischen 1350 und 1460 (Wegfall der Straßenzölle) hatte andere Ursachen als die Suche nach einem Ausweg aus der wirtschaftlichen Flaute. Mailand arrangiert sich mit Rudolf von Habsburg (1273–1291) bezüglich des transalpinen Handels. Um 1530 wird auf Befehl des Bischofs von Salzburg der Eselspfad über die Tauern als Fahrweg ausgebaut, ohne aber deswegen Gotthard und Brenner mit Mailand und Venedig im Hintergrund Konkurrenz machen zu wollen, sondern einfach weil nun an allen Straßen Verbesserungen erforderlich sind.

Die Schiffahrtswege

Schon durch die kleinste Wasserstraße belebt sich der binnenländische Handel. Auf dem breiten Doubs kann man den regen Schiffsverkehr früherer Jahrhunderte nachempfinden; Waren und Wein werden von Lyon flußaufwärts gebracht, auf der Rückfahrt wird Getreide, Hafer und Heu geladen. Ohne die Seine, Oise, Marne und Yonne hätte Paris weder genügend Nahrung noch Getränke noch Heizmaterial. Ohne den Rhein wäre Köln nicht schon vor dem 15. Jahrhundert die größte Stadt Deutschlands.

Wenn ein Geograph im 16. Jahrhundert Venedig erklären will, kann er nicht umhin, von den großen Wasserstraßen, vom Meer und den Lagunen zu sprechen. Auch die kleinsten Rinnsale werden genutzt. Auf den Schiffen ebroabwärts von

Tudela bis nach Tortosa ans Meer werden noch zu Anfang des 18. Jahrhunderts Pulver, Kugeln und Granaten aus Navarra verschifft, trotz diverser Schwierigkeiten wie dem Flixwasserfall, an dem alles aus- und wieder aufgeladen werden muß.

Typischer noch als für Deutschland ist der Schiffsverkehr auf Wasserstraßen für das Polen und Litauen jenseits der Oder, ein Verkehr, der schon im Mittelalter sehr rege war, zum Teil mit Flößen, auf denen die Schiffer in Hütten wohnten. Dieser groß angelegte Verkehr führte zur Gründung von Städten wie Thorn, Kowno, Brest-Litowsk und zu endlosen Streitigkeiten.

Aber nichts kommt den Verhältnissen in China zwischen dem Blauen Fluß und der Grenze nach Yünnan gleich. »Von dem Handel auf dem Wasserweg«, konstatiert ein Beobachter 1733, »hängt der ganze chinesische Binnenhandel ab, der auf der Welt einmalig ist ... Überall fahren Barken, Schiffe, Flöße (manche sind bis zu einer halben Meile lang und passen sich in ihrer flexiblen Bauweise den vielen Windungen des Flusses an), die wie eine bewegliche Stadt aussehen. Die Kapitäne haben auf diesen schwimmenden Untersätzen zusammen mit ihren Familien ihr Domizil aufgeschlagen. Man könnte sagen, daß auf dem Wasser ebenso viele Leute wie auf dem Festland leben.« Schon Pater De Magaillans sagte, »kein Land der Erde könne es in der Schiffahrt mit China aufnehmen, wo es zwei Territorien gibt, eines auf dem Wasser und das andere zu Lande; es gibt ebenso viele Klein-Venedigs, wie es Städte gibt.« 1656 hatte ein anderer Reisender vier Monate lang den Sze-tchuan und den Yangtse befahren, den »Sohn des Meeres«; »der Kiang ist wie das Meer ohne Grenzen und ohne Grund«. 1695 behauptet ein anderer Reisender, »die Chinesen liebten es, auf dem Wasser zu leben wie die Enten«. Stunden, ja halbe Tage lang fährt man zwischen Holzflößen umher; von einem Ufer der Kanäle und Flüsse ans andere zu gelangen ist eine umständliche und zeitraubende Angelegenheit.

Nach diesem Überblick über die verschiedensten Transportmittel zwischen dem 15. und 18. Jahrhundert lassen sie sich ohne Mühe aufzählen: die chinesische Sänfte wie der chinesische Schubkarren mit Vorhang, Leitochsen oder Leitelefanten in den Schlachten in Indien, die türkische *araba* auf dem Balkan oder in Tunesien und die Kamelkarawane in den islamischen Ländern, die Trägerkolonnen in Afrika, die zwei- und vierrädrigen Karren in Europa mit vorgespannten Ochsen oder Pferden.

Wenn man diese Fortbewegungsmittel zeitlich ordnen müßte, wäre das Durcheinander grenzenlos, denn die Transportmittel machten kaum eine Entwicklung durch. Pater De Las Cortes berichtet 1626 von Trägern in der Gegend von Kanton, die »den Stuhl, auf dem der Reisende sitzt, auf langen Bambusstangen tragen«. George Staunton beschreibt 1793 die dünnen Kulis, »die in Lumpen herumlaufen und nur mit Strohhut und Sandalen bekleidet sind«. Auf dem Weg nach Peking muß seine Barke auf einen anderen Kanal überwechseln, die Winde wird von Hand in kürzerer Zeit hochgezogen, als es eine Schleuse vermag. In China sind Menschen ein dauernd in Bereitschaft stehendes Potential, das billig ist und allen anderen Methoden vorgezogen wird. Um eine Karawane in Afrika oder Asien zu beschreiben, ließen sich die Schilderungen Ibn Battutas (1326), eines englischen anonymen Reisenden aus dem 16. Jahrhundert, René Caillés (1799–1838) und des deutschen Forschers Georg Schweinfurth (1836–1925) beliebig austauschen. Im November 1957 konnte man auf den Straßen Polens noch schmale, vierrädrige Bauernkarren in Richtung Stadt fahren sehen, die Personen und Kiefernzweige transportierten. Sie werden jetzt dann wohl bald aussterben, gehörten aber schon zum Bild des 15. Jahrhunderts.

Die Wasserfahrzeuge, d. h. die chinesischen und japanischen Dschunken, die Einbäume der Malayen und Polynesier, die

Schiffe der Araber auf dem Roten Meer und dem Indischen Ozean ändern sich ebenso wenig. Eduard Sachau, Babylonexperte, beschreibt 1897/98 ebenso detailliert wie schon vor ihm Pierre Belon (1550) oder Gemelli Careri (1695) die arabischen Schiffe, die aus Palmenfasern ohne einen einzigen Nagel geflochten werden. Gemelli erzählt, wie ein Schiff in seinem Beisein in Dauman (in Indien) gebaut wird: »Die Nägel waren aus Holz, das Werg aus Baumwolle.« Diese Segelschiffe waren bis zur Einführung des englischen Dampfschiffs in Betrieb; vereinzelt leisten sie heute noch wertvolle Dienste – wie zur Zeit Sindbads des Seefahrers.

Transportmittel in Europa

Hier sind im Gegensatz zu den außereuropäischen Ländern differenzierte zeitliche Angaben möglich. Bekannt ist, daß die Wagen mit beweglichem Vordergestell (hervorgegangen aus den Artilleriekarren) erst um 1470 verwendet werden, daß die ersten noch primitiven Karossen nicht vor der zweiten Hälfte des 16. Jahrhunderts in Erscheinung treten (Fenster werden erst im 17. Jahrhundert eingesetzt), daß die Postkutschen auf das 17. Jahrhundert zurückgehen, der Postwagen für Reisende und die italienischen *vetturini* (die *voiturins*) erst in der Romantik zahlreicher vertreten sind. Die ersten Schleusen werden im 14. Jahrhundert gebaut. Doch all diese Neuerungen können nicht über viele beibehaltene Archaismen im Alltag hinwegtäuschen. Schiffe sind an Tonnage und Geschwindigkeit gebunden, und die Grenze ihrer Kapazität ist schnell erreicht.

Im 15. Jahrhundert werden die genuesischen Karraken mit bis zu 1500 Tonnen gebaut; venezianische Schiffe mit 1000 Tonnen nehmen in Syrien Baumwolle an Bord. Segelschiffe mit 900 und 1000 Tonnen transportieren Fracht aus Ragusa wie Salz, Wolle, Getreide, Zucker und Lederwaren. Im 16. Jahr-

hundert werden die portugiesischen Galeonen mit 2000 Tonnen zu den unumstrittenen Giganten der Meere, sie fassen mehr als 800 Passagiere. Wenn das Holz beim Bau des Schiffes nicht genügend ausgetrocknet ist und Wasser durch die Planken dringt, wenn ein Sturm sie an der Küste Mozambiques stranden läßt oder sie von Korsaren gekapert und in Brand gesetzt werden, dann ist der Sach- und Materialschaden ziemlich groß. 1587 kann die von den Engländern gekaperte *Madre de Deus* infolge ihres geringen Tiefgangs nicht mehr themseaufwärts fahren.
Im ganzen gesehen, erreichte die technische Perfektion der Schiffswerften gut hundert Jahre vor dem Sieg der Armada 1588 ihren Höhepunkt. Erst gegen 1840 wird der Rumpf aus Eisen verstärkt. Bis dahin waren »Eierschalen« mit 200 Tonnen die Norm, 500 Tonnen waren schon die Ausnahme und 1000 bis 2000 Tonnen ein absolutes Kuriosum.

Niedrige Geschwindigkeit

Der moderne Mensch, der die Nachteile schlechter Straßen kennt, hat notgedrungen einen schärferen Blick dafür als die Menschen damaliger Zeiten, die daran gewöhnt waren und nichts anderes kannten. Schon Paul Valéry sagte: »Napoleon kam noch genauso langsam voran wie Julius Caesar.« Dieses Faktum beweisen auch drei kürzlich veröffentlichte Zeugnisse, an denen die Schnelligkeit der Nachrichtenübermittlung nach Venedig abgelesen werden kann: die *Tagebücher* Marin Saundos, eines venezianischen Patriziers, der zwischen 1497 und 1536 tagtäglich den Ab- und Eingang der Korrespondenz mit der Signoria vermerkte, sowie die venezianischen Zeitungen zwischen 1686 und 1701 und zwischen 1733 und 1735. Diese Liste ließe sich beliebig, doch ohne nennenswerte Unterschiede fortführen. Alle Dokumente zeigen, daß Pferde, Wagen, Schiffe oder Boten höchstens hundert Kilometer in 24 Stunden bewältigen können. In Nürnberg kann man am Anfang des 16. Jahrhunderts bei entsprechender Bezahlung einen Auftrag für Venedig in vier Tagen erledigen lassen. Wenn die Großstädte die Informationen schneller bekommen, dann deshalb, weil sie dafür bezahlen und es schon immer Mittel und Wege gab, die räumlichen Entfernungen schneller zu überwinden, zum Beispiel durch den Bau von Pflasterstraßen, die jedoch noch lange Zeit eine absolute Ausnahme darstellen.

Die Pflasterstraße von Paris nach Orléans bildet — trotz der auch noch im 17. Jahrhundert gefürchteten Wegelagerer auf der Höhe der Wälder von Torfou — eine schnelle Verbindung zwischen beiden Städten. Orléans' Bedeutung als Flußhafen steht damals nicht hinter der von Paris zurück; die Loire ist von allen Flußläufen in Frankreich am bequemsten zu befahren, »denn sie ist so breit und lang; sie ist — wie kein anderer Fluß im Königreich — auf 160 Meilen schiffbar«. Die Straße Paris—Orléans heißt *pavé le Roi* und kann auch von großen Kutschen befahren werden, es ist eine *strada di carri*, wie die Italiener sagen.

In Frankreich ist im 18. Jahrhundert mit zunehmendem Straßenbau ein gewisser Fortschritt zu erkennen. Die Einnahmen der französischen Posten steigt von 1 220 000 Pfund im Jahr 1676 auf 8 800 000 1776; der Etat für Brücken und Straßen, der sich unter Ludwig XIV. auf 700 000 Pfund belief, erreicht vor der Revolution 7 Millionen Pfund. Mit dieser Summe werden aber nur die Bauten und die dafür nötigen künstlichen neuen Straßen errichtet; der Unterhalt bestehender Straßen wird durch Fronarbeit gewährleistet. Diese wurde auf administrativem Wege 1730 eingeführt, 1776 von Turgot verboten, im selben Jahr wieder erlaubt und erst 1787 endgültig abgeschafft. Damals verfügte Frankreich über 12 000 Kilometer fertige Straße, ebenso viele befanden sich im Bau.

Die Postkutschen *(diligence)* kamen also gerade zur rechten Zeit, ebenso die berühmt-berüchtigten *turgotines*. Die Zeitgenossen hielten sie für ein äußerst gefährliches Fahrzeug, das überdies im Bunde mit dem Teufel sei. »Ihre Karosserie ist so schmal, daß beim Aussteigen jeder Schwierigkeiten mit seinen Armen und Beinen hat. Wenn ein Reisender auch noch das Pech hat, ziemlich beleibt und breitschultrig zu sein, bleibt einem nur noch übrig, zu stöhnen oder sich aus dem Staub zu machen.« Sie sind ungeheuer schnell, verursachen häufig Unfälle, bei denen keiner für die Opfer zuständig sein will. Auf den großen Straßen ist nur der Mittelstreifen gepflastert; beim Überholmanöver muß ein Wagen auf das Bankett ausweichen.

1669 legte eine Postkutsche an einem Tag die Strecke Manchester-London zurück. Danach hagelte es Proteste: Die Kavaliere stürben aus, Sattel- und Spornmacher würden völlig ruiniert, und auch die Fährleute auf der Themse würden völlig überflüssig. Trotzdem ließ sich die Entwicklung nicht aufhalten.

Zwischen 1745 und 1760 kam es zu einem ersten revolutionären Ereignis: Der Transportpreis wurde gesenkt, eine Maßnahme, von der eine Reihe kleiner kapitalistischer Spekulanten profitierte. Von nun ab sollten sich die Zeiten ändern.

Doch auch nur für die großen Straßen galten diese bescheidenen Fortschritte. In Frankreich war es lange Zeit möglich, abseits der Postwege zu Pferd schwere Waren zu transportieren; als letzter Ausweg boten sich Maulesel an. Die abgelegenen Landstriche ohne Verbindung zu den Landstraßen blieben so verschlafen wie eh und je. Das erste »Straßennetz« auf nationaler Ebene findet sich im 18. Jahrhundert im englischen Kanalsystem (1755 der Bridgewater Kanal von Manchester nach Liverpool), das nach 1790 rasch ausgebaut wird.

Transporte und Transportunternehmer

Um den Transport müssen sich im Abendland ebenfalls die Bauern kümmern — sogar während der Ernte oder Weinlese und in den Wintermonaten; sie bekommen dafür nur geringen Entgelt. An ihrer Freizeit lassen sich die Hoch- und Tiefpunkte ihrer Transportarbeit ablesen. Egal in welcher Form, immer werden diese Tätigkeiten von den niedrigeren sozialen Schichten ausgeführt. Auch auf See rekrutiert sich die Besatzung der Schiffe meistens aus bescheideneren Familien. Die holländischen, im 17. Jahrhundert alle Meere beherrschenden Schiffe machen hierbei keine Ausnahme, auch nicht die amerikanischen Seeleute, die »Engländer zweiter Garnitur« — wie die Chinesen sagen —, die Ende des 18. Jahrhunderts mit winzigen Schiffen (zum Teil nur 50 bis 100 Tonnen) die Meere erobern wollen und von Philadelphia oder New York nach China fuhren und, wie man sich erzählt, dauernd betrunken waren.
Die »Transportunternehmer« gehörten gewöhnlich mit ihren beschränkten Gewinnen nicht zu den Kapitalisten. Trotz durchschnittlicher Kosten und Gewinne sind Transporte eine kostspielige Angelegenheit: durchschnittlich zehn Prozent des Warenwerts rechnete ein Historiker für Deutschland im Mittelalter aus. Doch variiert diese Ziffer nach Ländern und Epochen. Die Transportkosten (bei sechs Beispielen) staffeln sich von 11,7 Prozent, dem niedrigsten Satz, bis zu 20,34 Prozent als höchsten Satz. Dies gilt für die leichteren, dafür aber teueren Waren. Andere Ware wird nicht über größere Distanzen transportiert. Im 17. Jahrhundert bezahlt man 100 bis 200 Pfund, »um ein Weinfaß mit oft nicht mehr als 40 Litern von Beaune nach Paris zu befördern«. Zu Land liegen die Kosten und die damit verbundenen Schwierigkeiten selbstverständlich höher als zu Wasser. Damit kommt es zu einer gewissen Schwächung des kontinentalen Warenverkehrs zugunsten der Wasserstraßen, doch Gutsherren und Städte erhö-

hen die Zölle, diese führen zu Aufenthalten und unnötigem Zeitverlust. sogar in der Po- und Rheinebene ziehen die Händler die Landverbindungen den Wasserwegen vor, auf denen es zu dauernden Unterbrechungen kommt, bis man die Zollketten, die von einem Ufer zum anderen gespannt sind, passieren darf. Hinzu kommen die nicht zu unterschätzenden Risiken des Räuberunwesens in der ganzen Welt, Zeichen einer permanenten wirtschaftlichen und sozialen Notlage.

Das Meer dagegen stellt eine Art Freihandelszone dar. Seit dem 13. Jahrhundert wurde in England Wolle bei Transporten über 80 Kilometer um 1,5 Prozent teurer, das Korn um 15 Prozent, während der Wein, der aus der Gascogne von Bordeaux nach Holland oder Irland verschickt wurde, im ganzen trotz der langen Seereise nur um 10 Prozent aufschlug. 1546 ist der Zuckertransport über wenige Landmeilen beinahe teurer als über 8000 Seemeilen. 1828 erklärt Jean-Baptiste Say seinen Zuhörern im Collège de France, daß die Einwohner der amerikanischen Städte am Atlantik mit Kohle aus dem mehr als tausend Meilen entfernten England versorgt werden, das sie dem Holz aus ihren nur zehn Meilen entfernten Wäldern vorziehen: »Der Transport über die kürzere Entfernung käme teurer als über tausend Seemeilen.« Als er – ähnlich wie Adam Smith – diese Beobachtung macht, ist das Dampfschiff noch nicht erfunden. Dennoch ist der Transport zu See an der Grenze des Möglichen angekommen.

Der unverständliche und erstaunliche Gegensatz zum Straßennetz und seinen Rückständen wird dadurch noch deutlicher sichtbar. Auf eine Besserung mußte man bis 1830 warten, als die industrielle Revolution mit der Eisenbahn ihren ersten Aufschwung erlebte. Die *turgotine* auf Schienen, die von der Eisenbahn abgelöst wurde, war ein Beispiel dafür, was, technisch gesehen, schon viel früher möglich gewesen wäre (das Schienennetz wurde zwischen 1800 und 1850 um das Achtfache ausgebaut in den USA, in Österreich zwischen 1830 und

1847 um mehr als das Doppelte). Fahrzeuge sowie die Haltepunkte wurden verbessert, die Transporte volkstümlicher gemacht. Alle Veränderungen sind nicht einer bestimmten technischen Erfindung zu verdanken, sie sind einfach die logische Folge hoher Investitionen und gezielter, systematischer Verbesserungen, die mit dem wirtschaftlichen Durchbruch rentabel, aber auch notwendig geworden waren.

Drittes Kapitel

Die Technik als Gesellschaftsphänomen

Gibt es eine Technik als solche? Die Frage läßt sich sowohl positiv als auch negativ beantworten. Heute würde man meinen, ja. Die Technik verbündet sich mit der Wissenschaft und versucht die Welt zu lenken. Aber vor dem 17. und auch noch im 18. Jahrhundert steckt die Wissenschaft noch in den Kinderschuhen und ist bemüht, eine Grundlage aufzubauen. Sie verhält sich gegenüber den Berufen und den praktischen Fragen der Technik indifferent. Ausnahmen bilden die Entdeckungen von Huygens (1656/57 die Pendeluhr; 1675 die Federuhr mit Unruh), die die Urmacher einen entscheidenden Schritt vorwärts bringt, oder auch das Buch eines gewissen Pierre Bouguer, die *Traité du navire, de sa construction et de ses mouvements* (1746), doch bestätigen diese Sonderfälle nur die Regel. Was damals Technologie genannt werden könnte, ist ein Sammelsurium von Erfahrungstatsachen handwerklicher Art, die stetig zunehmen. Die wegweisenden Handbücher stehen noch aus: *De re metallica* von Georg Bauer (Agricola) erscheint erst 1556, das Buch von Agostino Ramelli *Le diverse e artificiose machine* 1588, das *Nuovo teatro di machine ed edifici* von Vittorio Zonca 1621, das *Dictionnaire portatif de l'ingenieur* von Bernard Fórest de Belidor schließlich 1755. Der Ingenieurberuf kommt langsam auf. Ein Ingenieur des 15. und 16. Jahrhunderts beschäftigt sich als Architekt, Bildhauer und Maler mit der Kriegskunst.

Vor dem 18. Jahrhundert genießt er keine systematische Ausbildung. Die Zivilingenieursschule in Paris wird 1743 gegründet; die 1783 eröffnete École des Mines ist nach dem Vorbild der 1765 in Freiberg gegründeten Bergakademie gebaut, dem alten Bergbauzentrum Sachsens, von wo aus viele Ingenieure nach Rußland geholt wurden.

1568 zählt der Handwerker Jost Amman aus der Schweiz neunzig verschiedene Berufe auf, ein Zeichen für die zunehmende Spezialisierung. Die *Enzyklopädie* Diderots kennt schon 250, und im Katalog des Hauses Pigot in London werden 1826 826 verschiedene Tätigkeiten angegeben, darunter einige zwar sehr amüsante, aber auch sehr unwichtige. Alles in allem schreitet die Entwicklung nur schleppend voran.

Zu Streiks der französischen Drucker kam es im 16. Jahrhundert, als Verbesserungen an den Druckpressen vorgenommen werden sollten, die eine Entlassung von Arbeitern zur Folge hatten. Nicht weniger charakteristisch ist der Widerstand der Arbeiter gegen die großen Holzschlegel, mit denen sich die riesigen Scheren zum Schneiden der Bettücher leichter bewegen lassen. Wenn die Textilindustrie zwischen dem 15. und 18. Jahrhundert geringe Fortschritte aufweist, dann deshalb, weil ihre wirtschaftliche und soziale Organisation, die Arbeitsmethoden und die Not der Textilarbeiter den Markterfordernissen entgegenkamen. James Watt hatte recht, als er am 26. Juli 1769 zu seinem Freund Shell sagte, *»that in life there is nothing more foolish than inventing«*. Erfolg auf diesem Gebiet gibt es nur dann, wenn die Gesellschaft es erlaubt.

In Venedig beziehen sich neun von zehn mehr oder weniger ernst gemeinten Erfindungen, die im Senat in ein Register eingetragen werden, auf städtische Probleme: auf die Schiffbarmachung der Wasserläufe, das Ausheben von Kanälen, die Trockenlegung von Sumpfgebieten, das hydraulische Antreiben von Mühlen (in dieser Stadt, die kaum über fließende Gewässer verfügt), mechanische Sägen, Hämmer für die Gerberei oder die Rohstoffe der Glasfabrikation. Immer stehen also Wünsche und Bedürfnisse der Gesellschaft dahinter.

Cristoforo Grassi: »Genua« (1485); Civico Museo Navale de Degli, Genua.

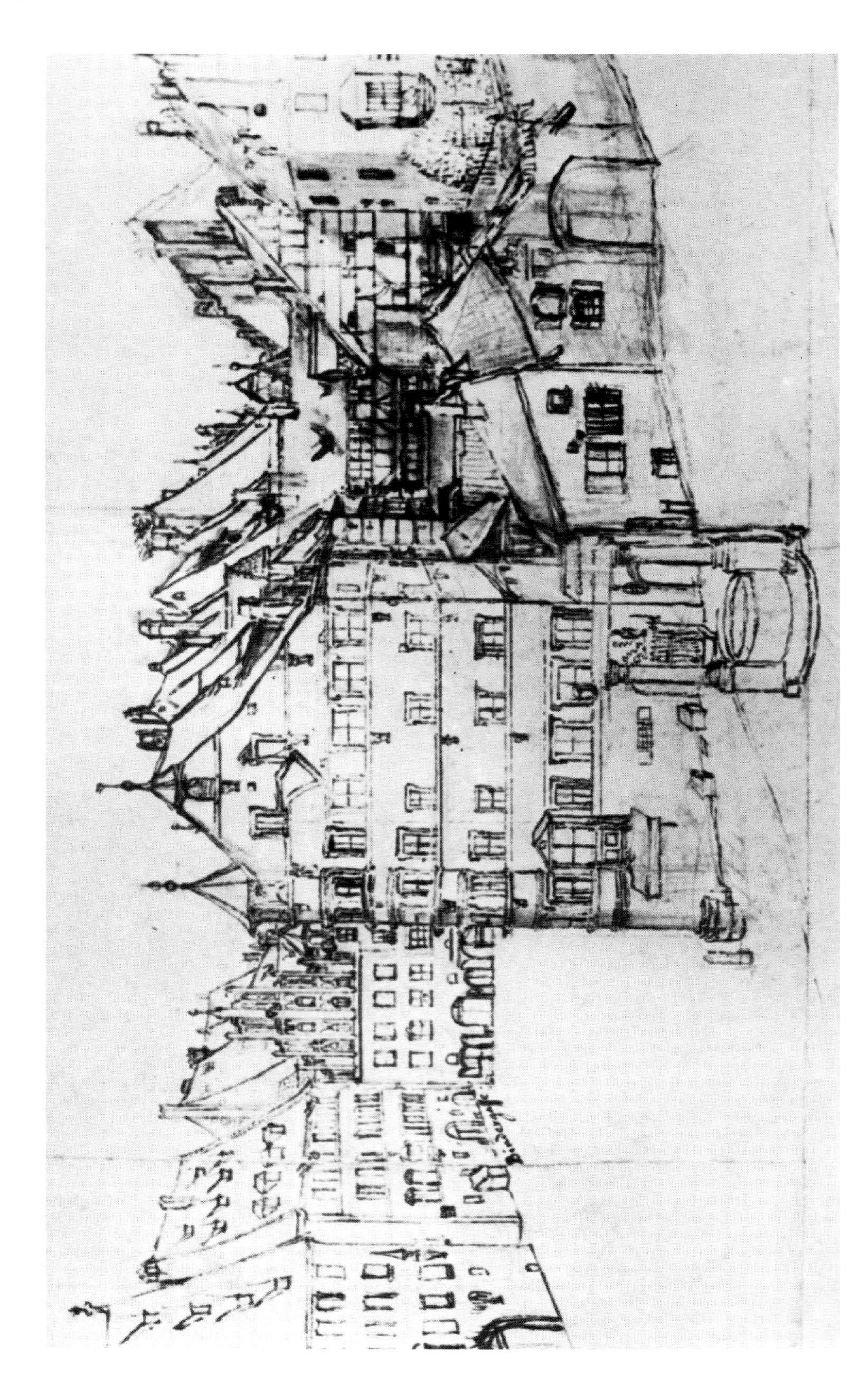

Der Erfinder, der das große Glück hatte und seinen Fürsten überzeugen konnte, erhielt einen Patentbrief oder, genauer gesagt, das Privileg, seine Erfindung als Monopol zu betrachten und dementsprechend zu handeln. Unter Ludwig XIV. und seiner Regierung wurden viele solcher Dokumente für die verschiedensten Bereiche verliehen, so zum Beispiel für rationelleres Heizungssystem, in das Madame De Maintenon einiges Kapital investierte. Aber genausogut stehen echte Erfindungen nur auf dem Papier, weil zu dem Zeitpunkt keine Verwendungsmöglichkeit dafür bestand.

Der geniale Erfinder Baltasar de Rios, der zur Zeit Philipps II. lebte, trifft nur auf taube Ohren mit seinem Vorschlag, eine Kanone zu bauen, die man auseinandernehmen kann und deren Einzelteile von ein paar hundert Soldaten transportiert werden können. 1618 erscheint die *Histoire naturelle de la fontaine qui brûle près de Grenoble,* ohne daß davon Notiz genommen wird; der Autor, Jean Tardin, Arzt in Tournon, studierte »den natürlichen Gasometer bei der Quelle« und bestimmte den Destillationsgrad des Öls in einem geschlossenen Gefäß – dies alles zweihundert Jahre vor der ersten Gaslaterne! 1630, mehr als ein Jahrhundert vor Lavoisier, findet Jean Rey, ein Arzt aus dem Périgord, eine Erklärung für die Zunahme des Zinns und des Bleis beim Schmelzvorgang »in der Zuführung von Luft«. 1635 legt Schwenteer in seinen *Délassements physico-mathématiques* das Prinzip der Telegraphie dar, durch das zwei Menschen mittels einer Magnetnadel Kontakt aufnehmen können – die Experimente Oersteds 1819 beschäftigen sich wieder mit der Magnetnadel. 1775 erfindet der Amerikaner Bushbell das U-Boot und ein französischer Ingenieur namens Duperron das Maschinengewehr, die »Militärorgel«.

Doch diese Erfindungen waren samt und sonders ihrer Zeit voraus. 1711 erfindet Newcomen seine Dampfmaschine. Dreißig Jahre später, 1742, ist in England nur ein einziges Exemplar in Betrieb, zwei weitere auf dem Kontinent. Der Erfolg stellt sich in den folgenden dreißig Jahren ein, als sechzig Maschinen für Cornwall gebaut wurden, um das Wasser aus den Zinnminen abzuschöpfen. Ende des 18. Jahrhunderts sind in Frankreich nur fünf Maschinen (in der Eisenindustrie) in Gebrauch. Ebenso kennzeichnend ist die späte Verkokung, von der wir schon gesprochen haben.

Der Fortschritt wird aus tausenderlei Gründen blockiert. Man fürchtete unter anderem um die Handarbeit. Montesquieu hatte schon die Erfindung der Mühle kritisiert, die den Bauern um seine Arbeit und den nötigen Verdienst bringe. Der Marquis de Bonnac, französischer Botschafter in den Niederlanden, fragt in einem Brief vom 18. September 1754 nach »einem guten Handwerker, der den Mechanismus der verschiedenen Mühlen und Maschinen in Amsterdam kennt, die so viele Menschen arbeitslos machen«. Aber das ist es ja gerade — läßt sich dieser Aufwand, dieser Konsum einschränken? Der Mechaniker wird nicht geschickt.

Bleibt die vor allem für die Kapitalisten interessante Frage nach den Gestehungspreisen. Die industrielle Revolution ist in bezug auf Baumwolle schon ziemlich weit gediehen, auch wenn die englischen Unternehmer das Spinnen immer noch in Heimhandarbeit ausführen lassen, obwohl mechanische Webeinrichtungen schon bekannt und auch in Betrieb sind. Die Heimarbeiterproduktion genügt der Nachfrage vollauf und kommt außerdem wesentlich billiger. Was wäre allerdings gewesen, wenn der Boom mit englischer Baumwolle plötzlich stagniert hätte . . .?

Jede Erfindung oder Verbesserung hat immer wieder mit Widerständen zu rechnen. Bei diesem Zweikampf trägt meist die noch sehr rudimentäre Technik den Sieg davon. Überall, wo es Wassermühlen gab, schreibt Daniel Faucher, gab es bis zum Ende des 19. Jahrhundert auch noch handbetriebene Mühlsteine. Wahrscheinlich kam dieser uralte Mechanismus im Zweiten Weltkrieg wieder zu Ehren, als heimlich Getreide gemahlen werden mußte. Im Juli 1545, zweihundert Jahre nach den Ereignissen von Crécy, waren die Franzosen an der englischen Küste in der Nähe der Isle of Wight gelandet: Die Gegner setzten Bogenschützen ein. Spanien plante den Kampf mit England nach dem Vorbild der Schlacht von Lepanto (1571), der letzten glorreichen Schlacht in der Geschichte, die mit Galeeren ausgefochten wurde. Aber nicht nur Spanien allein kämpfte verspätet mit veralteten Mitteln.

Siebenter Teil

DAS GELDWESEN

Beim Geld scheint es, als verließen wir das Thema dieses Buches und begäben uns auf eine höhere Stufe des Alltagslebens. Betrachtet man die Sache jedoch im Zusammenhang, so wird man feststellen, daß das Geld eine Art Werkzeug, eine Struktur, eine tiefgreifende Ordnung jedes ein wenig fortschrittlichen Wirtschaftslebens darstellt und nicht nur mit den wirtschaftlichen, sondern auch mit den gesellschaftlichen Gegebenheiten eng verbunden ist. Das Geld ist folglich ein ausgezeichneter »Indikator«: Entstehung, Entwicklung, Menge und Umlaufgeschwindigkeit des Geldes geben ziemlich sichere Auskunft über die gesamten Aktivitäten der Menschen eines Bereichs.

Das Geld, eine alte Erfindung – oder, besser gesagt, eine alte Technik –, ein stets begehrtes Objekt, hat für die Menschen vergangener Jahrhunderte etwas Geheimnisvolles und Beunruhigendes an sich. Die Geldwirtschaft unterliegt einer nur langsam vor sich gehenden Entwicklung, die noch nicht einmal in einem Land wie dem Frankreich des 16., 17., ja sogar 18. Jahrhunderts abgeschlossen ist. Selbst hier bleibt das Geldwesen auf einige Regionen und einige bestimmte Bereiche des wirtschaftlichen Lebens beschränkt. Dabei ist weniger das Geld an sich etwas Neues als die durch sein Auftreten bedingten Nachwirkungen: die plötzlichen Preisschwankungen bei den Grundnahrungsmitteln, die unverständlichen Beziehungen, die der Mensch nicht mehr durchschaut, in denen er sich, seine Gewohnheiten und seine alten Werte nicht mehr wiederfindet: Seine Arbeit wird eine Ware, der Mensch selbst eine »Sache«.

Die alten bretonischen Bauern, die bei Noël du Fail zu Wort kommen (1548), zeigen sich angesichts der veränderten Situation erstaunt und verwirrt zugleich. Wenn auf den Bauernhöfen mittlerweile soviel weniger Überfluß herrscht, so ist die Ursache ihrer Meinung nach darin zu suchen, daß »man es den Hühnern und Gänsen sozusagen nicht mehr gestattet, voll auszuwachsen, man sie frühzeitig zum Verkauf anbietet [auf dem Markt der Stadt], um das Geld entweder dem Herrn Advokaten oder dem Herrn Doktor zu übergeben (fast unbekannte Gestalten [bis vor kurzem]), dem einen, damit der Nachbar schlecht behandelt, enterbt, ins Gefängnis geworfen wird, dem andern, damit man von irgendeiner Krankheit geheilt wird, einen Aderlaß (was mir zum Glück noch nie passiert ist) oder Einlauf verordnet bekommt; all das, was die gute alte verblichene Tiphaïne La Bloye [eine Gesundbeterin] ohne viel Geschwätz, Schwindel und Gegengifte gewissermaßen für ein Paternoster besorgte.« Aber nun sind »die Städte in unsere Dörfer gebracht worden«, diese Gewürze und Süßigkeiten, angefangen vom Pfeffer bis zu dem »mit Zukker überzogenem Porree«, die unseren Vorfahren »unbekannt« waren und die für den menschlichen Körper schädlich sind, »ohne die indes ein Bankett in diesem Jahrhundert als geschmacklos, schlecht angeordnet und stillos gilt«. »Bei Gott«, antwortet einer der Gesprächspartner, »Ihr sagt die volle Wahrheit, Gevatter, wir leben, so scheint mir, in einer völlig veränderten Welt.« Ähnliche Äußerungen konnte man sicherlich damals in ganz Europa hören.

Tatsächlich verliert jedes Staatswesen traditioneller Struktur, das dem Geld seine Tore öffnet, früher oder später sein Gleichgewicht, und es werden Kräfte frei, die nur ungenügend kontrolliert werden können. Es beginnt ein neues Spiel, bei dem einige Wenige privilegiert, die große Masse der Menschen jedoch benachteiligt ist, ein Spiel, das jede Gesellschaft in ihren Strukturen verändert.

Die durch die Entwicklung der Geldwirtschaft bedingten Veränderungen machen sich gleichermaßen in den Ländern, die auf eine lange Tradition der Geldwirtschaft zurückblicken können, bemerkbar wie in den Gebieten, die, ohne sich dessen gleich bewußt zu werden, erst langsam von der Geldwirtschaft erobert werden. Als Beispiel seien angeführt: die Türkei zu Ende des 16. Jahrhunderts, also zur Zeit der Osmanenherrschaft (die »Lehen« der Spahis, die *timars,* treten zugunsten des reinen Privateigentums zurück) und das Japan der Tokugawa, ungefähr um die gleiche Zeit; beide Länder erleben eine typische Krise innerhalb ihrer Städte und des Bürgertums. Auch heute noch lassen sich in einigen unterentwikkelten Ländern der Gegenwart ähnliche Vorgänge beobachten. Nehmen wir zum Beispiel Schwarzafrika: Zwar werden hier manchmal noch bis zu 60 oder 70 Prozent der Geschäfte ohne Geld getätigt, aber nur eine gewisse Zeit lang gelingt es dem Menschen, außerhalb der Marktwirtschaft wie in einem »Schneckenhaus« zu leben, er ist vergleichbar mit einem Verurteilten, dem Strafaufschub gewährt wurde.

Und diese Verurteilten mit Strafaufschub können, wie wir aus der Vergangenheit wissen, ihrem Schicksal nicht entrinnen. Von allen Seiten werden die naiven, erstaunlich duldsamen Menschen bedrängt, ohne daß sie das ganze Spiel durchschauen. So gibt es einen Pachtzins, einen Mietzins, die Brükkenzölle, eine Salzsteuer, die obligatorischen Käufe auf dem städtischen Markt und schließlich die Steuern. Alle diese finanziellen Forderungen müssen, so gut es geht, mit klingender Münze bezahlt werden, für den Fall, daß es an Silbergeld fehlt, zumindest mit Kupfermünzen. Ein im Dienst von Madame de Sévigné stehender Bauer bringt der Marquise am 15. Juni 1680 den fälligen Pachtzins: eine riesige Menge an Kupfermünzen, 30 Livres im ganzen. Ebenso müssen die lange Zeit in Frankreich in Naturalien entrichteten Brückenzölle seit der auf Anregung der großen Salzhändler am 9. März 1547 erlassenen Verordnung in Bargeld geleistet werden.

Auf unzähligen verschiedenen Wegen dringt so das Geld in das Alltagsleben ein. Dabei wird es nicht allein von einem modernen Staatswesen begünstigt – die Steuern sind mit Münzgeld zu bezahlen, auf die gleiche Weise werden Söldner und staatliche Arbeitnehmer entlohnt –, zu den Förderern eines modernen Zahlungswesens gehören auch die Steuereinnehmer, Zollbeamten, Pfandleiher, Grundbesitzer, Großhändler und »Finanziers«. Dieser neuen Schicht von Besitzenden, deren

Aktivität sich über alle Bereiche des täglichen Lebens erstreckt, wird natürlich, wie dies auch heute noch der Fall ist, von seiten des Volkes keine besondere Sympathie entgegengebracht. In unseren Museen können wir noch die Gesichter dieser Spekulanten studieren; Haß und Verachtung des kleinen Mannes gegenüber dieser verfluchten Spezies Mensch hat hier oft den Pinsel geführt. Doch auch diese offenen oder versteckten Haßgefühle, dieses ständige Mißtrauen gegenüber dem Geld selbst — ein Mißtrauen, von dem sich selbst die ersten Volkswirtschaftler nicht ohne weiteres frei zu machen wußten — konnten die immer stärkere Entwicklung des Geldwesens nicht aufhalten. Francesco Carletti und Gemelli Careri reisen, der eine seit 1590, der andere seit 1693, mit einem Sack voller Gold- und Silbermünzen und einer Menge auserlesener Waren um die Welt.

Das Geld ist Kennzeichen — und Ursache — von Veränderungen und Revolutionen innerhalb der von ihm bestimmten Wirtschaft. Es ist eng verbunden mit den Bewegungen, die es hervorbringen und von denen es getragen wird. Nun wurde in früherer Zeit das Phänomen Geld im Abendland zu oft isoliert betrachtet und mit Hilfe von Vergleichen aus dem Alltagsleben zu erklären versucht, wodurch die dem Geldwesen innewohnenden Schwierigkeiten in den allermeisten Fällen verheimlicht wurden, statt daß man ihnen auf den Grund gegangen wäre. Man sprach vom Geld als dem »Blut des sozialen Körpers« — ein lange vor Harvey verwendeter banaler Vergleich —, oder von einer »Ware«, eine Ansicht, die jahrhundertelang vertreten wurde. Für William Petty (1655) ist das Geld »das Fett des politischen Körpers, ein Zuviel schadet seiner Beweglichkeit, ein Zuwenig macht ihn krank«. Ein französischer Volkswirtschaftler behauptet 1820, daß das Geld den Warenaustausch erleichtert, »so wie das Öl für einen reibungslosen Bewegungsablauf der Maschine sorgt, solange das Räderwerk ausreichend geölt ist, während ein Zuviel an Öl sich als schädlich erweist«. Diese Vergleiche mögen

unzutreffend oder schief sein, sie sind indes immer noch besser als die von dem als Philosoph sehr anerkannten, als Volkswirtschaftler jedoch ziemlich umstrittenen John Locke, der mit seiner Definition »Geld ist Kapital«, Geld mit Reichtum und Maß mit gemessener Quantität verwechselt.
Alle diese Definitionen des Begriffs Geld lassen das Wesentliche außer acht: das Wesen des Geldes selbst. Nach Auffassung der klassischen Volkswirtschaftslehre übt das Geld von sich aus keinen Einfluß auf das wirtschaftliche Geschehen aus, sondern liegt nur wie ein Schleier über dem naturalwirtschaftlichen Produktions- und Tauschprozeß. Tatsächlich tritt das Geld nur dort auf, wo die Menschen seiner bedürfen und für die Kosten aufkommen können. Dabei entwickeln sich je nach Wirtschaftssystem die verschiedensten Zahlungsmittel und Geldsysteme, denen nichts Geheimnisvolles anhaftet, wie man früher so gern glaubte. Auf die Gefahr hin, uns zu wiederholen, möchten wir hier noch einmal feststellen, daß es in früheren Jahrhunderten in der Tat eine – zwar noch höchst unvollkommene und nur einen Teil der Menschheit umfassende – Geldwirtschaft des *ancien régime* in verschiedenen Entwicklungsstufen gegeben hat.
Aber auf weiten Gebieten bleibt zwischen dem 15. und 18. Jahrhundert der Tauschhandel die Regel. Jedesmal jedoch, wenn Bedarf nach einem Zahlungsmittel besteht, tritt ein sogenanntes primitives Geld in Erscheinung (zum Beispiel Kaurimuscheln), auch »unvollkommenes Zahlungsmittel« genannt, das jedoch nur in unseren Augen unvollkommen ist, den Wirtschaftssystemen früherer Zeiten dagegen durchaus angemessen war. Zudem erweist sich auch das in Europa verwendete Metallgeld manchmal als äußerst unzureichend. Wie der Tauschhandel, so hat auch die Metallwährung ihre Schwächen und kann ihre Aufgaben nicht immer ausreichend erfüllen. Einen Ausweg stellt hier das Papier dar, oder besser gesagt: der Kredit – »Herr Credit«, wie man spöttisch im 17. Jahrhundert in Deutschland sagt. Letztlich ist dies der

gleiche Vorgang auf einer anderen Ebene. Denn jede lebendige Wirtschaft geht von ihrem traditionellen Zahlungswesen ab und kommt aufgrund der Weiterentwicklung des Handelsverkehrs zu Neuerungen auf dem Bereich des Geldwesens. Das System von Law oder der englische Skandal zur Zeit der Südseekompanie sind in dieser Hinsicht etwas ganz anderes als die finanziellen Notbehelfe der Nachkriegszeit, die skrupellosen Spekulationen, oder das Entstehen von »Pressionsgruppen« (Jakob van Klaveren). Die Anfänge des Kreditwesens in Frankreich waren ziemlich schwierig und standen oft unter einem ungünstigen Stern. »Oft habe ich mir gewünscht, daß das Feuer der Hölle alle diese Scheine verbrennen möge«, meint dazu Liselotte von der Pfalz, und sie versichert, daß ihr dieses ganze schauerliche Geldsystem einfach unverständlich ist. Dieses Unbehagen ist das Bewußtwerden von der Entstehung einer neuen Sprache, denn die Zahlungsmittel sind Sprachen; sie fordern den Dialog, die Konversation heraus, sie ermöglichen sie und existieren nur in Verbindung mit diesen Konversationen.

Wenn China — ausgenommen das seltsame und lange Intermezzo seines Papiergeldes — kein sonderlich entwickeltes Geldsystem besitzt, dann erklärt sich das aus der Tatsache, daß es die Chinesen aufgrund der ihnen zur Ausbeutung zur Verfügung stehenden Nachbarstaaten — Mongolei, Tibet, Insulinden, Japan — gar nicht nötig haben, sich näher mit diesem Problem zu beschäftigen. Wenn der Islam im Mittelalter jahrhundertelang den Alten Kontinent vom Atlantik bis zum Pazifik beherrscht, dann deshalb, weil es, mit Ausnahme von Byzanz, keinen Staat gibt, der mit seinen Gold- und Silbermünzen, Dinar und Dirhem, konkurrieren könnte. Das Geld erweist sich hier als ein Instrument der Macht.

Wenn Europa schließlich sein Geldwesen perfektioniert, so weil ihm angesichts der Bedrohung durch die islamische Welt gar nichts anderes übrigbleibt. Ebenso erklärt sich die im 16. Jahrhundert im türkischen Kaiserreich stattfindende Revolution auf dem Bereich des Zahlungswesens durch den Eintritt der Türkei in den Kreis der europäischen Mächte —, einen politischen Vorgang, der sich mittlerweile nicht mehr auf den feierlichen Austausch von Botschaftern beschränkte. Auch Japan, das sich nach 1683, wie man zu sagen pflegt, von der Außenwelt abschließt, bleibt für chinesische Dschunken und holländische Schiffe weiterhin geöffnet. Ausländische Waren und Währungen werden ins Land gebracht. Japan antwortet mit dem Abbau seiner Silber- und Kupferminen. Gleichzeitig gelangt das japanische Städtewesen zu einer großartigen Blüte, entwickelt sich eine »richtige bürgerliche Zivilisation«.

An diesen Beispielen wird deutlich, daß es eine Art Außenpolitik des Geldes gibt, die vom Ausland aufgrund seiner Überlegenheit oder Unterlegenheit bestimmt wird. Ein Dialog zwischen den einzelnen Ländern setzt eine gemeinsame Sprache, eine Ebene der Verständigung voraus. Der Verdienst des »Fernhandels«, des großen Handel treibenden Kapitalismus, besteht darin, diese gemeinsame, allen verständliche Sprache entwickelt zu haben. Selbst wenn der Fernhandel, im Verhältnis zum Umfang des gesamten Warenaustausches, keine besonders große Rolle spielt — der gesamte Gewürzhandel ist an Wert weit geringer als der innereuropäische Getreidehandel —, so sind doch seine Auswirkungen auf das Wirtschaftsleben wie auf das Geldwesen von entscheidender Bedeutung.

Erstes Kapitel

Unvollkommene Wirtschafts- und Geldsysteme

Es ist unmöglich, alle die einfachen oder sogenannten primitiven Formen des Geldaustauschs aufzuzählen; sie sind zu zahlreich, so daß wir sie zunächst erst einmal unter bestimmten Gesichtspunkten ordnen müssen. Der Dialog zwischen einem perfekten Geldwesen — falls es so etwas überhaupt gibt — und einem unvollkommenen Geldwesen berührt die wesentlichen Probleme. Um einige Irrtümer zu vermeiden, sei in diesem Zusammenhang darauf hingewiesen, daß es keine scharfe Trennung zwischen Vollkommenheit und Unvollkommenheit gibt und daß jeder Handelsaustausch (auch heute noch) zwangsläufig von den Spannungsunterschieden zwischen den einzelnen Wirtschafts- und Geldsystemen lebt. Denn das Geld bietet auch eine Möglichkeit zur Ausbeutung des anderen, innerhalb wie außerhalb der Landesgrenzen, und zur Weiterentwicklung des Wirtschaftslebens.

Noch im 18. Jahrhundert leben Millionen von Menschen in zahllosen Ländern wie zur Zeit Homers, »als der Wert eines Schildes von Achill in Ochsen abgegeben wurde«. Adam Smith träumt von diesen Zeiten: »Die Rüstung von Diomedes hatte, so heißt es bei Homer, neun Ochsen gekostet, die von Glaukos dagegen hundert.« Ein Volkswirt unserer Zeit würde diese primitiven Völkerschaften wohl ohne zu zögern der Dritten Welt, die es zu allen Zeiten gegeben hat, zurechnen. Ihr Fehler besteht darin, sich zur Annahme des Dialogs verleiten zu lassen.

Die primitiven Zahlungsmittel

Überall dort, wo Waren ausgetauscht werden, entwickelt sich sofort eine Art Geldsystem. Eine besonders begehrte oder auch sehr häufig vorkommende Ware übernimmt – oder versucht es zumindest – die Funktion des Geldes, wird zu einer Art Währung. So galt zum Beispiel das Salz als Zahlungsmittel in den »Königreichen« des oberen Senegal- und Nigergebietes, ebenso in Abessinien, wo die Salzwürfel, nach Angaben eines Franzosen von 1620, »wie ein Bergkristall bearbeitet wurden und so lang wie ein Finger waren«. Diese Salzwürfel dienten als Zahlungs- und Nahrungsmittel zugleich, »so daß man mit gutem Recht behaupten kann, daß sie ihr Geld aufessen«. Eine gefährliche Angelegenheit, so meint auch gleich unser vorsichtiger Franzose, »denn alle diese Reichtümer könnten sich ja eines Tages im Wasser auflösen«. Baumwollstoffe übernehmen die gleiche Rolle an den Ufern des Monomotapa und in den Küstengebieten des Golfs von Guinea. Eine *pièce d'Inde* bedeutet im Sklavenhandel eine ganz bestimmte Menge an Baumwollstoffen (aus Indien), die für den Kauf eines Sklaven aufgebracht werden muß; später bezeichnet man damit den Sklaven selbst, einen Menschen zwischen fünfzehn und vierzig Jahren.

An der gleichen Küste Afrikas werden zusätzlich noch kupferne Armbänder, die sogenannten *manilles*, Goldstaub nach Gewicht und Pferde als Zahlungsmittel verwendet. Pater Labat berichtet (1728) von diesen herrlichen arabischen Pferden, die von den Mauren an die Schwarzen weiterverkauft werden: »Ein Pferd entsprach dem Gegenwert von fünfzehn Sklaven. Ein höchst eigenartiges Zahlungsmittel, aber jedes Land hat eben seine eigenen Bräuche.« Die englischen Kaufleute stellten, um ihre Konkurrenten auszustechen, eine eigene Wertskala auf: Ein Sklave entsprach demnach vier Goldunzen oder dreißig Piastern [Silber] oder drei Viertel Pfund Koralle oder sieben Stücken schottischen Stoffs. Dafür sind die Hühner

»Landung der Königinmutter Maria de Medici in Rotterdam« (1639); Bibliothèque de l'Arsenal, Paris.

Jacob Adriaenzs Matham: »Die Brauerei De Drye Lelyen in Haarlem« (1627); Frans Hals Museum, Haarlem

im Innern Afrikas, die »so fett und zart sind, daß sie bestimmt mit den Kapaunen und Poularden anderer Länder zu vergleichen sind«, nicht viel mehr wert als ein Blatt Papier.

Ein anderes Zahlungsmittel in den Küstengebieten Afrikas stellen die zahlreichen in Größe und Farbe unterschiedlichen Muscheln dar; zu den bekanntesten zählen die *zimbo* in den Küstengebieten des Kongo und die *kauri*. »Die *zimbo*«, schreibt ein Portugiese im Jahr 1619, »sind winzig kleine Meeresschnecken, die an sich völlig nutz- und wertlos sind. Aus der einstigen Berberei wurde dieses Zahlungsmittel, das übrigens heute noch verwendet wird [auch 1966 noch!], in diese Gebiete eingeführt.« Auch die *kauri* sind Meerestiere, kleine blaue, mit roten Streifen versehene Muscheln, deren Gehäuse an Schnüren aufgehängt werden. Ihre Heimat sind die mitten im Indischen Ozean gelegenen Malediven und Lakediven; dort werden sie gesammelt, auf Schiffe verladen und dann nach Afrika, Nordostindien und Burma transportiert. Auch China lernt die *kauri* kennen, wobei diese übrigens den gleichen Weg einschlagen wie der Buddhismus bei seinen Eroberungszügen. Der Rückzug der *kauri* vor den chinesischen Sapeken war übrigens nicht vollständig, denn wie jüngste Forschungen anhand von auf *kauri* ausgestellten Pacht- und Kaufverträgen nachweisen, wurde dieses Zahlungsmittel noch lange Zeit in der an Holz und Kupfer reichen Provinz Yünnan verwendet.

Ein nicht weniger eigenartiges Zahlungsmittel entdeckte höchst erstaunt einer der Journalisten, die Königin Elisabeth von England und Prinz Philipp auf einer ihrer letzten Afrikareisen begleiteten: »Die Eingeborenen im Innern von Nigeria«, berichtet er, »kaufen Tiere, Waffen, landwirtschaftliche Erzeugnisse, Stoffe, selbst ihre Frauen nicht mit Pfund Sterling Ihrer Königlichen Majestät von Großbritannien, sondern mit seltsamen Zahlungsmitteln aus Koralle, die in Europa bearbeitet [besser gesagt: hergestellt] werden. Dieses Geld ... entsteht in Italien, wo man es *olivette* nennt. Es wird eigens in der Toskana hergestellt, in einer Werkstätte für Livorno-Korallen, die noch heute zu besichtigen ist.« Die *olivette*, zylinderförmige, am Rand kannelierte, in der Mitte mit einem Loch versehene Korallenstücke, befinden sich in Nigeria, Sierra Leone, an der Elfenbeinküste, in Liberia und einigen anderen afrikanischen Ländern in Umlauf. An Schnüren aufgehängt, trägt sie der Käufer an seinem Gürtel, damit sich jeder von seinem Reichtum überzeugen kann. Behanzin erwarb 1902 für hundert Pfund Sterling eine besonders wertvolle, ein Kilogramm schwere *olivetta*, die eine herrliche Färbung aufwies.

Es ist unmöglich, hier eine ausführliche Aufstellung all dieser primitiven Zahlungsmittel zu geben. Sie tauchen überall auf. Island besaß aufgrund der Verordnungen von 1413 und 1426 jahrhundertelang einen regelrechten Marktbericht, der den Preis der einzelnen Waren in getrockneten Fischen angab: Ein Fisch entsprach einem Hufeisen, drei Fische einem Paar Damenschuhe, hundert einem Faß Wein, hundertzwanzig einer Tonne Butter usw. In Alaska und im Rußland Peters des Großen kommt diese Rolle den Pelzen zu, mit denen die Kasten der Zahlmeister beim Heer vollgestopft waren. In den europäschen Kolonien in Amerika wird je nach Land entweder mit Tabak, Zucker oder Kakao gezahlt. Die Indianer Nordamerikas bedienten sich kleiner, weißer oder violetter Muscheln, die auf Schnüren aufgezogen wurden. Es sind die sogenannten *wampum*, die mindestens bis 1725 in Umlauf waren und auch von den europäischen Siedlern bis 1670 verwendet wurden. Der Handel mit den Weißen führte im Kongo zwischen dem 16. und 18. Jahrhundert zur Errichtung einer Reihe von Märkten und Handelsplätzen bis weit ins Landesinnere hinein. Zwei Arten von Zahlungsmitteln kursierten in jener Zeit: *zimbo* und Stoffstücke. Mit Hilfe eines geeichten Siebs werden die Muscheln der Größe nach geordnet (eine große Muschel entspricht zehn kleinen Muscheln). Beim Stoffgeld unterscheiden wir den *lubongo*, der so groß ist wie ein Blatt Papier, vom *mpusu,* der die Ausmaße einer Tischdecke aufweist. Muschel- wie Stoffgeld, die im allgemeinen nach dem Dezimalsystem gerechnet werden, verfügen also genau wie das Metallgeld über große und kleine Zahlungsmittel. Auch große Summen können mobilisiert werden. So besitzt zum Beispiel der König des Kongo im Jahr 1649 1500 Fuhren Stoff, die den Gegenwert von ungefähr 40 Millionen portugiesischen Reis darstellen.

Sobald diese primitiven Zahlungsmittel mit den europäischen Währungen zusammentreffen, entstehen überall dort, wo man ihre Entwicklung verfolgen kann – gleichgültig ob es sich um die *kauri* in Bengalen, die *wampum* in der Zeit nach 1670 oder die kongolesischen *zimbo* handelt – verhängnisvolle Inflationen infolge einer Vermehrung des Geldvorrats, einer immer größeren Umlaufgeschwindigkeit des Geldes und einer Abwertung der einheimischen Zahlungsmittel zugunsten des europäischen Geldes. Dazu kommt sogar noch ein primitives »Falschgeld«! Die im 19. Jahrhundert in europäischen Werkstätten aus Glas hergestellten falschen *wampum* haben zu einem völligen Verschwinden dieses alten Zahlungsmittels geführt. Die Portugiesen gingen da wesentlich klüger vor. Um 1650 hatten sie sich der Küstengebiete der zu Angola gehörigen Insel Loanda und damit der »Fischereigebiete des Geldes«, d. h. der *zimbo,* bemächtigt. In der Zwischenzeit war jedoch der Wert der *zimbo* um das Zehnfache gesunken.

Aus all dem ergibt sich, daß die primitiven Zahlungsmittel als richtiges Geld anzusehen sind, da sie alle wesentlichen Kriterien des Geldes aufweisen. Die Geschichte ihrer Entwicklung gibt Aufschluß über das Zusammentreffen von primitiven Wirtschaftsformen und fortgeschritteneren Wirtschaftssystemen, wie es sich durch das plötzliche Auftauchen der Europäer auf den Sieben Weltmeeren ergeben hat.

Tauschhandel inmitten von Geldwirtschaften

Nicht so gut bekannt ist die Tatsache, daß auch innerhalb von »Kulturländern« ähnlich ungleiche Wirtschaftssysteme nebeneinander existieren. Unter der ziemlich dünnen Schicht von Geldwirtschaften halten sich immer noch primitive Formen wirtschaftlichen Lebens, die auf den städtischen Märkten nicht weniger als auf den großen Messen mit moderneren Systemen in Berührung kommen, ohne dadurch verdrängt zu werden. Adam Smith berichtet 1775 von einem Dorf in Schottland, »wo man es nicht selten erleben kann, daß beim Bäcker oder Bierhändler mit Nägeln anstatt mit Geld gezahlt wird«. Doch auch aus späterer Zeit sind uns noch zahllose Beispiele dieser Art bekannt. Wie sich aus den Forschungsergebnissen der Ethnographen ersehen läßt, setzt sich in Korsika beispielsweise die Geldwirtschaft erst nach dem Ersten Weltkrieg durch. In einigen Gebirgsregionen Algeriens, so im Aurès, vollzog sich dieser Umschwung nicht vor dem Zweiten Weltkrieg. Das gleiche gilt für unzählige von der Außenwelt abgeschnittene ländliche Gebiete Osteuropas und für den Westen Amerikas.
Auch in der russischen Geschichte finden sich Parallelen. In Nowgorod sind zu Beginn des 15. Jahrhunderts »nur kleine, mit einer Prägung versehene Lederstücke aus Marderhaut als Zahlungsmittel in Umlauf. Erst 1425 begann man damit, noch primitive Münzen zu prägen. Und dabei war Nowgorod noch modern im Vergleich zu der wirtschaftlichen Situation in den übrigen russischen Ländern, in denen lange Zeit noch Naturaltausch betrieben wurde.« Erst im 16. Jahrhundert, mit der Ankunft deutscher Münzen und der Einfuhr von Edelmetallen – die russische Außenhandelsbilanz ist zu diesem Zeitpunkt positiv –, wird hier mit einer regelmäßigen Münzprägung begonnen. Die Anfänge sind dabei übrigens sehr bescheiden, da sie immer auf Privatinitiative beruhen und den Naturaltausch nur geringfügig zurückdrängen können. Erst

unter der Regierung Peters des Großen, der die bis dahin isolierten Länder miteinander verbindet, beginnt sich eine »nationale Marktwirtschaft« abzuzeichnen. Allgemein gilt, daß sich die Geldwirtschaft in Rußland, verglichen mit Westeuropa, wesentlich später durchgesetzt hat. So werden zum Beispiel die bedeutendsten Goldvorkommen Sibiriens nicht vor 1820 in vollem Umfang ausgebeutet. Doch auch in Frankreich oder in England kann man noch im 18. Jahrhundert manches »unterentwickelte« Land antreffen, so daß die Vorstellungen des französischen Volkswirtschaftlers Mercier de La Rivière (1775) über die Zustände in Rußland im Vergleich zu Frankreich wohl nicht ganz den Tatsachen entsprechen. Empört äußerte sich Katharina II. in einem Brief an Voltaire: »Er [La Rivière] glaubte, daß wir noch auf allen Vieren gehen, und wollte uns bei seinem Besuch das Laufen auf den Hinterbeinen beibringen.«
Die europäischen Kolonien in Amerika liefern in dieser Hinsicht auch ein sehr bezeichnendes Beispiel. Die Geldwirtschaft konnte sich hier nur in den großen Städten der Bergbauländer Mexiko und Peru und in den Europa näher gelegenen Ländern Antillen und Brasilien – dieses errang aufgrund seiner Goldvorkommen bald eine Sonderstellung – durchsetzen. Doch handelt es sich auch hier keineswegs um perfekte Geldwirtschaftssysteme, obwohl die Preise bereits Schwankungen aufweisen im Gegensatz zu Argentinien und Chile (das indes Kupfer und Silber produziert), die bis zum 19. Jahrhundert keine Veränderung der Preise erlebten.
Sehr oft erfolgte in diesen Ländern noch der Austausch von Ware gegen Ware. Metallgeld ist nur in geringen Mengen vorhanden, so daß die Rolle des Geldes von ziemlich primitiven Zahlungsmitteln übernommen wird: Lederstücken in Chile, Tabak in Virginia, »Geld aus Pappe« in Französisch-Kanada, *tlacos* in den spanischen Besitzungen in Amerika. Diese *tlacos* (ein mexikanisches Wort) sind kleine Geldmünzen von geringem Wert. Acht *tlacos* entsprechen einem Real. Sie werden im

wesentlichen von Kleinhändlern und Besitzern der sogenannten *mestizas,* in denen angefangen vom Brot über Alkohol bis hin zu chinesischen Seidenstoffen alles zu kaufen ist, verwendet. Jeder dieser Ladenbesitzer verfügt dabei über eigene Scheidemünzen aus Holz, Blei oder Kupfer, die bei Gelegenheit gegen richtige Silberpesos eingetauscht werden können. Im allgemeinen kursieren diese Scheidemünzen, die häufig zu schmutzigen Spekulationen mißbraucht werden, nur in einem kleinen Kreis. Das weitaus wertvollere Silbergeld übergeht die kleinen Leute. Zudem führt jede in Richtung Spanien auslaufende Flotte eine Menge Silber aus, so daß nur wenig Edelmetall für den Eigenbedarf vorhanden ist. Schließlich mißglückt auch noch 1542 der Versuch, eine Kupferwährung zu schaffen. Man muß sich also hier mit einem unbefriedigenden Geldsystem und den wohl eher primitiven Zahlungsmitteln zufriedengeben. Eine ähnliche Situation ergab sich im 14. Jahrhundert in Frankreich, als durch die Zahlung des Lösegeldes für Johann den Guten das Land über kein Bargeld mehr verfügte. Der König rettete die Situation, indem er Lederstücke als Zahlungsmittel in Umlauf bringen ließ, die er einige Jahre später wieder zurückkaufte.

Die gleichen Schwierigkeiten treten in den englischen Kolonien, vor wie nach ihrer Unabhängigkeit, auf. An einen in Madeira lebenden Geschäftsfreund schreibt ein Kaufmann aus Philadelphia im November 1721: »Ich hatte beabsichtigt, eine kleine Menge Weizen auszuführen, aber die Gläubiger hier verhalten sich abwartend; es ist so wenig Geld vorhanden, daß wir uns seit einiger Zeit bereits über das Fehlen eines geeigneten Zahlungsmittels, ohne das der Handelsverkehr zu einem äußerst schwierigen Unterfangen wird, ziemlich Sorgen machen.«

Clavière und Brissot, zwei bedeutende Persönlichkeiten aus der Zeit der Französischen Revolution, schildern in einem 1791 veröffentlichten Werk über die Vereinigten Staaten eine analoge Situation: »Statt daß das Geld unaufhörlich von

Hand zu Hand wandert«, stellen die beiden bewundernd fest, »bevorzugt man in den ländlichen Gebieten den direkten Warenaustausch. Schneider und Schuster begeben sich zu den Bauern und bieten ihnen ihre Dienste an. Diese liefern in den meisten Fällen das Rohmaterial und bezahlen die Leistungen in Form von Lebensmitteln. Der Warenaustausch erstreckt sich auf zahlreiche Gegenstände. Man schreibt auf, was man gibt und erhält, und am Ende des Jahres bezahlt man mit einer sehr kleinen Summe Bargeld, den größten Teil der Rechnung begleicht man mit Waren.« Auf diese Weise wurde ein »bedeutender bargeldloser Handel« ermöglicht.

Diese Eloge auf den Tauschhandel und die in Naturalien bezahlten Arbeitsleistungen als einer fortschrittlichen, spezifisch amerikanischen Eigenart wirkt wohl eher belustigend. Auch in Europa erfolgen im 17. Jahrhundert, ja noch im 18. Jahrhundert die Zahlungen sehr häufig in Naturalien, doch wollen wir dies als ein Überbleibsel der Vergangenheit, in der diese Wirtschaftsform allgemeine Gültigkeit besaß, ansehen. Endlos ist die Reihe derer, die, wie Alfons Dopsch nachwies, in Naturalien bezahlt wurden: Die Messerschmiede aus Solingen, die Grubenarbeiter, die Weber aus Pforzheim, die Uhrmacher aus dem Schwarzwald wurden mit Lebensmitteln, Salz, Stoffen, Messingdrähten oder Getreide entlohnt. Dieses sogenannte »Trucksystem« war im 15. Jahrhundert in Deutschland, Holland, England und Frankreich verbreitet. Auch die deutschen »Beamten« des Kaiserreichs, vor allem die städtischen Beamten, erhielten noch einen Teil ihres Verdienstes in Naturalien. Und wie viele Lehrer wurden sogar im letzten Jahrhundert noch mit Geflügel, Butter und Getreide bezahlt! Die indischen Dörfer haben seit jeher die in Berufskasten zusammengeschlossenen Handwerker mit Lebensmitteln bezahlt, und *baratto* (Tauschhandel) betrieben klugerweise auch alle großen Kaufleute seit dem 15. Jahrhundert auf den Zwischenstationen der Levante, zumindest dort, wo es ihnen möglich war. Die Genuesen des 16. Jahrhunderts, wahre Spezialisten des Kreditwesens, folgten sicherlich dieser Tradition des Tauschhandels, als sie die sogenannten Messen von Besançon erfanden, wo die Wechsel aus ganz Europa eingelöst wurden; man kann hier bereits von einem richtigen *clearing* sprechen. In Piacenza, wo diese Messen in Wirklichkeit stattfinden, werden Millionen von Dukaten umgesetzt, wobei, wie ein Venezianer 1602 erstaunt bemerkt, nur einige Handvoll Goldtaler zu sehen sind.

Zweites Kapitel

Außerhalb von Europa: Anfänge der Metallwährungen

Zwischen den primitiven Wirtschaftsformen und den europäischen Wirtschaftssystemen nehmen Japan, die islamischen Länder, Indien und China eine Zwischenstellung ein; sie sind auf halbem Weg zu einer aktiven, umfassenden Geldwirtschaft stehen geblieben.

Japan und das Osmanische Reich

In Japan liegen die Anfänge der Geldwirtschaft im 17. Jahrhundert. Die in Umlauf befindlichen Gold-, Silber- und Kupfermünzen spielen aber im Wirtschaftsleben des Landes noch eine sehr begrenzte Rolle. Das traditionelle Zahlungsmittel, der Reis, kann seine Stellung halten. Ladungen mit Hering werden auch noch weiterhin mit Reisladungen bezahlt. Und dennoch macht sich eine Veränderung bemerkbar. Nach kurzer Zeit besitzen die Bauern genug Kupfermünzen, um damit den Pachtzins für ihre neuen, nicht mehr mit Reis bestellten Felder zahlen zu können. (Die Abgaben für die alten Reisfelder werden auch jetzt noch in Naturalien geleistet.) Im westlichen Teil Japans, auf den Gütern des Shogun, zahlen die Bauern ein Drittel der Abgaben in Geld. Einige *daïmyo* (Großgrundbesitzer) verfügen mittlerweile sogar schon über solche Mengen an Bargeld, daß sie die in ihren Diensten stehenden adeligen Samurai mit Gold- und Silbermünzen entlohnen können. Doch diese Entwicklung zur Geldwirtschaft hin geht nur langsam vor sich; schuld daran sind die starken Eingriffe von seiten der Regierung, die allgemeine Antipathie gegenüber dem neuen System sowie die Ethik der Samurai, die dem Menschen verbietet, an Geld zu denken, geschweige denn davon zu reden. Aufgrund dieser bäuerlich-feudalen Struktur des Landes findet die Geldwirtschaft Befürworter nur in den Kreisen der Regierung, unter den Händlern und in den Städten. Ein untrügliches Kennzeichen eines gewissen Fortschritts stellen schließlich die Preisschwankungen dar, die vor allem den Reis betreffen, ferner die in Geld zu leistenden Abgaben der Bauern oder auch die drastische Abwertung von 1695, die der Shogun in der Hoffnung beschließt, »das Geld zu vermehren«.

Der Islam verfügt über ein zwar altes, seinen Traditionen verpflichtetes, dafür aber wohlorganisiertes Geldwesen, das sich vom Atlantik bis nach Indien erstreckt. Eine Weiterentwicklung läßt sich nur in Persien feststellen sowie im Osmanischen Reich und besonders in Istanbul, das eine Sonderstellung einnimmt. Im Istanbul des 18. Jahrhunderts bestimmen Preislisten den Kaufwert der Waren und die Höhe der Zollabgaben in Nationaler Währung. Hier werden Geschäfte mit all den großen Märkten des Abendlandes, mit Amsterdam, Livorno, London, Marseille, Venedig, Wien usw. abgeschlossen. In Umlauf befinden sich Goldmünzen die *sultanin,* auch *fonduc* oder *fonducchi* genannt, und Silbermünzen, die türkischen Piaster, sogenannte *gruk* oder *grusch* (von »Groschen«; heute: Kuruş); der *para* und der *aspre* sind Verrechnungsgeld geworden. Ein *sultanin* entspricht fünf Piaster, ein Piaster 40 *para,* ein *para* drei *aspre*; der *mekir* oder *gieduki,* der dem Wert eines Viertel *aspre* entspricht, ist die kleinste in Umlauf befindliche Silber- oder Kupfermünze. Durch Vermittlung armenischer Händler gelangt dieses Geld aus Istanbul bis nach Ägypten und Indien; wir finden es in Basra, Bagdad, Mossul, Aleppo, Damaskus usw. Bald jedoch erlebt die einheimi-

sche Währung aufgrund der Einführung ausländischen Geldes eine offensichtliche Verschlechterung. So muß man für eine venezianische Zechine, eine Goldmünze, 5 1/2 Piaster zahlen, der holländische Taler und der Taler aus Ragusa, beides Silbermünzen, entsprechen einem Wert von 60 *para*, der schöne österreichische Taler, der sogenannte *Carl Grusch*, ist sogar 101, manchmal 102 *para* wert. Aus einer venezianischen Urkunde vom Jahr 1668 geht hervor, daß man bei der Einfuhr von spanischen Real nach Ägypten einen Gewinn von bis zu 30 Prozent erzielen konnte; ein anderes Dokument von 1671 verspricht einen Gewinn zwischen 12 und 17,5 Prozent beim Verkauf von venezianischen Zechinen in Istanbul. Auf diese Weise lockt das Osmanische Reich abendländisches Geld ins Land, das, abgesehen von dem hohen Gewinn, auch eine große Bedeutung für die einheimische Wirtschaft hat.
Ein weiteres Motiv für den Import von abendländischem Geld kommt noch hinzu: In der Levante »werden alle [eingeführten] Münzen ohne Unterschied eingeschmolzen und, nachdem sie in Metallbarren verwandelt wurden, nach Persien und Indien geschickt«. Dort wird das Edelmetall dann zur Prägung von persischen *larin* und indischen Rupien verwendet. Übrigens gelangen auch noch völlig erhaltene Münzen nach Isfahan oder Delhi. Was die Türkei anbetrifft, so mag dies ein Beweis dafür sein, daß, obwohl es dort nur sehr wenig in Umlauf befindliches Geld gab, man immer noch ärmere Länder antreffen konnte. Die Tatsache, daß die eingeführten Münzen zu Metallbarren verarbeitet wurden, zeigt deutlich, wie wenig Vertrauen die einzelnen Länder zueinander hatten.

Indien

Der indische Kontinent kam sehr früh mit der in den Mittelmeerländern entstandenen und bis nach Bengalen vorgedrungenen Geldwirtschaft in Berührung. Fünf oder sechs Jahrhunderte vor Beginn der christlichen Zeitrechnung wurden bereits in Hindustan Gold- und Silbermünzen geprägt, doch in weiten Gebieten des Landes wird Tauschhandel getrieben, wobei der Reis als Zahlungsmittel dient. Die riesige Ausdehnung Indiens sowie die Inaktivität des Landes verhindern eine Weiterentwicklung des Geldwesens.

Die Geldwirtschaft hat im wesentlichen drei Versuche zur Eroberung des Landes gestartet: im 13., 16. und 18. Jahrhundert. Doch keiner endete mit einem vollständigen Sieg. Ein zusätzliches Hindernis auf dem Weg zu einem Erfolg bildeten die unterschiedlichen Währungssysteme in dem von Muselmanen beherrschten Norden und den Königreichen der Hindus im Süden.

Der Norden besitzt – soweit es funktioniert – ein bimetallistisches Währungssystem, wobei dem vergleichsweise minderwertigen Kupfer eine weitaus größere Bedeutung zukommt. Die Silbermünzen, die quadratischen und runden Rupien, treten zum erstenmal im 16. Jahrhundert auf. Nur ein kleiner Teil der Geschäfte wird mit Rupien bezahlt, das übliche Zahlungsmittel liefern die Kupfermünzen und bittere Mandeln. Im Süden kennt man dagegen Gold-, Silber- und Kupfermünzen sowie Muschelgeld. Die Goldmünzen, von den Europäern »Pagoden« genannt, weisen einen kleinen Durchmesser auf und sind ziemlich dick, sie sind »ebenso viel wert [1695] wie die venezianische Zechine«, denn ihr Metall ist feiner »als das der spanischen Pistole«.

Dieser chaotische Zustand im Bereich des Geldwesens dauert noch im 18. Jahrhundert an. In die Münzprägung teilen sich unzählige Münzstätten, von denen Surat, der große Hafen von Gujerat, die bedeutendste ist. Bei gleichem Feingehalt liegt der Wert der lokalen Währung höher als der einer fremden Währung. Gewinnsüchtige Fürsten machen aus der Münzprägung ein einträgliches Geschäft, da durch die häufige Ausgabe von neuen, minderwertigeren Münzen die alten Prägungen an Wert verlieren. Gemelli Careri rät (1695) den Kauf-

leuten, ihre Silbermünzen »in Münzen des Landes umprägen zu lassen ... und der Stempel soll vom gleichen Jahr sein, andernfalls wird man ein halbes Prozent verlieren. Man findet diese Fertigkeit des Geldprägens in allen Städten, die sich an den Reichsgrenzen des Großmoguls befinden.«
Da Indien praktisch weder Gold, Silber und Kupfer noch *kauri* produziert, ist es auf fremde Zahlungsmittel, die ihm den wesentlichen Teil des zur Münzprägung notwendigen Rohstoffes liefern, angewiesen. Durch dieses Chaos ermutigt, geben die Portugiesen eigene, mit der indischen Währung konkurrierende Münzen heraus. Ebenso sind (bis 1788) Rupien aus Batavia und persische Rupien in Umlauf.
Ein systematischer »Abfluß« der Edelmetalle aus aller Welt vollzieht sich vor allem zugunsten des Großmoguls und seiner Staaten: »Der Leser muß wissen«, erklärt hierzu ein Reisender (1695), »daß alles Gold und Silber, das sich auf der Welt in Umlauf befindet, schließlich beim Großmogul wie in einem Mittelpunkt zusammenströmt. Es ist bekannt, daß das Edelmetall aus Amerika über die Königreiche Europas teilweise in die Türkei und teilweise nach Persien gelangt, über Smyrna, den Weg, den die Seide nimmt. Nun können die Türken nicht auf den Kaffee verzichten, der aus dem Jemen, dem glücklichen Arabien, kommt; Araber, Perser und Türken können auch nicht auf die Waren aus Indien verzichten; daher schikken sie große Summen Geldes über das Rote Meer nach Mokka an der Meerenge von Bab el Mandeb, nach Basra am Persischen Golf, nach Bandar Abbas und nach Gommeron, von dort bringen sie das Geld mit ihren Schiffen nach Indien.« Auch die Holländer, Engländer und Portugiesen bezahlen die indischen Waren mit Gold oder Silber, denn »nur mit Bargeld kann man von den Indern die Waren kaufen, die man nach Europa transportieren will«.
Da jedoch auch Indien nichts ohne Gegenleistung erhält, hört der Zufluß der Edelmetalle aus dem Ausland nicht mehr auf. Hier liegt eine der Gründe für die schwierige wirtschaftliche

Situation des Landes, aber auch für die Entwicklung neuer Industriezweige, so zum Beispiel die Textilherstellung von Gujerat, die bereits vor der Ankunft von Vasco da Gama zu einem wichtigen Faktor der indischen Wirtschaft wurde. Ein reges Exportgeschäft entwickelt sich mit nahen und fernen Ländern, und bald kann man Gujerat mit seinen Baumwollwebern mit der Wollindustrie Hollands im Mittelalter vergleichen. Seit dem 16. Jahrhundert geht von Gujerat eine mächtige Industrialisierungsbewegung in Richtung auf den Ganges aus. Und im 18. Jahrhundert werden die von britischen Kaufleuten in großen Mengen nach Europa eingeführten indischen Baumwollstoffe den Alten Kontinent überschwemmen, bis zu dem Tag, an dem sich England selbst zur Verarbeitung von Baumwolle entschließen und damit als Konkurrent Indiens auftreten wird.

Die Entwicklung des Geldwesens in Indien folgt ziemlich genau der Entwicklung im Abendland. Das aus Amerika über Europa nach Indien transportierte Edelmetall spielt hierbei eine entscheidende Rolle. Die berühmten *reales de a ocho* gelangen durch Vermittlung persischer und indischer Händler auf portugiesischen Schiffen vorbei am Kap der guten Hoffnung bereits früh nach Indien. In der Folgezeit wird Indien dann den großen Konjunkturrückgang der Welt im 17. Jahrhundert verursachen. Um 1627, nach der Regierung von Dschahangir, werden die einstmals relativ reichlichen Ausgaben an Kupfermünzen immer weniger, die kupfernen *pacha* verschwinden zwar nicht gänzlich doch die *kauri* treten immer mehr in den Vordergrund. Diese offensichtliche wirtschaftliche Krise, die sich von Surat bis Bengalen erstreckt, wird erst im 18. Jahrhundert mit dem wirtschaftlichen Aufschwung in Europa überwunden.

Das riesige China ist umgeben von Ländern mit einem primitiven Wirtschaftssystem, die einerseits von China abhängig sind, andrerseits die Entwicklung Chinas mitbestimmen. Zu diesen Ländern zählen Tibet, Japan ungefähr bis zum 16. Jahrhundert, die Insulinden und Indochina. Natürlich gibt es da auch einige Ausnahmen, so zum Beispiel Malakka, ein Zentrum des Handels, in dem das Geld fast automatisch von allen Seiten zusammenströmt; die Westspitze von Sumatra, mit seinen Städten des Goldes und der Gewürze; das bereits damals ziemlich dicht besiedelte Java, dessen Kupfermünzen, die *caixa,* jedoch eine Nachahmung der chinesischen Münzen darstellen, denn das Geldwesen befindet sich hier noch in seinem Anfangsstadium.

China lebt also in unmittelbarer Nähe »unterentwickelter« Länder. In Japan galt lange Zeit der Reis als Zahlungsmittel; auf den Insulinden und in Indochina die von China eingeführten oder die den chinesischen Münzen nachgebildeten *caixa,* die kupfernen »Gongs«, Goldstaub nach Gewicht sowie Gewichte aus Zinn oder Kupfer; im Tibet die aus dem fernen Abendland gekommene Koralle und der Goldstaub.

All das erklärt den zeitlichen Rückstand Chinas, gleichzeitig auch eine gewisse Stabilität des »dominierenden« chinesischen Geldes. China konnte es sich leisten, auf eine Weiterentwicklung seines Geldwesens zu verzichten; es genügte, den Nachbarstaaten überlegen zu sein. Eine Ausnahme bildet hier nur die geniale Erfindung des Papiergeldes, das ungefähr vom 9. bis 14. Jahrhundert in Umlauf war, besonders zur Zeit der Mongolenherrschaft, als sich China über die Straßen Zentralasiens gegenüber der Welt der Steppen, dem Islam und dem Abendland öffnete.

Abgesehen jedoch von den internen Erleichterungen im Bereich des Zahlungswesens verhinderte das Papiergeld die Ausgabe von Münzgeld. Der Kaiser nahm bestimmte Steuern nur in Papiergeld in Empfang, und die ausländischen Kaufleute waren, wie uns Pegolotti berichtet, gezwungen, ihre Währungen in einheimisches Papiergeld umzutauschen. Dieses Papiergeld ist wohl als eine Reaktion auf den wirtschaftlichen Aufschwung im 13. und 14. Jahrhundert anzusehen, zugleich als Versuch, die der archaischen Kupfer- und Silberwährung innewohnenden Schwierigkeiten zu überwinden.

Der Konjunkturrückgang im 14. Jahrhundert und die erfolgreiche Beendigung des Bauernaufstandes, durch den die nationale Dynastie der Ming an die Macht gelangt, führt zu einer Unterbrechung des großen mongolischen Verkehrsweges, der bis dahin eine Verbindung zum Abendland herstellte. Die Emission von Papiergeld hält zwar weiter an, doch machen sich mittlerweile Anzeichen einer Inflation bemerkbar. 1378 entsprechen 17 *caixa* noch 13 Kupfer-*caixa*, 70 Jahre später, 1448, benötigt man bereits tausend Scheine für drei *caixa* in Münzen. Diese Inflation kam um so leichter zustande, als das Papiergeld an die verhaßte Mongolenherrschaft erinnerte. Der chinesische Staat verzichtete daher ganz auf die Ausgabe von Papiergeld, nur die Privatbanken brachten noch für lokale Bedürfnisse Papiergeld in Umlauf.

Seit dieser Zeit besitzt China nur noch seine *caixa* oder Käsch, die von den Europäern als Kupfer-Sapeken bezeichnet wurden. Dieses Geld erschien zweihundert Jahre vor der christlichen Zeitrechnung zum erstenmal und hat sich gegenüber so starken Konkurrenten wie Salz, Getreide und vor allem Seide, das bis ins 18. Jahrhundert als Zahlungsmittel verwendet wurde, durchgesetzt.

Die chinesischen Kupfermünzen haben sich im Lauf der Jahrhunderte nur geringfügig verändert. In den Anfängen der Ming-Dynastie wird dem Kupfer im Verhältnis vier zu sechs Blei beigemischt, »weshalb man die Münzen leicht mit den Fingern zerbrechen kann«. Die runden Münzen sind nur auf einer Seite gezeichnet und weisen in der Mitte ein viereckiges Loch auf, durch das man eine Schnur ziehen und so hundert oder tausend Münzen aufreihen kann. »Man gibt für gewöhnlich«, bemerkt Pater De Magaillans [gestorben 1677, sein Buch erscheint 1688], »eine Schnur von tausend Hellern für einen Taler oder chinesischen *tael*; dieser Umtausch erfolgt in Banken oder in bestimmten öffentlichen Institutionen.« Natürlich kann der chinesische »Taler« nicht alle Aufgaben übernehmen, denn es gibt zu wenig davon. Ein wertvolleres Zahlungmittel stellt das Silber nach Gewicht dar. Es handelt sich hier, ebenso wie beim Gold, dem jedoch nur eine ziemlich geringe Bedeutung zukommt, nicht um Münzen, sondern um ungemünzte Metallbarren »in Form eines kleinen Brotes, die in Macao *paes,* ›Brot‹, aus Gold oder Silber genannt werden. Der Wert dieser Brote«, fährt Pater De Magaillans fort, »ist unterschiedlich. Die Goldbrote haben einen Wert von ein, zwei, zehn, zwanzig und tausend Talern; die Silberbrote entsprechen dem Wert von einem halben, einem, zehn, zwanzig, fünfzig, hundert und manchmal dreihundert Talern.« Der portugiesische Pater spricht von »Denaren« und »Escudos«, aber es ist klar, was er damit meint. Wir wollen nur noch hinzufügen, daß der *tael,* der Taler, meist ein Verrechnungsgeld darstellt, eine Besonderheit des Geldwesens, auf die wir später noch zurückkommen werden.

Tatsächlich ist von diesem Barrengeld nur das Silbergeld von Bedeutung. »Silber ist Blut [man beachte diese alte Metapher] und Gold ist Handel«, pflegte man in Macao zu sagen. Die Europäer kaufen das billige chinesische Gold, das hier nur vier bis sechsmal so teuer ist wie das Silber, und erzielen durch den Import nach Europa, wo das Gold dem zwölffachen Wert des Silbers entspricht, beträchtliche Gewinne.

Wie schon erwähnt, gilt das Silber als das bedeutendste Zahlungsmittel, vor allem unter den Ming (1368–1644). In dieser Zeit werden erste Anzeichen einer Geldwirtschaft und eines gewissen kapitalistischen Wirtschaftssystems spürbar. Man denke nur an den Sturm auf die chinesischen Silberminen im Jahr 1596 und den riesigen Skandal von 1605.

Für den täglichen Gebrauch sind die Silberbrote zu groß; der Käufer »zerschneidet sie mit einer Stahlschere, die er zu diesem Zweck immer bei sich trägt, er schneidet die Brote in größere oder kleinere Stücke, je nachdem wie hoch der Preis der Ware ist, die er einkauft«. Jedes Teilstück wird anschließend gewogen; Käufer und Verkäufer verwenden hierzu kleine römische Waagen. »Es gibt kaum einen Chinesen«, behauptet ein Europäer zwischen 1733 und 1735, »der, so arm er auch sein möge, nicht eine Schere und eine Münzwaage bei sich trüge. Ersteres dient dazu, Gold und Silber zu schneiden und heißt *trapelin*; das andere Instrument, das zum Wiegen des Metalls verwendet wird, heißt *litan*. Die Chinesen besitzen eine solche Geschicklichkeit im Umgang mit der Schere, daß sie, wenn sie für zwei Heller Silber oder für fünf Pfennige Gold abschneiden, nicht ein zweitesmal ansetzen müssen.« »Wenn man«, so schreibt unser Augenzeuge weiter, »an die Vielfalt unserer Zahlungsmittel in Europa denkt, so liegt, glaube ich, für die Chinesen ein wirklicher Vorteil darin, kein Gold- und Silbergeld zu besitzen. Eine Begründung hierfür ist, daß diese Metalle in China als Ware gelten. Das Edelmetall, das eingeführt wird, kann also keine große Preissteigerung der Lebensmittel und der anderen Waren verursachen, im Gegensatz zu einem Land, wo das Silbergeld allgemeine Gültigkeit besitzt ...« Und begeistert fügt er hinzu: »Übrigens sind die Preise der einzelnen Waren in China so gut geregelt, daß man kaum etwas über seinem wirklichen Preis einkauft. Nur die vertrauensseligen Europäer können übervorteilt werden. Denn es ist eine bekannte Tatsache, daß die Chinesen ihnen die Ware zu einem höheren als dem landesüblichen Preis verkaufen.«

Diese Erklärung ist wohl etwas zu einfach. Wenn China eine gewisse – übrigens nur relative – Preisstabilität aufzuweisen hat, dann vor allem deshalb, weil seine Vorräte an Edelmetall sehr gering sind. China besitzt nur wenig Silberminen und ist auf das von außen, vor allem aus Amerika kommende

Silber – »König des Silbers nennt der chinesische Kaiser den König von Spanien« – angewiesen. Es handelt sich dabei vor allem um Piaster, von denen »die besten aus Mexiko kommen; sie sind ein Prozent mehr wert als die von Peru«. Es ist also nur Geld in begrenzter Menge in Umlauf, das sich zudem noch auf dem riesigen Markt sehr stark zerstreut – ein wesentlicher Grund dafür, daß die Preise konstant bleiben. China ist bei weitem nicht überschwemmt mit Geld, wie so viele Historiker behaupten. Einen Beweis hierfür liefert die ungeheuere Kaufkraft eines einzigen Piasters. Ob nun sein Wert, je nach Provinz, zwischen 700 und 1100 *caixa* schwankt, sagt uns nicht viel, wohl aber die Tatsache, daß man mit einer einzigen dieser so wenig silberhaltigen Münze »für sechs Monate das beste Brot der Welt kaufen kann«, wie 1695 ein europäischer Reisender bemerkt. Natürlich handelt es sich hierbei um den Verbrauch eines einzigen Menschen. Mit *einem* Silberstück wird auch die Arbeit eines chinesischen Dieners, »der die Küche macht«, für einen ganzen Monat entlohnt; und für einen *tael* – ein *tael* entspricht zu dieser Zeit tausend *caixa* oder einem Real – kann dieser Europäer einen Monat lang einen Chinesen mieten, der darüber hinaus als einmalige Abfindung »vier Real für den Unterhalt seiner Familie« während seiner Abwesenheit erhält.

Außerdem ist die große Menge gehorteten Geldes zu berücksichtigen: der Schatz des Kaisers und der Reichen des Landes, ganz zu schweigen von den veruntreuten Geldern der Beamten. Diese Masse an »festgelegtem« Geld hängt zum größten Teil von Entscheidungen und Bestimmungen der Regierung ab, die damit auf die Preise einzuwirken versucht, wie aus einem zwischen Jesuiten geführten Briefwechsel aus dem Jahr 1779 hervorgeht. Der Wert des Geldes schwankt ihrer Ansicht nach während der Herrschaft der Tsin-Dynastie, d. h. die Preise stiegen im allgemeinen. Außerdem lebt China, ob nun das in Umlauf befindliche Geld, streng genommen, eine Währung darstellt oder nicht, unter einer Art Bimetallismus, Silber — Kupfer. Der schwankende Wechselkurs ergibt sich aus dem Verhältnis zwischen Sapeken einerseits und »Unzen«, einer chinesischen Silbermünze, andrerseits, ferner aus der verschiedenen Art zu wiegen, entweder mit der sogenannten Kuan-si-Waage oder mit der kaiserlichen Waage, schließlich aus dem Umtausch ausländischer in einheimische Währungen. Zudem ändert sich der Wechselkurs zwischen Silber und Kupfer je nach Tag, Jahreszeit, Jahr und vor allem je nach den von der kaiserlichen Regierung angeordneten Emissionen an Silber und Kupfer. Ziel des Herrschers ist es, einen normalen Geldumlauf zu gewährleisten und das Verhältnis zwischen Kupfer und Silber auf das gewöhnliche Maß zurückzuführen, indem er Silber in Umlauf bringt, sobald dieses zu sehr an Wert gewinnt, und im umgekehrten Fall Kupfer. »Unsere Regierung«, so behaupten die chinesischen Jesuiten, »läßt den jeweiligen Wert des Silbers und des Kupfers sinken oder steigen . . ., sie hat im ganzen Kaiserreich von dieser Möglichkeit Gebrauch gemacht.« Diese Kontrolle läßt sich um so einfacher ausüben, als der chinesische Staat alle Kupferminen des Landes in seinem Besitz hat.

Man kann also nicht behaupten, daß das Geld in China eine völlig selbständige, neutrale Rolle gespielt hätte und daß die Preise immer wunderbar stabil gewesen wären. Eine Intervention war unerläßlich. Übrigens schwanken auch einige Preise, vor allem der des Reises. Das chinesische System läßt also durchaus Preisschwankungen zu. Im 18. Jahrhundert steigen in Kanton die Preise aufgrund der Berührung mit dem europäischen Handel und einer Veränderung innerhalb des Geld- und Kreditwesens.

China ist im Bereich des Geldwesens, nach allem, was wir in diesem Kapitel gesehen haben, weniger fortschrittlich als Indien; aber das chinesische Geldsystem weist einen ganz anderen inneren Zusammenhalt und eine offenkundige Einheitlichkeit auf, die zur Folge haben, daß kein Vergleich mit den übrigen Währungssystemen möglich ist.

Drittes Kapitel

Edelmetalle und Metallwährungen in Europa

Europa ist in bezug auf das Geldwesen in seiner Entwicklung bereits ziemlich weit fortgeschritten. Tauschhandel, Selbstverpflegung, primitive Zahlungsmittel, überkommene Hilfsmittel zur Vermeidung des Geldverkehrs sind ebenso bekannt wie das relativ reichlich vorhandene Metallgeld aus Gold, Silber und Kupfer und schließlich seit den Aktionen der Lombarden und der jüdischen Kaufleute ein vielfältiges Kreditwesen, bis hin zu den Wechsel- und den Spekulationsgeschäften der großen Handelsplätze.

Die Bedeutung des europäischen Geldwesens tritt jedoch erst in seiner Beziehung zu ausländischen Währungen und fremden Ländern ganz hervor. Im 16. Jahrhundert werden die »Schätze« Amerikas zum Nutzen Europas bis nach Ostasien gebracht, wo sie in einheimische Zahlungsmittel oder in Edelmetallbarren umgetauscht werden. Europa beginnt auf dem Gebiet des Geldwesens eine zentrale Stellung einzunehmen. Der Meinung mancher früherer und heutiger Volkswirtschaftler, die an der wirtschaftlichen Gesundheit Europas zu zweifeln scheinen und den ständigen Abfluß europäischen Geldes in Richtung Ostasien beklagen, möchten wir entschieden widersprechen. Zunächst einmal ist festzustellen, daß Europa an dieser Situation nicht zugrunde gehen wird. Außerdem: Wer denkt schon daran, daß man bei der Eroberung einer Stadt Schießpulver und Kugeln verliert?

Die Edelmetälle

Unter »Metallwährung« versteht man zunächst eine Ansammlung von Münzen, die in einem bestimmten Wertverhältnis zueinander stehen; so ist eine bestimmte Münze zum Beispiel den zehnten, sechzehnten, zwanzigsten ... Teil jener anderen Münze wert. Die Münzen bestehen in Europa wie in anderen Ländern nicht aus einem, sondern aus mehreren Edelmetallen. Im Abendland kennt man drei Metallarten, Gold, Silber und Kupfer, wobei sich diese Mannigfaltigkeit sowohl positiv als auch negativ auswirkte. Die Vorteile bestehen darin, daß jedes Metall, d. h. Gold-, Silber- oder Kupfermünzen, für einen bestimmten Bereich des Wirtschaftslebens verantwortlich ist. Würde das Geldwesen zum Beispiel nur auf einer Goldwährung beruhen, dann ergäben sich Schwierigkeiten bei der Abwicklung der kleinen täglichen Käufe; wäre andererseits das Geldsystem auf Kupfer beschränkt, dann entstünden Probleme bei großen geschäftlichen Transaktionen. Tatsächlich kommt jedem Metall eine eigene Bedeutung zu: Das Gold ist den Fürsten, den großen Kaufleuten – und der Kirche – vorbehalten; das Silber den üblichen Geschäften; das Kupfer natürlich den Käufen des Alltags. Es ist das »schwarze« Geld der kleinen Leute und der Armen; durch die manchmal geringe Beimischung an Silber wird es schnell schwarz und verdient so seinen Namen zu Recht.
Die Art des Metalls gibt Auskunft über die wirtschaftliche Situation eines Landes. In Neapel wird 1751 das Gold gehortet, das Silber verläßt das Königreich, und so regelt das Kupfer trotz seiner geringen Menge (1 500 000 Kupferdukaten gegenüber 6 Millionen Silber- und 10 Millionen Golddukaten) im wesentlichen die geschäftlichen Transaktionen, weil es schnell kursiert und, so schlecht es auch sein mag, »immer zur Stelle ist«. Die gleiche Situation läßt sich in Spanien beobachten: 1724 »wird der größte Teil der Zahlungen ... in Scheidemünzen beglichen [Kupfer, mit ein bißchen Silber angerei-

chert]; ihr Transport ist sehr beschwerlich und kostspielig, übrigens ist es Brauch, nach Gewicht zu zahlen ...« Ein bedauernswerter Brauch, meint ein Zeitgenosse, wenn man bedenkt, daß zur gleichen Zeit in Frankreich oder Holland die Scheidemünzen nur als Kleingeld verwendet werden. Dabei besitzt Spanien die Silberminen der Neuen Welt, aber die freie Verfügbarkeit über diese Quellen ist erheblich eingeschränkt, denn die anderen Großmächte gestehen ihm den Besitz dieser fernen Schätze nur unter der Bedingung zu, daß das Silber frei kursieren kann, daß es »allen Nationen gemeinsam ist«, das bedeutet, daß das Silber Spanien zugunsten von Drittländern verläßt. Wie Portugal für das Gold, so ist Spanien für das Silber seiner Kolonien nur »ein einfacher Kanal«. Als Careri 1694 mit seiner Galeonenflotte Cadiz erreicht, sieht er an einem einzigen Tag »in der Bucht mehr als hundert Schiffe [ankommen], die das Geld für die nach Indien gebrachten Waren holten: der größte Teil dieses Metalls, das auf die Galeonen gebracht wird, landet in der Börse ausländischer Nationen.«

In den fortschrittlichen Ländern dagegen behauptet das Silber, das weiße Metall, oder das Gold seine Rolle. 1699 beurteilt die Handelskammer von London das Silbergeld »als zweckmäßiger« und stellt fest, daß es »mehr verwendet wird als das Gold«. Kurze Zeit später jedoch erlebt das Gold eine ungeheuere Inflation. 1774 erkennt England nämlich das gelbe Metall als reguläres und allgemein gültiges Zahlungsmittel an; dem Silber kommt seit dieser Zeit nur noch die Rolle des Kleingelds zu. Im Gegensatz zu England wird Frankreich, wie wir noch sehen werden, weiterhin auf seiner Silberwährung beharren.

Es ist natürlich klar, daß es sich hierbei um eine grobe Schematisierung handelt; natürlich gibt es auch Ausnahmen. Während sich die großen Handelsplätze seit dem Beginn des 17. Jahrhunderts vor dem Kupfergeld wie vor der Pest hüten, gilt es in Portugal als ein begehrtes Zahlungsmittel, jedoch nicht auf dem Binnenmarkt, sondern als Exportartikel für Indien. Ein anderes Beispiel: Zur Zeit der Osmanen bildet die Türkei eine Goldzone (auf der Basis des afrikanischen Goldes und der aus Ägypten eingeführten Goldmünzen); aber das Gold ist in jener Zeit um 1550 im Mittelmeergebiet nicht eben rar, und so ist das quer durch diese Goldzone in Richtung Ostasien transportierte europäische Silbergeld bald von wesentlich größerer Bedeutung.

Das Greshamsche Gesetz

Das Übergewicht des einen oder anderen Metalls (Gold, Silber, Kupfer) ergibt sich aus dem Verhältnis der einzelnen Metalle zueinander. Die Existenz verschiedener Edelmetalle und ihre Verwendung zur Herstellung von Zahlungsmitteln führt zu einer Art Konkurrenzkampf. Die Bedeutung des Kupfers ist für gewöhnlich am geringsten, denn der Metallwert der Kupfermünzen entspricht oft nicht dem Nennwert, sie ähneln eher »Scheinen«, »Banknoten«, wie wir heute sagen würden. Doch auch hier sind manche Überraschungen möglich: Gerade aufgrund seines niedrigen Wertes ist das Kupfer im 17. Jahrhundert zum Träger mächtiger Inflationen geworden, die sich über ganz Europa, besonders Deutschland und Spanien (bis 1680) erstreckten, diese wirtschaftlich ungesunden Länder, die keinen anderen Ausweg aus ihren Schwierigkeiten fanden. Selbst außerhalb Europas hat eine kleine Kupfermünze, »ziemlich abgenutzt und rot wie Ochsenblut«, die Märkte überschwemmt, und »von Tag zu Tag wird das Geld [gemeint ist das Silbergeld] immer seltener in Isfahan«.

Soweit das Kupfergeld. Es bleibt noch das Gold und Silber. Ihre Produktion vollzieht sich unregelmäßig und nie sehr elastisch, so daß immer entweder das eine oder andere Edelmetall überwiegt, eine für das Geldwesen des *ancien régime* typische

Situation. »Gold und Silber sind feindliche Brüder«, das ist eine altbekannte Tatsache. Karl Marx meint dazu, daß überall dort, wo Silber und Gold als rechtmäßiges Zahlungsmittel auftreten, man immer wieder vergeblich versucht hat, sie wie eine einzige und gleiche Materie zu behandeln. Der Konkurrenzkampf dieser beiden Edelmetalle hat jedoch nie ein Ende gefunden.

Dem Gold wurde in früheren Zeiten ein zwölfmal größerer Wert als dem Silber zugesprochen; in der Praxis hielt man sich jedoch in der Zeit zwischen dem 15. und 18. Jahrhundert nicht immer strikt an dieses »natürliche« Verhältnis. Kurzfristige lokale Schwankungen, auf die wir hier nicht näher eingehen wollen, nicht berücksichtigt, wurde bald das eine, bald das andere Metall auf- oder abgewertet.

Im großen ganzen erlebt das Silber zwischen dem 13. und 16. Jahrhundert, im allgemeinen bis ungefähr 1550, eine Aufwertung; das bedeutet streng genommen, daß jahrhundertelang eine Goldinflation herrschte. Dieses Gold, das in den Münzstätten Europas zu Geld geprägt wird, kommt aus Ungarn, den Alpenländern, den Goldwäschereien des Sudan und den europäischen Kolonien in Amerika. Damals sind die Goldmünzen im Vergleich zu allen anderen Münzen am einfachsten aufzutreiben; das ist der Grund, warum die Fürsten ihre Pläne mit Hilfe von Goldmünzen verwirklichen. So läßt Karl VIII. am Vorabend seines Zuges nach Italien Goldmünzen prägen, so finanzieren Franz I. und Karl V. ihre militärischen Unternehmungen mit Gold.

Wer profitiert nun von diesem relativen Überfluß an Gold? Natürlich die Besitzer von Silbermünzen oder von Silberminen, d. h. die Kaufleute Augsburgs als Eigentümer der Silberminen in Böhmen und in den Alpen, darunter vor allem die Fugger, diese ungekrönten Könige. Nur das Silber, nicht das Gold, hat in jener Zeit einen relativ stabilen Wert.

Seit 1550 jedoch bis 1680 nimmt der Vorrat an Silber ständig zu; schuld an dieser Entwicklung ist die in Amerika verwendete neuartige Technik der Silbergewinnung durch Amalgamierung. Dadurch entsteht eine kräftige, lang anhaltende Abwertung des Silbers. Das Gold hingegen wird immer seltener und erlebt somit eine Aufwertung. Wer frühzeitig, wie die Genuesen in Antwerpen seit 1553, auf das Gold setzt, steht auf der Seite der Gewinner.

Mit dem Beginn der Goldwäscherei in Brasilien neigt sich nach 1680 die Waage erneut leicht auf die andere Seite. Bis zum Ende des Jahrhunderts kann man noch von einer Ausgewogenheit sprechen, dann läßt sich eine geringfügige Abwertung des Goldes erkennen. Auf den Messen von Frankfurt und Leipzig ist das Verhältnis zwischen Silber und Gold zwischen 1701 und 1710 durchschnittlich 1 zu 15,27; zwischen 1741 und 1750 1 zu 14,93. Das Silber erlebt zumindest nicht mehr die starke Abwertung wie zu der Zeit, als das brasilianische Gold noch nicht auf dem europäischen Markt auftauchte. Der Grund hierfür ist in der Tatsache zu sehen, daß sich zwischen 1720 und 1760 die Weltproduktion an Gold mindestens verdoppelt hat. Um 1756 erscheint das Gold auch wieder in den Händen der Bauern – ein kleines, aber bezeichnendes Detail am Rande.

Innerhalb dieser langsamen Entwicklung führt jede Bewegung eines Metalls automatisch zu einer Gegenreaktion auf seiten des anderen Metalls. Das ist eine ganz natürliche Gesetzmäßigkeit. Das relativ reich vorhandene Gold in den Jahren vor der Wende zum 16. Jahrhundert »kurbelt« die Produktion der deutschen Silberminen an. Ebenso führt das Auftauchen des brasilianischen Goldes um 1680 zu einem verstärkten Abbau der Silberminen von Potosi, mehr noch der Silberminen in den spanischen Kolonien in Amerika; das gilt im besonderen für die Silberhütten von Guanajuato und die ungeheuren Silbervorkommen der Veta Madre.

Die Schwankungen der Edelmetalle unterliegen einer ganz bestimmten Gesetzmäßigkeit, dem sogenannten Greshamschen Gesetz, das übrigens keineswegs von dem Berater Elisabeths von England entdeckt wurde, sondern eine allgemein bekannte Tatsache darstellt. Das nach Thomas Gresham benannte Gesetz besagt, daß bei einer Doppelwährung das schlechte Geld das gute aus dem Umlauf verdrängt. Gemäß den langen Konjunkturphasen spielen abwechselnd die Gold- und die Silbermünzen die Rolle des schlechten Geldes, von dem das gute Geld in die Geldstrümpfe der Spekulanten und Sparer verbannt wird. Natürlich konnte der Staat diese Entwicklung beeinflussen, indem er entweder das Gold oder das Silber je nach Marktlage aufwertete, um so das Gleichgewicht wiederherzustellen, was jedoch nur in seltenen Fällen von Erfolg gekrönt war.

Wenn die Aufwertung wirtschaftlich gerechtfertigt ist, dann ereignet sich nichts, zumindest verschlimmert sich die Situation nicht. Wenn die Aufwertung dagegen zu hoch ist, dann werden, falls es sich zum Beispiel um die Aufwertung des Goldes handelt, alle Goldmünzen der Nachbarstaaten in dem Land zusammenströmen, in dem sie sehr gesucht sind, ob dies nun das Frankreich Heinrichs III. oder das Venedig Tizians ist. Bei Fortdauer dieser Situation spielt dieses überbewertete Gold die Rolle des schlechten Geldes; es verdrängt das Silbergeld. Dies ist oft der Fall in Venedig und seit 1537 ständig in Sizilien. Wenn Venedig oder Sizilien ein Interesse daran zeigen, Silbergeld nach Nordafrika und besonders in die Levante zu transportieren, dann haben – so möchten wir im Gegensatz zu manchen Volkswirtschaftlern der Gegenwart behaupten – diese scheinbar sinnlosen Aktionen einen ganz bestimmten Zweck.

Im Bereich des Geldwesens kann sich die Situation von einem Tag auf den andern ändern. Im Juli 1723 schreibt Jean François Barbier in Paris in sein Tagebuch: »Man sieht nur Gold im Handel; das geht so weit, daß es bis zu 20 sous kostet ... wenn man einen louis [in Silbergeld] wechseln will ... Zudem wiegt man die louis ... und das ist sehr umständlich, denn man muß immer eine Waage in der Tasche haben.«

Geldflucht, Sparen, Hortung

Das Geldwesen Europas leidet an zwei unheilbaren Krankheiten: Zum einen gibt es eine Flucht der Edelmetalle ins Ausland; zum andern ist das Geld durch Sparen und Horten festgelegt. Ergebnis: Der Motor verliert immer mehr Treibstoff.

Die Edelmetalle verlassen das Abendland unaufhörlich, vor allem in Richtung Indien und China. Diese Entwicklung hat bereits in der römischen Kaiserzeit begonnen. Mit Silber und Gold müssen die Seide, der Pfeffer, die Gewürze, die Rauschgifte und die Perlen Ostasiens bezahlt werden; nur auf diese Weise ist die Einfuhr dieser Waren möglich. In diesem entscheidenden Punkt weist die europäische Wirtschaft bei ihrem Wirtschaftsaustausch mit China bis um 1820 ein Defizit auf. Es handelt sich dabei um eine ständige, monotone Flucht, um etwas wie eine Struktur: Die Edelmetalle strömen von selbst nach Ostasien über die Levante, vorbei am Kap der Guten Hoffnung, selbst über den Pazifik, im 16. Jahrhundert in Form von spanischen *reales de ocho*, im 17. und 18. Jahrhundert in Form von *pesos duros* (diese »dicken Piaster« sind identisch mit den *reales de ocho*, nur die Bezeichnung hat sich geändert). Es ist dabei ziemlich unwesentlich, ob der Abtransport von der für den Schmuggel wie geschaffenen weiten Bucht von Cadiz aus erfolgt, oder von Bayonne aus, von wo das Metall durch Schmuggler über die Pyrenäen gebracht wird, oder von Amsterdam oder London aus, wo sich das Geld der ganzen Welt ein Stelldichein gibt. Es kommt sogar vor, daß amerikanisches Silber von den Küsten von Peru aus mit französischen Schiffen nach Asien gebracht wird.

Eine andere Art von Geldflucht wirkt sich im Baltikum zugunsten Osteuropas aus. Tatsächlich belebt das Abendland allmählich den Geldumlauf dieser unterentwickelten Länder des Ostens, die große Mengen Weizen, Holz, Roggen, Fisch, Leder und Pelze exportieren, aber nur relativ wenig importieren.

Diese Entwicklung kündigt sich bereits im 16. Jahrhundert im Handel mit Narwa an, dem zum Baltikum hin geöffneten (1558), später (1581) geschlossenen Fenster; oder in dem 1553 beginnenden Handel der Engländer mit dem in der Nähe des Weißen Meeres gelegenen Archangelsk; und noch im 18. Jahrhundert ist dies der Sinn der Wirtschaftstätigkeit von St. Petersburg. Es bedarf dieser Importe ausländischen Geldes, damit als Gegenleistung die erwünschten Exporte von Rohstoffen erfolgen können. Die Holländer, die hartnäckig auf einer Bezahlung durch Textilien, Stoffe oder Heringe bestehen, verlieren schnell den ersten Platz.

Mit einem Wort: Um seine zahlreichen Aufgaben erfüllen zu können, müßte das Metallgeld eine größere Umlaufgeschwindigkeit erreichen. Nun stagniert diese aber — selbst in Europa — häufig wegen der vielfältigen Formen des Sparens, gegen das schon François Quesnay Einwände erhebt (ebenso wie später Keynes!), und wegen der unvernünftigen und sinnlosen Hortung des Geldes; das Geld verschwindet wie in einem unendlich tiefen Schlund.

Im Mittelalter hatte man in Europa eine Vorliebe für das Edelmetall, im 13., spätestens jedoch um die Mitte des 14. Jahrhunderts begeisterten sich die Menschen für Münzen. Die alte Vorliebe für kostbare Gegenstände bleibt weiterhin erhalten. Die spanischen Granden hinterließen zur Zeit Philipps II. ihren Nachfahren Kästen voller Goldmünzen und unzählige Goldschmiedearbeiten. Selbst der Herzog von Alba (gestorben 1582), dem keine besonders großen Reichtümer nachgesagt werden, kann seinen Erben 600 Dutzend Silberteller und 800 Silberschüsseln vermachen. Zweihundert Jahre später, 1751, schätzt Galiani die gehorteten Schätze des Königreichs Neapel auf ein Vielfaches des in Umlauf befindlichen Geldes: »Alle Gegenstände aus Silber, wie Uhren, Tabaksdosen, Schwertknaufe und Griffe von Spazierstöcken, Eßbestecke, Tassen und Teller sind kein besonderer Luxus mehr, sondern etwas ganz Alltägliches geworden. Die Neapolitaner, die hinsichtlich ihrer Sitten und Gebräuche große Ähnlichkeit mit den Spaniern früherer Zeiten aufweisen, finden ein riesiges Vergnügen daran, alte Silberwaren in ihren Truhen, die sie *scrittori* oder *scarabattoli* nennen, aufzubewahren.« Sébastien Mercier gewinnt angesichts des »wertlosen und ungenutzten« Reichtums von Paris »an goldenem und silbernem Hausrat, Schmuck und Geschirr« den gleichen Eindruck.

Wir besitzen keinerlei exakte Angaben über die Höhe der gehorteten Schätze. In einer bereits vor langer Zeit erschienenen Arbeit gibt W. Lexis das Verhältnis zwischen gehortetem und in Umlauf befindlichem Edelmetall für den Beginn des 16. Jahrhunderts mit drei zu vier an. Im 18. Jahrhundert hat sich dieses Verhältnis sicherlich geändert, wenn auch vielleicht nicht gerade vier zu eins, wie Galiani meint, der damit den Nachweis erbringen wollte, daß die Nachfrage nach Edelmetall nicht allein von seiner Verwendung im Bereich des Geldwesens abhängig ist. Die Masse des Edelmetalls hat sich in der Tat zwischen dem 16. und 18. Jahrhundert auf Weltebene auf wunderbare Weise vergrößert. W. Lexis schätzt, daß sich Gold und Silber in diesem Zeitraum um das Fünfzehnfache vermehrt haben. Die uns bekannten Tatsachen scheinen diese Behauptung zu bestätigen. So wissen wir, daß sich 1670 in Frankreich das in Umlauf befindliche Geld auf 120 Millionen Pfund beläuft, ein Jahrhundert später, am Vorabend der Revolution, auf 2 Milliarden. 1570 betragen die gehorteten Schätze Neapels 700 000 Dukaten, 1751 18 Millionen. Im 17. und 18. Jahrhundert besitzen Neapel und Italien einen ungeheuren Überfluß an gehortetem Geld. In Genua bieten die Bankiers, da ihnen nichts anderes übrig bleibt, ihr Geld Ausländern für zwei und drei Prozent an; daraufhin leihen sich auch viele religiöse Orden aus dieser Wunderquelle Geld, um damit ihre alten Zinsschulden (5,6 und 7 Prozent) zu tilgen.

Auch die Herrscher verfügen über Unsummen gehorteten Geldes: Papst Sixtus V. hat seinen Schatz in der Engelsburg untergebracht, Sully im Arsenal; der Soldatenkönig kann mit seinen Schätzen ebensowenig anfangen wie mit seiner Armee, die stets schlagbereit war, aber niemals zuschlug. Das sind altbekannte, ständig zitierte Beispiele. Hierher gehören auch die zu Ende des 16. und Anfang des 17. Jahrhunderts neugegründeten oder wiedergegründeten Banken, selbst die große Bank von Amsterdam. »Das gesamte Geld befindet sich tatsächlich als Münzgeld in der Bank«, behauptet 1761 ein Zeitgenosse, »wir wollen hier nicht überlegen, ob das Geld, das dort eingeschlossen liegt, für den Geldumlauf nicht etwa genauso unnütz ist, als wäre es in den Minen geblieben. Ich bin aber überzeugt, daß ... man dieses Geld für den Handel günstiger verwenden könnte.« Diesen Vorwurf könnte man gegenüber allen Banken erheben; eine Ausnahme bildet hier nur die revolutionäre Bank von England.

Amerika bestimmt nicht allein

Der europäische Vorrat an Gold, Silber und Kupfer muß eine Reihe von Aufgaben erfüllen: die Versorgung Ostasiens und Osteuropas, den ständigen Nachschub der Hortungen, die Lieferung des für die geschäftlichen Transaktionen der europäischen Wirtschaft unerläßlichen Geldes, die Finanzierung der Staatshaushalte. Dafür bieten sich zwei Möglichkeiten an: Vermehrung der Münzprägungen und Steigerung der Umlaufgeschwindigkeit des Geldes. Für gewöhnlich geht beides Hand in Hand; wenn nämlich Überfluß an Edelmetall herrscht, erhöht sich automatisch die Umlaufgeschwindigkeit. Nach Ansicht der Historiker handelt es sich also um ein und dasselbe Problem. Das aus der Neuen Welt eingeführte Silber und Gold soll, so behaupten sie, vom Beginn des 16. Jahrhunderts bis zum Ende des 18. Jahrhunderts das gesamte Wirtschaftsleben Europas und der übrigen Welt bestimmt haben, eine wohl etwas zu einfache Erklärung der wirtschaftlichen Vorgänge auf dem Alten Kontinent. Im 16. Jahrhundert beginnt Indien »seinen Reichtum auszuspeien«, der Europa in die Inflation treibt. Ein Jahrhundert später erlebt die Silber- und Goldproduktion Indiens aufgrund der katastrophalen Verringerung seiner Bevölkerung einen empfindlichen Rückschlag, was zu erheblichen wirtschaftlichen Schwierigkeiten in Europa führt. Die Ankunft des brasilianischen Goldes um 1680 stellt dann das Gleichgewicht wieder her. Der im 18. Jahrhundert in Europa erzielte Fortschritt, ja selbst die Französische Revolution sind für einen Historiker ohne die Goldwäschereien von Minas Gerais und Goyaz undenkbar. Die Entwicklung Amerikas wird dabei völlig isoliert betrachtet, so als ob es seine Metallschätze in der Lotterie gewonnen oder durch die unmenschliche Ausbeutung von Indianern und schwarzen Sklaven kostenlos erhalten und sie dann dem alten Europa als Geschenk dargeboten hätte.

Tatsächlich hat Europa die aus Amerika importierten Edelmetalle sicherlich nicht ihrem Preis entsprechend bezahlt, ein Geschenk waren sie aber deswegen noch lange nicht. Außerdem ist das amerikanische Angebot nicht von selbst gekommen, es ist vielmehr auf die Nachfrage Europas zurückzuführen. Die Wirtschaft Amerikas hat also nicht allein die Geschicke der Welt bestimmt; es gab vielmehr eine Art Wirtschaftsaustausch zwischen der Neuen und der Alten Welt. Man kann das Edelmetall mit einem Brennstoff vergleichen, der den Motor zum Laufen bringt. Ein Historiker geht sogar so weit zu behaupten, daß »die einmal in Gang gesetzte Bewegung der Preise [in der zweiten Hälfte des 16. Jahrhunderts] die Schaffung zusätzlichen Geldes geradezu erzwang«.

Louis-Leopold Boilly: »Ankunft der Postkutsche« (1803); Musée National du Louvre, Paris.

Die verschiedenen Geldsysteme und Währungen in Europa haben ein sogenanntes »imaginäres« Geld oder »Buchgeld«, d. h. ein reines Verrechnungsgeld, notwendig gemacht. Man benötigte einen gemeinsamen Maßstab, was nur logisch ist. Das Buch- oder Bankgeld repräsentiert diese Maßeinheit, ähnlich wie die Stunde, die Minute, die Sekunde Zeiteinheiten darstellen. In Frankreich kommt diese Rolle der *livre tournois* zu.

Wenn an einem bestimmten Tag des Jahres 1966 der Napoléond'or an der Pariser Börse mit 44,70 Francs gehandelt wird, so ist dieser Vorgang gewiß nicht schwer verständlich. Dem Durchschnittsfranzosen jedoch sagt das nicht viel, er kümmert sich im allgemeinen nicht um diesen Kurs, da er diesen alten Goldmünzen wohl kaum jeden Tag begegnen dürfte. Für ihn ist der Franc, den er in Form von Banknoten in seiner Brieftasche trägt, das wirkliche Geld. Wenn hingegen in einem bestimmten Monat des Jahres 1602 der Goldtaler 66 *sous*, oder mit anderen Worten 3 *livres* 6 *sous*, wert ist, dann hat das für den Bürger von Paris, für den in der damaligen Zeit Gold- und Silbermünzen ein alltägliches Zahlungsmittel darstellen, eine ganz andere Bedeutung. Er selbst begegnet der *livre*, dem *sou* (dem zwanzigsten Teil der *livre*) und dem *denier* (dem zwölften Teil eines *sou*) nie. Sie ist das imaginäre Geld früherer Zeit, das dazu dient, den jeweiligen Wert der Münzen zu fixieren, Preise und Löhne festzusetzen, eine Geschäftsbuchhaltung durchzuführen, und das jederzeit in eine x-beliebige einheimische oder ausländische Währung übertragen werden kann. Eine Schuld von hundert *livres* kann in so und so vielen Gold- und Silbermünzen und der Rest notfalls in Kupfermünzen beglichen werden.

Kein Zeitgenosse von Philipp dem Schönen, Ludwig XIV. oder Turgot hat jemals eine *livre* oder einen *sou tournois* in der Hand gehabt (die letzten *deniers tournois* wurden 1649 geprägt). Um die den Buchgeldern entsprechenden Münzen zu finden, müßte man weit in die Vergangenheit zurückgehen. Es gibt kein Buchgeld, das nicht irgendwann einmal wirkliches Geld gewesen wäre. Das gilt für die *livre tournois,* die *livre parisis,* das Pfund Sterling, das Pfund der italienischen Städte genauso wie für den venezianischen Dukaten, der 1517 zum Buchgeld geworden ist, oder für den spanischen Dukaten, der, im Gegensatz zu dem, was Historiker und Schriftsteller über dieses Thema geschrieben haben, im Jahr 1540 aufhört, wirkliches Geld zu sein. Das »große« Buchgeld von Flandern ist der ehemalige, 1266 von Ludwig dem Heiligen geprägte Silbertaler. Wie aus der Abhandlung eines Kaufmanns über die Wirtschaft Indiens hervorgeht, gibt es auch in anderen Ländern ein Bankgeld: »In ganz Indien rechnet man mit Rupien, eine Rupie entspricht dreißig *sols* [da hier ein Franzose spricht, handelt es sich um dreißig *sous tournois*]. Es ist ein imaginäres Geld wie die *livres* in Frankreich, das Pfund Sterling in England oder die *livre de gros* in Flandern und Holland; dieses ideale Zahlungsmittel dient dazu, die Handelsgeschäfte abzuwickeln.«

Hinzu kommt, daß die wirklichen Geldmünzen unaufhörlich durch eine ständige Aufwertung der Währung von seiten der Regierungen im Wert steigen, woraus sich eine Abwertung des Buchgeldes ergibt.

Daß der Kunstgriff des Buchgeldes auch vermieden werden kann, zeigt uns das französische Beispiel. Im Jahr 1577 veranlaßt Heinrich III., einer der am stärksten in Verruf geratenen Könige Frankreichs, unter dem Druck der Lyoner Kaufleute eine Aufwertung der *livre tournois.* Nichts ist einfacher, als das Buchgeld mit dem Gold in Zusammenhang zu bringen. Das gelingt der schwachen Regierung mit ihrem Beschluß, die Rechnungen nicht mehr wie bisher in *livres,* sondern in *écus* auszustellen, wobei der Taler, die wirkliche Goldmünze, auf drei *livres* oder sechzig *sous* festgesetzt wird. Das Ergebnis wäre das gleiche, wenn morgen eine französische Regierung beschließen würde, daß die 50-Franc-Note von jetzt an einem Louisdor entspräche und alle Rechnungen auf Louisdor ausgestellt werden müßten. Ob diese Maßnahme zu einem Erfolg führen würde, bleibt dahingestellt. Die Aktion von 1577 jedenfalls hat Erfolg, zumindest bis zu den unglücklichen Jahren, die auf die Ermordung Heinrichs III. (1589) folgen. Dann gerät wieder alles in Unordnung; der wirkliche Taler löst sich vom Buchtaler, letzterer entspricht nach wie vor sechzig *sous,* der in Umlauf befindliche Taler dagegen 63, 65, zeitweise sogar 70 *sous.* 1602 erfolgt die Rückkehr zur *livre tournois,* das bedeutet die Anerkennung der Inflation; das Buchgeld hatte sich erneut vom Gold gelöst.

Diese Situation bleibt für das Buchgeld bis 1726 bestehen. Die Regierung Ludwigs XV. hat dann nicht nur der langen Zeit monetärer Schwankungen ein Ende bereitet, sie hat auch die *livre tournois* wieder mit dem Gold verbunden, und mit Ausnahme geringfügiger Veränderungen hat sich an diesem System nichts mehr geändert. Eine letzte Veränderung bringt die unter dem Vorwand einer Flucht des Goldes von der Regierung erlassene Bestimmung vom 30. Oktober 1785, die das Verhältnis zwischen Gold und Silber — bis dahin 1 zu 14,5 — auf 1 zu 15,5 festsetzt.

Im Vergleich zu Spanien und England (Gold zu Silber wie 1 zu 16) gab also Frankreich seine Vorliebe für das Silber nicht auf. Da der Goldpreis in Frankreich niedriger lag als in England, war es ein lukratives Unternehmen, dieses Edelmetall vom französischen Markt aus auf der Insel einzuführen, wo es dann in den englischen Münzstätten verwertet wurde. Aus den gleichen Motiven erlebte England einen Abfluß seines Silbers. Zwischen 1710 und 1717 verließ die riesige Summe von 18 Millionen Pfund Sterling das Land. In dem Zeitraum von 1714 und 1773 prägten die englischen Münzstätten sechzigmal mehr Gold- als Silbermünzen.

Eine Stabilisierung konnte sich Europa erst im 18. Jahrhundert leisten. Bis zu diesem Zeitpunkt hatten alle Buchgelder, ob von großem oder von kleinem Wert, ständig Abwertungen erlebt, manche, wie die *livre tournois* oder der polnische *grosz*, schneller als andere. Diese Abwertungen erfolgten sicherlich nicht rein zufällig; in Ländern, die vorwiegend Rohstofflieferanten waren, wie Polen und selbst Frankreich, führten diese Abwertungen zu einer Art *dumping* des Exports.

Jedenfalls hat die Abwertung des Buchgeldes regelmäßig das Ansteigen der Preise beschleunigt. Der Finanzwissenschaftler Luigi Einaudi hat errechnet, daß die Abwertung der *livre tournois* mit mindestens 209,6 Prozent an dem in Frankreich zwischen 1471 und 1598 erfolgten Preisanstieg von 627,6 Prozent beteiligt ist. Bis zum 18. Jahrhundert sind dann die Buchgelder immer weiter im Wert gesunken. Präsident Pasquier meinte bereits 1641, daß ihm das Sprichwort »›er ist verschrieen wie altes Geld‹, für einen Mann, der einen schlechten Ruf hat«, nicht sonderlich gefällt, »denn da wir für Frankreich arbeiten, ist das alte Geld besser als das neue, das seit ungefähr hundert Jahren immer mehr an Wert verliert«.

Metallvorräte und Umlaufgeschwindigkeit

Am Vorabend der Revolution verfügt Frankreich über einen Geldvorrat von ungefähr zwei Milliarden *livres tournois*; bei einer Bevölkerungszahl von ungefähr zwanzig Millionen entspricht das hundert *livres* pro Person. In Neapel kommen auf rund 3 Millionen Einwohner im Jahr 1751 18 Millionen Dukaten, also sechs Dukaten pro Person. Vor der Ankunft der Edelmetalle aus Amerika soll Europa, umstrittenen Angaben zufolge, um 1500 ungefähr 2000 Tonnen Gold und 20 000 Tonnen Silber besitzen; selbst wenn wir ungefähr 40 000 Tonnen Silber annehmen, so ergibt diese Menge, verteilt auf 60 Millionen Einwohner, die lächerliche Summe von etwas mehr als 600 Gramm pro Person. Offiziellen Angaben zufolge wurden von 1500 bis 1650 180 Tonnen Gold und 16 000 Tonnen

Silber von Indien über den Seeweg nach Sevilla gebracht. Das ist eine ungeheuer große Menge, relativ gesehen jedoch sehr wenig.

Im Gegensatz zu dem, was viele Zeitgenossen glauben, handelt es sich dabei vor allem darum, den Geldumlauf zu beleben. Das Geld wandert von Hand zu Hand, ein portugiesischer Volkswirtschaftler (1761) vergleicht es mit einem Wasserfall, der von einem Fels zum andern stürzt. Durch die Umlaufgeschwindigkeit wird die Quantität des Geldes vervielfacht (auf die Bedeutung der Umlaufgeschwindigkeit hat zum erstenmal William Potter 1650 aufmerksam gemacht). Mit jedem Besitzwechsel wird eine Rechnung beglichen, dabei wird aber nie der volle Preis der Ein- und Verkäufe bezahlt, sondern einfach nur die Differenz zwischen beiden.

In Neapel sind im Jahr 1751 1,5 Millionen Kupfer-, 6 Millionen Silber- und 10 Millionen Goldmünzen (davon 3 Millionen in den Banken), also fast 18 Millionen Geldmünzen in Umlauf. Der Umfang der Ein- und Verkäufe kann für den Zeitraum von einem Jahr auf einen Wert von 288 Millionen Dukaten geschätzt werden. Wenn man indes die Selbstverpflegung berücksichtigt, die in Naturalien gezahlten Löhne, den Tauschhandel, wenn man bedenkt, so erklärt Galiani, »daß die Bauern, die drei Viertel unseres Volkes ausmachen, nicht den zehnten Teil ihres Verbrauchs in klingender Münze bezahlen«, dann kann man diesen Betrag um 50 Prozent verringern. Hieraus ergibt sich nun das Problem: Wie kann man mit einem Geldvorrat von 18 Millionen Zahlungen in Höhe von 144 Millionen begleichen? Die Antwort kann nur lauten: Indem jedes Geldstück achtmal den Besitzer wechselt. Die Masse der Zahlungen dividiert durch die Menge des in Umlauf befindlichen Geldes ergibt die Umlaufgeschwindigkeit.

Wenn sich nun die Zahl der Zahlungen erhöht, vergrößert sich dann die Umlaufgeschwindigkeit? Hier hilft uns das Gesetz von Irving Fisher weiter. Wenn Q die Menge der ausgetauschten Produkte ist, P ihr Durchschnittspreis, M die

Menge des Geldes, V die Umlaufgeschwindigkeit, dann lautet die Gleichung: MV = PQ. Wenn die Masse der Zahlungen ansteigt, muß sich die Umlaufgeschwindigkeit erhöhen, will die betreffende Wirtschaft – sei es nun die von Neapel oder irgendeinem anderen Land – weiterhin funktionieren.

In der Zeit des wirtschaftlichen Aufschwungs im 16. Jahrhundert, der von einer »Revolution der Preise« begleitet wurde, hat, so scheint es, die Umlaufgeschwindigkeit im gleichen Maß wie die anderen Glieder der Gleichung von Irving Fisher zugenommen. Wenn die Produktion, die Menge des Geldes und die Preise sich jeweils verfünffacht haben, hat sich sicher auch die Umlaufgeschwindigkeit verfünffacht. Es handelt sich hierbei natürlich nur um Durchschnittswerte; kurzfristige Konjunkturschwankungen – zum Beispiel die große Wirtschaftskrise zwischen 1580 und 1584 – und örtlich bedingte Veränderungen bleiben unberücksichtigt.

In bestimmten Gebieten kann die Umlaufgeschwindigkeit ungewöhnlich hoch sein; in Paris zum Beispiel wechselt ein Taler, nach Aussagen eines Zeitgenossen von Galiani, in 24 Stunden bis zu fünfzigmal den Besitzer: »Die ganze Welt verfügt nicht über die Hälfte des Geldes, das alljährlich allein in Paris ausgegeben wird, wenn man die Höhe der Ausgaben, die vom 1. Januar bis zum letzten Tag des Dezember vom ganzen Volk gemacht werden, angefangen vom Königshaus bis zu den Bettlern, die täglich für einen *sou* Brot verzehren, zugrunde legt.«

Mit der Umlaufgeschwindigkeit beschäftigt sich die klassische Volkswirtschaftslehre, sie sieht darin den Ursprung, den »Proteus« aller Reichtümer und eine Erklärung für manche unverständlichen Vorgänge. »Während der Belagerung von Tournay im Jahr 1745 und bereits einige Zeit früher«, so berichtet ein Augenzeuge, »konnte mangels Geld kein Sold bezahlt werden. Man kam zu dem Entschluß, von den Kantinen eine Summe von 7000 *florin* [ein Beweis, daß Tournay damals noch in den Händen der Holländer war] zu leihen. Das war alles, was vorhanden war. Nach einer Woche waren die 7000 *florin* wieder in die Kantinen zurückgeflossen, so daß die gleiche Summe noch einmal ausgeliehen werden konnte. Das wurde sieben Wochen lang bis zur Übergabe der Stadt wiederholt; die 7000 *florin* hatten somit eine Wirkung von 49 000 *florin* erzielt.«

Dies ist nur ein Beispiel am Rand, aber es zeigt deutlich, daß das Geld mit Vorliebe wieder in bestimmte Hände zurückkehrt und daß sich mit der Erhöhung der Umlaufgeschwindigkeit der Aktionsbereich des Geldes vergrößert.

Außerhalb der Marktwirtschaft

Aber kehren wir in das Königreich Neapel zurück. Das in Umlauf befindliche Geld soll dort die Hälfte der Transaktionen regeln, das ist viel, aber der Rest ist noch ungeheuer groß. Dem Geldwesen entziehen sich hier die Bauern und die in Naturalien (Speck, Salz, Pökelfleisch, Wein, Öl) gezahlten Löhne; dazu kommt, daß die Arbeiter in der Textilindustrie, in den Seifenfabriken, in den Alkoholbrennereien Neapels und anderswo nur vorübergehend am Geldwesen teilnehmen, nur für die Zeit, wo das Geld von der Hand in den Mund wandert, *della mano alla boca* ... Eines der Verdienste der Manufakturen besteht, wie bereits 1686 der deutsche Volkswirtschaftler Schrötten erkannt hat, darin, »daß sie mehr Geld in Umlauf bringen und auf diese Weise den Leuten mehr zu essen geben«. Auch die Transporte, so gering sie auch entlohnt werden, werden mit Bargeld bezahlt. Trotz allem bleiben in Neapel wie anderswo neben den Anzeichen eines modernen Wirtschaftssystems Tauschhandel und Selbstverpflegung weiter bestehen.

Das Schlüsselwort ist hier oft *baratto, barattare* oder *dare a baratto. Baratto* bedeutet Naturaltausch; er ist allgemein üblich, sogar in der Levante, wo seit vor dem 15. Jahrhundert

Gewürze, Pfeffer und Galläpfel gegen Stoffe und Glaswaren aus Venedig eingetauscht, also nicht mit Geld bezahlt werden. In Neapel werden im 18. Jahrhundert im allgemeinen die Waren gegeneinander getauscht; jede Ware hat dabei ihren bestimmten Wert oder Preis, der später sogar von den Obrigkeiten festgelegt wird (sogenannte *alla voce*-Preise). Die 1714 in Rom erschienene *Arithmetica Pratica* von P. Alessandro delle Purificazione ist eine Fundgrube an Rechenaufgaben für Schüler. *Barattare* ist die Anwendung der Dreierregel — *la regola di tre* — auf einen der folgenden Fälle: einfacher Tauschhandel, zum Beispiel Wachs gegen Pfeffer; ein zum Teil in Naturalien, zum Teil mit Geld bezahlter Warenaustausch; ein Tauschhandel auf Zeit »wenn man den Zeitpunkt der Abrechnung festlegt« usw. Daß dieser Vorgang in einem Arithmetikbuch beschrieben wird, beweist, daß auch die Kaufleute Tauschhandel betreiben, der bekanntlich ebenso wie der Wechsel »den Zinssatz zu verbergen erlaubt«.

All das offenbart die Unzulänglichkeiten der Geldwirtschaft sogar in diesem aktiven 18. Jahrhundert, das uns im Vergleich zu früheren Jahrhunderten wie ein Paradies vorkommt. Geldwesen und Marktwirtschaft umschließen auch jetzt noch nicht das ganze Leben der Menschen; die Armen bleiben weiterhin außerhalb dieses Bereichs. Um 1713 »interessiert sich die Mehrzahl der Bauern [aus Burgund] kaum für die Schwankungen des Geldes, da sie kein Geld besitzen«. Das trifft überall und zu fast allen Zeiten für die Bauern zu.

Andererseits gibt es auch bereits sehr fortgeschrittene Gebiete, die über ein ausgedehntes Kreditwesen verfügen. Aber das sind nur kleine Bereiche.

Viertes Kapitel

Papiergeld und Kreditmittel

Die Volkswirtschaftslehre unterscheidet Metallwährungen (wir haben uns ausführlich darüber unterhalten), Papiergeld (Banknoten) und Buchgeld (Wechsel, Überweisungen von Bankkonto zu Bankkonto; für die Wirtschaftshistoriker hat es seit dem 16. Jahrhundert eine Inflation des Buchgeldes gegeben).

Eine zwar sehr theoretische, aber klare Grenze trennt das Geld in all seinen Formen vom Kredit. Der Kredit ist der Austausch von zwei Lieferungen oder Leistungen mit zeitlichem Unterschied: Ich erweise dir einen Dienst, du wirst mich später dafür entlohnen. So stellt zum Beispiel der Grundbesitzer, der einem Bauern die Aussaat vorstreckt unter der Bedingung, bei der Ernte dafür bezahlt zu werden, einen Kredit bereit; nach dem gleichen Prinzip verfährt der Gastwirt, der von seinem Kunden nicht sofort die Bezahlung des Verbrauchs fordert, sondern den Preis mit einer Kreide auf der Wand vermerkt (sogenanntes Kreidegeld), ebenso der Bäcker, der das Brot liefert und die ausstehende Zahlung notiert, indem er zwei Holzstücke einkerbt (eines bleibt beim Verkäufer, das andere beim Kunden). Die Käufer, die das Getreide noch auf dem Halm kaufen oder die Wolle vor der Schafschur, gehen auf die gleiche Weise vor. Das ist auch das Prinzip des »Wechsels«: Wer im 16. Jahrhundert auf einem Markt von Medina del Campo einen Wechsel verkauft, erhält sofort das Geld, der Wechselunternehmer dagegen wird erst

drei Monate später gemäß dem augenblicklichen Wechselkurs bezahlt. An ihm liegt es, sich einen Gewinn zu sichern und das Risiko einzukalkulieren.
Für die meisten Menschen früherer Jahrhunderte ist das Geld an sich schon ein »schwierig zu verstehendes, geheimnisvolles Phänomen«. Das Buchgeld jedoch, das kein richtiges Geld ist, dieses bargeldlose Zahlungsmittel, ist für sie nicht nur schwierig zu verstehen, es scheint darüber hinaus noch etwas Teuflisches an sich zu haben, das sie stets aufs neue verwirrt. Der italienische Kaufmann, der sich um 1555 mit einem Tisch und Schreibzeug in Lyon niederläßt und zu Reichtum gelangt, ist für die meisten Menschen, selbst für jene, die mit Geld umzugehen verstehen und sich am Geldwechselgeschäft beteiligen, einfach unheimlich, sein Erfolg ein Skandal. Noch 1752 spricht David Hume (1711–1776), Philosoph, Historiker und vor allem Volkswirtschaftler, von »dieser neuen Erfindung von Papiergeld«, während die Bank von England seit 1694, dem Jahr ihrer Gründung, bereits Banknoten herausgibt. Wir sehen daraus, wie wenig die Menschen früherer Zeiten mit dieser modernen Art des Verrechnungswesens vertraut waren.

Die Ursprünge des Papiergelds und des Kreditwesens

Die Weiterentwicklung des Geldwesens beginnt bereits in sehr früher Zeit; im allgemeinen handelt es sich um eine Wiederentdeckung oder Wiederaufnahme alter Praktiken. Der bargeldlose Zahlungsverkehr ist demnach etwas viel »Natürlicheres«, als es den Anschein hat.
In der Tat: seit die Menschen des Schreibens kundig sind und seit sie den Umgang mit Geldmünzen beherrschen, haben sie das Geld durch Schriftstücke, Banknoten, Schuldscheine, Zahlungsanweisungen ersetzt. Bereits zwanzig Jahrhunderte vor Beginn der christlichen Zeitrechnung waren in Babylon unter

den einheimischen Kaufleuten und Bankiers Banknoten und Schecks bekannt, die ganz modern anmuten. Die gleichen Kunstgriffe lassen sich in Griechenland und im hellenistischen Ägypten nachweisen, wo sich Alexandria zum »bedeutendsten Zentrum des Transithandels« entwickelt hatte. Rom kennt das Kontokorrent und ist mit den Begriffen Soll und Haben vertraut. Schließlich sind alle Kreditmittel — Wechsel, Eigenwechsel, Kreditbriefe, Banknoten, Schecks — den Händlern in den vom Islam beherrschten Ländern, ob es sich nun um Mohammedaner oder Nichtmohammedaner handelt, seit dem 10. Jahrhundert unserer Zeitrechnung bekannt, wie wir aus Dokumenten, den sogenannten *geniza*, die vor allem in der Synagoge der Kairoer Altstadt gefunden wurden, erfahren. Und China verwendet die Banknote seit dem 9. Jahrhundert.

Diese weit in der Vergangenheit zurückliegenden Anfänge einer Weiterentwicklung des Geldwesens sollen uns vor allzu naiver Bewunderung schützen und als Beweis dafür dienen, daß es sich hier nicht um eine Entdeckung, vergleichbar der Entdeckung Amerikas, handelt, sondern um eine Wiederentdeckung alter Formen des Geldwesens in Europa, um etwas ganz natürlich Gewachsenes. In der Tat geht jede auf einer Metallwährung basierende Wirtschaft, die sich in einem Engpaß befindet, zum Kreditwesen über; dieses entsteht zwangsläufig aus den Aufgaben, die das Geld zu erfüllen hat.

Seit dem 13. Jahrhundert hat also das Abendland den Wechsel wiederentdeckt als Möglichkeit einer Zahlung über weite Entfernungen hinweg. Mit den Kreuzzügen verbreitete er sich über den gesamten Mittelmeerraum. Wir haben es dabei mit einem girierten Wechsel, einem von dem Inhaber an einen anderen indossierten oder übertragenen Wechsel zu tun. Der Girant unterzeichnet und übergibt ihn. Natürlich hat sich seit dem ersten uns bekannten Wechsel dieser Art aus dem Jahr 1410 manches geändert. Schon frühzeitig beschränkt sich der Wechsel nicht mehr auf den einfachen Weg zwischen zwei Orten, die Geschäftsleute lassen ihn von einem Platz zum andern kursieren, von einer Messe zur andern; dieser Vorgang wird in Italien *ricorsa* genannt. Der Wechsel, der eine Verlängerung des Kredits bedeutet, tritt mit den wirtschaftlichen Schwierigkeiten des 17. Jahrhunderts immer mehr in den Vordergrund. Es wird sogar üblich, einen Wechsel auf sich selbst zu ziehen, was natürlich zu mancherlei Mißbrauch Anlaß gibt. Tatsächlich treten aber diese Mißstände bereits vor dem 17. Jahrhundert auf: Uns sind Rückwechsel zugunsten der Fugger seit 1590 und in Lyon, mehr noch in Genua, dieser Stadt der Neuerungen, sogar schon seit dem 15. Jahrhundert bekannt.

Die Behauptung, daß die Banknote zum erstenmal 1661 an den Schaltern der Bank von Stockholm auftaucht, wo sie übrigens schnell (1668) wieder verschwindet, oder 1694 an den Schaltern der Bank von England, ist heute nicht mehr aufrechtzuerhalten. Es gibt Banknoten und Banknoten. Was England anbetrifft, so haben sich seit 1667 die staatlichen *orders*, Prototypen der Banknoten, verfielfacht; und früher, um die Mitte des Jahrhunderts, war die Verwendung von *goldsmith's notes*, später *banker's notes* genannt, üblich. Diese Goldschmiedenoten stellen Hinterlegungsscheine für die Aufbewahrung von Edelmetall dar. 1666 hat ein einziger Goldschmied Scheine im Wert von 1 200 000 Pfund Sterling in Umlauf. Selbst Cromwell nimmt Zuflucht zum Kredit der Goldschmiede. Fast spontan ist also die Banknote aus gewissen Handelspraktiken entstanden. Als sich König Karl I. 1640 des von den Londoner Kaufleuten im Tower deponierten Edelmetallschatzes bemächtigt, ist das Vertrauen der Kaufleute in die staatliche Geldverwahrung – im Tower war das königliche Münzamt untergebracht – stark erschüttert. Sie ziehen es von nun an vor, ihre Edelmetalle in den Schatzgewölben der Goldschmiede aufzubewahren, und verhelfen damit den *goldsmiths* bis zur Gründung der Bank von England zu Ansehen und Erfolg.

Aber England ist nicht das einzige Land, das schon frühzeitig ein Notensystem entwickelt. Die *Casa di San Giorgio* besitzt mindestens seit 1586 ihre *biglietti,* die ab 1606 je nach Beschaffenheit des Depots in Gold- oder Silbermünzen eingelöst werden können. Venedig verfügt seit dem 15. Jahrhundert über die *banchi di scritta.*

Das Neuartige der Bank von England besteht darin, daß sie nicht nur eine Institution der Geldaufbewahrung und des bargeldlosen Zahlungsverkehrs darstellt, sondern überdies eine ausgezeichnet organisierte Emissionsbank ist, die einen großen Banknotenkredit, dessen Umfang das Depot erheblich überstieg, zu gewähren vermag. Dadurch, so meint Law, hat sie dem Handel und dem Staat einen großen Dienst erwiesen, denn sie hat so »die Quantität des Geldes erhöht«.

Was das Buchgeld anbetrifft, so werden wir noch darauf zurückkommen; seine Entstehung fällt mit der Entwicklung des Bankierberufs zusammen: Die Zahlungen erfolgen von Konto zu Konto; man kennt bereits das Überziehen eines Kontos, sofern der Bankier seine Zustimmung dazu erteilt.

Geld und Kredit

Natürlich beschränkt sich die Verwendung von Banknoten und der Gebrauch des bargeldlosen Zahlungsverkehrs nur auf eine relativ geringe Anzahl von Menschen. Die Überlegung von David Hume sollten wir uns merken. In Frankreich interessieren sich selbst nach der verhältnismäßig späten Gründung der Bank von Frankreich (1801) praktisch nur einige Pariser Kaufleute und Bankiers, jedoch niemand in der Provinz, für die von der Bank von Frankreich ausgegebenen Banknoten.

In der Zwischenzeit hat das Papiergeld und das Kreditwesen die verschiedensten Formen entwickelt. Der indossierte Wechsel (d. h. von seinem Besitzer mit einer Eintragung und einer Unterschrift nicht auf der Rückseite des Papiers indossiert, wo es ausgestellt ist, sondern auf der Vorderseite, also genau umgekehrt, wie wir heute mit unseren Schecks verfahren) ist seit damals wie richtiges Geld in Umlauf. Wir begegnen sogar staatlichen Schuldverschreibungen, die überall, sei es nun in Venedig, Florenz, Genua oder Neapel, zum Verkauf angeboten werden. Wir haben hierfür eine Fülle von Beweisen. Ebenso bringt Frankreich seit 1522 Schuldverschreibungen auf das Hôtel de Ville von Paris heraus, die eine sehr unterschiedliche Entwicklung erleben. Der Konnetable von Montmorency kauft am 1. November 1555 ein Stück Land (die Gutsherrschaft Marigny) und zahlt mit Schuldverschreibungen des Hôtel de Ville. Philipp II. und seine Nachfolger bezahlen die Geschäftsleute in den meisten Fällen mit *juros,* d. h. Staatspapieren. Diese wiederum begleichen auf die gleiche Weise ihre Schulden gegenüber Dritten, indem sie nun auch auf andere das Risiko und die Nachteile ihres Berufs übertragen. Damit werden die dem König für eine kurze Zeit gewährten Kredite, die sogenannten *asientos,* zu einem auf unbestimmte Zeit geleisteten Kredit. Die Anteile an diesen *asientos* lassen sich übertragen, vererben, verteilen; ihnen kommt auf dem Markt eine ziemlich große Bedeutung zu. In diese Zeit fallen auch die »Aktien« der Börse von Amsterdam. Zahllose Rentenpapiere von Feldern, Weinbergen, Häusern sind gleichfalls in allen europäischen Ländern bekannt. Es werden sogar *cedole,* Schuldscheine, verkauft, die die sizilianischen *caricatori,* die Getreidespeicher, den Eigentümern des dort deponierten Getreides aushändigen; auch falsche *cedole* befinden sich in Umlauf. Noch eine letzte Bemerkung: Der Vizekönig von Neapel emittiert *tratte,* Genehmigungen für den Export von Getreide und selbst Gemüse; da sie in zu großen Mengen auftreten, gelingt es den Kaufleuten, sie häufig unter dem Nominalkurs zu kaufen, wodurch sich die Zollgebühren für sie erheblich vermindern. Neben all diesen Möglichkeiten zur Umgehung einer Bezahlung in Bargeld gibt es noch eine Unzahl der verschiedensten anderen Papiere, Schuldscheine, Hinterlegungsscheine usw. Überall dort, wo das Metallgeld seinen Aufgaben nicht mehr gerecht werden kann, wird auf andere Zahlungsmöglichkeiten zurückgegriffen oder werden neue erfunden.

In Paris, »das ist etwas, was sich zu berichten lohnt, war das Geld in den Jahren 1647, 1648, 1649 so rar, daß man in der Wirtschaft nur ein Viertel in Bargeld, die restlichen drei Viertel in Form von Wechseln bezahlte, die jederzeit übertragen werden konnten. So war es bei den Kaufleuten, Händlern und Bankiers Sitte geworden, auf diese Weise ihre Zahlungen untereinander zu begleichen.« Wo das Bargeld fehlt, wird also Zuflucht zum Kredit genommen. Das gleiche empfiehlt William Petty in seinem eigenartigen *Quantulumcumque concerning money* (1682), frei übersetzt *Das Wenige, was man über das Geld sagen kann,* einem in Form von Frage und Antwort abgefaßten Werk. Frage 26: *»What remedy is there if we have too little money?«*, Antwort: *»We must erect a Bank . . .«* Es muß also eine Bank geschaffen werden, eine Maschine, die Kredite produziert, wodurch die Effektivität des bereits vorhandenen Geldes gesteigert werden kann. Da es Ludwig XIV. wegen seiner ständigen Kriegszüge nicht gelang, eine Bank zu gründen, mußte er die Hilfe von Finanzleuten in Anspruch nehmen, die ihm per Wechsel die riesigen Summen für seine im Ausland stehenden Truppen vorstreckten. Diese Gelder stammen teils aus dem Eigenvermögen der Finanziers, teils aus dem Depot des bei ihnen von Dritten hinterlegten Geldes. An ihnen liegt es dann, sich aus den königlichen Einkünften den Gewinn für ihre Kredite zu sichern. Was den König anbetrifft, so hatte er wegen der zu geringen Edelmetallvorräte gar keine andere Wahl.

Die unzureichende Menge an Metallgeld, das zudem seine Aufgaben nur langsam und schwerfällig erfüllt, führt zur Herstellung von künstlichem Geld, einer Art Ersatzgeld. Die Engländer und vor allem der Schotte John Law werden sich in immer stärkerem Ausmaß »der wirtschaftlichen Möglichkeiten [bewußt], die diese Erfindung mit sich bringt, denn das Geld kann auf diese Weise nach Belieben geschaffen und verändert werden«. Die Schwerfälligkeit des Metallgelds hat also bereits im Anfangsstadium der Wirtschaftsentwicklung den Beruf des Bankiers unerläßlich gemacht. Es ist der Mensch, der den kaputten Motor repariert oder zu reparieren versucht.

Schumpeter: Alles ist Geld, alles ist Kredit

Wir kommen zu dem letzten und schwierigsten Problem: Gibt es tatsächlich einen wesentlichen Unterschied zwischen Metallwährung, Ersatzgeld und Kreditmitteln? Daß man sie anfänglich unterscheidet, ist ganz natürlich, aber sollte man sie dann nicht einander annähern, sie miteinander verbinden? Diese Frage, die so viele Diskussionen ausgelöst hat, ist auch das Problem des modernen Kapitalismus, der sich in diesen Bereichen ausbreitet, hier die Möglichkeiten einer Verwirklichung findet, sich »seiner eigenen Existenz bewußt wird«, indem er sich um eine Definition des Geldwesens bemüht.
Mindestens bis 1760 versuchten alle Volkswirtschaftler, das Phänomen Geld in seinen ursprünglichen Erscheinungsformen zu analysieren. Im Verlauf des 19. Jahrhunderts und darüber hinaus bis zur Kehrtwendung von Keynes betrachteten sie dann das Geld mehr als ein neutrales Element innerhalb des Wirtschaftsgeschehens, oder besser gesagt: als einen Schleier. Den Schleier zerreißen und beobachten, was sich dahinter verbirgt, wird zu einer der üblichen Methoden einer »wirklichen« Wirtschaftsanalyse, die nicht mehr das Geld in seinen vielfältigen Erscheinungsformen, sondern die dahinter stehenden Realitäten zum Gegenstand hat: den Austausch von Waren und Dienstleistungen, den Ausgaben- und Einnahmenfluß usw.
Betrachten wir zunächst einmal die alte »nominalistische« Theorie von vor 1760, diese jahrhundertelang gültige mer-

kantilistische Methode, die sich ausschließlich auf das Geld konzentriert. Demnach ist das Geld ein Reichtum an sich; vergleichbar einem Fluß, dessen Kraft sich von selbst auslöst, so beschleunigt oder verlangsamt das Geld den Warenaustausch. Das Geld, oder vielmehr der Geldvorrat, ist Masse und Bewegung zugleich, er treibt das Wirtschaftsleben voran, wie die Fortbewegung eines Autos durch den Motor und die Räder erfolgt. Eine Vergrößerung der Masse oder eine Beschleunigung der Bewegung führt zu einer Hausse (die Preise steigen, langsamer die Löhne, der Umfang der Transaktionen nimmt zu). Im umgekehrten Fall erlebt die Wirtschaft eine rückläufige Bewegung. Wenn also ein direkter Austausch von Waren (Naturaltausch) vorgenommen wird, wenn ein Ersatzgeld den Abschluß eines Geschäftsvertrags regelt, wenn der Kredit die Transaktionen erleichtert, muß eine Vermehrung der in Bewegung befindlichen Masse stattgefunden haben. Mit einem Wort: alle Instrumente, die der Kapitalismus verwendet, sind Pseudogeld oder auch wirkliches Geld. Das ist die Verbindung zwischen dem Kapitalismus und den herkömmlichen Wirtschaftsformen, worauf als erster Cantillon aufmerksam gemacht hat.

Aber wenn man behaupten kann, daß alles Geld ist, dann kann man umgekehrt genauso behaupten, daß alles Kredit ist, d. h. ein Zahlungsversprechen, das zu einem bestimmten Zeitpunkt eingelöst wird. Selbst der Louisdor in meiner Hand stellt für mich einer Versprechen dar, er ist wie eine Art Scheck (die richtigen Schecks, ausgestellt auf ein bestimmtes Konto, wurden bekanntlich erst um die Mitte des 18. Jahrhunderts in England üblich); er ist ein auf die Gesamtheit der für mich erreichbaren Güter und Dienstleistungen, zwischen denen ich früher oder später auswählen kann, ausgestellter Scheck. Nur so wird dieses Geldstück in meinem Lebensbereich seine Aufgabe erfüllen. Schumpeter meint dazu: »Das Geld ist nichts anderes als ein Kreditmittel, ein Anspruch auf die einzigen rechtskräftigen Zahlungsmittel, d. h. auf Verbrauchsgüter.

Heute [1954] ist diese Theorie, die natürlich in zahlreichen Variationen auftritt ... vielleicht dabei, den Sieg davonzutragen.«
Der Kapitalismus hat sich weder mit einemmal in das bestehende Wirtschaftsleben völlig integriert, noch ist er davon gänzlich ausgeschlossen gewesen. Er darf also nicht isoliert betrachtet werden. Die theoretischen Erörterungen zwingen ihn, über sich selbst nachzudenken, die Begriffe »Reichtum« und »Geldvorrat« zu definieren, bevor der Begriff des »Kapitals« definiert werden kann. Eine befriedigende Antwort auf diese Fragen steht jedoch immer noch aus. Denn Geld und Pseudogeld sind in der Tat Techniken, die sich nicht isoliert, sondern nur im Zusammenhang mit den wirtschaftlichen Vorgängen entwickeln. So ist offensichtlich, daß das riesige Anschwellen der Edelmetallschätze, die Erfindung und Ausbreitung von Ersatzgeldern, mit einem Wort, das Aufkommen von Papiergeld, zur Entwicklung des Kapitalismus und eines immer intensiveren, komplizierteren Wirtschaftslebens wie zur Bildung einer völlig veränderten Gesellschaft geführt haben.

Die Banken

Die öffentlichen wie privaten Banken arbeiten alle nach einem ziemlich einfachen Prinzip: Sie sammeln das Geld anderer. Die Höchstetter von Augsburg, die im 16. Jahrhundert eine Monopolstellung zu erlangen versuchen und sich dabei Hals über Kopf ins Abenteuer stürzen, verwahrten das Geld von manchmal sehr einfachen Deponenten, kleinen Handwerkern, sogar Hausbediensteten der Stadt. Die großartigen Finanziers Philipps II. und seiner Nachfolger aus Genua haben sich der Ersparnisse des spanischen Klerus und des Adels bedient oder mit dem Vermögen italienischer Rentner gearbeitet. Während der Bankrotte der kastillanischen Monarchie in den Jahren 1557, 1575, 1627 und 1647 werden die Gläubiger mit *juros* entschädigt, Schuldverschreibungen, die der Staat ausstellt, um sich auf diese Weise von seinen Schulden zu befreien. Im ausgehenden 16. Jahrhundert und mehr noch in den Anfangsjahren des 17. Jahrhunderts wird dieses Geld der Öffentlichkeit auf autoritäre Weise gesammelt. Die Banken zwingen nun ihre Dienste auf.

Nach diesem Prinzip verfährt die 1584 in Venedig gegründete, 1617 durch den Banco Giro ersetzte Bank von Rialto genauso wie die Bank von Amsterdam. »Die Stadt Amsterdam hat sich, ohne die Handelsfreiheit zu beeinträchtigen«, schreibt Samuel Ricard 1706, »zur Herrscherin über das Geld der gesamten Einwohnerschaft gemacht. Diese fühlt sich dadurch nicht benachteiligt, denn niemand hält sich nun für ärmer, weil er seinen Besitz auf der Bank liegen hat.« Das »ideale« Bankgeld, der *florin de banque* (Bankflorin), steht höher im Kurs als das in Umlauf befindliche wirkliche Geld. Es wäre das gleiche, wenn wir heute unser Geld auf die Bank bringen würden, wo es in Bankdollars umgewechselt würde, und wenn es zwischen den in Umlauf befindlichen Francs und diesen Bankdollars ein *agio* zugunsten des auf der Bank liegenden Geldes gäbe. Diese Differenz verändert sich ständig: 1703 beträgt das Agio zwischen 1,5 und 2 Prozent, manchmal bis zu 5,6 Prozent und im Jahr 1693 stieg es sogar »bis auf 12 und 13 Prozent«. Ein Grund mehr, Kunde der Bank zu sein und an deren Geldgeschäften, die zwischen Händlern oder an der Börse getätigt werden, teilzuhaben. »Für gewöhnlich treffen sich zwischen 10 Uhr und 11 Uhr morgens auf dem Dam, vor dem Rathaus und der Bank, ... die Kassenverwalter, mit denen man um den *asio* [*sic!*] verhandelt, zum höchsten Preis beim Verkauf und zum niedrigsten Preis beim Einkauf ...« Bei diesen Operationen erzielt die Bank natürlich einen Gewinn und mit ihr im Hintergrund die 1602 gegründete *Ost Indische Companie*, genauso wie der unter der Kontrolle der Medici stehende *Monte di Pietà* von Florenz, der nicht nur eine große Pfandleihanstalt, sondern auch eine bedeutende Bank ist. In dem bereits stark kapitalistischen Genua spielt die *Casa di San Giorgio* die gleiche Rolle.

Der Bank von England kommt hierbei eine Sonderstellung zu; eine gewisse Ähnlichkeit weist nur die *Casa di San Giorgio* auf. Ihre Eigenart besteht darin, daß sie Banknoten herausgibt. Als geringste Noteneinheit war ursprünglich der Betrag von 20 Pfund Sterling vorgesehen, aber bald schon wurden Noten zu 5, 10 und 15 Pfund ausgegeben. In der Folgezeit weisen die kleinsten Banknoten einen Wert von 10 Pfund, die größten einen Wert von 1000 Pfund auf. Die Noten sind aus einem seidenartigen Papier und tragen die Unterschrift der Direktoren der Bank von England. Neben der Emission von Banknoten gewährt die Bank dem Staat, der Südseegesellschaft und der Ostindischen Kompanie Kredite, außerdem zieht sie die Steuern in Form von Wechseln ein. Ernsthafte Schwierigkeiten lernt sie erst 1745 kennen, als sie — während der Prätendent siegreich auf London marschiert und sich jeder an ihre Schalter stürzt, um seine Noten in Silber einzulösen — zahlungsunfähig zu werden droht.

In der Folgezeit wurde das Kreditwesen in der Provinz und in Schottland durch Vermehrung der kleinen lokalen Banken, der sogenannten *country banks* (mehr als 500 in den Jahren 1803 und 1804, 800 um 1809) und Gründung von Privatbanken in London selbst ausgebaut. Diese auf das Diskontgeschäft spezialisierten Banken geben auch Banknoten heraus. Es entsteht so ein weit verzweigtes Kreditwesen, an dessen Spitze die Bank von England steht, die Napoleon und seine Berater vergeblich zu ruinieren versuchen.

Die Bank von England wird frühzeitig bereits als eine ganz besondere, den anderen Geldinstituten überlegene Institution betrachtet. »Solange wir keine öffentlichen Banknoten in Umlauf haben«, schreibt Sébastien Mercier, »werden wir nicht die Vorteile genießen, deren wir uns erfreuen könnten ... Man hätte vielleicht damit beginnen müssen ... sich die Bank von London zum Vorbild zu nehmen.«

Beurteilen sie selbst das vergleichsweise altmodische Geldwesen in Paris: »An jedem Zehnten, Zwanzigsten und Dreißigsten eines Monats sieht man in der Zeit zwischen 10 und 12 Uhr Träger mit Umhängetaschen voller Geld; sie gehen gebeugt unter ihrer Last und laufen, als ob sich eine feindliche Armee im Vormarsch auf die Stadt befände. Ein Beweis dafür, daß wir noch keine Banknoten besitzen, durch die das schwerfällige Metallgeld ersetzt werden könnte. Pech für den, der an diesem Tag einen Wechsel zu bezahlen hat und kein Vermögen besitzt. Glücklich der, der ihn bezahlt hat und dem noch ein Taler im Wert von sechs *livres* übrigbleibt.« Dieses Schauspiel war um so leichter zu beobachten, als es sich ausschließlich in der Rue Vivienne abspielte, wo »es mehr Geld gibt«, wie unser Informant bemerkt, »als in der gesamten übrigen Stadt ... Hier residieren die großen Banken, allen voran die *Caisse d'Escompte* [eine Vorläuferin der späteren Bank von Frankreich]; hier wohnen die Bankiers, die amtlichen Börsenmakler, die Unterhändler, kurzum alle, die mit dem Geldgeschäft zu tun haben.«

Der Wechsel

Von allen Kreditmitteln ist der Wechsel in der Zeit, mit der wir uns hier beschäftigen, zur größten Bedeutung gelangt. Leider besitzen wir nur wenige Anhaltspunkte, die uns über den Umfang des bargeldlosen Zahlungsverkehrs ausreichenden Aufschluß geben könnten. Eines jedoch ist sicher: Je weiter wir vor das 18. Jahrhundert zurückgehen, desto geringer wird der Anteil des Giralgeldes im Verrechnungswesen.

Um 1575 belaufen sich die Kriegsanleihen Venedigs – infolge des türkisch-spanisch-venezianischen Kriegs von 1570 bis 1573 – auf fünf Millionen Dukaten, die in Form von Zwangsanleihen von den Steuerzahlern aufgebracht wurden; aber nur zwei Prozent der gesamten Summe wird durch

Wechsel beglichen. Man könnte daraus folgern, daß der Wechsel kein ideales Zahlungsmittel für Zahlungen an Ort und Stelle ist. Zur Bedeutung gelangt das Giralgeld erst zehn oder fünfzehn Jahre später auf den Märkten von Besançon. Dennoch besteht kein Zweifel daran, daß Venedig im Bereich des Geldwesens in seiner Entwicklung gegenüber Genua und sogar Florenz weniger weit fortgeschritten ist. Ein anderes Beispiel ist uns aus Neapel bekannt: 1570 werden hier Zahlungen im Wert von 5 600 000 Dukaten auf dem gewöhnlichen Weg geregelt gegenüber nur 1 Million in Form von Wechseln.

In späterer Zeit nimmt der Umfang der Zahlungen durch Wechsel in immer stärkerem Maß zu. Im 18. Jahrhundert hat er sich dann nach und nach die Handelsplätze der ganzen Welt erobert. Wechsel werden von Batavia nach Amsterdam geschickt, und das in solchem Ausmaß, daß die »Zeventien Herren«, die siebzehn mit der Leitung der *Ost Indischen Companie* betrauten Männer, seit 1719 leicht beunruhigt sind. Geschickte Spekulanten bringen nämlich *ducatons*, in Holland geprägte Silbermünzen, auf die Schiffe der Gesellschaft bei deren Abfahrt aus Europa. Nach der Ankunft in Batavia wandern die Silbermünzen in die Kassen der »Regierung« gegen auf Amsterdam gezogene Wechsel. Bedeutende Kursgewinne – zwischen 24 und 30 Prozent – lassen sich so durch die Differenz des in Amsterdam billig eingekauften und in Batavia teuer verkauften Geldes erzielen. Ebenso werden seit 1760 Wechsel von Kanton auf London gezogen. Auf diese Weise leihen die Gesellschaften an Ort und Stelle den Überschuß aus dem Handel, indem sie an ihre Inhaber günstige, vor allem auf London gezogene Wechsel verkaufen.

Diese ein wenig abseits liegenden Beispiele zeigen deutlich, welche Bedeutung der *distancia loci* im Bereich des Wechselgeschäfts zukam. Die Kirche, die das wucherische Zinsgeschäft unter Verbot gestellt hat, nimmt übrigens das Wechselgeschäft wegen des hohen Risikos davon aus.

Zur Erfüllung seiner Aufgabe benötigt der Wechsel vier Personen: den *Primus*, den *Secundus*, den *Tertius* und den *Quartus* (der Wechselnehmer, *remittans*; der Aussteller, *trahans*; der Inhaber, *praesentans*; der Trassat, *solvans*, oder wenn er den Wechsel angenommen hat, *acceptans*). Letzterer, mit dem das Unternehmen abschließt, kann sich weigern, den Wechsel zu zahlen, das führt dann zu Wechselprotesten, oft zu Wechselprozessen.

Ich muß notfalls damit rechnen, daß gegen meinen Wechsel Einspruch erhoben wird; ich kann sogar Wechselnehmer und Aussteller zugleich sein und den Wechsel einem Geschäftspartner schicken, der ihn mir zurücksendet, das Spiel zu viert reduziert sich auf diese Weise auf zwei Personen; der Wechsel kann auch von Hand zu Hand wandern (Wechselrückgriff), nach diesem Prinzip arbeiten die Fugger in der Zeit von 1590 bis 1607: Nachdem sie Philipp II. Geld geliehen haben, bringen sie die auf diese Weise erhöhten königlichen Schulden, in Form von Wechseln in Umlauf.

Der Wechsel ist erstens eine günstige Möglichkeit für Zahlungen über weite Entfernungen und unerläßlich für die Abwicklung großer Handelsgeschäfte – das ist seine offizielle Aufgabe. Er ist aber auch ein verborgenes Instrument des zinsbringenden Kredits, Gelegenheit für die einen, ihr Geld zu verleihen und es arbeiten zu lassen, für die andern eine Möglichkeit zur Erhaltung von Darlehen, ohne die keine Wirtschaft funktionieren kann. Auch andere Mittel sind manchmal zu diesem Zweck verwendet worden, zum Beispiel fiktive Renten. Schließlich hat sich jedoch der Wechsel zu der üblichen Form des Geldleihens entwickelt, sicherlich ein »wucherisches« Unternehmen, von der Kirche dennoch gestattet wegen des großen Risikos, dem der Wechsel bei seinen Wanderungen von einem Platz zum anderen unterliegt.

Im 16. Jahrhundert, als die Messeorte zu Sammelpunkten des Handels und des Verrechnungswesens wurden, entwickelten sich die Grundlagen des modernen Verrechnungswesens. Um 1590 ist Simón Ruiz aus Medina del Campo ein alter Mann, der auf eine außergewöhnliche Karriere zurückblicken kann. Anfangs beschäftigte er sich mit dem Warenhandel zwischen Nantes und Lissabon, dann stieg er in das Geldgeschäft ein. Er soll mit Philipp II., der sich 1575 plötzlich von seinen Geldgebern aus Genua abwandte, wegen Darlehen, *asientos*, verhandelt haben. Dann wurde er wieder einfacher Bankier, verlieh sein Geld an die verschiedensten Leute, indem er auf Provisionsbasis arbeitete. In diesem Jahr 1590 nun schlossen sich die kastilischen Schafzüchter, da sich in Spanien kein Zwischenhändler zum Aufkauf ihrer Waren mehr fand, zu einer Organisation zusammen und schickten ihre Wolle auf Eigeninitiative nach Livorno und Florenz an Händler, von denen sie erst nach dem Verkauf der Ware, manchmal erst nach langer Zeit, bezahlt wurden. Die Schafzüchter waren demnach auf Vorschüsse angewiesen. Auf einer der beiden in Medina del Campo stattfindenden Messen leiht ihnen Simón Ruiz Geld. Er kauft ihnen die von den italienischen Händlern gezogenen Tratten ab, d. h. Wechsel, die drei Monate später in der toskanischen Hauptstadt zahlbar sind. Natürlich hat Simón Ruiz die Wechsel unter dem Wert, auf den sie ausgestellt waren, gekauft, das ist sein erster Verdienst. Anschließend schickt er die Wechsel an Baltasar Suárez, einen in Florenz lebenden Spanier, der sein Vertrauensmann ist. Dieser kassiert den Wechselbetrag (nach unserem Schema ist er der *tertius*) von den Wollhändlern. Damit das Geld nach Spanien gelangt, begibt er sich an einem Samstag auf den Markt von Florenz, kauft dort einen Wechsel, der dann in Medina zahlbar ist und schickt ihn an Simón Ruiz. Letzterer erhält dann den Betrag in den meisten Fällen von einem Kaufmann aus Medina (dem *quartus*).

Innerhalb der sechs Monate, die für diese Transaktion benötigt werden, kann Ruiz, wenn der Wechsel in Florenz günstig eingekauft worden ist, einen Gewinn von fünf Prozent – also zehn Prozent im Jahr – erzielen. Natürlich kommt es manchmal auch zu Verlustgeschäften, die der alte Mann als seinen Untergang betrachtet. So kommt es vor, daß Baltasar, weil die Wechsel entweder zu teuer sind oder er keine Möglichkeit zum Kauf eines Wechsels hat, gezwungen ist, den Wechsel auf sich selbst zu ziehen, damit das Geschäft zustande kommen kann. Später verzichtete Simón auf diese Geldgeschäfte, und in seinen letzten Lebensjahren widmet er sich wieder ausschließlich dem Warenhandel (Pfeffer, Wolle, vor allem Kochenille, die insbesondere auf dem Markt von Sevilla gehandelt wird). Trotz gewisser Vorteile ist der Wechsel damals noch ein wenig anpassungsfähiges, schwierig zu handhabendes Zahlungsmittel, das manche Risiken in sich birgt und in dem man einen gewissen Zeitverlust nie vermeiden kann.

Die Praxis des Diskontgeschäfts, um 1680 in England entwikkelt, stellt hier einen entscheidenden Fortschritt dar. Was dem katholischen Europa von seiten der Kirche nicht erlaubt wurde, konnte sich im protestantischen England verwirklichen, wo sich die Bank von England sehr frühzeitig auf die Diskontierung von Wechseln mit einer Laufzeit von sechzig Tagen spezialisierte.

Regionale Unterschiede

Obwohl es mit Ausnahme des Diskonts keinerlei wirkliche technische Neuerungen im Bereich des Geldwesens gegeben hat, brachte das 18. Jahrhundert eine beachtliche Verbesserung. Dieser Fortschritt ist weder der Aktivität des Münzgeldes oder des Papiergeldes, des »fliegenden Geldes«, wie es die Chinesen aus Kanton nannten, noch der Vermehrung der Edelmetallschätze durch Einfuhr des brasilianischen Goldes und des Silbers aus den spanischen Besitzungen in Amerika zuzuschreiben, sondern einer allgemeinen Verstärkung des Handelsverkehrs und einer Vergrößerung der Geldumlaufgeschwindigkeit.

Aber von diesen Erfindungen profitieren nur einige Handelsplätze, Nationen, Gruppen. Das trifft selbst für Europa zu. Während des Siebenjährigen Kriegs (1756–1763), des sogenannten Dritten Schlesischen Krieges, wagt es Friedrich II., vielleicht unter dem Eindruck von Laws unglaublichem Mißerfolg, nicht, zu den Bequemlichkeiten des Papiergelds Zuflucht zu nehmen, als er nach Geldquellen für seine Kriegskasse sucht. Er läßt vielmehr Münzen von schlechter Qualität prägen, nicht in seinen Ländern, die er vergeblich von dieser Pest zu verschonen hofft, sondern in den eroberten Ländern, vor allem in Sachsen, d. h. in Leipzig und in Dresden, wo er auf die Silbervorkommen von Freiburg zurückgreifen kann. Bei diesem Unternehmen wendet sich der König von Preußen an die mächtige jüdische Firma Ephraim und Söhne. Unter dem strahlenden Weiß dieser neuen Silbermünzen kam jedoch bald das Kupfer zum Vorschein. »Von außen Friedrich, von innen Ephraim«, meinten die Leute spöttisch dazu. Mit diesen minderwertigen Münzen wurden selbst die österreichischen Truppen bezahlt, die Münzen überfluteten Polen und verschonten auch die preußischen Länder nicht. Nach dem Friedensschluß war Friedrich II. bemüht, die Schäden zu beheben und von dieser Politik im Stil eines Philipp des Schönen Abstand zu nehmen.

Dies ist ein Beweis dafür, wie unterschiedlich der Lebensrhythmus in den verschiedenen europäischen Ländern ist. Am Ende der Regierungszeit Friedrichs (1787) ist aus Berlin eine Stadt der Bankspekulationen und des Börsenschwindels geworden.

In Rußland jedoch gehen um 1783 die Uhren noch auf wunderbare Weise nach. Zu einem Zeitpunkt, als sich die Kaufleute anschicken, eine Wirtschaft im Süden des Landes aufzubauen, in Cherson und auf der Krim, bemerkt ein französischer Zeitgenosse, der die Verhältnisse des Landes aus eigener Anschauung kennt: »Das Münzgeld aus Silber fehlt völlig in Cherson und auf der Krim; man sieht dort nur Kupfermünzen und Papiergeld [die Noten werden von der Bank von Moskau emittiert], die nicht in Umlauf sind, weil hier der Diskont unbekannt ist.«

An diesem Beispiel wird noch einmal deutlich, wie sehr sich die wirtschaftlichen Verhältnisse in den einzelnen Ländern unterscheiden. Moderne und sehr moderne Länder leben mit unterentwickelten und sehr unterentwickelten Ländern in einer wirtschaftlichem Symbiose zusammen.

Doch auch die wirtschaftlich unterentwickelten Gebiete – das ist die Zentralidee von Alfons Dopsch – profitieren von den Errungenschaften der fortschrittlichen Länder, wenngleich dies mit einigen Schwierigkeiten verbunden ist. So werden zum Beispiel die primitiven Zahlungsmittel dort, wo sich noch keine Gelegenheit zum Aufbau eines modernen Zahlungswesens bietet, weiterentwickelt und treiben die Wirtschaft zu größeren Leistungen an.

Abschließend sei gesagt, daß das Geld und der Kredit in der Zeit, mit der wir uns hier beschäftigen, noch einen Luxus darstellen, von dem die meisten Menschen so gut wie ausgeschlossen sind. Die Bedeutung des Geldes wird aber damals schon richtig erkannt: »Das Geld, sagten die sieben Weisen von Griechenland, ist das Blut und die Seele des Menschen, und wer kein Geld hat, wandelt als Toter unter Lebenden.« (Scipion de Gramont, 1620).

Achter Teil

DAS STÄDTEWESEN

STÄDTE LASSEN SICH mit Transformatoren vergleichen: Sie erhöhen die Spannung, beschleunigen den Handelsverkehr und treiben die Menschen ständig zu immer größerer Aktivität an. Ihre Entstehung geht auf die älteste, revolutionärste aller Arbeitsteilungen zurück: Feldarbeit auf der einen Seite, Handel und Gewerbe in den Städten auf der anderen Seite. Der junge Marx schrieb, daß der Gegensatz zwischen Stadt und Land mit dem Übergang von der Barbarei zur Zivilisation beginnt, von der Herrschaft der Stämme zum Staat, von der Ortschaft zur Nation; er sei überall und zu allen Zeiten bis in unsere Tage vorhanden.
Die Städte sind aber auch parasitäre Gebilde. Von Herodot hören wir zum Beispiel, daß die nördlich des Schwarzen Meeres lebenden Völker ihren Weizen ausschließlich für die Versorgung der griechischen Städte produzierten, während sie sich selbst mit Hirse begnügten. Die Auseinandersetzung zwischen Stadt und Land stellt den ältesten und längsten Klassenkampf in der Geschichte dar. Neben diesem Parasitendasein verkörpern die Städte aber auch den Fortschritt, die Intelligenz, das Risiko, das moderne Leben. Sie besitzen die feinsten Nahrungsmittel, stellen Luxusartikel her, entwickeln das Geldwesen und ein modernes Wirtschaftsleben, ihre Aktivität belebt das immer ein wenig schwerfällig funktionierende Staatswesen; dabei wollen wir jedoch nicht vergessen, daß sie jahrhundertelang den Menschen großes Leid zugefügt haben, selbst denen, die in den Städten lebten.

Erstes Kapitel

Die Stadt als soziales Gebilde

Ideal wäre es, könnte man die Stadt losgelöst von der Wirtschaft oder Kultur, die sie trägt, definieren. Dies setzt jedoch voraus, daß erstens alle Städte gemeinsame Kriterien aufweisen und daß zweitens diese Kriterien im Lauf der Jahrhunderte nicht verlorengehen. Nun, wer würde das ernsthaft bestreiten wollen? Wir Historiker haben die Eigenart und die schöpferische Kraft der abendländischen Städte zu stark in den Vordergrund gerückt und dadurch, ohne es zu wollen, den anderen Städten zu wenig Beachtung geschenkt und zu wenig Bedeutung beigemessen. Dabei steht fest, daß »lediglich die primitiven oder unterentwickelten Völker das Phänomen Stadt nicht gekannt haben«. Selbst Schwarzafrika besaß Städte, genauso wie die präkolumbianischen Zivilisationen: Man denke nur an Tenochtitlan in Mexiko oder an Cuzco.

Die nie unterbrochene, lebensnotwendige Wechselbeziehung Stadt-Land, die Zuwanderung von Menschen, das Selbstgefühl der Städte, die verkehrsgünstige Lage, ihre überlegene Stellung gegenüber den Vororten und den zweitrangigen Städten, die oft die Position eines Dieners oder gar Sklaven einnehmen, sind, abgesehen von lokalen Unterschieden, allen Städten der Welt gemeinsam.

Die Stadt ist gekennzeichnet durch eine außerordentlich starke Konzentration von Menschen und eine ungewöhnlich dichte Bebauung, sie ist sozusagen eine anormale Form der Besiedlung. Nicht, daß sie immer »voller Menschen« wäre oder einem »bewegten Meer« aus Menschen gliche, wie es Ibn Battuta an Kairo bewunderte. Es gibt auch Städte, die nur gering besiedelt sind und in ihrer Einwohnerzahl von manchem Dorf übertroffen werden, zum Beispiel von den riesigen Dörfern Rußlands, den Landstädten des italienischen *Mezzogiorno* oder Andalusiens, den zahllosen miteinander verbundenen Dorfsiedlungen Javas, die sich über das ganze Land erstrekken. Und doch haben sich diese Dörfer nicht zu Städten entwickelt – ein Beweis dafür, daß die Einwohnerzahl allein nicht entscheidend sein kann.

Von einer Stadt kann man nur dann sprechen, wenn die ländliche Umgebung eine vergleichsweie untergeordnete Rolle spielt. Es gibt keine Stadt, kein Städtchen, das nicht über seine Dörfer, sein Stück angegliedertes ländliches Gebiet verfügte, das seinem »flachen Land« nicht die Vorteile seines Marktes und seiner Geschäfte, seine Maße und Gewichte, seine Geldverleiher und Rechtsgelehrten, ja sogar seine Vergnügungen aufzwingen würde. Die Stadt muß ihrem Wesen nach die Herrschaft über ein Reich, und sei es noch so klein, ausüben.

Das heute im Département Nièvre gelegene Varzy zählt zu Beginn des 18. Jahrhunderts kaum 2000 Einwohner. Und trotzdem ist es eine Stadt mit eigenem Bürgertum. Die Rechtsgelehrten sind dort so zahlreich, daß man sich fragt, wie sie selbst inmitten bäuerlicher Analphabeten, die offensichtlich zu der Feder anderer Zuflucht nehmen müssen, alle eine Beschäftigung finden können. Aber diese Rechtsgelehrten üben nicht nur ihren erlernten Beruf aus, sie arbeiten nebenbei auch auf ihren Landsitzen. Andere Berufsgruppen innerhalb der Stadt sind die Eisenschmiede, die Gerber, die Holzhändler. Letztere nehmen eine besonders bevorzugte Stellung ein, sie liefern ungeheure Mengen Holz über die Flüsse nach Paris und besitzen selbst in dem entfernten Barrois das Recht, Holz zu schlagen. Nièvre ist das typische Beispiel einer abendländischen Kleinstadt.

Natürlich ist auch die Stadt an eine bestimmte Einwohnerzahl gebunden. Heutzutage unterscheiden die Statistiken zwischen Landstädten und Dörfern, von 2000 Einwohnern an spricht man in Frankreich von einer Stadt. In früherer Zeit liegt die Einwohnerziffer einer Stadt wesentlich niedriger. Vor 1500 besitzen 90 bis 95 Prozent der abendländischen Städte eine Bevölkerung von weniger als 2000 Menschen. Die deutschen Städte und die 3000 Ortschaften, denen in Deutschland im Lauf der Zeit das Stadtrecht verliehen wird, weisen eine durchschnittliche Einwohnerzahl von nicht mehr als 400 Menschen auf. Es gibt also sehr kleine Städte, die noch weit unter der Größe von Varzy liegen; diese Städte sind in das ländliche Leben miteinbezogen, denn einen Teil ihrer Arbeiter, Lehrlinge, ja sogar ihrer qualifizierten Handwerker beziehen sie aus der ländlichen Umgebung, wodurch sich das Leben in den Städten beträchtlich verändert.

Dies gilt im besonderen für die Städte des Abendlandes, wo sich viele städtische Siedlungen um eine Mittelpunktstadt konzentrieren. Aber auch in China ist eine ähnliche Rangordnung bekannt (*fou* ist eine Stadt erster Ordnung, *tchéu* eine Stadt zweiter Ordnung, *hien* eine Stadt dritter Ordnung). Sehr kleine Städte treten besonders in den armen Provinzen auf, deren »Bevölkerung absichtlich in einem halbwilden Zustand gehalten wird, damit sie sich, wenn auch widerwillig, dem Joch ihrer Obrigkeit besser beugt«. Ein deutscher Arzt zählt 1690 auf seiner Reise durch Japan in einer kleinen Stadt nicht mehr als fünfhundert Häuser, die Vororte mit eingeschlossen (das letzte ein Beweis dafür, daß es sich tatsächlich um eine Stadt handelt). Natürlich müssen diese Zahlen immer im

Zusammenhang mit der Gesamtbevölkerung des Landes gesehen werden.

Einige Beispiele aus den Neuenglandstaaten um 1700: Boston 7000 Einwohner, Philadelphia 4000, Newport 2600, Charlestown 1100, New York 3900. In New York, damals Nieuwe Amsterdam, verdrängt seit 1642 der »moderne« holländische Ziegelstein als Baumaterial das Holz, ein untrügliches Kennzeichen der Urbanisierung. Noch heute kann man den städtischen Charakter dieser mittelgroßen Städte erkennen. Sie beherbergen um 1690 etwa 9 Prozent der über das weite Land verstreuten Gesamtbevölkerung Amerikas (200 000 Einwohner), das entspricht ungefähr dem Verhältnis zwischen Stadt- und Landbevölkerung in Deutschland um 1500 (10 Prozent).

In Flandern und in Brabant dagegen repräsentiert ein Jahrhundert früher bereits die städtische Bevölkerung 50 Prozent der Gesamtbevölkerung. Für West- und Mitteleuropa wird am Ende des 18. Jahrhunderts eine Größenordnung von 20 bis 25 Prozent angenommen, für das seiner ländlichen Struktur verhaftete Frankreich 16 Prozent; in England dagegen soll um 1700 die Hälfte der Gesamtbevölkerung in den Städten leben. Doch bleibt diese letzte Angabe umstritten, wahrscheinlich liegt hier die städtische Bevölkerung etwa bei 30 Prozent.

Wenn die Einwohner der Städte zwischen 40 und 50 Prozent der Gesamtbevölkerung ausmachen, dann weist das Land bereits eine moderne Wirtschaftsform auf. Bei einer Volkszählung von 1795 ergab sich für die niederländische Provinz Overijssel eine Landbevölkerung von nur mehr 45,6 Prozent; hier wurde also die Grenze schon überschritten. In dem vergleichsweise rückständigen Rußland repräsentieren die Städte 2,5 Prozent der Gesamtbevölkerung im Jahr 1630, 3 Prozent 1724, 4 Prozent 1796, 13 Prozent 1897.

Für die Entstehung und Weiterentwicklung eines Städtewesens in den europäischen wie außereuropäischen Ländern ist das wesentliche Problem stets das gleiche: Ländliche Gebiete und städtische Siedlungen nehmen eine Arbeitsteilung vor, die immer wieder erneuert wird und sich im Lauf der Zeit aufgrund eines ständigen Positionswandels der Partner häufig verändert.

Ein wesentliches Problem besteht für die Städte darin, bestimmte Arbeiten und Dienstleistungen aus dem ursprünglich eine Einheit bildenden Arbeitsbereich auszugliedern, die Volkswirtschaftler würden sagen, eine bestimmte Spezialisierung auf dem Arbeitsmarkt vorzunehmen. Im Prinzip — nur im Prinzip — ist die Stadt für Handel, Gewerbe und Industrie zuständig, sie übernimmt die politische, religiöse und wirtschaftliche Leitung des Landes. Doch nur in einer großen Stadt, wie zum Beispiel in Frankfurt am Main oder in Straßburg, ist diese Spezialisierung durchführbar; denn für diese grundlegenden Rationalisierungsmaßnahmen muß eine bestimmte Anzahl von Menschen zur Verfügung stehen. Die kleinen Städte bleiben weiterhin dem traditionellen Arbeitssystem verhaftet.

In Wirklichkeit jedoch lassen sich Stadt und Land nicht absolut trennen, vielmehr liegt eine wechselseitige Abhängigkeit vor. Absonderung und Annäherung, Aufteilung und Umgruppierung erfolgen oft zum gleichen Zeitpunkt. Selbst in den Ländern des Islam gibt es trotz einer starken Trennung der Städte von den ländlichen Gebieten eine Verbindung. Die Städte entwickeln sogar innerhalb der Stadtgrenzen eine bedeutende Landwirtschaft, Gemüsegärten werden angelegt, und manche Kanäle entlang den Straßen der Stadt führen bis zu den Gärten der nahen Oasen. In China, wo das Land von den Abwässern der Städte profitiert, ist die gleiche Symbiose anzutreffen.

Dieser Vorgang ist etwas ganz Natürliches und Selbstverständliches. Bis in die jünste Zeit konnte keine Stadt auf Nahrungsmittel in Reichweite verzichten. Ein mit den Verhältnissen vertrauter Wirtschaftshistoriker schätzt, daß seit dem 11. Jahrhundert eine Stadt von 3000 Einwohnern über ungefähr zehn dörfliche Siedlungen, d. h. über ungefähr 8,5 Quadratkilometer Land verfügen muß »angesichts des geringen Ertrages der Landwirtschaft«. Tatsächlich ist die Stadt auf das Land angewiesen, wenn sie nicht täglich um ihre Verpflegung bangen will, denn der Fernhandel kann nur in Ausnahmefällen eine ausreichende Versorgung der städtischen Bevölkerung gewährleisten. Zu diesen Ausnahmefällen zählen wiederum nur bedeutende Städte wie Florenz, Brügge, Venedig, Neapel, Rom, Peking, Istanbul, Delhi, Mekka ...

Übrigens betreiben selbst die großen Städte bis zum 18. Jahrhundert Landwirtschaft, auch Paris bildet da keine Ausnahme. Hirten, Feldhüter, Landwirte und Weinbauern sind in den Städten anzutreffen. Jede Stadt besitzt innerhalb wie außerhalb ihrer Befestigungsanlagen Gemüse- und Obstgärten, und in etwas weiterer Entfernung Felder, die wie in Frankfurt am Main, Worms, Basel und München nach dem Prinzip des dreijährigen Fruchtwechsels bewirtschaftet werden. Im Mittelalter kann man das Geräusch der Dreschflegel in Ulm, Augsburg oder Nürnberg sogar noch in der Nachbarschaft des Rathauses hören; die Schweine laufen frei auf den Straßen herum, die teilweise so schmutzig sind, daß man sie nur mit Hilfe von Stelzen oder eigens zu diesem Zweck angelegten Holzbrücken überqueren kann. Kurz vor den Messen wurden in Frankfurt die wichtigsten Straßen mit Stroh oder Hobelspänen ausgestreut.

Was die zahllosen kleinen Städte anbetrifft, so lassen sie sich kaum von Dörfern unterscheiden; man hat sie vielfach unter dem Begriff »Landstädte« zusammengefaßt, was aber eigentlich ein Widerspruch in sich ist. Die in dem weinreichen Nordschwaben gelegenen Städte wie Weinsberg, Heilbronn, Stuttgart oder Eßlingen exportieren ihren Wein immerhin bis an die Donau. Aus einer Umfrage von 1582 geht hervor, daß Jerez de la Frontera, in der Nähe von Sevilla, nur »von seinen Wein-, Getreide-, Öl- und Fleischerzeugnissen lebt«. Die algerischen Korsaren haben für ihren Überfall auf Gibraltar 1540 den günstigsten Zeitpunkt gewählt. Als sich alle Einwohner außerhalb der Stadt befinden, um die Weinlese abzuhalten, fallen sie in Gibraltar ein. Überall wachen die Städte in der Tat ängstlich über ihre Weinberge. Hunderte und aber Hunderte von Schöffen, das gilt für Rothenburg ob der Tauber genauso wie für Bar-le-Duc, geben alljährlich, wenn »das Weinlaub seine gelbe Färbung angenommen hat«, den Start zur Weinlese und sperren den Zutritt für Unbefugte. Florenz verwandelt sich jeden Herbst in einen einzigen riesigen Weinmarkt.

Die Städter dieser Zeit sind eigentlich oft nur halbe Städter. Wenn der Zeitpunkt der Ernte gekommen ist, legen die Handwerker ihre Arbeit nieder und verlassen ihre Wohnung, um der Arbeit auf den Feldern nachzugehen. Das gilt gleichermaßen für das arbeitsame, übervölkerte Flandern des 16. Jahrhunderts wie für England bis zum Vorabend seiner industriellen Revolution und genauso für Florenz, dessen bedeutende Wollproduktion vor allem im Winter seine Bewohner zu großer Aktivität veranlaßt. Der Zimmermeister Jean Pussot interessiert sich, wie aus seinem Tagebuch hervorgeht, mehr für die Weinlese, die Ernte auf den Feldern, die Qualität des Weins, den Weizen- und Brotpreis als für sein Handwerk oder die politischen Ereignisse des Tages. Als sich zur Zeit der Religionskriege in Frankreich die Einwohner von Reims und Épernay feindlich gegenüberstehen, wird für die Weinfelder ein besonderer Schutz angeordnet. Unser Zimmermann berichtet, daß »die Diebe von Épernay die Schweineherde der Stadt [Reims] wegtrieben ... und am Dienstag, dem 30. März 1593, in besagtes Épernay entführten«. Selbst in diesen kleinen Orten machten sich also die kriegerischen Auseinan-

dersetzungen zwischen Katholiken und Calvinisten bemerkbar.
1722 hat sich die Situation kaum verändert; in einem Handelsvertrag wird mit Bedauern festgestellt, daß sich die Handwerker in den kleinen Städten Deutschlands, ja selbst in den Fürstenstädten, überall in die Landwirtschaft einmischen. Besser wäre es, so heißt es hier, wenn jeder »bei seiner ursprünglichen Arbeit bliebe«. Die Städte blieben dann vom Vieh und von den »großen Misthaufen« verschont und das Leben in den Städten wäre gesünder, ihre Straßen sauberer. »Landwirtschaftliche Arbeiten sollen nicht mehr in den Städten und von Handwerkern ausgeführt werden, sondern von den Landbewohnern«, Stadt und Land, d. h. Handwerker und Bauern könnten so besser ihre Waren tauschen, was für alle Beteiligten vorteilhafter wäre.
Wenn die Stadt den ländlichen Gebieten ein Monopol auf dem Bereich der Landwirtschaft und Viehzucht nicht völlig zubilligt, so hat das Land seinerseits auch nicht alle »industriellen« Beschäftigungen zugunsten der nahe gelegenen Städte aufgegeben. Auf Handwerker hatten die Dörfer nie ganz verzichtet. Die Wagenräder werden vom Wagner an Ort und Stelle hergestellt und repariert und vom Schmied mit einem Eisenring versehen (eine Technik, die sich Ende des 16. Jahrhunderts verbreitet); jeder Weiler hat zudem seinen Hufschmied, der in Frankreich noch bis zum Beginn des 20. Jahrhunderts sein Handwerk ausübt. In Flandern, wo sich wie in vielen anderen Ländern im 11. und 12. Jahrhundert eine Art Monopol der Städte auf dem Bereich der handwerklichen und industriellen Produktion entwickelt, kommt es im 15. und 16. Jahrhundert zu einer rückläufigen Bewegung. Auf der Suche nach billigeren Arbeitskräften und auf der Flucht vor dem Zunftzwang verlagert sich die handwerkliche Tätigkeit immer mehr auf das Land. Für die Städte bedeutet dies indes keinen Verlust, denn sie kontrollieren über den engen Stadtbezirk hinaus die Wirtschaft in diesen Gebieten. Die

ziemlich einseitige Arbeitsteilung führt daher immer wieder zu Auseinandersetzungen, bis dann im 18. Jahrhundert die Dörfer einen großen Teil der handwerklichen Arbeiten übernehmen.

Arbeitsteilungen, wenngleich in anderer Form, lassen sich in anderen Ländern ebenfalls nachweisen, in Rußland, Indien und auch in China. In den russischen Dörfern, die ein ziemlich eigenständiges Leben führen, wird der größte Teil der gewerblichen Arbeiten ausgeführt. Anders als im Abendland herrschen die Städte hier nicht über das Land, ein Konkurrenzkampf zwischen Stadt- und Landbewohnern ist hier noch nicht bekannt. Natürlich sind auch hier einige Städte, trotz mancher Unglücksfälle – Moskau wird 1571 von den Tataren verbrannt, 1611 von den Polen in Brand gesteckt und zählt 1636 trotzdem nicht weniger als 40 000 Häuser –, zu ziemlich großer Bedeutung gelangt, aber im großen ganzen ist hier das Städtewesen noch so wenig entwickelt, daß die Dörfer automatisch zur Eigenständigkeit gezwungen werden. Zudem unterhalten noch manche Großgrundbesitzer mit Hilfe ihrer Leibeigenen Industrien auf dem Land. Für die große Betriebsamkeit der ländlichen Bevölkerung kann also nicht allein der lange russische Winter verantwortlich gemacht werden.

Auf die gleiche Weise versorgt sich in Indien das Dorf selbst. Es zahlt einen Pauschalbetrag als Tribut an die Stadt, wendet sich aber zum Einkauf von Waren (zum Beispiel Eisenwerkzeuge) nur selten an sie. Der auf dem Land wohnende chinesische Handwerker arbeitet in der Seidenindustrie oder in der Baumwollerzeugung. Sein niedriger Lebensstandard macht aus ihm einen gefürchteten Rivalen des Handwerkers in der Stadt. Ein englischer Reisender, der die Bäuerinnen in der Nähe von Peking bei der Arbeit in der Seidenraupenzucht und in den Baumwollspinnereien beobachtet, gibt seiner Bewunderung Ausdruck: »Sie allein stellen alle Stoffe her, denn sie sind die einzigen Weber im Kaiserreich.«

Die Stadt und ihre Zuwanderer

Sicherlich wäre die Existenz einer Stadt gefährdet, bliebe der Zwang von außen aus. Die Stadt übt auf die Menschen früherer Jahrhunderte eine besondere Anziehungskraft aus. Oft aber kommen die Menschen auch aus eigenem Antrieb; die tatsächlichen oder auch nur scheinbaren Freiheiten in der Stadt, die besseren Verdienstmöglichkeiten spielen eine große Rolle; manchmal kommt es zudem vor, daß die anderen Städte oder das Land ihre Menschen mehr oder weniger zur Abwanderung zwingen. Die meisten Immigranten stammen aus armen Gebieten: aus der Landschaft Friaul wandern die Menschen nach Venedig aus, wo sich die *Furlani* als Hilfsarbeiter oder als Dienstpersonal verdingen; die Kabylen ziehen ins Algier der Korsaren, hier machen sie sich in den Gärten und auf den Feldern der Stadt nützlich; eine ähnliche Bedeutung haben Marseille für die Menschen aus Korsika, die provenzalischen Städte für die *gavots* der Alpen, London für die Iren.

In Paris rekrutieren sich im Jahr 1788 »die, die man Dienstleute nennt, fast ausschließlich aus Fremden. Die Savoyarden arbeiten als Holzschleifer, die Leute aus der Auvergne ... fast alle als Wasserträger, die aus dem Limousin als Maurer, die Leute aus Lyon für gewöhnlich als Lasten- und Sänftenträger, die aus der Normandie als Steinmetzen, Pflasterer, Träger und Verkäufer von Hasenfellen, die aus der Gascogne als Perückenmacher oder Barbiergehilfen, die Lothringer als umherziehende Schuhflicker ... Die Savoyarden wohnen in Vorstädten zusammen, sie leben in Stubengemeinschaften, die von einem alten Savoyarden geleitet werden; er ist der Verwalter und zugleich der Beschützer dieser jungen Menschen, bis diese das Alter erreicht haben, wo sie für sich selber sorgen können.« Die Männer aus der Auvergne ziehen mit ihren Hasenfellen durch die Stadt, »so beladen, daß man [vergeblich] Kopf und Arme sucht«. Ihre Kleidung beziehen diese armen Menschen aus den Trödlerläden am Quai de la Ferraille oder am Quai de la Mégisserie, wo sie sich oft in »bunte Papageien« verwandeln.

Die Städte nehmen jedoch nicht nur Arme auf, sie verfügen auch über einen ständigen Zuzug von fachlich Qualifizierten: reichen Kaufleuten, Handwerksmeistern oder einfachen Handwerkern, um deren Arbeitskraft sich die einzelnen Städte streiten, Söldnern, Kapitänen, anerkannten Professoren und Medizinern, Ingenieuren, Architekten, Malern usw. Aus unzähligen Orten Nord- und Mittelitaliens strömen die Lehrlinge und Meister der *Arte della Lana* im 16. Jahrhundert bis nach Florenz; ein Jahrhundert früher kommen sogar wiederholt Einwanderer aus den fernen Niederlanden. Die Herkunft dieser Neubürger gibt Aufschluß über das Leben und die Entwicklung einer Stadt, über ihre Wirtschafts- und Handelsbeziehungen.

Die Städte sind auf diesen ständigen Zuzug angewiesen, da ihre Einwohnerschaft aufgrund der ungewöhnlich hohen Sterblichkeitsziffer stetig abnimmt. Ein Geburtenüberschuß ist in der Zeit vor dem 18. Jahrhundert unbekannt. Der Bevölkerungszuwachs muß also von außen erfolgen. Ähnlich wie die hochentwickelten Industrieländer unserer Tage können die mittelalterlichen Städte bei der Verrichtung niedriger Arbeiten auf das billige Dienstpersonal aus den armen Gebieten nicht verzichten. Das Vorhandensein dieses armen Subproletariats, das sich schnell verbraucht und ebenso schnell wieder erneuert, ist charakteristisch für jede große Stadt dieser Zeit.

In Paris sterben noch nach 1780 jährlich 20 000 Menschen. 4000 von ihnen beenden ihr Leben in einem Hospital, entweder im Hôtel-Dieu oder im Bicêtre, und landen »in Sackleinwand eingenäht« in einem Massengrab in Clamart. Jede Nacht bringen die von Menschen gezogenen Karren die Toten aus dem Hôtel-Dieu zu ihrer letzten Ruhestätte. »Ein armseliger Priester, eine Glocke, ein Kreuz«, das ist der Trauerzug für die Armen. Die Hospitäler selbst bieten einen ähnlich traurigen Anblick: 1200 Betten für 5000 bis 6000 Kranke. »Die Neuankömmlinge bettet man neben Sterbende oder Tote.«

Das Leben in der Stadt ist für die Zuwanderer am Anfang nicht weniger trostlos. Auf ungefähr 30 000 Geburten kommen um 1780 in Paris 7000 bis 8000 ausgesetzte Kinder. »In einer ausgepolsterten Kiste« werden diese Kinder von Lastenträgern, die sich auf diese Arbeit spezialisiert haben, in die Hospitäler gebracht. »Oft stirbt ein Kind bei diesem Transport, der Träger setzt dann seinen Weg mit den Überlebenden fort, ungeduldig, sich seiner Last schnell zu entledigen ... An seinem Bestimmungsort angelangt, dreht er auf der Stelle um und beginnt seine Arbeit, die sein Broterwerb ist, von neuem.« Viele dieser verlassenen Kinder stammen aus Familien, die aus der Provinz eingewandert sind.

Das Wesen der Stadt

Jede Stadt ist und will eine Welt für sich sein. Das zeigt sich am deutlichsten an den Befestigungsanlagen, die jede oder fast jede Stadt des 15. bis 18. Jahrhunderts umgeben. Die Städte leben in einer hermetischen Abgeschlossenheit, die sie sogar von ihrer unmittelbaren Umgebung isoliert.

Unsicherheit und Befestigungsanlagen

Die städtischen Befestigungsanlagen sind vor allem als Schutzmaßnahmen zu verstehen, auf die man nur in einigen wenigen Ländern verzichten konnte. So gibt es auf der britischen Insel praktisch keine Stadtmauern, wodurch die Engländer nach Ansicht der Volkswirtschaftler manche unnütze Ausgabe einsparen. Der alten Stadtmauer Londons kommt nur eine administrative Rolle zu, obwohl die verängstigten Parlamentarier 1643 ihre Stadt wohl aus Sicherheitsgründen in aller Eile mit Schutzwällen umgeben. Ebenfalls unbekannt sind Befestigungsanlagen auf den japanischen Inseln; hier bietet das Meer ähnlich wie in dem auf einer Insel gelegenen Venedig ausreichenden Schutz vor Eindringlingen. Keine Befestigungen finden sich auch in Ländern, die sich sicher fühlen, wie zum Beispiel in dem großen Reich der Osmanen; hier sind befestigte Städte nur an den bedrohten Grenzen anzutreffen, in Ungarn und in Armenien, um die Einfälle aus Europa und Persien abzuwehren. 1694 verfügen Eriwan und Erzerum über eine doppelte Stadtmauer. In allen anderen Orten führt die *pax turcica* zu einem Verfall der alten Festungsanlagen, selbst die herrlichen, aus der byzantinischen Zeit stammenden Stadtmauern Istanbuls sind dem Verfall preisgegeben. Die Mauern des gegenüber liegenden Galata sind 1694 »halb verfallen, ohne daß die Türken an eine Instandsetzung zu denken scheinen«.

Die anderen Länder scheinen diesbezüglich mißtrauischer gegenüber ihrer Umwelt zu sein. In ganz Kontinentaleuropa (in Rußland lehnen sich die mehr oder weniger befestigten Städte an eine Festung an, zum Beispiel Moskau an den Kreml), in Kolonialamerika, Persien, Indien und China ist die städtische Befestigungsanlage die Regel. Furetière gibt in seinem *Dictionnaire* 1690 folgende Definition der Stadt: »Siedlungsplatz einer ziemlich großen Anzahl von Menschen, der für gewöhnlich von Mauern umschlossen ist.« Eine Definition, die nicht nur für Europa Gültigkeit besitzt.

In China weisen nur die untergeordneten oder verfallenen Städte keine Festungsanlagen auf. Im allgemeinen sind diese höchst beeindruckenden Bauwerke so hoch, daß selbst »die Giebel der Dächer« von außen verborgen bleiben. Ein Reisender berichtet (1639), daß die chinesischen Städte alle die gleiche quadratische Form aufweisen und »von einer soliden Ziegelsteinmauer umgeben sind, die sie mit der gleichen Erde, aus der sie Porzellan herstellen, abdecken; diese Erde wird im Lauf der Zeit so hart, daß es unmöglich ist, sie mit einem Hammer zu zerstören ... Die Festungsmauern sind sehr breit und wie in der Antike seitlich mit befestigten Türmen versehen, fast so wie die Befestigungsanlagen der Römer. Zwei große breite Straßen, die sich im Mittelpunkt der Stadt kreuzen, durchschneiden die Stadt in ihrer ganzen Länge. Obwohl sie schnurgerade verlaufen, kann man vom Zentrum der Stadt aus wegen der ungeheuren Entfernung die vier Stadttore nicht erkennen.« Die Große Mauer von Peking, fährt unser Berichterstatter fort, »ist so breit, daß zwölf Pferde mit verhängtem Zügel darauf laufen können, ohne sich gegenseitig zu behindern [das sollten wir vielleicht nicht allzu wörtlich nehmen; ein anderer Reisender gibt (1697) die Breite mit 20 Fuß an]. Nachts ist sie bewacht, als wenn man mitten im Krieg wäre, tagsüber werden die Tore nur von Eunuchen beschützt, weniger aus Sicherheitsgründen als zur Kontrolle.« Am 17. August 1668 vernichtet eine entsetzliche Überschwemmung die Felder der Stadt und »reißt zahlreiche Dörfer und Lusthäuser durch die gewaltige Kraft der Wassermassen mit sich fort«. Die neue Stadt verliert dabei ein Drittel ihrer Häuser, während die alte Stadt verschont bleibt: »Man schloß daraufhin sofort die Tore [der alten Stadt] ... und verstopfte alle Öffnungen und Ritzen mit Kalk und Bitumen.« Ein Beispiel für die Zuverlässigkeit der Stadtmauern und die hermetische Abgeschlossenheit der chinesischen Städte.

In diesen Jahrhunderten der *pax sinica,* da den Städten keine Gefahr mehr von außen droht, dienen die Festungsanlagen eigenartigerweise der Überwachung der Stadtbewohner selbst. Die breiten Auffahrtsrampen gestatten eine sofortige Mobilmachung der Fußsoldaten und der Reiter, die dann von der Höhe der Festungsmauern aus die Stadt kontrollieren. Auf diese Weise haben die verantwortlichen Obrigkeiten ihre Städte fest in der Hand. In allen chinesischen wie japanischen Städten besitzen die einzelnen Straßen ihre eigenen Tore; sie verfügen außerdem über eine eigene interne Gerichtsbarkeit. Bei einem Zwischenfall oder einem Verbrechen werden die Tore der Straße geschlossen, und der Schuldige wird gleich an Ort und Stelle verurteilt. Dieses System wird besonders in China sehr streng gehandhabt, da sich neben jeder chinesischen Stadt die in quadratischer Form angelegte Tataren-Stadt befindet, die jene genauestens überwacht.

Häufig umschließt die Festungsmauer noch eine Anzahl von Feldern und Gärten; damit ist im Kriegsfall die Verpflegung der Stadtbevölkerung gewährleistet. Die im 11. und 12. Jahrhundert in Kastilien errichteten Befestigungen schließen mehrere nebeneinander liegende Dörfer ein; im Ernstfall ist dann zwischen den einzelnen Ortschaften noch genügend Platz für die Viehherden. Überall dort, wo die zu Verteidungszwecken erbauten Mauern Wiesen und Äcker – wie in Florenz –, Obstgärten und Weinfelder – wie in Poitiers – beschützen, geschieht dies immer zur Sicherung des Lebensunterhalts der Stadtbewohner. Nach einiger Zeit jedoch werden diese unbewohnten Gebiete ganz in die Stadt eingegliedert und von Menschen besiedelt. Auch in Prag lassen sich erst nach langer Zeit Menschen zwischen der »Kleinseite« *(minor urbs)* und den Mitte des 16. Jahrhunderts errichteten Festungsanlagen nieder. Die gleiche Situation kann man in Toulouse seit 1400 beobachten, genauso wie in Barcelona, das seine 1359 (an der Stelle der heutigen Ramblas) erbauten Anlagen erst zwei Jahrhunderte später, ungefähr um 1550, erreicht.

Das gleiche Schauspiel bietet sich in China: Eine Stadt am Jangtsekiang »hat eine 10 000 Meter lange Mauer, die Hügel, Berge und unbewohnte Talgebiete umschließt, denn die Stadt hat nur wenige Häuser, und die Einwohner bevorzugen zum Leben die ziemlich ausgedehnten Vororte«; in demselben Jahr 1696 beschützt die Hauptstadt des Kian-Si in ihrem oberen Teil »viele Felder, Gärten, aber nur wenig Menschen ...«

Im Abendland wurde die Sicherheit lange Zeit mit relativ geringem Kostenaufwand gewährleistet: ein Graben, dazu eine vertikale Mauer, das beeinträchtigt die städtische Expansion nur geringfügig, weniger als im allgemeinen angenommen wird. Will sich die Stadt weiter ausdehnen, so werden die Mauern ähnlich wie Theaterkulissen einfach verschoben, wie wir das in Gent, Florenz oder Straßburg feststellen können. Die Mauer ist wie ein maßgeschneidertes Korsett, wächst die Stadt, so schneidert sie sich ein neues. Trotz dieser baulichen Veränderungen trennt die Mauer die Stadt von ihrer Umgebung; sie ist nicht nur Schutz, sondern auch Begrenzung, Grenze. An der Peripherie der Städte konzentrieren sich die Handwerksbetriebe und vor allem die platzraubenden »Industrien«; damit ist die Mauer auch eine wirtschaftliche und gesellschaftliche Trennungslinie. Bei einer Vergrößerung gliedert die Stadt bestimmte Vorstädte ein und verwandelt die neugewonnenen Gebiete, indem sie alle dem streng städtischen Leben fremden Gewerbe an den Stadtrand verlegt.

Die schachbrettartigen Baupläne

Diese allmähliche, unkontrollierte Entwicklung der abendländischen Städte führt, ganz im Gegensatz zu der römischen Stadt, zu einem unregelmäßigen Städtebild, dessen Struktur sich übrigens noch in einigen Städten wie Turin, Köln, Koblenz oder Regensburg erhalten hat. In der Renaissance kommt es zu einer ersten Hochblüte des Städtewesens. Die Entwicklung einer Stadt wird nun nicht mehr dem Zufall überlassen, sondern sorgfältig geplant, entweder nach dem Muster eines Schachbretts oder in Form von konzentrischen Kreisen. Nach diesen Plänen werden nun die europäischen Städte zum Teil umgebaut, zum Teil wie die von den Vorstädten gewonnenen neuen Gebiete ganz neu erbaut; schachbrettartig angelegte Stadtviertel entstehen so in unmittelbarer Nachbarschaft von verwinkelten Straßen im Zentrum der mittelalterlichen Stadt.

Francesco Guardini: »Venezianisches Galakonzert« (1782); Alte Pinakothek, München.

Diese Planung und Rationalisierung läßt sich natürlich in neuen Städten, wo dem Bauherrn ein freies Land zur Verfügung steht, am besten verwirklichen. Es ist übrigens eigenartig, daß die wenigen schachbrettartig angelegten Städte des Abendlands aus der Zeit vor dem 16. Jahrhundert bewußte Stadtgründungen darstellen, die *ex nihilo* errichtet wurden. Das trifft zu für Aigues-mortes, das Ludwig der Heilige zu einem Mittelmeerhafen ausbaute, ebenso wie für die winzige Stadt Mompazier (in der Dordogne), die auf Veranlassung des Königs von England Ende des 13. Jahrhunderts gegründet wurde, oder die *terre nuove* der Toskana im 14. Jahrhundert, zum Beispiel Scarperia, San Giovanni Valdarno, Terranuova Bracciolini, Castelfranco di Sopra. Seit dem 16. Jahrhundert nimmt diese Form des Städtebaus immer stärker zu. Aus der Fülle dieser neuartigen Städte seien hier Livorno (seit 1575), Nancy (seit 1588) und Charleville (seit 1608) erwähnt. St. Petersburg, auf das wir später noch zurückkommen werden, nimmt hier eine Sonderstellung ein. Die fast ausnahmslos relativ spät gegründeten Städte der Neuen Welt wurden ebenfalls nach einem genau festgelegten Plan errichtet. Sie bilden die stärkste Gruppe unter den schachbrettartig angelegten Städten. Dabei erscheinen die Städte Spanisch-Amerikas besonders charakteristisch, mit ihren rechtwinkligen Straßen, die sogenannte *cuadras* bilden, den beiden Hauptstraßen, die auf der *Plaza Mayor* zusammenlaufen, dort, wo die Kathedrale, das Gefängnis, das Schöffenhaus, der *Cabildo* stehen.

Diese nach dem Schachbrettmuster angelegten Städte sind eigenartigerweise auf der ganzen Welt verstreut. Alle Städte Chinas, Koreas, Japans, der Halbinsel Indien, Kolonialamerikas — nicht zu vergessen die römischen und manche griechischen Städte — sind nach diesem Plan erbaut. Nur zwei Zivilisationen bilden hier eine Ausnahme: der Islam einschließlich Nordindien und das mittelalterliche Abendland. Man könnte manche ästhetischen und psychologischen Gesichtspunkte für dieses Phänomen anführen. Fest steht jedenfalls, daß man bei der Städteplanung in Amerika im 16. Jahrhundert nicht mehr auf das römische Lager zurückgreift. Die Städte Amerikas sind ein Abbild der modernen Städte Europas.

Im Abendland: Städte, Artillerie und Fahrzeuge

Seit dem 15. Jahrhundert geraten die Städte des Abendlandes in große Schwierigkeiten. Ihre Bevölkerung hat sich vermehrt, und durch die Entwicklung der Artillerie sind ihre alten Verteidigungsanlagen wertlos geworden. Sie müssen neue breite Befestigungen schaffen, die zum Teil in den Boden eingelassen sind und mit Erdreich aufgeschüttet werden. Diese horizontal errichteten Befestigungsanlagen können nur noch mit riesigem Kostenaufwand verschoben werden. Vor den befestigten Linien muß Raum für die Verteidigungsoperationen frei gehalten werden; Bauwerke, Gärten, Bäume sind hier verboten. Bei Mißachtung dieses Verbots werden im Kriegsfall die Bäume geschlagen und die Häuser abgerissen, wie im Fall Danzigs 1520 während des deutsch-polnischen Krieges und 1576 zur Zeit der kriegerischen Auseinandersetzungen mit König Stephan Bathory.
Die Stadt ist auf diese Weise mehr als in früheren Zeiten in ihrer Ausdehnung blockiert; es bleibt ihr somit nichts anderes übrig, als in die Höhe zu wachsen. Sehr früh bereits finden sich in Genua, Paris und Edinburgh Häuser mit fünf, sechs, acht, ja sogar zehn Stockwerken. Da auch die Grundstückspreise unaufhörlich steigen, setzen sich im Lauf der Zeit überall die hohen Häuser durch. Die lange Zeit übliche Verwendung von Holz als Baumaterial hängt in London mit der Konstruktion dieser vier- bis sechsgeschossigen Häuser zusammen, die die alten, gewöhnlich zweistöckigen Bauten ersetzen. In Paris »mußte die übertriebene Höhe der Häuser begrenzt werden ... denn einige Privatleute hatten regelrecht ein Haus auf das andere gebaut. Die Höhe ist [am Vorabend der Revolution] auf 70 Fuß beschränkt, das Dach nicht miteingeschlossen.«

Venedig ist da in einer günstigeren Lage, es verfügt über keine Befestigungsanlagen und kann sich so nach Belieben ausdehnen. Einige Pfähle und Steine, die von kleinen Schiffen auf die Insel transportiert werden, genügen, und ein neues Viertel entsteht auf der Lagune. Frühzeitig wurden hier die platzraubenden Industrien an die Peripherie gedrängt: Abdecker und Gerber auf die Insel La Giudecca, das Arsenal ans äußerste Ende des neuen Viertels Castello, die Glasindustrie seit 1255 auf die Insel Murano. Die vornehmen Paläste Venedigs dagegen erheben sich zu beiden Seiten des Canal Grande, eines alten, ungewöhnlich tiefen Flußbettes. Nur eine einzige Brücke, die aus Holz errichtete Rialtobrücke (1587 durch eine Steinbrücke ersetzt), verbindet das Ufer des Fondaco dei Tedeschi (jetzt Hauptpost) mit dem Rialtoplatz; auf diese Weise wird die verkehrsreiche Achse Markusplatz — Merceria vorweggenommen. Venedig verfügt so über eine weite Ausdehnung und eine verkehrsgünstige Lage. Nur im Ghetto, diesem künstlich geschaffenen engen und von Mauern umschlossenen Stadtviertel, ragen die Häuser aus Platzmangel fünf bis sechs Stockwerke in die Höhe.

Die im 16. Jahrhundert in immer stärkerem Ausmaß auftauchenden Fahrzeuge führen zu ernsthaften verkehrstechnischen Schwierigkeiten, die nur durch radikale Eingriffe beseitigt werden können. Bramante, der für den Abbruch des alten Viertels um den Petersplatz in Rom sorgte (1506—1514), kann als ein erster Vorläufer von Haussmann angesehen werden. Die neue, erzwungene Ordnung innerhalb der Städte schafft mehr Raum und ermöglicht zumindest für eine bestimmte Zeit einen besseren Verkehrsfluß. Pietro di Toledo (1536) verfolgt das gleiche Prinzip, er schlägt breite Straßen durch Neapel, da nach Ansicht des Königs Ferrante »die engen Straßen eine Gefahr für den Staat darstellen«. Der Ausbau der schnurgeraden herrlichen Strada Nuova in Genua 1547 und die auf Initiative von Papst Sixtus V. angelegten drei breiten Straßen, die von der Piazza del Popolo aus Rom durchziehen, verfolgen den gleichen Zweck. Nicht ohne Grund wird eine der drei Achsen zur bedeutendsten Geschäftsstraße Roms. Die Wagen und Karossen können nun ungehindert durch die Stadt fahren. John Stow, der die ersten Veränderungen Londons miterlebt, prophezeit bereits 1528: »Das Universum gehört den Rädern.« Und ein Jahrhundert später meint Thomas Dekker: »Wagen und Karossen verursachen auf allen Straßen [Londons] einen solchen Höllenlärm, daß man meinen könnte, die ganze Welt bewege sich auf Rädern.«

Zur Geographie der Städte

Wir wollen kurz auf die Lage der Städte, die Stellung der Märkte und Vororte eingehen – gewiß alles bekannte Tatsachen, die aber deswegen nicht weniger von Bedeutung sind.

Die Lage der Städte

Jede Stadt entwickelt sich an einem ganz bestimmten Ort, der, von sehr wenigen Ausnahmen abgesehen, nicht mehr aufgegeben wird. Diese geographische Lage ist mehr oder weniger günstig, ihre Vorzüge und Nachteile bleiben auch weiterhin bestehen. Ein Reisender, der 1684 in Bahia (Salvador), damals Hauptstadt Brasiliens, anlangt, zeigt sich nicht nur beeindruckt von den herrlichen Bauwerken und der großen Anzahl von Sklaven, »die auf brutalste Weise behandelt werden«, er schildert auch die Nachteile der Stadt: »Das Gefälle der Straßen ist so groß, daß sie den Zugtieren große Schwierigkeiten bereiten«; noch ungünstiger wirkt sich der Höhenunterschied zwischen der eigentlichen Stadt und der am Rand des Meeres wesentlich tiefer gelegenen Stadt der Kaufleute aus, »alle Waren müssen mit Hilfe einer Art Kran vom Hafen in die Stadt befördert werden«. Heutzutage behilft man sich mit Aufzügen.

Das am Goldenen Horn, am Marmarameer und Bosporus gelegene Konstantinopel, das von zahllosen Seewegen durchschnitten wird, muß für die ständigen, übrigens nicht gefahrlosen Überfahrten ein Volk von Schiffern und Fährleuten unterhalten.

Doch werden diese Unzulänglichkeiten auf der anderen Seite durch große Vorteile wettgemacht, denn sonst wären diese Hindernisse sicherlich nicht in Kauf genommen worden. Diese Vorteile bestehen häufig in einem großen Hinterland; die Geographen sprechen von der »Situation« einer Stadt gegenüber den benachbarten Gebieten. Über weite Entfernungen hinweg bietet das Goldene Horn den einzig geschützten Hafen. Ebenso ist Bahia (Salvador) gut geschützt durch die Baia de Todos os Santos, dieses Miniatur-Mittelmeer, und bildet für die aus Europa kommenden Segelschiffe den am leichtesten zu erreichenden Punkt an der brasilianischen Küste. Erst im Jahr 1763 wird die Hauptstadt Brasiliens aufgrund der Entwicklung der Goldminen von Minas Gerais und Goyaz nach Rio de Janeiro verlegt.

Alle diese geographisch bedingten Vorteile einer Stadt sind natürlich vergänglich. Malakka beherrscht zum Beispiel jahrhundertelang das Meer, »gebietet über alle Schiffe, die durch seine Meerenge fahren«, bis mit einemmal 1819 Singapur aus dem Nichts auftaucht. Ein noch besseres Beispiel bietet Sevilla, das seit dem Beginn des 16. Jahrhunderts das Handelsmonopol mit den »Indern Kastiliens« innehatte. 1685 tritt an Sevillas Stelle Cádiz, weil infolge einer zu starken Strömung die Sandbank von San Lucar de Barrameda vor der Mündung des Guadalquivir für die Schiffahrt unpassierbar geworden ist. Hier liegt also ein technischer Grund vor, der als Anlaß für eine entscheidende und wohl auch vernünftige Änderung benutzt wird. Von diesem Zeitpunkt an wird die weite Bucht von Cádiz zu einem Treffpunkt internationaler Schmugglerbanden.

Die Vorteile einer bestimmten geographischen Lage, ob sie

nun vergänglich sind oder nicht, bestimmen jedenfalls ganz wesentlich die Entwicklung einer Stadt. Köln liegt am Treffpunkt zweier bedeutender Schiffahrtswege, der eine führt den Rhein stromabwärts zum Meer, der andere stromaufwärts. Regensburg ist ein verkehrsgünstiger Umschlageplatz für Schiffe aus Ulm, Augsburg, Österreich, Ungarn und sogar aus der Walachei.

Die vielleicht vorteilhafteste Lage aller Städte der Welt hat Kanton aufzuweisen. Auf den zahlreichen Flüssen der »dreißig Meilen vom Meeresufer« entfernt gelegenen Stadt machen sich Ebbe und Flut noch bemerkbar. Hier begegnen sich seetüchtige Schiffe, Dschunken, Dreimaster aus Europa und Sampan sowie flache chinesische Hausboote, die über die zahlreichen Kanäle in alle Gebiete Chinas vordringen. »Oft habe ich in Europa den herrlichen Ausblick auf den Rhein und die Maas genossen«, schreibt J.-F. Michel aus Brabant (1753), »aber das ist nichts im Vergleich zu diesem großartigen Fluß von Kanton«. Für die Entwicklung Kantons war indes nicht so sehr seine außergewöhnliche Lage entscheidend, als vielmehr der Wunsch des Mandschu-Reiches, den Handel mit den Europäern so weit wie möglich nach Süden abzudrängen. Hätten die europäischen Kaufleute Handlungsfreiheit besessen, dann hätten sie viel lieber Ningpo oder Schanghai angelaufen, um China in seiner Mitte zu erreichen.

Die Entstehung unzähliger kleiner Städte ist auch auf die Tatsache zurückzuführen, daß in früheren Jahrhunderten die Transporte nur über viele Zwischenstationen abzuwickeln sind. Deutschland verfügt im 15. Jahrhundert über 3000 solcher Zwischenstationen, es sind Städte von sehr unterschiedlicher Größe, die im Süden und Westen des Landes vier bis fünf Wegstunden voneinander entfernt liegen, im Norden und Osten sieben bis acht Stunden. Und diese Stationen befinden sich nicht nur in den Häfen, zwischen den *venuta terrae* und den *venuta maris*, wie man in Genua zu sagen pflegt, sondern manchmal auch dort, wo die Waren von den Fluß-

schiffen zum Transport über Land auf Wagen umgeladen werden. Jede Stadt wird so zu einem Sammelpunkt für Menschen und zu einem Umschlagplatz für den Handelsverkehr.
Es ist die Bewegung innerhalb seiner Mauern, die eine wirkliche Stadt kennzeichnet. »Wir hatten ziemliche Mühe an diesem Tag«, beklagt sich Careri bei seiner Ankunft in Peking 1697, »wegen der großen Zahl von Karren, Kamelen und Pferden, die von und nach Peking auf dem Weg waren, sie waren so zahlreich, daß wir nur mit Mühe vorankamen.«

Die städtischen Märkte

Die genannte »Bewegung« geht von den Märkten aus und greift von dort auf die ganze Stadt über. Von Smyrna behauptet ein Reisender 1693, es sei »ein einziger Bazar und Markt«. Aber nicht nur Smyrna, jede Stadt ist zunächst einmal Markt. Eine Stadt ohne Markt ist undenkbar; andrerseits kann sich aber auch ein Markt in der Nähe eines Dorfes befinden, an den Ankerplätzen der Schiffe oder an einer einfachen Kreuzung zweier Verkehrswege, ohne daß sich deshalb hier eine Stadt entwickelt. Denn Voraussetzung für die Entstehung einer Stadt ist nicht nur das Vorhandensein eines Marktes, sondern auch Land und Leute ihrer Umgebung.
Die tägliche Nahrung besorgt sich der Stadtbewohner auf den wöchentlich oder täglich abgehaltenen Märkten seiner Stadt. Die *Chronachetta* von Marin Sanudo verzeichnet für Venedig eine ganze Reihe verschiedenster Märkte: Auf dem Markt am Rialtoplatz, wo sich jeden Morgen in unmittelbarer Nähe die Kaufleute in ihrer *loggia* versammeln, werden Früchte, Fleisch und Wild feilgeboten; einige Schritte weiter liegt der Fischmarkt; ein weiteres Zentrum ist der Markusplatz. Zudem verfügt jedes Stadtviertel auf seinem größten Platz über einen eigenen Markt. Die Waren werden von den Bauern der Umgebung herbeigeschafft, von den Gemüsehändlern aus Pa-

dua und von den Fährleuten, die alle erdenklichen Nahrungsmittel, sogar Schafskäse aus der Lombardei, einführen.

Ein ganzes Buch könnte man über den Betrieb in den Pariser Hallen und in ihrer Zweigstelle, dem Wildmarkt am Quai de la Vallée, schreiben. Jeden Morgen bricht eine Invasion von Bäckern aus Gonesse in die Stadt ein, kommen 5000 bis 6000 Bauern bereits zu nächtlicher Stunde aus den ländlichen Gebieten, halb verschlafen hocken sie auf ihren mit »Gemüse, Früchten und Blumen« beladenen Karren, dazu gesellen sich unzählige umherziehende Händler und Marktschreier. Zu dem Schinkenmarkt, der jedes Jahr am Dienstag der Karwoche stattfindet, »versammeln sich am frühen Morgen zahlreiche Bauern aus der Umgebung von Paris vor der Kathedrale und auf der Rue Neuve-Notre-Dame, um riesige Mengen Schinken, Wurstwaren, vor allem Blutwürste, die sie mit Lorbeerzweigen schmücken, zum Verkauf anzubieten. Welche Entehrung der Krone Caesars und Voltaires!« Natürlich spricht hier Sébastien Mercier.

Auch London hat eine Unzahl verschiedenster Märkte aufzuweisen. In dem *Tour through the Island of Great Britain*, einem von Daniel Defoe verfaßten, später immer weiter ausgearbeiteten Führer durch London, der 1775 bereits in achter Auflage erscheint, füllt die Aufzählung der *markets* mehr als vier Seiten.

Die unmittelbare Umgebung der Stadt, aus der zum Beispiel Leipzig ausgezeichnete Kartoffeln und hervorragenden Spargel bezieht, ist nur einer von zahlreichen die Stadt umschließenden Kreisen. Keine Stadt kann auf diese ländlichen Gebiete verzichten, sie werden in das Leben der Stadt miteinbezogen, denn sie gewährleisten nicht nur die Versorgung der Stadtbevölkerung, sondern ermöglichen auch den Fernhandel, der sich unter Umständen weltweit ausdehnen kann.

Das Ausmaß der Ausdehnung des städtischen Lebensbereichs auf die nähere und fernere Umgebung hängt von der Größe und Bedeutung einer Stadt ab und weist zeitliche Unterschiede auf. So sind zum Beispiel die vietnamesischen Städte des 17. Jahrhunderts »an gewöhnlichen Tagen nur gering bevölkert«, nehmen jedoch an den zweimal monatlich stattfindenden Markttagen erheblich zu. In Hanoi, dem ehemaligen Kecho, »versammeln sich die Händler je nachdem, was sie anbieten, in der Seiden-, Kupfer-, Hut-, Hanf- oder Eisenstraße«. Das allgemeine Gedränge nimmt dabei solche Ausmaße an, daß sich die Menschen nur mit Mühe vorwärts bewegen können. Einige der Geschäftsstraßen sind für die Händler bestimmter Dörfer reserviert, sie allein haben »das Recht, dort einen Laden zu betreiben«. Ein Historiker sagt zu Recht, daß die Städte früherer Zeiten eher Marktplätzen als Städten glichen, das gilt für Vietnam genauso wie für das Abendland.

Die Vorstädte

Alle Städte der Welt, angefangen bei den Städten des Abendlandes, haben ihre Vorstädte. Sie sind eine Demonstration ihrer Macht, selbst dann, wenn es sich dabei um armselige Barackensiedlungen handelt, denn selbst über Elendsviertel zu verfügen ist immer noch besser, als gar keine Vorstädte zu besitzen.

Das Bild der Vorstädte wird bestimmt durch ihre ärmliche Bevölkerung, Handwerker und Fährleute, die lauten, übelriechenden »Industrien«, die billigen Wirtshäuser, die Ställe für die Postpferde und die Behausungen der Lastenträger. Bremen erlebt im 17. Jahrhundert eine grundlegende Veränderung. Die neuen Häuser werden aus Backsteinen errichtet, die Dächer mit Ziegeln gedeckt, die Straßen gepflastert. In den benachbarten Vororten jedoch werden die Häuser weiterhin mit Stroh gedeckt – ein Beweis für die großen Niveauunterschiede zwischen der Stadt und ihren Vororten. Das gilt natürlich nicht nur für Bremen, sondern für alle Städte und Vororte der Welt.

Triana, Vorort oder besser gesagt Verlängerung von Sevilla, das bei Cervantes häufig erwähnt wird, entwickelt sich zu einem Treffpunkt der Verbrecher, Gauner, Dirnen und Polizisten, zum idealen Milieu für einen Kriminalroman. Der Vorort beginnt am rechten Ufer des Guadalquivir auf der Höhe der Brücke. Bis hierhin können bei Flut die Seeschiffe aus Richtung San Lucar de Barrameda, Puerto Santo Maria und Cádiz gelangen. Trianas eigenartige Bevölkerung ist sicherlich nur aus seiner Nähe zu Sevilla zu erklären, dessen Einwohnerschaft sich aus zahllosen Ausländern und Neureichen rekrutiert, den sogenannten *peruleros,* die aus der Neuen Welt zurückgekommen und hier ihr Glück versuchen. Aus einer Erhebung von 1561 geht hervor, daß Triana 1664 Häuser und 2666 Familien beherbergt; nimmt man je Familie vier Personen an, so kommt man auf eine Gesamtbevölkerung von mehr als 10 000 Menschen, die auf einem verhältnismäßig engen Raum zusammengedrängt leben.

Die Etappenstadt

In einer bestimmten Entfernung der großen Städte entstehen zwangsläufig kleine Städte. Das Transport- und Verkehrswesen führt zwangsläufig zu einer Reihe von Zwischenstationen. Stendahl wundert sich über das maßvolle Verhalten der großen italienischen Städte gegenüber den mittelgroßen und kleineren Städten des Landes. Wenn diese jedoch ihre Rivalen, mit denen sie in einem ständigen Kampf liegen — Florenz bemächtigt sich 1406 Pisas, einer fast schon untergegangenen Stadt; Genua sperrt 1525 den Hafen von Savona —, nicht völlig vernichten, dann aus dem einfachen Grund, weil jede große Stadt auf eine Reihe zweitrangiger Städte in ihrer Umgebung angewiesen ist: Sie besorgen die Webarbeiten und das Färben der Stoffe, sie organisieren das Transportwesen oder bilden das Tor zum Meer, so zum Bespiel Livorno in bezug auf Florenz, das Livorno gegenüber Pisa – das zu weit im Landesinnern liegt und zudem noch feindliches Gebiet ist – den Vorzug gibt. Die gleiche Funktion üben Alexandria und Suez für Kairo, Tripoli und Iskenderun für Aleppo, Dschidda für Mekka aus.

In Europa tritt dieses Phänomen besonders deutlich hervor; hier sind die kleinen Städte sehr zahlreich vertreten. Rudolf Häpke hat in bezug auf Flandern den Begriff »Gruppenstädte« geprägt; er wies nach, daß die flandrischen Städte nicht nur untereinander, sondern im 15. Jahrhundert in besonderem Maß mit Brügge, später mit Antwerpen verbunden waren. Henri Pirenne bestätigt diese Theorie; von ihm stammt der Ausspruch, daß »die Niederlande ein Vorort von Antwerpen sind«, ein Vorort aus Städten mit einem regen Geschäftsleben. Das gilt in gleichem Maß, wenn auch in geringerem Umfang, im 15. Jahrhundert für die Märkte in der Umgebung von Genf und Mailand, im 16. Jahrhundert für die Reihe von Häfen entlang der provenzalischen Küste, angefangen von Martigues am Étang de Berre bis Fréjus, die alle mit Marseille verbunden sind, es gilt für den großen Stadtkomplex, der Sevilla mit San Lucar de Barrameda, Puerto de Santa Maria und Cádiz verbindet, für die Randstädte Venedigs, für die Außenhäfen von Burgos (besonders Bilbao), das selbst dann noch eine Kontrolle über diese Städte ausübt, als es bereits halb verfallen ist, es gilt für London und seine Häfen an der Themse und am Ärmelkanal und in ganz besonderem Ausmaß für die Hansestädte, dieses klassische Beispiel eines unter wirtschaftlichen Aspekten geschlossenen Städtebündnisses. Auf der untersten Stufe wäre Compiègne zu erwähnen, das 1500 nur über einen einzigen Satelliten, nämlich Pierrefonds, verfügt, oder Senlis mit seiner Vorstadt Crépy. Diese Tatsache allein gibt Aufschluß über die Größe und Bedeutung von Compiègne und Senlis.

Die Verbindungen der großen zu den untergeordneten kleineren Städten sind nur von einer bestimmten zeitlichen Dauer.

Bei einer Änderung der Verkehrswege oder bei einer Beschleunigung des Transportwesens verlieren diese Zwischenstationen ihre ursprüngliche Bedeutung.

Sébastien Mercier schildert die Auswirkungen der großen Stadt Paris (1782) auf die kleinen Städte ihrer Umgebung: »Die Städte der zweiten und dritten Kategorie entvölkern sich spürbar; der ungeheure Abgrund der Hauptstadt verschlingt nicht nur das Gold der Eltern, sondern auch die Redlichkeit und Tugendhaftigkeit ihrer Söhne, die ihre unvorsichtige Neugier teuer bezahlen müssen.«

François Mauriac berichtet von einem Engländer, der bei ihm zu Besuch weilt: »Er hat im *Lion d'Or* in Langon übernachtet und ist nachts in der verschlafenen Stadt spazierengegangen. Er sagt mir, daß es etwas Ähnliches in England nicht mehr gäbe. Das Leben in unseren Provinzen ist tatsächlich ein Überbleibsel einer untergehenden oder bereits untergegangenen Welt. Ich führe meinen Gast nach Bazas. Welcher Kontrast zwischen dem verschlafenen Marktflecken und seiner riesigen Kathedrale, Zeuge einer Zeit, als die Hauptstadt des Bazadais noch eine blühende Bischofsstadt gewesen ist. Wir können uns diese Zeit nicht mehr vorstellen, wo jede Provinz eine eigene Welt darstellte, die ihre eigene Sprache hatte, Denkmäler errichtete, eine eigene, von Paris unabhängige, in sich gegliederte Gesellschaft ausbildete. Monströses Paris, das von dieser wunderbaren Substanz zehrt und sie restlos verbraucht.«

Paris ist natürlich an dieser Entwicklung genausowenig schuld wie zum Beispiel London. Verantwortlich ist allein die Wirtschaft, die die untergeordneten Gebiete zugunsten der großen städtischen Zentren aussaugt. Auf Weltebene wiederholt sich dann das gleiche zwischen den einzelnen großen Städten untereinander. Selbst die Hauptstadt Amaurote aus Thomas Morus' *Utopia* ist von 53 Städten umgeben, die mindestens 24 Meilen, das ist eine Tagesreise, voneinander entfernt liegen. Eine Beschleunigung des Transportverkehrs würde überall zu einem Zusammenbruch dieser Ordnung führen.

Ein anderer allen Städten gemeinsamer Charakterzug, auf den das höchst unterschiedliche Erscheinungsbild der Städte zurückzuführen ist, erklärt sich aus der Tatsache, daß alle Städte ein Produkt ihrer jeweiligen Kultur sind. Jede Kultur hat einen eigenen Stadttypus hervorgebracht. Du Halde bestätigt diese Theorie (1735): »Ich habe bereits an anderer Stelle erwähnt, daß es zwischen den meisten Städten Chinas fast keinen Unterschied gibt, sie sind sich so ähnlich, daß es fast genügt, eine davon gesehen zu haben, um sich die anderen vorstellen zu können.« Das gleiche könnte man von den Städten Rußlands, Kolonialamerikas, den Städten der islamischen Länder (Türkei, Persien) und, wenn auch mit einigen Vorbehalten, von den Städten Europas behaupten.

Es besteht kein Zweifel daran, daß es in allen vom Islam beherrschten Ländern, angefangen von Gibraltar bis hin zu den Sundainseln, den Typus einer islamischen Stadt gegeben hat. An diesem Beispiel wird deutlich, welche Beziehungen zwischen den Städten und den Kulturen bestehen.

Die islamischen Städte sind im allgemeinen riesengroß und liegen weit voneinander entfernt; ihre Häuser sind niedrig und liegen dicht nebeneinander. Der Islam verbietet hohe Häuser, als Kennzeichen eines verabscheuungswürdigen Hochmuts; ausgenommen von diesem Verbot sind Mekka, die Hafenstadt Dschidda und Kairo. Den Städten bleibt demnach nichts anderes übrig, als sich horizontal auszudehnen, bis zu den öffentlichen Schuttabladeplätzen. Die Straßen oder vielmehr Gassen sind so eng, daß zwei beladene Esel sie bereits verstopfen.

»Die Straßen [Istanbuls] sind so schmal«, behauptet ein französischer Tourist (1766), »wie die in unseren alten Städten. Für gewöhnlich sind sie schmutzig und bei schlechtem Wetter nahezu unpassierbar, gäbe es nicht die Trottoirs zu beiden Seiten der Straße. Wenn sich zwei Menschen begegnen, muß einer von ihnen auf die Straße ausweichen oder sich an einen Hauseingang drücken, wo er vor dem Regen geschützt ist. Die meisten Häuser besitzen nur eine Etage, die nach vorne über die Straße herausragt; fast alle sind mit Ölfarbe angestrichen. Das läßt die Wände der Häuser weniger dunkel und unfreundlich erscheinen. Alle Häuser, selbst die der großen Herren und der wohlhabendsten Türken, sind aus Holz und einigen Backsteinen erbaut, weshalb das Feuer in kurzer Zeit so große Verwüstungen anrichten kann.«

Trotz der großen Entfernung zu Istanbul bietet sich, wie wir von Volney (1782) erfahren, in Kairo das gleiche Bild. Und von den Städten Persiens gibt ein Jahrhundert früher (1660) ein anderer Franzose, Raphaël du Mans, eine ähnliche Schilderung: »Die Straßen sind verwinkelt ... uneben, überall mit Gruben versehen ... in die diese Kerle hineinpinkeln, um zu vermeiden, daß sie durch den aufspritzenden Urin unrein werden.« Gemelli Careri gewinnt ungefähr dreißig Jahre später (1694) den gleichen Eindruck: In Isfahan wie in ganz Persien sind die Straßen nicht gepflastert, daher im Winter der Schlamm und im Sommer der Staub. »Dieser große Schmutz wird noch vermehrt durch die Unsitte, die toten Tiere auf die Straßen zu werfen, das Blut der von den Metzgern getöteten Tiere dorthin zu leiten und in aller Öffentlichkeit überall, wo man sich gerade befindet, seine Bedürfnisse zu erledigen ...« Im Vergleich dazu ist Palermo, dessen »schäbigste Häuser ... schöner sind als die besten Häuser Isfahans«, wirklich eine saubere Stadt.

Jede mohammedanische Stadt weist ein unübersichtliches Netz von schlechten Straßen auf, die im günstigsten Fall vom Regen ein bißchen sauber gewaschen werden. Die Geamtanlage der Stadt dagegen ist ziemlich regelmäßig und einheitlich. Im Zentrum befindet sich die große Moschee, umgeben von den Geschäftsstraßen *(suks)* und den Lagerhallen (*hans* oder Karawansereien), dann in Form von konzentrischen Kreisen die Handwerksbetriebe, die streng in »reine« und »unreine« getrennt sind. So befinden sich die Verkäufer von

Riechstoffen und Weihrauch, »gemäß den Kanonisten rein, da sie einen heiligen Dienst verrichten«, in unmittelbarer Nähe der großen Moschee. In ihrer Nachbarschaft leben die Seidenhändler, Goldschmiede usw.; ganz am Stadtrand die Gerber, Hufschmiede, Schmiede, Töpfer, Sattler, Färber und die Eselsverleiher. Unmittelbar vor den Toren der Stadt sind die Bauern anzutreffen, die hier Fleisch, Holz, ranzige Butter, Gemüse, »grüne Kräuter«, die Frucht ihrer Arbeit »oder ihrer Diebstähle«, zum Verkauf anbieten. Ein weiteres Charakteristikum der islamischen Stadt ist die Trennung ihrer Einwohnerschaft nach Rassen und Religionen. Fast überall gibt es ein christliches und ein jüdisches Viertel, letzteres steht im allgemeinen unter dem Schutz des Fürsten und liegt daher, wie zum Beispiel in Tlemcen, im Zentrum der Stadt.

Jede Stadt weist natürlich aufgrund ihrer Entstehung und ihrer wirtschaftlichen Gegebenheiten geringfügige Abweichungen von diesem Schema auf. Der bedeutendste Markt Istanbuls sind die beiden in Stein errichteten *besistans,* die eine eigene Stadt innerhalb der Stadt bilden. Pera und Galata, die christlichen Viertel jenseits des Goldenen Horns, bilden eine weitere Stadt für sich. Im Zentrum von Adrianopel erhebt sich die »Börse«. »In der Nähe dieser Börse befindet sich [1693] die Serachi-Straße, die eine Meile lang ist und zahlreiche gute Geschäfte mit den verschiedensten Waren aufweist; sie ist mit übereinander liegenden Brettern abgedeckt, zwischen denen das Tageslicht eindringen kann.« Neben der Moschee liegt die Straße der Goldschmiede.

Zweites Kapitel

Die Eigenart der abendländischen Städte

Das Abendland ist eine Art Luxus der Welt. Seine Städte sind zu einer Bedeutung gelangt, wie dies anderswo kaum zu finden ist. Sie begründeten die Größe des kleinen Kontinents, eine allgemein bekannte Tatsache, für die sich aber nicht so einfach eine Erklärung finden läßt. Vergleicht man die abendländischen Städte mit den Städten der übrigen Welt — denn Europa muß, im Anschluß an Max Weber, »in Beziehung zu den anderen Kontinenten« gesehen werden —, dann ergibt sich für den Alten Kontinent eine große Überlegenheit.

Wodurch unterscheiden sich nun die europäischen Städte von den übrigen Städten, worin liegt ihre Besonderheit? Die Eigenart der europäischen Städte besteht in einer relativ großen Freiheit, in einer Entwicklung der Städte zu autonomen Welten auf Kosten des Territorialstaats, der sich erst langsam herausbildet und später in ständigem Wettkampf mit ihnen liegt, in einer großen Unterlegenheit der ländlichen Gebiete, die so etwas wie Kolonialgebiete waren und auch als solche behandelt wurden, ähnlich wie später die einzelnen Staaten mit ihren Kolonien verfahren, sowie schließlich in der Ausbildung einer eigenen Wirtschaftspolitik der Städte aufgrund ihrer weitreichenden Handelsbeziehungen. Stellen wir uns vor, es gäbe keine Staaten mehr und die Städte hätten völlige Handlungsfreiheit, das wären schöne Zustände!

Die Probleme dieser Zeit treten auch so deutlich hervor. Das Zentralproblem kann man mit zwei, drei Fragen umreißen:

Warum erlangten die übrigen Städte der Welt diese großen Freiheiten nicht? Aus welchem Grunde oder welchen Gründen haben sie sich anders entwickelt?
Oder unter einem anderen Aspekt: Warum steht die Entwicklung der abendländischen Städte unter dem Zeichen ständiger Veränderung – selbst in ihrem äußeren Erscheinungsbild verändern sie sich –, während die anderen Städte in einer Bewegungslosigkeit verharren, gleichsam geschichtslos sind? Warum sind die einen, um Lévi-Strauß zu variieren, wie Dampfmaschinen, die anderen wie Turmuhren?

Freie Welten

Die städtischen Freiheiten in Europa sind ein klassisches Thema, über das wir ziemlich gut unterrichtet sind.
Vereinfachend könnte man sagen:
1. Die abendländischen Städte, die übrigens schon vor dem Einfall der Barbaren in immer stärkerem Ausmaß verfielen, sanken am Ende des römischen Kaiserreichs – der Aufschwung der Städte zur Zeit der Merowinger ist nur sehr relativ – zur völligen Bedeutungslosigkeit herab.
2. Im Anschluß an den Aufstieg der ländlichen Gebiete seit dem 11. Jahrhundert entsteht eine Renaissance des Städtewesens. Die Bedeutung der Städte nimmt also gleichzeitig mit der Bedeutung der Dörfer zu. Häufig entwickelt sich das Stadtrecht aus den Privilegien der dörflichen Gemeinschaften. Zahlreiche Straßennamen Frankfurts, das bis zum 16. Jahrhundert noch sehr ländlich war, rufen die Erinnerung an Wälder und Sümpfe wach, aus denen die Stadt einst hervorging. Diese Entwicklung führte die Repräsentanten des politischen und gesellschaftlichen Lebens der ländlichen Gebiete – Gutsbesitzer, weltliche und geistliche Fürsten – automatisch in die neu gegründeten Städte.
All das wäre ohne allgemeine Besserung der Verhältnisse und

eine sich immer weiter ausbreitende Geldwirtschaft nicht möglich gewesen. Die Heimat des Geldes ist vielleicht sehr weit von Europa entfernt — Maurice Lombard nimmt die islamischen Länder an —, aber jedenfalls kommt ihm hier eine entscheidende Bedeutung zu. Zwei Jahrhunderte vor Thomas von Aquin sagte Alain de Lille: »Nicht Cäsar, sondern das Geld ist nun alles«, — man könnte auch sagen »die Stadt«.

Tausende und Abertausende von Städten entstehen damals, aber nur wenige erlangen eine besondere Bedeutung. Und nur einige Gebiete verstädtern weitgehend, so die Gebiete zwischen Loire und Rhein, Nord- und Mittelitalien und die wichtigsten Küstenstriche des Mittelmeers. Kaufleute, Zünfte, Industrien, Fernhandel und Banken bestimmen das Erscheinungsbild der Städte; es entsteht ein Bürgertum, erste Anzeichen eines Kapitalismus machen sich bemerkbar. Angesichts dieser gewaltigen städtischen Komplexe kann man ohne weiteres den oft zitierten Ausspruch »Die Stadt ist eine Welt für sich« wiederholen. Zur Erreichung dieses Ziel muß sich die Stadt aber zunächst einmal aus den bäuerlichen Gemeinschaften und den alten politischen Bindungen lösen, also von den ländlichen Gebieten trennen. Ob diese Trennung nun gewaltsam erfolgt oder nicht, sie ist immer ein Kennzeichen von Stärke, großem Geldbesitz und wirklicher Macht. Zudem blühen die Städte nur dort auf, wo sich zwei bedeutende Verkehrsstraßen kreuzen.

Rings um diese mit Privilegien versehenen Städte entstehen bald neue Staaten. Das gilt für Italien und Deutschland zur Zeit des Zusammenbruchs der alten politischen Ordnung im 13. Jahrhundert. In Frankreich, Belgien, Kastilien, selbst in Aragon entsteht der Territorialstaat früher, dadurch werden die Städte dieser Länder in ihrer Entwicklung gehemmt.

Aber das Wesentliche, das Unvorhergesehene besteht darin, daß manche Städte sich zu autonomen Welten, zu »Stadtstaaten« entwickeln, die zahlreiche, zum Teil auch durch Erpressung erlangte Privilegien aufzuweisen haben. Die Historiker haben vielleicht in der Vergangenheit den »rechtlichen Status« der Städte zu sehr in den Vordergrund gestellt und den geographischen, sozialen und wirtschaftlichen Gegebenheiten, die die Sonderstellung der Städte entscheidend mitbegründen, zu wenig Beachtung geschenkt. Denn was bedeutet schon ein Privileg, ohne materielle Substanz?

Tatsächlich ist es aber nicht so, daß mit dem Niedergang im 5. Jahrhundert alles zerstört gewesen und seit dem 11. Jahrhundert wieder in Gang gekommen wäre. Diese sich jahrhundertelang hinziehenden Auf- und Abwärtsbewegungen, die städtischen Expansionen, Verfall und Wiedergeburt, erfüllen die ganze Geschichte: Griechenland vom 5. bis 2. Jahrhundert v. Chr., Rom und Islam seit dem 9. Jahrhundert und das China der Sung-Dynastie. Aber jedesmal gab es im Verlauf dieser Aufwärtsbewegungen zwei Wettläufer: den Staat und die Stadt. Im allgemeinen trägt der Staat den Sieg davon, die Stadt bleibt dann unterworfen. Das Ungewöhnliche besteht darin, daß während der ersten großen Jahrhunderte des Städtewesens in Europa die Stadt auf der ganzen Linie gesiegt hat, zumindest in Italien, Flandern und Deutschland. Eine ziemlich lange Zeit hat dann die Stadt ein Eigenleben geführt – ein außergewöhnliches Phänomen, dessen Entstehung man zwar nicht mit Sicherheit feststellen kann, dessen ungeheure Bedeutung jedoch überall zutage tritt.

Der moderne Charakter der Städte

Aufgrund dieser Freiheit haben die großen Städte genauso wie die mit ihnen in Berührung stehenden kleineren Städte, denen sie als Vorbild dienen, eine ganz eigene Kultur hervorgebracht, neue Techniken entwickelt oder alte Techniken nach Jahrhunderten wiederentdeckt und die politischen, gesellschaftlichen wie wirtschaftlichen Strukturen verändert.

Die Städte organisieren das Steuerwesen, die Finanzen, das

staatliche Kreditwesen und die Zölle. Sie erfinden die öffentlichen Anleihen: Man kann vielleicht behaupten, daß der *Monte Vecchio* in Venedig auf die ersten Emissionen von 1167 zurückgeht, die *Casa di San Giorgio* auf die ersten Anleihen von 1407. Wie Florenz, das 1252 den *florin* prägt, entdecken auch die anderen Städte die Goldwährung. Sie organisieren daneben die Industrie und das Gewerbe, beleben den Fernhandel, führen das Wechselgeschäft ein, gründen die ersten Handelsgesellschaften und entwickeln ein Rechnungswesen.
In den Städten entstehen auch die ersten Klassenkämpfe, denn die Städte sind nicht nur sogenannte »Gemeinwesen«, sondern auch »Gemeinschaften« im modernen Sinn des Wortes, in denen sich Spannungen entwickeln, die zu Bruderkriegen führen zwischen Adligen und Bürgerlichen, Armen und Reichen (zwischen dem *popolo magro* dem »mageren Volk« und dem *popolo grasso,* dem »fetten Volk«). Die in Florenz ausgefochtenen Kämpfe lassen mehr noch als die römischen Konflikte (im antiken Rom!) bereits Anklänge an die Auseinandersetzungen im 19. Jahrhundert erkennen. Die dramatischen Ereignisse von Ciompi (1378) sind ein deutlicher Beweis für diese Behauptung.
Die im Innern gespaltene Gesellschaft steht jedoch den Feinden von außen geschlossen gegenüber, den Gutsherren, Fürsten, Bauern, mit einem Wort allen Nichtbürgern. Die Städte sind die ersten »Vaterländer« des Abendlands, der Patriotismus der Städter ist viel intensiver, viel bewußter als der sich nur langsam entwickelnde Patriotismus der ersten Territorialstaaten. Ein Gemälde, das den Kampf der Nürnberger Bürger vom 19. Juni 1502 gegen den Markgraf Kasimir von Brandenburg-Ansbach darstellt, mag uns eine Vorstellung davon geben. Die Bürger von Nürnberg erscheinen hier ohne Rüstung, in ihrer Alltagskleidung, meist zu Fuß, ihr Anführer hoch zu Roß in einem schwarzen Gewand, im Gespräch mit Willibald Pirkheimer, der einen riesigen Hut mit Straußenfedern trägt und der, dieses Detail ist bezeichnend, eine Nürn-

berger Hilfstruppe zum Schutz der angegriffenen Stadt befehligt. Die brandenburgischen Eindringlinge sind schwer ausgerüstete, bewaffnete Reiter, das Gesicht hinter Helmvisieren verborgen. Zwei Bürger, das Gesicht ungeschützt, führen stolz einen in schwerer Rüstung steckenden, sichtlich beschämten Ritter in Gefangenschaft – Symbol der Freiheit der Städte gegenüber der Autorität der Fürsten und Gutsherren.

»Bürger«, kleine »Vaterländer« der Bürger: das sind nicht mehr als Schlagwörter. Werner Sombart hat großes Gewicht gelegt auf diese Geburt einer neuen Gesellschaft, mehr noch auf die Entwicklung einer neuen Geisteshaltung. »Es ist, wenn ich mich nicht täusche, um das Ende des 14. Jahrhunderts gewesen, daß man zum erstenmal dem vollkommenen Bürger begegnet«, schreibt er. Wie dem auch sei, fest steht, daß die Übernahme der Macht durch die *Arti Maggiori* (1293) – die Wollindustrie und die *Arte di Calimala* – in Florenz den Sieg der Emporkömmlinge und des Unternehmungsgeistes darstellt. Sombart zieht es wie gewöhnlich vor, diese Veränderung auf eine neue Geisteshaltung und auf die Entwicklung einer von der Vernunft bestimmten Denkweise zurückzuführen statt auf eine Umwandlung der Gesellschaft oder der Wirtschaft, weil er sich scheut, den Gedanken von Marx zu folgen.

Eine neue Geisteshaltung, Anzeichen eines im Abendland anfangs nur zögernd auftretenden Kapitalismus und zugleich die Kunst, sich zu bereichern und zu leben, machen sich bemerkbar. Die neuen Schlüsselwörter der Kaufmannssprache, *fortuna, ragione, prudenza, sicurtà,* zeigen die Risiken auf, gegen die man sich versichern muß. Die Menschen versuchen nun nicht mehr, planlos in den Tag hinein zu leben nach Art der Adligen, die einfach, so gut es geht, die Einnahmen erhöhen, um so ihre Ausgaben zu bestreiten, d. h. den Einnahmen ihre Ausgaben zugrunde legen. Der Kaufmann wird sparsam mit seinem Geld umgehen, seine Ausgaben nach den Einnahmen berechnen, seine Investitionen je nach Höhe seiner Einkünfte vornehmen. Auch mit seiner Zeit wird er sparsam umgehen: *chi tempo ha e tempo aspetta, tempo perde* — frei übersetzt »Zeit ist Geld« — ist ein bereits damals bekannter Ausspruch.

Kapitalismus und Stadt sind im Abendland so gut wie identisch. Lewis Mumford vergleicht den Kapitalismus mit einem Kuckucksei, das heimlich in das kleine Nest der mittelalterlichen Stadt gelegt wurde. Der Vogel wird eine außergewöhnliche Größe erreichen und den engen Rahmen sprengen. Die Stadt wird sich mit dem Staat verbinden, der zwar über die Städte siegt, aber deren Geisteshaltung und Institutionen übernimmt, ohne die er existenzunfähig ist. Selbst zu Zeiten eines Niedergangs und auch dann, wenn sie in den Diensten eines Fürsten steht, spielt die Stadt eine wichtige Rolle. Immer noch hängt das Wohl eines Staates vom Wohl seiner Städte ab. Portugal ist ohne Lissabon nicht denkbar, die Niederlande nicht ohne Amsterdam, Englands Vorrang beruht auf der besonderen Stellung Londons (London hat den englischen Staat nach der friedlichen Revolution von 1688 geschaffen). Der Fehler der kaiserlichen Wirtschaft Spaniens bestand darin, daß man sich auf Sevilla konzentrierte, eine von untreuen »Beamten« und ausländischen Kapitalisten beherrschte Stadt, und daß man diese Funktion nicht einer mächtigen freien Stadt, die eine richtige eigene Wirtschaftspolitik hätte ausüben können, überließ. Wenn es Ludwig XIV. trotz verschiedener Versuche (1703, 1706, 1709) nicht gelang, eine »königliche Bank« zu gründen, dann aus dem Grund, weil die Kaufleute »befürchteten ... daß der König die Hand auf die Schätze der Bank legen könnte«, denn Paris bietet nicht den Schutz einer freien unabhängigen Stadt.

Verschiedene Stadttypen

Die Städte Europas, angefangen von der griechischen Stadt bis hin zu den Städten des 18. Jahrhunderts, dazu alle europäischen Städtegründungen nicht nur innerhalb, sondern auch außerhalb Europas, im Osten Rußlands wie jenseits des Atlantiks, weisen eine gemeinsame Geschichte auf. Sicherlich gibt es unzählige Möglichkeiten, diese Vielzahl von Städten nach politischen, ökonomischen oder sozialen Gesichtspunkten einzuordnen. In politischer Hinsicht unterscheiden wir zum Beispiel zwischen Hauptstädten, befestigten Städten und Verwaltungsstädten, in ökonomischer Hinsicht zwischen Häfen, Karawanenstädten, Handelsstädten, Industriestädten und »Geldstädten«, in sozialer Hinsicht zwischen Städten der Rentner, der Kirche, des Hofes, der Handwerker. Eine Einteilung dieser Art hat ihre Vorteile, nicht so sehr im Hinblick auf die gesamte Entwicklung des Städtewesens, als vielmehr zum Zweck der Erforschung der je nach Ort und Zeit verschiedenen Wirtschaftsformen.

Darüber hinaus gibt es jedoch noch allgemeinere Unterschiede, die sich aus der Entwicklung des Städtewesens selbst ergeben und denen in unserer Betrachtung eine größere Bedeutung zukommt. Im großen ganzen hat das Abendland drei wesentliche Stadttypen hervorgebracht: die offene Stadt, die nicht getrennt ist von der ländlichen Umgebung, oft sogar mit ihr verbunden (A); die in sich geschlossene Stadt, deren Befestigungsanlagen die Stadt vom Land abschließen, und zwar nicht nur in räumlicher Hinsicht (B); schließlich die in Abhängigkeit stehende Stadt, die von den Fürsten oder vom Staat beherrscht wird (C).

Diese Einteilung soll ein Anhaltspunkt für die Einordnung der verschiedenen europäischen Städte sein, die sich nicht alle zur gleichen Zeit und auf die gleiche Weise entwickelt haben. Später werden wir prüfen, ob dieses »Schema« auf die Städte der ganzen Welt angewandt werden kann.

Die offene Stadt: Die griechische und römische Antike

Die griechische und römische Stadt der Antike öffnet sich zum Land hin, das gegenüber der Stadt keine untergeordnete Rolle spielt. Athen nimmt die Eupatriden, die Pferdezüchter sind, ebenso auf wie die kleinen Weinbauern, wie Aristophanes berichtet. Sobald über der Pnyx Rauch aufsteigt, begibt sich der Bauer in die Stadt, wo er seinen Platz in der Volksversammlung einnehmen kann. Zu Beginn des Peloponnesischen Kriegs entvölkern sich die gesamten ländlichen Gebiete Attikas zugunsten der großen Stadt. In der Zwischenzeit verwüsten die Spartaner die verlassenen Felder, Olivenhaine und die Häuser. Wenn sich die Feinde bei Einbruch des Winters wieder zurückziehen, kehrt auch die ländliche Bevölkerung Attikas in ihre Heimat zurück. Die griechische Stadt ist eine Verbindung zwischen einer Stadt und dem weiten Land. Die Begründung für dieses Zusammengehen ergibt sich aus der Tatsache, daß diese Städte damals erst am Beginn ihrer Entwicklung stehen – ein, zwei Jahrhunderte bedeuten in diesem Zusammenhang wenig – und sich erst langsam von der ländlichen Umgebung absondern. Außerdem ist eine Aufteilung der gewerblichen Tätigkeiten, die in späterer Zeit noch häufig Anlaß zu Auseinandersetzungen sein wird, zu diesem Zeitpunkt noch unbekannt. Zwar besitzt Athen einen Vorort, in dem sich das Töpferhandwerk konzentriert, aber diesen gewerblichen Tätigkeiten kommt nur geringe Bedeutung zu. Es hat auch einen Hafen aufzuweisen, Piräus, wo es von Ausländern, Freigelassenen und Sklaven wimmelt und zahlreiche Handwerker leben. Doch von den Grundbesitzern wird dieses geschäftige Treiben verachtet. Vor allem aber hält die Prosperität Athens nicht so lange an, daß es zur Entstehung großer sozialer und politischer Konflikte kommen könnte. Kaum einige Symptome sind bemerkbar. Übrigens besitzen die Dörfer kleine Handwerksbetriebe und Schmieden, in denen man sich im Winter gern aufhält, um sich aufzuwärmen. Mit einem Wort:

das Wirtschaftsleben ist noch ziemlich primitiv, ohne große Bedeutung, und liegt in den Händen von »Ausländern«. Wenn man in den Ruinen antiker römischer Städte spazierengeht, bietet sich einem immer das gleiche Bild: Gleich hinter den Stadttoren liegt das Land ohne Vorstädte, ohne Industrie und ohne Handwerk.

Die geschlossene Stadt im Mittelalter

Die mittelalterliche Stadt gehört zum Typ einer geschlossenen Stadt; sie ist eine Einheit für sich, ein winzig kleines »Vaterland«. Wenn man ihre Festungsanlagen passiert, so hat das die gleiche Bedeutung, als wenn man heute die Grenzen eines schwer zugänglichen Landes überschreitet. Auf der anderen Seite der Grenze befindet man sich unter dem Schutz der Stadt. Der Bauer, der sein Land verläßt und sich in die Stadt begibt, wird dort sofort ein anderer Mensch: Er ist frei, d. h. von seinem Frondienst und der verhaßten Knechtschaft entbunden, obwohl er auch hier gewisse Pflichten, über die er vorher nicht Bescheid wußte, zu übernehmen hat. Aber was soll's! Sein Herr jedenfalls wird ihn vergeblich zurückfordern, wenn die Stadt ihn erst aufgenommen hat. In Schlesien kommt es noch im 18. Jahrhundert, in Rußland sogar noch bis zum 19. Jahrhundert zu dieser Art von Reklamationen seitens der Grundbesitzer.

Die Städte öffnen zwar ohne Schwierigkeiten jedem Neuankömmling ihre Tore, doch bedeutet der Einzug in die Stadt noch lange nicht die Aufnahme in den Kreis der Bürger. Das volle Bürgerrecht besitzt nur eine kleine, viel beneidete Minderheit, die ihrerseits eine kleine Stadt in der Stadt bildet. Venedig ist 1297 dank der *serrata,* der Geschlossenheit des Großrats, eine Hochburg der Reichen. Die *nobili* von Venedig bilden jahrhundertelang eine geschlossene Kaste. Höchst selten gelingt es einem von außen, hier einzudringen. Die auf einer tieferen Rangstufe stehenden einfachen *cittadini* sind da gewiß aufnahmefreundlicher. Aber die Obrigkeiten haben sehr früh bereits zwei Arten von Bürgerrecht geschaffen: das *de intus* und das *de intus et extra*, das einfache und das volle Bürgerrecht. Um das erste zu erreichen, muß man fünfzehn Jahre in der Stadt gelebt haben, zur Verleihung des vollen Bürgerrechts muß man sogar fünfundzwanzig Jahre nachweisen können. Nur in wenigen Fällen wird eine Ausnahme von dieser Regel gemacht, die nicht nur formellen Charakter hat, sondern aus einem Mißtrauen gegenüber den Neuankömmlingen entstanden ist: Ein Erlaß des Senats von 1386 untersagt sogar den neuen Bürgern Venedigs (eingeschlossen die Bürger mit dem einfachen Bürgerrecht), zu den deutschen Kaufleuten im Fondaco dei Tedeschi und anderswo direkte Handelsbeziehungen aufzunehmen. Die einfachen Leute der Stadt sind gegenüber den Zuwanderern nicht weniger mißtrauisch oder feindlich gesinnt. Wie wir von Marin Sanudo erfahren, überfallen die Bürger auf der Straße die armseligen Bauern, die allzu zahlreich auf der Suche nach Arbeit und Brot in die Stadt gekommen sind. *»Poltroni, ande arar!«* »Feiglinge, schert euch weg!«

Natürlich ist Venedig ein Extremfall. Übrigens verdankt es seiner erzreaktionären aristokratischen Führung, die zu Beginn des 15. Jahrhunderts die *Terra ferma* erobert und damit die Herrschaft Venedigs bis zu den Alpen und nach Brescia ausweitet, das Bestehen seiner Verfassung bis 1797. Es wird die letzte *polis* des Abendlands sein. Aber auch in Marseille, das mit der Verleihung des Bürgerrechts alles andere als großzügig verfährt, muß der Neubürger »zehn Jahre in der Stadt gelebt haben, über unbewegliches Gut verfügen und ein Mädchen aus der Stadt geheiratet haben«. Wer diese Voraussetzungen nicht erfüllen kann, gehört weiterhin zu der Masse der *manans*, zu den Nichtbürgern der Stadt. Diese strenge Auslegung der Regel hat überall Gültigkeit. Das ändert indes nichts an der Tatsache, daß die Stadt eine Einheit bildet mit eigenen Statuten und Privilegien gegenüber dem Staat und den nahen ländlichen Gebieten. Selbst in einem noch wenig urbanisierten Land wie Frankreich verschwinden diese Unterscheidungen erst mit der Vernichtung der Privilegien in der denkwürdigen Nacht vom 4. August 1789.

Die Auseinandersetzungen um die Handwerksbetriebe und die Geschäfte und die damit verbundenen Privilegien und finanziellen Gewinne sind ein ständiger Zankapfel. In der Tat bestimmt die Stadt, ihre Obrigkeiten und ihre Kaufleute, ob in den zur Stadt gehörigen ländlichen Gebieten Spinnereien, Webereien oder Färbereien errichtet werden oder nicht. Die Geschichte der einzelnen Städte gibt Aufschluß über diese ständigen Zwistigkeiten.

Innerhalb der Stadtmauern ist alles, was die Arbeit betrifft — von Industrie kann man hier wohl noch nicht sprechen —, genau geregelt. Die Zünfte besitzen eine Art Monopolstellung, die sie entschlossen und hartnäckig verteidigen, besonders dort, wo die Fronten noch nicht genau geklärt sind. Die Zünfte haben diese innerstädtischen Auseinandersetzungen nicht immer unter Kontrolle. Ein bißchen früher oder später lassen sie sich ihre rechtliche Sonderstellungen, die sie aufgrund ihrer Finanzkraft oder ihrer Befugnisse erreicht haben, bestätigen: Seit 1625 bilden die »Six Corps« von Paris (Tuchhändler, Kolonialwarenhändler, Kurzwarenhändler, Kürschner, Strumpfwarenhändler, Goldschmiede) die Kaufmannsaristokratie der Stadt; in Florenz sind es die *Arte de la lana* und die *Arte die Calimala* (letztere beschäftigt sich mit dem Färben der aus dem Norden importierten Tuche). Die beste Vorstellung von dem Leben in den Städten erhält man in den deutschen Stadtmuseen: Im Ulmer Stadtmuseum zum Beispiel ist jede einzelne Zunft durch ein Gemälde vertreten. Auf den Flügeln dieser triptychonartigen Bilder werden charakteristische Szenen aus dem Bereich des Handwerks dargestellt. Das Mittelstück weist wie eine Art Familienalbum zahllose kleine Porträts der einzelnen Zunftmeister auf.

Noch im 18. Jahrhundert herrschen in der Londoner Innenstadt und in den Vororten (am Rand der Stadtmauern) mächtige Zünfte, Überbleibsel einer vergangenen Zeit. Wenn sich Westminster und die Vorstädte ständig vergrößern – so bemerkt ein kluger Volkswirtschaftler 1754 –, dann gibt es einen triftigen Grund hierfür: »Die Vorstädte sind frei und bieten jedem strebsamen Bürger ein freies Betätigungsfeld, während London 92 dieser exklusiven Gesellschaften aller Art [Zünfte] ernährt, deren zahlreiche Mitglieder man alljährlich bei dem für den Lord Mayor inszinierten maßlosen Pomp beobachten kann.« Schließen wir mit diesem schönen Bild, und lassen wir das neben den Zünften existierende Handwerk beiseite; wir werden bei Gelegenheit darauf zurückkommen.

Die abhängigen Städte der Neuzeit

Sobald sich die europäischen Staaten konsolidieren, werden die Städte, oft auch unter Anwendung von Gewalt, in ihre Schranken verwiesen. Diese Politik verfolgen die Habsburger genauso wie die Päpste, die deutschen Fürsten wie die Medici oder die Könige von Frankreich. Eine Ausnahme bilden hier nur die Niederlande und England, wo, wie wir bereits gesehen haben, die Unterordnung der Städte zuweilen mit erheblichen Vorteilen verbunden ist.
Was Florenz anbetrifft, so wird es von den Medici langsam unterworfen, zur Zeit von Lorenzo auf fast behutsame und elegante Weise, nach 1532 und der Wiedereroberung der Stadt durch Cosimo I. jedoch beschleunigen sich die Dinge. Im 17. Jahrhundert ist Florenz nur noch die Residenz des Großherzogs: Er hat sich des Geldes und der Herrschaft bemächtigt. Vom Pitti-Palast am linken Ufer des Arno aus kann der Fürst durch eine geheime Galerie zu Fuß die Uffizien erreichen. Diese noch heute vorhandene elegante Galerie gleicht dem Faden einer Spinne, die vom äußersten Ende ihres Netzes aus die gefangene Stadt überwacht.

In Spanien unterwirft der im Dienst der Krone stehende *corregidor,* eine Art städtischer »Verwalter«, die »Gemeinden«. Dem ortsansässigen Adel werden dabei die lokale Verwaltung und die geringfügigen Gewinne überlassen. Jedesmal wenn die Cortes zusammentreten, die zwar ihre Beschwerden vortragen, doch wenn es darauf ankommt, einstimmig die königlichen Steuererlasse billigen, ruft der König die Abgesandten der städtischen *regidores* zusammen. In Frankreich sind die »guten Städte« unterworfen, sie besitzen jedoch das Privileg einer eigenen Stadtverwaltung und zahlreiche Steuerfreiheiten. Das ändert nichts an der Tatsache, daß die königliche Regierung durch ihre Verordnung vom 21. Dezember 1647 die Steuern um das Doppelte erhöht und den größten Teil der Abgaben für sich beansprucht. Auch Paris ist keine freie Stadt, es steht in den Diensten der Krone und muß ständig für die Erhaltung des Staatsschatzes sorgen; hier werden auch zum erstenmal die sogenannten Schuldverschreibungen auf das Hôtel-de-Ville vorgenommen. Auch Ludwig XIV. verzichtet nicht auf Paris. Tatsächlich besteht zwischen Versailles und der nahe gelegenen riesigen Hauptstadt eine enge Verbindung. Die französischen Könige pflegen seit jeher in unmittelbarer Nachbarschaft der mächtigen und gefürchteten Stadt zu residieren: in Fontainebleau, Saint-Germain, Saint-Cloud, im Louvre am Rand der Stadt, in den fast außerhalb gelegenen Tuilerien. Es empfiehlt sich, diese dicht besiedelten Städte zumindest von Zeit zu Zeit von außen zu regieren. Philipp II. hält sich sehr oft im Escorial auf, und dabei steht Madrid erst am Beginn seiner Entwicklung. In späterer Zeit residieren die bayrischen Herzöge in Nürnberg, Friedrich II. in Potsdam, die Kaiser in der Nähe von Wien, in Schönbrunn. Um auf Ludwig XIV. zurückzukommen: Er vergißt es keineswegs, in Paris seine Macht zu demonstrieren. In seiner Regierungszeit werden die großen Plätze, wie die Place des Victoires und die Place Vendôme, angelegt und wird mit dem Invalidendom die Errichtung eines »außergewöhnlichen Bauwerks« unternommen. Dank Ludwig XIV. öffnet sich Paris zu seiner ländlichen Umgebung hin, wie dies für die Städte des Barockzeitalters charakteristisch ist; die breiten Zufahrtswege stellen eine Erleichterung für den Verkehr dar und bieten einen geeigneten Schauplatz für die Militärparaden. Unserer Ansicht nach ist die auf das Jahr 1667 zurückgehende Institution des mit außergewöhnlichen Machtbefugnissen betrauten Lieutenant de Police die bedeutendste Einrichtung. Der zweite Titelträger, der Marquis d'Argenson, der dreißig Jahre später (1697) auf diesen hohen Posten berufen wird, »brachte die Maschine in Gang und sorgte«, wie wir von Sébastien Mercier erfahren, »für eine Aufteilung der verschiedenen Ressorts, so daß diese Maschine heute ganz von selbst läuft«.

Bekanntlich kam es in der Folgezeit in den großen Städten zu Erhebungen: Paris 1789, Wien, München, Prag 1848. Bei der Niederschlagung der Aufstände wandten die Herrscher, wie zum Beispiel Windischgraetz in Prag und in Wien, stets die gleiche Methode an: Zunächst überließ man eine Zeitlang den Aufständischen die Stadt, um dann gewaltsam gegen sie vorzugehen. Nicht anders verhielten sich die Versailler 1871 gegenüber der Kommune.

Andere Entwicklungen?

Die Einteilung der Städte in die drei Kategorien stellt natürlich nur ein grobes Schema dar. Für die Städte des Abendlands bedeutet der Übergang von A zu B und von B zu C jeweils eine Entwicklungsstufe. Diese Entwicklung vollzieht sich natürlich nicht automatisch, sie ist kein endogenes Phänomen, und unsere Einteilung stellt, wie gesagt, sicherlich eine starke Vereinfachung dar. Wie verläuft aber die Entwicklung außerhalb Europas? Die Beantwortung dieser Frage gibt uns Gelegenheit, die Richtigkeit unserer Angaben zu überprüfen.

Die Städte Kolonialamerikas

Besser wäre es wohl, statt von Kolonialamerika von Lateinamerika zu sprechen, denn die Städte der Neuenglandstaaten stellen ein eigenes Problem dar: Sie sind auf sich allein gestellt, leben in einem Zustand der *wilderness,* sind sozusagen mittelalterliche Städte. Die städtischen Siedlungen Lateinamerikas weisen die Anlage eines römischen Lagers auf und liegen inmitten einer feindlichen Umgebung wie verlassene Garnisonen, die durch langsame Verkehrswege miteinander verbunden sind. Mit Ausnahme der den Vizekönigen unterstehenden großen Städte, wie Mexiko, Lima, Santiago de Chile oder Salvador, die bereits so etwas wie eine Art Staat darstellen, bevorzugt ganz Spanisch- und Portugiesisch-Amerika die antike Ordnung.

Ausgesprochene Kaufmannsstädte sind hier eine Seltenheit und spielen eine untergeordnete Rolle. Recife zum Beispiel – die Stadt der Kaufleute – hat für das in unmittelbarer Nähe gelegene Olinda, die Stadt der großen Plantagenbesitzer, *senhores de engenhos* und Sklavenhalter, die gleiche Funktion wie etwa Piräus oder Phaleron für Athen zur Zeit des Perikles. Buenos Aires ist gleichfalls nach seiner zweiten Gründung (der »guten«, im Jahr 1580) ein ausgedehnter Handelsplatz, vergleichbar mit Megara oder Aigina. Unglücklicherweise leben in seiner Umgebung nur primitive Indios, so daß die Einwohner der Stadt ganz im Gegensatz zu der übrigen weißen Bevölkerung Amerikas, die ein Rentnerdasein genießen, gezwungen sind, »ihr Brot im Schweiß ihres Angesichts« zu erwerben. Doch Maultierkarawanen und große Holzwagen importieren das Silber von Potosi, Segelschiffe bringen den Zucker und später das Gold aus Brasilien, und die Schmuggler, die zur See die großen Sklaventransporte überfallen, stellen die Verbindung zu Portugal und Afrika her. Doch Buenos Aires bleibt zur Zeit der Entstehung Argentiniens eine Ausnahmeerscheinung.

Aelbert Cuyp (1620–1691): »Allee von Meerdervoort«; Wallace Collection, London.

Samuel Scott (1702–1772): Ansicht von Covent Garden. London Museum, London

Im allgemeinen ist die amerikanische Stadt winzig klein. Sie verfügt zwar über eine Selbstverwaltung, aber niemand kümmert sich wirklich um ihr Schicksal. Die eigentlichen Herren sind die Grundbesitzer, sie haben dort ihre Häuser, die an der zur Straße hin gelegenen Vorderfront Ringe zum Befestigen der Pferde aufweisen. Sie bilden die Oberschicht, *os homens bons* der städtischen Kammern Brasiliens oder die *hacendados* der spanischen Schöffenämter (der *cabildos*). Die Bedeutung dieser Städte ist mit der von Sparta oder Theben zur Zeit des Epaminondas zu vergleichen. Legt man die Geschichte der europäischen Städte zugrunde, dann stehen die Städte Amerikas damals noch am Beginn ihrer Entwicklung. Natürlich gibt es hier auch keine Trennung zwischen Stadt und Land und keine Aufteilung der gewerblichen Tätigkeiten. Die wenigen Industriebetriebe werden von Sklaven oder Pseudosklaven getragen. In einer europäischen Stadt des Mittelalters wären Leibeigene als Handwerker undenkbar gewesen.

Die russischen Städte

Auf den ersten Blick besteht kein Zweifel: Die russischen Städte, die die schrecklichen Verwüstungen der mongolischen Invasion überleben, nehmen eine andere Entwicklung als die europäischen Städte. Dabei sind es große Städte, wie zum Beispiel Moskau oder Nowgorod, aber sie sind unfrei und werden zuweilen auf das grausamste unterdrückt. »Wer kann sich gegen Gott und gegen das große Nowgorod auflehnen?« heißt es im 16. Jahrhundert, aber dieses Sprichwort entspricht nicht der Wirklichkeit. 1427 wurde Nowgorod brutal in seine Schranken verwiesen, 1477 ein zweitesmal (dreihundert Fuhren Gold mußte die Stadt abliefern). Exekutionen, Deportationen, Konfiskationen wechseln einander ab. Ein weiteres Handicap für die russischen Städte sind die unendliche Weite des Landes und die schlechten Verkehrsverbindungen. Die Transporte auf den Flüssen per Schiff oder Floß und die Wagenkolonnen auf dem Land benötigen ungeheuer viel Zeit; das ganze Verkehrswesen hat sich um 1650 gegenüber früheren Jahrhunderten kaum verbessert. Oft ist es sogar gefährlich, sich in die Dörfer zu begeben, man übernachtet lieber im Freien wie auf den Straßen des Balkan, stellt die Wagen im Kreis auf und bezieht eine Verteidigungsstellung.

All dies sind Gründe, warum die russischen Städte dem weiten Land nicht ihren Willen aufzwingen können und in ihrer Entwicklung, verglichen mit den übrigen europäischen Städten, zurückgeblieben sind. Eine weitere Ursache besteht darin, daß »die durchschnittlichen Hektarerträge in den europäischen Ländern des Ostens vom 16. bis 19. Jahrhundert konstant geblieben sind«, d. h. gleich niedrig. Ohne eine Steigerung der ländlichen Erzeugnisse sind die Städte aber in ihrer Weiterentwicklung behindert. Außerdem können sich die großen russischen Städte nicht auf zweitrangige, in ihren Diensten stehende kleinere Städte stützen, ein charakteristisches Merkmal des Städtewesens im Abendland bei der Entwicklung seines lebhaften Handelsverkehrs. Alle diese ungünstigen Voraussetzungen treten besonders im 18. Jahrhundert hervor, als durch den großen Bevölkerungszuwachs das Land in erhebliche Schwierigkeiten gerät.

Unendlich groß ist die Zahl der leibeigenen Bauern, die praktisch gar kein Land besitzen und in den Augen ihrer Herren und selbst des Staates zahlungsunfähig sind. Sie wandern entweder in die Städte ab oder verdingen sich auf den Höfen wohlhabender Bauern. In den Städten fristen sie ihr Leben als Bettler, Lastenträger, als kleine Handwerker oder Krämer, und nur ganz wenigen gelingt es, in relativ kurzer Zeit zu Reichtum zu gelangen. Die auf dem Land verbliebenen Bauern üben häufig einen Handwerksberuf aus. »1760 arbeiten 62 Prozent der bäuerlichen Bevölkerung aus der Umgebung von Moskau neben ihrer landwirtschaftlichen Tätigkeit noch als Weber, Töpfer oder in der Bortenwirkerei.« In anderen Gebieten suchen sich die Dorfbewohner den lebensnotwendigen Zusatzverdienst außer durch handwerkliche Tätigkeit durch Hausieren oder im Transportwesen (einem ausgesprochen bäuerlichen Gewerbe) zu erwerben. Diese ständige Suche nach Nebenverdiensten kann weder durch die manchmal auf Bitten der städtischen Kaufleute zustande gekommenen Verordnungen von seiten der kaiserlichen Regierung noch durch städtische Kontrollen oder durch körperliche Strafen – wobei das Auspeitschen noch das geringste ist – eingedämmt werden.

Die Entwicklung des russischen Städtewesens weist trotz allem Ähnlichkeiten zu der Situation des Abendlands zu Beginn seiner Urbanisierung auf. In der Zeit vom 11. bis 13. Jahrhundert verlassen zahllose Bauern auf der Flucht vor der Leibeigenschaft ihre Dörfer und begeben sich in die nahe gelegenen Städte. Die russischen Städte nehmen eine Zwischenstellung zwischen unseren Gruppen A und C ein, die Entwicklungsphase B wurde hier übersprungen. Wie der Menschenfresser im Märchen, so treten hier überall sofort die Fürsten auf, um die Städte ihrer Herrschaft unterzuordnen.

Die Historiker des Abendlandes verfechten hartnäckig und etwas voreilig die Theorie, daß Rußland nicht mehr zu Europa gehört. Zugegeben, vor dem 15. Jahrhundert verdankt Nowgorod seine den europäischen Städten ähnliche Entwicklung dem Umstand, daß es mit den Hansestädten in Berührung kommt. Außerdem ist Nowgorod weniger eine Stadt als ein Reich, das sich bis in die weiten Waldgebiete Rußlands erstreckt, in die seine Kaufleute großangelegte Expeditionen unternehmen, wie später die kanadischen oder sibirischen Trapper. Nowgorod beutet auch die primitiven Jägervölker aus und ist unter diesen Umständen auf die Entwicklung eines Geldwesens nicht angewiesen. Es besitzt überdies eine Volksversammlung, den *vetschi,* wo die ländlichen Großgrundbesitzer ihr Wort mitzureden haben (Nowgorod »ein Feudalstaat«?). Doch die Städte der Antike oder der von den Spaniern beherrschten Gebiete Amerikas haben eine ähnliche Re-

gierungsform gekannt. Auch auf die primitive Art der Feldbestellung (Waldrodung) allein kann die unterschiedliche Entwicklung Rußlands nicht zurückgeführt werden; in manchen Gebieten Europas verfährt man auf die gleiche Weise, und heute noch wenden die Bauern Amerikas dieselbe Methode an.
Mit einem Wort, alle diese Argumente sind nicht stichhaltig. Der Unterschied zwischen dem Westen und dem Osten Europas besteht lediglich darin, daß Rußland bis zum 18. Jahrhundert noch nicht den Anschluß an die Entwicklung der übrigen europäischen Länder gefunden hat.

Die kaiserlichen Städte des Orients und des Fernen Ostens

Wenn man Europa verläßt und sich in den Orient begibt, tauchen die gleichen Probleme, die gleichen Unterschiede auf, nur in sehr viel ausgeprägterem Maß.
Islamische Städte, die sich mit den Städten Europas im Mittelalter vergleichen lassen, entstehen jeweils erst zur Zeit des Untergangs der islamischen Reiche. Sie erleben dann eine kurze Zeit der Selbständigkeit, führen die islamische Kultur zu einer Hochblüte, doch gilt dies nur für die an den Grenzen des Reiches gelegenen Städte, wie zum Beispiel Cordoba oder die Städte des 15. Jahrhunderts, die sich wie Ceuta vor 1415 und Oran vor 1509 zu wirklichen Stadtrepubliken entwickelten. Im allgemeinen jedoch handelt es sich hier um Fürsten-, oft Kalifenstädte riesigen Ausmaßes, sei es nun Bagdad oder Kairo.
Es gibt auch »kaiserliche«, gelegentlich »königliche« Städte, zum Beispiel in Ostasien, riesige, parasitäre Städte, die eine außergewöhnliche Pracht entfalten: Delhi und Vidschnayanagar, Peking und in früherer Zeit Nanking (obwohl letztere eine Sonderstellung einnimmt). Die ungeheuer große Macht der Fürsten darf uns nicht erstaunen; sie werden zwar manch-

mal aus der Stadt vertrieben, aber sofort nimmt dann ein anderer Fürst den Platz ein, und die Unterwerfung beginnt von neuem. Auch die Tatsache, daß diese Städte unfähig sind, alle handwerklichen Tätigkeiten in ihrem Bereich zu konzentrieren, stellt keine Besonderheit dar; es handelt sich hier um offene und geschlossene Städte zugleich. Die einzige Eigenart der islamischen Städte, auf die besonders Max Weber hingewiesen hat, besteht darin, daß in Indien wie in China die gesellschaftliche Struktur der Städte eine Weiterentwicklung bremst. Wenn also die Städte zu keiner Unabhängigkeit gelangen, dann liegt die Ursache nicht allein in der strengen Herrschaft der Mandarine und Fürsten gegenüber den Kaufleuten und einfachen Bürgern, sondern in der strengen gegenseitigen Abgeschlossenheit der einzelnen Gesellschaftsklassen.

In Indien verhindert das Kastenwesen jegliche Bildung einer geschlossenen städtischen Gemeinschaft. In China steht der Institution der *gentes* ein Bevölkerungsgemisch gegenüber, das an die Bewohner europäischer Städte erinnert, das zuweilen die alten Bindungen zerbricht und die einzelnen zu einer Art Gemeinschaft zusammenführt, wobei durch die Zuwanderung von Neubürgern so etwas wie ein »amerikanisches« Milieu entsteht, in dem die Einheimischen den Ton angeben und den *way of life* bestimmen.

Andrerseits repräsentiert keine unabhängige Autorität die chinesische Stadt in ihrer Gesamtheit gegenüber dem Staat und gegenüber den einflußreichen ländlichen Gebieten. Die Stadt ist der Sitz der Beamten und der Grundbesitzer; Kaufleute und Handwerker spielen nur eine untergeordnete Rolle. Die Entwicklung eines Bürgertums ist hier mit manchen Schwierigkeiten verbunden, und sobald es sich etabliert hat, denkt es, fasziniert von dem prunkvollen Leben der Mandarine, nur noch an Verrat. Ein Eigenleben der Städte hätte sich nur dann entwickeln können, wenn sich die Stadtbewohner und das Wirtschaftsleben frei hätten entfalten können.

Trotzdem gibt es einige Augenblicke der »Unaufmerksamkeit«: Zu Ende des 16. Jahrhunderts entsteht ein Bürgertum, entwickelt sich eine fieberhafte Aktivität im Bereich des Handelswesens; die großen Schmieden in der Nähe von Peking, die privaten Porzellanmanufakturen in King-te-tschin und vor allem der Aufschwung der Seidenindustrie in Su-tschou, der Hauptstadt von Kiang-su, liefern ein anschauliches Bild. Dieses Aufblühen der chinesischen Städte ist jedoch nicht mehr als ein Strohfeuer, das mit der Eroberung durch die Mandschu im 17. Jahrhundert erlischt.

Nur im Abendland haben die Städte eine wirkliche Machtposition erreicht – ein eigenartiges Phänomen, das noch nicht hinreichend erklärt ist. Es stellt sich die Frage, wie sich die chinesischen Städte entwickelt hätten, wenn Chinas Dschunken zu Beginn des 15. Jahrhunderts das Kap der guten Hoffnung entdeckt und diese Chance zu einer Eroberung der Welt ausgenutzt hätten.

Drittes Kapitel

Die großen Städte

Lange Zeit gab es große Städte nur im Fernen Osten. Marco Polo berichtet erstaunt: Der Osten ist die Heimat der Kaiserreiche und der riesigen Städte. Im Verlauf des 16. Jahrhunderts, mehr noch in den folgenden zwei Jahrhunderten entstehen auch im Abendland große Städte, die sich bald eine Vorrangstellung erobern und diese hartnäckig verteidigen. Europa holt damit einen Rückstand auf, beseitigt einen Mangel — falls es einen solchen gegeben hat — und erlebt die Vor- und Nachteile, die mit der Existenz großer, manchmal bereits zu großer Städte verbunden sind. Werden diese großen Städte Europas nun im Stil eines antiken Rom geschaffen oder nimmt man sich die prunkvollen Städte des Ostens zum Vorbild?

Die Städte und der Staat

Diese verhältnismäßig späte Entwicklung des Städtewesens ist undenkbar ohne den ständigen Fortschritt der Staaten, die die Städte in der Entwicklung eingeholt haben. Die zu Recht oder Unrecht mit Privilegien versehenen großen Städte wetteifern darum, wer am modernsten ist: Wer besitzt die ersten Bürgersteige, die ersten Straßenlaternen, die ersten Dampfpumpen, die ersten Trinkwasserleitungen, die ersten Numerierungen der Häuser, alles neue Errungenschaften, die in London und in Paris ungefähr am Vorabend der Französischen Revolution auftraten.

Eine Stadt, die ihre Chance nicht nutzt, bleibt automatisch am Rand liegen. Je weniger sie sich dem Modernen gegenüber aufgeschlossen zeigt, desto schneller wird sie an Bedeutung verlieren. Im 16. Jahrhundert noch hatte das Anwachsen einer Bevölkerung unterschiedslos alle Städte begünstigt, unabhängig von der Größe der Städte. Im 17. Jahrhundert jedoch profitieren zum Nachteil der anderen Städte nur die großen von dem Bevölkerungszuwachs.

London und Paris führen diese Entwicklung an, aber auch Neapel, das bereits früh eine Sonderstellung gewinnt und am Ende des 16. Jahrhunderts schon 300 000 Einwohner zählt. Paris, dessen Einwohnerschaft sich infolge der Auseinandersetzungen im Innern Frankreichs 1594 auf ungefähr 180 000 verringert hat, wächst zur Zeit Richelieus vermutlich um das Doppelte. Madrid, Amsterdam, später Wien, München, Kopenhagen und Petersburg folgen erst an zweiter Stelle. Nur Amerika zögert noch, sich dieser Entwicklung anzuschließen; seine Gesamtbevölkerung ist allerdings damals noch ziemlich gering. Das ungewöhnliche Wachstum von Potosi — 100 000 Einwohner um 1600 — ist eine vorübergehende Erscheinung, die auf den Abbau seiner Silberminen zurückzuführen ist. So prächtig Mexiko, Lima oder Rio de Janeiro auch sein mögen, sie benötigen eine lange Zeit, um wirklich große Städte zu werden. So zählt zum Beispiel Rio um 1800 nicht mehr als höchstens 100 000 Einwohner. Und was die unabhängigen, arbeitsamen Städte der Vereinigten Staaten anbetrifft, so liegen sie noch weit unter diesen Zahlen.

Die Entwicklung großer Siedlungsgebiete, die mit der Entstehung der ersten modernen Staaten zeitlich zusammentrifft, erklärt in gewisser Hinsicht auch das Auftreten großer Städte in Vorderasien und im Fernen Osten, deren Bedeutung weniger auf der Größe ihrer Einwohnerschaft beruht als auf der Konzentration politischer Macht. Istanbul zählt seit dem 16. Jahrhundert sicherlich 700 000 Einwohner, aber hinter der ungeheuer großen Stadt liegt das riesige Reich der Osmanen;

hinter Peking, das 1793 angeblich eine Bevölkerung von drei Millionen Einwohnern aufweist, das ganze China, und hinter Delhi fast ganz Indien.

Das Beispiel Indien zeigt, in welchem Maß die Regierungsstädte von den Fürsten abhängig sind. Politische Auseinandersetzungen, oft auch nur eine Laune des Fürsten genügt, und die Stadt wird an einen anderen Ort verlegt. Mit Ausnahme von Benares, Allahabad, Delhi, Madurai, Trichinopoly, Multar und Handnar haben alle Städte »im Lauf der Jahrhunderte des öfteren ihre Standorte gewechselt«. Selbst Delhi hat sich, wenn auch geringfügig, in einer Art »Tanz auf der Stelle« vom Platz bewegt. Die Hauptstadt von Bengalen ist 1592 Radschmahal, 1608 Dakka, 1704 Murschidabad. Sobald der Fürst die Stadt verläßt, ist diese dem Verfall preisgegeben, manchmal geht sie völlig unter, nur in Ausnahmefällen blüht sie wieder auf. Lahore besitzt 1664 Häuser, die »viel größer sind als die von Delhi und Agra, doch die meisten sind verfallen, weil der Hof seit mehr als zwanzig Jahren nicht mehr hierhergekommen ist. Nur fünf bis sechs bemerkenswerte Straßen sind übrig, von denen zwei bis drei mehr als eine Meile lang sind, doch auch hier kann man eine große Anzahl verfallener Häuser sehen.«

Übrigens ist Delhi zweifelsohne viel mehr die Stadt des Großmoguls als Paris die Stadt Ludwigs XIV. So reich dort auch die Bankiers und die Geschäftsleute in der großen Tschandni-Tschank-Straße sein mögen, sie sind nichts im Vergleich zu dem Herrscher, seinem Hof und seiner Armee. Als Aureng Zeb 1663 eine Reise unternimmt, die ihn bis nach Kaschmir führen wird, folgt ihm die gesamte Bevölkerung der Stadt, denn ohne sein Wohlwollen und ohne seine Freigebigkeit kann sie nicht leben. Ein französischer Arzt, der die Expedition begleitet, schätzt das Gefolge auf mehrere hunderttausend Menschen. Man stelle sich vor, ganz Paris hätte Ludwig XV. 1744 auf seiner Reise nach Metz begleitet!

Die Entwicklung des Städtewesens in Japan entspricht schon

eher den Vorgängen in Europa. Als Rodrigo Vivero 1609 die viel bewunderte Inselwelt Japan besucht, ist Kyoto, die ehemalige Hauptstadt, in der die Gegenwart des Mikado immer noch lebendig ist, die größte Stadt. Im 17. Jahrhundert – einem großen Jahrhundert für Japan wie für Holland – nennen die Erhebungen von 1626 an erster Stelle Osaka, das Zentrum der japanischen Kaufleute (300 000 Einwohner, 18 473 Häuser); es folgt Kyoto (240 000), dann an dritter Stelle Yedo (heute Tokio; 150 000 im Jahr 1673); Nagasaki zum Beispiel zählt nur 40 000 Einwohner. Dieses »Jahrhundert von Osaka« ist ein »bürgerliches« Jahrhundert mit gewissen Anklängen an das Leben in Florenz, es bringt in mancher Hinsicht eine Vereinfachung der aristokratischen Lebensweise und eine eher realistische Literatur in der Landessprache, nicht mehr auf Chinesisch, der Sprache der Gebildeten, eine Literatur, die ihren Stoff aus den Chroniken schöpft und die Nähe des Volkes sucht.

Bald jedoch wird Osaka von Yedo überflügelt, der Stadt des Shogun, der autoritären Stadt mit ihren Verwaltungen, dem Sammelplatz der reichen Grundbesitzer, der *daimyos,* die in prächtigen Geleitzügen in die Stadt einziehen, um dort mehr oder weniger unter Bewachung die Hälfte des Jahres zu verbringen. Seit der Reorganisation des Landes durch die Shogun zu Beginn des 17. Jahrhunderts haben sie sich in einem bestimmten Teil der Stadt eine Bleibe errichtet. Dieses Viertel liegt etwas abseits und ist ausschließlich den Adligen vorbehalten, »die als einzige ihre farbigen und vergoldeten Wappen über der Türe hängen haben«. Einige dieser mit Wappen versehenen Türen kosten nach Aussagen unseres spanischen Informanten (1609) mehr als 20 000 Dukaten. Seit damals wächst Tokio (Yedo) beständig. Im 18. Jahrhundert ist es ungefähr doppelt so groß wie Paris, aber Japans Bevölkerungszahl ist zu dieser Zeit auch größer als die Einwohnerzahl Frankreichs, seine Regierung noch zentralistischer und autoritärer.

Die Funktion der Städte

Gemäß den Gesetzen einer einfachen, aber zwingenden politischen Arithmetik scheint die Größe einer Hauptstadt von der Größe eines Staates abzuhängen und davon, in welchem Ausmaß dieser Staat zentralistisch regiert wird. Diese Regel gilt für das kaiserliche China wie für das England unter der Herrschaft des Hauses Hannover oder das Paris Ludwigs XVI. und Sébastien Merciers, auch für Amsterdam, obwohl seit dem Ende des 17. Jahrhunderts der Statthalter nicht mehr hier residiert.

Die Städte verursachen, wie wir noch sehen werden, riesige Ausgaben, für die sie nicht allein aufkommen können; andere müssen so ihren Luxus mitfinanzieren. Welche Funktionen nehmen nun diese überall im Abendland auftauchenden großen Städte ein? Sie schaffen die modernen Staaten, eine ungeheuer große Aufgabe und eine ungeheuer große Leistung. Sie schaffen die nationalen Märkte, ohne die der moderne Staat eine reine Fiktion wäre. Die Entstehung des britischen Marktes geht tatsächlich nicht nur auf die Vereinigung von England und Schottland (1707) zurück oder auf die Verbindung mit Irland (1801), auf die Abschaffung zahlreicher Straßen- und Brückenzölle oder die Belebung des Transportwesens, sondern vor allem auch auf den Warenaustausch des Landes mit London, diesem riesigen Zentrum, das die Entwicklung ganz Großbritanniens auch auf kulturellem Gebiet bestimmt. Aber die Existenz Londons muß bezahlt werden, teuer bezahlt werden.

Unausgeglichene Welten

Alles muß bezahlt werden, entweder von der Stadt selbst oder von außerhalb, am besten von beiden Seiten gleichzeitig. Amsterdam hat sich auf diese Weise zu einer großartigen Stadt mit einer schnell anwachsenden Bevölkerung entwickelt: 30 000 Einwohner im Jahr 1530; 115 000 1630; 200 000 am Ende des 18. Jahrhunderts. Das Bestreben der Stadt war mehr auf Wohlstand als auf Luxus ausgerichtet, geschickt wurden die Stadtviertel erweitert, vier halbkreisförmige Kanäle angelegt, die von dem Aufschwung der Stadt in der Zeit von 1482 bis 1658 Zeugnis ablegen. Amsterdam mit seinen baumbestandenen Alleen, seinen Kais und seinen zahllosen Kanälen hat sich noch sein ursprüngliches Aussehen bewahrt. Ein einziger, übrigens bezeichnender Irrtum: Die Jordaan-Viertel im Südwesten der Stadt sind wenig gewissenhaften Unternehmern anvertraut worden; die Häuser sind schlecht gebaut, die Kanäle eng, das ganze Viertel liegt unter dem Niveau der Stadt. Und natürlich lebt hier das Proletariat, jüdische Immigranten aus Portugal und Spanien, hugenottische Flüchtlinge aus Frankreich, arme Leute aus allen Provinzen des Landes.

Von London, der größten Stadt Europas — 860 000 Einwohner zu Ende des 18. Jahrhunderts —, scheint der Besucher nachträglich enttäuscht zu sein. Der Betrieb im Hafen ist weniger lebhaft, als man zunächst annehmen würde, und die Zerstörung der Stadt durch den großen Brand von 1666 führte nicht zu einem rationellen Wiederaufbau, wie dies auf zahlreichen Plänen, so besonders auf dem schönen Plan von Wren, vorgeschlagen wurde. So wurde der Neubau der Stadt dem Zufall überlassen; erst am Ende des 17. Jahrhunderts wurde die Stadt mit der Anlage der großen Plätze, des Golden Square, Grosvenor Square, Berkeley Square, Red Lion Square und Kensington Square etwas verschönert.

Offensichtlich ist der Handel eine der großen Antriebskräfte für die Entstehung großer Siedlungsräume. Aber wie Werner Sombart nachgewiesen hat, konnten zum Beispiel im Jahr 1700 höchstens 100 000 Menschen von den Gewinnen aus dem Handelsverkehr leben. Sie alle zusammen verfügten noch nicht einmal über 700 000 Pfund — einen Betrag, den die Zivilliste König Wilhelm III. zusprach. London lebte haupt-

sächlich von der Krone, von den hohen und kleinen Beamten, wobei die hohen Beamten mit fürstlichen Gehältern von 1000, 1500, manchmal sogar 2000 Pfund entlohnt werden; es lebt auch von der Aristokratie und der *gentry*, die sich in der Stadt niederlassen, von den Abgeordneten des Unterhauses, die seit der Regierung von Königin Anne (1702–1714) mit ihren Familien in London zu leben pflegen; und schließlich lebt es von der sich im Lauf der Jahre ständig vergrößernden Anzahl von Rentnern. Ein dritter Teil der Bevölkerung, der untätig dahinlebt, profitiert von den Renten, Gehältern, wirtschaftlichen Gewinnen und bringt das aufblühende England in arge Bedrängnis, indem er zum Nutzen Londons eine Reihe von künstlichen Bedürfnissen hervorruft.
In Paris bietet sich das gleiche Bild. Die im Aufschwung befindliche Stadt reißt ihre Festungsmauern nieder, paßt das Straßensystem dem Wagenverkehr an, renoviert ihre Plätze, zieht aber auch eine Unzahl Arbeitsscheuer an. 1760 ist Paris ein einziger Bauplatz, von weitem schon kann man in der Nähe von Saint-Geneviève oder in der Umgebung der Madeleine die hohen Kräne, »die riesige Steine hochziehen«, erkennen. Mirabeau der Ältere, »der große Menschenfreund«, möchte am liebsten 200 000 Menschen aus der Stadt verjagen, angefangen bei den königlichen Offizieren und den großen Geschäftsleuten bis hin zu den Advokaten (die vielleicht nichts lieber täten, als nach Hause zurückzukehren). Tatsächlich unterhalten die Reichen und die zahllosen Menschen, die hier zwangsläufig sehr verschwenderisch leben, »eine große Anzahl von Kaufleuten, Handwerkern, Bediensteten und Arbeitern«, dazu viele Geistliche. Sébastien Mercier berichtet, daß die Priester in vielen Häusern die Funktion eines Dieners oder Hauslehrers ausüben. Lavoisier hat eine Bilanz der Hauptstadt gezogen; im Kapitel »Ausgaben« führt er an, daß 250 Millionen Pfund für die Bevölkerung, 10 Millionen für den Unterhalt der Pferde ausgegeben wurde; 20 Millionen kommen als Einnahmen aus dem Handel, auf 140 Millionen

belaufen sich die Staatsanleihen und Gehälter, 100 Millionen kommen aus Grundbesitzungen und Unternehmen außerhalb von Paris.

Die Wirtschaftstheoretiker zeigen sich genauestens informiert. »Die Reichtümer der Stadt ziehen die Vergnügungen an«, sagt Cantillon, und Quesnay bestätigt, »die Großen und Reichen haben sich in die Haupstadt zurückgezogen«. Sébastien Mercier gibt eine Aufstellung der zahllosen »Unproduktiven« der riesigen Stadt. »Paris ist kein wirklicher Handelsplatz«, heißt es in einem italienischen Dokument von 1797, »es ist zu sehr damit beschäftigt, sich selbst zu versorgen, es zählt nur wegen seiner Bücher, seiner Kunstschätze, seiner Modeartikel und wegen der riesigen Menge Geld, das dort in Umlauf ist und das ein mit Ausnahme von Amsterdam beispielloses Wechselgeschäft ermöglicht. Die gesamte Industrie ist hier ausschließlich auf den Luxus ausgerichtet: Tapisserien, ähnlich den Gobelins und den Savonnerieteppichen, kostbare Decken in der Rue Saint-Victor, Hüte für den Export nach Spanien, Vorder- und Hinterindien, Seidenstoffe, Taft, Borten und Bänder, sakrale Gewänder, Spiegel, Goldschmiedearbeiten, Bücher usw.«

Die gleiche Situation in Madrid, Berlin oder Neapel. 141 283 Einwohner zählt die Bevölkerung Berlins 1783, darunter 33 088 Soldaten (mit ihren Familien) und 13 000 Beamte (mit Familien), außerdem 10 074 Bedienstete, also zusammen mit dem Hof Friedrichs II. 56 000 »Angestellte« des Staates, eine im ganzen sehr ungesunde Bevölkerungsstruktur. Was Neapel betrifft, so lohnt es sich, näher darauf einzugehen.

Neapel: vom Königlichen Palast zum Mercato

Neapel, schmutzig und schön zugleich, sehr arm, aber auch unendlich reich, heiter und voll Aktivität, zählt am Vorabend der Französischen Revolution 400 000 Einwohner, vielleicht sogar 500 000. Nach London, Paris und Istanbul ist es, zusammen mit Madrid, die viertgrößte Stadt Europas. Eine breite Straße verbindet die Stadt seit 1695 mit dem Borgo di Chiaia, der zweiten Bucht von Neapel (neben der Marinella), doch die Berechtigung zur Ansiedlung in diesem außerhalb der Stadtmauern gelegenen neugewonnenen Land wird 1717 ausschließlich den Reichen erteilt.

Der Lebensbereich der Armen beginnt in dem weit ausgedehnten Largo de Castello, wo sich bei den kostenlosen Lebensmittelverteilungen burleske Szenen abspielen, bis zum Mercato, dem eigentlichen Elendsviertel, gegenüber der Paludi-Ebene, die sich jenseits der Befestigungsanlagen erstreckt. Die Menschen leben dort auf einem so engen Raum zusammen, daß sich ein Teil ihres Lebens auf den Straßen abspielt, wie heute noch hängen sie die Wäsche zum Trocknen zwischen den Fenstern auf. »Der größte Teil der Bettler hat kein Dach über dem Kopf, nachts suchen sie Unterschlupf in Grotten, Ställen, verfallenen Häusern oder gegen Zahlung von einem *grano* [neapolitanische Scheidemünze] in armseligen Behausungen, die einem von ihnen gehören und die nur mit einer Laterne und ein wenig Stroh versehen sind.« »Dort liegen sie«, fährt der Fürst von Strongoli (1783) fort, »wie schmutzige Tiere umher, nach Alter und Geschlecht nicht zu unterscheiden.« Am Ende des Jahrhunderts gibt es mindestens 100 000 von diesen armseligen, zerlumpten Menschen. »Sie vermehren sich sehr schnell, leben ohne Familie, haben keine Verbindung zum Staat außer durch den Galgen, bilden ein solches Durcheinander, daß Gott allein in diesem Chaos den einzelnen wiedererkennt.« Während der langen Hungersnot von 1763/64 sterben diese Menschen dann reihenweise auf den Straßen.

Die dichte Besiedlung Neapels ist ein großer Nachteil, die Stadt zieht die Menschen an, aber sie kann sie nicht ernähren, viele vegetieren dahin. Der berühmte Giovanni Battista Vico (1668–1744), einer der letzten universellen Geister des Abendlandes, der die Fähigkeit besaß, *de omni re scibili* zu sprechen, verdient als Professor der Universität von Neapel zum Beispiel lediglich 40 Dukaten im Jahr. Nur durch den zusätzlichen Verdienst aus seinen Privatstunden kann er sich seinen Lebensunterhalt sichern.

Oberhalb dieser völlig mittellosen Masse müssen wir uns eine große Gesellschaft von Höflingen, Adligen, Großgrundbesitzern, hohen geistlichen Würdenträgern, korrupten Beamten, Richtern, Rechtsgelehrten, Advokaten usw. vorstellen. Im Wohnviertel der Rechtsgelehrten liegt eines der ärmlichsten Gebiete der Stadt, der Castel Capuaro oder Sitz der *Vicaria,* eine Art Parlament von Neapel, wo die Justiz käuflich ist, und »wo die kleinen Diebe Jagd auf die Taschen und die Geldbörsen machen«. Wie, so fragt sich ein Franzose, konnte die soziale Struktur dieser Stadt, in der »zahllose Bettler, eine Schar von Bediensteten und Priestern, mehr als 2000 Soldaten, eine große Anzahl von Adligen und eine Armee von 30 000 Rechtsgelehrten zusammenlebten«, aufrechterhalten werden?

Tatsächlich ändert sich die Gesellschaftsstruktur in Neapel genauso wenig wie in anderen Städten. Nicht alle, die zur Oberschicht gehören, verfügen über eine reiche Pfründe. Ein geringfügiges Vermögen genügt, um Mitglied der Aristokratie zu werden. »Der Metzger, bei dem wir kaufen, überläßt sein Geschäft seinen Angestellten, seit er Herzog geworden ist«, d. h. seit er sich einen Adelstitel gekauft hat. Aber vielleicht sollten wir den Président de Brosses nicht allzu wörtlich nehmen. Der ganze Reichtum des Königreichs konzentriert sich in Neapel, das war schon so unter Friedrich II., zur Zeit der Anjous und der Spanier. Die Kirche, die der Historiker Giannone 1723 in seinem groß angelegten Pamphlet *Istoria civile del Regno di Napoli* scharf angreift, verfügt über mindestens zwei Drittel des Grundbesitzes im Königreich Neapel, der Adel über den Rest, bis auf den verschwindend kleinen Anteil – ein Neuntel des gesamten Landes – der *gente piu bassa di campagna.*

Jan van der Heyden (1637-1712): »Stadtansicht«; Akademie der bildenden Künste, Wien.

Bernardo Bellotto: »Wien, vom Belvedere aus gesehen« (1759–1761); Kunsthistorisches Museum, Wien.

Als König Ferdinand von Neapel und seine Gemahlin Maria-Carolina 1785 dem Großherzog Leopold und der »herrlichen« Toskana einen Besuch abstatten, ärgert sich der unglückliche König von Neapel über die ihm erteilten Belehrungen und die angepriesenen Reformen. »Ich weiß wirklich nicht«, sagt er einmal gegenüber seinem Schwager, dem Großherzog Leopold, »wozu dir deine ganze Gelehrsamkeit nützt; du liest unentwegt, dein Volk macht es wie du, und dennoch sind deine Städte, deine Hauptstadt und dein Hof so armselig und traurig. Ich weiß nichts, und dennoch ist mein Volk das fröhlichste unter allen Völkern.« Aber Neapel, die alte Hauptstadt, ist ein Königreich, die Toskana dagegen ein winzig kleines Land.

St. Petersburg im Jahr 1790

St. Petersburg, die auf Geheiß des Zaren errichtete neue Stadt, weist in besonderem Maß die Strukturen einer großen Stadt der modernen Welt auf. Ein Führer durch die Stadt und das Land, den der Deutsche Johann Gottlieb Georgi 1790 Katharina II. gewidmet hat, gibt Aufschluß über die Situation des Landes.

Wenige Gebiete sind wohl so ungünstig für die Gründung einer Stadt wie das Land, das Peter der Große am 16. Mai 1703 für die Errichtung der berühmten Peter-Pauls-Festung bestimmte. Es bedurfte des unbeugsamen Willens des Zaren, damit in diesem sumpfigen Delta der Newa und ihrer vier Seitenarme – große und kleine Newa, große und kleine Newska – eine Stadt entstehen konnte. Nur im Osten, zum Arsenal und zum Kloster von Alexander Newski hin, steigt das Gelände ein wenig an, der westliche Teil dagegen liegt so niedrig, daß er ständig Überschwemmungen ausgesetzt ist. Tagsüber kündigen Kanonenschüsse und weiße Tücher, nachts brennende Laternen am Turm der Admiralität sowie Glokkengeläut das Herannahen der Wassermassen an; ein ausrei-

chender Schutz ist jedoch unbekannt. 1715 steht die ganze Stadt unter Wasser, 1775 ein zweitesmal. Jedes Jahr droht neue Gefahr. Man versucht, so gut es geht, mit dieser tödlichen Gefahr zu leben. Doch sobald man den Boden aushebt, stößt man überall in einer Tiefe von zwei Fuß, spätestens von sieben Fuß auf Wasser, so daß eine Unterkellerung der Häuser unmöglich ist. Selbst für die Holzbauten sind die kostspieligen steinernen Grundmauern unerläßlich, denn Holzplanken würden in dem feuchten Boden zu schnell verfaulen. Durch die ganze Stadt müssen Kanäle angelegt werden, auf denen kleine Schiffe Holz und Lebensmittel befördern.
Straßen und Plätze werden je nach Lage zwei bis fünf Fuß aufgestockt, was einen ungeheueren Arbeitsaufwand erfordert. Katharina II. betraut nach 1770 den Generalleutnant von Bauer mit der Leitung dieser Arbeiten, mit denen man zunächst in den »schönen« Vierteln, in der Nähe der Admiralität am Ufer der großen Newa, beginnt.
Die Entstehung von St. Petersburg war also eine langwierige und kostspielige Angelegenheit. Straßen und Plätze mußten ausgebaut, die wahllose Errichtung von Häusern eingedämmt, staatliche Gebäude, auch Kirchen, so das außerhalb liegende Kloster von Alexander Newski, in Stein errichtet werden, obwohl auch weiterhin das Holz das meist verwendete Baumaterial geblieben ist, denn es hat manche Vorteile zu bieten: Holzbauten sind billiger und schneller anzufertigen, sie verbannen die Feuchtigkeit und sind relativ warm. Anders als in Stockholm sind hier die Mauern nicht aus Kantholz, sondern aus unbearbeiteten Baumstämmen, nur die Fassade ist zuweilen mit Holzplanken verkleidet, die dann mit Gesimsen verziert und farbig angestrichen werden. Ein weiterer Vorteil dieser Holzhäuser: Sie können ohne Schwierigkeit verändert, ja sogar an eine andere Stelle der Stadt transportiert werden. In den kostspieligen Steinhäusern dient das häufig mit Granitplatten versehene Erdgeschoß als Keller, notfalls auch als zusätzlicher Wohnraum. Im allgemeinen bevorzugt man hohe

Zimmer, und die Häuser weisen mindestens ein, häufig zwei, manchmal sogar drei Stockwerke auf.
St. Petersburg ist damals eine einzige Baustelle. Über die Newa kommen die kleinen Schiffe beladen mit Kalk, Steinen, Marmor (aus Ladoga oder Wiborg) und Granitblöcken; die Fichtenstämme schwimmen, zu Flößen zusammengebunden, auf dem Fluß, wodurch sie – Experten zufolge – an Qualität einbüßen. Das Eigenartigste auf den Baustellen sind aber immer noch die Arbeiter; es sind alles Bauern aus den nördlichen Provinzen, die hier als Maurer oder Zimmerleute arbeiten. Letztere, die *plotniki*, genauer gesagt Floßbauern, verfügen meist nur über eine Hacke als Werkzeug. Arbeiter, Zimmerleute, Maurer, sie alle kommen, um sich hier als Saisonarbeiter anwerben zu lassen. Nach einigen Wochen bereits kann man auf dem einstmals leeren Platz »die Grundmauern eines Steinhauses erkennen; man kann beinahe zusehen, wie die Mauern wachsen. Überall wimmelt es auf den Bauplätzen von Arbeitern, und ringsum stehen wie in einem Dorf die von den Arbeitern bewohnten Lehmhütten.«
Aber die Lage von St. Petersburg hat natürlich auch ihre Vorteile, und sei es nur das Vorhandensein der Newa, die eine bedeutende Verkehrsader darstellt und die zwischen der Peter-Pauls-Festung, Wassiliostrow (der Wassili-Insel) und den Vierteln der Admiralität eine der schönsten Stadt- und Flußansichten der Welt bietet. Die Newa ist breiter als die Seine und reißender als selbst die Themse. Von der Wassili-Insel ab, dort wo sich das Viertel der Kaufleute, die Börse und das Zollamt befinden, wird sie zu einem bedeutenden Seehafen, der sich bis zur Mündung bei Kronstadt erstreckt. Mit Recht ist St. Petersburg ein zum Westen hin geöffnetes Fenster genannt worden. Außerdem versorgt die Newa die Stadt mit Trinkwasser, das angeblich überaus sauber ist.
Wenn bei Einbruch des Winters der Fluß zufriert, dient die Newa als Straße für die Schlitten und als volkstümlicher Vergnügungsplatz. Im Karneval, in der *Woche der Butter,* wer-

den auf dem Fluß künstliche Hügel aus Eis und Brettern errichtet und als Schlittenbahn benutzt. Auch in Parks und in den Hinterhöfen der Häuser werden ähnliche Pisten angelegt; die bedeutendsten jedoch sind die der Newa, hier kommt es zu regelrechten Wettbewerben, an denen die ganze Stadt teilnimmt.

Nur Schiffsbrücken überqueren den Fluß und seine verschiedenen Seitenarme, zwei verbinden die Ufer der großen Newa; die wichtigste Schiffsbrücke befindet sich in der Nähe des Platzes, auf dem sich heute, neben der Admiralität, die herrliche Statue Peters des Großen – errichtet von, oder besser gesagt nach Falconet – erhebt; diese Brücke führt zu der Wassili-Insel. Sie besteht aus einundzwanzig verankerten Schiffen. Die zwischen den Booten angebrachten Enterbrücken gestatten die Durchfahrt der Schiffe. Im Herbst pflegt man diese Brücken abzubauen, seit 1779 jedoch ließ man sie an Ort und Stelle, so daß sie im Eis einfroren und erst nach Eintreten des Tauwetters wieder passierbar wurden.

Der Gründungsplan Peters des Großen sah die Ausdehnung der Stadt von der Peter-Pauls-Festung aus den Fluß entlang in Richtung Süden und Norden vor. Diese Entwicklung hat sich jedoch nicht gleichmäßig vollzogen, am rechten Ufer der Newa ging die Besiedlung wesentlich schneller vor sich als am linken Ufer. Das Zentrum des rechten Newa-Ufers bilden die Viertel in der Umgebung der Admiralität, der Platz Peters des Großen bis hin zum Moika-Kanal, dem letzten Kanal im Süden der Stadt, der mit steinernen Kais versehen ist. Dieser Teil der Stadt ist der engste, aber zugleich der reichste und schönste, das einzige Viertel – neben den kaiserlichen Gebäuden –, das nur aus Steinhäusern besteht (30 öffentliche Gebäude, 221 Privathäuser, zahlreiche Paläste). Hier befinden sich die berühmten Straßen, die Große und Kleine Million, die herrliche Straße entlang der Newa, die Eremitage, der Senat, die in den Jahren 1819 bis 1858 aus Marmor errichtete Isaaks-Kathedrale auf dem gleichnamigen Platz.

Bei der Besiedlung von St. Petersburg wird eine bewußte Trennung von Armen und Reichen angestrebt. So werden zum Beispiel die Industrien und die platzraubenden Geschäfte an die Peripherie der Stadt verbannt. Jenseits des Ligowitsch-Kanals leben die Fuhrleute in einem eigenen Stadtviertel, hier ist auch der Viehmarkt anzutreffen. Im Osten der Admiralität befindet sich in der Nachbarschaft des von Graf Orlow in der Zeit von 1770 bis 1778 erbauten Arsenals die Kanonengießerei (ein 1713 errichtetes Gebäude aus Holz, das 1735 in Stein umgebaut wurde). Die Stadt besitzt auch eine Münzstätte und an den Ufern der Newa zahlreiche Mühlen. Ihre Handwerker, die ihre Mahlzeiten mit einem Kaffee oder einem Wodka beginnen, leben hier vergleichsweise besser als zum Beispiel in Schweden oder in Deutschland. Petersburg produziert hervorragendes Tuch, das dem holländischen Tuch ähnlich ist, und das in seiner Nachbarschaft gelegene Casinka liefert wunderschöne Tapisserien im Stil der französischen Gobelins. Die kleinen Einzelhandelsgeschäfte stehen auf weiten Marktplätzen zusammen, ähnlich wie in Moskau. Seit 1713 befindet sich einer dieser Märkte auf der »Petersburg-Insel« (neben der Peter-Pauls-Festung), ein anderer in der Nähe der Admiralität, der jedoch nach seiner Zerstörung durch den Brand von 1736 an den Großen Prospekt verlegt wurde (1784). Aufgrund dieser Konzentrationsbestrebungen sind zwar die Menschen von St. Petersburg zu weiten Anfahrten gezwungen, aber andererseits wird auf diese Weise der Charakter als Residenzstadt zumindest in den schönen Vierteln erhalten.

Natürlich herrscht auch in manchen Stadtteilen eine gewisse Unordnung. Hin und wieder befindet sich in unmittelbarer Nähe eines Palastes ein Gemüsegarten, der von Bauern aus Rostow bearbeitet wird, und neben den Parks, in denen an Festtagen Militärkapellen spielen, kann man zuweilen armselige Hütten antreffen. Wie könnte dies auch anders sein in einer so schnell wachsenden Stadt mit ihren ständig steigenden

Grundstückspreisen und einem so großen Zuzug. Im Jahr 1750 zählt Petersburg 74 273 Einwohner; 1784 192 486; 1789 217 948. Seeleute, Soldaten und Kadetten (mit ihren Familien) stellen mit 55 621 Menschen im Jahr 1789 mehr als ein Viertel der Gesamtbevölkerung der Stadt. Diese künstliche Seite der Besiedlung tritt besonders bei der Gegenüberstellung von männlichen und weiblichen Einwohnern hervor (148 520 gegenüber 69 428): Petersburg ist eine Stadt der Garnisonen, der Bediensteten, der jungen Männer. Wenn man den Angaben über Taufen und Sterbefälle Glauben schenken darf, dann hat die Stadt von Zeit zu Zeit einen Geburtenüberschuß aufzuweisen, aber diese unvollständigen Zahlenangaben können irreführend sein. Fest steht jedenfalls, daß aufgrund der hohen Sterblichkeitsziffer unter den Zwanzig- bis Fünfundzwanzigjährigen Petersburg einen hohen Prozentsatz junger Menschen aufzuweisen hatte, die den klimatischen Bedingungen, den Seuchen und der Tuberkulose ihren Tribut zu zollen haben.

Die Immigranten rekrutieren sich vorwiegend aus Beamten, mittellosen Adligen, Offizieren, Seeleuten, Soldaten, Technikern, Professoren, Künstlern, Gauklern, Köchen, ausländischen Privatlehrern und Gouvernanten, nicht zu vergessen die Bauern, die in Scharen aus den armen ländlichen Gebieten der Umgebung herbeiströmen. Letztere arbeiten in der Stadt als Fuhrleute oder als Lebensmittelhändler – sie werden übrigens beschuldigt, die Teuerung der Waren verursacht zu haben, eine Ironie des Schicksals; im Winter zerschlagen sie (vornehmlich Finnen) das Eis auf der Newa, das dann in Form von Blöcken für die Eisschränke verwendet wird, denn jedes große Haus der Stadt verfügt in seinem Erdgeschoß über solche Kühlgeräte; die ehemaligen Bauern arbeiten auch als Schnee- oder Eisräumer für einen halben Rubel täglich oder als Schlittenfahrer; für einen oder zwei Kopeken transportieren sie ihre Kunden quer durch die ganze Stadt. Die Finninnen arbeiten für gewöhnlich als Zimmermädchen oder Köchinnen, sie gewöhnen sich schnell an ihre neue Arbeit und heiraten oft Einheimische.

Trotzdem assimilieren sich diese Zuwanderer verschiedenster Nationalitäten nicht, sie »behalten ihre eigene Lebensart«; griechische und protestantische Gotteshäuser stehen neben den Kirchen der *raskolniki.* »In keiner Stadt der Welt«, berichtet unser Informant (1765), »sprechen die Menschen so viele Sprachen. Bis zum kleinsten Domestiken sprechen alle russisch, deutsch und finnisch, und unter denen, die ein wenig Bildung genossen haben, begegnet man häufig Menschen, die acht bis neun Sprachen beherrschen, woraus sich manchmal ein höchst amüsantes Sprachgemisch ergibt.«

Die Eigenart von St. Petersburg besteht zweifelsohne in dieser Vielfalt von Nationalitäten. Und doch gibt es, wie Georgi 1790 feststellt, bestimmte, allen Petersburgern typische Eigenschaften: Die Einwohner dieser großen Stadt sind allem Neuen gegenüber aufgeschlossen, sie haben eine gewisse Vorliebe für Titel, Wohlstand und Luxus, mit einem Wort, sie sind typische Großstadtmenschen, deren Wünsche und Bedürfnisse sich am Leben des Kaiserhofs orientieren. Seine Feste und die großartigen Illuminationen an der Admiralität und anderen kaiserlichen Palästen werden von den reichen Bürgern der Stadt nachgeahmt.

Das in einer armen Gegend gelegene Petersburg hat unter ständigen Versorgungsschwierigkeiten zu leiden. Ladoga- und Onega-See liefern zwar den Fisch, aber Rinder und Schafe müssen aus der Ukraine, aus Astrachan und aus den Don- und Wolgagebieten, also 2000 Werst von Petersburg entfernt, manchmal sogar bis aus der Türkei eingeführt werden. Der kaiserliche Staatsschatz und der ungeheuer große Besitz der Adligen ist auf diese Weise mit einem ständigen Defizit belastet. Der ganze Reichtum des Kaiserreichs konzentriert sich in den Palästen der Fürsten und in den Häusern der Wohlhabenden, die mit Tapisserien, herrlichen Kommoden und kostbaren Möbeln vollgestopft sind, die skulptiertes und vergoldetes Täferwerk, im »klassischen« Stil bemalte Decken und eine Fülle von Privatgemächern, ähnlich wie in London oder Paris, aufweisen und über eine unübersehbare Dienerschaft verfügen. Typisch für St. Petersburg sind die zahllosen Equipagen und Kutschen, die geräuschlos durch die schmutzigen Straßen der Stadt fahren. Aufgrund eines kaiserlichen Erlasses sind hier die Rechte des einzelnen genauestens geregelt: Nur die Generäle dürfen sechs Pferde vor ihre Karosse spannen, zwei Kutscher und zwei Beikutscher haben, ein Leutnant oder ein einfacher Bürger der Stadt hat ein Anrecht auf zwei Pferde, Handwerker und Kaufleute schließlich müssen sich mit einem Pferd begnügen. Eine Reihe von Vorschriften regelt auch die Livree der Diener, die sich nach dem Rang des Herrn richtet. Bei einem kaiserlichen Empfang drehen die Karossen, an ihrem Ziel angekommen, eine zusätzliche Runde, damit jeder sehen und gesehen werden kann. Wer würde es da wagen, in einer Mietskutsche mit unansehnlichen Pferden und einem ärmlich gekleideten Kutscher vorzufahren? Wenn die Höflinge sich zu einem Empfang im Schloß Peterhof versammeln, ist in der Stadt selbst kein einziges Pferd mehr zu sehen.

Peking

Wir könnten unsere Reise beliebig weit fortsetzen: An der Tatsache, daß der Luxus der Städte überall von außen getragen wird, würde sich nichts ändern. Keine Stadt ist, auf sich allein gestellt, existenzfähig. Papst Sixtus V. (1585–1590), der seine Zeitgenossen nicht versteht, möchte Rom zum »Arbeiten« bringen, Industrien ansiedeln, ein Vorhaben, das jedoch an den äußeren Gegebenheiten und an der Einstellung der Menschen scheitert. Sébastien Mercier und einige andere träumen von einer Umwandlung von Paris in einen Seehafen, um auf diese Weise neue Arbeitsmöglichkeiten zu schaffen. Aber selbst wenn dieser Versuch, ähnlich wie in London, dem damals größten Hafen der Welt, geglückt wäre, hätte Paris

ohne finanzielle und wirtschaftliche Unterstützung von außen nicht existieren können.
So ist es mit allen großen Städten, ob es sich nun um Madrid oder Lissabon, Rom oder Genua, um Venedig, das seine glanzvolle Vergangenheit überlebt, oder um das Wien des 17. und 18. Jahrhunderts, die damals eleganteste Stadt Europas, handelt. Das gleiche gilt für Mexiko, Lima oder Rio de Janeiro, seit 1763 neue Hauptstadt Brasiliens, die ein ungeheuer starkes Wachstum aufzuweisen hat und von unvergleichlicher Schönheit ist. Erwähnen wir als Beispiel noch Delhi, das immer noch vom Glanz des Großmoguls überstrahlt wird, und Batavia, wo der Kolonialismus der Holländer zu einem großen, aber bereits verderblichen Aufschwung führt.
Ein schönes Beispiel bietet in unserem Zusammenhang auch noch Peking, das Eingangstor im Norden Chinas, die Hauptstadt des mandschurischen Kaiserreichs, die sechs Monate im Jahr eisiger Kälte und verheerenden Schneestürmen ausgesetzt ist. Eine riesige Bevölkerung – zwei, vielleicht sogar drei Millionen Menschen – findet sich, so gut es geht, mit dem rauhen Klima ab. Der große Reichtum an Steinkohle, »die das Feuer fünf- bis sechsmal so lange hält wie die Holzkohle«, und die Verwendung von Pelzen hilft gegen die unmenschliche Kälte. Pater De Magaillans (dessen Buch aber erst 1688 erscheint) sah in dem königlichen Palast bis zu 4000 Mandarine versammelt, alle »vom Kopf bis zu den Füßen mit äußerst kostbaren Zobelpelzen« bekleidet. Die Reichen wikkeln sich ganz mit Pelz ein, füttern ihre Stiefel, ihre Sättel, ihre Stühle und Zelte mit Pelz, die weniger Reichen begnügen sich mit Lammfell, die Armen mit Schafspelz. Alle Frauen »tragen [im Winter] Hauben und Kappen, ob sie nun in Sänften getragen werden oder zu Pferde unterwegs sind, und sie tun gut daran«, berichtet Gemelli Careri, »denn trotz meines pelzgefütterten Mantels war mir die Kälte unerträglich ... so daß ich beschloß, diese Stadt [am 19. November 1697] zu verlassen«. »Im Winter ist die Kälte so groß«, bemerkt ein

Jesuitenpater ein Jahrhundert später (1777), »daß man kein zum Norden gehendes Fenster öffnen kann und sich das Eis in einer Stärke von anderthalb Fuß länger als drei Monate hält.« Der Kaiser-Kanal, der die Versorgung der Stadt garantiert, ist von Anfang November bis Anfang März zugefroren.

1752 ordnet Kaiser K'ien-lung einen triumphalen Empfang der Kaiserinmutter anläßlich ihres sechzigsten Geburtstags in Peking an; alles ist vorgesehen für eine Ankunft auf prächtig geschmückten Barken über die Flüsse und Kanäle. Der frühzeitige Kälteeinbruch jedoch bringt die Festvorbereitungen durcheinander. Vergeblich versuchen Tausende von Dienern das Wasser in Bewegung zu versetzen, um so ein Zufrieren zu verhindern, und bemühen sich, die sich bildenden Eisstücke zu entfernen; dem Kaiser und seinem Gefolge bleibt keine andere Wahl, als »die Barken durch Schlitten zu ersetzen«.

Das alte und das neue Peking wie seine zahlreichen Vororte — im Prinzip dehnt sich hinter jedem Tor ein Vorort aus, der größte im Westen, wo die meisten kaiserlichen Straßen zusammenlaufen — liegen in einer weiten Ebene, die den Winden ausgesetzt ist und, was sich noch schlimmer auswirkt, den Überschwemmungen des Pei Ho und seiner Nebenflüsse, die bei Hochwasser zuweilen die Deiche durchbrechen und ihren Lauf kilometerweit verändern.

Die neue Stadt im Süden weist die Form eines nicht ganz regelmäßigen Rechtecks auf und grenzt im Norden an die alte Stadt. Die alte Stadt hat die Form eines regelmäßigen Quadrats, dessen Seiten kürzer sind als die Länge des Rechtecks. Das Quadrat ist die alte Stadt der Ming mit dem kaiserlichen Palast in der Mitte. Während der Eroberung von 1644 wurde der Palast für lange Zeit erheblich zerstört, erst nach und nach wurde er von den Siegern wieder instand gesetzt.

Seit der Mingzeit konnte die Stadt die immer größer werdende Bevölkerung nicht mehr ausreichend unterbringen, so daß die rechteckige neue Stadt im Süden lange vor der Eroberung von 1644 entstanden sein dürfte: »Sie hatte seit 1524

Mauern aus Erde, dann ab 1564 Mauern und Tore aus Ziegelsteinen.« Nach der Einnahme Pekings behielten sich die Eroberer die alte Stadt vor, seit dieser Zeit ist sie die »Tatarenstadt«, die Chinesen wurden in die südliche Stadt abgedrängt.

Bemerkenswert ist, daß die alte wie die neue Stadt, beide im Schachbrettmuster angelegt, jungen Datums sind, woraus sich die ungewöhnliche Breite besonders der in nord-südlicher Richtung verlaufenden Straßen erklärt. Jede Straße hat einen Namen, zum Beispiel »Straße der königlichen Familie«, »Straße des weißen Turms«, »Straße der eisernen Löwen«, »Straße des getrockneten Fischs«, »Straße des Schnapses« usw. Ein Buch ist im Handel, das Namen und Lage der Straßen verzeichnet und dessen sich die Diener, die ihre Herren begleiten und ihre Geschenke, Briefe und Anweisungen an die verschiedensten Stellen der Stadt bringen, bedienen ... Die schönste aller Straßen ist die [in ost-westlicher Richtung verlaufende] *Cham gan kiai*, das bedeutet »Straße der ewigen Ruhe« ... sie endet im Norden an den Mauern des königlichen Palastes, im Süden an verschiedenen Gerichtsgebäuden und an den Palästen der großen Herren. Sie ist so breit, daß sie mehr als 30 Klafter [fast 60 Meter] mißt und »von solcher Schönheit, daß die Gelehrten sie in ihren Büchern verwenden, um damit die ganze Stadt zu bezeichnen, indem sie einen Teil für das Ganze nehmen. Denn es bleibt sich gleich, ob man sagt, er lebt in der Straße der ewigen Ruhe, oder ob man sagt, er lebt in Peking.«

Auf den breiten, lichtdurchfluteten Straßen Pekings wimmelt es von Menschen. »Die Anzahl der Menschen ist so groß in dieser Stadt«, bemerkt Pater De Magaillans, »daß man sie kaum schätzen kann. Alle Straßen der alten und der neuen Stadt sind voller Menschen, das gilt für die großen wie die kleinen Straßen, für die Straßen im Zentrum der Stadt wie für die Straßen am Rande der Stadt; die Menschenmenge ist überall so groß, daß sie höchstens mit den Menschenansammlungen auf unseren Messen oder bei den in Europa stattfindenden Prozessionen verglichen werden kann.« »Zahllose Menschen überschwemmen die Straßen«, stellt Du Halde 1735 fest, »überall kommt es zu Verkehrsstockungen aufgrund der unzähligen Pferde, Maultiere, Esel, Kamele, Karren, Fuhrwerke, Sänften, ohne die Hunderte von Menschen zu erwähnen, die sich um die Märchenerzähler scharen, dazu die Würfelspieler, die Sänger, die Geschichtenerzähler, die die Menschen zum Lachen bringen, und die vielen Scharlatane, die ihre Wundermittel feilbieten. Die Privilegierten der Stadt wären gezwungen, alle Augenblicke stehen zu bleiben, wenn ihnen nicht ein Reiter den Weg durch die Menge bahnte.« »Selbst ein Getreidekorn könnte hier nicht mehr zu Boden fallen«, so groß ist der Menschenandrang auf den chinesischen Straßen, jedenfalls nach dem Zitat eines Spaniers aus dem 16. Jahrhundert. »Überall«, bemerkt ein englischer Reisender [1793], »sieht man Arbeiter mit ihren Werkzeugen auf der Suche nach Arbeit und Hausierer, die ihre Waren anbieten«. Diese Fülle von Menschen erklärt sich sicherlich aus der großen Einwohnerzahl Pekings, das damals bei weitem nicht die Oberfläche Londons erreicht, aber die doppelte bis dreifache Zahl Menschen beherbergt.

Die Häuser Pekings, selbst die der Reichen, sind niedrig. Wenn sie, wie dies sehr häufig vorkommt, über »fünf bis sechs Wohnungen« verfügen, so liegen diese »nicht wie in Europa übereinander, sondern auf gleicher Höhe nebeneinander, wobei jede Wohnung von der anderen durch einen großen Hof getrennt ist«. Die Häuserfronten weisen selbst auf der Prachtstraße Pekings, der *Cham gan kiai,* keinen besonderen Schmuck auf, denn dies würde eine Anmaßung gegenüber dem Haus des Kaisers bedeuten. Sogar die Paläste der Reichen besitzen zur Straße hin nur ein einziges großes Tor und werden von zwei ziemlich niedrigen Gebäuden flankiert, die von der Dienerschaft, von Händlern und Arbeitern bewohnt werden. Die Straßen sind gesäumt von kleinen Läden und Geschäften,

vor denen auf hohen Masten die Ladenschilder stehen. Die eigentlichen Wohnungen der Reichen liegen abseits der Straßen, so daß die Straße selbst den Kaufleuten und Handwerkern vorbehalten bleibt. »Dieser Brauch dient der Bequemlichkeit des Volkes, denn«, so meint Pater De Magaillans, »während in unseren [europäischen] Städten ein großer Teil der Straßen von den Häusern der Wohlhabenden begrenzt ist und die Menschen auf diese Weise gezwungen sind, einen ziemlich weiten Weg zu unternehmen, um sich auf den Marktplätzen oder vor den Toren der Stadt mit dem Lebensnotwendigen zu versorgen, kann man in Peking, wie in allen anderen chinesischen Städten, alles, was man für den Lebensunterhalt benötigt, selbst Luxusgegenstände gleich vor der Haustür kaufen, denn in den kleinen Häusern entlang der Straße sind Warenlager, Restaurants und kleine Geschäfte untergebracht.«
In allen Städten Chinas bietet sich das gleiche Bild. Auf einer Darstellung aus dem 18. Jahrhundert, die die niedrigen Häuser Nankings entlang den Straßen oder die Häuser von Tien Tsin zeigt, finden sich genau die gleichen Szenen wie auf einem kostbaren Rollenbild aus dem 12. Jahrhundert, die kleinen Restaurants mit ihren Bänken, die kleinen Geschäfte, die Lastenträger, die Fahrer mit ihren Schubkarren, die gleichen Ochsengespanne. Und in allen Städten herrscht ein solch reges Treiben, daß man kaum aneinander vorbeigehen kann, jeder versucht sich mit Hilfe seiner Ellbogen vorwärts zu arbeiten. Um sich ihren Lebensunterhalt zu sichern, kommen die Chinesen auf die absonderlichsten Ideen. »Wie häßlich und wertlos auch ein Ding erscheinen mag, es findet seinen Zweck und seine Verwendung. Mehr als tausend Familien leben zum Beispiel in Peking [um 1656] ausschließlich von der Herstellung von Streichhölzern und Dochten. Und mindestens ebenso viele Familien leben vom Verkauf von Stoff- und Seidenstükken, von Hanf, Papierresten und ähnlichen Dingen, die sie auf den Straßen finden, anschließend waschen und säubern.«
Las Cortes beobachtet (1626) in der Gegend von Kanton La-

stenträger, die ihren Lebensunterhalt durch die Bewirtschaftung eines winzig kleinen Gartens aufzubessern versuchen. Die Verkäufer von Kräutersuppen sind typisch für jede chinesische Stadt. Ein Sprichwort sagt: »Im Königreich China findet alles seine Verwendung.« Alle diese Bilder zeigen das Ausmaß eines überall latent vorhandenen Elends, das in krassem Gegensatz zu dem Luxusleben des Kaisers, der Großen des Reichs und der Mandarine steht.

Über den Kaiserpalast, der innerhalb der alten Stadt eine eigene Stadt darstellt, könnte man ein ganzes Buch schreiben. Er wurde an der Stelle des ehemaligen Palastes der Yüan (der Mongolen) errichtet und ist von zwei sehr hohen Mauern »in Form eines langgezogenen Rechtecks« umgeben. Die äußere Mauer ist an der Innen- und Außenseite mit rotem Zement und Kalk verputzt und weist ein kleines Dach aus goldgelben Kacheln auf. Die innere Mauer besteht aus regelmäßigen Ziegelsteinen und ist mit Zinnen geschmückt. Zwischen den beiden Befestigungsanlagen liegen ein mit Wasser gefüllter Graben, »in dem herrliche Fische schwimmen«, zahlreiche Paläste mit den verschiedensten Funktionen, ein Fluß mit seinen Brükken und im Westen ein ziemlich großer künstlicher See.

Der Kaiserpalast liegt hinter der zweiten Mauer, hier beginnt die Verbotene Stadt, die Rote Stadt, hier lebt der Kaiser im Schutz seiner Wächter und seiner Befestigungsanlagen. Jedes einzelne Gebäude, jedes Tor, jede Brücke hat einen eigenen Namen, eine eigene Geschichte, wenn man so will. Der Umfang der Verbotenen Stadt beträgt 1 Kilometer auf 780 Meter. »Der Louvre würde leicht hineinpassen.« Das äußere Bild dieser Kaiserstadt ist leichter zu beschreiben, als ein anschauliches Bild vom Leben der damaligen Zeit zu geben.

Eine Vorstellung von dem glanzvollen Leben in der Verbotenen Stadt gewinnt man, wenn man sich die unendlich großen Einkünfte des Kaisers vergegenwärtigt; allein die Einnahmen in Geld belaufen sich um 1669 auf »18 Millionen 600 Tausend Silbertaler«, dazu kommen die in Naturalien geleisteten

Abgaben, die Erwerbungen aus den Konfiskationen, die indirekten Steuern und die finanziellen Gewinne aus den Krondomänen. Die riesigen Lagerhäuser des Palastes sind vollgestopft mit Unmengen von Reis und Weizen, Salz, Zinnober, getrockneten Früchten, Seidenstoffen, Samt, Satin, Damast, Baumwollstoffen, Hanf, dicken Bohnen (für die Pferde des Kaisers), unzähligen Bündeln Stroh, Tieren usw.

Magaillans berichtet verzückt von dem unermeßlichen Reichtum, den man vor allem bei den kaiserlichen Festgelagen bewundern kann. So zum Beispiel am 9. Dezember 1669 anläßlich des Begräbnisses von Jean Adam, einem Jesuitenpater, dem es 1661 unter Mitwirkung von Pater Verbiest »zum großen Erstaunen des Hofs« gelungen war, an die Spitze eines Turms des kaiserlichen Palastes eine riesige Glocke zu hängen, die noch größer war als die Glocke von Erfurt, die (sicherlich zu Unrecht) die größte Glocke Europas und der Welt genannt wurde. Tausende von Menschen und die Konstruktion einer neuartigen Maschine haben Adam zu diesem Erfolg verholfen. Nachts wurde die Glocke in regelmäßigen Abständen von den Palastwachen geschlagen, auf der Spitze eines anderen Turms antwortete eine riesige Kupfertrommel. Die Glocke »hat einen angenehmen, harmonischen Klang, der viel eher von einem Musikinstrument herzurühren scheint«. Die Zeit wurde damals in China durch das Abbrennen von Stäbchen bestimmt. Im Unterschied zum Abendland, das mit Recht stolz auf seine Uhren war und der chinesischen Erfindung nur relativ wenig Bewunderung entgegenbrachte, lobte Pater De Magaillans diese Errungenschaft als »eine der bewunderungswürdigsten Erfindungen dieser Nation«.

Leider wissen wir über das alltägliche Leben – zum Beispiel auf dem Fischmarkt, wohin die noch lebenden Fische in Bottichen gebracht wurden, oder auf dem Wildmarkt, auf dem eine Menge an Rehen, Fasanen und Rebhühnern zum Verkauf angeboten wurde – weniger gut Bescheid: Das Außergewöhnliche hat das Alltägliche in den Hintergrund gedrängt.

London von Elisabeth I. bis Georg III.

Kehren wir von dieser weiten Reise zurück nach Europa, nach London. Über die erstaunliche Entwicklung dieser Stadt sind wir bestens informiert.

Schon die Zeitgenossen Elisabeths I. betrachten London als etwas ganz Außergewöhnliches. Für Thomas Dekker ist es »die Zierde aller Städte« und sein Fluß viel schöner selbst als der Canal Grande Venedigs, der sich im Vergleich zur Themse geradezu kümmerlich ausnimmt. Samuel Johnson drückt sich noch viel poetischer aus (20. September 1777): »Londons überdrüssig sein, das bedeutet wohl, des Lebens überdrüssig sein; denn London bietet alles, was einem das Leben bieten kann.«

Die königliche Regierung teilt diese Ansicht, jedoch flößt ihr die riesige Hauptstadt ständig neuen Schrecken ein: In ihren Augen ist sie ein Monstrum, dessen ungesundes Wachstum um jeden Preis gebremst werden muß. In Wirklichkeit ist es der Zustrom armer Menschen, der die Regierung und die wohlhabenden Bürger der Stadt ständig beunruhigt; durch die Ausdehnung der Elendsviertel und der »Unterwelt« sieht sich bald die gesamte Bevölkerung, die Reichen mitinbegriffen, in Gefahr *and so a danger to the Queens own life and the spreading of mortality of the whole nation,* schreibt Stow, der um das Wohlbefinden der Königin Elisabeth und der Einwohnerschaft bangt. 1580 wurde erstmals ein Verbot der Errichtung von Neubauten erlassen – ausgenommen waren nur die Reichen – andere Verbote sollten 1593, 1607 und 1625 folgen. Das Ergebnis ist, daß die bestehenden Häuser einfach aufgeteilt, heimlich Neubauten aus schlechtem Material in den Hinterhöfen abseits der Straßen, selbst solcher zweiter Ordnung, errichtet werden, mit einem Wort, daß die Elendsquartiere zunehmen und überall baufällige Häuser auf Grundstücken fragwürdiger Eigentümer entstehen. Wenn dieser oder jener Bau unter das Gesetz gefallen wäre, hätte dies keinen großen Verlust bedeutet. Jeder versucht also, sich den Bestimmungen zu entziehen; dies führt zu einem labyrinthartigen Netz von Sträßchen und Gassen mit Häusern, die zwei, drei, manchmal sogar vier Ein- und Ausgänge besitzen. 1732 hat London 5099 Straßen *(streets)*, Gassen *(lanes)* und Plätze mit 95 968 Häusern. Die lawinenartig anwachsende Bevölkerung Londons konnte also weder eingedämmt noch aufgehalten werden.

Die Stadt zählt Schätzungen zufolge 1563 93 000 Einwohner; 1580 123 000; 1593 bis 1595 152 000; 1632 317 000; 1700 700 000; Ende des 18. Jahrhunderts 860 000 Einwohner. London ist damit die größte Stadt Europas, die nur noch mit Paris verglichen werden kann.

Die Themse und der »pool«

Das Stadtbild Londons wird durch seinen Fluß geprägt. Ihm verdankt es seine halbmondförmige Anlage, *like a half moon*. Die Londoner Brücke, die die Altstadt mit dem Vorort Southwark verbindet, die einzige Brücke über den Fluß — 300 Meter von der Stelle entfernt, an der sich heute die London Bridge befindet —, ist das kennzeichnende Merkmal dieser Anlage. Bis zu dieser Brücke macht sich die Flut bemerkbar, so daß stromabwärts, unterhalb der Brücke, der *pool* beginnt, der Hafen Londons mit seinen Kais und Landungsbrücken und seinem Wald von Masten (1798 liegen hier 13 444 Schiffe vor Anker). Je nach Art der zu löschenden Ladung stoßen die Segelschiffe bis zum Kai der Heiligen Katharina vor, der den Kohlenhändlern von Newcastle vorbehalten ist, oder bis Billingsgate, wenn sie Frischfisch an Bord haben oder einen Liniendienst zwischen Billingsgate und Gravesend versehen. Kleinere, leichte Schiffe, Barken, Fähren und Schaluppen sichern die Überfahrt von einem Flußufer zum andern und kreuzen zwischen den vor Anker liegenden Hochseeschiffen

und den Kais hin und her. Diese Verkehrsmittel sind unumgänglich, um die Kais oberhalb des Hafens zu erreichen, zum Beispiel Vintry Warf, wo die vom Rhein, aus Frankreich, Spanien, Portugal und den Kanarischen Inseln kommenden Ladungen gelöscht werden. Nicht weit davon entfernt steht der Stahlhof (Stillyard), die Hauptniederlassung der Hanse bis 1597, die seit »der Vertreibung der ausländischen Kaufleute den Rheinwein-Proben vorbehalten ist«. So sagt eine Figur in einem Bühnenstück von Thomas Dekker ganz einfach: »Kommen Sie doch heute nachmitag in das Haus des Rheinweins, in den Stahlhof, dort werden Sie mich treffen.«
Mit der Zeit wird die Themse immer weiter flußabwärts, zum Meer hin genutzt, um so mehr da die Docks, die Hafenbecken im Bereich der Flußschleifen, noch nicht ausgehoben sind, ausgenommen der der Ostindischen Kompanie (1656). Vom Handelshafen kann man einen ersten Eindruck in Billingsgate gewinnen, oder an der Landungsbrücke am Tower, vielleicht noch besser am wichtigsten Umschlageplatz, dem Zollhaus, das 1668 abbrannte, jedoch noch im gleichen Jahr von Karl II. wiederaufgebaut wurde. Dieses Leben und Treiben setzt sich bis Ratcliff fort, dem »schändlichen Treffpunkt der Dirnen und Diebe«, und weiter bis Limehouse mit seinen Kalköfen und Gerbereien und Blackwell, wo einen das Vergnügen, die Schiffe anlegen zu sehen, den »schrecklichen Teergestank« ertragen läßt. Der Osten Londons, wo sich die Seeleute, Handwerker und kleinen Tagediebe herumtreiben, ist kein angenehmer Anblick. Eine im Elend lebende Bevölkerung sieht hier den Reichtum der Welt auf Schiffen an sich vorüberziehen. Welche Versuchung! 1798 »werden die furchtbaren Raubüberfälle im Bereich der Themse, die sich auf alle Arten von Handelsgütern, vor allem auf die Erzeugnisse Westindiens, erstrecken, als eine der schlimmsten Plagen angesehen«. Von diesem Diebsgesindel sind die »Flußpiraten«, die in Banden organisiert Schiffszubehör stehlen, noch die harmlosesten; schlimmer sind die Nachtwächter, die Schauerleute und Ma-

trosen, die auf den Leichtern und Lastkähnen arbeiten, die Gammler und Landstreicher, nicht zu vergessen die zahllosen Hehler.

Ein Polizeibericht aus dem Jahr 1801 gibt ein anschauliches Bild von dem Leben und Treiben um den *pool* herum, dieser Welt aus Wasser, Holz und Teer am Rand der großen Hauptstadt.

Das linke Ufer

London erstreckt sich vor allem auf dem linken Themseufer. Die einzige Brücke über den Fluß stellt eine von Läden umsäumte Geschäftsstraße dar, durch die nur schwer hindurchzukommen ist und die in dem armseligen Vorort Southwark endet, das einige Kneipen, fünf berüchtigte Gefängnisse, dazu einige Theater und zwei bis drei Vergnügungsstätten – *Bear Garden, Paris Garden* – aufzuweisen hat.

Auf dem linken Ufer, das ein wenig höher liegt als das rechte, mit der St.-Pauls-Kathedrale und dem Tower als höchsten Erhebungen, liegt wie ein Brückenkopf nach Norden die eigentliche Stadt. Von hier aus verbinden eine Reihe von Straßen London mit seinen im Hinterland gelegenen Grafschaften. Die großen Achsen, ehemalige Römerstraßen, führen nach Manchester, Oxford, Dunstable (Wating Street) und Cambridge; hier herrscht ein reges Treiben von Wagen und Fuhrwerken, in späterer Zeit von Postkutschen und Postpferden, bis hinein in die ländliche Umgebung Londons.

Englands Hauptstadt ist eine Ansammlung von Häusern, Straßen und Plätzen entlang der Themse, der sie aber sozusagen den Rücken zukehrt. Die Altstadt ist umgeben von alten Mauern, die auf den ehemaligen römischen Festungsanlagen errichtet, im 12. Jahrhundert jedoch an der Flußseite abgetragen wurden, dort, wo die Kais, Landeplätze und Pontons frühzeitig bereits die überflüssig gewordenen Schutzmauern durchbrachen. Erhalten sind sie noch auf der halbkreisförmigen Linie von Black Friars Stairs und von Birdwell Dock bis zum Tower. Die alte Stadtmauer hat sieben Tore aufzuweisen: Ludgate, Newgate, Aldesgate, Crippelgate, Morrgate, Bishopgate und Aldgate. Gegenüber jedem Tor steckt eine Grenze das Hoheitsgebiet Londons bis weit in die Vororte hinein ab. Diese angeschlossenen Vororte sind die sogenannten *liberties,* die sich oft weit über die Mauern der Stadt hinaus erstrecken: Die Schranke vor dem Bischofstor (Bishopgate) liegt da, wo Smithfield und im Westen Hoborn aneinanderstoßen. Desgleichen muß man, wenn man aus dem Ludgate hinaustritt, die ganze Fleet Street überqueren, um an die Temple Bar auf der Höhe der ehemaligen Templerkirche zu gelangen. Lange Zeit ist wohl die »Temple Bar« ein einfaches Holztor gewesen. Auf diese Weise hat sich London, oder vielmehr die Altstadt Londons, schon vor der Regierungszeit Elisabeths über ihren engen Stadtbezirk hinaus ausgedehnt und durch eine Reihe von Straßen eine Verbindung zu den ländlichen Gebieten seiner Umgebung geschaffen.

Zur Zeit Elisabeths I. und Shakespeares schlug das Herz Londons innerhalb dieser Mauern. Ihr Mittelpunkt ist auf der Achse zu finden, die von der Londoner Brücke aus nach Norden führt. Die West-Ost-Achse besteht aus einer Reihe von Straßen, die von Newgate im Westen und von Aldgate im Osten begrenzt wird. Unter Elisabeth befindet sich die »Kreuzung« in der Nähe von Stocks Market im äußersten Westen der Lombard Street.

Zwei Schritte von dort entfernt steht auf Cornhill die *Royal Exchange,* die 1566 von Thomas Gresham gegründet und zunächst in Erinnerung an die Bank von Antwerpen, die *Königliche Börse* (*Byrsa Londinensis, vulgo the Royal Exchange* steht unter einem Stich aus dem 17. Jahrhundert) genannt wurde. Dieser Name wird der Bank offiziell 1570 von Elisabeth verliehen. Besonders um die Mittagszeit, wenn die Kaufleute dort ihren Geschäften nachgehen, verwandelt sich das Geldinstitut in einen wahren Turm zu Babel. Nicht weit von

der *Royal Exchange* entfernt liegenden *Guildhall,* das Rathaus Londons, und die erste Niederlassung der Bank von England, die zunächst in der *Grocers Hall,* der Verkaufshalle der Kolonialwarenhändler, untergebracht war, bevor sie 1734 in das prächtige Gebäude umzog.
Die Betriebsamkeit des Londoner Lebens wird vor allem auf den Märkten spürbar, so auf dem großen Platz von West Smithfield in der Nähe der Stadtmauer, wo montags und freitags Pferde- und Viehmarkt abgehalten wird, in Billingsgate, dem an der Themse gelegenen Fischmarkt, oder mehr im Stadtzentrum in der *Leader Hall* mit ihrem Bleidach, der ehemaligen Getreidehalle, wo Fleisch und Leder in großen Mengen umgesetzt werden. Dazu kommen noch zahllose Tavernen, Restaurants und die Theater, die hauptsächlich am Stadtrand liegen und daher vor allem von einfacheren Bürgern aufgesucht werden, sowie die *Coffee houses,* die einen so starken Besucherstrom aufzuweisen haben, daß die Regierung im 17. Jahrhundert bereits daran denkt, sie schließen zu lassen. Alle Straßen der armen Viertel werden mit der Zeit durch schlechte Nachrede und durch den Verfall ihrer Häuser zu übel beleumdeten Gegenden, und zwar keineswegs nur die verlassenen Klöster, in die sich Bettler eingenistet haben. London gefällt sich darin, von sich selbst schlecht zu reden.

Eine zweite Hauptstadt: Westminster

Aber die Londoner Altstadt ist nicht die einzige Stadt, die an den Ufern der Themse entsteht. Etwas oberhalb von London liegt Westminster. Westminster ist nicht etwa mit Versailles – einer späten Schöpfung »aus dem Nichts« – zu vergleichen; Westminster ist vielmehr mit Sicherheit eine alte und lebendige Stadt. Neben der Abtei ist das Schloß von Westminster, das, von Heinrich VIII. verlassen, Sitz des Parlaments und der obersten Gerichte geworden ist. Die Krone hat

sich etwas weiter weg in Whitehall, dem »Weißen Schloß« am Ufer der Themse, niedergelassen.
Diese verschiedenen Funktionen von Westminster müssen wir uns vor Augen halten, wenn wir die ungewöhnliche Anziehungskraft dieses zweiten Poles in der Stadtentwicklung verstehen wollen. Die Fleet Street, die aus dem Stadtzentrum herausführt, ist gleichermaßen die Straße der Rechtskundigen, Advokaten, Staatsanwälte und angehenden Rechtsgelehrten. Mehr noch wird der Strand, der außerhalb der Altstadt gelegen, in einiger Entfernung von der Themse nach Westminster führt, das Viertel des Adels, der sich dort häuslich niederläßt und bald schon, 1609, eine weitere, von Luxusgeschäften umgebene Börse eröffnet. Von der Regierungszeit Jakobs I. an machen hier Modeartikel und Perücken Furore.
Im 17. und 18. Jahrhundert breitet sich die Stadt in verstärktem Maß nach allen Richtungen aus. An ihren Grenzen entstehen armselige Wohnviertel, oft Slums, mit menschenunwürdigen Hütten, die Landschaft entstellenden Industriebetrieben (vor allem zahllosen Ziegeleien), es gibt Schweinezucht, Berge von Müll, verschmutzte Straßen, wie beispielsweise in Whitechapel, wo armselige Schuhflicker ihrem Gewerbe nachgehen, dazu noch zahlreiche Woll- und Seidenwebereien.
Abgesehen von den im Westen liegenden Stadtvierteln, wo das grüne Land in Gestalt des Hyde-Parks, des St.-James-Parks und der Gärten vornehmer Häuser noch stark in die Stadt eindringt, ist die Natur überall von den unmittelbaren Stadtgrenzen zurückgedrängt worden. Zur Zeit Shakespeares und Thomas Dekkers besaß die Stadt noch luftige und grüne Zonen, Felder, Bäume, richtige Dörfer, wo man auf Entenjagd gehen und in Landgasthöfen einkehren konnte, um ein Bier zu trinken, Gewürzgurken (in Hogsdon) oder *Islington white pot,* eine Art Pudding, zu essen, der den Ruhm des Dorfes Islington begründete.
Daher »war die Luft, die in den Außenbezirken der Hauptstadt wehte, nicht immer drückend und unrein«, wie die letzte

Biographin Thomas Dekkers schreibt; »durch die Theater im Süden, Norden und Nordwesten der Stadt herrscht dort die ganze Fröhlichkeit des *Merry old England*, aber auch die reiche und belebende Wirkung, die die Vororte und darüber hinaus die ganze Stadt durchdringt.« Das »fröhliche England«, d. h. die wirklich bäuerlichen Zeiten des Mittelalters, sind eine romantische, aber keineswegs irrige Vorstellung. Doch diese glückliche Verbindung bleibt nicht lange bestehen.
London insgesamt, das sich immer weiter ausdehnt, spaltet sich auf, oder besser gesagt, vollendet seine bereits begonnene Spaltung. Diese Tendenz tritt verstärkt nach dem großen Brand von 1666 hervor, der praktisch das Herz der Stadt, d. h. fast die ganze Innenstadt, in Schutt und Asche legte. Vor dieser Katastrophe bemerkte William Petty schon 1662, daß London nach Westen wachse, um dem »Rauch, Dunst, Gestank aus dem Osten zu entgehen ...«, und zwar in solchem Ausmaß, daß die bedeutendsten Männer und die, die von ihnen geschäftlich abhängig sind, nach Westen ziehen. Die ehemaligen großen Häuser der Innenstadt werden zu Handelskontoren oder Mietshäusern. So verlagert sich der Reichtum Londons nach Westen. Wenn im 17. Jahrhundert das Zentrum der Stadt nahe bei Cornhill liegt, so ist es heute, 1966, nicht weit von Charing Cross zu finden, d. h. am äußersten westlichen Ende des Strands.

Die Proletarier: Iren und Juden

Der Osten jedoch und einige Außenbezirke sinken immer mehr zu Proletariervierteln herab. Überall, wo sich in London ein Platz findet, setzt sich die Armut fest und macht sich breit. Die düstersten Seiten dieses Vorgangs betreffen zwei Kategorien von Benachteiligten: die Iren und die mitteleuropäischen Juden. Früh schon wandern die Iren ein; es handelt sich dabei vor allem um Leute aus den ärmsten Gegenden der Insel, um

Bauern, die seit der Bodenreform auf ihr kleines Stückchen Land angewiesen sind. Auch der Bevölkerungszuwachs auf der Insel, der sich bis zur Katastrophe von 1846 immer mehr steigert, macht sich in der Auswanderung Luft. Die Iren sind es gewohnt, mit den Tieren unter einem Dach zu leben, sie ernähren sich von ein wenig Milch und Kartoffeln. Hart im Nehmen, scheuen sie vor keiner Arbeit zurück und verdingen sich regelmäßig zu jeder Heuernte als Arbeiter in der ländlichen Umgebung Londons. Einige zieht es bis nach London, wo sie sich festsetzen. Sie wohnen zusammengepfercht in schäbigen Behausungen, in St. Gilbert, ihrem eigensten Wohnbereich, im Norden der Altstadt, und leben zu zehnt oder zwölft in einem einzigen Raum ohne Fenster, akzeptieren Löhne, die weit unter dem üblichen Tarif liegen, und arbeiten als Dockarbeiter, Milchträger, Ziegeleiarbeiter, selbst als Zimmervermieter. Sonntags, wenn sie getrunken haben, kommt es unter ihnen häufig zu Streitereien. Zahlreicher noch sind die Straßenschlachten, die zwischen Iren und englischen Proletariern ausgetragen werden, eine günstige Gelegenheit für die Einheimischen, ihre Rivalen zu verprügeln.

Die gleiche Tragödie spielt sich für die Juden aus Mitteleuropa ab, die 1744 aus Böhmen, 1772 aus Polen vertrieben werden oder vor den Pogromen flüchten. 1734 waren es 5000 bis 6000 in England, und um 1800 leben allein in London 20 000. Sie bilden die Zielscheibe der entfesselten Volkswut. Die Versuche der Synagogen, diese gefährlichen Einwanderungen über Holland zu stoppen, erweisen sich als fruchtlos. Wie aber können diese armseligen Menschen ihr Leben fristen? Die Juden am Ort unterstützen sie, aber sie können sie weder von der Insel zurückdrängen noch sie am Leben erhalten. Die Zünfte Londons verweigern ihnen die Aufnahme, so daß sie gezwungen sind, als Trödler und Altwarenhändler zu arbeiten, die, einen Karren vor sich herschiebend und laut schreiend, durch die Straßen ziehen, oder sich durch Betrügereien, Plündereien, Fälschungen und als Hehler ihren Lebens-

unterhalt zu verdienen. Auch ihr späterer Aufstieg als Berufsboxer kommt ihrem Ansehen nicht zugute, obwohl Daniel Mendoza, ein berühmter Faustkämpfer, Schule gemacht hat.
Erst von dieser sozialen Unterschicht her ist das Drama Londons zu verstehen, seine überhandnehmende Kriminalität, die Unterwelt und die schwierigen Lebensbedingungen. Jedoch bessert sich im großen ganzen die materielle Situation Londons – wie in Paris – mit der Pflasterung der Straßen, der Wasserversorgung, der Bauaufsicht und der Straßenbeleuchtung.

Von London nach Paris und zurück

Welche Schlußfolgerungen ergeben sich daraus? London ist neben Paris ein anschauliches Beispiel für eine große Stadt des *ancien régime*: Sie ist ein Luxus, den andere teuer bezahlen müssen, eine Ansammlung einiger Privilegierter neben zahllosen Abhängigen und Bedürftigen, die alle miteinander durch ein gemeinsames Schicksal, das der Großstadt, verbunden sind.
Gemeinsam ist zum Beispiel der entsetzliche Schmutz auf den Straßen und der Gestank dort, der dem Adel wie dem Volk gleichermaßen vertraut ist. Sicher ist das Volk verantwortlich dafür, aber alle müssen ihn ertragen. Wahrscheinlich bis weit ins 18. Jahrhundert hinein waren viele ländliche Gebiete vergleichsweise sauberer als die großen Städte; auch ist es müßig, sich vorzustellen, daß die mittelalterliche Stadt angenehmer zu bewohnen und reiner gewesen sei, wie uns Lewis Mumford glauben machen will: Die Stadt litt noch nicht unter einer großen Bevölkerungszahl, die zugleich Ruhm und Elend einer Stadt bedeutet, sie öffnete sich weit hinaus aufs Land, Wasser gab es innerhalb der Stadtmauern, man brauchte es nicht von weither zu holen. Tatsächlich ist die Großstadt den immer größer werdenden Anforderungen nicht gewachsen und kann

vor allen Dingen keine Sauberkeit garantieren. Die allgemeine Sicherheit, die Bekämpfung von Feuer und Hochwasser, die Lebensmittelversorgung und die Polizei haben den Vorrang. Selbst wenn die Städte gewollt hätten, hätten die nötigen Mittel immer gefehlt. Die schlimmsten materiellen Mißstände bleiben die Regel.
»Die Straßen sind immer sehr schmutzig«, berichtet ein Reisender 1697 über Madrid, »weil man nämlich aus Gewohnheit alle Abfälle aus dem Fenster schüttet. Darunter leidet man noch mehr im Winter, weil man in Karren Tonnen mit Wasser herbeischafft, die man dann eigens in den Straßen ausleert, damit das Wasser den Schmutz mitfortschwemmt. Oft geschieht es, daß richtige Sturzbäche dieses übelriechenden Wassers den Durchgang versperren und die Luft durch ihren Gestank verpesten.«
In Paris sieht es nicht besser aus. Wenn man durch die Straßen geht, beschmutzt man sich unweigerlich infolge des Baches inmitten der Straßen, der den Unrat mit sich führt. Auf dem höher gelegenen Straßenpflaster, das die Höflichkeit den Damen und den Leuten von Rang zu überlassen gebietet, entlang der Häuser, ist man vor diesem stinkenden Abfall etwas sicherer. Man muß jedoch ganz dicht an den Häusern entlang gehen, wenn man nicht Gefahr laufen will, mit dem aus den Fenstern geschütteten Abfall in Berührung zu kommen. Man kann keinen offiziellen Besuch machen, ohne nicht ein Paar Ersatzschuhe mitzunehmen, die man dann im Vorzimmer wechselt, es sei denn, man läßt sich hinbringen. Anfangs des 17. Jahrhunderts noch machen Edelleute und Leute von hohem Ansehen ihre Besuche zu Pferd; die elegante Mode schreibt eine Überdecke vor, d. h. man reitet »in seidenen Strümpfen und auf einer Samtdecke«. 1640 tun das nur noch die Ärzte und Menschen, die nicht der obersten Gesellschaftsklasse angehören.
Die Kutsche kommt in Mode. 1580 gibt es erst drei oder vier in Paris; aber wenn jemand auf Eleganz hält, »fragt man so-

gleich: Besitzt er eine Kutsche?« Dann werden die Sänften erfunden; wirtschaftlich sind sie deshalb, weil man sie mieten kann, wie man später einen Fiaker mietet, und »so nützlich, weil man in ihnen sitzt, ohne sich unterwegs schmutzig zu machen, so daß man aus ihnen heraussteigt wie aus der Kiste eines Zauberers«.

Im ganzen sind die Kutschen und Sänften Transportmittel, die die Garantie dafür bieten, daß man beim Durchqueren der Stadt präsentabel bleibt. Das ändert aber nichts an der Tatsache, daß sich jeder an den Gestank in der Stadt gewöhnt hat – der »so abscheulich [ist], daß man es nicht aushalten kann«, sagt Liselotte von der Pfalz, die jedesmal verzweifelt ist, wenn sie von Versailles nach Paris kommt –, ja so sehr daran gewöhnt hat, daß die Besucher selbst im Louvre oder im Justizpalast am hellichten Tag und in aller Öffentlichkeit ihre Bedürfnisse in einer Ecke auf dem Gang verrichten, ohne daß die übrigen Besucher Anstoß daran nehmen. Die Kammerfrauen im Louvre beschmutzen wie alle anderen die Fassaden, wenn sie den Inhalt der Nachttöpfe aus den Fenstern leeren. Das alles ändert sich erst mit dem 19. Jahrhundert. Viollet-le-Duc berichtet, daß zur Zeit Ludwigs XVIII. – Versailles hatte wenig Zugeständnisse an moderne Errungenschaften gemacht – eine betagte Hofdame Ludwigs XV. wehmütig ausrief, als sie durch einen noch stinkenden Gang des Schlosses kam: »Dieser Geruch erinnert mich an eine wunderschöne Zeit.«

Alles liegt an der zu großen Bevölkerungszahl. Aber die Großstadt zieht die Menschen an, und jeder versucht auf seine Weise, sich seinen Teil an dem parasitären Leben zu sichern. Man sehe sich nur Paris an: »Es profitiert von allen Manufakturen des Königreichs; aber es besitzt selbst nur wenige Fabriken wegen der teuren Handwerker ... Große Geldmengen strömen hier zusammen, ohne daß sie in die Provinzen zurückfließen.« Paris »zehrt alle Lebensmittel auf und nimmt die Dienste des ganzen Königreichs in Anspruch. Hier spürt man nicht das Elend, das oft die ländlichen Gebiete und die Provinzen heimsucht.« Für Peking und Nanking gilt dasselbe. Auch sie werden mit Lebensmitteln und Früchten vom Land überschüttet. Desgleichen erhält London 1664, während der Pest, weiter Weizen aus dem Gebiet von Humber und Kohle aus Newcastle.

Daß es in diesen privilegierten Städten immer etwas abzuschöpfen gibt, beweist die Existenz der Unterwelt. Sie ist gerade in den Städten am besten vertreten, die den meisten Aufwand treiben.

1798 klagt Colquhoun: »Die Situation ... hat sich seit der Revolution in Frankreich grundlegend geändert. Alle Schurken und Gauner, die bis dahin aus allen Teilen Europas in Paris zusammenströmten, betrachten jetzt London als ihr Hauptquartier, als die geeignete Bühne, auf der sie ihre Talente bei Überfällen am vorteilhaftesten unter Beweis stellen können.« Paris ist ruiniert; die Ratten verlassen das sinkende Schiff. »Die Unkenntnis der englischen Sprache, die für uns einen Schutz bedeutet, ist kein Hindernis mehr. Niemals ist unsere Sprache so allgemein verbreitet gewesen, und niemals ist das Französische in diesem Land so gebräuchlich gewesen, vor allem bei den jungen Leuten.«

Städtischer Luxus und trügerische Zukunft

Es ist sicher nicht angebracht, sich an einem so traurigen Konservativen wie Colquhoun zu orientieren. Die großen Städte haben ihre Fehler, aber auch ihre Verdienste. Sie schaffen, wiederholen wir es, den modernen Staat, ebenso wie sie durch ihn geschaffen werden. Die nationale Wirtschaft wächst durch ihren Impuls, auch die Nation selber und die modernen Zivilisationen in Europa, die jeden Tag ein bunteres Leben entfalten. Für den Historiker stellen die Städte in erster Linie ein hervorragendes Quellenmaterial zur Erforschung der Ent-

wicklung Europas und anderer Kontinente dar. Will man dieses Phänomen richtig interpretieren, so muß man eigentlich einen Überblick über die gesamte Geschichte des materiellen Lebens geben und dabei die üblichen Grenzen überschreiten.
Das Problem ist im Grunde das des wirtschaftlichen Wachstums im *ancien régime*. Die Städte sind gekennzeichnet durch ein beträchtliches Mißverhältnis im Innern, ein ungleichmäßiges Wachstum, durch irrationale und unproduktive Investitionen auf nationaler Ebene. Ist der Luxus dafür verantwortlich, der Lebenshunger dieser großen Parasiten? In diesem Sinn äußert sich Jean-Jacques Rousseau in seinem *Émile*: »Die großen Städte zerrütten den Staat und schwächen ihn. Der Reichtum, der dort entsteht, ist offenkundig, aber trügerisch. Viel Geld, wenig Wirkung. Es wird behauptet, daß Paris den König Frankreichs so viel wie eine Provinz kostet; ich glaube aber, daß es ihn so viel wie mehrere zusammen kostet, daß, in mehr als einer Hinsicht, Paris von den Provinzen lebt und daß der größte Teil der Einkünfte in diese Stadt fließen und dort auch bleiben, ohne jemals wieder zum Volk oder zum König zurückzukehren. Es ist unfaßlich, daß in diesem Jahrhundert der Rechner es nicht einen gibt, der bemerken würde, daß Frankreich wesentlich mächtiger wäre, wenn es Paris nicht gäbe.«
Das ist natürlich absurd, denn die Hauptstädte des *ancien régime* sind keine abartigen Erscheinungen, sie entstehen vielmehr auf ganz natürliche Weise aus den Strukturen ihrer Zeit. Sollte man nicht eher annehmen, daß die Städte einfach keine Möglichkeit besaßen, mit den Dingen fertigzuwerden, daß sie vielfach der Entwicklung ohnmächtig zusehen mußten? Die Städte Europas und anderer Kontinente können nur das sein, was ihnen die Gesellschaft, Wirtschaft und die Politik erlaubt. Nehmen wir einmal an, ein Historiker des ausgehenden 18. Jahrhunderts, der besser über die Zeitumstände informiert war als wir, hätte sich mit dem, was wir langfristige Vorausplanung nennen, abgegeben. Er würde sich sicher gefragt ha-

ben, ob diese städtischen Monstren nicht im Abendland der Beweis für eine Erstarrung seien —, ähnlich wie im Römischen Reich diese belastende Stadt Rom oder in China das riesige, aber träge Peking im Norden —, das Ende einer Entwicklung, die sich der Zukunft verschließt. Die Kräfte, die die Städte entfesselten, führen zu keiner Weiterentwicklung.

Dieses Urteil ist hart. Aber ähnlich denkt auch ein Historiker vom Rang eines Camille Jullian, und die Prosa des Römischen Reiches, von der Hegel spricht, ist eben die Prosa seiner Hauptstadt Rom.

Auf jeden Fall ist der Beweis erbracht, daß diese riesigen Stadtbildungen mehr der Vergangenheit angehören; sie stehen am Ende einer Entwicklung und weisen nicht in die Zukunft. Werner Sombart sieht in dem Luxus der Städte und der Staaten ein den Kapitalismus beschleunigendes Element; aber welcher Kapitalismus ist damit gemeint? Der Kapitalismus ist ein Proteus, eine hundertköpfige Hydra. Eine offenkundige Tatsache ist es, daß die großen Städte in der kommenden industriellen Revolution nur die Rolle eines Zuschauers übernehmen werden. Nicht London, sondern Manchester, Birmingham, Leeds, Glasgow und zahllose kleine Arbeiterstädte sind Wegweiser der neuen Zeit. Nicht einmal die Vermögen, die die Patrizier im 18. Jahrhundert aufgehäuft haben, werden in dieses Abenteuer investiert. London wird erst um 1830 diese Entwicklung zu seinem Nutzen unterstützen. Paris wird für kurze Zeit das Interesse der neuen Industrie wecken, dann aber zugunsten der Kohlevorkommen im Norden, der Wasserkraft im Elsaß und der Eisenindustrie Lothringens fallengelassen werden, als es um die Niederlassungen der einzelnen Betriebe geht. Das Paris eines Sébastien Mercier steht auch am Ende einer materiellen Epoche. Die Epoche, die im bürgerlichen 19. Jahrhundert beginnt, wird vielleicht für die Arbeiterklasse noch schlimmer — aber aus ganz anderen Gründen.

Nachwort

Ein Werk, selbst ein Geschichtswerk, kann seinem Schreiber entgleiten wie Kinder, die ihren eigenen Willen durchsetzen, für deren Tun jedoch letztlich wir verantwortlich sind ...
Hie und da hätte ich gern in meiner Darstellung mehr Erklärungen, Berichtigungen und Beispiele angeführt, doch mußte ich mich an gewisse Auflagen halten und mich beschränken. Man müßte, um die vielfältigen Bereiche des materiellen Lebens ganz zu erfassen, systematisch und konsequent Untersuchungen durchführen, ganz zu schweigen von den vielen noch ausstehenden Berichtigungen und Klarstellungen. Text und Illustrationen sollen zur Diskussion anregen. Es wurden weder alle Städte erwähnt, noch alle Techniken aufgezählt, auch wurden nicht alle Faktoren behandelt, die mit dem Komplex Wohnung, Kleidung und Tischsitten zusammenhängen. Das kleine lothringische Dorf, in dem ich aufgewachsen bin, befand sich damals noch in einer Art Dornröschenschlaf: Am Dorfteich lief ein altes Mühlrad, ein ungepflasterter Weg führte an unserem Haus vorbei, das aus dem Jahr 1806 (der Schlacht von Jena) stammte, und im Rinnstein wurde schon von jeher der Hanf getrocknet. Jeder kann diese subjektiven Erinnerungen durch seine Reiseeindrücke, Souvenirs oder Gedanken über ein Buch ergänzen. In *Siegfried et le Limousin* glaubt der Held, als er in den zwanziger Jahren im Morgengrauen durch Deutschland fährt, er befinde sich noch in der Zeit des Dreißigjährigen Krieges – ein Eindruck, der jedem von uns widerfahren sein könnte. Sogar in den bedeutendsten Wirtschaftsordnungen lassen sich Relikte einer materiellen Vergangenheit feststellen, die nur allmählich verschwinden.
Dieser Band nimmt nicht für sich in Anspruch, das materielle Leben der ganzen Welt zwischen dem 15. und 18. Jahrhundert erfaßt und dargestellt zu haben. Es ist eher der Versuch

einer Zusammenschau, die von den Nahrungsmitteln und dem Mobiliar bis zu den technischen Erfindungen und dem Städtewesen reicht, um auf diesem Umweg den Rahmen des materiellen Lebens abzustecken — ein zugegebenermaßen etwas umständliches Unterfangen. Dies ist manchmal nur dadurch gelungen, daß die Grenzen absichtlich überschritten wurden, wie zum Beispiel beim Münzwesen. Dies war das erste Ziel unserer Bemühungen: Zwar nicht alle Einzelheiten zu berücksichtigen, aber doch alles in der richtigen Relation, gemessen am globalen Maßstab, zu sehen. Zweitens sollte an Hand einer Reihe von untereinander nicht zusammenhängenden Gebieten, mit denen sich der Historiker im allgemeinen nur wenig befaßt, der Versuch gemacht werden, eine disparate Materie in den Griff zu bekommen, zu klassifizieren und auf einen vereinfachten historischen Nenner zu bringen. Freilich handelt es sich um ein erst wenig erkundetes Gebiet, bei dem die eigene Quellenforschung noch im Vordergrund stehen muß.
Das materielle Leben verkörpert sich in vielfältigen Phänomenen, die keineswegs die Bedeutung großer Ereignisse haben oder je hatten. Wenn Maximilian, Kaiser des Heiligen Römischen Reiches Deutscher Nation, sich während eines Banketts mit den Fingern bedient, ist das sicher kein großes Ereignis, sondern eine ganz normale Angelegenheit. Ebenso banal ist es, wenn Cartouche vor seiner Hinrichtung ein Glas Wein einer Tasse Kaffee vorzieht ... Hier handelt es sich um eine »Mikrogeschichte« in dem Sinn des von Georges Gurvitch geprägten Begriffs Mikrosoziologie, d. h. eine neue Reihe von lauter kleinen, sich immer wiederholenden Begebenheiten, von denen jedes Zeugnis ablegt für tausend andere, die alle die Zeiten überdauern.
Diese langen Zeiträume zeigen die Fluchtlinie an und stecken den Horizont des materiellen Lebens ab. Sie folgen einem gewissen ordnenden Gleichgewicht, richten sich nach erklärbaren Konstanten in diesem scheinbaren Chaos. Ein Gesetz ist eine Konstante, formuliert Georges Lefèbvre. Natürlich

handelt es sich hierbei um befristete Konstanten, wobei uns wiederum die länger andauernden beschäftigt haben, nämlich Nahrungsmittel, Kleidung und Wohnung, die uralte und entscheidende Trennung zwischen Stadt und Land usw. Das materielle Leben ordnet sich dieser langsam voranschreitenden Entwicklung noch leichter unter als die anderen Bereiche der menschlichen Geschichte.

Der Leser wird bemerkt haben, daß wir die Ordnungsprinzipien in den Vordergrund rückten, die von den Kulturen und von der Zivilisation abhängen. Nicht zu Unrecht trägt das Buch den Titel *Geschichte der Zivilisation.* Die Zivilisation stellt Verbindungen her, ein System von tausenderlei verschiedenen kulturellen Gütern, angefangen von der Intelligenz bis zu den Gegenständen und Werkzeugen des täglichen Lebens.

1739 stellt ein Engländer während einer Reise in China fest: »In China . . . sind selbst die gängigsten Werkzeuge auf besondere Weise hergestellt; meist ist der Unterschied nur geringfügig, doch wird deutlich, daß die Länder untereinander nichts übernahmen, auch wenn es die gleichen Werkzeuge sind. Zum Beispiel ist die Oberseite beim Amboß überall eben, nur in China ist sie konvex.«Der Blasebalg »ist eine Art Kiste mit einer beweglichen Tür, die, wenn man sie öffnet, mittels einer Art Klappe schnell mit Luft angefüllt wird. Gleichzeitig tritt der Wind durch eine entgegengesetzte Öffnung aus.« Wir sind also weit entfernt von den großen Lederblasebälgen in europäischen Schmieden.

Tatsache ist, daß sich jede Volksgruppe eine Anzahl primitiver Verfahren erarbeitet hat und dank einer der stärksten geschichtlichen Kräfte – nämlich geistiger Unbeweglichkeit und mißtrauischem Widerstand – daran festhält. Eine Kultur ist nichts anderes als der frühe Versuch, die Menschheit in einen bestimmten Raum zu stellen. Die Menschheit ist seit dem Ausgang des 15. Jahrhunderts auf dem Weg zu einem Zusammenschluß, der ihr jedoch bis heute nicht gelungen ist. Je weiter

wir in der Geschichte zurückgehen, um so stärker sind die Menschen an den ihnen zugewiesenen Lebensraum gebunden; jedes Volk steht auf einer bestimmten Kulturstufe oder verfügt über eine eigene Kultur. Selbst wenn die Völker nahe beieinander wohnen, kommt es zu keiner Verschmelzung ihrer Lösungsversuche.
Große Zeiträume und lang dauernde Kulturen erlauben, ja erfordern eine zusätzliche Klassifizierung. Alles ist sozial bestimmt und steht in einer sozialen Rangordnung — eine Überlegung, die eines La Palisse oder Jourdain würdig wäre. Doch selbst diese banalen, auf der Hand liegenden Dinge sind bedeutungsvoll. In diesem Buch ist von reich und arm, von Luxus und Elend, von den beiden Seiten des Lebens die Rede —, diesen unveränderten Grundkomponenten; unverändert in Japan wie im England zur Zeit Newtons und im präkolumbianischen Amerika, wo die Unterschiede zwischen Herrschern und Beherrschten vor der Invasion der Spanier in der Kleidung gesetzlich festgelegt war. Als die europäischen Kolonialmächte die Einwohner auf die Stufe von unterworfenen Eingeborenen herabgedrückt hatten, verloren Reglementierungen und soziale Unterschiede mehr und mehr an Relevanz. In ihren Kleidern aus grober Baumwolle oder Sackleinen sahen alle beinahe gleich aus. Doch müßte man eher von sozio-ökonomischen Strukturen als von Gesellschaften sprechen — auch wenn der Terminus sehr vage ist. Marx' Frage nach den Besitzern der Produktionsmittel, des Bodens, der Handwerksbetriebe, der Rohstoffe und der Endprodukte und der Stellungen, ist berechtigt. Sicher ist, daß die Koordinaten Gesellschaft — Wirtschaft sich nicht genügen. Der Staat in seiner Vielgestaltigkeit, Ursache und Folge in einem, macht seine Rechte geltend, trübt und lenkt, bewußt oder unbewußt, die Beziehungen. Er spielt eine äußerst schwerfällige Rolle in diesem System von Sklaven, Dienern und Herren, Geschäftsleuten und Frühkapitalisten. Damit nähern wir uns wiederum der Sprache von Marx, auch wenn wir seine Terminologie und die

Konsequenz seiner Gedankengänge ablehnen, nach denen jede Gesellschaftsordnung jede dieser Stufen durchmachen muß und sich keine dieser Notwendigkeit entziehen kann.

Wenn sich auch bei den simplen Faktoren des materiellen Lebens solche Probleme wie Kultur, Gesellschaft, Wirtschaft, Staat, soziale Hierarchie aufdrängen, beweist das, daß die Geschichte sich auch hier schon in all ihrer Rätselhaftigkeit und mit all ihren Problemen präsentiert, auf die alle anthropologischen Wissenschaften stoßen. Der Mensch ist niemals auf einen akzeptablen vereinfachenden Nenner zu bringen, auch wenn einige das annehmen. Er läßt sich nicht einmal unter dem simpelsten Aspekt ohne weiteres fassen.

Dies hängt sicher nicht damit zusammen, daß ich diesen Zweig der geschichtlichen Entwicklung einfacher und klarer erkenne, nachdem ich mich jahrelang damit beschäftigt habe. Ebenso wenig damit, daß dieser vorrangig wäre, oder daß er gewöhnlich vernachlässigt wird zugunsten der großen Geschichte, oder damit, daß ich mich ganz konkret auf eine Epoche konzentrieren mußte – ein heute nicht unbedeutender Grund, wo Philosophie, Sozialwissenschaften und Mathematik die Geschichte zu entmenschlichen versuchen. Ich war der Ansicht, ein Verständnis des Wirtschaftslebens im ganzen sei unmöglich, wenn nicht zuvor die Fundamente für einen solchen Blickwinkel gelegt würden. Diese Grundlagen will das vorliegende Buch vermitteln.

Mit dem Einsetzen eines eigengesetzlichen Wirtschaftslebens treten wir aus dem Erfahrungsbereich und dem unbewußten Leben des Alltags heraus. Diese neue Lebensform ist mit einer gewissen Regelmäßigkeit verbunden; schon früh kommt es zu einer allmählichen Arbeitsteilung und damit in bestimmten Bereichen zu einer Trennung und zu neuen Berührungspunkten; beide wirken animierend auf den aktiven, bewußt gelebten Alltag und seine minimalen Gewinne, seinem Mikrokapitalismus, der noch Ähnlichkeit hat mit ganz normaler Arbeit und Mühe und deshalb nicht als negativ zu verurteilen ist.

Auf der letzten, höchsten Stufe siedeln wir den Kapitalismus in seinen verschiedenen Ausprägungen an, die dem gewöhnlichen Sterblichen etwas unheimlich anmuten. Doch zwischen dieser angeblichen Unheimlichkeit und dem niedrigen Lebensstandard besteht ein Zusammenhang. Ich habe versucht, diesen von Anfang an aufzuzeigen, indem ich das Gefälle der Ungleichheit auf der Welt, in der wir leben, unterstrichen habe. Diese bedeutenden oder wesentlichen Ungleichheiten, Ungerechtigkeiten, Widersprüchlichkeiten verursachen ein dauerndes Spannungsverhältnis, sie verändern die oberen Schichten, die allein zur Mobilität fähig sind. Denn nur der Kapitalismus verfügt über eine relative Bewegungsfreiheit. Zu gegebener Zeit sucht er seinen Profit abwechselnd oder gleichzeitig im Handel oder in der Industrie, aber er scheut auch nicht vor den Grundrenten, den Staatsanleihen oder dem Wucher zurück. Bei so wenig flexiblen Strukturen, wie sie das materielle Alltagsleben und die Wirtschaft der damaligen Zeit aufweisen, kann er sich die für ihn interessanten und ergiebigen Objekte heraussuchen, wobei er durch und mit ihnen sich und andere allmählich verändert und weiterentwickelt.
Damit wird der Frühkapitalismus Ursprung und Merkmal allen großen materiellen Fortschritts und aller Ausbeutungsversuche des Menschen durch den Menschen. Diese Tatsache hängt aber nicht allein mit der Ausbeutung der menschlichen Arbeitskraft zusammen, sondern auch mit dem Mißverhältnis der Kräfte und Startpositionen, die dazu beitragen, daß die Profitspannen immer so unterschiedlich ausfallen. Die Wahl der Wahl, sei sie noch so begrenzt, bedeutet ein ungeheueres Privileg!

Bibliographie

zusammengestellt von Jürgen Bücking

Vorbemerkung: Mit den erreichbaren Hilfsmitteln konnten nicht alle in Braudels Werk genannten Autoren bibliographisch ermittelt werden, zumal wenn es sich um Zeitschriftenaufsätze handelt. In der Verwendung des Begriffs »Kulturgeschichte« ist der deutschsprachigen Historie und der französischen »Annales«-Gruppe nur die Einbeziehung des Alltagslebens gemeinsam; ansonsten tendiert die deutsche Kulturhistorie mehr zur Geistesgeschichte — im weitesten Sinn —, während die französische »Annales«-Gruppe, von deren derzeit führendem Kopf das vorliegende Werk stammt, unter »Kultur« allein Sozial- und Wirtschaftsgeschichte begreift. Daran wird sich die folgende Bibliographie im wesentlichen halten.

I. Enzyklopädien und Gesamtdarstellungen

1) Europa

a) F. Braudel, *La Mediterranée et le Monde mediterranéen à l'époque de Philippe II.*, 2 Bde., Paris [2]1966; grundlegendes, bereits »klassisches« Werk der »Annales«-Gruppe. R. Romano — A. Tenenti, *Die Grundlegung der modernen Welt. Spätmittelalter, Renaissance, Reformation* (Fischer Weltgeschichte 12), 1967, zielt ab auf eine europäische Strukturgeschichte des 14.—16. Jhs.

M. Ashley, *Das Zeitalter des Barock. Europa zwischen 1598—1715* (Kindlers Kulturgeschichte 20), 1968, mit Lit.; H. Trevor-Roper (Hrsg.), *Zeit des Barock, Europa und die Welt 1559—1660*, München-Zürich 1970; hervorragendes Bildmaterial mit guter Einleitung (Trevor-Roper) und schwächeren Beiträgen anderer Autoren. E. Hassinger, *Das Werden des neuzeitlichen Europa 1300—1600*, Braunschweig [2]1966; ausgezeichnete Zusammenfassung der modernen Forschung und kommentierte reichhaltige Bibliographie. C. J. Friedrich, *Das Zeitalter des Barock. Kultur und Staaten Europas im 17. Jh.*, Stuttgart 1954; S. Harrison-Thomson, *Das Zeitalter der Renaissance* (Kindlers Kulturgeschichte 24), 1969; P. J. Bouman, *Kultur und Gesellschaft der Neuzeit*, Fribourg 1962; J. H. Elliot, *The Old World and the New 1492—1650*, Cambridge 1970.

b) Einige wichtige neuere Handbuchreihen:

Peuples et Civilisations VIII—XII, 1947—1956; *The New Cambridge Modern History* I—VIII, 1957—1965; *Histoire générale des Civilisations,* Hrsg. R. Mousnier u. a., IV und V, 1956/1959; *Propyläen Weltgeschichte,* Hrsg. G. Mann und A. Nitschke, VI und VII, 1964; hervorragendes Abbildungsmaterial, mehr geistesgeschichtlich orientierte Beiträge.

F. Dickmann (Hrsg.), *Renaissance, Glaubenskämpfe, Absolutismus* (Geschichte in Quellen 3), 1966, alle Aspekte der zeitgenössischen europäischen Entwicklung in Quellen darstellend. E. Winter, *Barock, Absolutismus und Aufklärung in der Donaumonarchie,* Wien 1971; geistreiche Darstellung nach marxistischem Epochenraster und mit entsprechender Überschätzung der kirchlichen Macht.

W. Durant, *Das Zeitalter der Reformation. Eine Geschichte der europäischen Kultur von Wiclif bis Calvin (1300—1564),* Bern-München 1959, [2]1962; ders., *Das Zeitalter der Vernunft hebt an (1558—1648),* Bern-München 1961; kenntnis- und geistreiche Kulturgeschichte älteren Stils.

c) Neuere Werke zu den frühen europäischen Revolutionen:

L. Bergeron — F. Furet — R. Koselleck, *Das Zeitalter der europäischen Revolution* 1780—1848 (Fischer Weltgeschichte 26), 1969; R. Mandrou, *La France aux XVIIe et XVIIIe siècles* (Nouvelle Clio 33), 1970.

d) Ältere deutsche Kulturgeschichten:

J. Janssen, *Geschichte des deutschen Volkes seit dem Ausgang des Mittelalters,* 8 Bde., Freiburg/Brsg.; katholisch-apologetisches Werk in penetrant moralisierendem Stil, doch durch seine Materialfülle als »Steinbruch« benutzbar. E. Friedell, *Kulturgeschichte der Neuzeit,* 3 Bde., München [22]1947/48; eigenwillig, aber lehrreich. G. Steinhausen, *Geschichte der deutschen Kultur II,* Wien-Leipzig [2]1913; psychologisch einfühlende und auf breiter Quellenkenntnis bauende Darstellung. F. Zoepfl, *Deutsche Kulturgeschichte II,* Freiburg/Brsg. [2]1931; W. Flemming, *Deutsche Kultur im Zeitalter des Barocks* (Hdb. d. Kulturgeschichte, I. Abt.) [2]1960. Neueste Darstellung mit reichem Quellen- und Lit.-Anhang: E. W. Zeeden, *Deutsche Kultur in der frühen Neuzeit* (Hdb. d. Kulturgeschichte, I. Abt.), 1968.

e) Einzelne Länder:

J. Bukdahl u. a., *Scandinavia — past and present* (I: *From the Viking Age to Absolute Monarchy),* Kopenhagen 1959; V. O. Kljutschewskij, *Russische Geschichte von Peter dem Gr. bis Nikolaus I.,* I (Zürich) 1945; D. S. Mirskij, *Rußland. Von der Vorgeschichte bis zur Oktoberrevolution* (Kindlers Kulturgeschichte 17), 1967; A. Ballesteros y Beretta, *Historia de Espana y su influencia en la historia universal,* 9 Bde., Barcelona 1920—1941.

2) Die außereuropäischen Länder

a) Ältere deutsche Literatur:

A. Zimmermann, *Die europäischen Kolonien. Schilderung ihrer Entstehung, Entwicklung und Aussichten,* 5 Bde., Berlin 1896—1903; materialreich, doch mit dem imperialistischen Anspruch des »überlegenen« Europäers geschrieben. G. Friederici, *Der Charakter der Entdeckung und Besiedlung Amerikas durch die Europäer,* 3 Bde., Stuttgart 1925—1936; verwertet z. T. unerreichbares Material, doch einseitig-moralische Betrachtungsweise.

b) Die *»Annales«-Gruppe* geht neuerdings die Kolonialgeschichte mit demographisch-statistischen Methoden und auf vergleichender Basis an:

P. Chaunu, *L'expansion européenne du 13ᵉ au 15ᵉ siècle* (Nouvelle Clio 26), 1969; die Arbeit betont die gleiche politisch-ökonomische Ausgangslage Europas und Ostasiens bzw. die Überlegenheit Chinas. F. Mauro, *L'expansion européenne 1600—1870* (Nouvelle Clio 27), ²1967; umfangreicher Lit.-Vorspann, Methodenreflexion. Vgl. die ältere, noch imperialistisch denkende Darstellung: G. Hanoteaux — A. Martineau, *Histoire des colonies françaises et de l'expansion de la France dans le monde,* 6 Bde., Paris 1930—1934; H. Th. Colenbrander, *Koloniale geschiedenis,* 3 Bde., s'Gravenhage 1925—26.

c) Westindien:

R. Pares, *War and Trade in the West Indies (1738—1763),* London 1938; W. R. Menkman, *De Geschiedenis van de West Indische Compagnie,* Amsterdam 1947; A. P. Newton, *The European Nations in the West Indies 1493—1688,* London 1933.

d) Hispanoamerika:

C. H. Haring, *The Spanish Empire in America,* New York 1947; H. Miller-Bailey — A. Nasatir, *Lateinamerika. Von den iberischen Kolonialreichen zu autonomen Republiken* (Kindlers Kulturgeschichte 23), 1968; G. Arciniegas, *Kulturgeschichte Lateinamerikas,* München 1966. Ausgezeichnete Zusammenfassung jahrzehntelanger Forschungen: R. Konetzke, *Süd- und Mittelamerika I. Die Indianerkulturen Altamerikas und die spanisch-portugiesische Kolonialherrschaft* (Fischer Weltgeschichte 22), 1965. Vgl. auch L. Hanke, *History of Latin American Civilisation,* 2 Bde., London 1969.

e) Nordamerika:

G. A. Rein, *Der Kampf Westeuropas um Nordamerika im 15./16. Jh.,* Stuttgart 1925; L. B. Wright, *The colonial civilisation of North Amerika (1607—1763),* London 1949; M. Savelle, *Die Vereinigten Staaten von Amerika. Von der Kolonie zur Weltmacht* (Kindlers Kulturgeschichte 22) 1969, mit Lit. R. Lacour-Gayet, *Histoire du Canada,* Toronto 1966; G.-L. Jaray, *L'Empire français d'Amerique (1534—1803),* Paris 1938.

f) Südostasien:

L. S. Sutherland, *The East India Company in 18th century Politics*, Oxford 1952; A. Vandenbosch, *The Dutch East Indies*, Berkeley 1933, ²1941; E. S. de Klerck, *History of the Netherlands East Indies*, 2 Bde., Rotterdam 1938; J. J. van Klaveren, *The Dutch colonial system in the East Indies*, Rotterdam 1953, die niederländische Kolonialgeschichte zusammenfassend: W. Ph. Coolhaas, *Chronique de l'Histoire çoloniale: Outre-Mer néerlandais* (in: Revue d'Histoire de la colonisation 44, 1957, S. 311 ff.).

g) Britisches Weltreich:

The Cambridge History of the Britisch Empire I—VIII; The Cambridge History of India I—VI; G. L. Beer, *The Origins of the British Colonial System 1578—1660*, New York 1908; ders., *The Old Colonial System 1660—1754*, 2 Bde., New York ²1933. D. F. Fieldhouse, *Die Kolonialreiche seit dem 18. Jh.* (Fischer Weltgeschichte 29), 1965, bezieht sämtliche Kolonialvölker ein und greift zeitlich z. T. weit zurück, gediegene Darstellung, reichhaltiger Lit.-Anhang.

h) Indien:

K. M. Panikkar, *Histoire de l'Inde*, Paris 1958; R. Thapar-P. Spear, *Indien. Von den Anfängen bis zum Kolonialismus* (Kindlers Kulturgeschichte 12), 1966; K. M. Panikkar, *Asia and the Western Dominance*, London 1953 (frz. Paris 1956; dt. Zürich 1955); abgewogenes Urteil über die Folgen und Konsequenzen der europäischen Expansion; ²1959

i) China-Japan:

La civilisation chinoise. La vie publique et la vie privée, Paris 1948; H. Franke — R. Trauzettel, *Das Chinesische Kaiserreich* (Fischer Weltgeschichte 19), 1968 mit Lit.; J. W. Hall, *Das Japanische Kaiserreich* (Fischer Weltgeschichte 20), 1968.

k) Afrika:

P. Bertaux, *Afrika. Von der Vorgeschichte bis zur Gegenwart* (Fischer Weltgeschichte 32), 1966, mit Lit.; J. Maquet und H. Ganslmayr, *Afrika. Die schwarzen Zivilisationen* (Kindlers Kulturgeschichte 28), 1970; J. Boulos, *Le Proche Orient ottoman (1517—1918)* et postottoman (1918—1930) Les peuples et les civilisations 5), 1968; A. Miquel, *Der Islam. Von Mohammed bis Nasser* (Kindlers Kulturgeschichte 30) 1970, mit Lit.

l) Koloniale Theorien:

H. Deschamps, *Les méthodes et les doctrines coloniales de la France du XVIe siècle à nos jours*, Paris 1953; K. E. Knorr, *British Colonial Theories 1570—1850*, Toronto 1944, ²1963.

II. Wirtschafts- und Sozialgeschichte

1) Wirtschaft

a) Wirtschaftstheorie:

Grundlegend für Terminologie und systematische Bestandsaufnahme: M. Weber, *Wirtschaft und Gesellschaft* (Grundriß der Sozialökonomik, III. Abt.) ^{2}1925, ^{4}1956. Von großer Bedeutung sind auch die Arbeiten des Austroamerikaners J. Schumpeter, *Theorie der wirtschaftlichen Entwicklung,* München-Leipzig 1912, ^{4}1935; ders., *Business Cycles. A theoretical, historical and statistical analysis of the capitalist process,* 2 Bde., New York 1939; ders., *Capitalism, Socialism and Democracy,* New York 1942 (dt. München 1950). Umstritten die Theorie von E. F. Heckscher, *Der Merkantilismus,* 2 Bde., Jena 1932 (ursprünglich schwedisch 1931).

Vgl. weiter: R. H. Tawney, *Religion and the Rise of Capitalism,* London 1937, dt. Bern 1946; G. Stavenhagen, *Geschichte der Wirtschaftstheorie* (Grundriß der Sozialwissenschaft 2a), ^{2}1957; C. Brinkmann, *Wirtschafts- und Sozialgeschichte* (Grundriß der Sozialwissenschaft 18), ^{2}1953; I. Bog, *Der Merkantilismus in Deutschland* (in: Jahrbücher für Nationalökonomie 173, 1961, S. 125 ff.); W. W. Rostow, *The Process of Economic Growth,* Oxford 1953 (frz. Paris 1962).

b) Allgemeine Wirtschaftsgeschichte:

M. Weber, *Wirtschaftsgeschichte. Abriß der Sozial- und Wirtschaftsgeschichte,* Berlin ^{3}1958; Webers nachgelassene Vorlesungen. W. Sombart, *Der moderne Kapitalismus. Historisch-systematische Darstellung des gesamteuropäischen Lebens von seinen Anfängen bis zur Gegenwart,* 2 Bde. in 4 Büchern, München-Leipzig ^{5}1922; grundlegendes Werk, noch nicht überholt. F. Oppenheimer, *Abriß einer Sozial- und Wirtschaftsgeschichte Europas von der Völkerwanderung bis zur Gegenwart* (III. Abt.: *Stadt und Bürgerschaft: Die Neuzeit*) (System der Soziologie IV/3), Jena 1935; H. Pirenne, *La civilisation occidentale au Moyen Age du XIe au milieu du XVe siècle,* Paris 1933; in 3. Aufl. umgearbeitet von H. van Werveke und neubetitelt: *Histoire économique et social du moyen age,* Paris 1963; die erste Aufl. dt. Bern 1946, engl. London 1936; grundlegendes Werk zur mittelalterlichen Sozialgeschichte. J. Kuczynski, *Allgemeine Wirtschaftsgeschichte von der Urzeit bis zur sozialistischen Gesellschaft* (Wirtschaftsgeschichtliche Vorlesungen 1) 1951, orthodox-marxistisches Werk. H. Hausherr, *Wirtschaftsgeschichte der Neuzeit vom Ende des 14. bis zur Höhe des 19. Jhs.,* Köln-Wien ^{4}1970, ausgezeichnete Einführung; H. Heaton, *Economic History of Europe,* London 1948; J. Kulischer, *Allgemeine Wirtschaftsgeschichte des Mittelalters und der Neuzeit,* 2 Bde., München ^{3}1965; E. Lipson, *The Economic History of England,* Bd. 2—3: *The Age of Mercantilism,* London ^{6}1956; F. Lütge, *Deutsche Sozial- und Wirtschaftsgeschichte,* Berlin u. a. ^{3}1966; J. Höffner, *Wirtschaftsethik und*

Monopole im 15. und 16. Jh. (Freiburger Staatswiss. Studien 2), 1941; H. Sée, *Les origines du capitalisme moderne,* Paris 1926. Zu den wichtigsten Neuerscheinungen der letzten Jahre zählen: E. E. Rich — C. H. Wilson, *The Economy of Expanding Europe in the 16th and 17th centuries* (The Cambridge Economic History IV), 1967; F. Mauro, *Le XVIe siècle européen: aspects économiques* (Nouvelle Clio 32), 1966; ders., *Types d'économies et de société en Europe au XVIe siècle,* Paris 1969; J. Heers, *L'occident aux XIVe et XVe siècles. Aspects économiques et sociaux* (Nouvelle Clio 23), 1963; P. Léon, *Economies et sociétés préindustrielles,* Bd. 2 (Collection »U«), 1970; E. Molnár, *Les fondements économiques et sociaux de l'absolutisme* (in: XIIe Congrès International des Sciences Historiques, Rapports IV 1965, S. 155 ff.); P. Gourou, *The tropical world. Its social and economic conditions and its future status,* London ³1961.

c) Wirtschaftsgeschichte einzelner Länder:

Zu *Deutschland* vgl. die oben genannten Werke von F. Lütge, H. Haussherr, J. Kulischer, J. Kuczynski; darüber hinaus noch: H. Bechtel, *Wirtschaftsgeschichte Deutschlands,* 3 Bde., Frankfurt/M. 1941, ²1951/56.
Österreich: F. Tremel, *Wirtschafts- und Sozialgeschichte Österreichs,* Wien 1969.
Niederlande: E. Baasch, *Holländische Wirtschaftsgeschichte* (Hdb. d. Wirtschaftsgeschichte 4), 1927.
Italien: A. Doren, *Italienische Wirtschaftsgeschichte* (Hdb. d. Wirtschaftsgeschichte 7), 1934.
Skandinavien: E. F. Heckscher, *An Economic History of Sweden,* Cambridge (Mass.) 1954; A. E. Nielsen, *Dänische Wirtschaftsgeschichte* (Hdb. d. Wirtschaftsgeschichte 6), 1933.
Frankreich: H. Sée, *Französische Wirtschaftsgeschichte* (Hdb. d. Wirtschaftsgeschichte 5/1 + 2), 1930/36, frz. *Histoire économique de la France,* 2 Bde., Paris 1939/42, ²1952. F. Braudel — E. Labrousse, *Histoire économique et sociale de la France,* Bd. 2, 1970.
England: G. Brodnitz, *Englische Wirtschaftsgeschichte,* Bd. 1 (Hdb. d. Wirtschaftsgeschichte 1), 1918; E. J. Hobsbawm, *Industrie und Empire. Britische Wirtschaftsgeschichte seit 1750,* Frankfurt/M. 1969; vgl. auch die oben genannten Bde.: *The Cambridge Economic History,* II—IV, die das Nachschlagewerk zur englischen Wirtschaftsgeschichte darstellen.
Rußland: J. Kulischer, *Russische Wirtschaftsgeschichte* (Hdb. d. Wirtschaftsgeschichte 3), 1925; B. Gille, *Histoire d'économique et sociale de la Russie du Moyen Age au XXe siècle,* Paris 1949; R. Wittram, *Peter d. Gr. Der Eintritt Rußlands in die Neuzeit,* Berlin u. a. 1954 (mit Lit. zur Sozial- und Wirtschaftsgeschichte).
Iberische Halbinsel: J..L. de Azevedo, *Epocas de Portugal economico,* Lissabon 1929, ²1947. J. Carrera Pujal, *Historia de la Economia española,* 5 Bde., Barcelona 1943—1947; J. Larraz, *La época del mercantilismo en Castilla 1500—1700,* Barcelona ²1943; J. van Kla-

veren, *Europäische Wirtschaftsgeschichte Spaniens im 16. und 17. Jh.* (Forschungen zur Sozial- und Wirtschaftsgeschichte 2), 1960; J. Vicens Vives, *Manual de Historia économica de España*, Barcelona 1959, [3]1964; engl. 1969.
Hispanoamerika: J. Vicens Vives, *Historia social y economica de Espana y America*, 5 Bde. in 4 Büchern, Barcelona 1957—1959; grundlegendes Werk. Einzelarbeiten: E. Arcila-Farias, *Economia colonial de Venezuela*, Mexico 1946; R. Romano, *Une économie coloniale: le Chili au XVIIIe siècle* (in: Annales 15/1, 1960, S. 259 ff.).
Portugiesisch-Amerika: G. Furtado, *A economia brasileira*, Rio 1954; R. Simonsen, *Historia economica do Brasil*, 2 Bde., Sao Paulo 1937, [2]1957.
Nordamerika: E. L. Bogart-Kemmerer, *Economic History of the American people*, New York [2]1947; H. U. Faulkner, *American Economic History*, New York [8]1960.
Asien: R. Dutt, *The Economic History of India I (1757—1837)*, London [2]1956. A. Okasaki, *Histoire du Japon: l'économie et la population*, Paris 1958.

d) Geldwesen

Gesamtübersicht über die Anfänge der Geldwirtschaft: S. Viljoen, *The Economics of Primitive People*, London 1936; P. Einzig, *Primitive Money*, London 1949.
F. Simiand, *Recherches anciennes et nouvelles sur le mouvement général des prix du XVIe du XIXe siècle*, Paris 1932; J. Meuvret, *Les mouvements des prix de 1661 à 1715*, Paris 1944; P. Harsin, *Les doctrines monétaires et financières en France du XVIe au XVIIIe siècle*, Paris 1928; R. Lacombe, *Histoire monétaire de Saint-Dominque et de la République d'Haiti des origines à 1874* (in: Revue d'histoire coloniale 43, 1956, 273 ff.); E. J. Hamilton, *War and Prices in Spain*, Cambridge (Mass.) 1947; ders., *American Treasure and the Price Revolution in Spain 1501—1650*, Cambridge (Mass.) [2]1947.
J. Strieder, *Geldwirtschaft und Frühkapitalismus* (Neue Propyläen-Weltgeschichte, Hrsg. W. Andreas, IV), 1932, S. 3 ff.
M. S. Elsas, *Umriß einer Geschichte der Preise und Löhne in Deutschland vom ausgehenden Mittelalter bis zum Beginn des 19. Jhs.*, 2 Teile in 3 Bdn., Leiden 1936—1949. N. W. Posthumus, *Inquiry into the history of prices in Holland II*, Leiden 1964.
E. Ashtor, *Histoire des prix et des salaires dans l'Orient médiéval* (École pratique des hautes études Sect. 6, Centre de recherches historiques 8), 1969; J. Rueff, *Inflation und Weltwährungsordnung*, Stuttgart-Zürich 1963; frz. *Inflation et ordre monétaire international* (Publications de l'Institut universitaire de hautes études internationales 46), 1967.

e) Handel

Gesamtüberblick J. Lacour-Gayet, *Histoire du Commerce,* 5 Bde., Paris 1950—1952; für den in Rede stehenden Zeitraum sind die Bde. 3 und 4 einschlägig.

B. Krishna, *Commercial relations between India and England (1601 bis 1757),* London 1924; E. B. Schumpeter, *English Overseas Trade Statistics 1697—1808,* Oxford 1960.

C. H. Haring, *Trade and Navigation between Spain and the Indies in the time of the Habsburgs,* New York 1918; F. Morales-Padron, *El commercio canario-americano* (16.—18. Jh.), Sevilla 1955. Grundlegend auch für diese Frage die 5 Bde. J. Vicens Vives, *Historia social y economica de España y America,* 1957—1959.

W. Heyd, *Geschichte des Levantehandels im Mittelalter,* 2 Bde., Stuttgart 1879, [2]1885; Nachdruck 1959; P. Masson, *Histoire de commerce français dans le Levant au XVIIe,* Paris 1897; ders., *Histoire des Établissements et du Commerce français dans l'Afrique barbaresque (1560—1793),* Paris 1903; G.-B. Depping, *Histoire du Commerce entre le Levant et l'Europe,* 2 Bde., Paris 1830. Vgl. auch: F. Braudel, *La Mediterranée ...* (siehe oben I 1a). F. Mauro, *Le Portugal et l'Atlantique au XVIIe siècle (1570—1670). Étude économique,* Paris 1960; G. Rambert, *Histoire du Commerce de Marseille,* 7 Bde., Paris 1951 ff.; A. Girard, *La rivalité commerciale entre Séville et Cadix jusqu' à la fin du XVIIIe siècle,* Paris 1932; P. Chaunu, *Les Philippines et le Pacifique des Ibériques* (16.—18. Jh.), 2 Bde., Paris 1960/66; ders., *Séville et l' Atlantique 1504—1650,* 12 Bde., und Suppl.-Bd. (Graphiken), Paris 1955—1960; grundlegendes Werk, dessen erste 7 Bde. nur Statistiken enthalten. Zum Atlantik- und Pazifik-Handel vgl. weiter: J. Godechot, *Histoire de l'Atlantique,* Paris 1947; J. Auber *Histoire de l'océan Indien,* Tananarive 1955; A. Toussaint, *Histoire de l'océan Indien,* Paris 1961; A. Villiers, *The Indian Ocean,* London 1952.

T'ien-tse-Chang, *Sino-Portuguese trade from 1514 to 1644,* Leiden [2]1969; C. G. F. Simkin, *The traditional trade of Asia,* London 1968; *Mercantilism and the East India Trade,* London 1926; K. Glamann, *Dutch Asiatic Trade 1620—1740,* Den Haag 1958; C. R. Boxer, *Ian Compagnie in Japan 1600—1850,* Den Haag 1936, [2]1950; ders., *The Dutch in Brazil 1624—1654,* London 1956; V. Barbour, *Dutch and English merchant shipping in the 17th century* (in: Economic History Revue II/2, 1930, S. 261 ff.).

R. Fisher, *The Russian Fur Trade 1550—1770,* New York 1943; W. Kirchner, *Commercial relations between Russia and Europe 1400—1800* (Indiana University Publications 33), 1966.

H. Kellenbenz, *Les Frères Fugger et le marché international du poivre autour de 1600* (in: Annales 11, 1956, S. 1 ff.); D. Kranhals, *Danzig und der Weichselhandel in seiner Blütezeit vom 16. und 17. Jh.,* Leipzig, 1942.

Die Rolle des Handels bei der europäischen Expansion untersuchen: R. Chalmers, *History of Colonial Currency,* London 1893; E. J. Hamilton, *The role of monopoly in the overseas expansion and colonial trade of Europe before 1800* (in: American Economic Review Proceedings 38, 1948); F. Mauro, *Towards an »Intercontinental Model«: European Overseas Expansion between 1500 and 1800* (in: Economic History Revue 14, 1961, S. 1 ff.); F. Spooner, *L'économie mondiale et les frappes monétaires en France (1493—1680),* Paris 1956.

f) Verkehrswesen

Zur maritimen Expansion vgl. die zahlreichen Arbeiten von A. Mollat, *Le navire et l'économie maritime* etc., genau aufgeführt bei: F. Mauro, *L'expansion européenne (1600—1870)* S. 30. Darüber hinaus seien genannt: Ch. A. Julien, *Les voyages de découverte et le premiers établissements (XVe—XVIe siècles),* Paris 1948; J. H. Parry, *The Age of Reconnaissance,* London 1963 (dt. Das Zeitalter der Entdeckungen [Kindlers Kulturgeschichte 6], 1963), hervorragende Übersicht mit instruktivem Abbildungsmaterial; P.-J. Charliat, *Trois siècles d'économie maritime,* Paris 1931.

Zur Fortbewegung auf dem Lande: M. Fabre, *Histoire de la locomotion terrestre,* Lausanne 1964; W. Treue, *Achse, Rad und Wagen. 5000 Jahre Kultur- und Technikgeschichte,* München 1965.

g) Technische Entwicklung

Schiffsbau: R. Hoeckel, *Holländische und deutsche Schiffe (1597—1680)* (Schiffsrisse zur Schiffsbaugeschichte I, o. J.); A. P. Usher, *Spanish ships and shipping in the XVIth and XVIIth centuries,* Harvard 1932; J. Charnock, *History of marine architecture,* 3 Bde., London 1800—02; vgl. auch das seltene dreisprachige (hebräisch, frz., engl.) Werk über Schiffsmodelle: *Haj-Jam-hat-Tikon-we-ham-Mizrah-haq-Quarob (The Mediterranean and the Near East,* Haifa 1956); B. W. Bathe u. a., *Der Segelschiffe große Zeit,* Bielefeld u. a. 1967.

Waffen und Kriegswesen: M. Jähns, *Geschichte der Kriegswissenschaften vornehmlich in Deutschland,* 3 Bde., Leipzig. — München 1889 bis 1891, Nachdruck 1966; H. Delbruck, *Geschichte der Kriegskunst im Rahmen der politischen Geschichte,* Bd. 4 (Neuzeit), Berlin 1920; F. Lot, *L'art militaire et les armées au Moyen Age en Europe et dans le Proche Orient,* 2 Bde., Paris 1946; E. Wagner-H. Müller, *Hieb- und Stichwaffen,* Prag 1966; C. M. Cipolla, *Guns and sails in the early phase of European expansion (1400—1700),* London 1965.

Wissenschaften: H. Butterfield, *The Origins of Modern Science 1300—1800,* London 1949; H.-J. Störig, *Kleine Weltgeschichte der Wissenschaft* (Fischer Handbücher 6032/33), 1970 (gute Einführung); R. Mousnier, *Les XVIe et XVIIe siècles. La grande mutation intellectuelle de l'humanité. L'avènement de la science moderne et l'expansion de l'Europe,* Paris [4]1964; W. Letwin, *The Origins of Scientific Economics English Economic Thought 1660—1776,* London 1963.

Frühindustrie: F. Klemm, *Technik. Eine Geschichte ihrer Probleme,* Freiburg—München 1954; C. J. Singer — E. J. Holmyard — A. R. Hall-T. I. Williams (Hrsg.), *A History of Technology* (III: *From the Renaissance to the Industrial Revolution),* London 1957; Th. K. Derry-T. I. Williams, *A short history of Technology. From the earliest times to A. D. 1900,* Oxford 1960, Nachdruck 1970; H. J. Habakkuk—M. Postan (Hrsg.), *The Industrial Revolutions and after: Incomes, Population and technological Change* (The Cambridge Economic History of Europe VI/1+2), 1965; Ph. Deane, *The first Industrial Revolution,* London 1965; P. Mantoux, *The Industrial Revolution in the XVIIIth century,* London 1952; Ph. Wolff-F. Mauro, *Histoire générale du Travail II: L'âge de artisanat,* Paris 1962.
Bergbau: D. de Vasconcellos, *Historia Media de Minas Gerais,* Rio 1948; J. Olliam, *Historiografia Mineira,* Belo Horizonte 1959; M. Bargallo, *La mineria y la metalurgia en la America española durante la epoca colonial,* Mexico 1955; L. Hanke, *The Imperial City of Potosi,* Den Haag 1956 (aus dem Spanischen 1954); M. Helmer, *Edelmetalle Perus in der Kolonialzeit* (in: Säkulum 13, 1962, S. 293 ff.); dieselbe, *Économie et société au XVIIe siècle: un cargador de Indias* (in: Jb. für Geschichte von Staat, Wirtschaft und Gesellschaft Lateinamerikas 4, 1967, S. 399 ff.).

h) Landwirtschaft

W. Abel, *Agrarkrisen und Agrarkonjunktur in Mitteleuropa vom 13. bis zum 19. Jh.,* Berlin 1935, [2]1966, grundlegende Arbeit; ebenso wichtig: B. H. Slicher van Bath, *The agrarian history of Western Europe 500—1850,* New York 1963; abgewogene Darstellung: R. M. u. G. Radbruch, *Der deutsche Bauernstand zwischen Mittelalter und Neuzeit,* Göttingen 1941, [2]1961. Grundlegend für die dt. Agrarverfassung sind neben W. Abel, *Geschichte der deutschen Landwirtschaft vom frühen Mittelalter bis zum 19. Jh.,* 1962, [2]1967, auch die Arbeiten von: F. Lütge, *Die mitteldeutsche Grundherrschaft. Untersuchungen über die bäuerlichen Verhältnisse Mitteldeutschlands im 16.—18. Jh.,* Jena 1934; ders., *Geschichte der deutschen Agrarverfassung vom frühen Mittelalter bis zum 19. Jh.,* 1962, [2]1966. J. Buchinger, *Der Bauer in der Kultur- und Wirtschaftsgeschichte Österreichs,* Wien 1952.
Für den gesamteuropäischen Rahmen einschlägig: R. H. Tawney, *The agrarian problem in the 16th century,* London 1912, Nachdruck 1967; E. Soreau, *L'agriculture du XVIIe siècle à la fin du XVIIIe* (L'agriculture à travers les âges 4), 1952; J. Meuvret u. a., *L'agriculture en Europe aux XVIIéme et XVIIIéme siècles* (in: Relazioni del X Congresso Internazionale di Scienze Storiche IV [Storia Moderna] 1955, S. 137 ff.); E. Boserup, *The conditions of agricultural growth. The economics of agrarian change under population pressure,* London 1965.

i) Buchwesen

Grundlegend: K. Schottenloher, *Das alte Buch* (Bibliothek für Kunst- und Antiquitäten-Freunde 14b), ^{3}1956; ders., *Der Buchdrucker als neuer Berufsstand des 15. u. 16. Jhs.* (Kleine Drucke der Gutenberg-Gesellschaft 23), 1935; ders., *Bücher bewegten die Welt,* 2 Bde., Stuttgart 1951/52; H. Widmann (jr.), *Geschichte des Buchhandels vom Altertum bis zur Gegenwart,* Wiesbaden 1952; ders. unter Mitwirkung von H. Kliemann-B.Wendt, *Der deutsche Buchhandel in Urkunden und Quellen,* 2 Bde., Hamburg 1965; J. Benzing, *Die Buchdrucker des 16. u. 17. Jhs. im deutschen Sprachgebiet,* Wiesbaden 1963; L. Fevre-H.-J. Martin, *L'appariton du livre* (L'évolution de l'humanité 49), 1958; F. Uhlig, *Geschichte des Buches und des Buchhandels,* Stuttgart ^{2}1962.

j) Ernährung

C. Gutkind, *Das Buch der Tafelfreuden,* Leipzig 1912; A. Hauser, *Vom Essen und Trinken im alten Zürich. Tafelsitten, Kochkunst und Lebenshaltung vom Mittelalter bis zur Neuzeit,* Zürich ^{2}1962.

W. Müller, *Bibliographie des Kaffee, des Kakao, der Schokolade, des Tee ... bis 1900* (Bibliotheca bibliographica 20), 1960; H. E. Jacob, *Sage und Siegeszug des Kaffees,* Hamburg 1952; G. Schiedlausky, *Essen und Trinken. Tafelsitten bis zum Ausgang des Mittelalters* (Bibliothek des Germanischen Nationalmuseums Nürnberg 4), 1956; ders., *Tee, Kaffee, Schokolade. Ihr Eintritt in die europäische Gesellschaft* (Bibliothek des Germanischen Nationalmuseums Nürnberg zur deutschen Kunst- und Kulturgeschichte 17), 1961; L. Sillner, *Das Buch vom Bier,* München 1962; M. Hoffmann, *5000 Jahre Bier,* Frankfurt/M. 1956.

2) Gesellschaft

a) Zur *Sozialgeschichte* Deutschlands, Europas und vor allem Südamerikas vgl. die bereits unter II 1 b und c aufgeführten Werke. Darüber hinaus sei hingewiesen auf: P. Chaunu, *Civilisation de l'Europe Classique,* Paris 1966, dt. Ausgabe: *Europäische Kultur im Zeitalter des Barock,* München-Zürich 1968; eine ausgezeichnete, wenn auch etwas lükkenhafte demographisch-soziologische Bestandsaufnahme aus der »Annales«-Gruppe. Für den englischen Bereich: G. M. Trevelyan, *Illustrated English social history,* 4 Bde., London 1949—1952, Nachdruck 1962 (unillustriert bereits gedruckt 1942—1944).

H. A. R. Gibb-H. Bowen, *Islamic Society and the West,* I/1 + 2, London u. a. 1950/57, ^{2}1960/62; K. A. Wittfogel u. a., *History of Chinese Society* I (Transactions of the American Philosophical Society N. S. 36), 1949.

Zur höfisch-adligen Gesellschaft in Europa: I. Loesch, *So war es Sitte in der Renaissance,* Leipzig-Hanau 1965, legt seltene Quellenauszüge zugrunde; A. Goodwin, *The European Nobility in the 18th Century,* London 1953; H. Rößler (Hrsg.), *Deutscher Adel 1430—1740* (Büdinger

Vorträge 1964/65) 2 Bde., Darmstadt 1965, Einzelbeiträge von unterschiedlichem Niveau.

Zum österreichischen Raum: L. Welti, *Graf Kaspar v. Hohenems (1573—1640)*, Innsbruck 1963; J. Bücking, *Kultur und Gesellschaft in Tirol um 1600. Des H. Guarinonius' »Grewel der Verwüstung Menschlichen Geschlechts« (1610) als kulturgeschichtliche Quelle des frühen 17. Jhs.* (Historische Studien 401), 1968; O. Brunner, *Adliges Landleben und europäischer Geist. Leben und Werk Wolf Helmhards von Hohberg (1612—1688)*, Salzburg 1949.

Zur kolonialen Gesellschaftsstruktur: S. Bagu, *Economía de la Sociedad colonial*, Buenos Aires 1949; ders., *Estructura Social de la colonia*, Buenos Aires 1952; S. Diamond, *Le Canada au XVIIe siècle: une société préfabriqué* (in: Annales 16, 1961 S. 317 ff.); G. Thomas, *Die portugiesische Indianerpolitik in Brasilien 1500—1640*, Berlin 1968; C. R. Boxer, *Race Relations in the Portuguese Empire (1415—1825)*, Oxford 1963; ders., *Portuguese Society in the Tropics. The Municipal Concils of Goa, Macao, Bahia and Luanda 1510—1800*, Madison 1965.

Zur Soziologie der Gesellschaft: Th. Dobzhansky, *Mankind evolving*, New Haven-London 1962 (dt. *Dynamik der menschlichen Evolution*, Frankfurt/M. 1962); M. Mauss, *Sociologie et anthropologie*, Paris 1960, ⁴1968; N. Elias, *Die höfische Gesellschaft. Untersuchungen zur Soziologie des Königtums und der höfischen Aristokratie* (Soziologische Texte 54), 1969.

b) Demographie

J. C. Russell, *Late ancient and medieval population* (Transactions of the American Philosophical Society N. S. 48, P. 3), 1958; M. Reinhard, *Histoire de la population mondiale de 1700 à 1948*, Paris 1949; M. R. Reinhard-A. Armengaud, *Histoire générale de la population*, Paris 1961; M. Halbwachs, *Sociologie économique et démographie* (Philosophie 9), 1940; ders., *Esquisse d'une psychologie des classes sociales* (Petit bibliothèque sociologique internationale Série B, 2), 1955; A. M. Carr-Saunders, *World population. Past growth and present trends*, Oxford 1937; P. A. Ladame, *Le rôle des migrations dans le monde libre* (Etudes d'histoire économique, politique et sociale 24), 1958; P. Mombert, *Bevölkerungsentwicklung und Wirtschaftsgestaltung. Zur Frage nach der Abnahme des Volkswachstums*, Leipzig 1932. Im *europäischen Rahmen:* P. Mombert, *Studien zur Bevölkerungsbewegung in Deutschland*, Karlsruhe 1907; E. Keyser, *Bevölkerungsgeschichte Deutschlands*, Leipzig [2]1941, [4]1959; R. Mols SJ, *Introduction à la Démographie historique des Villes d'Europe du XIVe au XVIIIe siècle* 3 Bde., Löwen 1954—1956; W. Abel, *Wachstumsschwankungen mitteleuropäischer Völker seit dem Mittelalter* (Jahrbücher für Nationalökonomie und Statistik 142), 1955; P. Goubert, *Louis XIV et 20 millions de Français*, Paris 1966; J.-C. Toutain, *La population de la France de 1700 à 1959* (Cahiers de l'Institut de science économique appli-

quée Suppl. 133 = Série AF 3), 1963; K. J. Beloch, *Bevölkerungsgeschichte Italiens,* 3 Bde., Berlin-Leipzig 1937—1961.
Asien: K. Davis, *The population of India and Pakistan,* Princeton 1951; C. Cahen, *Mouvements populaires et autonomisme urbain dans l'Asie musulmane du Moyen Age* (in: Arabica 5, 1958, S. 225 ff.; 6, 1959, S. 25 ff.; 233 ff.).
Amerika: A. Rosenblat, *La población indigena y el mestizage en America,* 2 Bde., Buenos Aires 1954; H. O. Wagner, *Die Besiedlungsdichte Zentralamerikas vor 1492 und die Ursachen des Bevölkerungsschwundes in früher Kolonialzeit* (in: Jahrbuch für Geschichte von Staat, Wirtschaft und Gesellschaft Lateinamerikas 5, 1968, S. 63 ff.).

c) Sklavenhandel (vgl. auch unter II 1 e)

E. Donnan (Hrsg.), *Documents illustratives of the History of the Slave Trade to America,* 4 Bde., London 1930—1935, [2]1965; D. P. Mannix-M. Cowly, *Black Cargoes. A history of the Atlantic Slave Trade 1518—1865,* London 1963; Ph. D. Curtin, *The Atlantic Slave Trade. A census,* Madison/Milw. und London 1969; E. D. Genovese, *The Political Economy of Slavery: Studies in the Economy and Society of the Slave South,* New York 1965; L. C. Vrijman, *Slavenhalers en Slavenhandel,* Amsterdam 1937; Gaston-Martin, *Histoire de l'Esclavage dans les colonies françaises* (Colonies et empires Série I, Études coloniales 4). 1948; L. M. Diaz Soler, *Historia de la esclavitud negra en Puerto Rico (1493—1890),* Madrid 1953.

d) Stadtkultur vor allem im deutschen Bereich

L. Mumford, *The city in history. Its origins, its transformations and its prospects,* London 1961; G. v. Below, *Das ältere deutsche Städtewesen und Bürgertum* (Monographien zur Weltgeschichte 6) [2]1906; E. Maschke, *Verfassung und soziale Kräfte in der deutschen Stadt des späten Mittelalters vornehmlich in Oberdeutschland* (in: Vjschr. für Sozial- und Wirtschaftsgeschichte 46, 1959, S. 289 ff.).
Als *pars pro toto* sei Augsburg aus der unübersehbaren Lit. herausgegriffen: J. Strieder, *Das reiche Augsburg. Ausgewählte Aufsätze,* Hrsg. H. F. Deininger, München 1938; W. Zorn, *Augsburg. Geschichte einer deutschen Stadt,* Augsburg 1955. Grundlegend für die Augsburgische Handelspolitik: G. Frh. v. Pölnitz, *Jakob Fugger,* 2 Bde., Tübingen 1949—1951; ders., *Anton Fugger (1453—1560),* 2 Bde. in 3 Teilen, Tübingen 1958—1967.
Zur Kaufmannschaft: G. Steinhausen, *Der Kaufmann in der deutschen Vergangenheit,* Leipzig [2]1924; R. Prange, *Die bremische Kaufmannschaft des 16. u. 17. Jhs. in sozialgeschichtlicher Betrachtung,* Bremen 1963; P. E. Schramm, *Kaufleute zu Hause und über See. Hamburgische Zeugnisse des 17., 18. u. 19. Jh.,* Hamburg 1949.
Zum Handwerkertum: E. Mummenhoff, *Der Handwerker in der deutschen Vergangenheit,* Leipzig [2]1924; E. Otto, *Das deutsche Handwerk in seiner kulturgeschichtlichen Entwicklung,* Leipzig 1900; H.

Proesler, *Das gesamtdeutsche Handwerk im Spiegel der Reichsgesetzgebung von 1530—1806* (= Nürnb. Abh. zu den Wirtschafts- und Sozialwiss. Bd. 5), 1954; M. Rumpf, *Deutsches Handwerkerleben und der Aufstieg der Stadt,* Stuttgart 1955.

e) Alltagsleben

M. Vaussard, *La vie quotidienne en Italie au XVIIIe siécle,* Paris 1959; M. Andrieux, *La vie quotidienne dans la Rome pontificale au XVIIIe siécle,* Paris 1962; G. Mongrédien, *La vie quotidienne sous Louis XIV,* Paris 1948; J. Levron, *La vie quotidienne à Versailles aux XVIIe et XVIIIe siécles,* Paris 1965; P. Lafue, *La vie quotidienne des cours Allemandes au XVIIIe siècle,* Paris 1963; C. Kunstler, *La vie quotidienne sous la régence,* Paris 1960; ders., *La vie quotidienne sous Louis XV,* Paris 1961; ders., *La vie quotidienne sous Louis XVI,* Paris 1950.

W. Treue, *Illustrierte Kulturgeschichte des deutschen Alltags,* München 1952; A. Schultz, *Das häusliche Leben der europäischen Kulturvölker vom Mittelalter bis zur zweiten Hälfte des 18. Jhs.* (Hdb. der mittelalterlichen und neueren Geschichte 4), 1903; J. Kachel, *Herbergen und Gastwirtschaften in Deutschland bis zum 17. Jh.* (Beihefte zur Vierteljahresschrift für Sozial- und Wirtschaftsgeschichte 3), 1924; M. Heyne, *Fünf Bücher deutscher Hausaltertümer von den ältesten germanischen Zeiten bis zum 16. Jh.*, 3 Bde., Leipzig 1899—1903: Bd. 3 enthält die Themen »Körperpflege und Kleidung«; J. Hefner-H. Alteneck, *Trachten, Kunstwerke und Gerätschaften vom frühen Mittelalter bis zum Ende des 18. Jhs.*, 10 Bde., Frankfurt/M. [2]1879—1889: Ab Bd. 7 wird die frühe Neuzeit erfaßt und mit instruktivem Abbildungsmaterial unterlegt. M. v. Boehn, *Die Mode. Menschen und Moden,* 2 Bde., München 1923—1925, [6]1963; ders., *Das Beiwerk der Mode,* München 1928.

W. Dexel, *Deutsches Handwerksgut. Eine Kultur- und Formgeschichte des Hausgeräts,* Berlin 1939; ders., *Das Hausgerät Mitteleuropas. Wesen und Wandel der Formen in 2 Jahrtausenden,* Berlin [2]1962; F. Blümel, *Deutsche Öfen. Der Kunstofen 1480—1910,* München 1965; D. W. H. Schwarz, *Sachgüter und Lebensformen. Einführung in die materielle Kulturgeschichte des Mittelalters und der Neuzeit* (Grundlagen der Germanistik 11), 1970; J. Stockar, *Kultur und Kleidung der Barockzeit,* Zürich u. a. 1963.

Abbildungsverzeichnis

Quellennachweis der Farbabbildungen:

P. Aertsen: »Die Köchin« (nach S. 32). Foto: Kindler Archiv, Zürich. – D. Teniers d. J.: »Der Alchimist« (nach S. 112). Foto: Herzog Anton Ulrich-Museum, Braunschweig. – M. Reymerswaele: »Der Geldwechsler« (nach S. 192). Foto: Kindler Archiv, Zürich. – L. Knaus: »Der Taschenspieler« (nach S. 288). Foto: Kindler Archiv, Zürich. – A. Cuyp: »Ansicht von Dordrecht« (nach S. 384). Foto: Kindler Archiv, Zürich. – L. Valckenborch: »Ansicht von Linz« (nach S. 432). Foto: Kindler Archiv, Zürich. – L.-L. Boilly: »Ankunft der Postkutsche« (nach S. 512). Foto: Kindler Archiv, Zürich. – F. Guardini: »Venezianisches Galakonzert« (nach S. 560). Foto: Kindler Archiv, Zürich.

Quellennachweis der Schwarzweiß-Abbildungen:

E. de Witte: »Der Fischmarkt« (nach S. 64). Foto: National Gallery, London. – J. Michelin: »Der Bäckerkarren« (vor S. 65). Foto: Metropolitan Museum of Art, New York. – A. van Ostade: »Bauern in einer Sommerlaube« (nach S. 80). Foto: Staatliche Kunstsammlungen, Kassel. – J. van Goyen: »Dorfstraße« (vor S. 81). Foto: Herzog Anton Ulrich-Museum, Braunschweig. – G. Vasari: »Eroberung von Siena« (nach S. 144). Foto: Kindler Archiv, Zürich. – J. Tintoretto: »Die Eroberung von Parma« (vor S. 145). Foto: Bayerische Staatsgemäldesammlung, München. – Vogelhändler, Strohhändler, Stuhlflechter und ambulanter Holzspalter (nach S. 160). Foto: Germanisches Nationalmuseum, Nürnberg. – G. Stubbs: »Die Heusammler« (vor S. 161). Foto: Kindler Archiv, Zürich. – Fränkisches Schöpfrad mit Eimern (nach S. 240). Foto: Deutsches Museum, München. – Rekonstruktion einer Dampfmaschine (vor S. 241). Foto: Science Museum, London. – J. Tassel: »Zimmerleute« (nach S. 256). Foto: Musées de la Ville de Strasbourg. – Codex B. Behem: »Backstube« (vor S. 257). Foto: Bibliothek Jagiellonska, Krakau. – L. Defrance: »Nagelschmiede« (nach S. 320). Foto: Rijksbureau, Den Haag. – Vergoldete Kupferschere und Eßbesteck mit Elfenbeinschnitzerei (vor S. 321). Foto: Bayerisches Nationalmuseum, München. – Taschenuhr (vor S. 321). Foto: Collection Au vieux Cadran, Paris. – Geschnitzte Tabakreiben (nach S. 336). Foto: Musée des Arts et Traditions populaires, Paris. – Vergleich einer Handschrift des 15. Jahrhunderts mit der Gutenberg-Bibel (vor S. 337). Foto: Gutenberg Museum, Mainz. – Cr. Grassi: »Genua« (nach S. 464). Foto: Civico Museo Navale de Degli, Genua. – A. Dürer: »Egidien-Theresienplatz in Nürnberg« (vor S. 465). Foto: Altstadtmuseum, Nürnberg. – »Landung der Königinmutter Maria de Medici« (nach S. 480). Foto: Bibliothèque de l'Arsenal, Paris. – J. A. Matham: »Die Brauerei De Drye Lelyen in Haarlem« (vor S. 481). Foto: Frans Hals-Museum, Haarlem. – A. Cuyp: »Allee von Meerdervoort« (nach S. 592). Foto: Wallace Collection, London. – S. Scott: »Ansicht von Covent Garden« (vor S. 593). Foto: London Museum, London. – J. van der Heyden: »Stadtansicht« (nach S. 608). Foto: Gemäldegalerie der bildenden Künste, Wien. – B. Bellotto: »Wien« (vor S. 609). Foto: Kunsthistorisches Museum, Wien.

7-1-2,5-1-9